キーワードコレクション

心理学 改訂版

重野 純 =編

安藤清志＋石口 彰＋
高橋 晃＋浜村良久＋
藤井輝男＋八木保樹＋
山田一之＋渡邊正孝＋
重野 純 =著

新曜社

改訂版への序

　本書の初版が出版されたのは1994年4月である．したがってもう18年の歳月が流れている．この間，心理学はさらなる大きな進化を遂げ，隣接諸科学との連携が進められ，専門領域が広がり，新しい研究法が取り入れられ，科学としての地位を強固なものとしてきた．この18年の間，本書は多くの読者に読んでいただき，特に大学院受験には大いに役立っていると聞いている．18年という歳月は通常であれば，改訂版をまだ考えなくても良い年月かもしれないが，このような心理学の発展を考えると，その後の研究の進展を加え，新たな項目を増やし，参考文献も最新のものにすることが必要ではないかと考えるに至った．幸い，出版社も改訂版の刊行を快諾してくださり，本書の企画に取り掛かることができた．

　初版を出版する際には，細部にわたるまで何度も検討を重ねたのでそのまま改訂版に引き継ぐところも多かった．一方で，その後の新しい学問分野の出現やそれらとの連携による発展などのため，初版の項目では納まらないテーマも出てきた．そこで新たに20項目を追加することとした．また，参考文献も最新のものを紹介するようにした．著者は全員が初版時と同じであり，既項目との調整も十分図ることができたと考えている．さらに全体にわたって記述をより分かりやすいものになるよう改良し，新項目を加えた全項目間の統一も図った．本書が初版と同様に多くの方々のお役に立つことを願っている．

　最後に，今回も新曜社の塩浦暲氏には細部にわたりチェックしていただいた．記して感謝申し上げる．

　2012年3月　　　　　　　　　　　　　　　　　　　　　重野　純

はしがき

　「心理学は長い過去をもっているが，歴史は短い」(Ebbinghaus, H.)——この言葉は，現代心理学がどのような科学であるかを示す有名な言葉として，心理学を学ぶ者がだれしも一度は聞く言葉である．ドイツの心理学者エビングハウスがこの言葉を記してから1世紀近くが経ったが，この間に現代心理学は専門分野への細分化が進み，その守備領域はほかの学問に類をみないほどの広がりを見せている．多岐にわたる領域を研究対象とする現代心理学を，数百ページの本の中に収めその全貌を見晴らしよくまとめることは，非常に難しいことである．例えば，一つの心理学用語はいくつかの領域にまたがって用いられることがあり，特定の分野の専門用語として理解するだけでは十分ではなくなっている．

　心理学を履修する学生がよく口にするのは，「心理学の授業は楽しく聞くことができるのに，試験では思ったほど点数がとれない．」という言葉である．このような言葉は，心理学は一見身近な出来事を対象にしており容易に理解できそうに思えるが，意外と捉えにくい学問であること，また単に暗記をすれば済むような学問ではないことを如実に示しているといえよう．

　本書は以上のような点を考慮しながら，重要な100個のキーワードのもとに，現代心理学のエッセンスをコンパクトにまとめようとしたものである．しかも，記述が断片的にならないように，一つのキーワードの項目の中では，様々なテーマについての関連事項を述べるように工夫し，互いに関連のあるキーワード・サブキーワードを示して，各項目間のつながりを持たせるようにしてある．したがって，興味のある任意の項目を読む方法をとることもできるし，はじめから順に系統的に学ぶこともできる．キーワードとサブキーワードは最後に索引としてまとめて載せてあるので，用語辞典がわりに利用することもできるであろう．

　執筆の際には，分かりやすい記述をすること，最新の研究・トピックスを取り上げること，従来の教科書に取り上げられている事項については特に重要なもののみを厳選して取り上げること，の3つの点を念頭に置いた．したがって，対象としては初めて心理学を学ぶ者から，大学院生，さらには研究生活をすでにスタートしている人たちにとっても，総括的な本として，あるいはハンドブックとして利用していただけるのではないかと思う．また公務員試験をはじめとして各種の資格試験の参考書としても活用することができるであろう．

本書の執筆者は主に，かつて同じ研究室で共に学び，今はそれぞれの専門領域において研究者として高い評価を得ており，また教育経験も豊富な人たちである．それぞれが専門もしくは専門に近い章を分担した．全体の企画と文体・用語の統一には編者が当った．各執筆者には無理な注文もお願いしたが，全員が快く協力してくれた結果，このような広範囲にわたるテーマを扱った本であるにもかかわらず，全体としてのまとまりを保つことができたのではないかと思っている．

 最後に，本書を出版する機会を与えて下さり，完成まで辛抱強く励まし続けて下さった新曜社の塩浦暲氏に，心より感謝を申し上げたい．

　1994年3月

重　野　　純

キーワードコレクション　心理学　改訂版
目　　次

改訂版への序 …………………………………………………… i
はしがき ………………………………………………………… iii

I　心理学の対象 …………………………………………… 1
　1. 個人差 ……………………………………………… 2
　2. 精神物理学 ………………………………………… 4
　3. 構成心理学 ………………………………………… 8
　4. 実験現象学 ………………………………………… 12
　5. ゲシュタルト心理学 ……………………………… 14
　6. 行動主義 …………………………………………… 16
　7. 精神分析学 ………………………………………… 20
　8. 臨床心理学 ………………………………………… 24
　9. 比較行動学 ………………………………………… 30
　10. 実験心理学 ………………………………………… 32
　11. 認知科学 …………………………………………… 34
　12. 応用心理学 ………………………………………… 36
　13. 人工知能 …………………………………………… 38
　14. 心理検査 …………………………………………… 40
　15. 心理統計 …………………………………………… 44
　16. 信号検出理論 ……………………………………… 48
　17. 多変量解析 ………………………………………… 50
　18. 事象関連電位 ……………………………………… 56

19. 脳イメージング研究 ……………………………………… *58*

Ⅱ　環境の認知 …………………………………………………… *63*
　　　20. 五感（官） …………………………………………………… *64*
　　　21. 弁別閾 ………………………………………………………… *70*
　　　22. 特徴検出 ……………………………………………………… *72*
　　　23. 順応 …………………………………………………………… *76*
　　　24. 残効 …………………………………………………………… *80*
　　　25. マスキング …………………………………………………… *84*
　　　26. ソンとメル …………………………………………………… *88*
　　　27. 視覚説（色覚説） …………………………………………… *92*
　　　28. 聴覚説 ………………………………………………………… *96*
　　　29. 対比と同化 ………………………………………………… *100*
　　　30. 図と地 ……………………………………………………… *102*
　　　31. 群化 ………………………………………………………… *104*
　　　32. 錯視 ………………………………………………………… *108*
　　　33. 奥行き知覚 ………………………………………………… *112*
　　　34. 知覚の恒常性 ……………………………………………… *116*
　　　35. 仮現運動 …………………………………………………… *120*
　　　36. 顔の認識 …………………………………………………… *124*
　　　37. ユニバーサルデザイン …………………………………… *128*
　　　38. 視覚的探索 ………………………………………………… *130*
　　　39. 定位 ………………………………………………………… *132*
　　　40. 社会的知覚 ………………………………………………… *136*
　　　41. 文脈効果 …………………………………………………… *140*
　　　42. カクテルパーティ効果 …………………………………… *144*
　　　43. 大脳半球の優位性 ………………………………………… *146*
　　　44. 心理的時間 ………………………………………………… *150*

Ⅲ 学習 ……………………………………………………… *155*

- **45.** 生得的行動と獲得的行動 ……………………………… *156*
- **46.** 初期学習 …………………………………………………… *160*
- **47.** 古典的条件づけ ………………………………………… *164*
- **48.** 道具的条件づけ ………………………………………… *168*
- **49.** 試行錯誤 …………………………………………………… *172*
- **50.** 般化と弁別 ………………………………………………… *174*
- **51.** 強化スケジュール ……………………………………… *178*
- **52.** 報酬と罰 …………………………………………………… *180*
- **53.** 高次学習 …………………………………………………… *184*
- **54.** 学習曲線 …………………………………………………… *188*
- **55.** 学習の転移 ………………………………………………… *192*
- **56.** カテゴリー学習 ………………………………………… *196*
- **57.** 学習性無力感 …………………………………………… *198*
- **58.** 行動分析 …………………………………………………… *202*
- **59.** 行動療法 …………………………………………………… *204*

Ⅳ 記憶 ……………………………………………………… *209*

- **60.** 記銘と保持 ………………………………………………… *210*
- **61.** 忘却 ………………………………………………………… *214*
- **62.** 健忘症 ……………………………………………………… *218*
- **63.** 記憶の変容 ………………………………………………… *222*
- **64.** 記憶の生理学的メカニズム ………………………… *226*
- **65.** 情報処理理論 …………………………………………… *230*
- **66.** 感覚記憶 …………………………………………………… *232*
- **67.** 短期記憶 …………………………………………………… *236*
- **68.** 記憶術 ……………………………………………………… *240*

69. 失認症と失行症 …………………………………… *242*

V 動機づけ …………………………………… *247*

70. 欲求と動因 …………………………………… *248*
71. 生得的動因 …………………………………… *250*
72. 獲得的動因 …………………………………… *256*
73. ストレス …………………………………… *258*
74. フラストレーション …………………………………… *262*
75. 葛藤 …………………………………… *266*
76. 心理療法 …………………………………… *268*
77. 防衛機制 …………………………………… *272*
78. 要求水準 …………………………………… *276*
79. コンプレックス …………………………………… *280*
80. 不安障害 …………………………………… *282*
81. 虐待 …………………………………… *286*

VI 感情 …………………………………… *289*

82. ジェームズ・ランゲ説 …………………………………… *290*
83. 情動 …………………………………… *292*
84. 凝視 …………………………………… *298*
85. 表情 …………………………………… *300*
86. GSR …………………………………… *304*
87. 愛着 …………………………………… *308*
88. 自尊感情 …………………………………… *312*

VII 思考と言語 …………………………………… *317*

89. 内言と外言 …………………………………… *318*
90. 問題解決 …………………………………… *320*

- 91. 演繹的推論 ································ *326*
- 92. 概念形成 ································ *330*
- 93. 夢 ·· *334*
- 94. 分離脳 ·································· *338*
- 95. 失語症 ·································· *342*
- 96. 心理言語学 ···························· *344*
- 97. 身振り言語 ···························· *348*
- 98. 第二言語習得 ························· *350*

Ⅷ　パーソナリティ ························ *355*

- 99. 類型論 ·································· *356*
- 100. 特性論 ·································· *360*
- 101. 力動論 ·································· *366*
- 102. パーソナリティ検査 ··············· *370*
- 103. 知能検査 ······························ *374*
- 104. 性格障害 ······························ *378*
- 105. 事例研究 ······························ *380*
- 106. 環境閾値説 ··························· *384*
- 107. 集中的思考と拡散的思考 ········· *388*

Ⅸ　社会と集団 ······························ *391*

- 108. 態度 ····································· *392*
- 109. バランス理論 ························· *398*
- 110. 認知的不協和理論 ·················· *400*
- 111. 帰属理論 ······························ *404*
- 112. 準拠集団 ······························ *408*
- 113. 同調 ····································· *410*
- 114. ソシオメトリー ····················· *414*

115. 集団決定 ·· *416*

116. 対人関係 ·· *418*

117. 攻撃と援助 ··· *422*

118. 流言 ·· *426*

119. マス・コミュニケーション ························ *428*

120. 印象形成 ·· *430*

人名索引 ·· *433*

事項索引 ·· *437*

執筆者紹介 ·· *458*

I 心理学の対象

……そして,「私は考える,ゆえに私はある」というこの命題において,私が真理を語っていることを保証しているものは,考えるためには存在しなければならないということを,私がきわめて明晰に見ていること以外には何もないことに気づいたので,次のように判断した。われわれがきわめて明晰かつ判明に理解することはすべて真である,ということを一般的な規則としてよい。しかしただ,われわれが判明に理解しているものとはどういうものかを首尾よく見てとるには,いくらかの困難がある,と。……
(ルネ・デカルト『方法序説』山田弘明訳,ちくま学芸文庫,筑摩書房,2010年)

I-1 個人差
Individual Difference

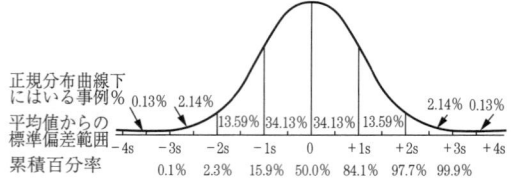

図1 知能の正規分布

18世紀,グリニッジ天文台長は星が子午線を通過する時間を測定した際,観測時間が自分の測定値と一致しないことを理由に助手を解雇した(グリニッジ天文台事件).だが後にこのような観測には,観測者に固有の反応時間誤差があることがベッセル[1]によって明らかにされた.

科学の目標が,現象の背後に潜む一般法則の解明にあるとすれば,**個人差**(individual difference)に言及することは科学の本質から逸脱することになりかねない.しかし個人差・個体差が存在することは厳然たる事実であり,それが単なる誤差の範囲の変動なのか,それとも特異的なメカニズムの所産なのかを検討することもまた,科学的探求といえよう.

個人差研究は19世紀から本格的に取り組まれたが,その先駆者とは,ゴールトン[2],ビネー[3],フロイト[4]である.

ゴールトンは,感覚能力を主として測定する精神検査法を作り出し,個人の能力の研究に着手した.彼の研究の特色は,人間の個々の基礎的能力を集団的に測定し,その結果を分布曲線状に表わし,その曲線上の相対的位置から個人差をとらえようとする統計的方法を用いたことである.ここには,現在の心理テストの原型が見られる.

フランス精神医学を背景としたビネーの研究目的は個人個人の知能水準に関する臨床的診断を検討することであった.つまり,ゴールトンと異なり,人間のより高次の心的機能,さらにその障害に関心があった.後に開発した知能テストは,実は精神遅滞児を的確に診断するという目的のもとに作られたのであり,またそのテストには,発達的観点も盛り込まれ,個人間のみならず個人内での変異も取り上げられたの

1) Bessel, F. W. (1784-1846) フリードリッヒ・ベッセルはドイツの天文学者.観測時間にみられる観測者個人に固有の誤差を明らかにし,個人方程式と呼んだ.

2) Galton, F. (1822-1911) フランシス・ゴールトンはイギリスに生まれる.いとこにダーウィンをもつ.進化論の影響を受け,遺伝の研究,さらにそれとの関連で天才について研究した.

3) Binet, A. (1857-1911) アルフレッド・ビネーはフランスに生まれる.フロイトと同様に精神医学者シャルコーに学ぶ.1894年パリ大学生理学的心理学研究所長.

4) Freud, S. (1856-1939) ジグムント・フロイトはオーストリアに生まれる.精神分析の大家.「I-7 精神分析学」の項を参照.

である．

　臨床医としてフロイトは，患者が現在の症状を示すに至った原因をその個人の過去の歴史の中に探るといった，個人内の問題を重視したのであった．

　今日の個人差の研究は主として知能と性格の領域に見られる．ビネーに始まる**知能テスト**（intelligence test）は，後にテスト項目や実施方法の改良が進んだ．よく知られるIQ（**知能指数**，intelligence quotient）は，精神年齢と生活年齢の比率によって知能の発達の状態を表わす指標としてシュテルン[5]が提唱したものである．IQの分布はほぼ**正規分布**（normal distribution）をなし，各個人の知能の発達状態はその中の相対的位置として特定できる（図1）．**知能**（intelligence）研究は，実践的な側面だけでなく理論的な面での発展も見逃せない．物の色が三原色の合成で表現できるように，知能もまた基本的な因子によって構成されると考えられた．それらの因子を探る研究の中から，**因子分析**（factor analysis）という有力な統計的解析手段が生まれた．

　一方，性格研究では，**性格**（character）を類型という観点から分類しようという試みが数多くなされた[6]．類型論の立場では，人間の性格を具体的な典型によって，全体的・統一的にとらえようとしている[8]．

　これに対して特性論は，性格も知能と同様に基本的な因子によって構成されているという立場をとる．誰でも共通の因子を有するが，個人によって各因子のもつ強度が量的に異なることで，性格の個人差を説明する[9]．

　個人差のみならず，男女，年齢，民族・文化による差異を研究する心理学領域は，包括して**差異心理学**（differential psychology）と呼ばれる．一方，技能の個人差や熟達化を視野に入れた，**スキルサイエンス**（skill science）という学際領域も，発展してきている． 〔石口〕

【参考文献】
Gardner, H., 1999, *Intelligence Reframed*. Basic Books.（松村暢隆訳，2001，MI：個性を生かす多重知能の理論．新曜社．）
岡本夏木他，1990，心理学のあゆみ（新版）．有斐閣．

5) Stern, W. (1871-1938)

6) なかでも有名なものは，クレッチマー7)の分類である．彼は，体型と性格との関連性を考え，分裂気質（細長型），躁鬱気質（肥満型），粘着気質（闘士型）の3種に性格を分類した．

7) Kretschmer, E. (1888-1964)「Ⅷ-99 類型論」の項を参照．

8)「Ⅷ-99 類型論」の項を参照．

9)「Ⅷ-100 特性論」の項を参照．

I-2 精神物理学

Psychophysics

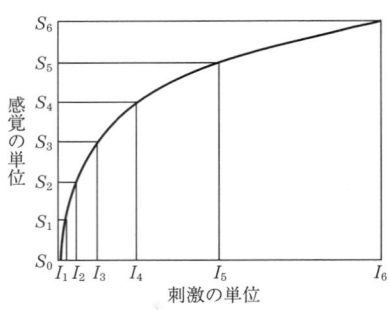

図2 フェヒナーの法則 (Guilford, 1954)[1]
刺激の対数的変化によって感覚の大きさは等間隔に変化している.

1818年以降, ライプチヒ大学の解剖学, 生理学の教授であったウェーバー[2]は, 触覚と運動感覚に関する一連の実験的研究を行なった. 触覚に関しては, 皮膚上の2点を針状のもので同時に触れたとき, 2点と感じられる最短の距離(触二点弁別閾)を測定し, 身体の部位によってその**弁別閾**[3] (difference threshold) が異なることを実験で示した. また, 2つの物の重さを比較する場合, 最低どの程度の差異があればその差に気づくのか, つまり重さの弁別閾 (**丁度可知差異**; just noticeable difference) の実験を行なった. その際, 弁別閾 (ΔI) の値は, もとの刺激の重さ (I) の大小によって異なるが, その比はほぼ一定の値 ($\Delta I/I = C$ (一定))をとるということが示された.

たとえば, 重さ (I) が100gの物に対して, 102gの物ならばその差に気づくことができる. 弁別閾 (ΔI) は2gになる. 150g (I) の場合は, 153gにならないとその差に気づかない. ΔI は3gになる. 200g (I) に対しては204gで $\Delta I = 4$g, 250g (I) に対しては255gで $\Delta I = 5$g となる. ここで, 各々の ΔI の値は異なるが, I に対する ΔI の比をとってみるとすべて同じ値, 1/50[4]になるというのである. これが, **ウェーバーの法則** (Weber's law) であり, 求められた比を**ウェーバー比** (Weber ratio) と呼ぶ. 彼は重量弁別だけでなく, 線の長さの比較や音の高さの弁別においてもこのウェーバー比が成立すると考えた. ウェーバーの法則は, その後, フェヒナー[5]の精神物理学という新しい学問の出発点となった.

1) Guilford, J. P., 1954, *Psychomertic Methods*. MacGraw-Hill.

2) Weber, E. H. (1795-1878) エルンスト・ヘンリヒ・ウェーバーは, ドイツの生理学者で, ライプチヒ大学の教授. 皮膚感覚に関する研究を行ない, 触2点閾を測定しウェーバーの法則を発見した. 彼の研究は, フェヒナーの精神物理学の出発点となった.

3) 2つの刺激を区別できるのに必要な最小の刺激差の値を弁別閾と呼ぶ. ある標準となる刺激に対してどの程度の変化があれば, 変化したことがわかるかという最小変化量のこと.

4) 閾値そのものの性格上, 測定法や被験者などにより必ずこの値をとるとは限らない.

フェヒナーは精神と身体の関係を科学的方法で解明していこうと考え，1860年に『精神物理学綱要』を著し，ウェーバーの法則を基礎に**精神物理学（psychophysics）**という新しい学問を提唱した．彼の基本的な考え方は，精神と身体の関係について，物理学と同様に経験的事実を数学的に明示するべきであるということであった．そして，刺激（物理的世界）と感覚（心的世界）との間の関数関係を研究し，ウェーバー比を数学的に変換し，次のような法則を見いだした．感覚の大きさ（S）の変化は，外的刺激の大きさ（I）の変化と対数関係（$S = k \log I：k$は定数）になる．たとえば，10gの重さのものを感覚的に2倍の重さに感じるようにするためには，物理的に2倍である20gではなくて100gにしなくてはいけないということである．言いかえれば「感覚の大きさは刺激の大きさの対数に比例する」というもので，これは**フェヒナーの法則**[6]（Fechner's law）と呼ばれている（図2）．

フェヒナーは，身体の内的機能と心的過程とのより直接的関係（これを内的精神物理学と呼んだ）を解明しようと試みた．しかし，実際に成しえたのは物理的刺激と感覚の関係（これを外的精神物理学と呼んだ）を問題にするにとどまり，彼の意図した精神と身体の関係の精密理論としての精神物理学を完全なかたちで確立することはできなかった．しかし「フェヒナーの精神物理学」は，その後，いくつかの批判はあったが，当時（19世紀後半）の科学的心理学研究の一つの焦点となり，ヴント[7]やエビングハウス[8]らにも多くの影響を与えた．そしてまた，心理学が科学的学問として独立するための有力な出発点ともなったのである．

フェヒナーのめざした精神物理学は崩壊してしまったが，精神物理学的研究は現在でも行なわれている．ただし，現在は刺激の物理的特性と，それによってもたらされる感覚・知覚等の心理的過程の量的な関係を調べる研究（フェヒナーの外的精神物理学に対応している）として考えられており，単に精神物理学という場合は，このような研究法を指している．したがって，現在使われている精神物理学とフェヒナー

ウェーバー自身は，重さに関しては1/40という値を出している．

5) Fechner, G. T. (1801-1887) グスタフ・セオドール・フェヒナーは精神物理学の創始者．ドイツに生まれ，ライプチヒ大学で医学を学ぶ．1834年，ライプチヒ大学の物理学教授になるが同時に心理学的な研究も行ない「精神物理学」を提唱した．主観的補色や主観的残像の研究も行ない，1865年から1876年にかけては実験美学の研究にも力を注いだ．彼の精神物理学的考え方は，その後，ヴントに受け継がれた．

6) はじめはフェヒナーによって「ウェーバーの法則」と命名されたが，ウェーバー比に関する法則との混乱を避けるために，現在では「フェヒナーの法則」あるいは「ウェーバー・フェヒナーの法則」と呼ばれる．

7) Wundt, W. (1832-1920)「Ⅰ-3 構成心理学」の項を参照．

8) Ebbinghaus, H. (1850-1909)

の精神物理学との違いを強調するために,「フェヒナーの精神物理学」というように特別に「フェヒナーの」という言葉を付けて表現している.

一方,スティーヴンス[9]は,フェヒナーが弁別閾を用いるという間接的手段によって感覚を測ろうとしたのに対して,感覚の直接的な量判断を被験者に求める**マグニチュード推定法**(method of magnitude estimation)を用いてフェヒナーの法則に代わるものを作ろうとした.たとえば,1つの標準刺激を「10」とした場合に,それに対する比較刺激の比率を数値で答えさせるというもので,半分に感じるならば「5」,2倍に感じるならば「20」という数値を被験者は答えることになる.マグニチュード推定法を用いて実験した結果,感覚の大きさ(E)が,刺激量(I)のベキ関数(power function)$E=aI^b$ となることが見いだされた(a, b は定数).これを,**スティーヴンスの法則**(Stevens' law)と呼ぶ.

フェヒナーの心理学への貢献は,上記のように実験心理学において尺度構成の道を開いたこと以外に,**精神物理学的測定法**(psychophysical method)の確立があげられる.この精神物理学的測定法は,フェヒナーの精神物理学のための研究方法が,その後フェヒナーの精神物理学とは独立に発展してきたもので,研究方法として現在でも広く用いられているものである.代表的な方法としては,極限法,恒常法,調整法があげられる.

極限法(method of limits):フェヒナーが用いた丁度可知差異法に由来する.音の**刺激閾**[10](stimulus threshold)の測定を例にとると,実験者が刺激の強度を明らかに聞こえる条件から一定のステップで強度を弱めていって,被験者の判断(聞こえるか聞こえないか)を求める下降系列と,反対に明らかに聞こえない条件から一定のステップで刺激強度を強めていく上昇系列とがあり,両方の系列での反応の変化点から閾値を決定する方法である.

恒常法(constant method):極限法のように刺激を系列的に変化させないで,あらかじめ設定された刺激強度の異なるいくつかの刺激をランダムに多数回提示して,各刺激に対す

9) Stevens, S. S. (1906-1973) スタンレー・スミス・スティーブンスはアメリカの心理学者.1938年ハーバード大学助教授,1946年から教授となる.フェヒナーの精神物理学に代わる新しい精神物理学を唱え,心理学で用いられるさまざまな尺度を整理し,各尺度で扱える数量的範囲の明確化を行なった.

10) 感覚が生じるか生じないかのぎりぎりの刺激強度を刺激閾と呼ぶ.通常,感覚が生じる確率が,50%のときの刺激値を意味する.単に,閾と呼ぶこともある.

る反応の出現率を算出する．この出現率から間接的に閾値を求める方法である．

調整法（method of adjustment）：平均誤差法とも呼ばれ，被験者自身が刺激を自由に操作することで，比較刺激の刺激強度を変化させ，標準刺激と主観的に等しく感じられるように調整する．数回の調整値を平均して，主観的等価値を求める方法である．この方法では，各調整値のばらつきから弁別閾を求めることになる．

このほかに，現在使われている精神物理学的測定法としては，前述のスティーヴンスのマグニチュード推定法や**信号検出理論**[11]（theory of signal detection）による方法もある．

最近では，このような種々の精神物理学的測定法を利用することによって，言葉による教示や言語報告等が不可能な被験体の感覚・知覚等に関する研究も盛んに行なわれるようになっている．たとえば，道具的条件づけを利用してハトの光覚閾や色の弁別能力を測定することができる．光がついているときにキーをつつけば餌がもらえるようにしておき，ハトがキーつつきを完全に学習したら，その光の明るさを徐々に弱くしていく．このようにして，光の明るさをどのくらい弱くしたらキーつつきをしなくなるか，つまりハトにはどのくらいの光まで見えているか（光覚閾）を調べることができる．被験体がハトやネズミ，サル等の動物の場合は**動物の精神物理学**（animal psychophysics）と呼ばれる．乳児の場合は乳児の精神物理学と呼ばれ，乳児の「注視する」という行動に着目して，対象弁別能力などを調べている．どちらの対象を長く見ているかを指標とする「選好注視法」，見慣れた対象よりも目新しい対象を好んで注視するという行動を利用した「**馴化法**（habituation method）」や眼球運動を直接測定する方法などが用いられている．　　　　　　　〔藤井〕

11）「Ⅰ-15　心理統計」の項を参照．

【参考文献】
田中良久，1977，心理学的測定法．第2版，東京大学出版会．
大山正他編，1994，新編感覚・知覚心理学ハンドブック．誠信書房．
大山正，2010，知覚を測る．誠信書房．

I-3 構成心理学

Structural Psychology

図3-1 ヴント

　18世紀から19世紀にかけてイギリスでは，人間の心的活動が生得的な能力にもとづくものではなく，経験にもとづいて行なわれると主張する経験論哲学が起こった．そして，この経験論哲学を背景にして，**連合主義**（associationism）の心理学が発展した．複雑な精神作用を簡単な精神的要素（観念や感覚など）の連合によって説明する心理学は，**連合心理学**（association psychology）あるいは連想心理学と呼ばれる．代表者は，ハートレイ[1]，J. ミル[2]，J. S. ミル[3]，ベイン[4]，スペンサー[5]らである．前半は哲学的色彩が強かったが，後半は生理学的心理学の色彩が強まった．

　一方，19世紀になると，ドイツを中心にして感覚や神経の働きに関する感覚生理学の研究が心理学に刺激を与え，生理学や物理学などの自然科学の研究方法が心理学の中に積極的に取り入れられるようになり，**実験心理学**[6]（experimental psychology）の基礎ができあがった．ヴント[7]はイギリスの経験論哲学で取り上げられた心理学的な諸問題を生理学者の目で直視し，心理学を従来の哲学的な学問から1つの実験科学へと導いた．すでに18世紀にはドイツを中心として身体と精神または物質的世界と心理的世界との関数関係を明らかにし，心理学に数学的基礎を与えようとする**精神物理学**[8]（psychophysics）が発展しており，ウェーバー[9]やフェヒナー[10]らによって感覚や知覚の研究は新しい方法で取り組まれていた．しかし，彼らはいずれも生理学や物理学の専門家であり，心理学を独立の科学として扱おうとするものではなかった．

　このような気運を背景にしてヴントは心理学を直接経験の

1) Hartley, D.(1705-1757)

2) Mill, J.(1773-1836)

3) Mill, J. S.(1806-1873) Mill, J. の息子

4) Bain, A.(1818-1903)

5) Spencer, H.(1820-1903)

6) 「I-10 実験心理学」の項を参照.

7) Wundt, W.(1832-1920) ヴントはドイツのライン河畔のネッカラウに牧師の子として生まれ，ベルリン大学などで哲学や生理学を学んだ．ベルリン大学でヨハネス・シュラーのもとで実験生理学を学び，最初は生理学者として学者の道を歩みはじめたが，のちに心理学に関心が移った．1879年に彼がライプチヒ大学に開設した心理学研究室は，世界で最初の実験心理学研究室といわれている．

科学ととらえ，物理学のような間接経験を概念的に取り扱う科学とは異なるものと考えた．この点において，彼の考えは従来の精神物理学者たちとは異なっていた．ここで直接経験とは，経験する主体をも含めた経験，すなわち**意識**（consciousness）のことである．一方，間接経験とは，外的対象によって決定される経験，すなわち物理事象のことである．

　ヴントは，心理学の研究対象は意識であると考えた．意識が心理学の対象であるということは，ある刺激を与えられた観察者は自ら自分自身の意識過程を観察することが必要である．そこで，ヴントは**内観**（introspection）と呼ばれる方法を強調した．心理学はこの方法にもとづいて，(1) 意識内容を感覚，心像，感情などの心的要素に分析し，(2) これら諸要素の結合の方式を見いだし，(3) その結合法則を決定しなければならない，とされた．以上の手続きに従えば，複雑な意識現象も，単純な心的要素に分析された後，再結合されることにより，その構造を探ることができるのである．したがって，このような心理学は**構成心理学**（structural psychology）と呼ばれる．また，内観法にたよる心理学は**意識心理学**（consciousness psychology）と呼ばれ，心的要素を対象とする心理学は要素心理学と呼ばれる．つまり，ヴントによれば，心的要素は単一感覚と単純感情からなり，それらが結合して複雑な意識過程が形成されるのである．ヴントは「感覚」とともに「感情」も心的要素と見たのである．そして心的要素の結合は，意識的に意識内容を明瞭にし統一する**統覚**（apperception）[11]によって可能となる．

　ここで図3-2の (a) を見てみよう．「リンゴ」の絵であるが，よく見るとヘタの部分があり皮の部分がある（図3-2 (b)）．そして，それらの結合として「リンゴ」が存在する．要素としての部分が全体へとまとめられ，「リンゴ」として知覚されたのである．観察者は，全体としての「リンゴ」を知覚するのではなく，「リンゴ」の各部分を分析的に知覚する．このような「リンゴ」の見方は，日常の私たちの生活の中での「リンゴ」の見方とはかけ離れたものであるが，訓練によってこのような

8)「Ⅰ-2 精神物理学」の項を参照．

9) Weber, E. H. (1795-1878)「Ⅰ-2 精神物理学」の項を参照．

10) Fechner, G. T. (1801-1887)「Ⅰ-2 精神物理学」の項を参照．

11) 統覚には2つの意味がある．1つは，心的内容を明瞭に意識するという意味であり，他の1つは，多数の心的内容を統一するという意味である．

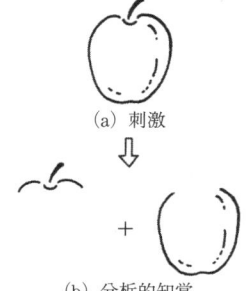

図3-2　分析的内観によるリンゴの見方

分析的な内観が可能になるのである．よく訓練された観察者は，整備された条件の下で，意図的，計画的に自己の意識過程を詳しく分析観察することができる．

ヴントは，1879年にライプチヒに世界で最初の心理学実験室を開設し，ここに心理学は実験科学として確立したのであった．世界各地から数多くの研究者がヴントの実験室を訪れた．ライプチヒは国際的に心理学の中心地となり，以後，世界各国に心理学実験室が開設された．ヴントは「近代心理学の祖」と呼ばれている．

ヴントの「構成心理学」の体系を引き継ぎ簡潔なかたちに作り上げ，内観法を厳密化したのは，ヴントの弟子であったティチナー[12]である．ティチナーは直接経験（意識）を出発点と考え，この中から厳密な内観により心的要素を発見し分析，記述しようとした．そのため彼の研究室では「内観」を正確に行なうための厳しい訓練が行なわれた．またティチナーはすべての経験は感覚，心像，単純感情の要素から成り立つと考え，ヴントの統覚の概念を破棄して，**注意**（attention）をそれに代わるものと見なした．

ヴントは心理学を実験科学として確立させたが，19世紀末から20世紀にかけて，ヴントの学説に反対する考え方が次々と生まれ，現代心理学のもととなるいくつかの心理学が誕生した．

その1つがフロイト[13]による**精神分析**[14]（psychoanalysis）であった．フロイトは精神医学者として患者を治療する立場から，自らの臨床経験を通じて，意識よりも**無意識**（unconsciousness）の方が，私たちの日常生活における行動の多くを決定すると考えた．彼は，意識を重視するヴントの考え方に反対して，不適応な行動を引き起こす原因は無意識過程の中にあるので，無意識の過程こそ研究対象として重視すべきだと考え，無意識の重要性を説いた．

ドイツではウェルトハイマー[15]，ケーラー[16]，コフカ[17]らが中心となって，**ゲシュタルト心理学**[18]（Gestalt psychology）が提唱された．意識心理学は要素主義，連合主義の考え方に立つが，ゲシュタルト心理学では心的経験は個々の要

12) Titchener, E. B. (1867-1927) エドワード・ブラッドフォード・ティチナーは，イギリス南部のチチェスターに生まれた．オックスフォード大学で哲学や生理学を学んだ後，ライプチヒのヴントの研究室に入った．その後，アメリカのコーネル大学において心理学実験室を創設し，ヴントの構成心理学の伝統を引き継ぎ，その考え方をアメリカに取り入れようとした．しかし当時のアメリカにおいては個人差や人間の能力などの問題に関心が集まっていたため，彼の考えをそのまま受け継いだ者はほとんどいなかった．

13) Freud, S. (1856-1939)

14) 「I-7 精神分析学」の項を参照．

15) Wertheimer, M. (1887-1943)「I-5 ゲシュタルト心理学」の項を参照．

16) Köhler, W. (1887-1967)「III-49 試行錯誤」の項を参照．

17) Koffka, K. (1886-1941)「I-5 ゲシュタルト心理学」の項を参照．

18) 「I-5 ゲシュタルト心理学」の項を参照．

素の寄せ集めによって成り立っているのではなくて，形作られた全体，すなわち**ゲシュタルト**（Gestalt）として直接に経験されるとして，ヴントの意識心理学の考え方を批判した．

　アメリカでは，直接に観察可能な**行動**（behavior）を研究対象にしようとする**行動主義**（behaviorism）がワトソン[19]によって提唱された．ヴントは意識を心理学の主な研究対象と考えたが，意識は外部から観察することができない．そのために，自分の意識を内観により分析するのであるが，その際の内省的態度によって意識それ自体が歪められてしまう可能性がある．また，観察された意識過程がそのまま歪みなしに言語的報告に移されるという保証もない．ワトソンは，心理学が科学であるためには，客観的に観察可能なものを研究対象としなくてはならないと考え，「意識なき心理学」を提唱した．

　ヴントは天才というよりは百科事典的な才能の持ち主であった．晩年は，『民族心理学』10巻の大著を残し，未開人の言語，風俗，宗教，社会などの研究を通じて，精神発達の法則を明らかにしようとした．彼の学識は広く，いろいろな法則や考えを取り入れて，心理学の体系を作ったので，彼の心理学は非常に広範にわたり，矛盾するところもなくはなかった．そのため，彼は心理学を1つの実験科学として確立させたが，それを学んだ学者たちによって彼の心理学がそっくり伝承されることはなかった．むしろ，その後さまざまな批判を受けることになった．しかし，別の見方をすれば，ヴントの心理学に対する批判の中から現代心理学の諸学派が誕生したことになり，現代心理学の土台を作った功績は大きいといえるであろう．　　　　　　　　　　　　　　〔重野〕

19) Watson, J. B. (1878-1958)「Ⅰ-6 行動主義」の項を参照．

【参考文献】
リーヒー，T. H.，宇津木保訳，1986，心理学史．誠信書房．
梅本堯夫・大山正編著，1994，心理学史への招待．新心理学ライブラリ15（梅本堯夫・大山正監修），サイエンス社．

I-4 実験現象学
Experimental Phenomenology

図4 ドイツ・ロストックでの研究集会（1928年）[1]
（左から）Lewin, K., Katz, D., Werner, H., Madam Katz, Köhler, W., Michotte, A., Rubin, E., Wertheimer, M.

世界がどうして知覚されるのか，物がどうして見えるのかについての答え方には，さまざまな立場がある．たとえば，生理学的なメカニズムを解明していこうとする立場や，生態学的な立場などがある．前者は知覚が形成されるプロセスを重視し，後者は私たちの生活の中に果たす知覚の役割を重視する．このほかに，知覚現象そのものはどのようなものなのか，それはどのような条件・要因で成立するのかを問題にする立場がある．この立場に立つのが**実験現象学**（experimental phenomenology）である．いかなる立場であっても，知覚現象を正しく記述しその生起条件を明らかにすることは重要な問題であるが，とりわけ実験現象学は現象の観察・記述・分類を重要視する．実験現象学的研究では，まず，知覚現象を観察する際に，素朴・自然な態度でその現象をあるがままにとらえ，記述し，その現象的特性によって分類する．また，実験条件を種々に変化させて条件間の違いによって生じる現象間の比較を行なって，その現われ方を規定している条件・要因を解明する．そして，その現象の成立に関わる本質的条件を明らかにしていこうとする．

この立場の代表的な人物としては，ルビン[2]やカッツ[3]等があげられる．ルビンは，「ルビンの盃」としてその名が広く知られているように，**図と地**（figure and ground）[4]の現象的特性を初めて詳細に記述し，次のような特性を明らかにした．図は形をもつが地はもたない．輪郭線は図に属する．地は図の下まで拡がって見える．図は物の性質をもち，地は素

1) Thinées, G., Costall, A. & Butterworth, G.(Ed.), 1991, *Michotte's Experimental Phenomenology of Perception*. LEA.

2) Rubin, E. J.(1886-1951) エドガー・ジョン・ルビンは，デンマークの心理学者．ドイツのゲッチンゲン大学で1912年に学位を受け1918年コペンハーゲン大学実験心理学教授となる．1921年に，形態心理学の古典的論文「視覚的知覚形体」を出した．カッツと同じく実験現象学者の一人．図と地に関する研究は有名．

3) Katz, D.(1884-1953)

4) 「II-30 図と地」の項を参照．

材的性質をもつ．図は表面色をもつが，地は面色的現われ方をする．このような図と地の現象的特性は，実験現象学的研究でなければ得られなかったと考えてよいであろう．

　色の知覚についての研究の場合も同様のことがいえる．色を問題にするとき，他の研究アプローチでは色相，彩度，明度の3属性を独立変数とし，それらと色の感覚そのものの研究が行なわれる場合が多い．しかし，同じ色相，彩度，明度であっても紙の色，水の色，空の色ではその見え方は異なっている．実験現象学では，この色の現われ方，つまり私たちは色をどう見ているのかを重要視するのである．カッツは色の知覚に関して，ありのままを観察し現象学的観点から記述し，組織づけることから出発し，現象の発生条件における法則の発見をめざすという現象分析を行なった．彼は，現象観察の結果，色の現われ方として，**表面色**（surface color），**面色**（film color），**空間色**（volume color），透明面色，透明表面色，鏡映色，光沢などをあげている．表面色とは，紙の色や壁の色などのように不透明な物体に見られる現われ方である．面色は，よく晴れた青空を見るときや筒覗き[5]で均質な物の表面を見るときの現われ方である．空間色は，透明な容器に入れられた透明な着色液体や透明なゼリーなどのようなある空間を三次元的に満たしているように見える色の現われ方である．

　ほかにミショット[6]の運動知覚における因果性知覚[7]の研究なども実験現象学的研究としてあげることができる．このような方法による研究は，**ゲシュタルト心理学**（Gestalt psychology）の考え方と合致し，ゲシュタルト心理学者に好んで用いられた．特に，ゲシュタルト心理学の創始者の一人で仮現運動についての研究を行なったウェルトハイマー[8]や，物の見え方について『視覚の法則』を著したメッツガー[9]は実験現象学的色彩が濃い研究を行なっている．〔藤井〕

5）観察対象以外のものを視野から遮蔽したり，視野を制限するために筒状のものを通して観察したり，還元衝立てと呼ばれる穴の開いたスクリーンを通して観察したりする．

6）Michotte, A. E. (1881–1965)

7）点Aが静止している点Bに向かって動き，Bに接触するとAは止まり，Bが動き出す，という事態を観察させると，観察者は，AがBを導くとかAがBに動力を与えるというような「Bの動きはAに起因する」という印象を知覚する．こういった2つの事象間の関係を因果的に直接体験し把握することを，因果性の知覚と呼ぶ．

8）Wertheimer, M. (1880–1943)「Ⅰ-5 ゲシュタルト心理学」の項を参照．

9）Metzger, W. (1899–1979)

【参考文献】
メッツガー，W．, 盛永四郎訳, 1968, 視覚の法則. 岩波書店.
野口薫編著, 2007, 美と感性の心理学：ゲシュタルト知覚の新しい地平. 冨山房インターナショナル．

ゲシュタルト心理学

Gestalt Psychology

I-5

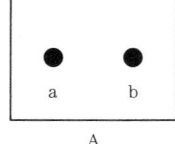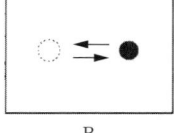

図5　仮現運動
図Aのように配置された点a, bを適当な時間間隔をおいて交互に点滅させると，2つの点の点滅には見えずに，図Bのように1つの点が左右へ往復運動をしているように見える．

20世紀初頭，ドイツではそれまでの心理学とくにヴント流の要素主義心理学，構成主義心理学を根本から否定しようとする急進的運動が起こった．この運動から，**ゲシュタルト心理学**（Gestalt psychology）が誕生した．ゲシュタルト心理学はウェルトハイマー[1]の**仮現運動**（apparent movement）に関する『運動視の実験的研究』(1912)に端を発する．この研究はケーラー[2]とコフカ[3]の協力を得てなされ，3人によって理論化がなされた．

当時支配的であった要素主義や構成主義，行動主義は，全体は部分の寄せ集めであり，刺激の性質と知覚の特性の間には1対1の一義的対応関係があるという考え方に立っていた（モザイク仮説）．しかし，ゲシュタルト心理学はそのような考え方を**恒常仮定**[4]（constancy hypothesis）と呼んで批判し，全体は部分の寄せ集めではなく，まず全体があって部分はその全体に依存して現われると主張した．この全体性を「ゲシュタルト（形態）」と呼び，心理学はこのゲシュタルトの性質を研究するべきだとした．たとえば，2つの静止した光点を適当な時間間隔で継時的に提示すると，2つの光点の点滅ではなく，1つの光点のなめらかな運動印象が得られる（図5）．これが，仮現運動と呼ばれる現象である．この場合，仮現運動を構成している要素は2つの光点であるが，それらの要素に対する感覚を単に合わせただけでは運動印象は決して生じてこない．2つの光点は互いに関連しあって，一連の全体過程の部分を構成しているのである．心理学は，ここで生じたような全体過程を問題とするべきである，というのがゲシュタルト心理学の考え方である．ゲシュタルト心理

1) Wertheimer, M. (1880-1943) マックス・ウェルトハイマーは，1880年プラハに生まれた．もともと法律を学び，その後，哲学に興味をもち心理学の研究へと移っていった．1910年，仮現運動の研究のアイデアを，ウィーンからライン地方への旅行中，列車の中で思いついたというエピソードは有名である．1933年にナチス支配下のドイツからアメリカへ移住した．彼は知覚研究だけでなく，思考についての心理学的研究も行なっている．

2) Köhler, W. (1887-1967)「Ⅲ-49　試行錯誤」の項を参照．

3) Koffka, K. (1886-1941) クルト・コフカはドイツの心理学者でウェルトハイマー，ケーラーらとともにゲシ

学の特長としては，要素観の否定のほかに，**実験現象学**[5] (experimental phenomenology) に立脚した研究方法や力学観の強調などがある．

　ウェルトハイマーらは自然な態度のもとに，現象をあるがままの姿でとらえるという現象観察の方法をとったために，内観という観察方法による制約を離れて，現象の本質的性質をとらえることができた．ウェルトハイマーの仮現運動の研究や**視知覚における体制化**（perceptual organization）や**群化の法則**[6]（law of perceptual grouping）の研究なども，このような実験現象学的手法にもとづくものであった．また，ケーラーも，実験現象学的方法によってチンパンジーの道具の使用・製作についての実験を行ない，『類人猿の知恵試験』(1917) を著した．彼はこの本の中で，チンパンジーは課題状況の「洞察」ないし「見通し」によって課題解決を行なっているということを明らかにした．

　また，ケーラーは，力学観を導入することによってゲシュタルト心理学が強調した「部分の性質は全体によって規定される」という命題に理論的根拠を与えた．私たちが知覚するものの形態は，要素とそれが存在する「場」とがダイナミックに影響しあい，与えられた条件の許す限り全体として最もよいまとまりに向かう傾向があると考えた．これは**簡潔性の法則**[7]（prägnanz law）として知られている．

　ゲシュタルト心理学的研究は，その理論的出発点となった知覚に関する研究領域のほかに記憶，思考，意志，発達，社会行動の領域にも広がり，現代心理学の発展に大きな影響を与えた．たとえば，レヴィン[8]は独特の場理論により，ヒトの行動 (B) はヒト (P) と環境 (E) の関数 $B=f(P, E)$ であるとし，ヒトと環境の相互作用である生活空間によってヒトの行動は影響を受けるとした．また，彼の社会行動についての研究は「集団力学」というかたちで発展し，現在の実験社会心理学のはしりとなった．　　　　　　〔藤井〕

ュタルト心理学の創始者である．1924年にアメリカに渡り，主として視知覚に関する研究を行なった．ゲシュタルト心理学をアメリカに広めるための先駆けとなった．著者にゲシュタルト心理学を体系的に論じた『ゲシュタルト心理学原理』(1935)やゲシュタルト心理学の考えを発達心理学の領域まで広げて論じた『精神発達の基礎』(1921) などがある．

4) a という刺激に対しては機械的に必ず a' という感覚が生じるという考え．刺激の網膜上の状態が変化しても物の見え方が比較的一定に保たれるという知覚の恒常現象とはまったく異なる．

5) 「I-4　実験現象学」の項を参照．

6) 「II-31　群化」の項を参照．

7) プレグナンツの法則，プレグナンツの傾向（prägnanz tendency）とも呼ばれている．

8) Lewin, K. (1890-1947)「V-75　葛藤」の項を参照．

【参考文献】
ケーラー，W., 田中良久・上村保子訳, 1971, ゲシタルト心理学入門. 東京大学出版会.
コフカ，K., 鈴木正彌監訳, 1988, ゲシュタルト心理学の原理. 福村出版.

I-6 行動主義

Behaviorism

図6 J. B. ワトソン

20世紀初頭までの心理学者たちは，「心理学は意識状態自体の記述と説明である」（ジェームズ　James, W.）と考え，自分で自分の意識を観察する**内観法**（introspection）[1]を用いて，できるだけ詳しく記述し解釈しようと試みた．当時，「心象を含まない思考はあるか」，「視感覚の属性は質，広がり，持続性，強度だけであるか，または明白性，秩序の属性も含まれるか」などの問題が論争になった．しかし，内観法では，2人の心理学者の内観が異なった場合，互いに証明する方法も反証する方法もないので，いつまでも合意や実証可能な結論は得られなかった．

それに対し，ワトソン[2]は1913年に「行動主義者から見た心理学」という論文を提出し，心理学はまず実証可能な自然科学の一分野であるべきだと主張した．そのためには，従来の内観法を捨て，動物心理学の研究に使われるのと同じ客観的方法，すなわち「行動の観察」を人間の心理の研究にも用いなければならない．ワトソンはこの立場を**行動主義**（behaviorism）と呼んだ．彼は，行動主義が扱うのは主観的データである自己の意識ではなく，観察可能な客観的データ，すなわち外界の刺激（S）と生体の反応（R）であり，刺激から反応を予測できるような「行動の法則」を確立し，行動を予測・制御することが心理学の目標であると考えた．このため，ワトソンの行動主義心理学は**S-R心理学**（stimulus–response psychology）とも呼ばれる．

ワトソンは人間を対象とした行動主義的研究の方法としてパブロフの条件反射[3]に着目した．彼は，才能や犯罪傾向などの精神的特性の遺伝を否定し，生まれたばかりの赤ん坊を

1）「I-3 構成心理学」の項を参照.

2）Watson, J. B.（1878–1958）ジョン・ブローダス・ワトソンはアメリカの心理学者．シカゴ大学，ジョンズ・ホプキンズ大学で動物心理学を研究した後，従来の心理学のパラダイムを大きく転換する行動主義心理学を創始した．1915年には37歳でアメリカ心理学会会長に選ばれた．1920年に女性スキャンダルが原因で大学を辞め，広告・市場調査の業界に転じて成功するが，そのかたわら，心理学の研究や著作を続けた．日本でも『行動主義の心理学』（河出書房新社）が翻訳されている．

3）「III-47 古典的条件づけ」の項を参照.

「白紙」の状態と考え，条件づけによって精神的特性が形成されていくと考えた．そして，その例として，幼児の恐怖が古典的条件づけによって学習されることを示した（アルバート坊やの実験[4]）．ネズミを恐がらない幼児に，古典的条件づけの手法でシロネズミと恐怖刺激（大きな音）を対提示すると，幼児はそれまで恐がらなかったシロネズミを恐がるようになった．恐怖反応は，シロネズミに似て白い毛がふさふさしているもの（ウサギ，イヌ，毛皮，白ヒゲなど）にも般化[5]した．別の研究では，ワトソンは，動物恐怖は消去や模倣学習によって除去可能であることを示した．これは後の行動療法[6]や恐怖症の条件づけ理論に道を開く研究であった．ワトソンは，成熟した人間の反応はほとんど条件反射によって形成された学習反応であり，神経症や精神病の原因も条件づけられた「習慣のひずみ」に起因する病的パーソナリティだと考えた[7]．

ワトソンの「行動」の概念は広く，思考のように直接観察ができないものや，個人の意識体験の言語報告も「行動」に含まれる．彼は迷路学習の研究から，反応自体が次の反応を引き起こす刺激となり，さらに次の反応を引き起こしていくという反応連鎖の考えを提出し，思考のように直接観察ができない行動を説明しようとした．思考は喉や胸の運動のような末梢の微細な反応の連鎖で維持される，外に現われない言語活動（内語）であり，将来は思考を末梢の微細な生理的反応で測定できるようになると考えた．

ワトソンの行動主義はいろいろな修正を受けながらも，その基本的立場は後の心理学者たちに受け継がれていった．彼らの立場はさまざまであるが，行動を直接の研究対象とする点で共通しており，一括して**新行動主義**（neo-behaviorism）と呼ばれる．

トルマン[8]は行動を，筋肉や腺などの生理学的反応の総和によって定義されるもの（分子的定義）以上のもの，すなわち目的をもったもの（目的的行動）としてとらえようとした．たとえば，ワトソンは，ネズミが迷路で終点に達し，餌をもらったときに，ネズミは迷路という刺激と個々の反応の

4)「Ⅵ-83 情動」の項を参照．

5)「Ⅲ-50 般化と弁別」の項を参照．

6)「Ⅲ-59 行動療法」の項を参照．

7) ワトソン，J. B.『行動主義の心理学』p. 130-131.「私は一歩前進して，こう言いたい．『私に，健康で，いいからだをした1ダースの赤ん坊と，彼らを育てるための私自身の特殊な世界を与えたまえ．そうすれば，私はでたらめにそのうちの一人をとり，その子を訓練して，私が選んだある専門家—医者，法律家，芸術家，大実業家，そうだ，乞食，泥棒さえも—に，その子の祖先の才能，嗜好，傾向，能力，職業がどうだろうと，きっとしてみせよう』と．私は，事実より先走っている．私はそれを認める．しかし反対論の提唱者もそうしている．…黒色人種が劣等だという確実な証拠は一つもない．」というワトソンの言葉は，環境主義的な彼の人間改造論の考え方を表わしている．ワトソンの考えは，人間の能力は生まれつき決まっている，とする当時の階級社会への挑戦でもあり，アメリカの社会へ強いインパクトを与えた．

関係を学習するとしたのに対し,トルマンは,ネズミは迷路という手段刺激と目標(餌)の関係を学習すると考えた.この手段－目標関係の学習によって,手段刺激は目標への期待を生じさせる**サイン**(sign)となる.そして餌に対する動機づけが高まったときに,餌をとるために走るという行動を生起させる.すなわち,トルマンは,学習とは基本的に反応学習ではなく,**サイン学習**(sign learning)であると考えたのである.そして,生体は,さまざまなサイン学習の経験によって,環境をさまざまな目標を指し示すサインの集合体,すなわちサイン・ゲシュタルトとしてとらえるようになる.その結果,生体は環境に対する**認知地図**(cognitive map)を形成すると考えた.このようなトルマンの立場は,**目的論的行動主義**(purposive behaviorism)と呼ばれている.

ハル[9]はニュートン物理学やユークリッド幾何学の影響を受け,行動の心理学に公準と法則からなる数学的体系を導入しようとした.彼は,刺激と反応を1対1に対応するものとは考えず,刺激と反応の間に,**習慣強度**(habit strength)を始めとする**仲介変数**(intervening variable)を仮定した.反応に対して強化が与えられると,生体は**動因**[10](drive)の低減(たとえば,食欲が満たされ食動因が減る)を経験し,習慣強度が高まり,条件づけが生じる.反応ポテンシャルはこの習慣強度と正の動因の積であり,反応ポテンシャルから反応抑制(反応の作業量が増すと増加する)などの抑制要因を引いて得られる,瞬間有効反応ポテンシャルが生体の反応閾を越えると,実際の反応が生じると考えた.ハルは,著書『行動の原理』『行動の本質』『行動の体系』の中で,以上の理論を習慣強度の公準,反応ポテンシャルの公準,抑制ポテンシャルの公準など16の公準にまとめて,心理学の基本的な公準として導入し,それから多くの二次的法則を演繹する行動の数学的体系を作った.彼の研究は後の数理心理学への礎石ともなった.

スキナー[11]は**徹底的行動主義**(radical behaviorism)を唱え,抽象的な原理や仲介変数などの観察不能な仮説的構成概念を心理学に導入するのに反対した.彼は,科学の目標は出

8) Tolman, E. C. (1886-1959) エドワード・チェイス・トルマンはアメリカの心理学者.カリフォルニア大学教授.ゲシュタルト心理学の影響を受け,行動を巨視的かつ目的的にとらえようとした.また,直接観察できない仲介変数を行動の説明に取り入れた.認知心理学の先駆者としても評価されている.日本でも『新行動主義心理学』(清水弘文堂)が翻訳されている.

9) Hull, C. L. (1884-1952) クラーク・レナード・ハルはアメリカの心理学者.イェール大学教授.概念や適性検査,催眠の研究ののち,学習理論の数理的体系化に一生を捧げた.彼の理論は仮説演繹的なのが特徴であり,これを検証するため,その後多くの実験が行なわれた.日本でも,彼の理論を集大成した『行動の原理』『行動の体系』(誠信書房),『行動の基本』(ナカニシヤ出版),『行動の本質』(理想社)が翻訳されている.

10)「V-70 欲求と動因」の項を参照.

11) Skinner, B. F. (1904-1990) バラス・フレデリック・スキナーはアメリカの心理学

来事の予測と制御であるので，心理学は観察・操作可能な刺激と反応の間の関数関係を見いだす，関数分析を行なわなければならないと考えた．スキナーは，1試行ごとに生体に反応や条件づけを強いる従来の研究法をやめ，スキナー箱[12]で動物に自由に反応させる**フリー・オペラント**（free operant）の研究を始めた．そして，強化についての環境側の規則である**強化スケジュール**[13]（schedules of reinforcement）が，生体の行動に及ぼす効果について，精力的に研究を展開した．

今日では行動主義・新行動主義の理論体系はまとめて，**行動理論**（behavior theory）と呼ばれる．また，隣接諸科学との境界領域に行動薬理学，行動遺伝学，行動生理学，行動毒性学，行動医学，行動生物学，行動経済学などが誕生した．心理学はこれらの隣接諸科学に心理学的概念とその客観的測定法を提供している．これはワトソンの行動主義の遺産だといえよう．これら行動を扱う諸科学を総称して，**行動科学**（behavior science）と呼ぶこともある．

行動主義は自然科学としての心理学をめざすものであり，実験主義・実証主義的側面をもっている．行動主義者は実験的に実証されたものだけを客観的データとして受け入れようとした．しかしこれは同時に，現在，実験できない対象は（将来，実験できるようになるまで）扱うべきではないとする，研究上の禁欲主義につながった．もし厳格な行動主義的方法論だけに固執するならば，人間の精神の研究ははるか遠い将来までできないことになる．それゆえ，現在の時点でまだ行動主義的に扱えない対象を問題にしたければ，行動主義以外の方法を用いるほかはない．ここに行動主義の限界があり，**認知心理学**[14]（cognitive psychology）が行動主義批判の上に台頭してきた[15]理由の1つがある．しかし，これは同時に，認知心理学の非実証的側面の由来でもある． 〔浜村〕

者でオペラント心理学の創設者．ハーバード大学教授．スキナー箱で動物のオペラント行動の研究を行なうかたわら，行動療法，言語理論，プログラム学習など，オペラント心理学の応用分野にも力を注いだ．自らの心理学理論にもとづくユートピアを描いた『心理学的ユートピア』（誠信書房）はベストセラーになった．その他にも『行動工学とはなにか』（佑学社），『教授工学』（東洋館出版），『人間と社会の省察―行動分析学の視点から』（勁草書房），『科学と人間行動』（二瓶社）などが翻訳されている．「III-58　行動分析」の項を参照．

12）「III-48　道具的条件づけ」の項を参照．

13）「III-51　強化スケジュール」の項を参照．

14）「I-11　認知科学」の項を参照．

15）ガードナー，H.，佐伯胖・海保博之監訳，1987，認知革命．産業図書．を参照．

【参考文献】
ボークス，R.，宇津木保・宇津木成介訳，1990，動物心理学史：ダーウィンから行動主義まで．誠信書房．

精神分析学

Psychoanalysis

I-7

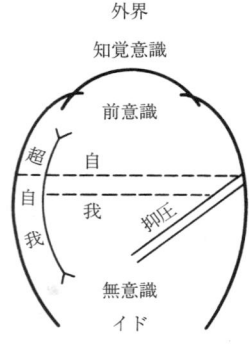

図7 フロイトの考える
パーソナリティ構造

精神分析学（psychoanalysis）はフロイト[1]によって創始され，体系化された学問である．フロイトは**ヒステリー**（hysteria）[2]の研究に取り組む中で，ヒステリー症状の原因として，**無意識**（unconsciousness）の中に**抑圧**（repression）された過去の不快な記憶（心的外傷体験）があること，そのために発生した情緒が適切に処理されないところから症状は起こること，そして催眠[3]などの方法により不快なものとして抑圧された記憶を想起させることができれば，抑えられた情緒を解放し，治療することのできることを見いだした．さらに彼は，ヒステリー患者だけでなく，すべての人が自分では受け入れることのできない，したがって抑圧しなければならない「無意識的な」動機を心の中にもっていること，そしてこれは「しくじり行為（失錯行為）」として現われたり，夢に現われたり，さらには**神経症**（neurosis）の症状として現われたりすると考えた．なお彼のいう無意識とは，単に意識されないだけでなく，**意識**（consciousness）に受け入れると精神の安定が脅かされるために抑圧されたもののことをいっており，抑圧されているわけではなく，単に忘れ去られているもので，容易に意識化できるものについては彼は**前意識**（preconsciousness）と呼んでいる．

こうした意識論にもとづいて，フロイトは神経症の治療に**自由連想法**（free association）と呼ばれる方法を用いた．この方法では患者は静かな部屋でゆったりとした椅子に座り，心に浮かぶどんなことでも——それがどんなに些細なものでも，言いづらいものであっても——つつみ隠さず話すのであ

[1] 精神分析学の創始者フロイト（Freud, S. 1856-1939）は，現在のチェコのプリボールに生まれ，4歳のときウィーンに移り住んだ．ユダヤ人であることでナチスの迫害を受け，晩年にはロンドンに移っている．始めは生理学の研究に従事したが，生活上の必要から臨床医となった．1895年にブロイヤーと共著で出版した「ヒステリー研究」が精神分析学の始まりとされる．強い個性と家父長的な独断により，多くの弟子の離反を招いたが，批判に対しても決して自説を曲げなかった．

[2] 子宮（hysteron）というギリシャ語を語源としており，かつては体内で子宮が動き回る婦人病として扱われ，けいれん発作，失声，ヒステリー性盲，ヒステリー性聾などの

る．そうした面接を繰り返すなかで，少しずつ過去の抑圧された記憶や思考が意識の表面に顔を出し，いわば患者が過去を「再体験」するなかで，抑圧されていた動機を解放し，治療をもたらすというわけである．

　フロイトはこうした自由連想の実践のなかで，患者の不安の記憶が常に子ども時代の経験に関わっていること，さらにそれが「性」に関係していることに注目した．有名な**エディプス・コンプレックス**（Oedipus complex）[4]とは幼児期の男子の母親に対する性的あこがれと，その結果として生じる父親を競争相手として排除しようとする願望である．この願望は満たされることはなく，むしろ無惨に打ち砕かれるわけで，それが外傷体験となり，しかも抑圧されるために後の神経症などの原因になるとフロイトは考えたのである．

　一方，こうした治療の過程で，患者は分析者の中に，自分の幼児期に重要な役割を果たした人物（父親など）を再現しようとすることがある．これは**転移**（transference）と呼ばれ，時に治療の障害にもなるが，フロイトはむしろこの転移をうまく利用することで治療が促進できると考えた．

　フロイトの考えは時代とともに変遷しているが，彼の**意識－前意識－無意識**という心の構造のとらえ方は，後に**イド**（Id），**自我**（ego），**超自我**（superego）というパーソナリティ構造に発展することになった（図7）．イドは従来の無意識に相応するものであり，「快楽原理」に従って性の本能や攻撃の本能の満足を求めるものとされる．フロイトは人の基本的な生命エネルギーを**リビドー**（libido）と呼んでいるが，このリビドーがイドを導くのである．一方自我は現実を意識し，「現実原理」に従って，欲求を満足させようとするものである．3番目の構造である超自我は，子ども時代から親や社会によって規定された「道徳原理」に従い，正しい行動をするよう仕向ける「良心」に相当するものである．

　自我はイドの情熱に駆り立てられ，それを現実との関係で何とか調整しなければならないし，完全化を求める超自我の要求にも沿おうとして困難な立場に立つことになるわけであり，神経症などは自我がその立場に耐えられなくなったとき

症状を伴うものをこう呼んだ．現在では婦人だけに起こるものとは考えられておらず，心理的な原因によって生じる知覚系，運動系の身体症状を一般的にこう呼んでいる．

3）催眠法と呼ばれる一定の手続きによって被暗示性が亢進した結果生じる独特な心理的，生理的現象の総称．フロイトは始め，これによってヒステリー患者の抑圧された過去の経験を思い出させる試みを行なっていたが，誰もが催眠に誘導できるわけではないことと，治療効果が必ずしも長続きしないことなどから，後にはこれを捨て，自由連想法を用いるようになった．

4）「V-79 コンプレックス」の項を参照．

に起こると考えるのである．

このようにフロイトの精神分析理論は，単に神経症の治療の技術であるだけでなく，パーソナリティ論にもなっており，さらには文明，文化，社会論としても独自の立場をもっている[5]．

現在，フロイトの精神分析学は無意識と初期経験の重要性を指摘している点で，**深層心理学**（depth psychology）を始め，異常心理学，人格心理学になくてはならないものであるが，心理学全体の中では必ずしも重要な位置を占めているとはいえない．むしろ思想，文化に与えた影響の方がはるかに大きく，心理学の中で占める地位とは別に人類の大きな遺産であることには違いないといえる．

フロイトのもとには多くの弟子が集まったが，その多くは意見の対立がもとでフロイトと袂を分かった．その代表がユング[6]とアドラー[7]である．ユングはフロイトの考えがあまりに生物学的であり，かつ性的なものに偏っているとして，人間のエネルギー（リビドー）はもっと広い内容を含む生命エネルギーであると見なした精神分析理論を展開した．そしてリビドーが外的なものに向けられるのか内的なものに向けられるのかという傾向の違いにより，**内向性－外向性**（introversion–sextroversion）というパーソナリティ類型を提唱した[8]．

ユングもまた無意識の重要性を強調したが，彼は無意識には2種類のものがあるとしている．最初の**個人的無意識**（personal unconsciousness）はあらゆる忘却された経験や，意識に上らない衝動とか願望から成り立っており，これは容易に意識に呼び戻すことができるものとされる．**集合的無意識**（collective unconsciousness）は個人的無意識のさらに深層に位置しており，人類全体の心の奥底にあると考えられるもので，人類がその誕生以来積み重ねて来た経験から成り立っているとされる．ユングは世界各地の神話や芸術を調べてみると，直接交流があったとは考えられない地域の間で非常によく似たモチーフがしばしば見られることを指摘している．こうした共通したモチーフは**元型**（Archetype）と呼ば

5) たとえば，彼は『ある幻想の未来』という著書の中で，宗教は幻想であり，集団的な願望充足の試みであると見なしており，さらに宗教の土台には幼児期の無力感があり，それが全能の神の保護を求めさせるのであるとしている．
Freud, S., 1927, *Die Zukunfteiner Illusion*. Internationaler Psychoanalytisher Verlag.（浜川祥枝訳，1969, ある幻想の未来. フロイト選集3, 文化・芸術論（中），人文書院.）

6) Jung, C. G.(1875–1961) カール・グスタフ・ユングはスイスに生まれ，バーゼル大学で医学教育を受けた．フロイトの『夢分析』に感銘を受け，一時フロイトと協調して精神分析学の確立を図ったが，フロイトの汎性論に飽きたらず，彼から離反して独自の理論を打ち立てた．アフリカ，メキシコ，インドなどに旅行し，東洋思想や神秘思想にも造詣が深く，宗教や神話に関する研究も多い．

7) Adler, A.(1879–1937) アルフレッド・アドラーはオーストリアのウィーン郊外に生まれた．ウィーン大学で医学博士号を取得．始めフロイトに師事したが，意見の対立によ

れ，これが集合的無意識のもとになっていると考えるのである[9]．元型は，通常は意識されることはなく，投影された形や，夢あるいは空想の中に現われる．元型の一つ，太母（グレートマザー）は，日本では観音菩薩，欧米では聖母マリアというかたちで現われるとされる．ユングは元型の中でもペルソナ，影，アニマとアニムス，そして自己の4つを主要なものと考えている．ペルソナとは他者が自分に期待している役割を果たそうとする，いわば外界に向けている一種の仮面である．影は自分以外からも自分自身からも隠したい欲望のようなパーソナリティの部分をいう．アニマは男性の中の女性的特徴を，アニムスは女性の中の男性的特徴をいう．人は恋するとき，このアニマ，またはアニムスの心像を異性の相手に投影し，実際の相手にはない特質を付与することになる．自己は最も重要な元型であり，完全な統合の達成をめざす存在とされ，統合に向かって努力している様子は曼陀羅で象徴的に表わされるとされる．なお，ユング自身も夢の中で元型をモチーフにした内容のものを見たことを報告している．

　ユングの考えは心理学の中にすぐには広く受け入れられなかったが，近年になり超能力，神秘主義，変性意識などへの興味が増すにつれ彼の理論に対する評価は高まりつつある．一方アドラーはフロイトのあまりに生物学的な，そして「性」を最重要視した考え，それに無意識を強調する考えを否定し，人間形成における社会的影響の重要性や意識そのものの重要性を説いた[10]．彼はまたフロイトの「過去に規定されるパーソナリティ」という考えを嫌い，人は未来に向かって「劣等感」を克服し，「優越感」を求めて向上しようとする存在であると主張し，後の「人間性心理学」の基礎を築いた．　　　　　　　　　　　　　　　　　　　〔渡邊〕

り彼から離反して独自の理論を発展させた．彼は「劣等感」という言葉を作ったが，その劣等感を優越感に置き換えようとする補償の作用を重要視した．後にアメリカの大学で教授職についている．

8) Jung, C. G., 1937, *Psychologische Typen*, Rascher.(林道義訳，1987，タイプ論．みすず書房．)「Ⅷ-99 類型論」の項を参照．

9) Jung, C. G., 1955, *Die Archetypen und das Kollective Unbewuβte*. Raster Verlag.(元型と集合的無意識．関連訳書 林道義訳，1982，1983，元型論：無意識の構造；元型論・続．紀伊國屋書店．)

10) Adler, A. 1927, *Menshenkenntnis*. Hirzel.(英訳:1927,*Understanding Human Nature*. Green-berg.)

【参考文献】

Ellenberger, H. F., 1970, *The Discovery of The Unconscious : The history and evolution of dynamic psychiatry.* Basic Books.(木村敏・中井久夫監訳，1980，無意識の発見．弘文堂．)

Freud, S., 1917, *Vorlesungen zur Einführung in die Psychoanalyse.* Internationaler Psychoanalytisher Verlag.(懸田克躬・高橋義孝訳，1971，精神分析入門（正，続）．フロイト選集1，人文書院．)

I-8 臨床心理学

Clinical Psychology

図8-1 ウィトマー（Lightner Witmer）

臨床心理学（clinical psychology）とは，心理的な問題をかかえている人を理解し，その問題からの回復を援助するための学問である．一般には**精神医学**（psychiatry）と混同されることが多く，その境界も曖昧である．アメリカ心理学会（APA）のガイドライン[1]による臨床心理学の定義は，「知的，情緒的，心理的，および行動上での障害と不安を理解し，その人の将来を予測するとともに，その状態の緩和をめざす」こと，そして「心理的苦痛，個人生活・社会生活・職業生活の機能の不全について，その性質や原因を診断すること」とされている．

臨床心理学という言葉を最初に使ったのは，アメリカのウィトマー[2]である．ウィトマーは実験心理学の父と呼ばれたヴントに師事し，帰国後は心理学実験室を主催していた．しかし，彼のもとにスペリングをきちんと綴れない子どもが相談に訪れたことを契機に，臨床心理学の実践を行なうようになった．心理学の歴史上，これが最初の心理学の臨床応用と考えられている（1896年）．

ウィトマーは臨床心理学の創始者として歴史に名前を残したが，残念ながら臨床心理学そのものへの影響はほとんどない[3]．これに対して，臨床心理学の発展に大きな影響をもたらしたのは，フロイト[4]に始まる力動論[5]であった．フロイトの始めた**精神分析**[6]（psychoanalysis）に対するアメリカ人の関心は高く，APAの創始者であるホール[7]は，フロイトとユング[8]をクラーク大学創設20周年記念講演に招待し（1909年），これを機にフロイトの基本的な考え方が，アメリカの心理学者の多くに受け入れられるようになっていった[9]．

1) アメリカ心理学会（American Psychological Association：APA），1981，心理学者の倫理基準．

2) Witmer, L.(1867-1956)

3) 最近ウィトマーの臨床心理学への貢献を見直そうとする動きもある．興味のある読者は下記の伝記的論文等を参照のこと．
Thomas, H., 2009, Discovering Lightner Witmer: A forgotten hero of psychology. *Journal of Scientific Psychology*, April: 3-13.

4) Freud, S.「V-77 防衛機制」の項を参照．

5) 「I-7 精神分析学」「Ⅷ-101 力動論」の項を参照．

6) 「I-7 精神分析学」の項を参照．

力動論と共に現代の臨床心理学の基礎となったのは，**精神測定学**（psychometry）と呼ばれる分野である．精神測定学とは，人をより客観的に研究・測定してゆくための学問であり，キャッテル[10]が1890年に「メンタルテスト」という用語を用いたことに始まる．いわゆる**知能検査**[11]（intelligence test）はフランスのビネー[12]の手によって開発され，後にビネー・シモン知能尺度として公刊された（1905年）．1910年ごろになると，ビネー・シモン式の知能尺度はアメリカにも導入され，その有効性が認められると，臨床現場にとどまらず多くの組織で利用された．特に有名なのは，第一次世界大戦中のアメリカ軍において集団知能検査が開発され，兵士の知的能力の大規模な検査が行なわれたことである．日本では田中寛一によって標準化された「田中・ビネー知能検査」（1947年）[13]が最も有名である．

　知能尺度が利用されるようになり，その問題点も明らかになってくると，**パーソナリティ尺度**（personality scale）の作成が試みられるようになった．スイスの精神科医であったロールシャッハ[14]は，インクブロット図版による精神病の診断結果を発表したが，反響はほとんどなかった（1921年）．しかし，ロールシャッハの方法はアメリカに持ち帰られ，客観的な方法で反応の分類や解釈を行なう方法を開発する努力がなされた．これによって，**ロールシャッハ検査**（Rorschach test）は大きく普及することになった．

　心理検査はその利便性から広く利用されるようになったが，ロールシャッハ検査等の**投影法**[15]（projective technique）の解釈の非客観性など，強い批判も受けた．しかし，統計学的手法による検査結果の信頼性や妥当性の向上が図られた結果，現在では膨大な種類のテストが各領域で利用されている[16]．

　臨床心理学の理論は多岐にわたるが，5つの理論について簡単に紹介する．上述の精神分析学は，いわゆるフロイト派（自我心理学），メラニー・クライン[17]の児童分析に始まる**対象関係学派**（object relations school），サリバン[18]やフロム[19]等の**対人関係学派**（interpersonal relations school）やフロイト派から分かれたコフート[20]による**自己心理学派**（self psy-

7) Hall, G. S.(1844-1924)

8) Jung, C. C.「I-7 精神分析学」の項を参照．

9) 力動論はその後，自我心理学として精神分析の理論と臨床を発展させた．詳しくは，参考文献欄の小此木（2002）などを参照のこと．

10) Cattell, J. M. (1860-1944)

11) 「Ⅷ-103　知能検査」の項を参照．

12) Binet, A.「I-1 個人差」の項を参照．

13) 「田中ビネー知能検査」は現在も発展型が利用されている．
TK式　田中ビネーⅤ全訂版
田中ビネー知能検査Ⅴ
財団法人田中教育研究所（編），田研出版

14) Rorschach, H. (1884-1922)

15) 「Ⅷ-102　パーソナリティ検査」の項を参照．

16) 心理検査については，ネブラスカ大学ブロス研究所が1938年から『精神測定年鑑』を発行している（http://www.unl.edu/buros/）．

chology school）などに分かれていった．日本ではアメリカのような精神分析理論の隆盛はなかったが，土居健郎[21]や小此木啓吾[22]らが中心となってさまざまな活動が行なわれた．

フロイトとともに精神分析学の創立期に活躍したのがユングである．ユングはフロイトのいわば「唯性論」に異議を唱え，**ユング心理学**（**分析心理学**；analytical psycology）としてフロイトとは別の方向に進んだ．日本では河合隼雄[23]がユング心理学の第一人者であり，**箱庭療法**（sandplay therapy）を取り入れたことでも有名である[24]．

ロジャーズ[25]が創始した**来談者中心療法**[26]（client–centered therapy）は，現在のカウンセリングの原型となっていると言っても過言ではないだろう．ロジャーズの方法は**非指示的療法**（non–directive counseling）や来談者中心療法と呼ばれながら，現在では**パーソンセンタードアプローチ**（person–centered approach）と呼ばれ，マズロー[27]の主唱した**人間性心理学**（humanistic psychology）に属すると考えられている．個人に対する心理療法の枠を超え，健常者の心理的成長を目的とした活動（**エンカウンターグループ**；encounter group）や平和活動などへと発展している．

行動療法[28]（behavior therapy）は，上で紹介した伝統的な心理療法の有効性に対する批判として現われた．問題行動を誤った学習の結果と仮定し，古典的条件づけ[29]や道具的条件づけ（オペラント条件づけ）[30]における消去手続きなどを用いて，問題行動を減少させてゆくという考え方である．古典的条件づけの応用としては不安神経症や恐怖症などの不安障害（anxiety disorders）に効果が高いとされている**系統的脱感作法**[31]（systematic desensitization technique）が知られている．一方，オペラント条件づけの応用としては刺激統制法による禁煙プログラムなどが行なわれている．クライエントの行動を中心に治療プログラムが考えられている行動療法に対して，クライエントのものの考え方（認知過程）を中心に治療方法を考える療法を**認知療法**（cognitive therapy）と呼ぶ．そして行動療法と認知療法を組み合わせたものが**認知行動療法**（cognitive–behavioral therapy）である．エリス[32]は，

17) Klein, M.（1882-1960）
18) Sullivan, H. S.（1892-1949）
19) Fromm, E.（1900-1980）
20) Kohut, H.（1913-1981）
21) 土居健郎（1920-2009）
22) 小此木啓吾（1930-2003）
23) 河合隼雄（1928-2007）
24) 「V-76 心理療法」の項を参照．
25) Rogers, C. R.「V-76 心理療法」の項を参照．
26) 「V-76 心理療法」の項を参照．
27) Maslow, A. H.（1908-1970）
28) 「Ⅲ-59 行動療法」の項を参照．
29) 「Ⅲ-47 古典的条件づけ」の項を参照．
30) 「Ⅲ-48 道具的条件づけ」の項を参照．
31) 「Ⅲ-59 行動療法」の項を参照．

クライエントの問題行動は論理的でない認知や思考によるものであると考え，クライエントの不適切な認知や論理を指摘し，積極的に変容させるという方法を提唱した（**論理療法；rational emotive therapy**）．

臨床心理学の実践は，初回面接，心理査定（アセスメント），介入（治療）に分けることができる．**初回面接**（intake interview）では，クライエントに関する基礎情報（たとえば，年齢，性別，家族環境，成育史，治療歴など）とともに，クライエントが来談するきっかけとなった問題（主訴）などについて話し合われる．また，クライエントが自分の判断で来談したのか，人に勧められて（場合によっては無理に連れられて）来たのか，ということも，クライエントの治療に対する動機づけの強さを示すので，治療計画を立てる上で重要な要素となる．

クライエントの問題を理解する方法が**アセスメント**（assessment）である．アセスメントでは，クライエントと定期的に面談をする面接法，クライエントの行動を観察する観察法，各種心理テストなどを用いる検査法[33]などによって，クライエントのかかえる問題を理解する．クライエントの問題が精神障害に起因すると考えられる場合には，DSMなどに準拠して診断が行なわれる[34]．臨床心理学の対象となる精神疾患，異常行動などについては表8-1参照．

アセスメントによってクライエントのかかえる問題が明ら

32) Ellis, A.(1913-2007)

33)「I-14 心理検査」「Ⅷ-102 パーソナリティ検査」「Ⅷ-103 知能検査」の各項を参照．

34) 精神障害の診断と統計の手引き（DSM；Diagnostic and Statistical Manual of Mental Disorders）は現在第4版修正版（DSM-IV-TR）となっている．本文では「診断」と表記したが，臨床心理士は疾患の確定診断をする立場にはなく，確定診断するのは医師の役目である．

表8-1 臨床心理学の対象

カテゴリ	分類	カテゴリ	分類
精神疾患	統合失調症 気分障害 不安障害 解離性障害 摂食障害　など	社会的問題	虐待・いじめ 不登校・ひきこもり 非行 依存（薬物，買い物，パチンコその他） 自殺　など
発達障害	知的障害 広汎性発達障害 学習障害 注意欠陥・多動性障害　など	人生に関する問題	思春期や青年期に特有の問題 進路選択（職業選択）の問題 恋愛・結婚・出産などに関する問題 老いの問題　など
遺伝的障害	ダウン症 レット症 ミトコンドリア症　など	上記および家族・家系に関する問題	遺伝子診断 妊娠・出産などに関する問題

かになると，問題への**介入**（intervention）（治療）が行なわれる．クライエントに対する治療的介入には各種理論・方法が開発され実践されている[35]．

臨床心理学の研究法は，統計的・数量的研究法と個別的事例研究法に分けられる．統計的・数量的研究法は「心理療法は効果があるのか」という問いについて，数量的・客観的な裏づけを与えるための研究である．アイゼンク[36]は1952年心理療法の有効性に関する大規模な疫学的研究を発表した．論文の中でアイゼンクは「神経症患者に対する心理療法の有効性を示す証拠はない」と，心理療法の有効性に対して真っ向から疑問を提起し，大きな論争を引き起こした．この論争を期に，心理療法の効果を規定する要因（たとえば，クライエントおよび治療者の個人的特性，相互作用，治療技法など）の詳細な分析など，心理療法の改善に寄与する研究が行なわれるようになった．これに対して，個別的事例研究法は法学における判例研究や医学における症例研究と同様に，個別のケースに関する記述的研究である．事例研究はスーパービジョンなどにおいて，治療者本人の当該事例における治療過程の再確認・再検討の機会となるだけではない．論文発表などで公開された事例に接することによって，他の治療者の事例を追体験できるという教育的な意味ももつ．また，ケース・カンファレンスなどにおいて1つの事例を集団で議論することも事例研究ということができる．

臨床心理学は人の心の問題を扱うため，必要な知識や技術を習得した専門家によって実践されることが望ましい．現在，日本においては臨床心理学に関連する各種の資格制度がある（表8-2）．中心的役割を担う**臨床心理士**（clinical psychologist）は，1988年に文部科学省（当時は文部省）の認定財団法人として設立された，日本臨床心理士資格認定協会による資格審査に合格することによって取得できる[37]．

臨床心理士は，医療場面においては精神科医や心療内科医のもとで，各種精神疾患や発達障害などの患者の治療やその家族の精神的な支援などの活動を行なっている．

一方，教育場面における活動は学校が中心である．日本で

35)「V-76 心理療法」の項を参照．

36) Eysenck, H. J. (1916–1997)

37) 臨床心理士の取得については，日本臨床心理士資格認定協会のホームページ (http://www.fjcbcp.or.jp/) を参照のこと．

表 8-2　臨床心理学に関連する公的資格

名　称	資格認定団体	所管官庁・学会
臨床心理士	日本臨床心理士資格認定協会	文部科学省
学校心理士	「学校心理士」認定運営機構	日本教育心理学会（他連携学会）
臨床発達心理士	臨床発達心理士認定運営機構	日本発達心理学会（他協力学会）
産業カウンセラー	日本産業カウンセラー協会	2001年まで旧労働省所管，現在は民間
認定心理士	日本心理学会	文部科学省，心理学の基礎資格
心理相談員	中央労働災害防止協会	厚生労働省

注）公的学会あるいはそれに準ずるものによる（臨床）心理学関係の資格は多数ある．心理学関係の資格には官庁や学会とは関係の無い民間資格や資格ではないものも多数見られるので注意を要する．

は大学に学生のために学生相談室を設置することが義務づけられており，臨床心理士は相談室員として心理的問題だけでなく，大学生活や就職等さまざまな面から学生を支えている．また，近年スクールカウンセラーという言葉が用いられることが多いが，これは幼稚園，小・中・高校および特別支援学校などで活動するカウンセラーである．臨床心理士とともに**学校心理士**（school psychologist）[38]が担当するもので，現在全国の公立中学校への配置が進んでいる．

　また産業界では，**産業カウンセラー**（industorial counselor）という言葉が日常のものとなってきた．産業カウンセリングは，社員の精神衛生や人間関係，さらにはキャリア開発等に対する支援を行なう活動である．産業カウンセラーは臨床心理士が担当することもあるが，産業カウンセリングに特化した産業カウンセラーという資格制度もある[39]．

　カウンセラーの活動は通常，クライエントとの面談のかたちをとることが多いが，クライエントと直接対面しない場合もある．直接カウンセラーに話し難いことや，緊急を要する場合には，「いのちの電話」[40]に代表されるような電話相談や，インターネットを利用したインターネットカウンセリングも有効であり，近年ではその重要性が増している．

〔山田〕

[38] 日本教育心理学会が母体となる「学校心理士」認定運営機構によって認定される資格．詳しくは同機構のホームページ（http://gakkoushinrishi.jp/）を参照のこと．

[39] 日本産業カウンセラー協会によって認定される資格．旧労働省の技能審査として始まった．詳しくは同協会のホームページ（http://www.counselor.or.jp/Default.aspx）を参照のこと．

[40] 自殺予防を目的として，1953年にロンドンで始まった電話相談を起源とする．日本には1971年に「いのちの電話」が創設された．詳しくは「日本いのちの電話連盟」のホームページ（http://www.find-j.jp/index.html）を参照のこと．

【参考文献】

小此木啓吾，2002，現代の精神分析：フロイトからフロイト以後へ．講談社学術文庫，講談社．

下山晴彦編，2009，やわらかアカデミズム・＜わかる＞シリーズ　よくわかる臨床心理学．改訂新版，ミネルヴァ書房．

比較行動学

Ethology

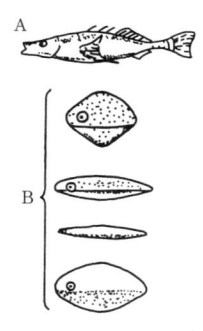

I-9

図9 イトヨの攻撃行動の解発刺激
(Tinbergen, 1951)[1]

比較行動学（ethology）とは行動の生物学である（ローレンツ[2]）．比較行動学者は，動物や人間の行動をその自然の生態系の中でありのままに観察して分類・記述し，その動物の**行動誌**（ethogram）を作るとともに，行動発現の近接要因（行動の引き金となる刺激は何か），究極要因（行動によって生存価は高まるか）を探る．そして，その行動が進化してきた理由を進化論の枠組みで説明しようとする．それゆえ，その動物種に特有の生得的行動や本能行動[3]が研究の中心となる．それに対し，生理学の動物行動研究の目的は，行動を支える生理学的メカニズムの探求にあり，心理学の動物行動研究は行動の発達や形成に関心があるといえよう．

生得的行動を引き起こす引き金となる刺激を**解発刺激**（releaser）と呼ぶ．たとえば，イトヨ[4]のオスは繁殖期になると腹部が赤くなり，なわばりに侵入した他のオスを攻撃するが，この攻撃行動の解発刺激は他のオスの赤色の腹部である．実験的にイトヨとそっくりの模型（図9-A）を提示しても，模型の腹部が赤くないと攻撃は生じない．腹部が赤ければイトヨと形がかなり違う刺激でも，攻撃行動を引き起こす（図9-B）．ティンバーゲン[5]は，このような遺伝的に決められた解発刺激に応じて，特定の行動を発現させるメカニズムを，**生得的解発機構**（innate releasing mechanism）と呼んだ．いったん解発刺激によって行動が始まると，解発刺激が途中で除去されても，自動的に一連の固定的動作パターンが引き起こされる．

人工的に解発刺激の特徴を誇張した刺激を**超正常刺激**

1) Tinbergen, N., 1951, *The Study of Instinct*. Oxford University Press.

2) Lorenz, K.(1903-1989) コンラート・ローレンツはオーストリアの動物行動学者．マックス・プランク行動生理学研究所部長．ウィーンに生まれる．幼少のころから動物が好きで，各種の動物を自宅で放し飼いにし，娘が生まれると（事故を避けるため）娘の方を檻の中で育てたというエピソードもある．刷り込み（刻印づけ）の研究その他の業績で，1973年，ティンバーゲンらとともにノーベル医学生理学賞を受賞．日本でも『攻撃』（みすず書房）『ソロモンの指環』（早川書房）『人イヌにあう』（至誠堂）『八つの大罪』『鏡の背面』『動物行動学』（新思索社）などの著書が翻訳されている．

(super-normal stimulus）と呼ぶ．たとえば，ユリカモメに本物の卵と実物より大きな模型の卵（超正常刺激）を与えると，大きな模型の卵の方を選んで卵転がしを始める．自然界にはこのような大きな卵は実在しないが，本物の卵よりも解発刺激としての力が大きい．また，人間や動物の幼児は，成体に養育行動を起こさせる**幼児図式**（baby schema）と呼ばれる特徴（大きな頭，丸い体，太く短い四肢，ふくれた頬など）を備えている．人形や動物のヌイグルミは，この幼児図式の特徴を誇張した超正常刺激だといえよう．また，進化の過程で他の種の解発刺激を利用するようになった動物もある．たとえば，ハネカクシはアリと同じ解発刺激を示すことでアリの巣に入り込み，アリの卵や幼虫を食べてしまう．

また，アヒル，カモ，ガンなどの鳥は，孵化直後に見た大きくて動く物体を追尾し，愛着を示すようになる．この学習は「母親」の学習と考えられ，**刷り込み**（刻印づけ[6]；imprinting）と呼ばれている．刷り込みの対象についての生得的制約条件は少ないが，学習可能な期間は生得的に限られている（孵化後約1日）．成熟後の配偶者選択の好みも刷り込みの影響を受けることが知られている[7]．

生得的行動を重視する比較行動学者は，学習を重視する行動主義者[8]との間で**本能・学習論争**（nature-nurture controversy）を繰り広げた．しかし，現在では，行動は生得的要因と学習の要因の相互作用によって形成され，学習と遺伝の相対的重要性は行動ごとに異なると考えられるようになった．生得的行動もある程度学習による修正を受けるが，学習も万能ではなく，学習の可能性には**生得的制約がある**[9]のである．心理学の側でも，比較行動学の影響を受け，人間の行動を進化の枠組みで理解しようとする進化心理学が発展してきた． 〔浜村〕

【参考文献】
ローレンツ，丘直通・日高敏隆訳，2005，動物行動学1，2．新思索社．
長谷川寿一・長谷川真理子，2000，進化と人間行動．東京大学出版会．

3）「Ⅲ-45 生得的行動と獲得的行動」の項を参照．

4）トゲウオの一種．

5）Tinbergen, N. (1907-1988) ニコラス・ティンバーゲンはオランダの動物行動学者．ライデン大学教授の後，オックスフォード大学教授．イトヨの求愛行動・養育行動やカモメの研究で知られており，1973年にノーベル医学生理学賞を受賞した．晩年には自閉症にも関心を示した．日本でも『本能の研究』（三共出版），『動物の行動』（タイムライフブックス），『ティンバーゲン動物行動学』（平凡社），『動物のことば』（みすず書房）などの著書が翻訳されている．

6）「Ⅲ-46 初期学習」の項を参照．

7）他の種の鳥に刷り込みされたカモは，繁殖期になると，同種のカモよりも，刷り込みされた他の種の鳥とつがいになろうとする．これは性的刷り込みと呼ばれている．

8）「Ⅰ-6 行動主義」の項を参照．

9）「Ⅲ-47 古典的条件づけ」の項，「Ⅲ-48 道具的条件づけ」の項を参照．

I-10

実験心理学

Experimental Psychology

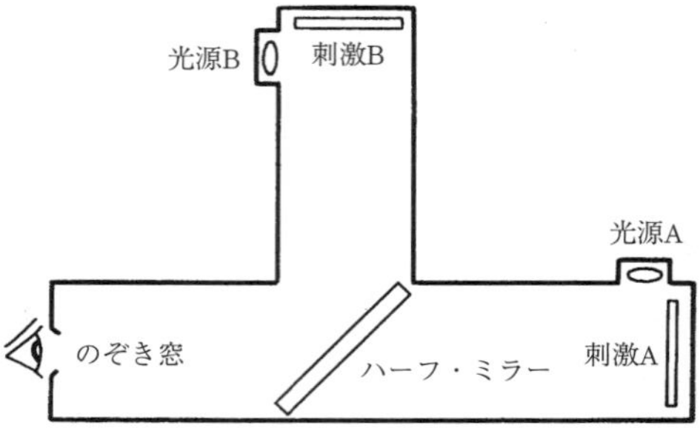

図10　2チャンネルのタキストスコープ
（Snodgrass et al., 1985）[1]

　自然科学・経験科学の伝統的方法とは，現象を観察し，それに対する検証可能な仮説を立て，仮説検証のためのデータを集め，統計的検討を施し，事実として受け入れられる仮説から理論を構築するという帰納的方法である．この研究法を精神科学としての心理学に取り入れたのが**実験心理学**（experimental psychology）である．

　実験心理学の基本的方法は，**実験者**（experimenter）が条件を設定し，刺激・事象を生起・変化させ，それを**被験者**（participants）[2]が観察し，観察結果を報告するという手続きを踏む．そして，実験条件と観察結果との間の関係（できれば法則）を考察する．これらを厳密に行なうためには，他の実験科学と同様，実験変数の統制，実験計画，測定法を検討しなくてはならない．仮説検証の対象となる要因を変数として実験に取り入れ，かつ実験の再現性を保証するためには，適切な変数操作，実験外変数の除去など，変数の厳密な統制が必要である．

　データを得る手続きが**実験計画**（experimental design）である[3]．実験計画の目的は，実験の精度をあげることであるから，そのためデータはランダムに反復して収集することなどが必要である．測定とは実験から数値データを収集する手段である．実験心理学で発展した測定法としては，**精神物理学的測定法**（psychophysical method）[4]があげられる．測定によって得られたデータは，統計的に処理され，仮説の検討がなされる．

　実験心理学の先駆的研究は，19世紀後半のドイツの心理

1) Snodgrass, J. G., Levy–Berger, G. & Haydon, M., 1985, *Human Experimental Psychology*. Oxford University Press.

2) 実験参加者，実験協力者，聴取者などと表記されることがある．

3) 「I-15　心理統計」の項を参照．

4) 「I-2　精神物理学」の項を参照．

学者ヴント[5]にさかのぼる．ヴィルヘルム・ヴントは，「実験生理学の父」と呼ばれ**特殊神経エネルギー説**（theory of specific nerve energies）[6]を提唱したヨハネス・ミュラー[7]のもとで生理学を学んだが，知覚のもつ心理学的意味に重きをおいた．ヴントの実験心理学の体系（古典的実験心理学と呼ばれる）は，イギリス経験論を母体とする**連合心理学**（association psychology）に実験生理学で養われた客観化の方法を取り入れたものといえる．しかし，実験で用いられた測定手法は，「**内観**（introspection）」と呼ばれる被験者自身の自己観察によるもので，再現性などに問題があった．扱われた領域は感覚・知覚が主で，思考や言語などは除外されていた．

ヴント以降，分析的内観から心的要素を同定し，それをもとに複雑な意識経験を説明する構成主義，刺激の全体としてのまとまりとそれに対する脳の反応を提唱した**ゲシュタルト心理学**[8]（Gestalt psychology），意識経験のもつ機能を重視した機能主義などが台頭した．さらに，内観法を排除し，心理学の対象は意識ではなく直接観察される行動であると主張した**行動主義**[9]（behaviorism）の隆盛を経た後，現在では，刺激（入力）と反応（出力）との間に介在する過程を一種の情報処理過程と見なし，その過程の特性を実験的に研究する**認知心理学**[10]（cognitive psychology）（あるいは情報処理心理学）の台頭が著しい．

今日では実験心理学が扱う領域は多岐にわたる．感覚・知覚などのパターン認知の分野は，医学，生理学，工学などと共同で研究され，学際的な研究領域といえる[11]．また，記憶や学習行動の領域も，実験心理学の範疇である．そこでは，記憶や学習の基礎メカニズムの解明のみならず，目撃証言や教育的支援など，応用的・実践的視野を有した研究も行なわれている．このほかに推論や問題解決など高次の認知過程を研究する領域，知的能力の発達を扱う領域，社会的行動を実験的に取り扱う領域なども実験心理学を支えている．〔石口〕

【参考文献】
大山正他，2007，実験心理学．サイエンス社．
高橋澪子他，1990，心理学のあゆみ（新版）．有斐閣．

5) 「I-3 構成心理学」の項を参照．

6) どの感覚が生じるかは，どのような物理的刺激を受けたかによるのではなく，どの神経が興奮したかによるということを述べたもの．各感覚神経が特有の神経エネルギーを持っているという点は現在では受け入れられていない．

7) Müller, J. P.（1801-1858）

8) 「I-5 ゲシュタルト心理学」の項を参照．

9) 「I-6 行動主義」の項を参照．

10) 「I-11 認知科学」の項を参照．

11) この分野では，実験制御，データ処理，シミュレーション等，コンピュータが多く利用されている．視覚実験には欠かせなかったタキストスコープ（瞬間露出器，図10）も，いまでは，高精度のコンピュータとディスプレイにとって替わられた．

I-11 認知科学
Cognitive Science

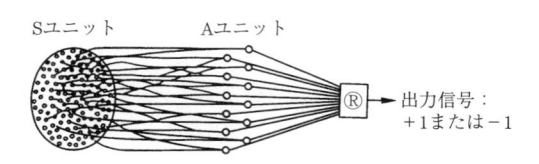

図11 パーセプトロン (Rosenblatt, 1961)[1]
S (感覚) ユニットから A (連合) ユニット，R (反応) ユニットへと情報が伝達・変換される．

認知科学 (cognitive science) とは，生体の**知能** (intelligence，あるいは知的行動) および知能システムを**計算** (computation) という観点から研究する領域である[2]．知的行動とは目的を達成するのに有効な行動をとったり，質問に適切に答えたり，直面した問題を解決したり，便利なもの，美しいもの，新しいものを創造することをいう．これらの行動の基礎に，何らかの計算 (情報処理) を行なう共通の知能システムが関わっていると考えられる．このような知能を扱う認知科学はきわめて学際的色彩の強い領域であり，心理学，計算機科学，**神経生理学**[3] (neurophysiology)，**言語学** (linguistics) など多くの既存の研究領域が関与している．

人間の行なう画像・音声パターン認知，自然言語[4]理解，学習・記憶，推論・問題解決など，人間の**情報処理** (information processing) に見られる脳内の計算過程を扱う心理学の分野を特に**認知心理学** (cognitive psychology) という．認知心理学では，人間の内部に眼を向け，入力した情報の処理に着目する．たとえば思考をシンボル操作過程と考え，思考の理論を構築するのにコンピュータ・シミュレーションを用いる．さらに，**パターン認知**[5] (pattern recognition) に見られる情報の並列処理を並列計算という立場から考える．

計算機科学の中で，知能を扱う領域は**人工知能** (artificial intelligence：AI) 研究といわれる．しかし，人工知能研究がすべて認知科学と関わるわけではない．効率よく正確な知的行動を機械に行なわせるのに，必ずしも脳内で何が行なわれているかを理解する必要はないという立場もあり，作業ロボットや，多くのエキスパート・システム[6]はこの立場に立

1) Rosenblatt, F., 1961, *Principles of Neurodynamics*. Spartan.

2) Simon, H. A. & Kaplan, C. A., 1989, Foundations of Cognitive Science. In M. I. Posner (Ed.), *Foundations of Cognitive Science*, MIT Press.

3) 神経系の信号伝達のしくみや，脳の各領域の機能などを研究する．後者では，脳内の特定の部位に微小電極を挿入して，脳の電気活動を計測する方法がとられる．

4) 計算機言語などの人工言語と対比される．

5) 文字や画像，音声など1つのまとまりをもったものを識別し，理解すること．機械による場合には，パターン認識と呼ばれることが多い．

6) エキスパート (専

つ．これに対して，認知科学的色彩の強い人工知能研究は，知能的といわれる生体の情報処理の理解を目標としている．特にパターン認知や自然言語理解など，従来のコンピュータには不得意な分野では，論理演算によるシンボル操作だけではなく，脳の有する並列処理メカニズムを理解し，これを積極的に取り入れようとしている．パーセプトロン[7]（図 11）以来の神経回路網のシミュレーション研究が，知能処理をつかさどるハードウェアとソフトウェアとを仲介するレベルの理解を提供していることは人工知能の成果の一つである．

生体の知能処理を理解するには，それを実行するハードウェアのレベルの研究が不可欠である．そこで，神経生理学もまた認知科学の一端を担う．神経ユニットの信号伝達様式[8]，神経ユニット間での信号の伝達効率の変化，神経ユニットの結合とネットワーク構築など，神経生理学的研究は，知能メカニズムの理論を構築する上で多くのアイデアと制約条件を提供する．最近では，PET や fMRI などの脳機能画像化技術の進展により，人間の認知活動と脳神経活動との関連性を，電極などを挿入しない非侵襲的方法で研究できるようになった．この領域を，特に，**認知神経科学**（cognitive neuroscience）と呼ぶ場合が多い．

認知科学としての言語学の研究は，主として「計算言語学」「**心理言語学**[9]（psycholinguistics）」と呼ばれる領域に属する．「計算言語学」は，人工知能研究とつながりが深く，自然言語の構文解析や意味理解のアルゴリズムを検討して，それをコンピュータに行なわせることを研究目的とする[10]．「心理言語学」とは，言語の心理的プロセスを探求する領域である．言語理解，言語産出，言語獲得などの研究が，知能の形成過程の理解に及ぼす貢献は大きい．

以上のほかに，哲学，解剖学，遺伝学，比較行動学など，認知科学に名を連ねる研究領域は多岐にわたっている．〔石口〕

門家）のもつ知識を蓄える知識ベース，推論エンジン，利用者とのやりとりを行なうインターフェース部を備えたコンサルテーション・システム．医療診断などに用いられる．

7）Rosenblatt（1961）の提唱した，脳の自己組織化能力（一種の学習機械）モデルである．このモデルの限界を示したものとして，Minsky, M. L. & Papert, S. A., 1969, *Perceptrons*. MIT Press. が名高い．

8）生体内における信号伝達の多くは，神経細胞による電気的・化学的信号伝達である．ある神経細胞が刺激を受けると，それは電気信号となって，その細胞と連絡している他の細胞に伝えられる．だが，細胞と細胞との間は，間隙となっており（シナプスと呼ばれる），この部分では，化学的伝達物質のやりとりで信号が伝えられる．

9）「Ⅶ-96 心理言語学」の項を参照．

10）その延長には機械翻訳の研究もある．

【参考文献】
大津由紀雄・波多野誼余夫編著，2004，認知科学への招待．研究社．
Simon, H. A. 1996, *The Science of the Artificial*. Third edition. MIT Press.（稲葉元吉・吉原英樹訳，1999，システムの科学，第 3 版．パーソナルメディア．）

I-12
応用心理学
Applied Psychology

応用心理学（applied psychology）は，基礎的な心理学で得られた成果を取り入れ，さらにそれを人間の実際の生活の向上に応用し，役立てようとする学問である．しかし，単に心理学的な知識を利用するだけの学問ではない．基礎的な心理学での研究が直接応用心理学につながらない場合もある．また，応用心理学の中には独自の研究方法と原理をもった1つの独立した学問として発展した分野もある．このように考えると，応用心理学は心理学の応用部門と考えるよりも，1つの独自の科学と考える方が妥当であるかもしれない．

現代の心理学では，基礎，応用を問わず，専門領域の細分化と専門化が進んでおり，多方面にわたる研究が行なわれている．基礎的な心理学の研究で得られた成果が応用心理学で生かされる反面，応用心理学の研究で得られた成果が基礎的な心理学の研究の発展につながる場合もある．図12は，現在一般に応用心理学と呼ばれる主な分野の例である．図12はまた，基礎的な心理学と隣接科学との関係も表わしている．

応用心理学は，実生活に応用される分野に応じて，**教育心理学**（educational psychology），**臨床心理学**[2]（clinical psychology），**産業心理学**[3]（industrial psychology），**犯罪心理学**（criminal psychology），**環境心理学**（environmental psychology），**経営心理学**（business psychology; management psychology），**広告心理学**（advertising psychology），**音楽心理学**（psychology of music），**スポーツ心理学**（sport psy-

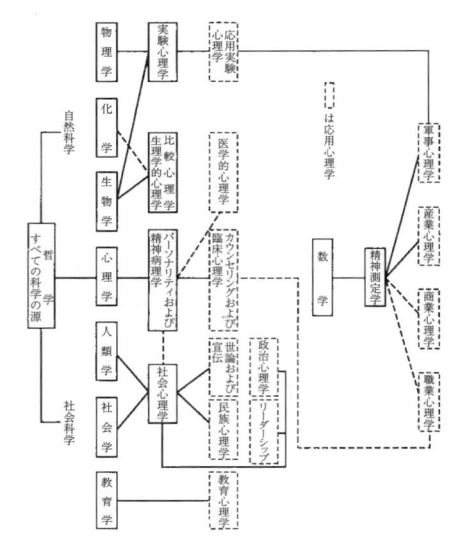

図12　現代心理学と隣接科学との関係（Royce, 1957より）[1]

1) Royce, J. R., 1957, Psychology in mid-twentieth century. *American Scientist*, **45**, 57-7

2) 臨床心理学という言葉は，ウィトマーによる．彼は，19世紀末にペンシルベニア大学に心理学クリニックを創設し，職業指導などを行なった．「I-8 臨床心理学」の項を参照．

3) 経済現象に関する心理学的分析などを行なう分野に経済心理学があるが，産業心理学と同じ意味に用いられることもある．

chology），**政治心理学**（political psychology）などと呼ばれ，多岐にわたる．教育心理学は，発達，学習，パーソナリティ，知能などの研究成果を応用する問題のほか，教師や教材，授業法，学校社会における人間関係などを主な対象とする．臨床心理学は，精神病者や神経症者，また個人の生活において障害や悩みなどを有する人々の検査や治療に心理学的方法を応用する心理学の分野である．その取り上げる方法や対象において，精神医学と重複する部分もある．臨床心理学の特徴としては，個人のケースを扱うこと，科学であると同時に技術であること，診断と共に治療を含むことである．産業心理学は，20世紀の初めに，ミュンスターベルク[4]によって体系的に展開された．当初は産業における作業能率を向上させるための，最適な物理的環境条件の整備を目的としていた．しかし，**ホーソン研究**[5]（Hawthorne studies）から，物理的条件よりもむしろ人間関係の方が産業能率において重要であることが明らかにされ，その後は社会心理学的な問題に重点がおかれるようになった．

さらに，現代においては，認知科学，コンピュータ・サイエンス，脳科学など心理学と密接な関わりをもつ新しい研究分野が次々と発展している．

一方，基礎心理学は，科学的知識を実験によって得ようとする**実験心理学**[6]（experimental psychology）とほぼ同等なものと見なされることが多く，知覚，学習，記憶，思考，パーソナリティ，感情，情動などの領域の問題を取り扱う．研究方法によって分類されたり（たとえば，理論心理学，数理心理学など），取り上げる領域によって分類されたり（たとえば，知覚心理学，学習心理学など）している．

応用心理学は，第一次世界大戦と第二次世界大戦を契機として飛躍的な発展を遂げた．応用心理学は私たちの日常生活と深く結びついており，社会の発展と共に今後ますますその発展が期待されている分野である．　　　　　　〔重野〕

4) Münsterberg, H. (1863-1916)

5) アメリカのウェスタン・エレクトリック会社のホーソン工場で，1927年から1932年にかけて生産性を規定する条件についての研究が行なわれ，休憩や労働時間などの物理的環境条件よりも職場における人間関係の方が重要な要因であることが明らかにされた．

6) 「I-10 実験心理学」の項を参照．

【参考文献】
八木冕編，1986，現代基礎心理学1：歴史的展開．東京大学出版会．
村井健祐，2001，応用心理学の現在．北樹出版．

I-13 人工知能
Artificial Intelligence

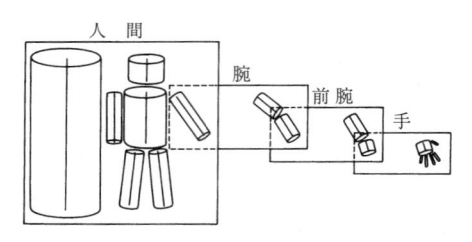

図13　3次元形状情報の構造分析（Marr, 1982）[1]

　人工知能[2]（artificial intelligence）とは，知的と思われることを人工的に行なわせること，である．人間であれ，コンピュータであれ，入力装置から情報を取り込み，その情報を内部で抽象的なシンボルに変換し，広い意味での処理を施して，出力装置へと送る一種の情報処理装置と考えることができるが，人工知能を考える場合には，数値計算のような単純な情報処理ではなく，人間が行なっているような高次の知的情報処理を機械に行なわせることに主眼点がおかれる．

　アプローチの仕方によって人工知能の研究は2つに分かれる．1つは**計算機科学的アプローチ**である．そこでは，人工知能は，高度な知覚機能，知識処理・理解，学習・推論・診断能力を必要とする実用的問題への計算機の適用に関する計算機科学の一分野ととらえられている．この場合，合理性や効率性，正確性が主眼となり，合理的・効率的に正確に考え，行動する機械やモデルが設計される．

　一方，**認知科学的アプローチ**[3]では，人工知能は，人間の有する**パターン認知**（pattern recognition）機能，言語認知機能，学習機能，推論・問題解決機能，創造性機能等を機械で実現する情報処理科学，認知科学の一分野であるととらえられ，合理性などは脇においておき，あくまで情報処理システムとしての人間の認知機能の理解を目標としている．

　人工知能システムは，単一のシステムではなく，通常3つのモジュール（サブシステム）をもつ．

　第1のモジュールはパターン情報処理モジュールである．パターン情報には，画像や音響，あるいは音声を含む自然言語（英語，日本語など）などがある．このモジュールでは，

1) Marr, D., 1982, *Vision*. Freeman.

2) 人工知能という言葉は，1956年ダートマス大学で開かれた「知的な行動・思考を行なうコンピュータプログラミング」会議上で，マッカーシーが提唱したといわれている．

3) 「I-11 認知科学」の項を参照．

4) 構造記述は自然言語処理では構文解析

パターン情報を入力としパターンの構造記述[4]を出力とする．このモジュールの中には，パターン情報の種類に応じていくつかのサブ・モジュールが設けられる．画像パターンの場合なら，形態，奥行き，運動，色処理モジュールなどである．このモジュールでの処理は通常並列処理で，従来のノイマン型のコンピュータに見られる逐次処理と対照される[5]．

　第2のモジュールは，内部化モジュールである[6]．これは，パターン情報処理モジュールの出力である構造記述に意味を与えて，記号形式（第3の知識情報処理モジュールが操作する形式）へ変換するモジュールである．たとえば，パターン情報処理モジュールに顔画像が入力されると，さまざまな輪郭線によって形成された形態が出力されるが，これらを組み合わせたものに「顔」パターンとしての意味づけを与えるのがこの内部化モジュールである．

　第3のモジュールは，知識情報処理モジュールで，内部化モジュールの出力をもとに，適切な推論や学習，問題解決を行なう．たとえば，上記の「顔」パターンが誰の顔であり，どのような感情を表現しているのか推論する．従来は，このモジュールが狭義の人工知能であった．知識処理モジュールに関しては，知識の表現の問題，つまり知識情報処理が素材として用いる知識を機械の上にどのように表現しておくかという問題，推論の形式（たとえば演繹的推論や帰納的推論など[7]）の問題など，多くの研究がなされている[8]．

　最近では，コンピュータ技術の進歩やインターネットの普及によって，人工知能にも新たな分野が開拓されている．コンピュータ内の知識を有効に使うための新たな知識体系化をめざす**オントロジー**（ontology）[9]や，インターネット上などの大規模なデータの中から有益な情報を探り出す**データマイニング**（data mining）等がその例である．　　　　〔石口〕

(parsing) として知られている．また，画像の場合でも，マーの3次元視覚モデルとしての構造記述は有名である（図13）．

5) たとえば，モニターに映っている画像を左上隅から1画素ずつ順に処理していくのが逐次処理であり，全画素の処理を1度に行なうのが並列処理である．ノイマン型のコンピュータはメモリ上に蓄えられた命令を1つずつ逐次的に処理する．

6) 辻井潤一，1987，知識の表現と利用．昭晃堂．

7) 「Ⅶ-91　演繹的推論」の項を参照．

8) 人工知能の研究では，コンピュータ言語としてLISPやPrologなどの記号処理言語が多く用いられてきた．これは，シンボル操作が高次な知的情報処理の基本演算であることを反映している．

9) オントロジーは，もともと哲学の一領域を指し，「存在論」と呼ばれる．

【参考文献】
溝口理一郎編著，2006，オントロジー構築入門．オーム社．
Russell, S. J. Norviq, P., 2002, *Artificial Intelligence : A modern approach*. 2nd edition, Prentice Hall.（古川康一監訳，2008，エージェントアプローチ人工知能．第2版，共立出版．）
横山詔一・渡邊正孝，2007，記憶・思考・脳．キーワード心理学シリーズ3，新曜社．

I-14 心理検査
Psychological Test

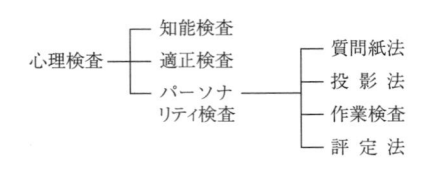

```
                    ┌─ 知能検査            ┌─ 質問紙法
          心理検査 ─┼─ 適正検査            ├─ 投 影 法
                    └─ パーソナ            ├─ 作業検査
                       リティ検査          └─ 評 定 法
```

図14 心理検査の分類
知能検査と適性検査を最大能力検査，パーソナリティ検査を典型的行動検査と呼ぶこともある．

心理検査（psychological test）は，一定の条件のもとに事前に作成してある問題や作業を課し，被検者の回答や反応を事前に定めてある一定の基準に照らして量的あるいは質的に記述する組織的な方法を指す．一般にはより狭い意味で，課せられる問題や作業そのものを指している．誰もが同一の問題や作業に応答し，その結果，同時に検査を受けた他者との比較ができる点が最も重要である．事前に多数の偏りのない標本集団に実施して平均的な反応傾向や分布を調べておけば——この手続きを狭義の**標準化**（standardization）という——母集団と比較してより客観的な判断を下すこともできる．一般に，心理検査は，標準化を経たものが望ましいが，標準化を経ないで作成された，態度や価値の質問紙，観察，面接，評定[1]，**ソシオメトリー**[2]（sociometry），投影（映）法[3]なども心理検査に含まれる．

心理検査の目的によって，知能的側面を測定する**知能検査**（intelligence test），感情や意志などの側面が絡み合ったパーソナリティを測定する**パーソナリティ検査**（personality test）があり，また，学力・作業能力・職業適性[4]等を測定する適性検査もある（図14）．検査の中には被検者の年齢や障害者向けに合わせたものがあり，集団で行なうか個人で行なうか，個人で行なうとしても検査者と対面して行なうか被検者単独で行なうかなど種々の形式のものがある．また，検査目的が被検者に比較的明瞭にわかると思われている尺度法か，検査目的が被検者には不明瞭な投影法かの分類もできる．尺度法は，検査を受けた者どうしの比較，ある被検査者の母集団における位置の想定，検査された集団がどのような

1) 面接や観察によって得られた資料を，個人のパーソナリティや知能などをあらかじめ用意されている一定の尺度の上に，相対的に位置づけること．たとえば，優・良・可など．評定は，評定者と被評定者との交互作用は完全には避けることができない．その人の与える全体的な印象によって影響を受ける（光背効果など）．

2) 集団の成員に，想定されたある場面で，集団の他の成員中，自分が好意をもつ人，拒否したい人の名前をあげさせる．この資料によって，集団のメンバーの地位や集団の構造がわかる．「IX-114 ソシオメトリー」の項を参照．

3) 「VIII-102 パーソナリティ検査」の項を参照．

偏りをもつかなどを知るのに適している．しかし適切な標準化が望まれ，高い**信頼性**（reliability）・**妥当性**（validity）が要求される．投影法は，測定しようとする側面や測定するための課題の限定度が緩やかなので，被検者は何を測定されているのか予想しにくく，知らない間にその人の内面が反映されるのでパーソナリティ検査に向いている．しかし解釈に経験が要請されるという特徴がある．

　心理検査の起源は，前世紀後半の個体差の研究に端を発する．1905年フランスで，精神遅滞の学童を選び出すという教育上の要請から知能検査が作成された．第一次世界大戦時にはアメリカで，戦争に不向きな神経症者を弁別するという社会的要請が生じ情緒安定性・精神疾患の有無などを測定する質問紙が発達し，集団で実施し迅速に評定結果を得ることができるようになった．1920年代になると，精神分析学的な観点から個人を力動的に把握しようとする動向が生じ投影法が発達した．このように，心理検査は統計的研究の手段として始まり，しだいに臨床的な観点からのパーソナリティの把握方法として重視されていった．そして，パーソナリティや知能に関する理論的研究も，心理検査の発展とともに，実験的研究によって，裏づけられるようになったのである．

　心理検査に関する重要な概念として標準化，信頼性，妥当性がある．個人の行動は，比較できる適切な基準が存在するときにのみ理解し解釈することができる．

　標準化（standardization）：その基準を得ることを狭義の標準化というが，心理検査を作成すること自体を広義の標準化ということもある．この広義の標準化は，次の①から⑥の手続きを経るのが一般的である．①検査で何を測定しようとするのかを明確にする，②既存の理論などを参考にして，測定しようとするものを細目に分類する，③その細目をどのような問題や作業を用い，どのような条件・方法によって測定するのかを決定し，採点方法ならびに得点の基準を決定する，④検査を適用しようとする対象者の母集団から適切な標本を選び検査を実施する，⑤その標本の結果を用いて比較の基準となる統計値を算出する，⑥妥当性・信頼性の確認に向

4) 特殊な技能を必要とする職業（タイピスト，プログラマー，パイロットなど）に就職しようとする人に，その適性の有無を診断する目的で開発されるもの．

かう．ここで，⑤が狭義の標準化であり，その基準として，一番簡単なのはパーセンタイル[5]であるが，ふつうは**平均**（mean）と**標準偏差**（standard deviation, SD）が用いられる．これらを用いて各被検者が取った得点は母集団の中では下から何パーセントの位置か，母集団の平均からどれだけ違うかというような比較ができる．

　信頼性：心理検査の測定しているものが正確で安定したものであるかを示す指標を意味している．信頼性を測定する方法として，**再検査法**（test-retest method）は，同一の集団に同一の検査を時間間隔をおいて実施し，その間の相関係数を求めるものである．一般にパーソナリティや知能は頻繁に変わらないとされるので，2回の結果が食い違うようであれば信頼できないと考えられる．つまりどの時期に実施しても同じ結果が得られるという意味での検査の安定性を示している[6]．間隔が長すぎると個人の特性が変わり，短すぎると記憶などの影響で検査間の独立性が失われる点に注意が必要である．

　平行検査法（parallel test method）は，同一の集団に，互いに項目は異なるが内容は類似し，さらに検査得点の平均・分散・他の検査との相関係数が同程度の，同一の特性を同一の精度で測定する2つの検査を，ほぼ同時期に実施し，その間の相関係数を見るもので，検査の等価性を示している．

　折半法（split-half test）は，1つの検査を2つに分割し，その得点を各人について求め相関係数を求める．理論的には平行検査法と同じであるが，2つの検査を必要としない点が異なる．項目を偶数番目と奇数番目に分ける偶奇法がよく用いられるが，各項目が等価であればどんな方法で分けても両者の相関は高くなる．他に各項目が同じものを測定しているかを確かめるのに因子分析が利用されることもある．

　妥当性：心理検査が測定しようとしているものを，実際の検査が測定できているかどうかを示す指標を意味している．**内容妥当性**（content validity）は，検査が測定しようとしている概念に関わる領域を十分にカバーし洩れなく測定しうるかどうかを示すものである．たとえば学力検査のように，個

5) 各粗点に対し，集団内でそれ以下の得点をとったものの数を数え，それにその粗点と同点の者の数の半数を加えて全体の人数で割った値．

6) 実際はいかなるパーソナリティ特性も，ある特定の幅の刺激状況で，あるいは文脈でのみ現れるという方が適当である．知能もそれに比べれば安定しているという方が適当である．

人が学科内容をどれだけ習得しているかを測定するために企図された検査では，習得目標の内容（その代表）が洩れなく収録されている必要がある[7]．

基準関連妥当性（criterion-referred validity）は，検査の得点がそれとは別の基準変量（外部基準）とどの程度関連しているかを示すものである．検査は将来起こることをいま知るための予測手段として，あるいは，いま起こっていることではあるがその測定が困難であったり複雑であったりするのでそれをより簡単に測定しうる代用手段として使われる．前者すなわち検査得点と基準変量との間に時間的な間隔があり将来の成績や行動などの予測として使う場合は**予測的妥当性**（predictive validity），後者すなわち検査と同時に得られる行動観察の評定値などとの間に相関がある場合を**併存的妥当性**（concurrent validity）という．

構成概念妥当性（construct validity）は，その検査で測定しようとしている概念を，その検査がどの程度表わしているかを示すものである．妥当性の概念の中で最も重要で，理論が予測する結果との対応を見るものである．たとえば知能を対象とするのならば，検査の得点が知能という概念から予測される変化や差異を示しているかを，年齢・学年・集団ごとに比較する，他の既存の知能検査との関連を因子分析などを用いて比較するなどの手続きが行なわれる．結果が否定的であれば，想定された性質を測定していないか，理論が間違っていたり限定されたものである可能性がある．一般に信頼性は高くても妥当性が低いことはありうるが，妥当性の高い検査は信頼性も高いのがふつうである．心理検査によって各人を深く洩れなく把握できるのだと期待すべきではないと思われる．そうではなくて，妥当性の高い心理検査によって，限定されたある側面についての各個人の相対的な位置づけが可能となるのだということを認識しておくことが大切だと思われる．　　　　　　　　　　　　　　　　〔八木〕

7) 広義の標準化手続きの②③と同じと考えてもよい．検査が構成概念妥当性によって支持されることは，現実には，上述の「広義の標準化」の①に反する．心理学者は自分の検査がどのような特性を測っているのかについて事前に必ずしも明確な定義をもてないこともあり，その場合，その特性が理論や常識の観点からある場面でどのように振る舞うかを漠然と予想し自分の検査を用いてその場面を利用した調査・実験を行ない，結果をも見て改良を加えるという手順を繰り返すことで明確な定義を得ようとするのであり，このような繰り返しが研究の一つの型となっている．

【参考文献】
岡堂哲雄編，1985，心理テスト．こころの科学3，日本評論社．

I-15 心理統計

Statistics in Psychology

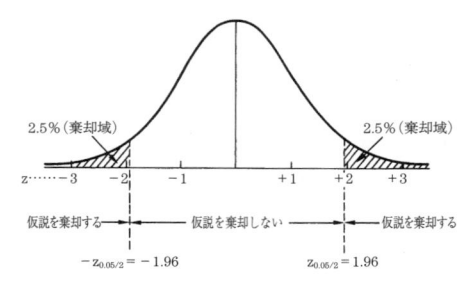

図15-1 平均値の差の分布が正規分布をした時の棄却域（両側検定）

　心理学は他の経験科学と同様に，仮説を検討するために実験や調査によってデータを収集し，統計的解析を施し，データの構造化や仮説の是非の検討を行なう．そこには他と共通する手法も多いが，心理学で主として用いられる方法（心理統計）も存在する．そこで**心理統計**（statistics in psychology）の手法を，**実験計画**（experimental design），**測定**（measurement），**解析**（analysis）に分けて概観する．注意すべき点は，これら3項目は，独立ではなく，相互に関連しあっているということである．

　実験や調査を行なう上で最も重要な点は，原因・結果の関係を推論できるよう適切な実験計画を立てることである．実験計画の基本原理は，異なった被験者群に（あるいは同一の被験者に異なった順序で）異なった実験条件を課し，反応としての測定値を記録することである．

　異なった実験条件間で系統的に変動する成分として，**独立変数**（independent variable）が定義される[1]．設定される独立変数の個々の値（あるいは種類）は水準と呼ばれる．たとえば2つの教授法の効果が比較されるなら，1要因2水準ということになる．また，独立変数の操作の結果，反応として現われる測定値を**従属変数**（dependent variable）という．

　実験では独立変数を操作して条件を設定し，その効果を見るわけであるが，同じ条件であっても常に同じ反応が得られるわけではない．つまり，データにはばらつきがつきものである．条件の効果は実はこのばらつきに対して有意に大きいかどうか比較することで決まるわけであるから，このばらつきをある程度管理することが，実験の精度につながる．この

[1] たとえば，学業成績に及ぼす教授法の効果を見る研究ならば，検討する教授法が独立変数となる．独立変数は要因あるいは因子などとも呼ばれる．

管理には，同じ条件群を反復して，しかもランダムに与えることなどが考えられる．さらに，実験外変数がデータに混入することを防ぐことも重要である[2]．

基本的な実験計画は，完全無作為法，あるいは乱塊法（らんかい）で行なう1要因実験計画である．複雑な実験計画も，この拡張と考えることができる．

完全無作為法は，独立被験者計画，あるいは被験者間計画とも呼ばれ，被験者がランダムに各条件に割り当てられる計画を指す．通常は各条件に同人数の被験者が割り当てられる．ランダムに割り当てることで，条件間で被験者の等質性が保証されると考える．統計的解析の際の制約が最も少ない計画であるが，被験者の数が多くなるという欠点をもつ．

乱塊法は，実験外変数をブロックとしてまとめ，ブロックごとにランダム化がなされる計画である．ブロックとしては，実験実施時間や実施区域などがある．心理学では，各被験者をブロックと見なし，被験者にすべての実験条件をランダムに課すことが多い．この意味で反復測定計画あるいは被験者内計画とも呼ばれる．実験条件ごとに対応あるデータが得られるので，精度の高いデータが得られ，被験者数も少なくてすむが，条件ごとの独立性が保たれない可能性が残る．

2つ以上の独立変数の効果を見る実験計画を**要因計画**（factorial design）という．この場合，独立変数のそれぞれの効果のほかに，それらの相互作用としての効果が得られる．この要因計画にも完全無作為要因計画と乱塊要因計画がある．前者はすべての条件の組み合わせに対して，被験者をランダムに振り分ける計画である．たとえば，2要因で各3水準であったなら，2×3＝6つの各条件に対し，通常は同数の被験者が振り分けられる．後者は，被験者それぞれが，すべての条件の組み合わせをランダム順に遂行する計画である．ただしこの両者は極端な例で，この混合型も多く見られる[3]．実験計画は**仮説検定**（hypothesis testing），特に**分散分析**（analysis of variance：ANOVA）と密接に結びついており，各種の実験計画に応じて分散分析のモデル，つまり施すべき手法が異なる．

[2] 先の例では，2つの教授法に経験の異なる2人の教師がたずさわったら，得られた結果が教授法の効果なのか，教師の経験の効果なのか判然としなくなるからである．

[3] たとえば，先の例で，2つの教授法と5種のテストとを独立変数として考え，被験者は2つの教授法にはランダムに割り振られる（完全無作為法）が，各被験者は5つのテストをランダム順に行なう（乱塊法）という計画を立てたならば，それは混合計画である．

次に測定について説明する．実験や調査によって通常は数値データを得る．これは観察する対象のもつ属性に，ある規準に従って1つの数値を割り振ることを意味している．これを**測定**（measurement）という．数値を割り振る規準は**尺度**（scale），割り振られた数値は**尺度値**（scale value）という．

尺度には，**名義尺度**[4]（nominal scale），**順序尺度**[5]（ordinal scale），**間隔尺度**[6]（interval scale），**比尺度**[7]（ratio scale）の4種がある．前2者によって得られたデータは計数データ，後2者によって得られたデータは計量データと呼ばれる．注意すべきは，データがどの尺度で得られたのかによって，施しうる統計的解析が異なるという点である．たとえば計数データには，母集団分布として特定の型を仮定しないノンパラメトリック検定法が，計量データには，分散分析に代表されるパラメトリック検定が施しうる．ただし，計数データを計量データに変換する手法も考案されている．

心理学における測定法としては，**精神物理学的測定法**（psychophysical method）（信号検出理論による測定も含む），あるいは質問紙，心理テストによる測定などがある．精神物理学的測定法としては，主として，恒常法，極限法（およびその変形としての上下法），調整法などがあげられよう[8]．

測定によって得られたデータには統計的な解析が施されるが，その目的によって**記述統計**（descriptive statistics）と**推測統計**（inferential statistics）とに分けられる．記述統計は，データのもつ性質をできるだけ簡潔に集約的に記述することを目的としており，その指標としては，代表値（平均値，中央値など），散布度（分散，四分位範囲など），相関係数，回帰係数などがある．これに対して，得られたデータを母集団からの標本と考え，その標本データから母集団についての推測を行なうことを目的とした解析を推測統計という．仮説の検定は推測統計の扱う領域である．

統計的仮説検定（あるいは**有意差検定**）（statistical hypothesis testing）は，一般的には，データを確率変数としてとらえ，そのデータが，推定される母集団からある一定の値以上の確率で得られたものかどうかを検討する手続きである．

4) 名義尺度とは尺度値が分類を表わす記号としての機能をもつだけで，大小などの数値としての機能をもたない尺度である．例として郵便番号があげられる．

5) 順序尺度は，尺度値が大小などの序数としての機能をもつが，差や比率を表わす機能をもたない尺度である．IQは順序尺度であるといわれている．

6) 間隔尺度は，尺度値が大小のほか差を表わす機能をもつが，絶対原点をもたず，比率を表わす機能をもたない尺度である．摂氏で表わした温度計は間隔尺度である．また，重さや明るさなどの通常の弁別実験で得られたデータは間隔尺度値である．

7) 比尺度は，絶対原点をもち，尺度値が差，比率ともに量として意味を有する尺度である．時間や絶対温度などはこの例である．また，マグニチュード推定法やマグニチュード産出法などによって得られたデータは比尺度値である．

8) 詳しくは，「I-2 精神物理学」の項を参照．

例として，平均値の差の検定を考えよう．仮説は，2つの条件で得られた平均値に差がない，というものである．すなわち，2つの条件から得られたデータは，同一の母平均をもつ2つの母集団からの標本（たとえば，正規分布 $N(\mu_1, \sigma_1^2)$, $N(\mu_2, \sigma_2^2)$ で $\mu_1 = \mu_2$）であるという仮説である．しかしこの仮説が正しいとしても，2組の標本の平均値の差は何らかの確率分布をする（たとえば，$N(0, \sigma_1^2/n_1 + \sigma_2/n_2^2)$）．いまこの分布の両端（あるいは一方の端）に確率5％あるいは1％の領域（棄却域）を設け，データから得られる値がこの領域に属するか調べる．データによっては，きわめて低い確率が当てはめられる場合もある．確率が5％以下の領域にデータが属すれば（すなわち，2つの平均値の差がかなり大きい），仮説検定の立場からは**危険率**[9] (level of significance) 5％で仮説は棄却されたという[10]（図15-1）．

仮説検定に主として用いられる手段として，カイ二乗検定，t 検定，分散分析などがあげられる．どれを用いるかは，該当する統計量[11]がどのような標本分布に従うかによって決まる（図15-2）．なかでも分散分析は，心理学研究で最も頻繁に用いられる仮説検定の手段である．これは，データの変動が独立変数（要因）による変動（要因間変動）が主なのか，誤差による変動（誤差変動）が主なのかを統計的に検討するもので，その結果，独立変数の効果があるか否かが検定される．用いられる確率分布は F 分布と呼ばれる．分散分布は，1要因だけでなく，多要因の実験計画のデータにも用いられ，適用範囲は広い．

最近では，上記と異なり，データを確率変数として扱うのではなく，仮説を構成する分布の平均値や標準偏差を確率変数としてとらえ，データが与えられたとき，仮説の確からしさを直接検討する，ベイズ統計の考え方も進展しつつある． 〔石口〕

【参考文献】
森敏昭他編，1990，心理学のためのデータ解析テクニカルブック．北大路書房．
山田剛史・村井潤一郎，2004，よくわかる心理統計．ミネルヴァ書房．

9)「帰無仮説が真であるときに，これを棄却してしまう」確率．

10) 最近の統計的仮説検定では，実験条件の効果の大きさを表わす効果量 (effect size) が求められる場合が多い．

11) 無限母集団からのランダム標本 X_1, X_2, ……, がある同一の分布に従い互いに独立であるとき，X_1, X_2, ……, X_n によって構成される関数 $T(X_1, X_2, ……, X_n)$（たとえば標本平均など）は統計量と呼ばれる確率変数となり，ある特定の標本分布に従う．

12) 池田 央編，1989，統計ガイドブック．新曜社．

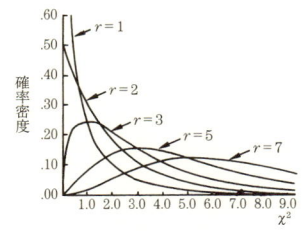

図15-2 代表的な標本分布
（池田, 1989）[12]
カイ二乗分布は，標準得点の二乗和の分布であり，自由度（γ）によってその形状が異なる．

I-16
信号検出理論
Signal Detection Theory

人を待っていたら，似ている人が通ったので，手を挙げた．でも，実際には，別人だったので，その後は，少し慎重になる．このような出来事は，実は，人間の認知の特性を反映するものである．

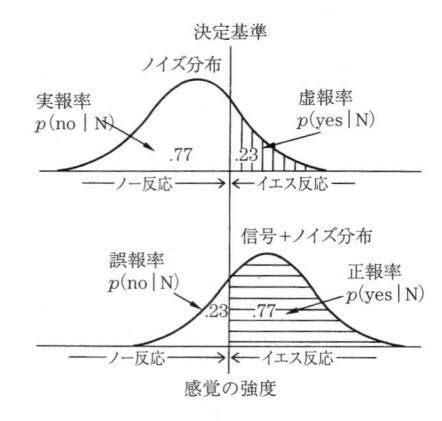

図16-1 ノイズとノイズ+信号の2つの確率分布（Gesheider, 1985）[1]
決定基準より右側ではイエス反応，左側ではノー反応が得られる．その結果，この分布から，正報（hit）率，虚報（false alarm）率が理論的に算出できる．

信号検出理論（signal detection theory）による測定は，統計的決定理論と電気信号の検出のアイデアが組み合わされて考案された．信号の検出には，**信号**（signal）（刺激）に対する観察者の感度（検出可能性 detectability）だけでなく，期待や動機づけなど観察者の有する**決定基準**（criterion）も関与している．感覚・知覚の実験では，後者の効果を排除し，純粋に観察者の信号に対する感度が抽出できることが望まれる．古典的な閾値理論では，両者が混在していた．信号検出理論による測定は，このことへの批判として生まれた．

ノイズ（noise）の中に信号があるか否かを決定するとしよう．たとえば，大教室での授業風景を思い浮かべられたい．学生の声のざわめきはノイズであり，教師の声は信号である．目を閉じて，音の大きさだけを材料として，教師がしゃべっているのかいないかを判断することは，信号検出課題といえよう．ノイズの強度はランダムに変動するので，ノイズとノイズ+信号に関し2つの確率分布が得られる（図16-1）．ある決定基準λを決めると，観察者は基準より右側（つまり強度が大）ではイエス反応，左側（強度が小）ではノー反応を行なう．このことから，2つの分布が既知で，決定基準が決まれば正報（ヒット）率，虚報（FA）率[2]が計算でき

1) Gesheider. G. A., 1985, *Psychophysics : Method, Theory, and Application*. 2nd ed., LEA.

2) ノイズの中から信

る．実際は分布が既知であることはないが，単純な確率分布を想定した場合（たとえば，等分散の正規分布），信号検出理論によれば，実験から正報率と虚報率とが計算できれば，決定基準 λ や2つの確率分布の分離の度合い d' が推定できる．この分離の度合いが，信号に対する観察者の純粋な感度であり，観察者の決定基準からは影響を受けない．これが信号検出理論の利点である．

信号検出理論による実験では，決定基準 λ を操作することで，より詳細な検討を行なうことができる．決定基準の操作には，信号が提示される確率を変えたり，反応に報酬を与え，その報酬の値を変化させたりすることもある．また，反応に確信度を設ける場合もある．

たとえば，被験者に5段階評定で，信号が「1. 確かにない，2. 多分ない，3. どちらともいえない，4. 多分ある，5. 確かにある」といった確信度評定値で答えてもらう．これから，4つの仮想的な決定基準が考えられる．λ_1 は評定値1と2の間，λ_2 は評定値2と3の間といった具合である．λ_1 は，評定値2〜5をイエス反応と考えるので，最も緩やかなイエス反応決定基準である．一方，λ_4 は，評定値5のみをイエス反応と考えるので，最も厳格なイエス反応決定基準である．実験データからこのような決定基準ごとにヒット率とFA率とを計算し，横軸をFA率，縦軸をヒット率としてプロットすることができる．原点と (1,1) の2点を加えて，これらの点を通る曲線を描いたのが，**動作特性**（Receiver Operating Characteristic：ROC）**曲線**である（図16-2）．ROC曲線の形状によって d' の値や確率分布の特性が推定できる．

信号検出理論は，信号の検出だけでなく信号の識別や同定にも適用される．また感覚や知覚レベルだけでなく，再認記憶など，より高次な認知過程の検討手段としても用いられる．また明るさや大きさなどの1次元刺激だけでなく，多次元の刺激を扱う多変量信号検出理論も展開されている．〔石口〕

号を検出する場合，下の表のように，反応は正報（イエス反応－信号あり：Hit），誤報（ノー反応－信号あり：Miss），虚報（イエス反応－信号無し：False Alarm, FA），実報（ノー反応－信号無し：Correct Rejection）の4種に分類できる．誤報は統計的仮説検定での第1種の誤り，虚報は第2種の誤りに相当する．

表16

決定 刺激	イエス	ノー
信号	正報	誤報
ノイズ	虚報	実報

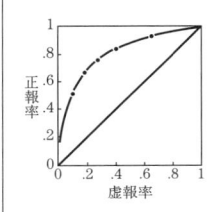

図16-2 ROC曲線
横軸を虚報（false alarm）率，縦軸を正報（hit）率として，各決定基準で得られた値をプロットし，理論曲線をフィットさせたもの．この例では，決定基準は5つある．

【参考文献】

Wickens, T. D., 2002, *Elementary Signal Detection Theory*. Oxford University Press.（岡本安晴訳, 2005, 信号検出理論の基礎. 協同出版.）

I-17 多変量解析

Multivariate Analysis

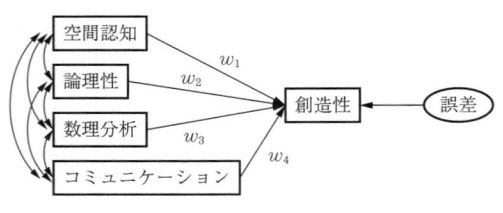

図17-1 多重回帰分析モデルのパス図

　何種類かの絵の具を混ぜて，好みに応じた色を生み出す．混色（減法混色）である．そこで，その混色を再現するために，どの絵の具をどのくらいの割合で混ぜたか，分析してみたい．**多変量解析**（multivariate analysis）とは，このような視点に立った統計分析手法である．

　多変量解析とは，文字通り，多くの変数（変量）からなるデータを扱う統計的分析法の総称である．心理統計で触れた分散分析も，一要因ではなく多要因の場合，多変量解析に含まれる．ここでは，代表的な多変量解析法として，重回帰分析，パス解析，因子分析，構造方程式モデリング（共分散構造分析），多次元尺度法について概説する．

　表17は，仮想的な認知的能力テストおける得点である．創造性や空間認知など5つのテスト科目を，ここでは，変数（変量）と考える．個体数は，実際には，この表よりかなり多いものとする．この表のように，多くの変量に関するデータを並べて表記したものは**多変量データ行列**（multivariate data matrix）と呼ばれる．

　さて，表17の創造性得点が，他の4つの認知的能力テス

表17　仮想的な認知能力テスト得点

個体 （参加者）	変　　数				
	創造性	空間認知	論理性	数理分析	コミュニ ケーション
1	80	70	60	45	90
2	60	90	70	60	65
3	90	40	75	80	70
4	50	55	70	80	60
⋮			⋮		

トの得点で予測・説明できないか，検討したいとする．この場合に用いる分析法が，一般には**重回帰分析**（multiple regression analysis）である．説明を受ける変数（この場合，創造性得点）を目的変数，説明する側の変数を説明変数と呼ぶ．説明変数が1つの場合が，単回帰分析である．

表17に対する重回帰分析のモデル式は，以下のように表わすことができる．

創造性＝w_1・空間認知＋w_2・論理性＋w_3・数理分析＋w_4・コミュニケーション＋c＋誤差

w_1〜w_4は，**偏回帰係数**（partial regression coefficient）と呼ばれ，各説明変数の重み（すなわち，影響力）を表わす．データを標準化[1]したときには，標準偏回帰係数となる．ある標準偏回帰係数の値が他と比較して大きければ，その変数の影響が大であることになる．cは切片と呼ばれるもので，目的変数のいわばデフォルトの値である．標準化した場合には，0になる．ここまでが予測値で，最後の誤差項は，予測値と測定された値とのズレを表わす．

重回帰分析モデルは，図17-1のようなパス図で表わすと直感的に理解しやすい．図の中で説明変数間に双方向の矢印があるが，それらは，変数間に内在する相関関係を表わす．

重回帰分析の眼目は，説明変数に対する重みづけ（偏回帰係数）を求めることであるが，これは，通常，最小自乗法という数学的手法によって推定される．なお，これらの分析を意味あるものとするには，変数の数に比して，個体の数が十分大きくなくてはならない．

重回帰分析は，目的変数を1つに設定するモデルを対象にした．しかし，表17のデータを前にして，別のモデルも考えられる．図17-2では，論理性は，数理分析とコミュニケーションの2つの能力で説明され，創造性は空間認知と論理性の能力で説明されるという，少し複雑なモデルを想定している[2]．このように，観測された変数の中で，目的変数となるものを複数想定するモデルを考えた場合，それを検証する多変量解析の手法を**パス解析**（path analysis）という．図17-2のモデル式は以下のように表わされる．ただし，データ

1) 標準化とは，各変数のデータに対して，（素点−平均点）／標準偏差による変換を施すことをいう．このようにして求めた値を標準得点という．標準得点の分布は，平均0，分散1となる．

2) この仮想的モデルでは，創造性能力に及ぼす効果として，空間認知能力からの直接効果，数理分析能力やコミュニケーション能力から論理性能力を介した間接効果を想定している．

は，標準得点を用いるとする（すなわち，切片はゼロ）．

論理性＝w_1・数理分析＋w_2・コミュニケーション＋誤差

創造性＝w_3・空間認知＋w_4・論理性＋誤差

これらの式の集合は，**構造方程式**（structural equation），変数にかかる w_1〜w_4 は，**パス係数**（path coefficient）（標準化した場合には，標準パス係数）と呼ばれる．パス係数の大きさ（絶対値）は，各説明変数の影響力を表わす（影響力を比較するには標準パス係数を用いる）．パス解析でもこれら各説明変数の影響力を調べることが第一の眼目であろう．一見すると，重回帰分析のモデル式と類似しているので，重回帰分析を複数回行なえばよいかと思われるが，実は，パス係数は，上述のような通常の重回帰分析の手法によって求めるのではなく，観測変数間の標本共分散行列（データから得られる）と共分散構造（構造方程式から得られる理論的な構造式）をもとにした，広義の**共分散構造分析**（covariance structure analysis）という手法によって算出される．

ところで，図17-2は，モデルの一つであるが，変数間の関連性を独自に仮定した，別のモデルも考えられよう．パス解析では，データへのモデルの適合性を算出し，それらをもとに，同一のデータに関して複数のモデルを考えた場合の適合性を比較できる[3]．実は，先に説明した重回帰分析のモデルも，共分散構造分析の手法で説明変数の重みづけを算出できるので，図17-1のモデルも含めた，モデルの適合性を統一的に検討できるのである．

さて，ここまで説明した重回帰分析やパス解析は，明示的に与えられた変数（観測変数）間の関連性を検討した．以下に説明する因子分析や構造方程式モデリングは，潜在変数を想定する．

因子分析（factor analysis）は，測定値に潜在する変数を推測する手法であり，心理学ではその歴史が古く，スピアマン[4]による知能の分析に起源を有する．それを踏まえて，知能や性

3) 適合性を比較する判定指標としては，AGFI，RMSEA，AICなどがある．前2者は，「モデルとデータの共分散の合致度」と「モデルのパラメータの数」を組み入れた指標であり，AICは，情報量規準という観点に基づく指標である．

4) Spearman, C. (1863–1945) イギリスの計量心理学者．順序相関係数の考案者としても知られている．

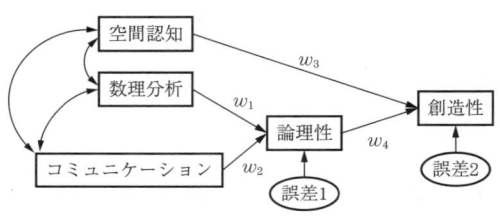

図17-2 パス解析モデルのパス図

格を規定する潜在変数（因子）の推定に用いられることが多かった．

表17の認知能力得点は明示的に与えられた変数（観測変数）に関するデータである．この中で，論理性得点と数理分析得点の相関が高いとする．この場合，両者に因果関係があると考えるより，共通の要因がこの2つの観測変数に影響していると考える方が妥当かもしれない．このように，観測変数の背後にある，少数の潜在的な変数を探り出したいと考えるとき，因子分析を使う．なお因子分析では，潜在変数のことを**因子**（factor）と呼ぶ．

観測変数と因子との間に，どのような関係があるか，分析の前に仮説をおかない場合の因子分析を，探索的因子分析と呼ぶ．探索的因子分析では，まず，因子の個数を選定する（因子数をあらかじめ想定する場合もある）．観測変数間の相関行列[5]から変数の数と同数の固有値[6]が算出できるが，1以上の固有値の個数を因子数とする場合が多い[7]．

図17-3が，表17のデータに関して，因子数を2とした場合の，因子モデルである．因子から各変数に伸びる矢印が，因子と観測変数との関係を示している．すなわち因子モデルは，因子を説明変数，観測変数を目的変数としたモデルであり，各観測変数は，因子の加重和と誤差によって表現されるというモデルである．因子は各変数に共通に影響しているので**共通因子**（common factor），誤差はそれぞれの変数の変動の中で因子では説明できない独自な成分を表わすので，**独自因子**（unique factor）と呼ばれる．また，因子から観測変数への重みづけであるパス係数（$w_{11}, w_{12}, \cdots$）は，因子分析の場合には，**因子負荷量**（factor loadings）と呼ばれる．因子間に双方向の矢印があるが，これは両因子間の相関を表わす．相関ゼロを想定するのが直交モ

[5] 行列の成分を変数間の相関係数としたもの．

[6] 行列を線形変換の演算子と考えたとき，その演算子を分解するのに有効な，行列に固有な値．

[7] このほかに，固有値の変化に着目した，スクリー基準という選定法もある．

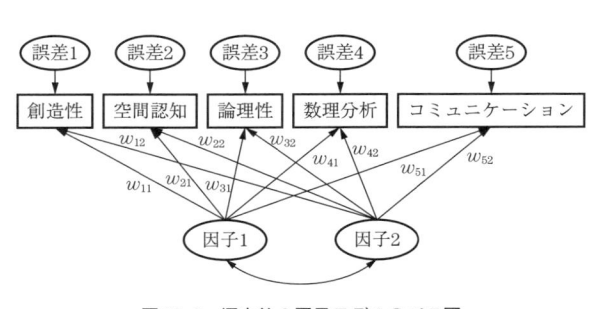

図17-3　探索的2因子モデルのパス図

デル，それ以外が斜交モデルである．

図 17-3 を式で表わすと，下記のようになる（観測変数の測定値は標準得点）．

創造性＝w_{11}・因子1＋w_{12}・因子2＋誤差1
空間認知＝w_{21}・因子1＋w_{22}・因子2＋誤差2
...

これらを**測定方程式**（measurement equation）と呼ぶ．探索的因子分析の眼目は，因子負荷量によって因子と観測変数との関係を推測し，各因子を解釈することにある．そこで，上記の方程式を解いて因子負荷量や独自因子の値を求める必要がある．その方法として，古くは主因子法が用いられたが，現在では，最尤法や最小自乗法が用いられる．しかし，因子数が1より多い場合には，方程式の解は不定，つまり一義的には定まらない．そこで，とりあえず得られた解（初期解）をもとにして，回転という手続きを経て，因子の解釈を行なうのに有用な解を求める．因子の直交性を保つ回転を直交回転，直交性を維持しない回転を斜交回転と呼ぶ．このような手続きによって，観測変数はいくつかのグループにまとめ上げられ，要約されるのである．

探索的因子分析と異なり，観測変数と特定の因子との間に関係性を仮説（図 17-4）として設定する場合には，確認的因子分析と呼ばれる手法を用いる．実際には，因子を探索し，観測変数を要約した後で，仮説検証のために確認的因子分析を行なうことが多い．確認的因子分析の計算原理や仮説（モデル）の適合性指標は，パス解析と同様である．

因子分析では，因子間の関係は相関関係を想定するのみで，どの因子も常に説明変数と考えた．一方，図 17-5 のように，因子間にも因果関係を想定する場合もある．この場合には，上記の測定方程式と構造方程式とを組

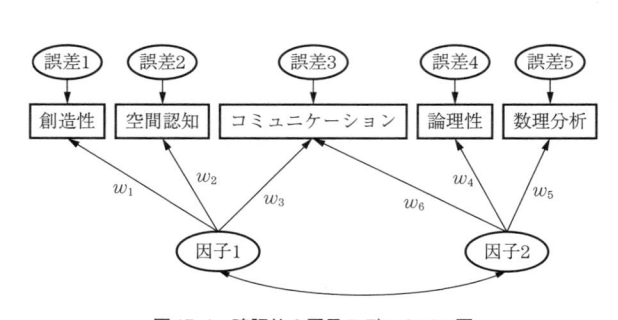

図 17-4　確認的 2 因子モデルのパス図

み合わせた分析が必要となる.これが,狭義の共分散構造分析としての**構造方程式モデリング**(structural equation modeling)である.構造方程式モデリングの計算原理や適合性指標は,基本的には,パス解析と同様である.

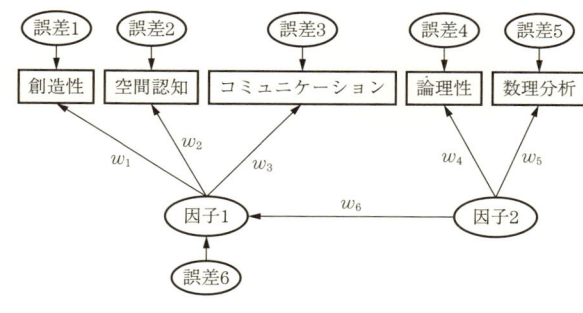

図17-5 構造方程式モデルのパス図

ここまでの多変量解析は,変数間の因果構造を想定し,モデルを構築し,その妥当性を検討するものであった.最後に説明する多次元尺度法は,これまでと異なるアプローチである.**多次元尺度法**(multidimensional scaling)は,対象間の距離データをもとにして,対象を地図上に布置し,その関係を検討するものである.対象間の距離を心的な距離と考えると,多次元尺度法は,類似性などの心理的距離を表わす測定値を扱うことができる.

たとえば,N個の顔を2つずつ提示し,その類似性を評定させる.この結果,$N(N-1)/2$個のデータが得られるが,これがN個の顔に関する心的距離データとなる.これを**比尺度**(ratio scale)[8]に変換して,N個の顔の座標値を算出する.ここで問題となるのが次元数であるが,有用な次元数を決めるものとして,スクリー基準がある.

座標軸を決めた後に各対象をその座標空間上に布置するわけであるが,多次元尺度法の眼目は,その布置から,有意味な情報を抽出することである.座標軸が必ずしも意味をもつとは限らず,座標空間上のまとまりや方向に有意味な情報が包まれることが多い. 〔石口〕

8) 「I-15 心理統計」の項を参照.距離は,絶対原点をもつ比尺度値である.

【参考文献】
足立浩平, 2006, 多変量データ解析法. ナカニシヤ出版.
永田靖・棟近雅彦, 2001, 多変量解析法入門. サイエンス社.

I-18

事象関連電位

Event–Related Potential

脳波（electroencephalogram：EEG）は，安静時に記録される電位と刺激によって誘発される電位（**誘発電位**；evoked potential）に分けることができる．誘発電位はさらに特定の刺激によって生じる**刺激関連電位**（stimulus–related potential）と，受容した刺激の性質や刺激の意味などの認知・認識に関わる**事象関連電位**（event–related potential：ERP）に分けられる．事象関連電位は，刺激関連電位と比較して潜時[1]が長い．これは刺激関連電位が感覚に由来するのに対して，事象関連電位が認知という脳の高次機能に関連しているために，誘発されるまでにより長い時間がかかるためであると考えられる．刺激関連電位は特定の刺激によって誘発されるため，刺激の受容野（一次感覚野）でのみ生じる．これに対して，事象関連電位は脳の各部位で誘発された電位が重なったものといえるので，刺激によって生じる部位が異なることはない[2]．

事象関連電位にはさまざまな種類がある（表18）．識別可能な2種類の刺激（たとえば音や光など）をランダムに提示し，頻度の少ない方の刺激（逸脱刺激）が提示されたときに特定の反応をさせる（オドボール課題）と，その刺激の提示後約300ミリ秒の時点をピークとした陽性電位が生じる（P300）[3]（図18）．P300の出現は被験者の注意の度合いによって異なる．同じ被験者でも課題に対する注意を欠くとP300は生起しないため，注意の集中度の測定に用いられる．P

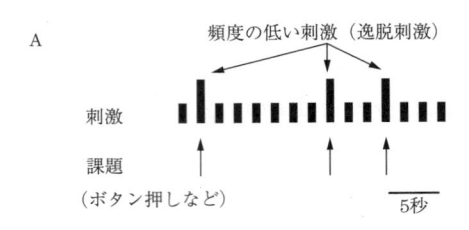

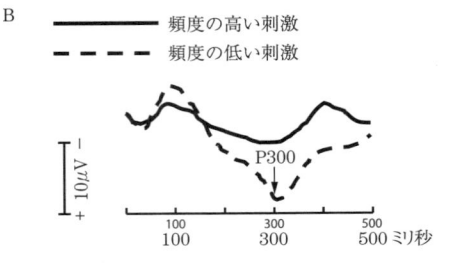

図18 オドボール課題の模式図
（上段）（柴崎と米倉，1994 より引用）とP300の例（下段）（Sutton et al, 1965 の Fig. 1. を改変）

1) 刺激が与えられてから電位が生じるまでの時間．

2) 通常は頭蓋の頂上付近で最大となるが，事象関連電位の種類によって異なることが明らかにされている．

3) peak amplitude at about 300 msec を意味する．P（300）やP3などとも表記される．
Sutton, S., Braren, M., Zubin, J., John, E. R., 1965, Evoked–potential correlates of stimulus uncertainty. *Science*, **150**, 1187-1188.

300は覚醒時に出現する事象関連電位だが，入眠期に同様のオドボール課題を行なわせるとピーク潜時が延長し，逸脱刺激の約400ミリ秒後に陽性電位が現われる（P400）[4]．

表18　事象関連電位の種類

名称	潜時（msec）	極性	認知機能との関連
陰性随伴動（CNV）	S1とS2の間	陰性	予期など
NA	200-320	陰性	刺激弁別
Nd	50-200	陰性	注意
N2b	200-300	陰性	感覚情報処理
P300	おおよそ300	陽性	注意
P400	おおよそ400	陽性	注意（入眠時）
ミスマッチ陰性（MMN）	100-200	陰性	感覚情報の自動処理
N400	おおよそ400	陰性	単語の認知に関連

また，2つの対になった刺激を用いて，最初の刺激を警告刺激（S1）として，後続する命令刺激（S2）に対して速やかな反応を求めるという単純な反応時間課題を行なうと，S1とS2の間に陰性電位が出現する．この電位を**陰性随伴動**（contingent negative variation：CNV）という．注意の喚起を促す課題において，陰性随伴動の生起とP300の増強が同時に起きることがあるが，P300と陰性随伴動は独立した現象であることが明らかにされている[5]．

一方，オドボール課題において，被験者に逸脱刺激を無視するように教示して測定を行ない，逸脱刺激に対する反応から標準刺激に対する反応を引き算すると，潜時が100-200ミリ秒の陰性電位が現われる．これを**ミスマッチ陰性電位**（mismatch negativity：MMN）[6]と呼ぶ．MMNは逸脱刺激を無視するという条件下において観察されるので，注意に関連しない，感覚情報の自動処理に関連した電位と考えられる．

事象関連電位は脳内の情報処理に関連することから，さまざまな臨床応用が試みられている．特に反応の再現性の高いP300は，自閉症や統合失調症，認知症などの各種精神疾患に見られる認知機能の変化との関連が研究されている．また，近年脳画像化技術の進歩に伴い[7]，事象関連電位の発生メカニズムを脳画像から明らかにしようとする研究も行なわれている．　　　　　　　　　　　　　　　　〔山田〕

4) Harsh, J., Voss, U., Hull, J., Schrepfer, S., Badia, P., 1994, ERP and behavioral changes during the wake/sleep transition. *Psychophysiology*, **31**, 244-252.

5) Donald, M. W. Jr., Goff, W. R., 1971, Attention-related increases in cortical responsivity dissociated from the contingent negative variation. *Science*, **172**, 1163-1166.

6) Sams, M., Paavilainen, P., Alho, K., Naatanen, R., 1985, Auditory frequency discrimination and event-related potentials. *Electroencephalogr. Clin. Neurophysiol.*, **62**, 437-448.

7)「I-19 脳イメージング研究」の項を参照．

【参考文献】
入戸野宏，2005，心理学のための事象関連電位ガイドブック．北大路書房．

I-19
脳イメージング研究
Neuroimaging

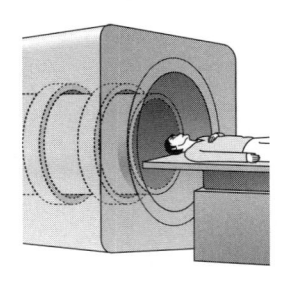

図19-1　fMRI装置

　精神活動に伴ってヒトの脳のどこがどのように働いているのかは，昔から脳研究者だけでなく，誰しも興味をもち，その活動を目で見ることができたらどんなに素晴らしいだろうと思われてきた．その夢のようなことが **fMRI**（functional Magnetic Resonance Imaging；**機能的 MRI**），**PET**（Positron Emission Tomography），**MEG**（Magnetoencepharography：**脳磁図**），**NIRS**（Near Infrared Spectroscopy：**近赤外光血流計測**）などの**脳イメージング**（neuroimaging）法により一部とは言え可能になっている．

　fMRIは生体の内部構造を断層画像としてとらえることを可能とする構造的磁気共鳴画像（structural Magnetic Resonance Imaging：sMRI）と同じ機械を用いて，構造ではなく，働き（機能）を調べるものである（図19-1）．基本原理は，脳の局所的な活動に伴う血管内における血液の磁性の変化を利用して，血流量の変化をとらえようというものである．血液中に含まれるヘモグロビンは酸素との結合状態によって磁性が変化する．すなわち，酸素分子と結合した酸素化ヘモグロビンは磁化しにくいのに対して，酸素分子を離した脱酸素化ヘモグロビンは磁化しやすい性質をもつ．脳に活動が起こると，酸素やブドウ糖が多量に必要になり，その部位の局所血流量は大幅に増加する．その結果酸素化ヘモグロビンを含んだ血液が多量に流入すると同時に脱酸素化ヘモグロビンが急速に灌流されることになり，活動部位における血中ヘモグロビンの磁化率は変化する．これは BOLD（blood oxygen level dependent）効果と呼ばれ[1]，fMRIでは脳の各部位で得られるこの信号を利用しているわけである．

1）アメリカのベル研究所の研究員小川誠二（現在は東北福祉大学教授）は，血液中のヘモグロビンにおいて酸素との結合度により磁気特性が変化することに着目し，生体の活動領域で血流が増加する際の脱酸素化ヘモグロビンの相対的濃度低下をMRI画像コントラストとしてとらえることが可能であることを世界で初めてラット実験で示し，1990年にこの活動依存成分をBOLD信号と命名した．

2）Talairach, J. & Tournoux, P., 1988, *Co-planar stereotaxic atlas of the human brain*. New York：Thieme.
なお，タライラッハの図は一人の60歳のフランス人女性の死後脳をもとに作成されているため，「標準脳」とすることの妥当性に問題があるとされる．

3）ブロードマンの領野：ブロードマンは皮質の各部位が，どのよ

PETは陽電子（ポジトロン）を出して崩壊するラジオアイソトープ（ポジトロン核種）で標識した放射性物質を生体に投与し，放射性物質から放射される陽電子が周囲の電子と結合するときに放射されるガンマ線を，体の周囲にめぐらせた検出装置でとらえるものである．脳の特定部位が活動すると，そこではより多くの血流が生じ，その結果ガンマ線もより多くその部位から放射されることになり，PETではこれを信号として利用しているわけである．

　脳イメージングで得られた機能画像は，MRI装置で得られる構造画像に重ね合わせることにより表示されることが多い．脳イメージング研究において，個人差の問題を捨象し，多人数のデータを合わせて解析するために**タライラッハの脳図譜**（Talairach atlas）[2]と呼ばれるものがよく使われる．どんな人の脳もこの図譜の「標準脳」に変換することにより，データを個体間で比較できるようにするものである．なおタライラッハの図譜には，それぞれの座標に相当する部位にブロードマンの領野[3]が割り当てられており，ほとんどの研究者がこれに従って実験で得られた脳活動部位を命名している．

　PETやfMRIによって得られたデータの解析法としては，SPM（Stochastic Parametric Mapping；最新バージョンはSPM 8）という，イギリス，ロンドンにあるWellcome Department of Cognitive Neurologyで開発され，無料で公開されているプログラムが現在世界で最も広く用いられている．このプログラムでは，カナダのモントリオールにあるMNI（Montreal Neurological Institute）が152人の若者のMRIデータを平均して得た画像を標準脳として用いている[4]．

　その他の重要な脳イメージング法であるMEG[5]は脳の神経活動に伴って発生する微弱な磁気変化をとらえるものであり，NIRS[6]は波長が赤外線に近い近赤外光を頭蓋を通して脳内に入れ，脳からの反射光の量により脳内の血流変化をとらえるものである．

　なお，測定法ではないものの，非侵襲的脳機能研究法として最近よく用いられるようになったものに，**経頭蓋磁気刺激**

うな形や構造をもった神経細胞から成り立っているのかを詳しく調べ，大脳を48の部分に区別し，それぞれに1–52（48–51は欠番）の番号を付した細胞構築図を発表した（Brodmann, K., 1909, *Vergleichende Lokalisationlehre der Grosshirnrinde in ihren Prinzipien dargestellt auf Grund des Zellenbaues*. Leipzig : Barth.）．ブロードマンの領野はそれぞれの番号のついた部位を指す．

4) MNI画像ではブロードマンの領野については命名がされていないため，多くの場合MNI画像をタライラッハの画像にもとづいて解釈するということが行なわれている．ただMNI画像脳はタライラッハのものより明らかに大きいなどの問題がある．

5) MEGは脳内の電気的活動に伴って発生する磁場を記録するものである．電流が流れれば磁場が発生し，その分布は電流源の位置・強度・方向に応じて変化する．したがって，頭の周囲に多数のコイルを配置して磁場分布を測定すれば，元の電流源の位置・強度・方向を推定することが可能である．脳波が対象とする電気的変

(Transcranial Magnetic Stimulation：**TMS**）がある（図 19–2）．方法は，大容量のコンデンサに蓄電しておいて，頭部に置いたコイルに瞬間的に大電流を流して急激な変動磁場（パルス磁場）を発生させ，脳に渦電流を誘導することによって脳を「電気刺激」するものである．種々の感覚刺激の呈示中や特定の課題遂行の前や最中に磁気刺激を与えると，磁気刺激を与える部位やタイミングに応じてさまざまな機能がブロックされることが報告されている．

図 19–3 は種々の脳イメージング法の時間分解能，空間分解能，侵襲性を比較したものである．fMRI は空間分解能の面で，MEG は時間分解能の面で，優れた特性をもっている．PET ではいろいろな薬物を放射性同位元素でラベルすることにより，脳血流量だけでなくいろいろな測定が可能である，という特徴がある．fMRI は空間分解能（1–2 ミリ），時間分解能（1–2 秒のオーダー）ともに PET よりはるかに優れている．さらには fMRI は PET と違って放射線被爆の心配はなく，同一人で繰り返し測定できるという長所もある．MEG は脳活動に伴う磁気変化をとらえるもので，完全な非侵襲性が保障される方法であるが，脳内の電流によって発生する磁束を頭蓋表面に平行なコイルにより計測しているため，頭蓋骨に平行する脳表面の「脳回」部分はセンサーにとらえることができず，脳活動のごく一部（「脳溝」部分）しかとらえられないという大きな短所がある．NIRS は被験者を拘束することなく，比較的自然な状況下での測定が可能であり，周囲からの電磁波ノイズの影響をほとんど受けないという長所をもつが，空間解像度が低く（2–3 cm），また脳表面の活動しかとらえられないというところが短所である．

こうした脳イメージング法により，人がものを見たり，聞いたり，触れたりするとき，あるいは手足や目を動かしたりするときに，脳のどの部位がどのように活動するのかについて，目に見える形で表わすことができる．さらに，ものを憶

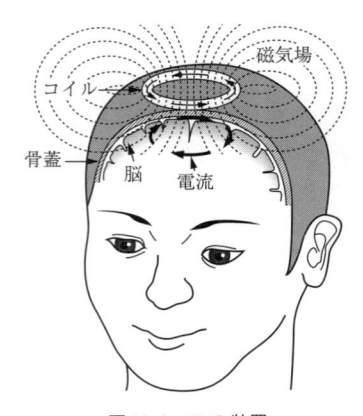

図 19–2　TMS 装置

化は頭蓋骨という絶縁体によって大きく歪められるが，磁気変化はそうした歪みを受けることはない．

6）　NIRS では，被験者の頭部に光源となるレーザーダイオードと受光部のフォトダイオードを装着することによって測定する．通常 2 あるいは 3 波長の近赤外レーザー光を用い，生体を透過してきた各近赤外光をフォトダイオードで検出し，それぞれの波長の透過光量から酸素化ヘモグロビンと脱酸素化ヘモグロビンの濃度変化を算出することによって脳活動をとらえる．なお，多数の測定点のNIRS の結果をまとめて表示したものを「光トポグラフィー」と呼ぶ．

7）　Churchland, P. S. & Sejnowski, T. J.,

えたり，思い出したりするとき，問題を考えるとき，楽しい気分のとき，悲しいとき，というような精神活動，精神状態に関係して脳のどの部位がどのように活動するのかについて，数多くの研究が行なわれている．たとえば，言葉を話すときにはブローカ野が活動すること，ものを憶えるときには海馬系の活動が高くなること，難しい問題を解こうとするときには前頭連合野の活動が高くなることなどが明らかにされている．またあるPET研究では，テレビゲームをしている人の大脳基底核で，ドーパミン濃度が増したという報告もされている[9]．

PETやfMRIで得られる数値は脳の活動の絶対値ではなく，脳内に入った放射線量などに左右される相対値に過ぎない．つまり，コントロール条件に比べて実験条件ではどれほど統計的に活動の変化が大きかったか，という観点から評価されるのである．論文などでは多くの場合，活性化部位が白色，または黄色で表示されるが，これはあくまで統計でのp値（実験条件によりどれくらい統計的に大きな差が出たか）の差にもとづくもので，活動量そのものを反映したものではないことに注意する必要がある． 〔渡邊〕

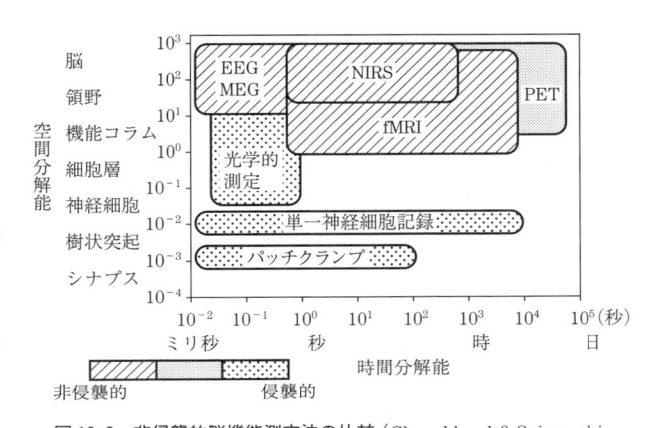

図19-3 非侵襲的脳機能測定法の比較（*Churchland & Sejnowski*, 1988[7]，および宮内哲，1997[8]より改変．）
図の「光学的測定」は，多数の神経細胞の活動を顕微鏡下で光学的にとらえる方法であり，「パッチクランプ」は単一神経細胞の膜を通してのイオンの流れ（電流シグナル）を測定する方法である．

1988, Perspectives on cognitive neuroscience. *Science*, **242**, 741-745

8) 宮内哲，1997，ヒトの脳機能の非侵襲的測定．生理心理学と精神生理学, **15**, 11-29.

9) Koepp, M. J. et al., 1988, Evidence for striatal dopamine release during a video game. *Nature*, **393**, 266-268.

【参考文献】
川島隆太，2002，高次機能のブレインイメージング．医学書院．
榊原洋一，2009，「脳科学」の壁：脳機能イメージングで何がわかったのか．講談社．

Ⅱ　環境の認知

　……少女は、またまた一本のマッチを壁にこすりました。あたりがぱっと明るくなりました。すると、その明るい光のなかに、年をとったおばあさんが立っているではありませんか。その姿は、いかにもやさしく、幸福そうに、光り輝いて見えました。
　「おばあさん！」と、少女はさけびました。「わたしをつれてってちょうだい！　だって、わたし、知ってるわ。おばあさんは、マッチが消えると、いってしまうんでしょう。ちょうど、あのあたたかいストーヴや、おいしそうな焼いたガチョウや、あの大きくて、すてきなクリスマスツリーのように！」――そして、少女は大いそぎで、たばのなかの、残りのマッチをぜんぶこすりました。……
（『アンデルセン童話集』（三）「マッチ売りの少女」大畑末吉訳, 岩波書店, 1939 年）

II-20

五感（官）[1]

the Five Senses (the Five Organs of Sense)

表20 感覚の種類

感覚種類	物理的刺激	感覚器官，受容器	感覚の内容
視覚	可視光線	眼：網膜の錐体と桿体	色調(色相)，輝度(明度)，飽和度(彩度)
聴覚	音波	耳：コルチ器官の有毛細胞	高さ，大きさ，音色(音質)
嗅覚	嗅刺激物	鼻：嗅上皮の繊毛	——
味覚	呈味物質	舌：味蕾の味覚細胞	甘さ，塩からさ，苦さ，酸っぱさ
皮膚感覚	機械的・温度的刺激	皮膚：自由神経終末	圧(触)，痛，温，冷
運動感覚	身体各部位の位置変化	筋肉，腱，関節	身体各部位の移動
平衡感覚	身体の回転運動	耳：三半規管	回転
	身体の位置変化	耳：前庭器官	加速，減速，正立，傾斜

　感覚器官を通して自分を取りまく外界の事物や出来事，あるいは自分の身体の状態を認知する機能を**知覚**（perception）といい，その基礎的な過程を**感覚**（sensation）という．「黄色いカナリア」を見たとき，「黄色」と感じるのは感覚である．しかし，「黄色いカナリア」であるかどうかは見る人の過去経験（前に見たことがある），思考，知識などの影響を受けるので，これは「知覚」である．このように，感覚中枢のみに規定される過程を感覚と定義するのに対して，大脳皮質の中枢において過去経験や思考などからの影響も受けて規定される過程を知覚と定義して，両者を区別することもある．

　さらに，知覚よりも過去経験や思考などからの影響をより多く受ける過程は**認知**（cognition）と呼ばれる．認知は，感覚や知覚よりもより広い範囲にわたって多義的に用いられる．これらの言葉は便宜的に区別されている．

　感覚器官には直接刺激エネルギーを受け入れる**受容器**（receptor）がある．目に対する光，耳に対する音のように，それぞれの感覚器官は特定の刺激に対してのみ選択的に働く．この特定刺激のことを**適当刺激**（adequate stimulus）といい，それ以外の刺激を**不適当刺激**（inadequate stimulus）という．しかし，ときには目を圧迫すると光を感じることがあるように，不適当刺激によって感覚が生じることもある．

---

1) 一般に，五感と表記した場合は，5種類の感覚を表わすのに対して，五官と表記した場合は，5種類の感覚器官(目，耳，鼻，舌，皮膚)を指す．

ふつう感覚は刺激された感覚器官のみが働いて生じるが，他の感覚が同時に生じる場合もある．たとえば，音を与えられた場合，音を聴く（聴覚）だけでなく，同時に色や光が見える（視覚）場合がある[2]．これを色聴（color hearing）という．色聴のように1つの刺激によって2つの感覚が同時に生じる現象を**共感覚**（synesthesia）という．

私たちの感覚器官に一定の強度の刺激が持続して与えられると，その刺激に対する感受性が変化し，**順応**（adaptation）[3]が生じる．たとえば，プールに飛び込んだとき，最初は冷たく感じても，しばらくすると冷たく感じなくなるなどの経験は誰しももっているであろう．これは，冷覚における順応の例である．

感覚の種類には，**五感**（the five senses）と呼ばれる基本的な5種類の感覚をはじめ，身体内部の諸器官の状態を認知する**内臓感覚**（sense of interoceptive system）や，**運動感覚**（kinesthetic sensation），**平衡感覚**（sense of equilibrium）などがある（表20）．人間と動物は，少なくとも9つの感覚をもっているともいわれている．しかし，人が得る全情報量をいま100としたとき，視覚はその70%ほどを，聴覚はその20%ほどをにない，他の感覚で残りの10%をになっているといわれ，人間の場合視覚の果たす役割はきわめて重要である．それゆえ人間はしばしば「視覚的動物」と呼ばれている．

(1) **視覚**（visual sensation）

視覚の適当刺激は，光である．光は電磁波の一種で，人間の目には380 nm（ナノメーター，ナノは10^{-9}）から780 nmまでの波長の波を見ることができる．この範囲の光を色彩順に並べたものを**可視スペクトル**（visible spectrum）という．視覚の基本的属性は，色相，明度，彩度である．色相は波長によって，明度は光の強度によって，彩度は光に含まれる部分光の数（光の純度）によって規定される．

図20-1は眼球のつくりである．視覚の受容器は，網膜上にある**錐体**（cone）と**桿体**（rod）と呼ばれる2種類の視細胞である．これらの視細胞は網膜上での分布が異なってお

[2] 実際に見えるというよりは「見えたように感じる」というような表象による場合も含む．

[3] 「II-23 順応」の項を参照．

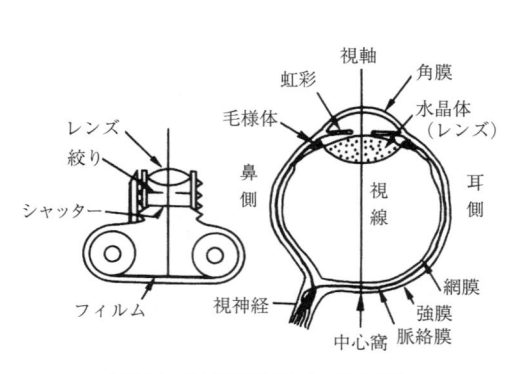

図 20-1　眼の断面図とカメラの構造
眼の構造とカメラの構造はよく似ている．レンズ＝水晶体，絞り＝虹彩，フィルム＝網膜，シャッター＝まぶた，という対比ができる．

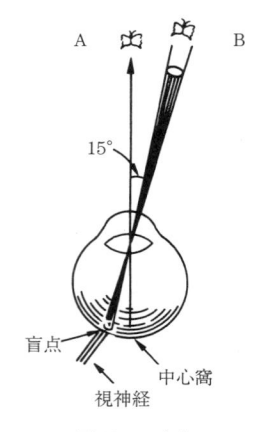

図 20-2　盲点
眼から視神経が出るところには視細胞がなく，そこにできる像はまったく見えない．したがって，Bの蝶はまったく見えない．

り，錐体は中心窩の付近に密集しているのに対して，桿体は周辺部に多く分布している．さらにこれら2種類の受容器は機能がそれぞれ異なっている[4]．すなわち，

　　錐体：色彩視，視力に優れる．
　　桿体：明るさに対して鋭敏．

したがって，明るいところでものを見るとき（これを明所視という）には，凝視して像を網膜の中心に結ばせると錐体の働きでよく見えるが，暗いところでものを見るとき（暗所視）には，凝視をするとよく見えず，かえって周辺視した方が桿体の働きでよく見える．

　網膜の内側の層は神経線維からなり，それらは網膜の1ヵ所に集合して太い神経線維の束となって中枢へと送られている．したがって網膜のこの部分には視細胞がないのでものが見えず，**盲点**（blind spot）となる（図20-2）．

　光の強さに対する感受性を視感度という．明所視と暗所視とでは光に対して最も敏感なとき（最大感度）の波長が異なる．図20-3に示すように，明所視の最大感度は555 nm（黄緑）付近であるのに対して，暗所視の最大感度は510 nm（青緑）付近である．そのため，昼間は同程度の明るさに見

[4]「II-27 視覚説（色覚説）」の項を参照．

えた赤い花と緑の葉が，夕方になると波長の長い赤い花の方が黒ずんで見えるのに対して，波長の短い緑の方はまだ明るく見えるのである．この現象を**プルキンエ現象**(Purkinje's phenomenon) という．

人がどのようにしてものを見るかについての理論は**視覚説**（theory of vision）と呼ばれ，これまでにさまざまな仮説が唱えられている[6]．

(2) **聴覚**（auditory sensation）

聴覚は空気の分子の粗密波によってできる波（音波）が聴覚器官を刺激して生ずる感覚である．聴覚の属性には，音の大きさ，音の高さ，音色，調性，明るさなどがある．音の大きさは音の強さ（音圧）によって，音の高さは音の周波数（振動数）によって，音色は音の波形によって規定される．

聴覚の感覚器官は耳である．耳は，外耳，中耳，内耳の3つに分かれる（図20-4）．音波は外耳を通って鼓膜を振動させ，中耳の耳小骨を経て内耳に伝えられる．内耳には蝸のからのように渦巻いている蝸牛があり，この中にある基底膜にその振動が伝えられるとそこで電気的信号に変換され，聴神経によって大脳に送られて，聴覚が生じる[7]．また，内耳には三半規管と前庭があり，これらは身体の平衡感覚をつかさどっている．

私たちは一般に，20 Hz から 20000 Hz までの 10 オクターブにわたる範囲の高さの音を聞くことができる．しかし年齢が高くなると高域の音が聞こえにくくなる．また，音の大きさとしては 120 dB（デシベル）くらいまでの音を聞くことができ，それ以上の大きさの音に対しては，痛覚が生じ鼓膜が破損する．

(3) **嗅覚**（olfactory sensation）

人間が感じることのできる匂いの大部

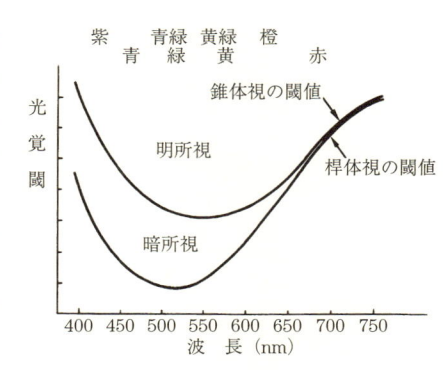

図20-3 視感度曲線（Houston et al., 1980）[5]
光の強さに対する感受性（光覚閾）は，光の波長によって，明所視と暗所視とで異なる．この閾値をつないでできる曲線を視感度曲線という．

5) Houston et al., 1980, *Essentials of psychology*. Academic Press.

6) 「Ⅱ-27 視覚説（色覚説）」の項を参照．

7) 「Ⅱ-28 聴覚説」の項を参照．

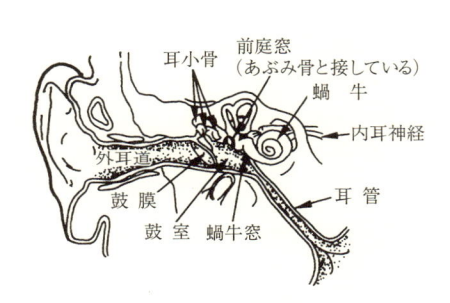

図20-4 耳の断面図

分は有機化合物である．嗅覚の受容器は鼻の奥にある嗅上皮である．この嗅上皮中にある何百万もの嗅細胞が，気体分子を神経インパルスに変換する．しかし，なぜある物質に対しては匂いを感じ，他の物質に対しては匂いを感じないのか，なぜある一群の匂いは似ているように感じるのかについてはほとんどわかっていない．嗅覚は，人にとってかなり重要ではあるが，他の動物に比べれば重要性は一般に小さいようである．

人の嗅覚はイヌなどの動物に比較すると桁違いに鈍感であるが，しかしそれでもかなり鋭敏である．嗅覚は速度は遅いが非常に順応しやすく，そのため徐々にガスが漏れた場合にはガス漏れに気づかず中毒事件が起こったりする．また2種類以上の異なる匂いが存在する場合には，それらを合成して知覚する融合現象も生じる．

匂いには基本的な6つの匂いがあるといわれ，それぞれを頂点におく**匂いのプリズム**（odor prism）と呼ばれるモデル（図20-5）が知られている．

(4) **味覚**（gustatory sensation）

味覚も嗅覚と同様に，化学物質を刺激として生じる．味覚は主に舌の表面に分布する味蕾（みらい）と呼ばれる多数の受容器によって生じる．味覚には基本的な4つの味があるといわれ，甘い，塩からい，酸っぱい，苦いに分けられる．それらに対する感度は舌の位置によって異なる[8]．甘さは舌の先端，酸っぱさは舌の両側，苦さは舌の根元，塩からさは舌一様で主に感じられる．ヘニング[9]は，この4つの味の関係をそれぞれが頂点をなす四面体に表わし，あらゆる味覚がこの四面体のどこかに位置づけられると考えた．これを**味の四面体**（taste tetrahedron）という（図20-6）．

味覚と嗅覚とはともに，食物の摂取に欠かせない要因となっている．いずれか一方が働かないときには，食欲が落ちたり，誤って腐敗物を食べてしまうことがある．

(5) **皮膚感覚**（cutaneous sensation）[10]

皮膚感覚はさらに圧（触）覚，痛覚，温覚，冷覚に分けられる．それらの感覚は，皮膚上の圧点，痛点，温点，冷

[8] ただし，舌の位置によらないとする説も出されている．

[9] Henning, H.(1885-1946)

[10] 五感といった場合，慣用的には視・聴・嗅・味・触の5つの感覚を指すが，触覚は皮膚感覚の一つに過ぎない．

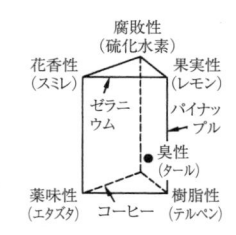

図20-5 匂いのプリズム (Henning, 1916)

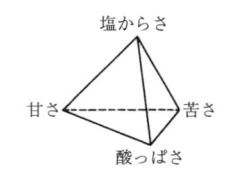

図20-6 味の四面体 (Henning, 1924)

点と呼ばれる感覚点（受容器）を刺激することによって生じる．感覚点の分布は感覚の種類と身体の部位によって異なる．

　圧覚の程度の小さいものを触覚と呼ぶ．圧覚や触覚は順応しやすい．そのため，衣服や靴を身につけていることを私たちは日常ほとんど意識しないで過ごすことができる．

　皮膚上の2点を同時に刺激するとき，2点間の距離が小さいと2点と感じない．2点を2点と気づいたときの距離を触二点閾という．図20-7に見るように，触二点閾は身体の各部位でその大きさは異なっている．指先や舌先は触二点閾は小さく敏感であるが，背中や大腿部では閾値が大きく鈍感であることがわかる．

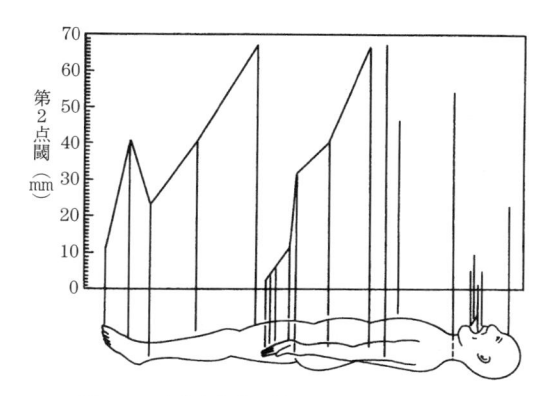

図20-7　身体各部位の触二点閾（Ruch, 1946）
皮膚上の2点を2点と感じる最小の距離を触二点閾という．舌，指先などの部位では閾値は小さいが，腕，脚などでは大きい．

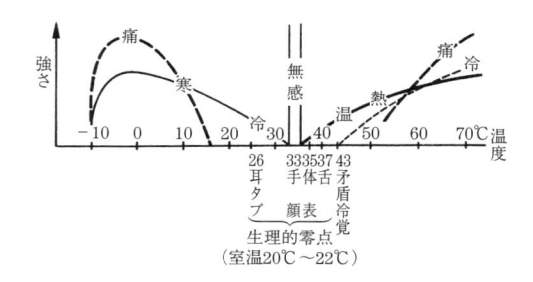

図20-8　温度刺激による感覚の変化（矢田部，1983）

　痛覚は順応が小さく，生物学的に一種の危険信号の意味をもつ．このことは私たちの生命を維持するのに役立つ．

　温刺激や冷刺激による感覚の変化は図20-8に示す範囲において成立する．冷点は43度以上の温刺激にも反応し，冷覚を生じさせる．これを**矛盾冷覚**（paradoxical cold）といい，不適当刺激によって感覚が生じることを示す好例である．

〔重野〕

【参考文献】
大山正他編，1994，新編感覚・知覚心理学ハンドブック．誠信書房．
石口彰，2006，視覚．キーワード心理学シリーズ1，新曜社．
重野純，2006，聴覚・ことば．キーワード心理学シリーズ2，新曜社．

II-21

弁別閾

Difference Threshold

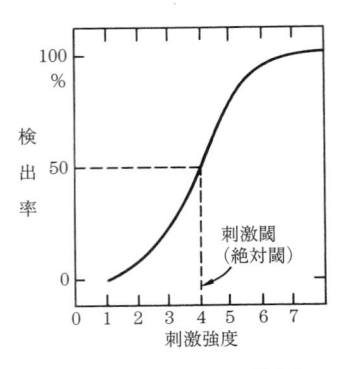

図21 刺激強度に対する検出率
(Shiffman, 1982)[1]
刺激の検出率が50%のときの刺激強度を便宜上刺激閾と考える.

物理的に刺激が存在していたり，刺激間の差異が存在していさえすれば，そのすべての刺激に対して私たちの感覚が生じるわけではない．刺激があまりに弱すぎると，何も感覚は生じない．特定の感覚が生じるためには，刺激の質が特定の範囲内にあることや最低限度の刺激強度が必要である．視覚を例にとってみると，刺激の質は光（電磁波）の波長ということになる．私たちが光だと感じる電磁波は可視光線と呼ばれるが，約380 nm（ナノメーター：$1\,\text{nm}=10^{-9}\text{m}$）から780 nmまでの範囲の波長だけである．私たちは，それ以外の波長の光を直接見ることはできない．

一方，刺激強度に関しては，あまりにも光の強度が弱すぎると私たちは光を感じることはできない．このような感覚が生じるか生じないかのぎりぎりの物理的な刺激の強度を，心理学では**刺激閾**（stimulus threshold）または**絶対閾**（absolute threshold）と呼んでいる[2]（光に対する閾値は光覚閾とも呼ばれる）．理論的には，刺激強度を徐々に弱くしていった場合，ある強度を境にそれまで生じていた感覚がまったく生じなくなるときの物理的な刺激強度が閾値であると考えられているが，実際には図21に示すように感覚も徐々に変化し急激に変化することはない．そこで，便宜上，感覚が生じる場合と生じない場合が統計的に50%になるときの物理的刺激強度を刺激閾としている．測定にあたっては，主として精神物理学的測定法が用いられるが，信号検出理論[3]によっても測定される．各感覚の刺激閾の具体例をあげると光の場合は，約10光量子（月のない晴れた夜，約48 km（30マイ

1) Shiffman, H. R., 1982, *Sensation and Perception: An integrated approach*. 2nd ed., Wiley.

2)「Ⅰ-2 精神物理学」の項を参照.

3)「Ⅰ-16 信号検出理論」の項を参照.

ル）遠方にあるろうそくの炎の明るさ）であり，音の場合は約 0.0002 dynes/m² （静かな部屋で，約 6 m（20 フィート）離れた時計の秒針の音）が刺激閾である[4]．

刺激閾とは逆に，刺激の強度が強すぎてこれ以上強くしたら正常な感覚が生じなくなったり，感覚の大きさがそれ以上変化しなくなるような刺激の強さの限界を，**刺激頂**（terminal threshold）と呼んでいる[5]．

さらに 2 つの刺激の強度や質の相違に関しても，その強度差や質の違いがあまりに少なすぎると，2 つの刺激の違いを私たちは感じられない．刺激強度に関して，2 つの刺激を区別できる最小の刺激差を，**弁別閾**（difference threshold, differential limen：DL）または**丁度可知差異**（just noticeable difference：jnd）と呼ぶ[6]．弁別閾は一定の値をとるわけではなく，その比較の基準となる刺激（標準刺激）の強度が大きくなると弁別閾も増大する．たとえば，50 g と 51 g の違いは区別できても 100 g と 101 g の差は区別できない（100 g の場合には 2 g の差が必要となる）．この弁別閾に関して，ウェーバーは，弁別閾（ΔI）の値は，標準刺激（I）の強度に比例する，つまりその比はほぼ一定の値（$\Delta I/I = C$（一定））をとるということを示した．この関係は**ウェーバーの法則**（Weber's law）と呼ばれ，この比は**ウェーバー比**（Weber ratio）と呼ばれている．

弁別閾は，フェヒナーによって，感覚の強さを測るための単位として用いられ，ウェーバーの法則とともに**フェヒナーの法則**（Fechner's law）の基礎になっている[7]．

人間を測定機器にたとえると刺激閾は，センサーの敏感さ，感受性または感度と考えることができよう（ただし，数値的には，刺激閾値の逆数が感度に対応する）．刺激頂は，その機器の測定限界のことで，弁別閾は，その機器の分解能（秤でいうと目盛りの細かさ）ということになる．　〔藤井〕

【参考文献】
大山正編，1984，実験心理学．東京大学出版会．
大山正他編，1994，新編感覚・知覚心理学ハンドブック．誠信書房．
大山正，2010，知覚を測る．誠信書房．

[4] Galanter, E., 1962, Contemporaty Psychophysics., In R. Brown, E. Galanter, E. H. Hess, & G. Mandler (Eds.), *New Directions in Psychology*, p. 97, Holt, Rinehart & Winston.

[5] 聴覚の場合を例にとると，音の大きさをどんどん大きくしていっても感覚の大きさがそれ以上増加しなくなったり，音としての感覚が生じなくなったりするところの刺激の強度を刺激頂と呼ぶ．たとえば音刺激の強度が強くなりすぎると，もはや聴覚は生じなくなり痛覚が生じるようになってくる．

[6] 「I-2　精神物理学」の項を参照．

[7] 「I-2　精神物理学」の項を参照．

II-22

特徴検出

Feature Detection

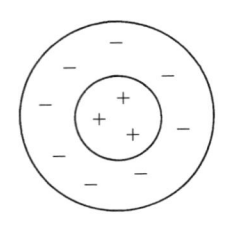

図22-1 網膜神経節細胞の受容野

　知覚系はどのようなしくみで環境内の事物（objects）を認知，すなわち**パターン認知**（pattern recognition）[1]しているのであろうか．視覚系に関して，バーロウ[2]はヒューベルとウィーゼルの提唱したエッジ検出メカニズム[3]を拡張して，**特徴検出**（feature detection）理論を提唱した．

　環境内の事物に対応して，網膜上には明るさのパターンが形成される．このパターンは，階層構造を有する多くの**特徴検出器**（feature detector）によって，その事物に対応する抽象的な記号表現に変換される．具体的にいえば，ある画像パターンが網膜上に投影されたとしよう．個々の特徴検出器（視覚系路上の単一ニューロンであり特定の特徴にのみ反応する）は，網膜上の自分の受容野の中に自分の受け持ちの特徴が投影されたとき，入力されたパターンがこの特徴をもつことを上位の特徴検出器に伝える．特徴検出器の階層構造によって，より高次の特徴検出器は，個々の特徴を統合した，より複雑な特徴の存在を検出することになる．これがバーロウの特徴検出理論である．

　ところで「特徴」とはどのようなものを指すのであろうか．視覚経路上のニューロンは，網膜上の一定領域から入力を受ける．この領域をそのニューロンの受容野という．図22-1は網膜神経節細胞（retinal ganglion cell：RGC）の受容野であるが，＋の部分は興奮性の入力（この部分に光が投影されるとニューロンの活動性は促進される），－の部分は抑制性の入力（この部分に光が投影されるとニューロンの活動性は抑制される）を表わす．網膜上にスポット光を当てていきニューロンの応答をモニターすることで，そのニューロン

1) パターン認知とは，一般には，五感を通じて入力された情報を識別し，理解するプロセスである．

2) Barlow, H. B., 1972, Single units and sensation : A neuron doctrin for perceptual psychology? *Perception*, **1**, 371-394.

3) Hubel, D., & Wiesel, T. N., 1959, Receptive fields of single neurons in the cat's striate cortex. *Journal of Physiology*, **148**, 574-591.

　Hubel, D., & Wiesel, T. N., 1962, Receptive fields, binocular interaction and functional architecture in the cat's visual cortex. *Journal of Physiology*, **160**, 106-154.

の受容野の大きさ，形状を調べることができる．網膜神経節細胞の受容野の形状は多くの場合，円状である．

これに対して視覚皮質のニューロンの中には，エッジ状の受容野を有するものがある（図22-2 a, b）．この受容野の軸と完全に一致するエッジに対して応答が最大となるので，このニューロンは，ある特定の傾き（方位）を有するエッジの検出器として働くことがわかる．これが「特徴」の一つである．このほかにも特定の傾きをもつ線分やスリットに特異的に反応するニューロンも見いだされた（図22-2 c, d）．この種のニューロンは**単純細胞**（simple cell）と呼ばれる．単純細胞は網膜神経節細胞や外側膝状体から連絡を受けているので，その受容野特性もそれらの下位の細胞の受容野特性を組み合わせたものとして理解された（図22-3）．

単純細胞は網膜のある特定の位置に投影されたパターンに特異的に反応するニューロンであるが，網膜上の位置によらず，ある特定の傾きを有するエッジなどに特異的に反応するニューロンもある．これは**複雑細胞**（complex cell）と呼ばれる．

より高次なレベルにある**末端検出細胞**（end-stopped cell）[4]などと呼ばれたニューロンは，方位だけではなく，パターンの幅や長さ，あるいは角度などに特異的に反応する．したがってこの細胞は，より複雑なパターンを検出する役を担っているといえよう．

このように視覚系のニューロンの階層性が，機能の階層性

[4] ヒューベルとウィーゼルは，「超複雑細胞（hypercomplex cell）」と呼んだが，現在では，単純細胞や複雑細胞のサブクラスと考えられている．

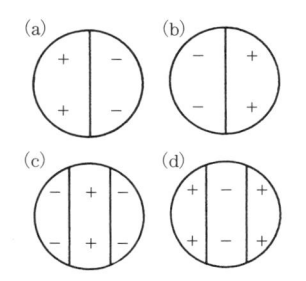

図22-2 エッジ検出ニューロンの受容野

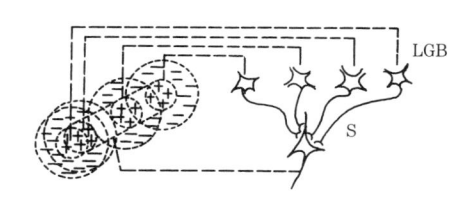

図22-3 単純細胞の受容野とその階層性
（Hubel & Wiesel, 1962）
LGBとあるのは，外側膝状体

を形成していると思われていた．しかしながら，たとえば複雑細胞は単純細胞からのみ連絡を受けるのではなく，より下位レベルから直接連絡を受けているものもある．さらに複雑細胞から下位レベルへのフィードバック的連絡も見いだされている．このように，実際の連絡はそれほど単純ではない．

さて，このような特定の方位を有するエッジ以外に，事物の特徴と考えられるものを検出するメカニズムはあるのだろうか．

色もやはり事物を構成し，事物を特定する特徴である．色の処理にも階層性が存在すると指摘されている．視覚皮質の初期領域（Ⅵ）では光の周波数に特異的に反応するニューロンが見つかっているが，それより高次の領域（V4）では，色の恒常性を示すニューロンが存在する[5]．つまり，検出する特徴がより抽象的になっていることがうかがえる．

バーロウの理論は，視覚経路の階層の最も高次なレベルでは個々の事物に特異的に反応するニューロンがあることを想定させるので，「**おばあさん細胞**」理論（"grandmother cells" theory）などといわれている．最近これを支持するような結果も得られている．大脳の下側頭領域（inferior temporal cortex：IT）からサンプルされた細胞の10％は，顔に特異的に反応し，しかも特定の顔に反応する細胞もあるという[6]．しかしこの場合，単一のニューロンの反応というよりも集合としての反応というのが正しいようである[7]．

単純細胞がある特定の傾きをもったエッジに対して，本当に特異的に反応できるのかという議論がある．図22-4は，鉛直方向のエッジに対して特異的に反応するニューロンの受容野を示している．このニューロンは，当然やや傾いたエッジに対しては反応が低下する．ところが，鉛直方向であるがややコントラストの落ちたエッジに対しても反応レベルは低下する．したがって，このニューロンの活動レベルの低下は，エッジが傾いたからなのか，コントラストが落ちたからなのか曖昧である．

この問題に対して，リーガンは次のように指摘している．確かに傾いたエッジに対しては図22-4の受容野を有するニ

5) Zeki, S., 1980, The representation of colours in the cerebral cortex. *Nature*, **284**, 412-418.

6) Perrett, D. I., Mistlin, A. J., Potter, D. D., Smith, P. A. J., Head, A. S., Chitty, A. J., Broennimann, R., Milner, A. D., & Jeeves, M. A., 1986, Functional organization of visual neurones processing face identity. In H. D. Ellis, M. A. Jeeves, F. Newcombe & A. Young (Eds.), *Aspects of Face Processing*. Dordrecht：Martinus Nijhoff.

7)「Ⅱ-36 顔の認識」の項を参照．

ューロンの活動レベルは低下するが，同時に
その傾いた方位を有するエッジに対して特異
的に反応するニューロンが存在する．エッジ
検出を単一ニューロンレベルで考えると確か
に曖昧性が生じるが，エッジ検出ニューロン
の集合で考えるとこのような曖昧性は解消す
るであろう[8]．

　この問題は単純細胞に限らず，他の特徴検
出細胞の場合にも当てはまる．結局，特徴検
出の役割を担うのは，単一ニューロンレベルではなく，ニュ
ーロンの集合，あるいはネットワークレベルで考えることが
必要であると思われる．

　さらに特徴検出理論で問題となるのは，扱っている画像が
自然なものでなく人工的なものであるため，自然画像の中に
ある明暗パターンの物理的曖昧性を解決できない点である．
つまり，物理的には明るさの急激な変化はエッジの存在によ
るばかりではなく，たとえば陰影などによっても生成され
る．推定される特徴検出器は明暗パターンの有するこの多義
性を解消できない．しかし視覚系はこれを解消している．エ
ッジと陰影とを見誤ることはない．

　最近では，これらの問題をいかに視覚系が解決しているか
を考慮した，視覚系の初期過程に関するさまざまなフィルタ
ー理論が提唱されている[9]．視覚系には空間周波数に関する
低域，高域，帯域パス・フィルター[10]メカニズムが存在し，
それらが網膜に入力された画像の中から，大まかな特徴（眼
を細めたときに見られる大まかな明暗の特徴），微細な特徴
（明暗の境界としての輪郭線など．線画を思い浮かべられた
い）などを検出していると考えられている．受容野の大き
さ，形態などがこの機能を反映しているらしい．　〔石口〕

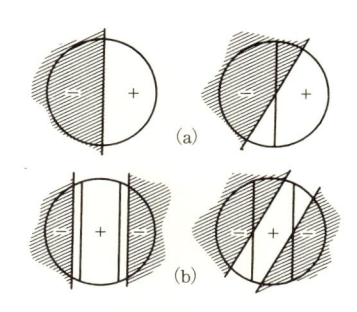

図22-4　特徴検出メカニズムの曖昧性

8) Regan, D., 1982, Visual information channeling in normal and disordered vision. *Psychological Review*, **89**, 407-444.

9) Marr, D., 1982, *Vision*. Freeman.(乾敏郎・安藤広志訳, 1987, ビジョン. 産業図書.)

Watt, R. J., 1988, *Visual Processng : Computational, psychophysical and cognitive research*. LEA. (下野孝一・松尾太加志・原口雅浩訳, 1989, 視覚情報処理モデル入門. サイエンス社.)

10) ある特定の周波数の波のみを通過させるフィルター．画像は2次元の明暗の波に分解することができる．

【参考文献】
Wolfe, J.M. et al. 2009, *Sensation and Perception* (2nd Ed). SINAUER.
Marr, D., 1982, *Vision*. Freeman.(乾敏郎・安藤広志訳, 1987, ビジョン. 産業図書.)

II-23

順応

Adaptation

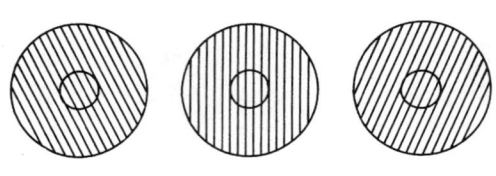

図 23-1 傾き残効を検討する縞パターン
左あるいは右のパターンを数分眺めてから，中央のパターンを見る．

「朱に交われば赤くなる」という諺があるように，私たち人間は異なった環境におかれると，生活習慣・行動などをその環境に合わせて，生活しやすいように変化させる．また，部屋の臭いなど，入った瞬間は大いに気になるけれども，そのうち何でもなくなってしまう．このように私たち生体の**順応**（adaptation）行動は，生活習慣といった社会行動的なレベルからプリミティブな感覚・知覚・運動系のレベルにまで数多く見られる．実際には前者は学習・適応行動，後者は狭義の順応と区別される．この節では，後者のプリミティブなレベルでの順応行動を解説する．

神経生理学（neurophysiology）的に順応を考えてみると次のような説明がなされる．感覚・知覚系などの神経細胞は，刺激を受けるとそれに応答して電気信号をより上位の細胞に伝達する機能を有するが，刺激が連続して与えられると，やがてその細胞は疲労し一時的に応答率が低下する．これが順応と呼ばれる行動の一種であり，順応を生じさせる刺激は文字通り順応刺激と呼ばれる．順応の結果，与えられた刺激の検出率は低下する．つまり**閾値**（threshold）[1]が上がる．これは負の残効と呼ばれる．

傾き残効（tilt aftereffect）を例にこのプロセスを垣間見てみよう．図 23-1 の 3 つの図を見ると，中央の図は鉛直方向の縞パターンである．それに対して，左右のパターンはそれぞれ左右方向に傾いた縞パターンである．さて，これから右側のパターン（順応刺激）を，顔を傾けずに 2，3 分見つめてみよう（他のパターンは隠す）．その際，パターンを凝視しなくてもよく，パターン全体をなぞるように見ればよ

[1] 「II-21 弁別閾」の項を参照．

い．この順応期間が終わったら，おもむろに中央のパターンを見る．すると，鉛直方向であったはずのパターンが順応刺激とは逆の左方向に傾いて見えるのである．この理由を説明するのが図 23-2 である．

視覚系は方位（orientation）に対して選択的に反応する細胞を有する（特徴抽出細胞）[2]．すなわち，縦線や横線，斜線のそれぞれに反応する神経細胞が存在する．しかしながら，その選択性は同調幅をもつ．たとえば鉛直方向に対し選択的に反応する細胞は，反応のピークは鉛直方向であるが，その左右±15 度くらいの範囲の方位に対しても反応する．ただし，反応率は鉛直方向から離れるにつれて低下する[3]．視覚系はどの細胞が最も反応しているかで，与えられた刺激の方位を決定していると考えられる．

さて，順応前に鉛直方向の格子縞パターンを観察すると，図 23-2 の左端・上から 3 段目の図が示すように，鉛直方向に選択的に反応する細胞の応答率が最も高い．したがって，視覚系は，このパターンの方位は鉛直方向であると決定する．次に右方向に傾いた順応刺激を観察する．この刺激を長時間観察すると，方位検出細胞が疲労し，応答率が低下する．応答率の低下は，順応刺激の方位に選択的に反応する細

2) 「II-22 特徴検出」の項を参照．

3) ラジオの選局と同じようなものである．

4) Sekuler, R. & Blake, R., 1985, *Perception*. Knopf.

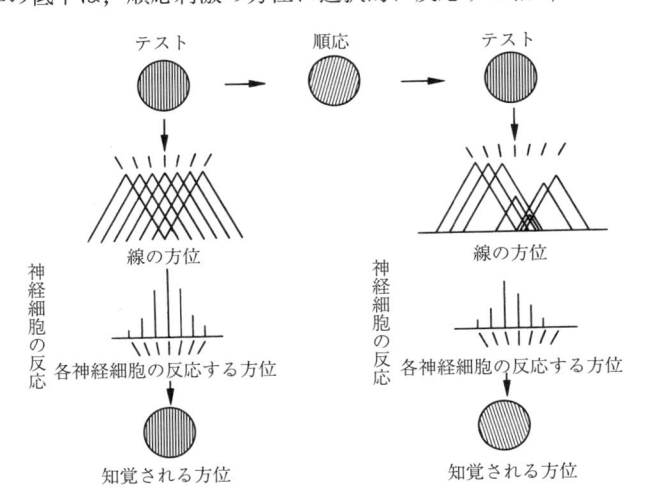

図 23-2 傾き残効の説明（Sekuler & Blake, 1985）[4]
順応によって，右に傾いた線や鉛直方向の線に反応する神経細胞の活動が低下する．

胞が最もその度合いが大きいが，その左右，たとえば鉛直方向に選択的に反応する細胞にも及ぶ．この状態（図23-2右端・2段目）で鉛直縞パターンを観察すると，細胞の応答率は図23-2右端・3段目のようになる．この場合，最も反応率の高い細胞は鉛直方向よりやや左に傾いた方位に対し選択的に反応する細胞である．視覚系は，どの細胞が最も反応しているかで与えられた刺激の方位を決定する．したがって，視覚系は与えられた刺激の方位は鉛直方向からやや左に傾いたものと決定する．

　疲労によって順応刺激に対する検出細胞（あるいはシステム，チャンネル）の応答率が低下することを特徴とする順応行動は他にも多くの例が見られる．たとえば，視覚に関していうと，**空間周波数**（spatial frequency）に対する順応[5]，奥行き，運動，色，あるいはこれらを組み合わせたものなどに対する順応がある．このような順応は，普段の生活でも多く見られる．部屋の中の灯は太陽光と比較して長波長の光を多く含んでいるので，暗闇から急に部屋の中に入ると周りが黄色っぽく見えるのだが，そのような感覚はしだいに薄れる．これも上記の順応である．

　明るさに対しても順応が生じる．**暗順応**（dark adaptation）[6]と呼ばれる現象は，細胞系の疲労を原因とする応答の低下を指すのではなく，逆に網膜にある光受容器系の光刺激に対する応答の増加（あるいは感光からの回復）を意味する．明るいところから急に暗いところ（たとえば映画館）に入ると，初めは何も見えなかったのが，時間がたつにつれてだんだん見えてくる現象である．この過程は実験室事態で検証できる．まず順応光と呼ばれるかなり強い光を見つめる．その後，完全暗室に入り，小さな光点が見えるかどうかの検出閾を調べる．初めはある程度強い光でないと検出できないが，時間がたつにつれて弱い光でも見えるようになる．つまり検出閾が低下（感度は上昇）する．図23-3の破線はその過程を示すものである．横軸は経過時間，縦軸は検出閾である．奇妙なことに，途中から検出閾のもう一段の低下（感度の上昇）が見られる．これは次のように考えられる．光受容

5)「Ⅱ-24 残効」の項を参照．

6) これに対して明順応（light adaptation）は，これまでの順応と類似する．暗いところから急に明るいところへ出ると，初めは眩しいがすぐに慣れる．これは網膜の光受容細胞が感光（感光物質が分解）し，応答が低下した結果であると考えられる．

器系には**錐体**（cone）系と**桿体**（rod）系の2種類ある．錐体系は回復過程が早く，桿体系は遅い．しかし閾値の下限は桿体系の方が低いという特性を有する．そのときどきの閾値は，錐体・桿体のどちらの閾値が低いかによって決まる．図23-3の破線が示すように，途中で桿体の閾値の方が錐体より下回って，もう一段の感度上昇が見られる[7]．

視覚以外にも，聴覚（音の大きさに対する順応など），触覚，味覚，嗅覚などにも，連続して与えられる刺激に対して，上記のような順応行動が見られる．しかし，そのメカニズムは一様ではない．たとえば，嗅覚の場合は，検出細胞の疲労による応答の低下のほかに，高次の中枢からのフィードバックによる抑制がかかり，刺激の伝達が途中でストップされるということも指摘されている．

以上のような低次レベルの順応は，主に連続する刺激に対して検出細胞，あるいは細胞系が疲労して応答を低下させる過程，いわゆるニューラル・アダプテーションである．これに対して現象としては似ているがメカニズムが異なると考えられる現象がある．**馴化**（habituation）といわれる現象がそれである．生体に無意味な刺激（快も不快も生じさせない生体の生存に無関係な刺激）が繰り返し与えられると，その刺激に対する反応が低下する．この現象に特徴的なのは，刺激の差異に敏感なこと，通常の順応より持続すること，連続的な刺激より断続的な刺激によって成立することなどがあげられる．この現象に関しては，神経細胞の疲労が原因ではなく，神経系の伝達効率の変化が原因であるとの指摘もある．したがって，馴化は一種の学習と考えられる． 〔石口〕

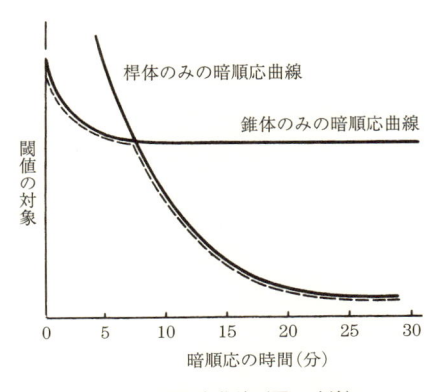

図23-3 暗順応曲線（図の破線）

7) この仕組みは，自動車のギアとスピードとの関係に似ている．スタート直後は，低速ギアがスピードを決めるが，その後，高速ギアに移って一段とスピードアップする．

【参考文献】
石口彰，2006，視覚．キーワード心理学シリーズ1，新曜社．
Gregory, R. L., 1998, *Eye and Brain*.Fifth edition. Oxford University Press.（近藤倫明・中溝幸夫・三浦佳世訳，2001，脳と視覚．ブレーン出版．）

II-24 残効
After-effect

図 24-1 渦巻パターンによる運動残効

電灯など明るい光を見つめた後で視線をそらすと，電灯の像が暗い像としてしばらく視野に残ることがある．また，川の流れをしばらく凝視して，ふと岸辺に眼をやると，静止しているはずのものが，先の川の流れと逆方向に動いて見える．これら刺激消失後に生じる感覚・知覚上の変化は，**残効**（after-effect）あるいは**残像**（after-image）と呼ばれる．残効は視覚に限らず，触覚や聴覚，平衡感覚にも見られる．さらに運動系での残効現象も知られている．残効の多くは，神経系の順応によって生じるといわれる[1]．

まず残効の一形態である視覚残像現象について説明しよう．残像とは原刺激の像が明暗・色相の違いはあれ刺激消失後も視野内に留まる現象である（色光の残像は特に色残効と呼ばれる）．通常，原刺激と明暗が一致している場合は陽性残像，逆の場合は陰性残像と呼ばれる．色相に関しては，陽性の場合は色相も一致し陰性の場合は補色となることが多いが，逆の組み合わせも生じる．通常観察されるのは陰性残像であるが，詳細に調べると，陽性，陰性の残像が，持続時間の長短はあるが，交互に現われていることがわかる．陽性残像は神経系の持続的活動，陰性残像は局所的な順応，あるいはそれらの相互作用によって生じると考えられる．

色残効が最も鮮明なのは，赤，緑，黄，青の色パッチを眺めた場合である．色残効として補色が知覚されることが，色知覚における反対色過程の存在を示唆している．すなわち，網膜の光受容器レベルでは，赤，緑，青系の3色過程が存在するが，その出力をもとに，赤－緑系，黄－青系といった反対色過程の存在が考えられているのである[2]．

1) 「II-23 順応」の項を参照．

2) 「II-27 視覚説(色覚説)」の項を参照．

残像の見えの大きさに関しては**エンメルトの法則**（Emmert's law）[3]がある．この法則によれば，残像の見えの大きさは残像が投影される面までの距離に比例する．ただし，投影面までの物理的な距離ばかりでなく，見えの距離も影響を及ぼすといわれている．しかし，これはよく考えれば，不思議である．たとえば，フラッシュ光を見て残像が生じたとする．残像は網膜にいわば像が焼き付けられた状態である．したがって，網膜上での大きさは近くを見ようが遠くを見ようが，変わらないはずである．近くの壁を見たときは，残像が小さく見え，遠くの家を見たときには，残像が大きく見えるということは，私たちの脳が網膜上での大きさと対象との距離を計算して，見えの大きさを推測していることを物語る．

　また，眼球を動かしても網膜上での残像の位置は変わらず，眼球と一緒に動く．それでは，眼球を動かしたら残像は静止して見えるかというとそうではない．運動しているオブジェクトを追視した場合，そのオブジェクトは運動して見えるのと同様に，やはり残像も運動していると知覚される．ところが，指で押して目を動かすといった受動的な眼球運動事態では，事態は同じであるのに，残像は運動して見えない．オブジェクトの運動の知覚を決定するメカニズムには，網膜上の像の動きと眼球運動との2つの情報が入力されるが，後者の情報は，眼筋からのフィードバック情報ではなく，眼球運動の指令を出す中枢からの情報であることをこの事実は物語る．

　このように残像現象は，網膜上あるいはそれより少し高次の外側膝状核[4]の細胞の特性に帰因できるが，順応と残効は，視覚の低次過程から高次過程まで，さまざまな段階で生じる．そして，**両眼間転移**（interocular transfer）効果を検証することで，順応と残効がどの段階で起きたのかを調べることができる．両眼間転移効果の検証とは，単眼で順応刺激を観察した後に，他の眼で残効を調べるものである．もし残効が生じないならば，原理的にはそれは両眼情報が融合する段階（すなわち視覚第一皮質レベル）より前の段階で順応が生じていると考えられる．

3）「Ⅱ-34　知覚の恒常性」の項を参照．

4）視覚系路上で，網膜と大脳皮質視覚野の中間に位置する．視覚信号の増幅や反対色過程に関与していると思われる．

以下，各種の残効現象を紹介するが，これらは，多少とも，両眼間転移が生じる残効現象である．

図形残効（figural after-effect）：一つの図形（IF）をしばらく凝視した後に，別の図形（TF）に目を向けると，その図形を単独で見た場合と比較して異なって知覚される（図24-2）．この現象は図形残効と呼ばれる．図形残効の説明としては，基準移動説[5]や場理論[6]などがあったが，最近は特徴抽出メカニズムの順応で説明される場合が多い．その例として，傾き残効[7]や空間周波数シフト（図24-3），奥行き残効などがあげられる．

空間周波数シフト（spatial frequency shift）：図24-3の左側の空間周波数パターンをしばらく観察した後，中央のテスト刺激を眺めると，上下の刺激は物理的には等しい空間周波数パターンであるはずなのに，上のパターンはより密な（高空間周波数）パターンに，下のパターンはより粗い（低空間周波数）パターンとして知覚される．つまり空間周波数がシフトして知覚されるのである．

運動残効（motion after-effect）：一定方向に運動するパターンをしばらく注視したのちに静止パターンを眺めると，物理的には静止しているのに，先とは逆方向へ動いて見える残効である．この現象には眼球運動[8]が関与していると考えられていたが，現在では，特徴抽出メカニズムの順応と側抑制[9]によって説明される．運動残効現象が図形残効と異なるのは，常に対となるメカニズムが関与している点である．

ある方向の運動に特異的に反応するチャンネルとその逆方向に特異的に反応するチャンネルとは互いに抑制的に働きあっている．静止パターンを観察している場合，これらのチャンネルは，自発的な，いわばノイズ的な活性化が生じるのだが，お互いに抑制しあって，結果的に両者ともに沈黙することになる．ところがいま，一定方向の運動刺激が長く提示されると，それに反応するチャンネルが，順応によって活動性が低下する．すると，抑制のバランスが崩れ，他方の活

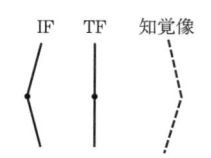

図24-2 図形残効の例
IFをしばらく眺めた後，TFを見ると破線のような知覚像が得られる．

5) 感覚・知覚などの判断は両極性の性質をもつものが多い（「熱い−冷たい」など）．したがって，「どちらでもない」という中性を示す点，つまり基準点が存在する．順応によって，この基準点がずれ，その結果残効が生じるというもの．

6) TFはIFの位置から遠ざかる方向に変位する（変位の原理），変位量はIF，TF間の距離の逆U字型の関数となる（距離矛盾の原理）の2つの現象法則から図形残効を説明する．

7)「Ⅱ-23 順応」の項を参照．

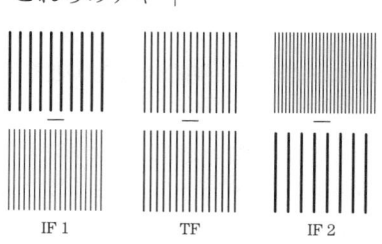

図24-3 空間周波数シフト

動性は上昇する．その結果，静止パターンが提示されると逆方向への運動が知覚されるということになる．

運動残効現象は一定方向の運動ばかりではない．運動には，拡散・収縮という対となる運動がある．図24-1のような渦巻パターンを回転させると，回転方向によって拡散運動，収縮運動が観察される．いま，拡散運動をしばらく注視した後で，静止渦巻きパターンを眺めると，収縮運動が知覚される．この運動残効で注目すべきは，収縮運動は知覚されるが，パターンがどんどん小さくなるようには感じられないという点である．これはパラドックスである．この現象が示唆するのは，運動抽出メカニズムと位置抽出メカニズムが同時に働いているが，前者は順応によってバランスが崩れ，他方は依然として正常に作動しているという点である．脳はこの2つのメカニズムからの拮抗する出力を受理してしまったのであろう．さらにこの渦巻パターンの運動残効現象は，眼球運動要因説を否定していることも忘れてはならない．

随伴性残効（contingent after-effect）：赤と黒の縦縞格子パターンと，緑と黒の横縞格子パターンとを交互に数分間観察する．その後で，図24-4のような白黒格子パターンを眺めると，横縞の格子は赤く，縦縞の格子は緑に彩色して見える．この残効は随伴性色残効あるいは**マッカロー効果**（McCollough effect）[10]と呼ばれる．この現象は単なる残像と異なり，残像として見える色が縞パターンの方位に依存しているのである．さらにこの現象で特異的なのは，残効が長時間持続するという点である．数ヵ月も続く場合がある．この点から，通常の神経系の疲労としての順応による説明はできず，一種の学習と考えられている．

随伴性残効としては，方位のほかに，空間周波数や運動方向に随伴する色残効も報告されている．〔石口〕

【参考文献】
Gregory, R. L., 1998, *Eye and Brain*. Fifth edition. Oxford University Press.（近藤倫明・中溝幸夫・三浦佳世訳，2001，脳と視覚．ブレーン出版．）
石口彰，2006，視覚．キーワード心理学シリーズ1，新曜社．

8）運動パターンを眺めていると運動方向に眼球が動く（すなわち追視）ことはよく見られるが，運動が止まったときにも眼球が追視を続ければ，静止パターンが逆方向に動いて見えるというもの．

9）神経生理学上の用語．活性化した神経が近隣の神経の活動を抑制する働きをいう．

10）マッカローは，垂直および水平方向のエッジを選択的に抽出するメカニズムが，それぞれ別々に色順応したと考えた．

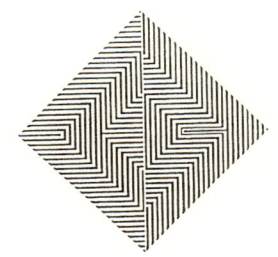

図24-4 マッカロー効果を検討するテスト刺激
（順応刺激にあらず）

II-25 マスキング

Masking

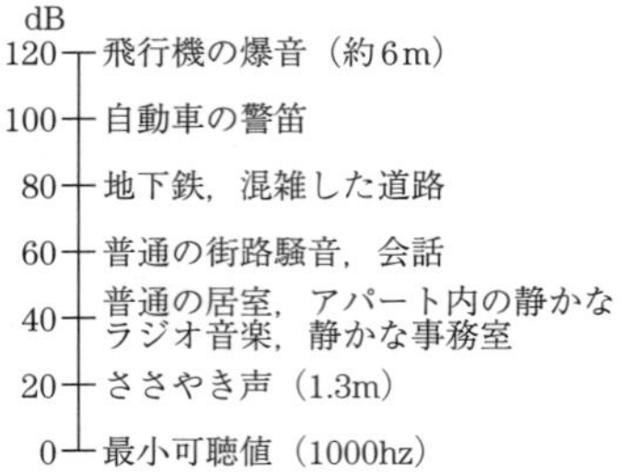

```
dB
120 ─ 飛行機の爆音（約6m）
100 ─ 自動車の警笛
 80 ─ 地下鉄，混雑した道路
 60 ─ 普通の街路騒音，会話
 40 ─ 普通の居室，アパート内の静かな
      ラジオ音楽，静かな事務室
 20 ─ ささやき声（1.3m）
  0 ─ 最小可聴値（1000hz）
```

図25-1 日常生活におけるいろいろな音の大きさ

一般にある刺激の存在が，他の刺激に妨害効果をもつ現象を**マスキング**[1]（masking）という．マスキングは視覚，聴覚，触覚などの感覚において生じる．ここでは聴覚の場合について説明する．

日常生活の中ではいろいろな音に囲まれているので，私たちの話す声の大きさも周りの状況に合わせて変えなくてはならない．たとえば，話をしているときに電車がそばを通ると，相手の話がかき消されて聞こえにくくなったり，まったく聞こえなくなることがある．このように1つの音の存在が他の音を聞こえにくくする現象を**聴覚マスキング**（auditory masking）という．マスキングの効果が大きい場合には，音の強度を大きくしなければ聞き取ることはできない．そこで，他の音の存在によって**最小可聴値**（threshold of hearing）[2]がどれくらい上昇したかによってマスキング効果の程度を知ることができる．いま2つの音A，Bが与えられたとする．A音がB音をマスクする場合，B音は聞こえにくくなり，B音の最小可聴値は上昇する．したがって，どれくらい閾値が上昇したのかを測ればマスキングの大きさがわかる．そこで，B音が単独で与えられたときの音圧レベルの値をI_0とし，A音を同時にならしたときのB音の音圧レベルの値をI_mとすると，この上昇分がマスキングの大きさである．すなわち，マスキング量（M dB）は，

$$M = I_m - I_0 \qquad \text{(式1)}$$

と表示される．

純音どうしのマスキングについてはこれまでに多くの研究が行なわれてきた．図25-2はウィーゲルとレインが純音の

[1] マスキング効果は，遮蔽(しゃへい)効果と訳される．

[2] 音の強度に対する刺激閾．

マスキング——85

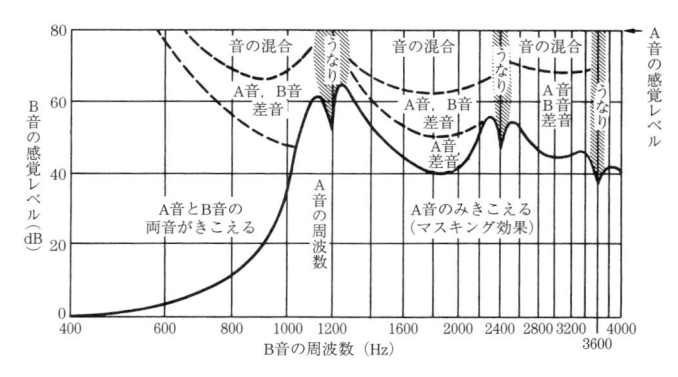

図 25-2 2つの純音を同時にならしたときの聞こえ方
(Wegel & Lane, 1924)[3]

マスキング量を測定した結果である[3]．ウィーゲルらは1200 Hz, 80 dB（SL）のA音（マスクする音）を出し，その周波数と強さを一定に保ったままにして，B音（マスクされる音）の周波数と強さをいろいろに変化させた．このとき描き出される曲線を**マスキング曲線**（masking curve）という．この曲線は，A音が存在するときにB音が検出されるためには，B音の音の大きさがどれくらいでなければならないかを，B音のいろいろな周波数について表わしたものである．この図では，B音の大きさは**感覚レベル**[4]（sensation level）で表示されているから，その値は直ちにマスキング量を表示している（式1中のI_0が原点となっているので，図中の縦軸の値はそのままマスキング量を表わす）．

B音の周波数を一定にしてその強さを小さくしていくと，しだいに聞こえにくくなり，図中の実線より下の強さではまったく聞こえなくなる．また実線より上の強さでは，**うなり**[5]（beat）や**差音**（difference tone）[6]や音の混合が生じる．たとえば，1200 HzのA音と1205 HzのB音の2つの純音を同時に提示するとうなりが生じる．さらに，1200 HzのA音と2405 HzのB音との2つの純音を同時に提示する場合も，耳内倍音（耳の中に生じる倍音，高調波ともいう）が生じて2400 Hz, 3600 Hzなどの音も聞こえるため，A音の耳内倍音の2400 Hzと2405 HzのB音との間にうなりが生じる．

さらに，マスクする音とマスクされる音の両方の周波数と

3) Wegel, R. L. & Lane, C. E., 1924, The auditory masking of one pure tone by another and its probable relation to the dynamics of inner ear. *Physical Review*, **23**, 266-285.

4)「Ⅱ-26 ソンとメル」の項を参照.

5) 音が周期的に強くなったり弱くなってきこえる現象.

6) 2つの音（成分音）の振動数の差に相当する高さの音．視覚の場合には，波長の異なる2つの光を混合（混色）すると，別の色が知覚され，もとの2つの光を知覚することはできない．しかし聴覚の場合には，ある音の中にその成分音を知覚することができる．この現象は音響のオームの法則と呼ばれる（「Ⅱ-28 聴覚説」

強さをいろいろに変えてマスキング量を測定すると，次にあげるような一定の傾向が認められる．

①低周波数音は高周波数音をマスクしやすいが，高周波数音は低周波数音をマスクしにくい．

②周波数の近い音ほどマスキング量は大きいが，あまり近いとうなりが生じてB音の存在が検知されやすくなるために，マスキング量はかえって減少する．同様のことは，B音の周波数がA音の倍音付近の値の場合にも生じる．

③A音の強さが増大するほどマスクされる範囲は広がり，マスキング量も増大するが，その割合は周波数によって異なる．

一方，雑音は多数の純音成分から成るから，雑音で純音をマスクする場合は，多数の純音で同時に1つの純音をマスクする場合に相当すると考えられる．したがって，たとえば**白色雑音**[8]（white noise）を用いて純音をマスクする場合，あらゆる周波数成分を含む白色雑音はあらゆる周波数の純音をマスクすることになるので，純音どうしのマスキングの場合と異なり，マスクされる純音の周波数にかかわらずほぼ一様にマスキングが生じる（図25-3）．

フレッチャー[9]は，白色雑音が純音をマスクする場合，マスクされる純音は全帯域（あらゆる高さの周波数範囲のこと）のノイズ成分から影響を受けているのではなく，その純音の周波数を中心とする一定範囲の雑音成分からのみ，影響を受けていることを実験的に確かめた．この実験結果から，フレッチャーは聴覚器官はある帯域幅をもつバンドパスフィルター群[10]で構成されていて，マスキングに貢献する雑音は，このフィルターの帯域内に含まれる雑音に限られると考えた．さらに，マスクされた純音のエネルギーと帯域内のエネルギーは等しいと考えた．このときの帯域幅を**臨界帯域幅**（critical band width）と呼ぶ．

の項を参照)．

7) Hawkins, J. E. & Stevens, S. S., 1950, The masking of pure-tones and of speech by white noise. *Journal of the Acoustical Society of America*, **22**, 6-13.

8) スペクトル成分が可聴範囲内の周波数についてほぼ一様な分布をなす雑音．

9) Fletcher, H., 1953, *Speech and hearing in communication*. Van Nostrand.

10) 特定の範囲の周波数のみを受容するフィルタの集まり．

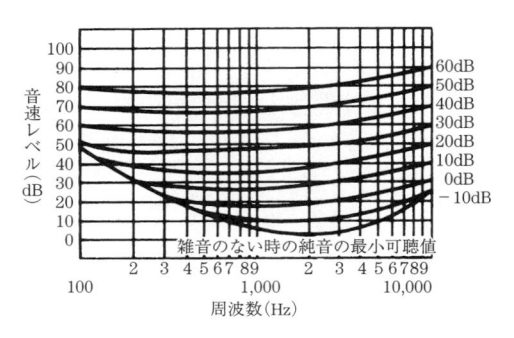

図25-3 白色雑音で純音をマスキングする場合（片耳の場合）(Hawkins & Stevens, 1950)[7]

なお，上述したマスキングはマスクする音とマスクされる音とを同時に提示した場合に生じるマスキングであり，**同時マスキング**（simultaneous masking）と呼ばれる．マスキングにはこのほか，マスクする音とマスクされる音とを継時的に提示した場合に生じる**継時マスキング**（temporal masking）がある．継時マスキングには，マスクする音（A）をマスクされる音（B）よりも先行して提示する（A→Bの順）順向マスキングと，マスクする音をマスクされる音に後続させて提示する（B→Aの順），時間をさかのぼって先行する音をマスクする逆向マスキングとがある．順向マスキングの方が，逆向マスキングよりも時間的に離れた音に対してもマスキングが起こるが，マスクする音とマスクされる音とが接近している場合には，逆向マスキングの方がマスキング量は大きい．マスキングといった場合，通常は同時マスキングを指すが，継時マスキングも私たちの日常生活における種々の音の聴取と関わっている．日常会話の中の音声をはじめ私たちの身の回りの音は，絶えずその大きさが時間の経過とともに変動している場合が多いからである．

　聴覚マスキングは音楽を聴く際にもいろいろな影響を与える．周波数が低く強い音を出す楽器は，周波数が高く弱い音を出す楽器の音をマスクしやすい．たとえば，ビオラの音はヴァイオリンの音をマスクしやすい．指揮者や演奏者は音楽的直感によって，このマスキングの効果を利用して演奏している．聞き手も同様にこの効果を利用して，音楽を鑑賞している．したがって，レコードなどで演奏を再生した場合，低い音は高い音よりも音の大きさの低下が大きいので音の強度差が生じる．その結果，楽器の間にあったマスキングパターンが録音時と異なってしまい，録音時には聞こえなかったはずのヴァイオリンのかすかな指使いが聞こえたりすることがある． 〔重野〕

【参考文献】
Lindsay, P. H. & Norman, D. A., 中溝幸夫他訳, 1983, 感覚と知覚．情報処理心理学入門I, サイエンス社．
境　久雄, 1978, 聴覚の心理．聴覚と音響心理　第2編, コロナ社．

II-26

ソンとメル
Sone, Mel

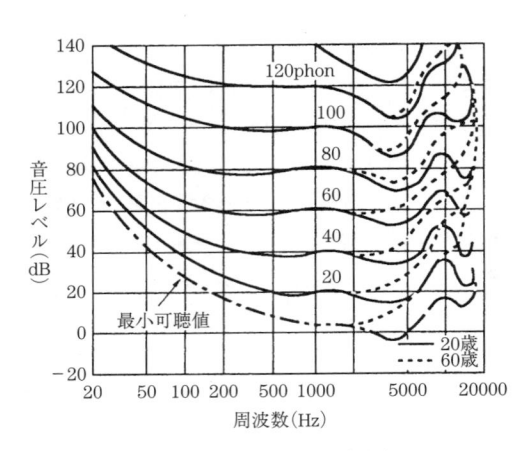

図26-1 純音の大きさの等感曲線
(Robinson & Dadson, 1957)[1]

私たちが耳で聞くことのできる音の大きさは，音圧で表わすと約20マイクロ・パスカル（μPa）から20パスカル（Pa）の範囲[2]にわたり，最大は最小の100万倍もの大きさになる．100万もの範囲にわたる数値を実際に使用するのは厄介であるから，ある音を基準にして，それとの相対的な量を用いて表示することが考えられた．フェヒナーの法則[3]によれば，感覚量は刺激の強さの対数に比例する．そこで，ある音の強さ（I_A）が I_B まで変化したとき，この比の対数を10倍したものを，デシベル（dB）という単位で表わすことが考え出された．すなわち，

$$\text{デシベル（dB）} = 10 \log_{10}(I_B/I_A)$$

これが**音の強さのレベル**（intensity level）である．この値は小さすぎるので，音圧比 P_B/P_A の対数を20倍して，

$$\text{デシベル（dB）} = 20 \log_{10}(P_B/P_A)$$

と表わす**音圧レベル**（sound pressure level, 略してSPL）がよく用いられる．音圧レベルは，60 dBSPLのように表記される．デシベルは相対値であるから[4]，P_A すなわち基準の量を示さなくてはならない．一般に空気中では，1000 Hz の純音に対する人間の**最小可聴値**（threshold of hearing）（聞くことのできる一番小さい音の強さ）は，

$$I_A = 10^{-12} \text{W/m}^2$$

$$P_A = 20 \mu\text{Pa}$$

であり，音の強さのレベルや音圧レベルではこれらを基準値としている．この基準値は人間の最小可聴値にほぼ等しいか

---

1) Robinson, D. W. & Dadson, R. S., 1957, Threshold of hearing and equal–loudness relations for pure tones, and the loudness function. *Journal of the Acoustical Society of America*, **29**, 1284–1288.

2) かつては圧力の単位としてバール（bar）が使われていたが，現在では単位の「世界共通語」にあたる国際単位系（SI）において，パスカル（pascal）に定められている．1 Pa = 10μ bar

3) 「I-2 精神物理学」の項を参照．

ら，私たちに聞こえる音はすべてこれよりも大きい値となり，dBの値はすべて正の値となって，取り扱いやすくなる．

基準値 P_A をある人のある音に対する最小可聴値の音圧とする場合は，**感覚レベル**（sensation level：SL）と呼ばれ，60 dBSL のように表示される．したがって，感覚レベルで表示された音は，音の強さのレベルや音圧レベルで表示すると個人ごとにまた周波数ごとに異なることになる．デシベルは P_B の P_A に対する相対値であるから，何を基準にするかでその値は異なり，そのため基準値を示すのである．ただし，最近では感覚レベルはあまり用いられず，たいていの場合は音圧レベルが用いられている．

音の大きさは，音圧以外の要因によっても影響を受ける．

音圧レベルが同じ場合，低い音の方が中程度の音よりも小さく聞こえる．たとえば，2つの純音の大きさがともに 60 dBSPL であっても 50 Hz と 1000 Hz とでは，50 Hz の方が小さく聞こえる．音圧量は等しくても，主観的な音の大きさは異なって聞こえるのである．そこで，主観的な音の大きさに対応した値で音の大きさを表示する方法が考案され，**フォン**（phon）という単位が作られた．いま 1000 Hz の純音を基準音とし，それと同じ大きさに聞こえる純音の大きさをあらゆる周波数について調べると，図26-1のようになる．この図の中の各曲線は等感曲線[5]と呼ばれる．たとえば 50 Hz，80 dBSPL の純音は 1000 Hz，60 dBSPL と同じ音の大きさに聞こえるので，60 phon と定められる．このようにして定められた尺度を，**音の大きさのレベル**（loudness level）という．音の大きさのレベルが作られたことによって，純音によらず任意の音の大きさを数量的に扱うことができるようになった．

フォン（phon）は，ある音の大きさと同じに聞こえると判断したときの，1000 Hz の純音の音圧レベルの数値を示しており，音の大きさの順序関係を表わしているに過ぎない．心理的属性である音の大きさと1対1に対応しているわけではない．たとえば，80 phon の音は 40 phon の音よりも大きいが，2倍の大きさに聞こえるわけではないし，40 phon の

[4] デシベル（decibel）は，本来2つのエネルギーを比較するために考えられた尺度であり，2つのエネルギーの比の対数を10倍した値で表わされる．音のエネルギーは音圧の自乗に比例するから，W_A，W_B を音のエネルギー，P_A，P_B を音圧とすると，
$n\,\mathrm{dB} = 10\log_{10}(W_B/W_A) = 10\log_{10}(P_B^2/P_A^2)$
$= 20\log_{10}(P_B/P_A)$
となる．たとえば，20 dB はエネルギーに関して基準音の 100 倍（10^2）の音の強さを表わす．

[5] 等感曲線には音の大きさの等感曲線と，音の高さの等感曲線がある．

音を2つ同時にならしても80 phonに聞こえるわけでもない。そこで，もっと心理的な意味をもつ尺度，すなわち音の大きさについての主観的な比率関係を表わす感覚尺度が実験によって求められた。それが**ソン尺度**（sone scale）である。いま1000 Hz, 40 dBSPLすなわち40 phonの純音の音の大きさを1ソン（sone）とし，それと比較して2倍，3倍……あるいは1/2倍，1/3倍……の大きさになるように音の大きさを調整させる[6]。図26-2はこのようにして求めたsoneとphonの関係を表わしている[7]。2 soneは1 soneの2倍の大きさに聞こえる音である。いま1000 Hzの純音の大きさのレベルを20 phonから40 phonに20 phon増加させると，音の強さは100倍（10^2）になるが，音の大きさは0.1 soneから1.0 soneになり，10倍にしかならない。このように，音の主観的な大きさの増加は音の物理的な強さの増加ほど急激ではない。

複雑な音の大きさを測定するために，騒音計が用いられる。騒音計は，複合音の大きさを近似的に知るのに便利である。近似の程度をよくするために，人間の聴覚特性に合わせて，いろいろな補正が行なわれる。騒音計の周波数補正回路

6) これは等比法や分割法と呼ばれる方法で，感覚尺度を求める実験では，よく用いられる．

7) Beranek, L. L., Marshall, J. L., Cudworth, A. L., & Peterson, A. P. G. 1951, Calculation and measurement of the loudness of sounds. *Journal of the Acoustical Society of America*, **23**, 261-269.

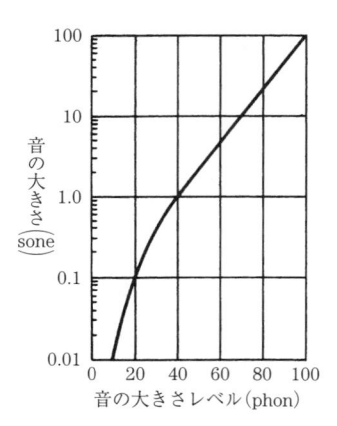

図26-2 音の大きさのレベル（phon）と音の大きさ（sone）との関係（Beranek et al., 1951)[7]

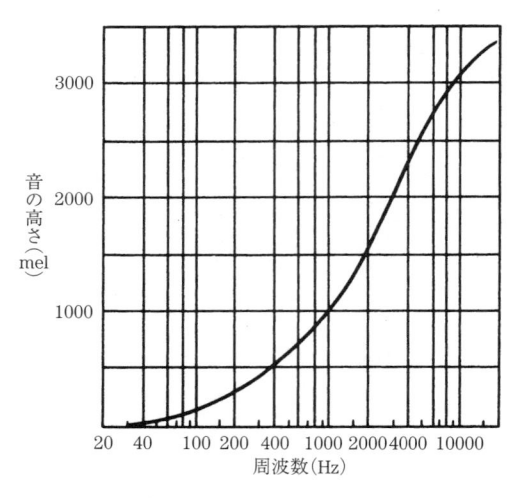

図26-3 音の周波数（Hz）と音の高さ（mel）との関係（Stevens & Volkman, 1940)[9]

表26 音の単位

音の大きさ	音圧	Pa
	音の強さのレベル	dB
	音圧レベル	dBSPL
	感覚レベル	dBSL
	音の大きさのレベル	phon
	騒音レベル	phon, dB
	感覚尺度	sone
音の高さ	周波数	Hz
	感覚尺度	mel

A特性を通して測定したレベルを，**騒音レベル**（sound level）と呼び，単位はphonまたはdBが用いられる．

一方，音の高さを物理的に表示するにはヘルツ[8]（Hz）が用いられるが，ヘルツの場合も音の高さの順序関係を表わしているに過ぎず，音の高さの心理的属性と1対1に対応しているわけではない．すなわち，2000 Hzの音は1000 Hzの音よりも高いことを表わすが，2倍高いことを表わしているのではない．そこで，音の大きさの場合と同様に，音の高さについても主観的な音の高さの比率関係を表わす感覚尺度が実験によって求められた．それが**メル尺度**（mel scale）である．いま1000 Hz 40 phonの純音の高さを1000メル（mel）とし，その音と比較して1/2倍，1/3倍……に聞こえる音を求めると，Hzとmelとの関係は，図26-3に示すような関係になる[9]．図より，1000メルの2倍の高さに感じる音は物理的に2倍の2000 Hzの音ではなく，約3000 Hzの音であることがわかる．音の大きさの場合と同様，刺激の変化よりも感覚の変化の方が小さいことがわかる．

表26は，ここまで見てきたさまざまな音の単位についてまとめたものである． 〔重野〕

8) ヘルツ（hertz）は1秒間に繰り返される音圧の周期的な変動回数（振動数，周波数；frequency）を表わす単位である．したがって，1000 Hzは音圧が周期的に1秒間に1000回変動する音である．

9) Stevens, S. S. & Volkman, J., 1940, The relation of pitch to frequency: A revised scale. *American Journal of Psychology*, **53**, 329–353.

【参考文献】
音の百科事典編集委員会編，2006，音の百科事典．丸善．
重野 純，2003，音の世界の心理学．ナカニシヤ出版．

II-27
視覚説（色覚説）
Theory of (Color) Vision

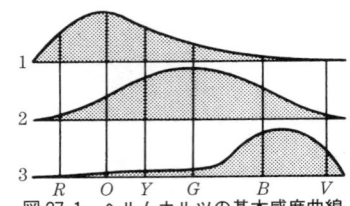

図27-1 ヘルムホルツの基本感度曲線
各波長の光に対する3種の受容器の感度を模式的に表現したもの（R：赤，O：オレンジ色，Y：黄色，G：緑，B：青，V：菫）

"The rays are not colored."（光は色づいてはいない．）これは，物理学者ニュートンの言葉である．光に色がついているのではなく，光によって色の感覚が引き起こされるというのである．たとえば，日常使っている「赤い光」という表現は，正確にいうと「赤いという感覚を作り出す電磁波」のことを指しているのである．色という属性をもたない電磁波が，私たちの目（網膜）に到達して初めて色という感覚を作り出すのである．「色」というのは物理的な属性ではなくて，心理的な属性なのである．

では，私たちはその色をどのように知覚しているのであろうか？　色がどのようなしくみで知覚されるのかについてはいくつかの説明があるが，これらを総称して**視覚説（色覚説）** (theory of (color) vision) という．

日常生活に目を向けてみよう．カラーテレビは，赤 (red)，緑 (green)，青 (blue) の3色だけであらゆる色を再現している．これは，**加法混色** (additive color mixture) の原理を利用したものである．加法混色とは，赤，緑，青の3種の色光による混色のことで，各色光の強度を調節すればすべての色を作り出すことができるというものである．赤，緑，青は，光の三原色と呼ばれる．赤と緑を重ね合わせると黄色，緑と青は青緑に，赤と青は赤紫，3色ともに重ねると白になる．色光による混色であるから，混色することにより明るさが増加することになる．それで，加法混色と呼ばれている．一方，絵の具などで色を塗るときには赤，青，黄色の3色（絵の具の三原色）だけで白を除くすべての色が作り出せる．この場合，混色してできた色は，前の色よりも明度が減少し

暗くなる．混色を続けていくと最終的には黒になる．そのために**減法混色**（subtractive color mixture）と呼ばれる．この2種の混色のうち，色覚説に関係するのは加法混色の方である．

あらゆる色が3つの色の混合によって作り出せるということ（加法混色）に着目してヤング[1]は，1802年に三原色説を唱えた．この考えは，その後，ヘルムホルツ[2]によって修正が加えられ**ヤング・ヘルムホルツの三原色説**（Young–Helmholtz trichromatic theory, three color theory）と呼ばれている．三原色説では，3種の光受容器を想定している．長波長のスペクトル（赤領域）に対して最も敏感な赤（R）受容器，中間波長スペクトル（緑領域）に対して敏感な緑（G）受容器，短波長スペクトル（青領域）に対して敏感な青（B）受容器の3種である（図27-1）．すべての色の感覚は，この3種の受容器の反応の組み合わせで生じるというものである．黄色の感覚は，R受容器とG受容器が同時に刺激されたときに生じ，3種の受容器が同程度に刺激されたときは無彩色の感覚が生じるのである．

この三原色説に対する生理学的な証拠も得られている．私たちの網膜には，光受容器として**桿体**（rod）と**錐体**（cone）という2種類の視細胞が存在している．2種類の視細胞は，別々の役割を果たしていると考えられており，これは**二重作用説**（duplicity theory）と呼ばれる．桿体は，主に暗所で明暗情報に対して働き（暗所視），錐体は明所で働き（明所視）色に関する情報を受け持っているとされる．

最近の生理学の研究から，この錐体に3種類あり，三原色説に対応していることが明らかになっている．サルや人間の錐体の分光吸収特性[3]を測定した結果，図27-2のように吸収率のピークの位置が異なる3種類の錐体が存在することが確かめられている[4]．それぞれ，R–cone（錐体），G–cone，B–cone と呼ばれている[5]．

1) Young, T.(1773-1829)

2) Helmholtz, H. L. F. v.(1821-1894) ヘルマン・フォン・ヘルムホルツは，ドイツの物理学者，生理学者．1821年ドイツポツダムに生まれ，軍医学校に進み1842年軍医となるが，1849年からは大学教授として生理学，物理学の研究を行ない多くの成果を残した．19世紀の代表的自然科学者といわれる．心理学においては，ヴントと並んで科学としての心理学を創設した一人とされている．色彩知覚に関して三原色説，聴覚においては共鳴説を唱えた．また，経験説の立場に立ち，無意識的な推論で知覚を説明しようとした．代表的な著書に『生理光学ハンドブック』（1856-1866）や『聴覚論』（1863）などがある．

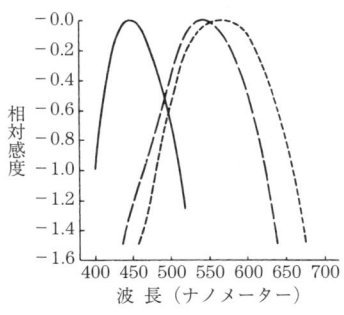

図27-2 ヒトの3種の錐体の分光吸収特性
(DeValois & DeValois, 1975)[4] 450 nm，530 nm，560 nm に極大値をもつ3種類の錐体細胞が存在することがヒトとサルで確かめられた．

しかし，この三原色説ではうまく説明できない現象も残されていた．色盲に関する事実や色の現象的特性などである．もし，黄色の感覚がR受容器とG受容器両方の活性化によって生じるのならば，赤緑色盲の人が黄色を見ることができるという事実を三原色説ではどう説明すればよいのだろうか？　また，たとえば，赤色で囲まれた灰色の色紙は緑色味をおびて見え，黄色で囲まれると青色味をおびて見えるという色の対比現象についても三原色説ではうまく説明できない．

ヘリング[6]はこの点に注目し，1870年に新たな色覚理論を提出した．彼は，ヤング・ヘルムホルツの理論は視覚的な体験を十分に反映していないと考え，混色等の事実よりむしろ色の見え方の現象学的な研究に重点をおいた．そして，黄（Y）も赤（R），緑（G），青（B）と同じように基本的な色であるとし，網膜中に黄-青（Y-B）物質，赤-緑（R-G）物質，白-黒（W-Bl）物質の3種類の視物質を仮定した．各々の視物質は，光の波長に応じて分化か同化の反応が生じ，R-G物質では分化なら赤の感覚，同化なら緑の感覚を引き起こす．Y-B物質では，分化が黄色，同化が青の感覚を，W-Bl物質では，分化が白，同化が黒の感覚を引き起こす．分化，同化のどちらが生じるかは，一般的には，長波長の光なら分化反応，短波長の光なら同化反応が生じる．長波長，短波長両方ともに目に入ってきたら，分化と同化の反応の差によって色の感覚が決まる．このように，3種類の反対の関係にある色を仮定しているので，**反対色説**（opponent color theory）と呼ばれている．

この反対色説に関しても，生理学的な根拠がいくつか得られている．網膜の水平細胞（図27-3）の段階で反対色説を支持する拮抗的な反応が見いだされたり，サルの外側膝状体では反対過程を示すことが見いだされている．デヴァロアら(1975)[4]の研究によると，サルの外側膝状体において，①長波長（赤い光）で興奮（細胞のスパイク数が増加）し，単波長（緑）では抑制される（スパイク数が減少する）細胞と，その逆に②長波長で抑制され，単波長で興奮する細胞，③中

3) 1個の錐体を取り出し，350〜750 nmの単色光の微小光点を当てて，その透過光を測定することで，どの波長の光をよく吸収するかを示したもの．

4) DeValois, R. L. & DeValois, K. K., 1975, Neural Coding in Color. in E. C. Carterette & M. P. Friendman (Eds.), *Handbook of Perception*, **5**, 117-166, Academic Press.

5) R-cone を L-cone，G-cone を M-cone，B-cone を S-cone と呼ぶこともある．L は long-wave（長波長），M は middle-wave（中間波長），S は short-wave（短波長）のことである．

6) Hering, E.(1834-1918)

間波長(黄)で興奮し,単波長(青)で抑制される細胞と,④その逆の反応を示す細胞,⑤波長に関係なく光の強度に対して興奮する細胞と,⑥光があたると抑制される細胞という6種類が確認されている.①と②,③と④,⑤と⑥の細胞はそれぞれ反対の特性をもっており,反対色説を支持するものである.人間の場合にも,おそらくこのような反応過程があると考えられている.

　三原色説と反対色説は,以前は対立する色覚説として考えられていた.しかし,上述のように両者に生理学的な根拠が得られたことから,現在では両説は処理レベルの異なる領域を各々説明しているのであって,対立するものではないというとらえ方をするようになってきている.三原色説は,初期の段階(錐体細胞のレベル)の処理に関連しており,反対色説はそれ以降の段階(水平細胞や外側膝状体のレベル)の処理に関連していると考えられる.この考えは,**段階説**(stage theory)といわれている.段階説にも,研究者によってさまざまなものが出されている.図27-4は,最近の段階説の1つを図式化したものである.錐体細胞(R, G, B)からの出力がR-G,Y-B組織へ入り,反対色説で考えられているような処理がなされ大脳へ送られる.R+G+B組織は明るさに関する処理を行なう組織である.最近では,このような段階説が有力になっている.

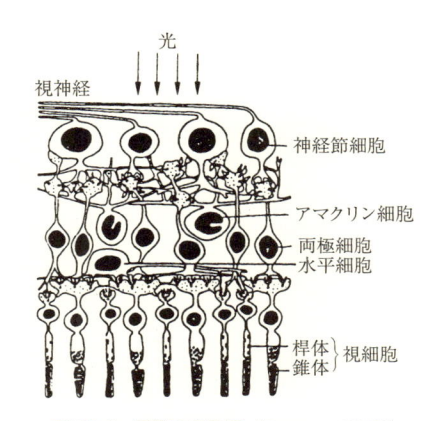

〔藤井〕

図27-3　網膜の細胞層 (Hurvich, 1981)[7]

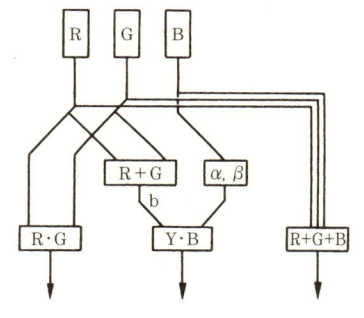

図27-4　段階説モデル (Walraven & Bouman, 1966)[8]

7) Hurvich, L. H., 1981, *ColorVision*. Sunderland Mass.

8) Walraven, P. L. & Bouman, M. A., 1966, Fluctuation theory of colour discrimination of normal trichromats. *Vision Research*, **6**, 567-586.

【参考文献】
金子隆芳,1988,色彩の科学.岩波新書.
金子隆芳,1990,色彩の心理学.岩波新書.
大山正,1994,色彩心理学入門.中公新書.

II-28

聴覚説

Theory of Hearing

音波が耳に伝えられてから，私たちがそれを知覚するまでの過程を説明する仮説を**聴覚説**（theory of hearing）という．視覚の場合に比べると聴覚の場合は生理学的知識がごくわずかしか得られていない．内耳神経の機構については若干の知識が得られているが，中枢神経系の聴覚機構についてはほとんど何もわかっていない．そのため，現在までに提唱されている聴覚説はそのほとんどが，聴器と内耳神経系のレベルにおいて，音がどのように認識されるのか，特に音の高さがどのように知覚されるのかに関するものである．

図28-2は蝸牛（内耳にあり，音という機械的な振動を神経活動に変換する機能をもつ）を表わしたものである[2]．

聴覚説は大別すると**場所説**（place theory）と**頻度説**（frequency theory）の2つに分けられる．場所説が正しいのか頻度説が正しいのかについては，現在でも完全な結論は出ていない．次に，聴覚説の代表的なものを場所説と頻度説に分けて紹介する．

1. 場所説（place theory）

内耳の蝸牛の中にある基底膜（板）が音の高さの知覚を規定すると考え，音の振動に対して基底膜の反応する場所が異なり，その差が音の高さの差につながるとする説である．

(1) 共鳴説（resonance theory）

ドイツの物理学者オーム[3]は19世紀の初めに，「多くの純

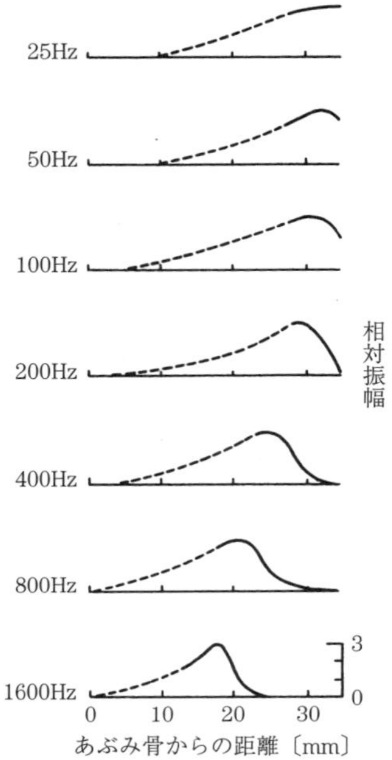

図28-1 ヒトの基底膜の振動パターン
(Békésy, 1960)[1]

1) Békésy, v. G., 1960, *Experiments in Hearing*. McGraw–Hill.

2) 耳のつくりについては，「II-20 五感（官）」の項を参照のこと．

音を含む複合音[4]を聞くとき，聴覚機構はその音を周波数成分に分析して聞き分ける」という「オームの音響法則」を提案した．この法則によれば，私たちはある音を聞いたとき，その中に含まれる成分の音をそれぞれ知覚することができるのである．音を聞いているとき，ふつうはその成分となる音をそれぞれ知覚するというようなことは行なわないし，ひとまとまりとして聞いているため成分の音の存在にも気づいていない．しかし訓練された聞き手は，複合音中の個々の倍音（周波数が2倍，3倍，…の音）をある程度分析しながら聞くことができる．

ヘルムホルツ[5]は蝸牛中にある基底膜がピアノの弦やハープの弦のように横に張られた多数の線維からなっており，それぞれの線維はその長さに応じて，与えられた音の周波数に対応して共鳴すると考えた．神経線維は基底膜上の決まった部位から脳へ向かっているので，与えられた音に共鳴した神経線維に一致する高さが，その音の高さとして知覚されると考えたのである．ヘルムホルツの共鳴説はピアノ説やハープ説とも呼ばれる．しかし現在では，ヘルムホルツが考えたような共鳴線維は基底膜上にないなどの事実から，この説は誤りであることが知られている．

共鳴説は，刺激された基底膜上の位置に応じて別々の神経が興奮すると考えるものであり，「感覚の特殊性は感覚器官に作用する刺激自体の性質にもとづくのではなく，それを受容するそれぞれの感覚神経の特殊エネルギーによって決まる」という**特殊神経エネルギー説**[6]（theory of specific energy of nerves）と同じ考え方である．

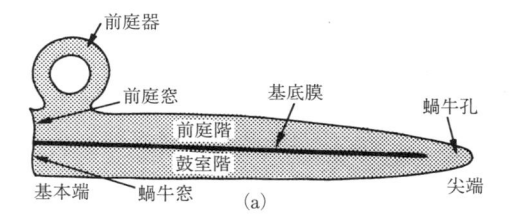

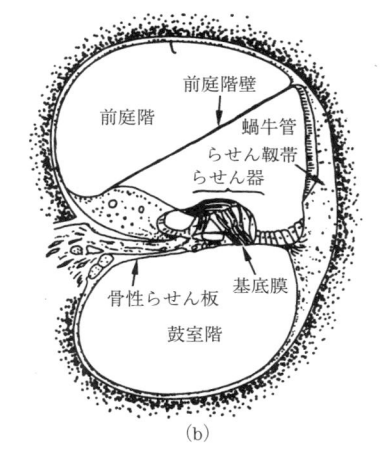

図28-2 蝸牛の構造
(a) はひきのばした蝸牛の縦断図，
(b) は蝸牛の横断図

3) Ohm, G. S. (1789–1854) ドイツの物理学者．

4) 19世紀のフランスの数学者フーリエ (Fourier, J.) は，すべての非正弦波（音でいえば複合音）はどんなに複雑な波でも，周波数，振動数，位相の異なる正弦波（音でいえば純音）の和として表わすことができるということを示した（フーリエ分析）．

5) Helmholtz, H. L. F. v. (1821–1894)

(2) **位置説**（space pattern theory）あるいは**進行波説**（traveling wave theory）

ヘルムホルツの考えたものとはまったく異なるが，基底膜において周波数分析が行なわれるという事実は，現在までに明らかにされている．

ベケシー[7]は基底膜の振動を詳細に観察し，その音の周波数によって基底膜上に進行波（traveling wave）が生じ，その進行波の最大の変位の位置（最も振幅の大きい位置）は基底膜上で異なることを見いだした（図28-1）．そして，音の高さはこの基底膜上の最大変位の位置によって符号化され，脳に伝えられると考えた．しかし，私たちの周波数弁別は実際はかなり鋭く，たとえば標準刺激を1000 Hzとしたとき，約3 Hzの差で音の高さの違いがわかるのに対して，それらの周波数に対する基底膜上の最大変位の領域は，互いに重なりあっている．この重なりあう傾向は特に低周波数の音について顕著に認められる．位置説ではこの点を説明するのが難しい．

2. **頻度説**（frequency theory）

内耳聴神経の興奮の頻度にもとづいて周波数分析が行なわれるとする説である．

(1) **電話説**（telephone theory）

ラザフォード[8]らは，音の周波数とは無関係に，蝸牛は単に音波を神経興奮に変換するに過ぎず，音の周波数はそのまま神経興奮のかたちに置き換えられて中枢に伝えられ，周波数分析は大脳中枢で行なわれると考えた．その際，神経興奮の頻度が音の高さの感覚を決定すると考えた．つまり内耳は，ちょうど電話が音波を電流に変える役目だけをしているのと同じように，音波を神経興奮に変えるだけの役目をしており，音の高さは中枢で決定されると考えたのである．そのため電話説と呼ばれた．しかし現在では，ニューロンが電話線と同じ方法で信号を伝えることはなく，この説は誤りであることが知られている．

(2) **斉射説**（volley theory）

ウィーバーとブレイは，ネコの第8脳神経に電極を当てな

「II-27 視覚説（色覚説）」の項を参照.

6) J. ミュラー（Müller, J.）が19世紀に提唱した説．今日では，神経における特殊エネルギーの存在は否定され，脳部位の特殊性として説明されている．

7) Békésy, G. v. (1889–1972)

8) Rutherford, W. (1839–1899) アメリカの生理学者．

がらネコの耳に音を入れ，電極から取れた電流を増幅して音波に還元したところ，もとの音とそっくり同じ音が聞こえ，話声が容易に聞き分けられることを発見した[9]．これを**ウィーバー・ブレイ効果**（Wever–Bray effect）という．この事実から，ヴィーバーらはそれぞれの神経線維は不応期（刺激に対して反応ができない期間）が異なり，たとえ1本の神経線維はせいぜい毎秒1000回以下のインパルスしか生じないにしても，多数の線維が共働して，全体として音の周波数情報を頻度によって伝えることができると考えた．つまり，個々の細胞は交互にインパルスを発射し，神経全体の興奮によって高い周波数の音を知覚できると考えたのである．しかし，このような考え方をしても，4000 Hzよりずっと高い音の高さが，耳で区別できる点を説明することは難しい．

ラザフォードの電話説を支持する者は少なかったが，ウィーバー・ブレイ効果が発見されたことにより頻度説は再び注目されるようになった．しかしその後の研究により，音刺激の波形を再現した電位は，活動電位（インパルスとその後に続く電位）とは別のものであり，基底膜の振動に対応して生じることがわかり，蝸牛マイクロホニックスと呼ばれて活動電位とは区別されることになった．これにより，むしろ場所説の方が有力と考えられるようになった．

以上，聴覚説の主なものを見てきた．現在では，場所説がすべての周波数に関して周波数差を音の高さの差として知覚することを説明するのに対して，頻度説は低い周波数で一定の役割を果たしていると考えられている．はじめにも述べたように，聴覚の場合生理学的な知識が非常に少ないため，これらの考え方のいずれが正しいのかを結論づけることは難しい．　　〔重野〕

9) Wever, E. G., 1949, *Theory of Hearing*. Wiley.

【参考文献】
デニシュ，P. B.・ピンソン，E. N.,切替一郎・藤村靖監訳，1974，話しことばの科学．東京大学出版会．
重野　純，2003，音の世界の心理学．ナカニシヤ出版．

II-29 対比と同化
Contrast and Assimilation

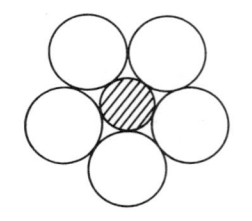

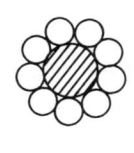

図29-1 エビングハウスの図形

図29-1は**幾何学的錯視**（geometrical optical illusion）の例であり，エビングハウス[1])の図形と呼ばれている．真ん中の円は左右とも実際には同じ大きさであるが，周りを囲む円の大小によって，真ん中の円が大きく見えたり小さく見えたりするというものである．このように異なる性質または異なる量のものを並べると，その違いが著しくなり，違いが強調されるように知覚される現象を**対比**（contrast）という．エビングハウスの図形以外にも，対比を利用した幾何学的錯視が数多くある[2])．

視覚における対比は，大きさのほかにも，明るさや色についても認められている．図29-2は，**明るさの対比**（brightness contrast）の例である．真ん中の灰色の輪は全体が同じ明るさであるにもかかわらず，背景が黒であるか白であるかによって，異なった明るさに見える．黒地を背景とした左半分の方が，白地を背景とした右半分よりも明るく見える．**色の対比**（color contrast または chromatic contrast）は一般に補色を誘導する．たとえば，図29-2において，もし1と2がそれぞれ赤地の背景と緑地の背景であれば，真ん中の灰色の輪は，左半分が緑味をおび，右半分が赤味をおびて見えてくる．

一方，図29-3は同心円錯視と呼ばれている錯視図である．中央の二重円の外側の円は左端の円よりも小さく見えるし，中央の内側の円は右端の円よりも大きく見える．しかし実際には，中央外側の円は左端の円と等しい大きさであり，内側の円についても右端の円と等しい大きさなのである．このように，周囲に似た性質または似た量のものがあるときに，その違いが目立たなくなり，同じ方向に変化して知覚される現

1) Ebbinghaus, H. (1850–1909)「IV–61 忘却」の項を参照．

2)「II–32 錯視」の項を参照．

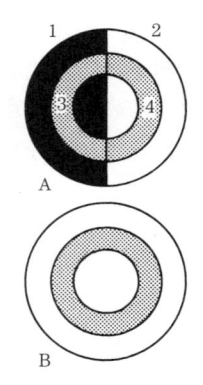

図29-2 明るさの対比
Aの2つに分けられた灰色の輪（3と4の部分）は実際には同じ明るさであるが，このことはBを見ないとわからない．

象を**同化**（assimilation）という．対比と同化は正反対の現象である．

　聴覚においては，対比や同化は音の大きさの知覚において顕著に認められている．大きな音の直後に提示した音は，単独に提示した場合に比較すると小さく聞こえ，小さな音の直後に提示した音は実際の大きさよりも大きく聞こえる．これは音の大きさにおける対比である．また，音の大きさがわずかに大きい音と対提示された音は実際よりも大きめに，わずかに小さい音と対提示された音は小さめに知覚される．これは音の大きさにおける同化である．一方，対比や同化は音声の知覚においても認められており，同カテゴリーどうしの音韻（たとえば，「典型的なイ」と「エに近いイ」）では同化が，異カテゴリーの音韻（たとえば，「イ」と「エ」）の間では対比が生じやすい．私たちの日常会話では発話される音声は曖昧な音である場合が多い．そこで，同じカテゴリー内の音韻は同カテゴリーとして聞き，異なるカテゴリー間の音韻はその違いを対比によって強調して聞くことにより，日常会話における曖昧な発話を聴覚的に補償して聞いているものと考えられる．

　対比や同化は視覚，聴覚以外のさまざまな感覚においても生起する．その場合，対比や同化は常に同じように生じるのではなく，その大きさは知覚する人によって異なり，個人差があることも認められている．

　それでは，同化や対比はなぜ生じるのであろうか．現在では，たとえば視覚に生じる対比については，生理学的には網膜あるいは大脳において，ある刺激に対する興奮が隣接部位の興奮を抑制する効果，すなわち興奮と抑制という拮抗過程に対応していると考えられている．しかし，対比や同化は日常生活にも密接に関係する重要な知覚現象であるが，その生起過程についてはまだ十分な説明は与えられていない．〔重野〕

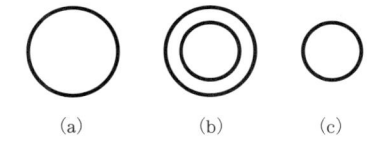

図 29-3　デルブーフの錯視（同心円錯視）

【参考文献】
グッデイル，M.・ミルナー，D.，鈴木光太郎・工藤信雄訳，2008，もうひとつの視覚：〈見えない視覚〉はどのように発見されたか．新曜社．

II-30 図と地

Figure and Ground

図30-1　ルビンの盃（Rubin, 1915）[1]

たとえば，深い霧の中とかピンポン球を半分に割って両眼に付けて見たときのような，視野の中に異質なものが何一つなくどこを見ても何の変化もないまったく均質な視野，いわゆる**全体野**（Ganzfeld）になると，形の知覚は一切生じない．しかも距離感がまったくない．このような均質な視野の中に何か異質なものが少しでもあると形の知覚が生じたり，距離感が出てくる．私たちが何か形を知覚するためには，視野の中に異質な領域が存在し周りから分凝すること，つまり，視野における**図**（figure）と**地**（ground）の分化が必要である．

図30-1は，「**ルビンの盃**」（Rubin's goblet-profile）と呼ばれる有名な図版である．この図を観察すると，白い西洋風の盃が見えたり，人の顔が向かいあっている黒いシルエットが見えたりする．ただし，2つの図形が同時に見られることはない．白い盃が見えているときには，黒の領域は，横顔とは見えずに白い盃の背後に拡がった背景としてしか見えない．このとき，白の領域を「図」と呼び，黒の領域を「地」と呼ぶ．また，黒の横顔が図となって見えているときには白い領域は地となり盃は見えない．

この図のように，図と地が入れ替わる図形は「**反転図形**」（reversible figure）と呼ばれたり，どちらにも見えるということで「**多義図形**」（ambiguous figure）とも呼ばれる．多義図形

1) Rubin, E. J., Figure and ground. In D. C. Beardslee & M. Wertheimer (Eds.), *Readings in Perception*. Van Nostrand, 1958.

2) 「II-41 文脈効果」の項を参照．

3) Rubin, E. J. (1886-1951)「I-4 実験現象学」の項を参照．

図30-2　多義図形「ウサギとアヒル」（Jastrow, 1900）
右を向いたウサギに見えたり，左を向いたアヒルに見えたりする．ウサギとアヒルの見えが同時に生じることはない．

の例としては「若い女性と老婆」[2]や「ウサギとアヒル」（図30-2）などがある．

実験現象学者であるルビン[3]は，このような「図」と「地」の現象的特性について多くの観察を行なった．それによると，図は物としてのまとまりをもち，表面色的特性をもち，周りから浮き上がって見え引き締まった感じを与える．図と地の境界は図に属し，その図の**輪郭線**（contour）として図と地を分離する役目をもつ．一方，地は形をもたず素材的な印象を与え，図の背景となって図の後ろ側にも拡がっているように感じられる．

(1) **閉合の要因**（factor of closure）：閉じた領域またはとり囲まれた領域は図になりやすい（図30-3 a）．(2) **狭小の要因**（factor of small area）：より狭い領域は広い領域よりも図になりやすい（図30-3 b）．(3) **内側の要因**（factor of surroundness）：2つの領域が内側と外側という関係にあるとき，内側の領域が完全にとり囲まれていなくても図になりやすい（図30-3 c）．(4) **同じ幅の要因**（factor of the same width）：同じ幅をもつ領域は他の領域から浮かび上がって図となりやすい（図30-3 d）．(5) **相称の要因**（factor of symmetry）：規則的な形や相称（シンメトリー）な領域が，不規則な形や非相称な領域と並んでいるときには規則的な形や相称な領域が図になりやすい（図30-3 e）．(6) **空間方向の要因**（factor of orientation）：垂直・水平方向に拡がる領域は図になりやすい（図30-3 f）．

〔藤井〕

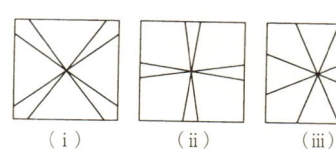

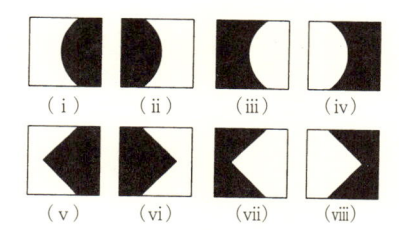

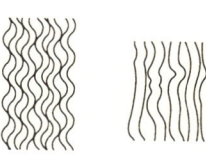

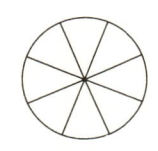

図30-3 図になりやすさの要因
(Metzger, Wolfgang, 1953, *Gesetze des Sehens*. Verlag Waldemar Kramer.)

【参考文献】
メッツガー，W.，盛永四郎訳，1968，視覚の法則．岩波書店．
大山正編，1994，新編感覚・知覚ハンドブック．誠信書房．

II-31 群化
Perceptual Grouping

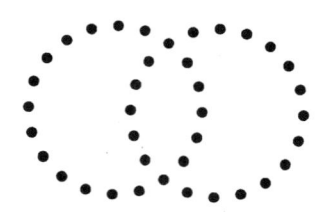

図 31-1 点で作られた 2 つの円
(Metzger, 1953)[1]

図 31-1 を見てみよう．「何が描かれているか？」と聞かれたら，おそらく全員が，丸い円が 2 つ重なっている図と答えるであろう．この場合，単なる点の集まりとか 2 つの三日月形が向かいあってくっついていると答えたとしても間違いではない．しかし，そういう人はまずいないであろう．では，なぜ 2 つの円図形と見てしまうのだろうか．

ゲシュタルト心理学（Gestalt psychology）によると，私たちがものを見るときには，ある法則に従ってまとまりを作ろうとする傾向をもつといわれている．図として知覚されたいくつかのものが，あるまとまりをもって現われるという傾向を**群化**（perceptual grouping）の法則または**体制化**（perceptual organization）の法則という．図 31-1 で，2 つの円が重なって見えるのもこの群化の法則が働いているからである．また，無数にある夜空の星の中から，北斗七星とか白鳥座等というように 1 つのまとまりをもった星座を見るのもこの法則が働いているためである．

それでは，どのような要因によってまとまりが作られるのであろうか．群化の要因（ゲシュタルト要因あるいは知覚の体制化の要因とも呼ばれる）について，ゲシュタルト心理学者ウェルトハイマー[2]は以下のようなものをあげている．

(1) **近接の要因**（factor of proximity）：他の条件が一定ならば，近いものがまとまり群を形成する．図 31-2 では，近接している点どうしが 1 つのまとまりとして知覚され 1 本の線を構成しているように見える．また，「われわ　れがよ　みか　きしてい　るぶ　んしょうも　こ　のよ　うにこと　ばのい　みと　はむ　かんけ　いに」文字の間を離すと無意

1) Metzer, W. 1953, *Gesetze des sehens*. Verlag von Waldemar Kramer.

2) Wertheimer, M. (1880-1943)「Ⅰ-5 ゲシュタルト心理学」の項を参照.

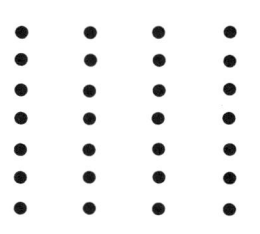

図 31-2 近接の要因
近いものどうしが，まとまりを作りやすい．各々の点は縦一列にまとまって見える．

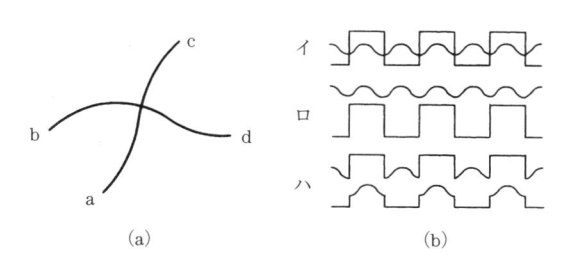

図 31-3 良い連続の要因

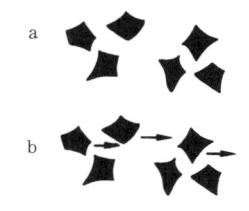

図 31-4 共通運命の要因
(Metzger, 1953)[1]

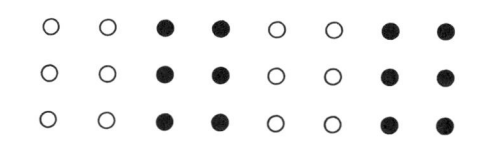

図 31-5 類同の要因
白い丸は白どうし，黒は黒どうしでまとまって見える．

味な語群にまとまり読み取りにくくなる．

(2) **良い連続の要因**（factor of good continuity）：図 31-3 a のように，良い連続，なめらかな連続をなす a–c, b–d のようにまとまり，a–b, c–d にはならない．また，図 31-3 b の（イ）は，良い連続の要因により（ロ）のようにサイン波と矩形波の2本の線分に見え，（ハ）のような見え方はしない．

(3) **良い形の要因**（factor of good form）：簡潔，規則的，シンメトリー，同じ幅というような形はそうでない形よりもまとまる傾向がある．図 31-1 で，三日月よりも円の方が良い形となり，向かいあった三日月が2つとは見えず，円が2つ重なっていると見える．

(4) **共通運命の要因**（factor of common fate）：同じように動いたり同じ変化をするといったように運命をともにするものは，1つにまとまる傾向がある．図 31-4 a は，近接の要因によって2つのグループに分かれて知覚される．しかし，

図31-4bのように上の3個だけを同じ方向に動かすと，静止した群と動いた群に分かれて知覚される．

(5) **類同の要因**（factor of similarity）：多くの種類の対象があるとき，他の条件が一定ならば，同じ種類の対象がまとまりとして知覚される（図31-5）．

(6) **閉合の要因**（factor of closure）：閉じた領域を作るものがまとまる傾向がある（図31-6）．

(7) **客観的態度の要因**（factor of objective set）：図形が継時的に提示されるとき，その経過の状態によってまとまり方が影響を受ける傾向がある．たとえば，1列に並んだ9個の点を図31-7にあるように，イ，ロ，ハ，ニ……の順に継時的に提示すると，すべての点が等間隔に置かれているニの列は，各々の点が1-2，3-4，5-6，7-8とまとまって見える．逆に，ト，ヘ，ホ……の順に各列を提示してゆくと，点が等間隔に並べられたニの列は，今度は各々の点は2-3，4-5，6-7，8-9とまとまって見える．このように点のまとまり方が見る人の主観ではなくて図形の時系列的変化によって客観的にもたらされるということから，客観的態度の要因と呼ばれる．

(8) **経験の要因**（factor of experience）：あるまとまりを何度も経験すると，そのまとまりが他のまとまりよりも現われやすくなる．この要因は，他の要因があまり強く働かないときに効果的になる．図31-8は初めて見る人にはただのランダムな点の集まりにしか見えない．しかし，ダルマチア犬

3) Wertheimer, M. 1923, Untersuchungen zur Lehre von der Gestalt. *Psychologische Forschung*, vol. 4, 301-350.

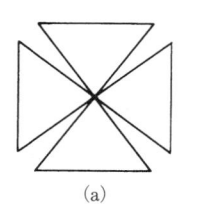

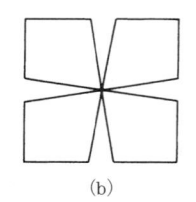

図31-6 閉合の要因（Metzger, 1953)[1]

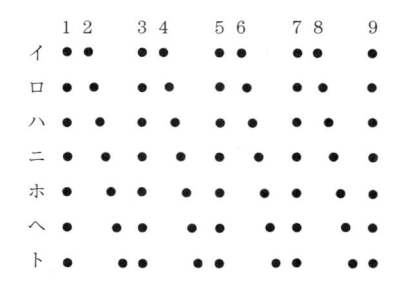

図31-7 客観的態度の要因（Wertheimer, 1923)[3]

図 31-8 経験の要因（写真家 R. C. James, 1966 による）
斑点がまとまると，画面の左側に向かって地面を臭いでいるダルマチア犬が見える．

を見たことのある人や，ひとたびこの図の中の斑点が形成するダルマチア犬を観察できた人は，次からはすぐにダルマチア犬を見ることができる．

　以上のような要因によって，私たちは視野の中に全体として最も簡潔な秩序あるまとまりを見ようとする傾向をもっている．この傾向は，ゲシュタルト心理学者によって**プレグナンツの原理**（principle of prägnanz）またはプレグナンツの傾向と呼ばれた．　　　　　　　　　　　　　　　　〔藤井〕

【参考文献】
大山正編，1970，講座心理学第 4 巻・知覚．東京大学出版会．
ホッホバーグ，J. E., 上村保子訳，1981，知覚．岩波書店．
大山正他編，1994，新編感覚・知覚心理学ハンドブック．誠信書房．

II-32

錯視

Optical Illusion, Visual Illusion

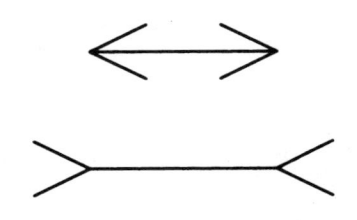

図32-1 ミュラー・リヤー錯視（Müller–Lyer illusion）
矢羽に挟まれた直線は同じ長さであるが，外向図形（下側）の方が内向図形（上側）よりも長く見える．

　感覚・知覚は，実在する刺激によって引き起こされる過程であり，刺激が存在していなくても生じる**幻覚**（hallucination）や記憶像などとは区別される．ただし，このような感覚・知覚過程を通して作り出される知覚世界（主観的世界）は，実際の物理的な世界（客観的世界）を，そっくりそのまま写し取った完全なコピーではない．知覚世界と物理的世界の間には，多かれ少なかれ何らかのズレが存在している．そのズレが大きいか小さいか，もしくはどの程度の再現性があるかは，感覚・知覚過程の特性に依存してくる．通常，このズレは小さくて私たちは気づかないが，このズレが特に大きくて，そのために私たちに認識される場合がある．それを，心理学では**錯覚**（illusion）と呼ぶ．

　一般に，錯覚とは，知覚の誤りと考えられていて，感覚・知覚・認知過程のどこかでミスが生じているからだと思われている．しかし，心理学でいう錯覚とは，そういう意味ではない．錯覚とは，それが錯覚現象であるということを知っていても，なお生じるもので訂正はきかない．注意深く見れば生じないようにすることができる間違いや誤りとは異なるのである．私たちの感覚・知覚過程の特性が，錯覚現象を作り出しているのである．したがって，心理学で錯覚現象を研究しているのは，錯覚の生起メカニズムを解明することにより，私たちの感覚知覚過程の特性を知ることができるからであって，錯覚が単に見ていておもしろいというだけからではない．

　錯覚のなかでは，視覚における錯覚である**錯視**（optical illusion）が最もよく知られており，また研究も数多くなさ

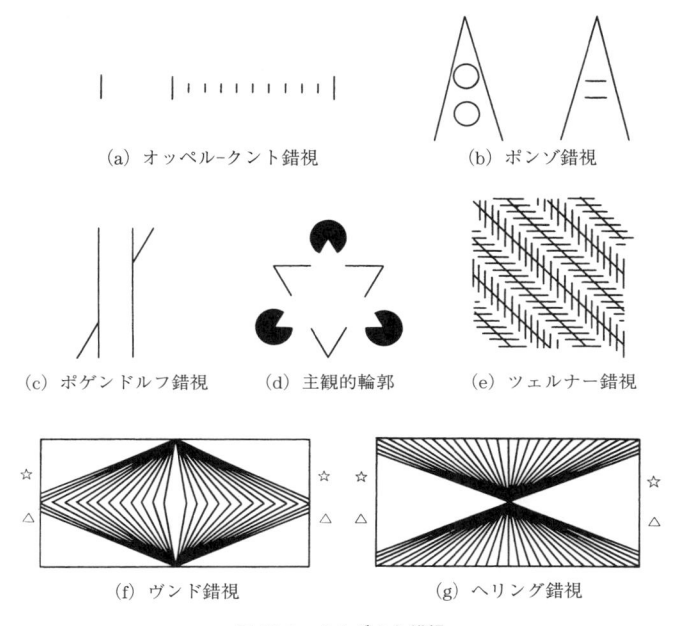

図 32-2　さまざまな錯視
(a) オッペル–クント錯視 (Oppel–Kundt illusion)：分割距離錯視とも呼ばれる．同じ距離空間であっても，分割された空間は，分割されていない空間よりも過大視される．
(b) ポンゾ錯視 (Ponzo illusion)：一点に収斂する2本の線に挟まれた2つの円は，実際は同じ大きさであるが上の円の方が過大視される．2本の平行線分でも同じことが観察される．
(c) ポゲンドルフ錯視 (Poggendorff illusion)：平行線によって中断されている斜線が，本当は一直線なのにずれているように見える．
(d) 主観的輪郭 (subjective contour)：物理的には一部分が欠けた円が3つと3本の折れた線だけしか存在していないが，中央部分に白い三角形が見える．
(e) ツェルナー錯視 (Zöllner illusion)：物理的に平行な斜線が，それに交差している多数の短い線分の影響で平行ではなく見えてしまう．
(f) ヴント錯視 (Wundt illusion)：図中の☆と☆，△と△を直線で結んでみよう．直線であるにもかかわらず，角度の異なる多数の斜線と交差することによって曲がって見える．
(g) ヘリング錯視 (Hering illusion)：図中の☆と☆，△と△を直線で結んでみよう．ヴント錯視と同様に，直線が曲がって見える．

れている．その中で最も有名なものが，図32-1の**ミュラー・リヤー**[1]**錯視** (Müller–Lyer illusion) である．このような，図形の線の長さや角度，方向などといった幾何学的関係と実際に見られる関係とが異なるものは，**幾何学的錯視** (geometrical optical illusion) と呼ばれる．他の幾何学的錯視としては，オッペル–クント錯視，ポンゾ錯視，ポゲンドルフ錯視，主観的輪郭（錯視的輪郭）など数多くの錯視がある（図32-2）．この幾何学的錯視は，いまから100年以上も前

1) Müller–Lyer, F. C. (1857–1916)

に発見されていたものが多く,そのほとんどに発見者の名前がつけられている.

幾何学的錯視以外では,月や太陽や星座が水平線や地平線に近いときは,天空にあるときに比べて大きく見える現象は**天体錯視**(celestial illusion)と呼ばれる.なかでも,地平線近くの月は非常に大きく見え,観察される機会も多いため,特に「**月の錯視**(moon illusion)」と呼ばれている.

奥行き情報が不十分なために生じる錯覚としては,「**エイムズ[2]の部屋**(Ames' distorted room)」(図 32-3)等の現象があげられる.実際は歪んだ部屋なのに,特定の位置から単眼で観察すると,真四角の部屋として見え,そのために中にいる人間の大きさがまったく異なって見えるというものである.

1 つの錯視現象に関しての説明や,いくつかの特定の錯視を 1 つの説明原理で説明しようとする理論や仮説は数多く出されている.これらの理論が錯視現象をどのように説明しているのか,ミュラー・リヤー錯視を例にとって見てみよう.

遠近法説(perspective theory):グレゴリー[4]によって出された説明で,「遠近法的大きさの判断」を行なっているために錯視は生じるという考え方にもとづいているものである.私たちは,ものの大きさを判断する際,網膜像の大きさと,その対象が自分からどのくらいの距離にあるのかという情報を無意識のうちに利用している.したがって,2 つの対象が網膜像では同じ大きさであっても,異なった距離にある

2) Ames, A. Jr.(1880-1955)

3) Wittreich, W. J., 1959, Visual perception and personality. *Scientific American*, 200 (4), p. 56-60.

4) Gregory, R. L., 1963, Distortion of visual space as inappropriate constancy scaling. *Nature*, **199**, 678-680.

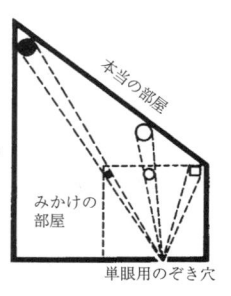

図 32-3 エイムズの部屋(Wittreich, 1959)[3]
3 人の男性は,実際は全員同じ身長である.

と感じた場合には，私たちはその2つの対象の大きさは異なったものだと見てしまう，という考え方である．遠近法的に見ると，ミュラー・リヤー錯視図の外向図形は，部屋の隅の部分（図32-4a）のように見え，内向図形は建物のコーナー（図32-4b）のように見える．奥行き的には，建物のコーナー（内向図形）よりも部屋の隅（外向図形）の方が見かけ上，より遠くにあるように感じられる．したがって，網膜上で同じ長さに映し出されても，遠くにあるように見える外向図形の方が実際には長いはずだと，私たちの視覚系は無意識のうちに判断しているのだと説明される．

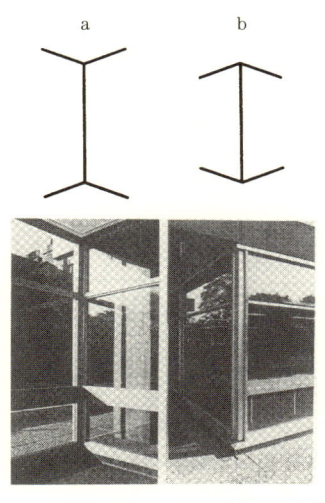

図32-4 ミュラー・リヤー錯視の遠近法的説明（Gregory, 1970）[5]

網膜誘導場説（retinal induction field theory）：網膜像によってもたらされる生理的興奮の分布（誘導場）が，図形の形によって異なってくるために大きさや長さの錯視が生じるという考え方．ミュラー・リヤー錯視は，内向図形によってもたらされる誘導場よりも，外向図形による誘導場の方が長いために生じるとしている．

眼球運動説（eye movement theory）：図形を見るときに生じる視線の移動距離（眼球の運動量）が，外向図形の場合には多くそのために長く見え，内向図形では少ないために短く見えるという考え．

上記以外にも，錯視を説明する理論は数多く出されてはいるが，残念ながら未だに，すべての錯視現象を説明できる統一的な説明理論は出ていない． 〔藤井〕

5) Gregory, R. L., 1970, *The Intelligence Eyes*. Weidenfeld & Nicolson.

【参考文献】
シェパード，R. N., 鈴木光太郎・芳賀康朗訳，1993，視覚のトリック．新曜社．
ジャック・ニニオ，鈴木光太郎・向井智子訳，2004，錯覚の世界．新曜社．
後藤倬男・田中平八編，2005，錯視の科学ハンドブック．東京大学出版会．
錯視関連のホームページ：http://www.ritsumei.ac.jp/~akitaoka/index-j.html
http://psy.ucsd.edu/~sanstis/SASlides.html

II-33

奥行き知覚

Depth Perception

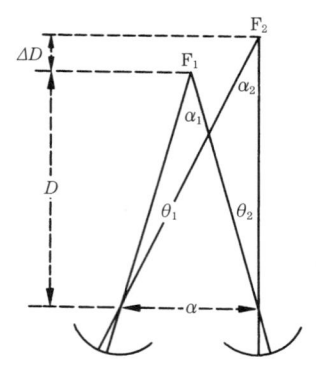

図 33-1 両眼視差 ($\theta_1 - \theta_2$)
ΔD：奥行きの差[1]

視覚が入力として用いる情報のうち，形態や色は，「事物が何か」を規定する情報であるのに対し，奥行きに関する情報は，「事物が環境内のどこにあるか」を規定する．

奥行き知覚（depth perception）には，絶対距離知覚と相対距離知覚がある．絶対距離とは，観察者から知覚されるものまでの距離であり，相対距離とは知覚されるものとものとの間の距離である．眼球運動や眼のレンズの動きといった動眼運動情報は絶対距離知覚に，他の奥行き情報は相対距離知覚に主として用いられる．以下，さまざまな奥行き情報を紹介する．

ボケのない，きれいな像を結ばせるために，レンズの**調節**（accommodation）や**輻輳性眼球運動**（vergence eye movement）[2]が生じる．このような動眼運動が奥行き情報となる．レンズの調節情報は，約 2 m 以内の奥行きに用いられるが，それほど信頼はおけない．さらに年老いるとレンズの硬化から調節作用の低下が見られる．輻輳性眼球運動情報は約 6 m 以内の奥行きならば信頼がおける．

近くにある複数の事物を見た場合，両眼の像には，その事物間の奥行きに応じた微妙なズレが生じているが，私たちは通常それに気づかない．というのは，両眼からの情報が統合されて 1 つの知覚像が形成され，両眼間の像のズレは，脳には奥行き情報として用いられるからである．このように，左右単眼像のズレを**両眼視差**（disparity）[3]，この情報を利用した相対的奥行き知覚を，**両眼立体視**（stereopsis）という．2 つの事物（あるいは 1 つの事物の 2 つの要素）の奥行きの差

1) 図で両眼視差は $\theta_2 - \theta_1$ で表わされるが，この値は $\alpha_1 - \alpha_2$ の値に等しい．α_1, α_2 は輻輳角と呼ばれるが，F_2 が遠くにあるほど α_2 の値は小さくなるので，両眼視差の値が大きくなることになる．

2) 輻輳性運動は 2 種類，すなわち両眼の内転運動と外転運動に分けられる．

3) disparity は，両眼非対応，両眼像差とも訳される．両眼視差は binocular parallax の訳として使われる場合も多い．

4) 増田千尋, 1990, 3 次元ディスプレイ．産業図書．

が大きいほど，両眼視差の値は大きくなる（図33-1）．非交差両眼視差（通常，負の値で示される）は注視点より遠くにある事物により生じ，交差両眼視差は注視点より近くにある事物により生じる．両眼視差が0というのは，奥行きに差がない場合である．

両眼視差のある2枚の絵を独立に左右の眼にそれぞれ提示すると，やはり立体視が生じる．これを利用したのが**実体鏡**（stereoscope）である（図33-2）．立体映像も同じ原理で作られている．

さて，両眼立体視が成立するには大きく分けての2つの過程が関与している．1つは両眼間の対応問題を解決する過程である．つまり左眼像のある特徴点が右眼像のどの特徴点と対応するのかを解決する過程である．次に両眼視差の計算の過程である．両眼視差の大きさと方向（交差か非交差か）が求められる．第1の問題は，簡単に解決できるように思えるかもしれないが，実はそうではない．好例として**ランダムド**

5) Yonas, A., 1984, Reaching as a measure of infant spatial perception. In G. Gottlieb and N. A. Krasnegor (Eds.), *Measurement of Audition and Vision in the First Year of Postnatal Life: A methodological review*. Norwood, N. J.: Ablex.

6) 「Ⅱ-32 錯視」の項の図32-3参照．

7) Gibson E. J. & Walk, R. D. 1960, The "visual cliff". *Scientific American*, **202**, 64-71 の実験．なお，「Ⅵ-83 情動」の項も参照のこと．

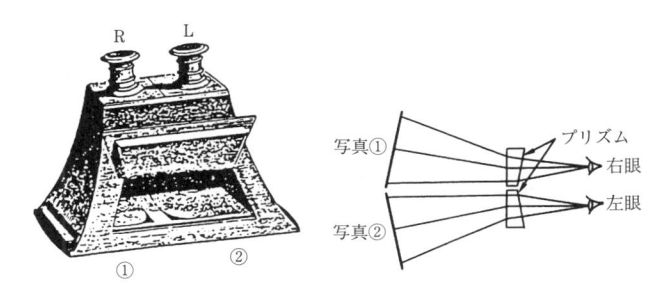

図33-2 ブリュースターの実体鏡とその原理（増田，1990）[4]

図33-3 ランダムドット・ステレオグラム
左右の図はほぼ同一であるが，中央部分の正方形領域に視差（像のズレ）が設けられている．両画像が融合されると正方形の面が背景から浮き上がって見える．

ット・ステレオグラム（random dot stereogram：RDS）がある（図33-3）．図を見てわかるように，左図のそれぞれの点が右図のどの点に対応しているかは，瞬時には判断できない．たしかに簡単な問題ではない．しかしながら，実体鏡で見ると左右の図は瞬時の中に融合される．つまり，視覚系は巧妙に左右像間の対応問題を解決しているのである．

単眼情報もまた奥行き知覚に貢献している．遮蔽物と被遮蔽物との位置関係（図33-4）が相対的奥行き感を生じさせる．ただし，この情報は奥行きの順序を提供するが，量的な奥行き情報は提供しない．この位置関係情報は認知発達的にも早期から利用される情報である．たとえば7月齢の乳児でも，この情報のみで奥行き判断ができるといわれている[5]．さらに幼児の絵に最も早く現われる奥行き表現である．

対象の大きさの関係も相対的奥行き知覚を生じさせる（図33-5）．さらに見慣れた事物の大きさ情報は，絶対距離知覚にも役立つ．逆に，「知覚される距離」が「知覚される大きさ」に影響を及ぼす場合もある．エイムズの部屋[6]はこれを利用した錯覚現象である．

事物や面の見えの形態は，観察者からの距離に応じて変化する．これを透視情報というが，これもまた奥行き情報となる．この情報には線形透視（図33-6）や，テクスチュア勾配（図33-7）などがある．この情報も発達の初期から奥行き知覚を形成するのに利用されている（**視覚的断崖**[7]；visual cliff，図33-8）．図のように，市松模様の描かれた床の上を這わせる．谷間の部分はガラス板で覆われている．6～14月齢の乳幼児でも，谷間の部分には這い出さないという．これは，この発達段階で

図33-4　遮蔽関係による奥行感

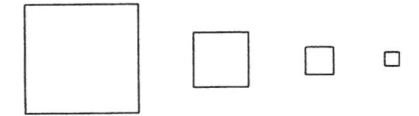

図33-5　大きさの変化による奥行感

図33-6　線形透視による奥行感
（増田，1990）[4]

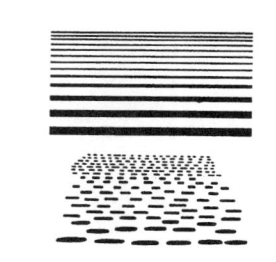

図33-7　テクスチャア勾配による奥行感

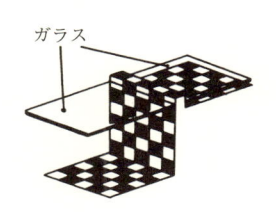

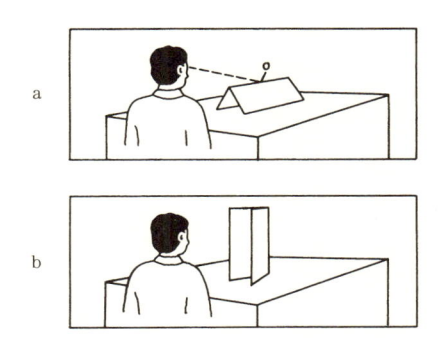

図33-8　視覚的断崖　　図33-9　マッハ錯視（Lindsay & Norman, 1985）[8]

すでに，テクスチュア勾配や次に説明する運動視差など奥行き情報を活用しているためと解釈された．

　観察者が静止していてものが動く場合，同じ移動量であっても，網膜上でのその事物の移動量は，観察者からの距離に応じて変化する．たとえば近くの事物は移動量が大きいが，遠くの事物は移動量が小さい．これが**運動視差**（motion parallax）である．リアルに見えるアニメーション・フィルムはこの原理を応用している．また観察者が動く場合，注視点より手前の事物は観察者の運動と反対方向に，注視点より奥の事物は同方向に動いて見える．この場合も，注視点より近いものの場合は，観察者に近いものほど観察者の動きによる網膜上での移動量は大きい．この運動視差情報は，奥行き知覚を形成する上でかなり信頼できる情報であり，静止情報による奥行き知覚の誤り（たとえば「エイムズの部屋」）も，ひとたび頭を動かすと解消され，正確な奥行き知覚が生じる．ただし，静止像による奥行き知覚の誤りが強固であると，運動視差情報が，かえって知覚の恒常性を崩す原因にもなりかねない．**マッハ錯視現象**[8]（Mach phenomenon）や「お面」の回転運動錯視[9]はこれを如実に物語る．　　〔石口〕

【参考文献】
石口　彰，2006，視覚．キーワード心理学シリーズ 1，新曜社．
増田千尋，1990，3 次元ディスプレイ．産業図書．

8) 図33-9．名刺を山折りにして，単眼で見る (a)．しばらくすると，(b) のように，名刺が立って見える．そのとき，顔を左右に振ると，名刺が腰をひねって踊るように見える．
Lindsay, P. H. & Norman, D. A., 1977, *Human Information Processing*. 2nd ed., Academic Press.

9) 「お面」を鉛直軸の周りに一定方向に回転させても，裏面が見えはじめたとき，それまでの回転方向とは逆方向に回転が知覚される現象．「お面」を裏面から見ても，表面の顔の凹凸と同じであると誤って知覚してしまうことが原因．

II-34
知覚の恒常性
Perceptual Constancy

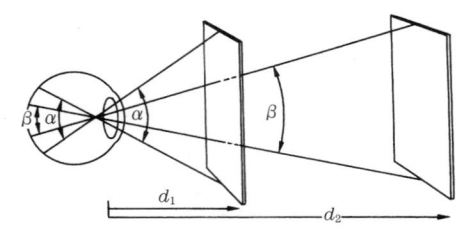

図 34-1 観察距離と視角（Rock, 1984）[1]
同一対象であっても，観察距離が変化すると視角（もしくは網膜像の大きさ）は変化する．対象が2倍の距離に移動すると視角は1/2に減少する．しかし，見かけの大きさはそれほど変化しない．対象が5m（d_1）から10m（d_2）の距離へ遠ざかっても，その対象が半分の大きさになったとは決して見えない．

ある対象を見ているとき，外界にある対象そのものを**遠刺激**（distal stimulus），その対象によってもたらされる網膜上に投影された刺激を**近刺激**（proximal stimulus）と呼んで区別している．私たちは，近刺激やその他の情報をもとに，遠刺激を知覚していると考えることができる．ただし，遠刺激自体に変化がなくても提示状況が異なれば，同じ近刺激がもたらされるとは限らない．たとえば，5m先にいた友人が10m先に移動した場合，網膜像の大きさは2分の1に減少する（図34-1）．このような近刺激の変化にもかかわらず，その友人が半分の大きさになったとは私たちは思わない．このように，ある対象が提示されている距離や方向，照明の強度等が変化することによって，近刺激が大きく変化しても，対象の大きさ，形，明るさ，色などはあまり変化せず比較的安定して知覚される．このような傾向は，**知覚の恒常性**（perceptual constancy）または**恒常現象**（constancy phenomena）と呼ばれ，それぞれ**大きさの恒常性**（size constancy），**形の恒常性**（shape constancy），**明るさの恒常性**（brightness constancy），**色の恒常性**（color constancy）などと呼ばれる．

前述のように，対象までの距離が変化すると対象の網膜像の大きさ（視角）は，距離に反比例して増減する（図34-1）．しかし，知覚される大きさの変化は，視角の変化よりも緩やかで知覚される大きさは比較的一定を保つ．このような現象が大きさの恒常性である．

ところで，残像を利用することで網膜像の大きさを固定し

1) Rock, I., 1984, *Perception*. Scientific American Books.

たらどうであろう．網膜像の大きさ（視角）が一定であれば，遠くに定位されるものほど大きく見え，近くに感じられるものほど小さく見えるという傾向が観察されるだろう（図34-2）．これは**エンメルトの法則**（Emmert's law）として知られ，**大きさ・距離不変仮説**（size-distance invariant hypothesis）として次のように定式化される．

$$S' = \theta \cdot D \quad (S': 対象の見かけの\\ 大きさ, \theta: 視角, D: 距離)$$

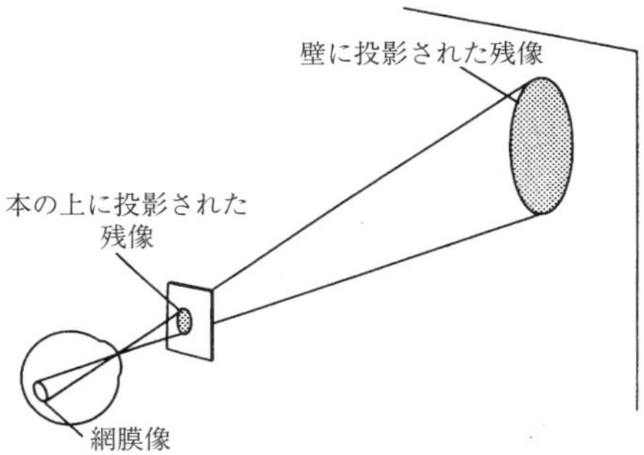

図34-2 エンメルトの法則（Goldstein, 1989)[2]
残像を作り近くの投影面（本）や遠くの投影面（壁）を見たときには，残像の大きさは異なり，投影面が遠くになるほど残像の大きさは大きくなる．

ここで，対象の視角 θ は，一定であるから，D が増大すれば S' は当然増大するという比例関係が成り立つ．一方，この式は，大きさ恒常にも当てはまる．つまり，同一対象が近くにある（D が小さい）ときは，視角 θ は大きくなり，逆に，遠くにある（D が大きい）ときは，視角 θ は小さくなる．いずれの場合も，見かけの大きさ S' は変化しないということになる．このように考えると，エンメルトの法則は，大きさ恒常の式の θ を固定した場合に合致するという点で，恒常現象の特殊例としてとらえることができよう．

図34-3は，大きさ恒常性の古典的実験の1つであるホールウェーとボーリングの結果である．標準刺激の視角が一定になるようにその大きさを距離に応じて変化させ，観察者から10フィートの距離に提示される比較刺激が標準刺激と等しく見えるときの大きさを求めたものである．大きさ恒常がまったくなければ，つまり見えの大きさが網膜像に完全に依存するならば，標準刺激の視角が一定で変化しないから図の水平破線のようにグラフの傾きは0になる．大きさ恒常が完全ならば，つまり網膜像とは無関係に対象の物理的大きさに依存するならば図中の斜めの破線のように傾きは1になる．観察条件によって，恒常の程度が異なっているのがわかる．

このような恒常性は，物の形の知覚においても同様に見られる．丸い皿も，目に対して傾きを変えるといろいろな楕円

2) Goldstein, E. B., 1989, *Sensation and Perception*. 3 rd ed., Wadsworth Publishing.

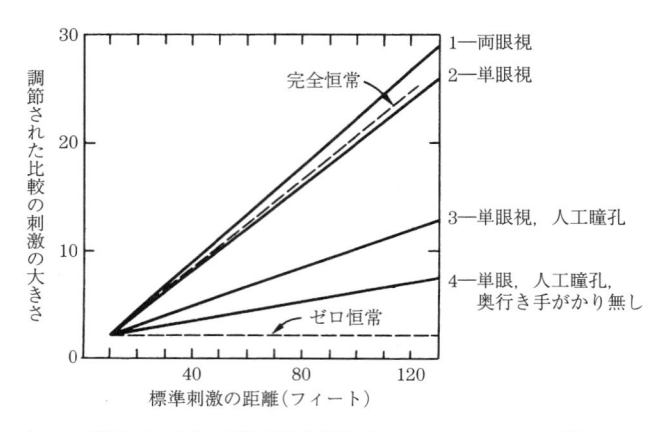

図34-3 大きさ恒常の実験結果（Holway & Boring, 1941）[3]
恒常の程度は奥行き情報の量によって変化している．

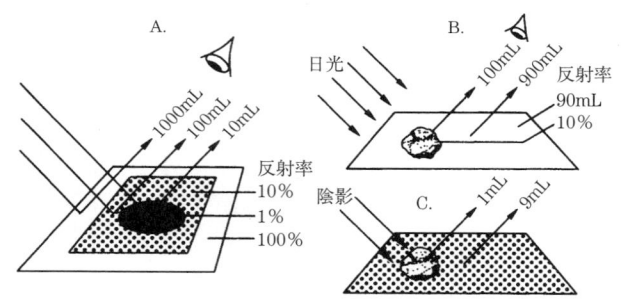

グラフ凡例：
1―両眼視
2―単眼視
3―単眼視，人工瞳孔
4―単眼，人工瞳孔，奥行き手がかり無し
完全恒常
ゼロ恒常

縦軸：調節された比較の刺激の大きさ
横軸：標準刺激の距離（フィート）

図34-4 明るさ（白さ）の恒常性（Hochberg, 1966）[4]
日向で見る石炭は100 mLの光を反射していて（B），日陰で見るときは石炭が1mL 白い紙が9 mLの光を反射している（C）とした場合，日陰の白い紙（9 mL）の方が日向の石炭（100 mL）よりも反射している光の量は少ないから黒い紙に見えてもいいはずだが実際にはそうは見えずに，日向でも日陰でも石炭は黒く見え，紙は白く見える（ある表面から反射された光はミリランベルト（mL）という単位で測定される）．

として網膜上に映っているはずであるが，ちゃんと丸く見えている．本，机なども，網膜上では台形に投影されていても，長方形として見えている．物の位置や傾きによって網膜像が異なっていても，真正面から見たときの形に近づいて見えることを形の恒常性という．

明るさ知覚においても同様で，白い紙は明るい太陽のもとでも暗い日陰でも白く感じ，石炭は明るい太陽のもとでも暗い日陰でも黒く感じる．実際には，日陰の白い紙よりも明るい太陽のもとの石炭の方がより多くの光を反射して明るいは

3) Holway, A. H., & Boring, E. G., 1941, Determinants of apparent visual size with distance variant. *American Journal of Psychology*, **54**, 21-37.

4) Hochberg, J. E., 1978, *Perception*. 2nd ed., Prentice-Hall.

ずなのに，白い紙は白く石炭は黒く知覚される（図34-4）．このような傾向は，明るさの恒常性または白さの恒常性と呼ばれる．

　色の恒常性は，照明の種類が異なり青い色味がついていたり黄色っぽい照明であったりしても，赤いリンゴは赤いと知覚される傾向を指す．このような色の恒常性をヘリングは**記憶色**（memory color）という考え方で説明しようとした．彼は，日常生活での経験を通してリンゴは赤い，バナナは黄色いというようにその物固有の色として記憶されている色を記憶色と呼んだ．物の色を見るときに，私たちは記憶色という一種のフィルターを通して見ているために照明光の変化にもかかわらず物の色は一定の見え方をすると説明している．

　このような恒常性の程度を表わす指標としては，**恒常度指数**（index of perceptual constancy）がある．代表的なものに，ザウレスの Z 指数，ブルンスウィックの R 指数がある[5]．

　一般に，知覚的手がかりが豊富に存在し，距離，方向，照明などの対象に関する情報が明確なほど，恒常度は高く，知覚的手がかりが少ないほど，恒常度は低い．

　この知覚の恒常性は，20世紀初頭ゲシュタルト心理学者ケーラーによって，要素主義心理学の主張する刺激と感覚は1対1に対応するという**恒常仮定**[6]（constancy hypothesis）の考え方に対する反証として強調された．しかし，それ以降は，恒常仮定に対する反証としてよりも，知覚の中心問題の1つとして錯視研究とともに研究され続けてきているものである．こういった知覚の恒常性によって，私たちはより安定した知覚世界をもち，事物の同一性の認知を行なっているのである．

〔藤井〕

【参考文献】
ホッホバーグ，J. E., 上村保子訳，1981，知覚．岩波書店．
大山正他編，1994，新編感覚・知覚心理学ハンドブック．誠信書房．
田崎京二・大山正・樋渡涓二編，1979，視覚情報処理．朝倉書店．
菊地正編，2008，感覚知覚心理学．朝倉書店．

5）2つの刺激対象（標準刺激と比較刺激）を異なる条件（たとえば距離，照明，傾きなど）で提示し，両方の刺激が主観的に等しいと感じられる条件（大きさ，明るさ，形など）を求める2刺激比較法によって産出される．
$Z = (\log S - \log P)/(\log W - \log P)$, $R = (S-P)/(W-P) \times 100$
W は標準刺激の物理的特性，P は標準刺激と等しい近刺激をもたらす比較刺激の物理的特性，S は標準刺激と等しく見えると判断された比較刺激の物理的特性，つまり主観的等価値（PSE）である．Z は0から1までの値を，R は0から100までの値をとる．完全恒常のときは，Z は1，R は100を，まったく恒常性がないときは Z も R も0の値となる．

6）知覚の恒常性（恒常現象）と名前の類似に注意すること．恒常仮定と恒常性は内容はまったく異なる．

II-35

仮現運動

Apparent Movement

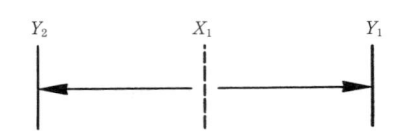

図 35-1　スプリット運動実験
X_1 が Y_1, Y_2 のどちらに移動して見えるかで, 仮現運動の対応問題を考える.

　物が動くときは，ある位置から別の位置へ連続的に位置の変動が生じたり，ある形から別の形へとやはり連続的に形態が変化する．そのような物理的に連続した変動が生じたときに，私たちは物が動いた，あるいは形が変化したと知覚する．しかしこの命題の逆は必ずしも真ではない．すなわち，私たちが事物の運動を知覚したとき，その事物は必ずしも連続的な位置や形態の変動を示したとは限らないのである．

　視覚系のこの特性を利用したのが映画である．映画は1秒間に通常24コマの静止画像を提示することで，運動知覚を生成させている（実際には，ちらつき感を低減させるため，1コマにつき3回フリッカー光[1]を提示している）．撮影しているときには，動いている物は当然連続運動している．それを1秒間あたり24コマで表現するわけであるから，個々の映像を比較してみると，位置や形態の変動は連続的ではなく離散的である．それにもかかわらずそれらが次々と提示されると，私たちはあたかも連続運動しているかのように知覚する．歴史的に見ると，映画より前に，驚き盤という玩具でこの現象は利用されている．

　このように，離散的な変化を示す刺激によって連続的な運動感が知覚される現象を**仮現運動**（apparent movement）という．ただし，広義の仮現運動には，**運動残効**[2]（motion aftereffect）による運動知覚や，風に流される雲の動きによって夜空に浮かぶ月が動いて見えるといった**誘導運動**（induced movement）現象[3]，暗闇の中のように視覚的枠組み（参照枠）が失われた状態で静止光点が不規則に運動して見える**自動運動**（autokinetic movement）現象などを含む場合

1) フラッシュ光を繰り返し提示すること．1秒間に50回ほどフラッシュすると，ちらついて見えず，連続して提示されているように見える．

2) 「II-24　残効」の項を参照．

3) 誘導運動現象は，相対的な運動が生じている場面で，空間的枠組みの役割を担う方が，実際は運動しているのにもかかわらず，静止して見えることにより生じる，かなり認知的な運動知覚である．

もある．また，狭義の仮現運動（**β運動**；beta–movement．図形の大きさの変化を示す場合は特に**α運動**；alpha–movement と呼ばれる）は視覚に限らず，触覚や聴覚でも認められている．

離散的な変化を示す刺激が常に連続的な運動知覚を生じさせるわけではない．そこには時間・空間的制約がある．最も簡単な例でいえば，異なる位置に継時的に光点を提示したとき，位置が離れすぎている，あるいは，提示する時間間隔が適当でないなどの場合には，光点の運動は知覚されない．たとえば，時間間隔が 30 ms 以下では2つの点が同時に見えるし，200 ms 以上だと継時的に点滅して見える．時間間隔が 60 ms 程度であると，なめらかな仮現運動（**ファイ現象**；phi–phenomenon）が生じる．この点に関して，**コルテの法則**（Korte's law）と呼ばれる経験則が存在する．ファイ現象が生じるには，ある範囲内での提示時間間隔（g），空間間隔（s），刺激強度（i）の関係は，

(1) g が一定のとき，s/i は一定でなければならない．
(2) s が一定のとき，$g \times i$ は一定でなければならない．
(3) i が一定のとき，s/g は一定でなければならない．

ただし，この法則は一般的傾向であって，実際には，視覚系がコルテの法則に厳密に従っているとはいえない．仮現運動を成立させる刺激間の関係を検討するには，図 35-1 のようなスプリット運動現象を利用する．第一刺激として中央の図（X_1）を，第二刺激として両側の図（Y_1 および Y_2）を提示する．中央の図が左右どちらに動いて見えるかで，仮現運動の成立に必要な，刺激間の関係が推測される．

仮現運動を生じさせるメカニズムを考えるには，連続的変化を示す刺激によって生じる運動知覚（**実際運動**；real movement）と比較するとわかりやすい．多くの研究結果は，この2つの現象に共通のメカニズムが関与していることを示唆している．たとえば，仮現運動は実際運動と同様な運動残効を生じる．そこで仮現運動に順応した後，同方向への実際運動の検出閾を調べると，検出閾はあがった（感度は低下した）と報告されている．

運動検出のメカニズムに関しては，最も単純なものとして図 35-2 のようなモデルが考えられている．網膜上に受容野 (R_1, R_2) をもつ 2 つのニューロンが AND 回路[4]で結ばれている．しかも一方の経路には遅延回路 (Δt) が介在している．AND 回路は 2 つの入力がともに 1（受容野に光・影が投影された）のときのみ 1 を出力する（網膜上を光・影が動いた）．しかし，一方に遅延回路があることで，光が特定の方向から移動してきた場合のみ，2 つの入力は 1 となり，したがって AND 回路は 1 を出力する[5]．したがって，これは運動方向を選択的に検出するメカニズムといえる．この AND 回路は，刺激が連続的に網膜上を移動しているか否かは関知しない．ある時間間隔をおいて一定の順で 2 つのニューロンが刺激を受けるか否かが問題なのである．仮現運動と実際運動とに共通のメカニズムが関与している可能性は，この回路の振る舞いを見ても納得できるであろう．

近年では，**ランダムドット・キネマトグラム**（random dot cinematogram：RDC）の実験を通して，視覚系には質的に異なる 2 つの仮現運動メカニズムがあることを提唱されている[6]．RDC はランダムドット・ステレオグラム[7]（RDS）に似ている．最も単純な RDC は，RDS で用いる両眼用の 2 つの画像を単眼で継時的に見ると考えればよい．画像間の対応するドットの視差と両画像の提示時間間隔を適当に変化させると，ステレオグラムでは背景から浮き上がって（あるいは引っ込んで）見えた面が，RDC では背景から遊離して左右に運動する面が見える．

注目すべきは，RDC が生じるためには，通常の仮現運動の場合と比較して，提示時間間隔などかなり小さいことが必要なことである．ブラディックは，2 種の仮現運動，小領域過程，大領域過程を提唱した（二過程説）．RDC の生起に関与する前者は，前述した実際運動の検出に関わるメカニズムと，また後者は高次の認知メカニズムと関連していると考えられた．

図 35-3 は上記の 2 つの過程が存在することを示唆する実験例である．刺激は 3 光点で，上の 3 点と下の 3 点は同じ高

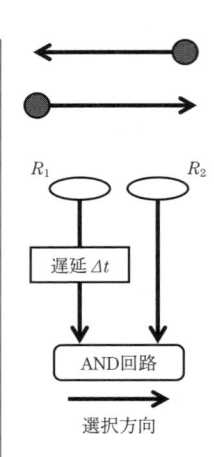

図 35-2　運動検出モデル

4) 論理回路の一種．信号ありを 1，無しを 0 とすると，2 つの入力がともに 1 のときにのみ 1 を出力．

5) R_1 から R_2 へ Δt 時間かかる運動を考える．左から右への運動，すなわち R_1, R_2 の順に刺激を受けると，AND 回路は，遅延回路のために，R_1, R_2 から 1 の入力を同時に受ける．一方，右から左への運動では，AND 回路は，R_1, R_2 から同時に 1 の入力を受けない．したがってこの回路は，左から右への，ある速度の運動を選択的に検出するユニットと考えられる．

6) Braddic, O. J., 1974, A short-range process in apparent motion. *Vision Research*, **14**, 519–527.

さに継時的に提示される．第1画面ではa, b, cの3点，第2画面ではb, c, dの3点である（b, cの2点は，物理的移動はない）．両画面の提示時間間隔が短いと，aはd′へと運動して見えるが，b, cは静止したままである．ところが，時間間隔が長くなるとa, b, cはそれぞれb′, c′, d′へ水平方向に連れだって移動して見える．このように，提示時間間隔に応じて，2種の異なった仮現運動が観察されるのである．

大領域過程の仮現運動では高次過程の関与を示す研究も多い．図35-4は仮現運動で知覚される運動経路が，画面に重ねて書かれた経路の影響を受けることを示した例である．光点の運動は通常ならば直線運動して見える（a）のであるが，図のように継時的に提示される2光点の中間に曲線の道を挿入すると，光点は曲線に沿って運動して見える（b）．つまり，この仮現運動の経路は他のパターン認知の影響を受けるのである[8]．

このように，仮現運動には知覚の初期レベルで働く運動検出の側面と，高次の認知過程が関与する推論の側面とがあることが示唆されている． 〔石口〕

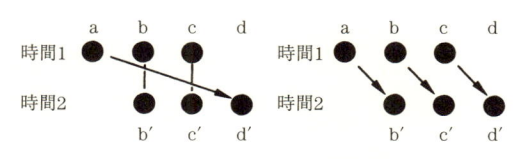

図35-3 仮現運動の二過程説の例証

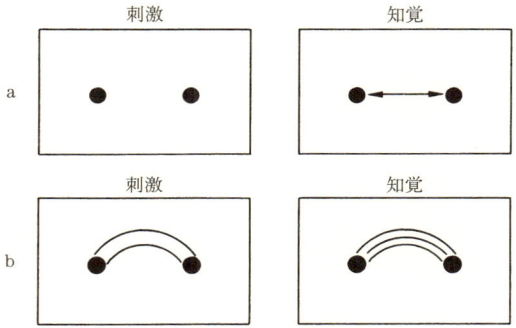

図35-4 仮現運動の経路（Sekuler & Blake, 1985）[9]
2点が交互に出現．bのように，灰色曲線経路をあらかじめ重ねると，仮現運動によって知覚される運動経路がこの曲線経路に沿うように見える．

7)「Ⅱ-33 奥行き知覚」の項を参照．

8) Sekuler, R. & Blake, R., 1985, *Perception*. Knopf.

【参考文献】
Marr, D., 1982, *Vision*. Freeman.（乾敏郎・安藤広志訳，1987，ビジョン．産業図書．）
Palmer, S. E., 1999 *Vision Science*. The MIT Press.

II-36
顔の認識
Face recognition

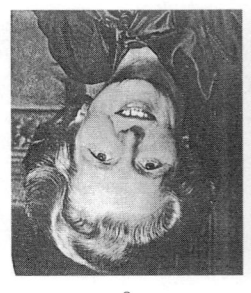

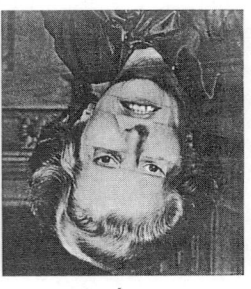

図36-1　サッチャー錯視（Thompson, 1980）[1]

　私たちの身の回りを見るとき，顔でないものでもしばしば顔に見えてしまうことがある．正面から見た自動車，家や雲，壁の染みなどは顔に見えてしまうことがよくある．大円の中に小さな3つの点を逆三角形状に置いただけの絵でも顔と見てしまう．特に子どもではその傾向が顕著である．顔の知覚が他の知覚と異なることは，対象が顔であることで生じる錯視現象からも示される．たとえば，顔の倒立効果があげられる．図36-1a，bは，逆さまになった元英国首相サッチャー女史の顔である（**サッチャー錯視**（Thatcher illusion）と呼ばれている[2]．図36-1bは，眼と口の部分だけを180度回転してある．a，bいずれの写真もそれほど違和感は感じないであろう．しかし，顔が正立した状態（本を逆さま）にして見ると，図36-1bは逆さまの顔からは想像もつかないほど，びっくりするような表情であるのがわかる．これは，他の対象の知覚と異なり，顔の知覚では逆さまになっただけで顔つきや表情がわかりにくくなり，そのために違和感をあまり感じなくなっているのである．この倒立効果は，顔の知覚において眼，口などの部分の知覚は，顔全体の知覚とは独立であることも示唆している．

　もう一つの例として**ホローフェイス錯視**（hollow face illusion）がある．通常，陰影情報を伴う対象の凹凸の知覚では，陰が下につけば凸状のもの，上についていれば凹状のものとして私たちは知覚する．したがって，同じ陰影情報をもつ写真の一方を逆さまにしたら，一方は凸に片方は凹に見えてしまう（クレーター錯視として知られている）．しかし，

1) Thompson, P., 1980, Margaret Thatcher : A new illusion. *Perception*, **9**, 483-484.

2) Fantz, R. L., 1961, The origin of form perception. *Scientific American*, **204**, 66-72.

顔のお面の裏側（凹状）を見るとき，陰影情報などから凹んだお面の裏側として見えるはずなのに，実際は凸状の顔にしか見えない．このホローフェイス錯視も顔の特異性を示す例であろう．

この顔の知覚は生得的なものであることが，いくつかの発達的研究によって示されている．ファンツは，生後2，3ヵ月の乳児を使って次のような実験を行なった．彼は，顔を模した絵，印刷された文字，同心円図形，色（赤，白，黄）の円盤それぞれを乳児に見せて，どれを乳児が一番好むか（長く見るか）を調べた．図36-2は，その結果である．乳児は，人の顔を最も長く見ていたのである．このことは，私たちの顔認識能力の生得性を示唆しているものである．

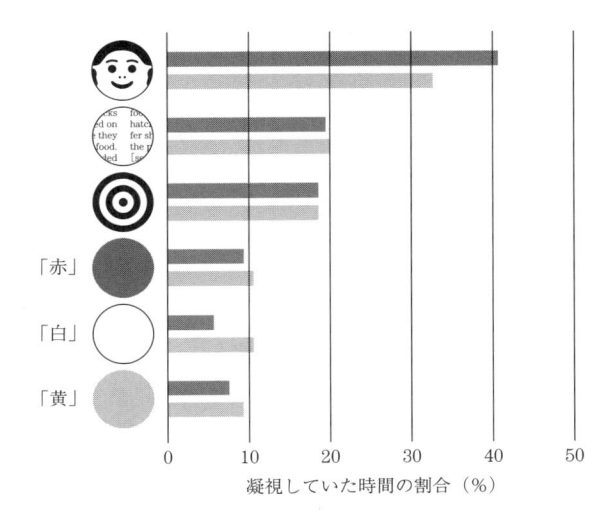

図36-2 各図形に対する乳児の注視時間の割合（Fantz, 1961）[2]
縦軸が提示された図形で，顔，印刷された文字，同心円図形，赤色，白色，黄色の円盤である．横軸は，単位時間あたりの注視時間の割合（％）を示している．

このような顔の知覚に関するさまざまな現象は，顔が他の対象の知覚とは異なり，私たちが生きていく上で必要な社会的刺激として広範で重要な情報をもっていることを示している．顔の知覚によって，私たちはそれがどこの誰かという**人物認知**（identity recognition）や，その人の情動（喜怒哀楽）を判断する**表情認知**（expression recognition）を行なっている．その他にも，視線（どこを見ているのか）や性別，年齢，人種等も顔から得られる情報で識別している．

それでは，人物認知や表情認知はどのように行なわれているのであろうか．**顔の認識**（face recognition）過程についての代表的なモデルに，ブルースとヤングによる顔の認識過程の機能的モデル（図36-3）がある[3]．彼らは，既知人物の顔認識において，人物認知と表情認知がそれぞれ独立した過程

3) Bruce, V., & Young, A., 1986, Understanding face recognition. *British Journal of Psychology*, 77, 305-327.

であると考えた．まず，顔の形態的特徴の記述や画像的分析が「観察者中心の記述」で行なわれ，その後，人物認知と表情認知はそれぞれ別の過程に分かれて処理される．人物認知過程では，その顔に固有の特徴などについて「表情とは独立の記述」で処理される．この「観察者中心の記述」と「表情とは独立の記述」の働きを合わせて構造的符号化過程としている．次に，知っている人かどうかを判断する「顔認識ユニット」に情報が送られる．ただし，それは既知性の判断であって，どこの誰であるかという個人の特定に関しては，その次の「個人特定情報ノード」で判断される．そして，最終的に「名前の生成」で個人名の想起，判断がなされる．この「名前の生成」がうまく機能しないと，顔を見て知っている人だとわかり（顔認識），その人の名前以外の（個人特定）情報について思い出しているのに，名前がなかなか出てこないということが起こるのである．

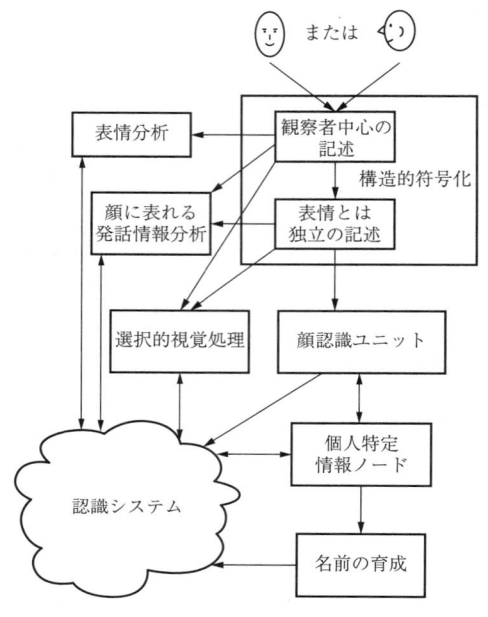

図36-3 ブルースとヤングによる顔認識過程の機能的モデル（Bruce, V., & Young, A. 1986）[3]

一方，表情認知は，「観察者中心の記述」からの情報が「表情分析」，「顔に表われる発話情報分析」，「選択的視覚処理」のそれぞれに送られ処理が行なわれる．人物認知の過程とは完全に独立しているとしている．

このブルースとヤングの表情認知過程と人物認知過程が独立であるという考え方を支持する証拠として，脳損傷患者の顔認識障害の症例があげられる．顔であるということはわかるが，その顔が誰であるのかがわからないという脳機能障害によって生じる症状を**相貌失認**（prosopagnosia）と呼ぶ．相貌失認障害には，人物認知はできないがその表情の認知は可能であるという症例と，逆に人物認知は可能だが表情認知

ができないという症例（相貌感情失認）がある．この2つの症例は，人物認知と表情認知が独立であることを示している．

さらに，神経生理学的にも，表情に反応する細胞と個々の顔に反応する細胞がそれぞれ存在することが報告されている．ハッセルモら[4]によると，マカクザルの大脳側頭葉の異なる場所に表情に反応する細胞，顔に反応する細胞それぞれが存在することが示されている．また，ハクスビーら[5]は，神経科学的にブルースとヤングのモデルを検証している．コアシステムと拡張システムという2段階のモデルを考え，実際にそれらのシステムに対応する脳領域を特定している．まず，下後頭回（inferior occipital gyri）において顔の輪郭やエッジが符号化された後，視線，表情，口の動き等の「動的な情報」は上側頭溝（superior temporal sulcus）へ，人物同定のための顔の「静的な情報」は両側の紡錘状回（lateral fusiform）へ送られ処理される．ここまでがコアシステムである．その後それぞれの情報は，拡張システムへと送られ高次の処理（空間的注意，音声知覚，感情処理，意味情報や名前の同定など）が行なわれる．このコアシステムの機能がブルースとヤングのモデルにおける構造的符号化過程に対応するとしている．

しかし，このブルースとヤングのモデルの既知情報の処理過程や人物認知と表情認知の独立性に関しては反論もある[6]．たとえば，よく知っている人物の顔を，外見がそっくり似ている知らない人に入れ替わった「替え玉」であるとか双子であるなどと妄想的に確信する**カプグラ妄想**（Capgras' syndrome）と呼ばれる症状がある．これは既知顔の処理に対して情動反応が関与している可能性を示唆している．また，表情認知と人物認知が相互作用しているとする研究などもある．　　　　　　　　　　　　　　　　〔藤井〕

4) Hasselmo, M. E., Rolls, E. T., & Baylis, G. C., 1989, The role of expression and identity in the face-selective responses of neurons in the temporal visual cortex of the monkey. *Behavioural Brain Research*, **32**, 203-218.

5) Haxby, J. V., Hoffman, E. A., & Gobbini, M. I., 2000, The distributed human neural system for face perception. *Trends in Cognitive Science*, **4**, 223-233.

6) Endo, N., Endo, M., Kirita, T., & Maruyama, K., 1992, The effects of expression on face perception. *Tohoku Psychologica Folia*, **52**, 37-44.

Kaufman, J. M., & Schweinberger, S. R., 2004, Expression influences the recognition of familiar faces. *Perception*, **33**, 399-408.

【参考文献】
竹原卓真・野村理朗，2004，「顔」研究の最前線．北大路書房．
山口真美，2003，赤ちゃんは顔をよむ．紀伊国屋書店．

II-37 ユニバーサルデザイン

Universal Design

図37-1 ユニバーサルデザインフォントが使われているリモコン（左側）．
右側のリモコンは従来のフォントが使われている．ユニバーサルデザインフォントは，3，6，9の数字やCやSの文字など少々ぼやけても区別がつきやすい字体にしてある．
出典：http://panasonic.co.jp/ud/forum/voice/03/index.html

ユニバーサルデザイン（universal design）とは，「すべての年齢や能力の人々に対し，可能な限り最大限に使いやすい製品や環境のデザイン」と定義される．このユニバーサルデザインという言葉は，ロナルド L. メイス[1]が，1980年代に提唱したといわれている．

このユニバーサルデザインの考え方の特徴として，7つの原則と呼ばれる以下のようなデザインの指針がある[2]．

1. 誰でも使うことのできる公平性（equitable use）
2. 使用する際の柔軟性（flexibility in use）
3. 簡単で直感的な使いやすさ（simple and intuitive use）
4. 見やすい情報（perceptible information）
5. 間違った利用をしても危険のないこと（tolerance for error）
6. 身体的労力が少なくてすむこと（low physical effort）
7. 接近しやすく使いやすいサイズや空間（size and space for approach and use）

ただし，この7つの原則すべてが満たされなければならないというわけではないし，7つすべてを満たしていても，必ずしも良いデザインというわけでもない．

ユニバーサルデザインに似たものに，**バリアフリーデザイン**（barrier-free design）という考え方がある．これは，障害者や高齢者が日常生活を送るにあたって，障壁（バリア）となるものを取り除き日常生活を不自由なく過ごせるようにするためのデザインのことである．対象が障害者や高齢者に

1) Ronald L. Mace (1941-1998) 建築家で工業デザイナーのロナルド・メイスは，車いすに加えて酸素吸入器が必要な障害者であった．ユニバーサルデザイン推進の中心人物で，ノースカロライナ州立大学ユニバーサルデザインセンターの所長を勤めた．

2) http://www.ncsu.edu/www/ncsu/design/sod5/cud/about_ud/udprinciplestext.htm

限定されているバリアフリーデザインに対して，すべての年齢やさまざまな心身能力の人々を対象とするユニバーサルデザインは，バリアフリーデザインを含んだより広い概念だということができよう．たとえば，駅構内や歩道の点字ブロックは，視覚障害者のためのバリアフリーデザインである．一方，段差のないスロープ，電車のプラットフォームドア（platform screen door）やエレベータなどは，障害者に限らず高齢者やベビーカー使用者等の多くの人々にとって安全で使いやすいユニバーサルデザインといえる．

　ユニバーサルデザインを実現するためには，人間のさまざまな感覚知覚特性や行動特性を知り現実場面に応用しなければならない．そのために心理学的研究や人間工学的研究も重要になってくる．たとえば，文字の見やすさ（視認性）や読みやすさに関して，文字の大きさは視角 $0.6°$（視距離 30 cm で 3.2 mm）が良いとされている．さらに，高齢者や弱視者にとって読みやすい字体（フォント）の改良も行なわれている（図 37-1）．

　ユーザビリティ（使いやすさ）やアクセシビリティ（利用しやすさ）を高めるために，人と機械の橋渡し役の**ヒューマンインターフェース**（human interface）の研究も重要になっている．階段をスロープに変えるだけでアクセシビリティは数段向上するし，リモコンや携帯電話の操作ボタンのフォントや数，サイズなどを変更することで，高齢者や視覚障害者にとっての使いやすさを向上させることができる．

　今後，世界的に 65 歳以上の人口が 14% を越える高齢社会になるといわれており，高齢者の行動特性に配慮したデザインがますます重要になってくる．バス停や駅，街並みの設計や案内表示など多くの環境デザインが，ユニバーサルデザインの観点から見直されている．また，さまざまな商品にもユニバーサルデザインの考え方が反映されつつある．　〔藤井〕

【参考文献】
ユニバーサルデザイン研究会編，2004，新・ユニバーサルデザイン：ユーサビリティ・アクセシビリティ中心・ものづくりマニュアル．日本工業出版．
川内美彦，2001，ユニバーサル・デザイン：バリアフリーへの問いかけ．学芸出版社．

II-38

視覚的探索

Visual Search

緑の草原に，ポツンと赤い花が咲いていたら，否が応でも，気づかされる．しかし，雑踏の中で，人を探すのは，大変だ．**視覚的探索**（visual search）は，このような日常経験を踏まえて，視覚的認知の中での注意の役割を検討するために考え出されたパラダイムである．

視覚的探索では，ディストラクタと呼ばれる散在する刺激の中から，ターゲットとなる刺激を探し出すのが課題となる．図38-1（左）では円がディストラクタでターゲットは「円に縦棒」，（右）では，ディストラクタとターゲットの役割が逆となっている．実験では，ターゲットが含まれる刺激と含まれない刺激とがランダムに提示され，被験者は，ターゲットあり・なしの反応を行なう．そして，正答率と反応時間が測定される．実験者は，刺激の属性を変化させ，さらに，ディストラクター（destructor）の数を操作する．

冒頭の例のように，刺激の属性によっては，どんなにディストラクターが増えても，反応は速く一定の場合があり，一方，周りのディストラクターの数が増えると，ターゲットがなかなか見つからない場合がある．色や明るさなど，単一の属性でターゲットとディストラクターが定義され，それらの属性値が大きく異なる場合（例：赤 vs. 緑，白 vs. 黒など）は，前者の例で，ディストラクターの数が増えても，変わらずに，瞬時にターゲットが検出される．このような場合，ターゲットが「ポップアウト」するように感じられ，その探索は，**並列探索**（parallel search）とか前注意的探索とか称される．一方，形と色のように，複数の属性で刺激が定義され

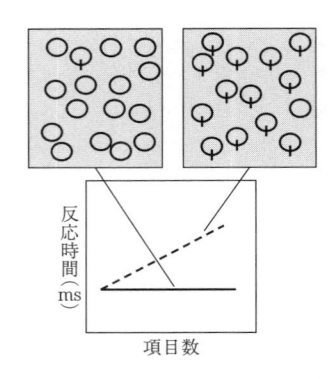

図 38-1 視覚探索の刺激例（上の図）と反応時間（下の図）
（Snowden et al. 2006）[1]
下の図では，項目数に対して，反応時間がプロットされている．

[1] Snowden et al., 2006, *Basic Vision*. Oxford Univ. Press.

る場合などは，ディストラクターの数が増えると，ほぼ右上がりに，反応時間が増大する．この場合には，ターゲットかどうか1つ1つ確認しながら探索するように思われるので，**系列探索**（serial search）と呼ばれる．さて，このような視覚探索研究から，何がわかるのであろうか．

視覚認知過程には，シーン（光景）の中から刺激項の単純な特性を抽出する**前注意過程**（pre-attentive process）と，その刺激をより詳細に処理する**焦点的注意**（focal attention）過程とがあるらしい．トレイスマン[2]らは，**特徴統合理論**（feature integration theory）として，このプロセスのモデルを提唱した[3]．図38-2がその概要である．

特徴統合理論では，まず，特定の「特徴」（色，方位，運動方向など）を抽出するモジュールを想定する．この抽出は，前注意過程（注意が働く前の過程）で行なわれる．各モジュールの中には特徴マップが存在する（マップというくらいだから，位置情報をもつ）．色が特徴ならば，赤や緑の特徴の位置情報が付加された赤マップや緑マップなどがあり，刺激が提示されれば，それらが活性化する．ターゲットが，単一の特徴で定義されている場合，ここで，すぐに検出される．しかし，ターゲットが複数の特徴で定義されている場合には，特徴マップの統合が行なわれる．この統合の仕事を行なうのが，焦点的注意であると考える．

しかし，特徴統合理論で，視覚探索の特性をすべて説明できるわけではない[4]．最近では，特徴統合理論を補完するかたちで，**誘導探索**（guided search）理論などが提唱されている． 〔石口〕

【参考文献】
石口彰，2006，視覚．キーワード心理学シリーズ1，新曜社．
Wolfe, J. M. et al. 2009, *Sensation and Perception*. 2nd Ed. SINAUER.

2) Anne Treisman (1935-)

3) Treisman, A., & Gelade, G., 1980, A feature integration theory of attention. *Cognitive Psychology*, **12**, 97-136.

4) 前注意探索が行なわれる「特徴」は，視覚の初期過程で処理される属性と考えられるが，複雑な刺激（陰影や主観的輪郭で構成される刺激など）であっても，「前注意過程」的な結果を示すのである．また，複数の属性で定義されるターゲットであっても，並列探索に近い探索が行なわれることがある．

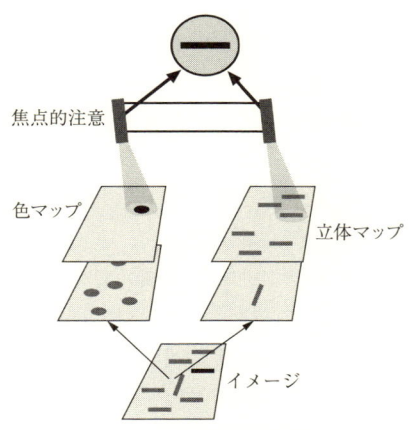

図38-2 **特徴統合理論**
（Snowden et al. 2006[1]より引用）

II-39

定位

Localization

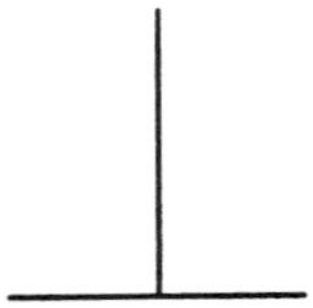

図39-1 空間の異方性
垂直線分と水平線分は実際には同じ長さであるが，垂直線分の方が長く見える．

部屋の中を見渡してみよう．机やテレビや窓が見え，車の走る音が聞こえる．私たちは，それらがどこにあるのか，どこから聞こえるのかを容易に知ることができるし，自分とそれらとの位置関係を知っている．対象や自己を空間の中に位置づけて知覚することを，一般に**定位**（localization または orientation）という．この場合の空間とは，物理学的空間あるいは幾何学的空間のことではなく，私たちの感覚器官を通して知覚される知覚空間（perceived space）あるいは現象空間のことである．刺激（対象）を定位する際には，刺激の物理的位置だけではなく，それを知覚する人との関係を考えなくてはならない．

物理学的空間は，無限で，均等性，等方向性をもつのに対して，知覚空間は，有限で，非均等性，非等方向性をもち，自己との関係において成立する．知覚空間のもつこのような性質を**空間の異方性**（anisotropy of space）という．空間の異方性のために，私たちは物理学的空間を歪めて見てしまうことがある．たとえば，図39-1が示すように，水平方向と垂直方向で長さは異なって見える[1]．「月の錯視」[2]も空間の異方性の例にあげられる．

明るいところでは，周囲にあるものが客観的な垂直・水平方向を示す基準となるので，自分の身体が傾いている場合でも，主観的な基準と客観的な基準とが一致する．しかし暗室の中に置かれた場合や視野に対象のみが提示された場合のように，客観的な手がかりが何もなくなると，自己が視空間の基準となり，客観的基準によらないで，主観的な垂直・水平方向が基準となって対象を知覚するようになる．これを**自己**

1) ただし，この場合は異方性だけではなく，分割錯視効果も働いていると考えられる．

2) 「II-32 錯視」の項を参照．

中心的定位（egocentric localization）という．自己中心的定位では，自己を中心として，上下，左右，奥行き（前後）の各方面に広がる立体空間が形成され，これらの方向にもとづいて対象の大きさ，形，明るさなどが知覚される．たとえば，暗室の中で1本の光の垂直線分を提示し，頭を横に傾けて観察するとき，頭の傾きが大きい場合には，垂直線分は頭の傾きとは反対方向に傾いて見える．これを**アウベルト現象**（Aubert phenomenon）という．逆に頭の傾きが小さい場合には，垂直線分は頭の傾きと同じ方向に傾いて見える．これを**ミュラー効果**（Müller effect）あるいはE現象という．

一方，日常生活においては，位置や方向の知覚に恒常性が見られ，視線の動きや，身体の移動にもかかわらず，視空間は静止し，自分が視空間の中で動くように知覚される．このように定位は常に基準，座標との関係において成立する．

刺激の定位は視覚だけではなく，聴覚や触覚などの知覚においても行なわれる．次に**音源定位**（auditory localization）の場合を説明しよう．私たちは2つの耳をもっている．2つの耳で聞くことの効果（両耳効果）はいろいろな役に立つが，特に音源定位や方向知覚などに役立つ．たとえば，上下や前後の音源の位置を区別するよりも，左右の音源の位置を区別する方がやさしいことは，私たちが日常よく体験することである．また，聴覚による音源定位は，特に視覚では知ることのできない背面方向や暗闇の中の刺激を知覚するのに役立っている．

音源の方向を知るには，音が両耳に到達する時間の差と強度の差が利用される．このことは同じ音源からの音をヘッドフォンで左右の耳に別々に聞かせ，左耳と右耳に提示する時間や強度をいろいろ変化させることによって調べることができる．強度差，時間差がまったくない場合には音像は頭の中央に定位される．しかし左右耳への音の到達時間をずらすと，早く到達した耳の方へと定位が偏る．また，もし両耳に与える音の強さに差をつけると，音の強い耳の方へと音像は移動する．この2つの効果を互いに逆方向に働かせて，弱い音を与えた耳の方に音が早く到達するようにすると，音像は

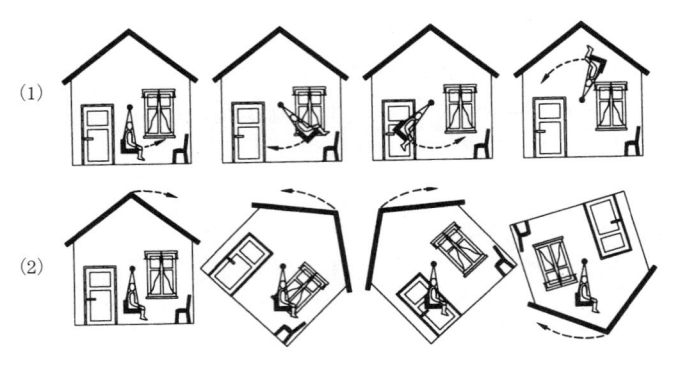

図 39-2 ビックリハウス (Metzger, 1953)[3]
ビックリハウスの中では (1) のように自分が回転しているように感じられるが，実際には (2) のように家が回転しているのである．

また中央に感じられるようになる．このように，音の強さと到達時間との間には，相補関係が成り立っている．

音がある音源から別の音源へ移動したとき，その方向の変化を弁別できる最小の角度を最小弁別角度というが，音源が正面にあるとき弁別角度は最小となり，わずかの変化でも弁別できる．しかし，音源が正面から横に移動するにつれ，弁別は悪くなり，真横では 40 度くらい音源が移動しないと弁別できない．また，音源定位は純音より雑音や音声の方が容易であり，弁別閾も小さい．

ところで，私たちの日常生活において，刺激（対象）を定位する際，知覚はいくつかの異種の感覚情報の結合として成立する．人間の場合には一般に，視覚がほかの感覚に比べると，一時に受容し処理する情報量が多く，弁別精度も高くて，視覚系からの情報を核として結合される視覚優位を示す．たとえば，遊園地のビックリハウス（図 39-2）の場合には，視知覚が身体の位置の感覚を規定し，実際には身体は静止しているにもかかわらず，身体が回転しているように知覚する．また，テレビを見ている場合，画面の人物と実際に声の出ている場所（両側のスピーカーであったりする）が離れていても，視覚優位のために私たちは画面中の人物の口から音声が出ているように誤った音源定位をする[4]．ヤング[5]は左右の音波を逆に受け止めるような装置を作り[6]（図 39-

3) Metzger, W. 1953. *Gesetze des Sehens*. Kramer.（盛永四郎訳, 1968, 視覚の法則．岩波書店．）

4) ラジオを 2 台用意し，正面と後方とに置いておくと，後方のラジオから静かに音を出しても，正面のラジオから音が出ているように聞こえることがある．

5) Young, P. T.（1892-1978）アメリカの心理学者．

6) この装置を迷聴器（シュードフォン）と呼ぶ．

3），眼を閉じたときと開けたときとで音源の定位に違いがあるかどうかを調べた．その結果，眼を閉じている限り，左側から音を出しても右側から音が出ているように左右逆転して聞こえたが，いったん眼を開けるとそのような矛盾は感じられなくなり，音源は正しく左側に定位されたのであった．これらの例に見られるような視覚優位の統合を，**ビジュアル・キャプチャー**（visual capture）という．

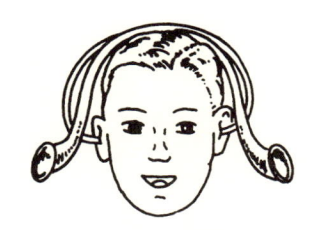

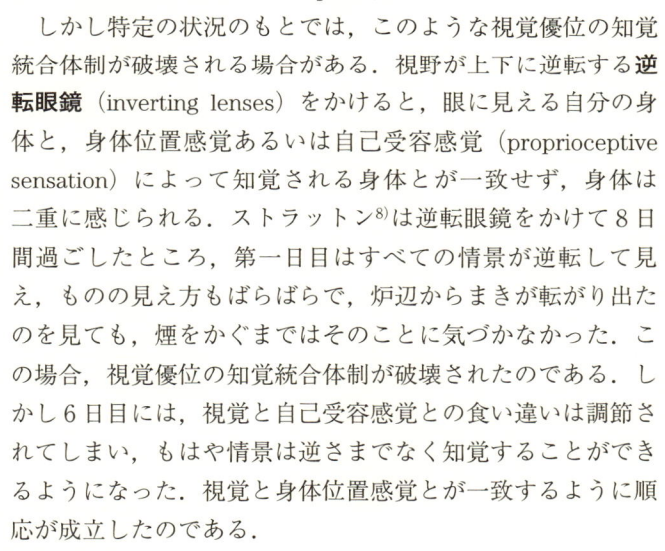

図39-3 迷聴器[7]
（シュードフォン）
（Young, 1928）

しかし特定の状況のもとでは，このような視覚優位の知覚統合体制が破壊される場合がある．視野が上下に逆転する**逆転眼鏡**（inverting lenses）をかけると，眼に見える自分の身体と，身体位置感覚あるいは自己受容感覚（proprioceptive sensation）によって知覚される身体とが一致せず，身体は二重に感じられる．ストラットン[8]は逆転眼鏡をかけて8日間過ごしたところ，第一日目はすべての情景が逆転して見え，ものの見え方もばらばらで，炉辺からまきが転がり出たのを見ても，煙をかぐまではそのことに気づかなかった．この場合，視覚優位の知覚統合体制が破壊されたのである．しかし6日目には，視覚と自己受容感覚との食い違いは調節されてしまい，もはや情景は逆さまでなく知覚することができるようになった．視覚と身体位置感覚とが一致するように順応が成立したのである．

このようなことからストラットンは，近刺激（網膜に映る像）が逆転していることが対象を正立に知覚するための必要条件ではないと考えた[9]．また不一致がある場合でも経験によって解消できることが示された．　　　　　　〔重野〕

7) 相良守次，1970，図解心理学．光文社．

8) Stratton, G. M. (1865-1958) Stratton, G. M., 1986, Some preliminary experiments in vision without inversion of the retinal image. *Psychological Review.*, **3**, 611-617.

9) 水晶体（レンズ）は凸レンズであるから，網膜には対象の逆転像が映る．

【参考文献】
鹿取廣人・杉本敏夫・鳥居修晃編，2008，心理学［第3版］．東京大学出版会．
大山正編，1984，実験心理学．東京大学出版会．

II-40

社会的知覚

Sociall Perception

社会的知覚(social perception)とは，人が何らかの物理的対象を知覚する場合，その物理的特性によって規定されるばかりでなく，対象の価値や意味，知覚する者の欲求・期待・態度・価値といったその人が生きている社会によって大きく規定されるものにも影響されるという立場の研究を指している．ゲシュタルト心理学は，個々の刺激に対して個々に感覚が生じその総和が全体の知覚を生むとするそれまでの要素主義を批判し，個々の刺激は全体の刺激のあり方（布置）によって意味が異なると主張した．そして，その際強調されたのが，あくまでも，外的な刺激の「全体性」のみであったのに対し，この立場は，外界も知覚者も含めた「全体性」を強調したため**ニュールック心理学**（new look psychology）と呼ばれた．

知覚者の構えや経験が知覚に影響することは古くから知られていたが，特に動機づけの側面が注目されたのは1940年代である．貨幣は同じ大きさの円盤よりも大きく見え，裕福な者より貧乏な者に大きく見える．また，本来価値的に中性だった刺激に価値を条件づけたり消去すると，過大視が生じ

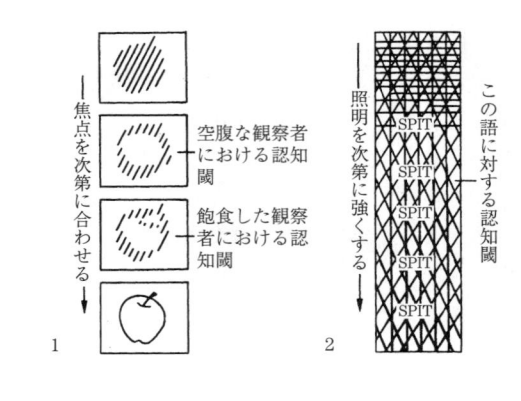

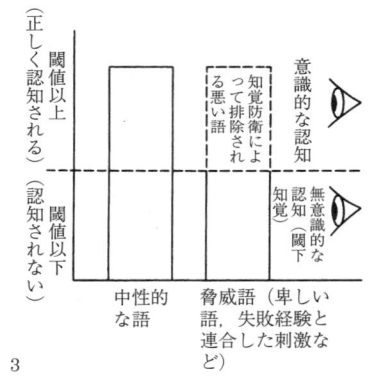

図40-1　社会刺激の閾値（図は Hochberg, 1966 より引用）とても空腹な人は，そうでない人よりも焦点がよりズレている状況ですでにリンゴであることを知覚するというのが知覚の鋭敏化である（1）．また，"SPIT"（唾）という脅威語が知覚される閾値は，そうでない中性語の閾値よりも高くなる（意識化を邪魔するアミが長い間まとわりつく）というのが知覚的防衛である（2）．しかし，そうした脅威語も無意識的なレベルでは，知覚されているというのが閾下知覚である（3）．

1) ほかに，報酬を与えることが意味づけられた図形と，報酬を奪うことが意味づけられた図形を同時提示すると，前者の方が浮き上がって見える（図となる）．これが知覚水準で生じているのかを疑問とする批判もあった．

たり消えたりする．このような研究が端緒となり[1]，閾[2]の測定を利用した典型的な研究が行なわれた．刺激提示の強度や時間を閾下にしたり見る条件をきわめて悪くし，しだいに見える方向に変化させ，刺激が被験者に見えるようになる強度や時間を測定することで，閾を同定できるが，ある価値志向をもつ者[3]は，その価値に関する言葉をより早く知覚することが見いだされたのである．自分にとって価値のある言葉の閾が低いことを**知覚的鋭敏化**（perceptual sensitization），価値のない言葉の閾が高いことを**知覚的防衛**（perceptual defense）という．マクギニス[4]は，知覚的防衛の概念を「自我に脅威となるものを避ける」という意味に発展させ，中性語に比べ，タブー語の閾が高く，しかもそのタブー語を知覚する前に情動の指標と考えられる**GSR**[5]（galvanic skin response）が生じることを示した．この著名な研究が，ニュールックの多くの研究を刺激した．これら知覚的防衛の研究に先だち，通常知覚が生じないと考えられる閾下の強度や時間で刺激を提示しても何らかの効果があることは**閾下知覚**（subliminal perception）として知られていたが[6]，これは意識に上る前に刺激が処理されている点で知覚的防衛と共通の現象と考えられる（図40-1）．

知覚的防衛が注目されたのは，その現象が，知覚する前に刺激が防衛すべきものかどうかを知覚している，つまり，刺激が正しく知覚され，次に閾を上昇させ，刺激を知覚する脅威から自分を防衛しているのではないか，言いかえれば各人の中に2人の知覚者が存在することを意味するのではないかという疑問を抱かせたからである．この疑問に対して，ある刺激を過去に経験しているほど，それに対する親近度は増しわずかな手がかりで知覚できるようになる，タブー語の閾が高いのは経験回数が少ないためであるという説明（頻度説）がなされた．しかし，閾が上昇することに対してはもっともらしいこの説明は，なぜ経験回数の少ないタブー語にGSRの反応がずっと早く生じるのかを考慮していない．本来中性であった対象（認知課題で使われる言語刺激など）を，失敗経験と結びつけ情動を喚起する刺激として条件づけると，経

[2] 通常，統計的に50%の確率で感覚・知覚を生じさせる値．

[3] シュプランガーの類型論にもとづいて作成された6つの価値についての得点が算出される尺度（オルポート・ヴァーソン尺度）による．「科学研究の目的は，真理の応用より，真理の発見である」などの質問に答える．

[4] McGinnies, E. E., 1949, Emotionality and perceptual defence. Psychological Review, 56, 244-251.

[5] 「Ⅵ-86 GSR」の項を参照．

[6] ミュラー・リヤー図形の矢羽を閾下で提示しても，錯視が起こることは今世紀初めから知られており，映画の画面に「コーラを飲もう」等の文章を閾下で挿入したら，その広告には気がつかなかったのに，売店でコーラの売上が激増したという話が有名になった．

[7] 知覚的鋭敏化の場合であるが，絶食させることで食べ物との関係を見た実験によると，絶食時間と絶食した食べ物に関する刺激の認知閾の低下は相関していた．これも頻度によっては説明できない例．

験回数が同じで中性あるいは正に条件づけた刺激と比べて閾値が高くなる（知覚的防衛を示す）のである[7]．また，常識的に考えてタブー語を口にすることにはためらいがある．タブー語の閾が高いのは知覚レベルでの**抑圧**（repression）ではなく，反応レベルでの報告の**抑制**（suppression）であるという説明（反応抑制説）もなされた．しかし，あらかじめタブー語のリストを見せたり実験者が発声するのを聞かせたりして，被験者にタブー語のもつ脅威に慣らせるという手続きをとっても同じように知覚的防衛は現われるし，失敗経験と結びつけられた語は中性すなわち無害・無味乾燥な語であり，その語を発声するのを戸惑うということは考えられないとされている[8]．

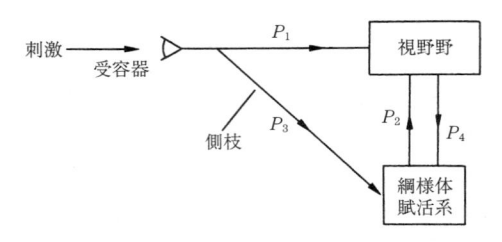

図 40-2 知覚的防衛の生理学的モデル（Dixon, 1981）[9]
末梢の受容器からの情報は，感覚伝導路，P_1 によって皮質へ伝わるが，この情報が意識化されるには網様体賦活系が機能し，そこから皮質に上行する P_2 によって，活性化の命令が送られなくてはならない．その網様体賦活系が機能するのに，受容器から延びている側枝 P_3 によって情報が伝わることが必要となる．しかし P_1 は P_3 に比べ伝導速度が速いので，また十分な強度・提示時間のない刺激でも P_1 は働くので，いち早く皮質に達した情報が自我に脅威的な場合は，皮質は P_4 の経路を使って与えられた情報を防衛すべきことを伝えるので，P_3 からの情報が処理される間は，網様体は機能を控え，情報の内容は意識化されない．

　試みられた説明はどれも本質的ではなく，知覚的防衛を否定することはできなかった．今日では私たちは知覚的防衛を次のように理解すべきであると考えられている．つまり「知覚する前に刺激が防衛すべきものかどうかを知覚している」という表現が矛盾とはならないためには，知覚は必ずしも意識的とは限らず，1つ目の知覚と2つ目の知覚は，連絡しあうことはあっても相互に独立した情報処理のシステムを意味すると見なすべきなのである[9]．

　ニュールック心理学の背景には，精神分析の無意識への関心があり，知覚的防衛の現象は，無意識過程の抑圧機能を実証するものと見なされた．しかしその現象は，きわめて限られた実験状況でしか得られないため，依然その本質的な意味については共通の理解が得られていない．ただ，それ以前の知覚に対する考えのように，まず知覚すなわち意識が生じそして欲求充足の適応行動が生じるのでなく，知覚は人のそのときどきの欲求を満たすべく成立しているという面を，つま

8) Eriksen, C. W. & Pierce, J., 1968, Defence mechanisms. In E. F. Borgatta & W. W. Lambert (Eds.), *Handbook of Personality Theory and Research*. Rand McNally, pp. 1007-1040.

9) Dixon, N. F., 1981, *Preconscious Processing*. John Wiley & Sons.

10) 他者の属性や行動の原因を考え・判断することを知覚というのは正しくないとされ，社会的認知といわれることもある．

り知覚は社会的環境への適応の結果であるという面を強調したという意義は認められる．知覚機能がいかに環境に適応したものであるかを記述することが今日の知覚研究の常套手段となっているのである．

　以上のような意味での社会的知覚とは別に，人や人の行動といった，社会的な存在や出来事が刺激の対象となっている知覚も社会的知覚といわれる[10]．ただしこの意味での社会的知覚には知覚する者の欲求・期待・態度・価値がより一層働くことがあり，2つの社会的知覚は密接に関連している．「人」を刺激対象とした古い例は，人の表情から，その人の情動や知能やパーソナリティを正確に読み取れるかという研究である．これらの研究から，他者の情動[11]や知能やパーソナリティ[12]は表情からは高い信頼性をもって読み取ることはできないことが明らかになった．しかし同時に，被験者たちの判断には高い一致が見られることが明らかとなり，これは，人は他の多くの人たちと共通した対人判断のための何らかの判断の枠組みをもっており，わずかな手がかりから他者を判断しなければならない状況ではこの枠組みが利用されることを意味すると考えられ，その枠組みを同定する研究が行なわれるようになった[13]．

　一方，「人の行動」を刺激対象とした例では[14]，**帰属理論**（attribution theory）と呼ばれる研究が代表的であり，ある人がある行動をとった場合，その人やその人を観察していた人はその原因を何にもって行くか，原因のもって行き方の枠組みはどのようなものかを追究する研究が行なわれている[15]．2つ目の意味での社会的知覚は，今日の社会心理学の主要な研究の一部を占めている． 〔八木〕

【参考文献】
Hochberg, J. E., 1978, *Perception*. 2nd ed. NJ: Prentice-Hall, Inc.（上村保子訳，1981，知覚．岩波書店．）
永田良昭，1976，社会的知覚．柿崎祐一・牧野達郎編，知覚・認知（心理学1）．有斐閣，pp. 205-210.

11) 愛・憎・喜・悲・怒などの基本情動の知覚，特に「快―不快」次元での判断は正確であるが，それ以外の情動は表情だけでは判断できない．

12) 特定の情動を表わす顔写真を被験者に読み取らせる研究に端を発し，表情だけでなく身体表出からその人の心理を判断できるかという非言語的コミュニケーションの研究にも分化した．

13) ある人が自分に下したパーソナリティ評定と被験者がその人に下したパーソナリティ評定が一致するかという研究に端を発し，どんな人が正確に認知できるかという個人差の観点からの問題も取り上げられた．

14) 相手のパーソナリティを把握する際に使用する信念体系は特に研究が進み，暗黙知の人格論と呼ばれる．

15) 被験者にさまざまな軌跡で動く複数の幾何図形の映画を見せると，無意味な動きでなく人の社会行動として符号化することを見いだした研究に端を発する．人はさまざまに変化する外界の対象を予測し制御するため意図・動機・特性を対象に関連づけて説明すると考えられた．

文脈効果
Context Effect

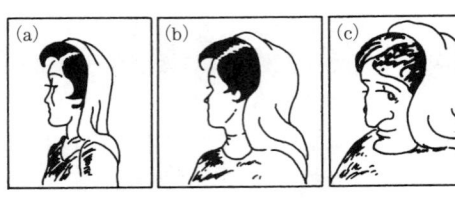

Ⅱ-41

図41 若い女性と老婆（Hochberg, 1966）[1]
(b) は多義図形である．(a) は若い女性の横顔に見え，(c) は老婆に見える．(a) をしばらく見てから (b) を見た場合と，(c) をしばらく見てから (b) を見た場合とでは，(b) の見え方にどのような違いがあるだろうか

　私たちが日常会話の中で聞くメッセージは，ほとんどの場合連続メッセージである．ある単語を単独で発話することはまれであり，多くの場合その語の前後には，一連の語のつながりがある．そしてときには話し手の情動や強調によって，1つ1つの音素の物理的特性は大きく変化している．それにもかかわらず私たちがほぼ誤りなく話し手の意図した言葉を聞き取ることができるのは，音素や語の音響的手がかりを1つ1つ知覚する代わりに，文脈を手がかりとして1つの文節あるいは1つの文章として言葉を聞き取ろうとしているからである．

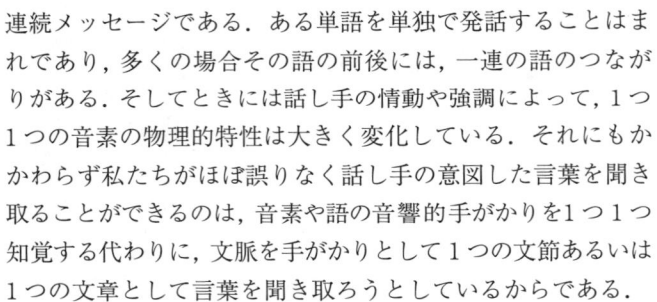

　たとえば，「今日は霧が湖面をおおうあいにくの天気となりました」といったメッセージを聞いたとき，この文は正しく聞き取れるのに，「おおう」の真ん中の「**お**」だけを単独に取り出して再生して聞かせても，正しく聞き取りにくい．ニュースのメッセージの中で聞けば，容易に「お」と聞き取れたものが，文脈という手がかりが失われると聞き取りにくくなってしまうのである．この場合，自然音声（人の発話した音声）を分析すると，連続音声から取り出した音韻は前後の文脈の影響を強く受けて**フォルマント周波数**[2]（formant frequency）の変動が大きいことがわかる．このように，前後の刺激の影響を受けて判断対象の刺激についての知覚が変化する現象を，一般に**文脈効果**（context effect）という．私たちの知覚判断は絶対的なものではないから，当然いろいろな文脈の影響を受けることになる．

　ウォレン[3]は，音声信号中のある部位を雑音に置き換えると，雑音部分の音声信号が物理的に除去されていることには

1) ホッホバーグ，田中良久訳，1973，知覚．現代心理学入門7，岩波書店．

2) フォルマント周波数（formant frequency）は略してFで表わされる．それは声道の共鳴周波数であり，声道の形が変わると，それぞれ特有なフォルマント周波数の組み合わせができる．周波数の低い方から順に，F1，F2，F3，……と呼ぶ．

3) Warren, R. M., 1970, Perceptual restoration of missing speech sounds. *Science,* **73**, 1011-1012.

気づかず，音声信号の一部に雑音がかぶさっているように聞こえることを実験によって示した．彼は"legislature"（立法機関）の"s"の部分を，咳に置き換えて聞き手に与えてみた．その結果，聞き手には咳は聞こえたのだが，90%の人はその位置を同定できなかったし，"s"の欠落にも気づかなかった．また咳（ノイズの一種）がそれにとって代わっていることにも気づかなかった．欠落部分を短い無音（silence）に置き換えた場合にのみ，その位置を正しく同定できた．単語の代わりにうなりなどのように生体から発せられた音ではない非言語音を用いた場合についても，同様な結果が得られている．このように，実際には刺激の中に存在しない音が，期待に添って知覚的に合成されることがある．これを**知覚的修復**（perceptual restoration）または知覚的補完という．このような効果は，置きかわった音が除去された音をマスクしたと見なせるような刺激条件のときにのみ起こることが知られている．

文脈効果を初めて心理学的に研究し数量化した人は，ヘルソン[4]である．彼は，有機体の側に中性的なあるいは無機的な反応を起こさせるような刺激の値，言いかえれば偏った特定の反応を生じさせないような刺激の値を**順応水準**（adaptation level：AL）と呼び，有機体はこのような刺激の値に順応していると考えた．ALは文脈刺激を与えられるともはや中性的なものではなくなり，そのため判断に偏りが生じることになる．彼は文脈効果を規定する要因として，

(1) 焦点刺激（直接に反応の対象となっている刺激）
(2) 背景刺激（背景となっている刺激）
(3) 残存刺激（過去に与えられた刺激）

の3つを考え，ALは有機体に与えられる過去および現在の刺激の効果がすべて加わって成立すると考えた．そこで，判断対象刺激の前後の刺激，すなわち**文脈刺激**（context stimulus）によってAL値が偏ると，それを0の位置に戻そうとして判断に**同化**[5]（assimilation）や**対比**（contrast）の現象が生じると考えたのである．

最近の情報処理モデルでは，いわゆる**トップダウン処理**

4) Helson, H. (1898–1977)

5)「Ⅱ-29 対比と同化」の項を参照．

(top–down processing) ないし**概念駆動型処理** (concept driven processing) により文脈効果が生じるものと考えられている．トップダウン処理とは，感覚情報にもとづいた低次レベルの処理を行なう前に，文脈による期待や知覚の**構え** (set) が作られて，その期待や構えに即したデータを捜して処理する様式をいう．これと対称的なのが，**ボトムアップ処理** (bottom–up processing) ないし**データ駆動型処理** (data–driven processing) である．ボトムアップ処理とは，低次レベルでの感覚情報にもとづいた部分処理がまず行なわれ，より高次なレベルへと処理が進んでいく様式である．

上述したニュースのメッセージやウォレンの実験例に見られる聴覚における文脈効果は，トップダウン処理により情報の受け手側の期待や構えによって知覚が影響を受けたものと考えられる．図41は視覚の例である．この図は「嫁と姑」あるいは「若い女と老女」と呼ばれる錯視図だが，(a) を見た後で (b) を見ると若い女に見てしまいやすく，逆に (c) を見た後で (b) を見ると老女に見てしまいやすい．これは直前に見た刺激の影響を受けて曖昧な (b) をどのように見るかについて，一つの構えができてしまったために，曖昧な図形の見方が異なってしまったことを表わしている．

トップダウン処理とボトムアップ処理はどちらかだけが行なわれるというよりも，たいていの場合両方が同時に行なわれる．すなわち，私たちが何かを知覚するとき，前もってそれが何であるかについての知識をもつと同時に，入力してくるデータの処理を次々と行ない，最終的に対象が何であるかを知覚する．この両方の処理が知覚に一定の貢献をすると考えられる．

文脈効果は私たちの日常生活における知覚とも深く結びついている．たとえば，私たちが日常よく見かける事物についての知覚も，それを見る前に何を見たかによって左右される．台所の光景を見せた後に，短時間パンを見せた場合と郵便受けを見せた場合とでは，その正答率には差が生じてしまう．それが郵便受けであると判断できる割合はパンの場合の半分くらいである[6]．前に見たものが後から見るものと適合

6) Palmer, S. E., 1975, Visual perception and world knowledge. In D. A. Norman, D. E. Rumelhart, & the LNR Research Group (Eds.), *Explorations in Cognition*, Freeman.

していない場合は，何も見ない場合よりも成績が悪くなる．つまり，記憶されている情報は文脈によって活性化され，そのためその後に提示されたものが文脈に合うように知覚されやすくなるものと考えられる．

　文脈は読みの知覚にも影響を与える．たとえば，1つ1つの文字は特定の語の部分として提示されるときの方が，非語（語でない文字のつながり）の一部分であったり，単独提示されるときよりも，認知されやすくなる[7]．"s"は，それが"sbjt"（非語）の一部分であるよりも，"snob"（俗物）という語の一部分として提示されるときの方が正しく認知されやすい．この現象は，**語の優位効果**[8]（word–superiority effect）と呼ばれる．語の優位効果は，文字の認知に語の内的文脈の影響が働いていることを示している．さらに，語は句や文の中での方が単独に提示される場合よりも正しく知覚されやすい．句や文に含まれる前後の手がかりが語の知覚を容易にするからであろう．しかしこのことはまた，原稿を校正するときに自分の書いた原稿の場合には，誤った綴りをなかなか発見できない，ということにもなる．他人の書いたものであれば，1つ1つの語として見ることができるので綴りをチェックできるのに，自分の書いた文章の場合には文脈を知りすぎているために，1つ1つの語を単独のものとしてチェックできなくなってしまうからである．

　前述したように，私たちの知覚判断は絶対的なものではないから，さまざまな文脈の影響を常に受けている．人間の情報処理能力は非常に高度なので，与えられた刺激の処理を行なう際に文脈も含めた複雑な処理を行なうことができる．一方，コンピュータは正確できわめて高い計算能力を有しており，また近年目ざましい発展を遂げているが，このような高度な情報処理能力に関してはまだ人間に匹敵するほどには進歩していない．　　　　　　　　　　　　　〔重野〕

7) Reicher, G. M. 1969, Perceptual recognition as a function of meaningfulness of stimulus material. *Journal of Experimental Psychology*, **81**, 274–280.

8) Johnston, J. C., 1978, A test of the sophisticated guessing theory of word perception, *Cognitive Psychology*, **10**, 123–153.

【参考文献】
柏野牧夫，2010，音のイリュージョン：知覚を生み出す脳の戦略．岩波書店．
重野　純，2006，聴覚・ことば．キーワード心理学シリーズ2，新曜社．

II-42 カクテルパーティ効果

Cocktail Party Effect

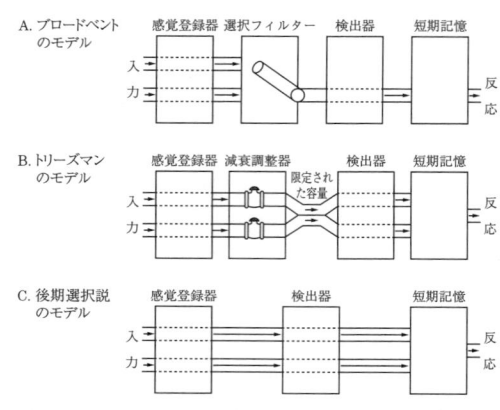

図42 初期選択説と後期選択説の選択的注意のモデル
(箱田裕司ほか, 2010)[1]

私たちは雑踏の中でも話し相手の言うことを聞き分けて，話をすることができる．また，自分のことが話題になっている場合にはその話を聞き取ろうとして，いつのまにか他の話声が全然耳に入らなくなったりするものである．さらに，2人の人が同時に話しかけてきたときに，どちらかの話だけに注意を向けて聞き，片方の話はまったく無視してしまうこともできる．このように多数の音源を空間的に別々に聞き分けて，特定の人と話のできる現象を**カクテルパーティ効果**[2] (cocktail party effect) という．私たちの感覚器官が受け取る刺激エネルギーは，そのすべてが知覚されるのではなく，感覚中枢によって選択されているのである．私たちの感覚器官に多くの情報が入ってくるときに，選択的にどれかの刺激に注意を集中することを，**選択的注意** (selective attention) と呼ぶ．

カクテルパーティ効果がなぜ生じるのかについては，ほとんどわかっていない．私たちは日常生活においては両耳で聞いている（両耳聴）ために，いくつもの話の音源を空間的に別々に分離して聞くことができ，そのために特定の話にのみ注目して聞き分けることができる．しかしこのような場面を録音してそれを再生して聞いた場合には，きわめて聞き取りにくいことが知られている．また，音源を空間的に別々に分離して聞き分けるといっても，カクテルパーティ効果は本質的には両耳聴の問題ではなく，単耳聴においても生じる効果である．カクテルパーティ効果は自分が注目したい音響パターンをとらえ，さらにそのパターンにのみ注目する高次中枢

1) 箱田裕司・都築誉史・川畑秀明・萩原滋, 2010, 認知心理学. 有斐閣.

2) カクテルパーティ現象ともいう．

の働きによって生じると考えられる．

　カクテルパーティ効果を実験的に調べるには，**両耳分離聴**（dichotic listening）の方法を用いればよい．この方法では，左右の耳に別々の情報を等しい大きさで同時に提示する．チェリーは，左耳にA，右耳にBという言葉を提示し，被験者に追唱（shadowing）させた[3]．被験者は比較的容易にこの課題を遂行できたが，このとき追唱しなかった方の言葉はほとんど覚えていなかった．ただし，それが男声であったか女声であったかということは覚えていた．しかし，英語からドイツ語に変わっても気づかなかった．

　ブロードベントは，カクテルパーティ効果を**フィルター説**（filter theory）によって説明しようとした[4]（図42）．処理機構の入口付近に複数のフィルターが存在し，情報の内容によってではなく物理的特性によって，そのうちのあるフィルターだけが選択されて聞かれ，そのフィルターを通過した情報のみが処理されると考えた．したがって，注意を向けていない対象に対しては何も知ることができないことになる[5]．

　一方，トリーズマンは，注意を向けていない方の耳からの情報もある程度の処理がなされると考え，ブロードベントのフィルター説を修正し，**減衰説**（attenuator theory）を提案した[6]．たとえば，自分の名前など関心のある情報の場合には，たとえ減衰して伝えられてもある程度の分析が行なわれると説明した．ブロードベントのフィルター説ではどれか1つの回路が選択されるため，一度に1つのものしか通過できなかったが，トリーズマンの説では，同時に多くの情報が伝えられると，注意を向けていないものは減衰させられるがまったく通過できないわけではないから，もしそれが重要であればときには発見され受け入れられるのである．したがって，注意の機構は初期の段階に存在すると考えられる．

　その後，注意を特定の処理段階に位置づけず，処理資源とする考え方が提案された（**容量限界モデル**；limited capacity model）．　　　　　　　　　　　　　　　　　〔重野〕

3) Cherry, E. C., 1953, The recognition of speech, with one and two ears. *Journal of the Acoustical Society of America*, **25**, 975–979.

4) Broadbent, D. E., 1958, *Perception and Communication*. Pergamon Press.

5) ただし，チャンネルを切り換えることにより注意を向けていない対象についての情報もある程度は得ることができる．

6) Treisman, A. M., 1964, Monitoring and storage of irrelevant messages in selective attention. *Journal of Verbal Learning and Verbal Behavior*, **3**, 449–459.
　Treisman, A. M., 1969, Strategies and models of selective attention. *Psychological Review*, **76**, 282–299.

【参考文献】
箱田裕司・都築誉史・川畑秀明・萩原滋，2010，認知心理学．有斐閣．

II-43
大脳半球の優位性
Cerebral Dominance

図43-1に示すように，私たちの脳は解剖学的に対称的な左右2つの部分（左半球，右半球あるいは**左脳**（left brain），**右脳**（right brain））およびそれをつなぐ部分（脳梁）からなっている．この左右2つの半球は，おおむねそれぞれ反対側の身体の運動・感覚をつかさどっている．つまり，右半身の運動・感覚は左脳，左半身の運動・感覚は右脳がつかさどるといった具合である．ただし，視覚に関しては，反対側の視野と大脳半球とが関連している．つまり，右脳へは左視野の情報，左脳には右視野の情報が入力される[2]．

このように大脳は表面的には対称的な構造をしているので，その2つの半球は同一の機能を有するように思われるが，実際には多くの機能において両者には差が見られる（容積や神経線維の長さ・結合の様子など，構造的にも左右の両半球で違いが見られるという報告もある）．たとえば，**失語症**（aphasia）などの言語機能の障害は左脳の損傷に特異的である，などはその顕著な例である．このように人間の運動・認知機能に関し左右どちらかの半球がより優位に働くことを称して，**大脳半球の優位性**（cerebral dominance），あるいは一側性（laterality）という．

この大脳半球の優位性の研究は，脳損傷の患者を扱った研究から始まった．19世紀のブローカ[3]，ウェルニッケ[4]らによる失語症の研究によって，読み，書き，理解などの言語機

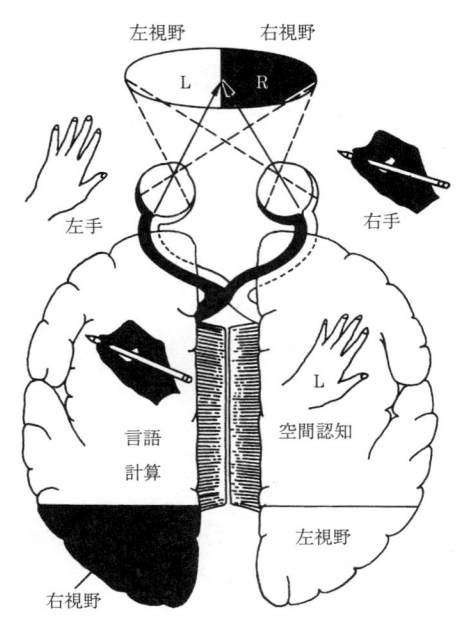

図43-1　大脳左右両半球（Atkinson, et al., 1990）[1]

1) Atkinson, R. L. et al., 1990, *Introduction to Psychology*. 10th ed., H. B. J.

2) 嗅覚は別で，右鼻の情報は右脳へ．左鼻の情報は左脳へ入力される．

3) Broca, P. P. (1824-1880) ポール・ブローカはフランスの外科医．頭蓋穿孔を外科治療として最初に用いたといわれている．

4) Wernicke, K. (1848-1905)

能は左脳が重要な働きをしていることが指摘された．左脳が優位半球と呼ばれるのはこのように，言語といった目立つ機能において優位性を有することに由来している[5]．

しかしながら，脳損傷による研究には，損傷部位と機能との関連が特定できにくいという弱点がある．神経系は相互に連絡しているので，他の部位が機能を代行していることもあろうし，あるいは他の部位の機能を阻害していることもある．

左右半球の優位性の研究は，スペリー[6]やガザニガ[7]らによる**分離脳**[8]（split brain）の研究に至って大きく花開いた．人間（あるいはネコやサルも）の大脳両半球は，脳梁および交連線維などを通して連絡しあっている．てんかん患者の脳では，片側の半球で生じた異常な興奮がこの脳梁を通して他方の半球に伝達され，脳全体が激しい興奮状態に陥る．これを抑制するために，脳梁切断という手段が考えられた．このように，脳梁を切断された脳を分離脳という．スペリーらはスライドタキストスコープ[9]を用い，分離脳患者の左右の視野に瞬間的に視覚刺激を提示した（図43-2）．彼らの結果によると，右視野に単語や写真を瞬間提示（左脳のみに情報が伝達）すると，口頭で単語や写真の名を正しく反応できたが，左視野に瞬間提示（右脳のみに情報が伝達）すると，何も見えないという反応が得られた．ところが後者の場合でも，提示された単語の示すもの（たとえば実物の「鍵」）に手を伸ばすことを求められると，正しく反応することができた．つまり，右脳にも言語理解の機能がある程度存在することが示されたのである．後の研究では，右脳にも言語機能はあるが，左脳に比べてかなり劣るものであることが指摘されている．

一方，分離脳の研究から，右脳は必ずしも劣位半球ではなく，絵を描いたり積み木を組み立てたりする視空間能力は右脳の方が優れていることが示された．

5) 「Ⅶ-95 失語症」の項を参照．

6) Sperry, R. W. (1919-1994) 1981年にノーベル賞を受賞．

7) Gazzaniga, M. S. (1939-) スペリーの下で研究を行なう．

8) 「Ⅶ-94 分離脳」の項を参照．

9) スライドプロジェクターに電子シャッターを組み合わせた瞬間露出器．

図43-2 スペリー等によるスライドタキストスコープを用いた視覚実験

これらの研究からスペリーらは，左右の脳は情報を取り扱う方法自体に違いがあり，左脳が言語機能のように事物を分析的に処理するのに対し，右脳は空間認知機能のように並列的に処理すると主張した．このほか，日本人を用いた分離脳患者の研究でも，かな表記は左脳の方が認知能力が高く，顔の図の認知では右脳の方が認知能力が高いと報告されている[10]．

　これら分離脳の研究，および健常者を対象とした報告から，大脳の両半球間には多くの点で以下にあげるような優位性の違いが見られることがわかった．

　視覚機能に関し健常者を被験者とする場合には，主として，先に示したように左右の視野に刺激を瞬間提示するという方法がとられる．そして，反応時間や正答率を指標として，左右脳の優位性が検討される．また，脳波を分析する場合もある．一般的には，言語刺激の処理では左脳優位，非言語刺激（図形や顔パターン）では右脳優位が示されている．ただし，漢字に関しては，右脳優位という結果もある．漢字は，意味的側面，形象的側面を有するからであろうか．

　聴覚に関しては，初期のキムラによる研究[11]以来，主として**両耳分離聴**（dichotic listening）（左右の耳に同時に異なる刺激を提示する方法）を用いて研究が行なわれている．たとえば，異なる文字列を左右同時に提示し，聞こえた文字列を再生させ，その正当率を測定する．多くの研究では，言語音に関しては右耳優位（つまり左脳優位），非言語音（たとえば，メロディや環境音）に関しては左耳優位（つまり右脳優位）という研究が報告されている．ただし，この優位性も，たとえば学習によって変化するのかもしれない．音楽家のように，音楽を分析的にとらえる訓練を積むと，非言語音としての音楽の処理も左脳優位となるという報告もある[12]．

　情動（emotion）機能には他人の情動状態を認知する機能，自分の情動を他に伝える機能，および情動を経験する機能がある．多くの研究では，これらの機能は右脳が優位であると報告されている．喜怒哀楽を表わしている顔写真は，左視野に提示される方が右視野に提示されるより素早く認知さ

10) 岩田誠, 1987, 言葉を失うということ. 岩波書店.

11) Kimura, D., 1961, Cerebral dominance and the perception of verbal stimuli. *Canadian Journal of Psychology*, **15**, 166–171.

12) Wagner, M. T., & Hannon R., 1981, Hemispheric asymmetries in faculty and student musicians and nonmusicians during melody recognition task. *Brain and Language*, **13**, 379–388.

れる．また，両耳分離聴事態では，聴覚刺激に加味された情動表現の認知は，左耳の方が優れる．さらに，情動を表わしている顔は，左顔面の方がその表現の度合いが強いこと（図43-3）などが確かめられている．

さて，これら各機能に見られる両半球の優位性の違いは，発達とともに変化す

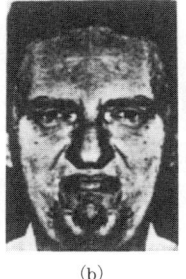

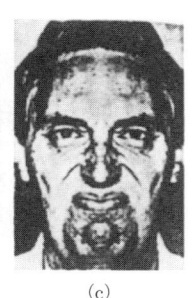

図 43-3　**情動表出の対象性**（Sackheim & Gur, 1978）[13]
(a) はオリジナル．(b) は右顔とその鏡映像とで作られた顔．(c) は左顔とその鏡映像とで作られた顔．(c) の情動表出がもっとも強いことがわかる．

るのであろうか．レネバーグは，言語機能は発達とともに局在化し，右利きの人では左脳に移行していき，その臨界期は2～13歳である．そして臨界期以前に左脳に損傷を受けた場合には右脳が補償作用を示すと考えた[14]．しかしながら，誘発電位[15]を使った乳児や新生児の研究で，言語音と非言語音とで左右半球間に優位性が見られたという研究がある．したがって，優位性は遺伝的に決まっていて，誕生時にはすでに発現しその差も発達とともに大きくなるが，脳は発達段階では柔軟性を有しており，一方の半球が損傷を受けると他の半球が機能を代行するという説が今日では有力である．

このように大脳両半球に優位性が見られることは，多くの研究で示されているが，それは右脳・左脳という2分化に意味があるのではなく，脳のモジュール化，すなわち，システムの分業体制に意味があると考えられている．さらに，通常は，これらは独立に機能しているのではなく，常に統合されて働いているのであり，左右両半球の優位性を日常の認知活動にまでうたいあげるのは，ことの本質を見誤る可能性が大きい．　　　　　　　　　　　　　　　　　　〔石口〕

13) Sackheim, H. A. & Gur, R. C., 1978, Lateral asymmetry in intensity of emotional expression. *Neuro Psychologia*, **16**, 473-482.

14) Lenneberg, E. H. 1967, *Biological Foundation of Language*. Wiley.

レネバーグ（1921-1975）はドイツ生まれ，ブラジル育ち，ハーバード大学で学位．最後は，コーネル大学心理学・神経生物学教授．

15) evoked potential. 抹消の感覚神経を刺激することによって記録される中枢神経の活動電位．

【参考文献】

Gazzaniga, M. S., 1985, *The Social Brain*. Basic Books Inc.（杉下守弘・関啓子訳，1987, 社会的脳．青土社．）

Geschwind, N. & Galaburda, A. M., 1987, *Cerebral Lateralization*. MIT Press.（品川嘉也訳，1990, 右脳と左脳．東京化学同人．）

II-44
心理的時間
Psychological Time

「概して，変化に富み，興味深い出来事に満ちている時間はまたたく間に終わりが来るが，後で振り返ると長く感じる．一方，これといった出来事のない退屈な時間はなかなか終わらないのに，思い出してみると短く感じる．」（ウィリアム・ジェームズ）[1]

　感覚・知覚の分野での時間研究は，精神物理学的法則を求めるような基礎研究が主であった．論理的に考えると現在は過去と未来の接点で無限小の点となるが，**心理的時間**（psychological time）には直接知覚しうる範囲があると考えられ，その最短の限界つまり**時間閾**（time threshold）が求められた．一つは，短い2つの時間刺激を継時提示[2]した場合，間隔をどれくらいにすると2つの時間刺激が同時から継起して知覚されるかという弁別閾[3]で，もう一つは，時間刺激を短くしていくとどのくらいで長さが感じられなくなる（瞬間となる）かという絶対閾[4]である．後者の閾は**心理的瞬間**（psychological moment）と呼ばれる．一方時間を知覚しうる最長の限界は「本来継時的に起こっている事象が1つの全体として知覚され，単一の感覚を生じさせる最長の物理時間」と定義され，**心理的現在**（psychological present）と呼ばれる[5]．また，0.05から8秒程度の時間刺激を対象にスティーブンスの法則[6]が成り立つかが調べられ，べき指数が0.5秒と2秒を境に異なることが報告されている．0.5秒までは心理的瞬間，0.5〜2秒は心理的現在に相当し，心理的瞬間は，その範囲の時間を対象とした実験がほとんど視覚刺激を使うので**視覚的持続**（visual persistence）の特性が反映し，心理的現在は**短期記憶**（short-term memory）が機能していると考えられている．2秒までの時間は直接知覚できるのでその範囲を**時間知覚**（time perception），2秒以上を**時間評価**（time estimation）と分けることがある．時間評価では**長期記憶**（long-term memory）が機能し持続の体験が可能で日常の時間体験と関わる．日常の時間体験を把握するに

1) James, W., 1890, *The Principles of Psychology*. Vol. 1, Henry Holt, p. 624.

2) 強度の等しい2つの刺激を一定の間隔をおいて継時提示すると，先行する刺激に対して後続の刺激の方が長くもしくは短く知覚・評価されることがあり，これを時間誤差という．

3) 最大0.1秒程度で，触覚刺激・聴覚刺激では0.01秒，視覚刺激では0.1秒，2つの刺激が異質であるときには，0.05から0.1秒．

4) やはり最大0.1秒程度で，触覚刺激・聴覚刺激では0.01から0.05秒．視覚刺激では0.11から0.12秒．

5) 長くて5秒，通常2秒程度．

6) 「I-2 精神物理学」の項を参照．

は時間評価の範囲のデータを検討しなければならない[7]．

　日常，私たちが時間の経過つまり持続を感じるのは，「いま何時」「いつまで続くのか」という言葉を発しはじめる場合，いわば「時間を数えはじめる」場合である．そして「時間を数えはじめる」のは現在に充足していないからである．つまり時間はある欲求を充足させようとして行なった活動が成功しない場合に初めて心理学的実在となる．現在の瞬間に欲求が充足され自己と世界が調和している場合は時間の経過は感じないのである[8]．しかし欲求が充足されない場合には必ずや時間の経過が生じるというわけではない．なぜなら，時間とは受容器を介して生得的に知覚される物理刺激ではなく，人間が社会生活を営し自然現象を記録・制御するため考え出した抽象概念である．したがって，欲求が充足されない場合，生得的な何らかの情動（たとえば退屈感）は生じても同時に時間の経過が生じるとは限らない．社会化された人間なら，日常，時間と密接に関わっているので，多くの場合誰もが時間の経過を感じる，つまり欲求が充足されなかった場合の心理を「時間が長い」と述懐することは容易に想像できるが，必ずそうするとは限らない[9]．ここで次のような要約が可能である．すなわち「時間の内容が空虚である場合，人は時間の経過そのものに注意を向ける（たとえば，時間を数える）ようになりがちである．そして，そのように時間に注意を向ければ向けるほど，その時間を長く感じる」のである．これは日常の時間に関する一般公式といえる．

　時間に注意を向けることを**時間情報**（temporal information）を処理するというが，時間の体験は，時間情報だけではなく，**非時間情報**（non-temporal information）も間接的な指標として利用される[10]．それは，(1) その時間の間に処理した刺激や課題の量など時計の代用となる明確な量的指標である場合もあるし，(2) 処理するのに費やしたエネルギーや努力感，あるいは，(3) その時間の間に知覚された変化の数や複雑さである場合もある．時間評価は時間情報と (1)〜(3) の非時間情報の2つの手がかりの重みづけによって行なわれる[11]．これまでの研究は，さまざまな水準の刺激や課題

7) 他の基礎研究には，時間の知覚が空間に影響されるというS効果またはアベ効果と呼ばれるものがある．

8) フレッス（Fraisse, 1957）は，時間の体験はこのような直接的な「時間の感じ」とでもいうべきものにもとづいて評価されると表現した．
Fraisse, P., 1957, *Psychologie du Temps*. Press Universitaires de France, Paris.（原吉雄訳，1960，時間の心理学．創元社．）

9) 日常「退屈だと時間が経過しない」という表現を散見するが，これは「退屈」が原因で「時間が経過しない」が結果であるような印象を与える．正確には「欲求が充足されないこと」が原因となり「退屈」が生じ，（しばしば）それと同時に「時間が経過しない」感じが生じるのである．

10) Block, R. A. (Ed.), 1990, *Cognitive Model of Psychological Time*. LEA.

表44-1 相対的な時間の長さの評価

	比較的長い持続	比較的短い持続
Axel (1924)	消極的な課題が課せられていた場合	積極的な課題が課せられていた場合
Harton (1938)	易しい課題が課せられていた場合	難しい(ただし被験者の能力を越えない)課題が課せられていた場合
Harton (1939)	課題に取り組み失敗が予想されかつ失敗する場合	課題に取り組み成功が予想され実現する場合
Falk & Bindra (1954)	不快で不安な事態	そうではない事態
Meade (1959)	課題への動機づけの低い場合	課題への動機づけの高い場合

が含まれるさまざまな時間刺激を被験者に提示し，その心理的時間を評価させるという手続きがとられた．相対的に長く評価された時間と，短く評価された時間を対比的に例示したのが表44-1である[12]．時間の経過への注意を生じさせない状況の方が短く評価されることが見て取れる．しかし表の結果はあらかじめ被験者に時間を評価させることを告げ，時間への注意を明確に生じさせた状況でより明確に見られる．たとえば，そのような状況で，かつ数々の刺激を弁別したり課題を解くという積極的な関わりが要求される場合は，刺激や課題の処理に注意が向けられ，時間の経過に向けられる注意が減り時間は短く感じられる．一方，時間の経過に注意を向けさせないため評価の直前まで時間評価の実験であることを告げない状況では，一般に時間の経過に注意が向けられないので，その時間の中の刺激の数や複雑さや取り組んだ課題に関連する情報を手がかりに時間が評価される．また，刺激や課題を処理することが要求されない場合は，時間への注意をそらす活動がない受動的な状況である．したがって時間評価であることを知っている状況も知らない状況も，時間の中の刺激の数や複雑さを手がかりに評価される（表44-2）．

時間の体験は，すでに過去となった出来事がどれくらいの長さであったかを回想し体験することもある[13]．人が体験した時間が過去となった場合，時間の経過そのものに注意を向けることはできないので，非時間情報を手がかりに評価される．それは，当該の時間を体験したときのさまざまな情報が

11) このような認知的なアプローチではなく時間評価の根底にはパルスを発生する体内時計があり，それを「読んでいる」とするモデルを提唱し，その時計を実際に見つけようとした研究もあった．さまざまな事象の時間関係を把握するためには，目の細かいパルス的周期をもつ体内時計が必要でそのパルスの数で時間が知覚されるという考えである．パルスには脳波（特にα波）や脈拍さらには事象関連電位が重ね合わせられたが成功しなかった．

12) 薬物を使って時間評価を変えた研究もあるが，一般に薬物の投与によって一貫した結果は得られない．

13) 時間評価に時間情報が利用できる時間を経過する時間（time in passing）といい，それが利用できなくなっ

表44-2 時間を評価させる心理学実験の実験状況の分類

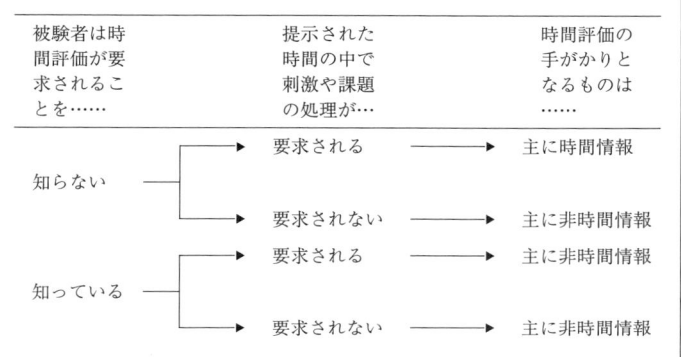

被験者は時間評価が要求されることを……	提示された時間の中で刺激や課題の処理が…	時間評価の手がかりとなるものは……
知らない	要求される	主に時間情報
	要求されない	主に非時間情報
知っている	要求される	主に非時間情報
	要求されない	主に非時間情報

そのままあるいは変容され記憶に蓄積されたものである[14].

以上,時間情報にしろ非時間情報にしろ,何らかの具体的な指標としてとらえられていないことをわきまえた上で,2つの概念が時間体験を理解するのに重要であることを認識する必要がある.

他に,人がどのような時間概念をもつか,つまり過去－現在－未来をどのようなものとして把握するか,という**時間的展望**(temporal perspective)を追究することも重要な研究である.時間的展望は,(1) どんな種類があるか(直線的か円環的か),(2) どう発達するか,(3) どんな個人・文化差があるか,(4) 精神疾患[15]によってどう変化するか,などの観点から追求されている.

たとえば連続した時間的展望とりわけ未来への展望を有することが**自我同一性**(ego identity)と密接な関連があり,その展望は幼児－児童－青年の各期を経て形成され,それが崩壊すると離人症に至るとされている.離人症とは自分や他者に対する現実感,充実感,重量感,自己所属感が生き生きと感じられないという障害である. 〔八木〕

た時間を想起される時間(time in retrospect)ということがある.

14) 想起される時間は,さまざまな情動や感情によって色づけされたものである.ジェームズは,想起される時間は,その時間が与えた記憶の多様さ(the multitudinousness of the memories which the time affords)の関数と述べる.一般に,時間の評価に利用される非時間情報は単純な知覚量や記憶量ではなく,明確な概念として把握されていない.

15) 未知なる未来に自己の可能性を追究するという態度が極限的な形態をとり狂気に至ったのが分裂病であり,既知の習慣や経験を保守するという現在への依存・安定が極限的な形態をとったのが単極型の鬱病で,未来や過去への展望を考慮しないで現在の日常性からの離脱が極限的となったものがてんかんの状態である.

木村敏,1982,時間と自己.中公新書.

【参考文献】

Hicks, R. E., Miller, G. W. & Kinsbourne, M., 1976, Prospective and retrospective judgements of time as a function of information processed. *American Journal of Psychology*, **89**, 719–730.

Michon, J. A. & Jackson, J. L., 1985, *Time, Mind and Behavior*. Springer–Verlag.

鳥居修晃,1967,時間知覚.八木冕編,心理学Ⅰ,培風館,pp. 198–214.

松田文子ほか(編著),1996,心理的時間.北大路書房.

Ⅲ　学　習

　……「待て。その人を殺してはならぬ。メロスが帰って来た。約束のとおり，いま，帰って来た。」と大声で刑場の群衆にむかって叫んだつもりであったが，喉(のど)がつぶれて嗄(しわが)れた声が幽かに出たばかり，群衆は，ひとりとして彼の到着に気がつかない。すでに礫(はりつけ)の柱が高々と立てられ，縄(なわ)を打たれたセリヌンティウスは，徐々に釣り上げられてゆく。メロスはそれを目撃して最後の勇，先刻，濁流を泳いだように群衆をかきわけ，かきわけ，

　「私だ，刑吏！　殺されるのは，私だ。メロスだ。彼を人質にした私は，ここにいる！」と，かすれた声で精いっぱいに叫びながら，ついに礫台にのぼり，釣り上げられてゆく友の両足に，かじりついた。群衆は，どよめいた。あっぱれ。ゆるせ，と口々にわめいた。セリヌンティウスの縄(なわ)は，ほどかれたのである。……

（太宰治『走れメロス』ワイド版岩波文庫　309，岩波書店，2009年）

生得的行動と獲得的行動

Innate Behavior and Acquired Behavior

Ⅲ-45

生得的行動（innate behavior）とは生物が生まれつきもっており，その発現には経験を必要としない行動をいうが，それには**反射**（reflex），**走性**（taxis），**本能行動**（instinctive behavior）などが含まれる．一方，**獲得的行動**（acquired behavior）とはその逆に，生物が経験によって身につけた行動のことをいう．

反射とは特定の刺激に対して身体の特定の部位に起こる自動的，固定的な反応のことである．反射の例としては，明るさに応じて瞳孔の大きさが変化する「瞳孔反射」，膝をハンマーなどで軽く打つと足があがる「膝蓋腱反射」，平衡を失ったときにそれを回復しようとして起こる「姿勢反射」，食べ物が口に入ったときに唾液分泌が起こる「唾液反射」などがあげられる．

走性は特定の刺激に対して起こる自動的，固定的な反応であることに関しては反射に似ているが，その反応は移動反応のような全身的なものである．走性にはいろいろな種類のものがあり，たとえば昆虫が光に向かって飛ぶ（正の）「走光性」，ゴキブリやハエなどが光を避ける（負の）「走光性」，ゾウリムシが水のある方向に進む「走湿性」などがある．

本能行動は特定の刺激に対して起こる点では反射や走性に似ているが，その反応は一連の行動連鎖を含んでおり，それらよりはるかに複雑なものである．個体や種の存続に必要な

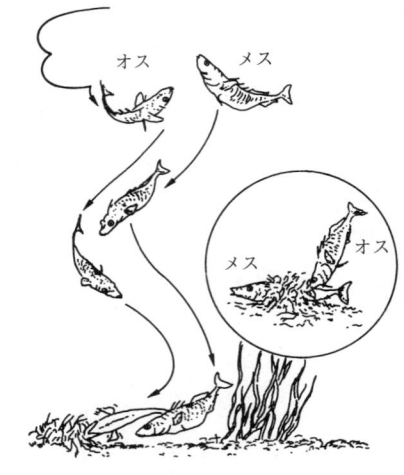

図45-1A　イトヨの性行動（Tinbergen, 1951）[1]

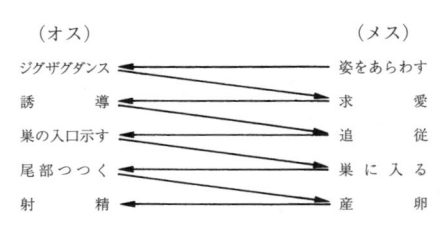

（オス）　　　　　　　　　　　（メス）
ジグザグダンス　←　　　→　姿をあらわす
誘　　　導　　←　　　→　求　　　愛
巣の入口示す　←　　　→　追　　　従
尾部つつく　　←　　　→　巣 に 入 る
射　　　精　　←　　　→　産　　　卵

図45-1B　オスとメスの交互の解発活動（Tinbergen, 1951）[1]

1) Tinbergen, N., 1951, *The Study of Instinct*. Clarendon Press.（永野為武訳，1975, 本能の研究. 三共出版.）

摂食，摂水，闘争，性行動などは本能行動に含まれるが，これらの行動には脳の中の視床下部と呼ばれる部位が重要な役割を果たしている．本能行動としてはその他に，鳥の「渡り」，ハトの「帰巣」，鮭の「回遊」など多くのものがあるが，ここではティンバーゲン[2]が詳しく調べた，イトヨ（トゲウオの一種）の闘争行動について見てみよう．

オスのイトヨは，春になると川の適当な場所に自分のなわばりを作る．そこにメスのイトヨが現われると，ジグザグのダンスを踊るような泳ぎをする．するとメスは独得の誇示行動で反応する．そこでオスはメスを巣に引き込み，巣に入ったメスの尾の付け根のあたりを繰り返しつつく．するとメスはそれに反応して産卵し，オスはそこに射精するのである（図45-1 A）．ここでは，オスとメスの互いの行動は，それぞれ相手の行動のきっかけになっている（図45-1 B）．つまりオスはなわばりの中で「下腹部が肥大した」メスが現われたときにのみジグザグダンスを踊り，メスはそのダンスを見て初めて求愛の誇示行動をする．このような本能行動を引き起こす鍵となる刺激は**解発刺激**（releasing stimulus）と呼ばれる．ティンバーゲンによると，下腹部が肥大したものであれば実物からかなり違っていてもオスのジグザグダンスを解発するのに対し，実物のメスそっくりに造っても，下腹部が肥大していなければジグザグダンスを解発しない．

なわばりに他のオスが入ってきたときには，オスはその進入オスに対して激しい闘争行動を行なう．この闘争行動を引き起こす刺激は実物そっくりであっても腹部が赤くない模型ではだめであり，実物とは随分違っていても腹部が赤い模型ならよいことがわかっている（図45-2）．すなわちオスのイトヨの闘争行動を引き起こす解発刺激の重要な要素は「腹部が赤い」（繁殖期のオスの腹は赤い）という特徴なのである．

このように本能行動とは解発刺激によって自動的に生じる，種に特有な一連の行動パターンということができる（なお特定の刺激が脳の特定の中枢に働きかけ，それによって特定の行動が生起するメカニズムは**生得的解発機構**（innate releasing mechanism：IRMと呼ばれている）．ただこの解発

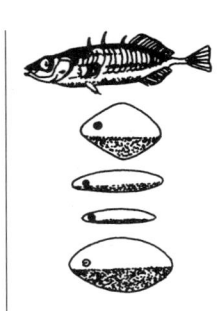

図45-2 イトヨの闘争行動を引き起こす刺激（Tinbergen, 1951）[1]
一番上の実物そっくりに作った模型には闘争行動は生じず，2番目以下の実物とは似ても似つかないものの腹部が赤く塗ってある模型には闘争行動が生じる．

2) Tinbergen, N. (1907-1988)「I-9 比較行動学」の項を参照．

3) 内的，外的要因が十分すぎるほど満たされているのに，解発刺激がない場合には，いわば自然に当該の反応の生起する場合がある．これを特に「真空反応」と呼んでいる．また2つの本能行動に葛藤が起こったときには転位行動（displacement behavior）と呼ばれる行動も生じる．たとえば闘争している2羽のオンドリは，闘争本能と逃走本能の葛藤している状況にいる．このような場合，オンドリはよくどちらの本能行動とも関係のない転位行動としての

刺激は，本能行動を引き起こす引き金の役割を果たすものであるが，その行動のためにずっと必要なものではない．さらにこうしたトゲウオの闘争行動が繁殖期にのみ見られることに示されるように，本能行動の出現のためには解発刺激の存在の前に，季節のような外的な要因とか，ホルモンのような内的な要因が満たされる必要がある[3]．

ところで模型実験をしてみると，本能行動はかなり融通のきかない行動であることがわかる．しかし自然界でこうした模型のようなものが提示されることはほとんどなく，解発刺激に対し直ちに適切な反応ができるという点において，本能行動はむしろきわめて適応的であるといえる．しかし「鮎のとも釣り」[5]に見られるように，その融通性のなさは，人間に利用される場合も出てくるわけである．

下等な動物ほど生得的行動に支配される割合が大きいのに対し，動物が高等になるほど獲得的行動が重要な役割を果たすようになる（図45-3）．しかし高等動物でも胎児，乳児の時期には反射や本能行動が生存にとって特に重要な意味をもっている．たとえば生まれたばかりの赤ん坊は，お母さんの乳首が近づけばそれをくわえ，吸いつくという反応を示すが，これは経験によって獲得されたものではなく，生まれつきの本能行動である．

獲得的行動としては，**刷り込み**[6]（imprinting），**古典的条件づけ**[7]（classical conditioning），**オペラント条件づけ**[8]（operant conditioning）などがある．注意すべきは，生得的行動と獲得的行動は必ずしもはっきり2つに区別できるものではないということである．獲得的行動は生得的行動を基礎にできあがるものであるし，一見生得的行動と見える行動にも，上にあげたような純粋な本能行動を除くと，**学習**（learning）の関与している場合が多い．前者の例として，たとえば古典的条件づけの代表である

地面つつきを始めたりする．また逃走中のトゲウオは，お互いの頭を下げて威嚇しあっているときに，闘争本能とのの葛藤の中でよく自分のなわばりの境界あたりで深い穴ができるまで穴掘りをするというような転位行動をすることも知られている．

4) Dethier, V. G. & Steller, E., 1970, *Animal Behavior: It's evolutionary and neurological basis*. 3rd ed., Prentice-Hall.

5) 鮎は自分のなわばりに入ってきた他の鮎に攻撃行動をしかける，という本能行動をもっているので，針のついた「おとり鮎」をなわばりに入れて，その「おとり鮎」に攻撃をしかけた鮎を針にひっかけて釣り上げてしまうという釣りの方法．

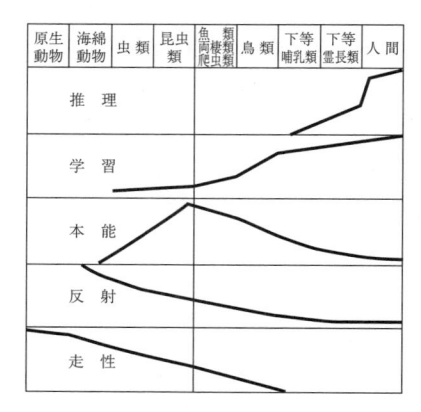

図45-3 系統発生における適応的行動の比重変化（Dethier & Steller, 1970）[4]

「唾液条件づけ」は，食べ物が口に入ると唾液分泌が起こるという反射があって初めて成立するものである．また刷り込みも，「生後すぐ，動くものに追従する」という本能行動があって初めて成立するのである．

一方，生得的行動に学習が関与する場合も多い．たとえば幼少のころ他のサルから隔離して育てられたサルは，成長すると性行動をしようとはするものの，適切な行動をとることができない．これは本能行動であるサルの性行動にも，他のサルとの交流の中から学習しなければならないものがあるためである．

生得的行動と獲得的行動の関係について，もう一つ重要な点について述べよう．ボールズ[9]は動物種によって特定の回避行動[10]の学習しやすさに大きな差のあることを見いだした．たとえば，ネズミは嫌悪刺激を避けるために「走行する」という回避行動は容易に学習することができる．しかし餌を得るためには容易にその行動を学習することができるスキナー箱での「レバー押し行動」を，嫌悪刺激に対する回避行動として学習することはきわめて困難である．ボールズによると，動物は生得的行動傾向として，それぞれの「種に特有な防御反応」(species specific defense reaction：SSDR)というものをもっており，その反応にマッチしている行動は学習されやすいが，その反応と競合する（たとえばレバー押し）行動は学習されにくいとされる．

こうした傾向は回避行動の学習だけに見られるわけではなく，報酬を得るための行動の学習にも見られる．このことについて，セリグマン[11]は，「ある行動は実験的手続きにより他の行動よりも生得的により変容されやすいという**準備性**(preparedness) をもっている」という言い方をしている．

〔渡邊〕

6) 「Ⅲ-46 初期学習」の項を参照．

7) 「Ⅲ-47 古典的条件づけ」の項を参照．

8) 「Ⅲ-48 道具的条件づけ」の項を参照．

9) Bolles, R. C., 1970, Species–specific defence reactions and avoidance learning. *Psychological Review*, 77, 32-48.

10) ある信号が出たら，一定の時間後に電撃などの嫌悪刺激がくるという条件で，信号提示から嫌悪刺激がくるまでの一定時間内にそれからあらかじめ逃れるために行なう特定の行動．なお嫌悪刺激がきた後でそれから逃れるためにとる行動は「逃避行動」と呼ばれる．

11) Seligman, M. E. P., 1970, On the generality of the laws of learning. *Psychological Review*, 77, 406-418.

【参考文献】

Hind, R. A., 1986, *Ethology : Its nature and relations with other*. Fontana Press.（木村武二訳，1989，エソロジー：動物行動学の本質と関連領域．紀伊國屋書店．）

Lorenz, K. Z., 1963, *Er redete mit dem Vieh, den Vogeln und den Fische*, Deutscher Taschenbuch Verlag.（日高敏隆訳，2006，ソロモンの指環：動物行動学入門．早川書房．）

III-46

初期学習

Early Learning

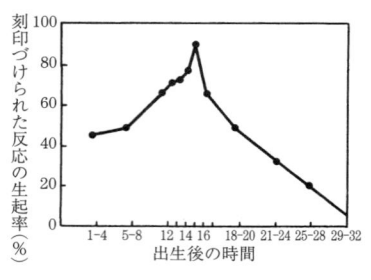

図46-1 刷り込みにおける臨界期 (Hess, 1958)[1]

初期学習（early learning）という言葉は**初期経験**（early experience）という言葉とほぼ同じ意味に使われるが，いずれも出生直後あるいは出生間もない時期の（特殊な）経験が，成長してからの行動に何らかの影響を及ぼすことを指している．

初期学習の重要性を最も端的に示してくれるのが**感覚遮断**（sensory deprivation）の実験である．ニッセン[2]らは手足をボール紙の円筒で被い，触覚刺激を制限した状態で30ヵ月間チンパンジーを育てたところ，手足に針を指してもこのチンパンジーは痛みを感じないようであり，目隠しをして体の部分をつねっても，それがどこであるのかわからないようであったと報告している．またリーゼン[3]はチンパンジーを16ヵ月間暗室で育てたところ，視覚能力がほとんど失われていたことを報告している．さらにハーロー[4]等の研究によると，生まれた直後から数ヵ月間，他のサルとまったく隔離した条件で育てたサルは，社会的異常を示し，他のサルと遊ぶことや成熟してからの性行動ができなかったことが報告されている．

こうしたことから，哺乳類が正常な感覚能力や社会性を獲得するためには，生後に正常な刺激が与えられる必要のあることがわかる．しかもこうした正常な刺激は，生後の限られた一定の期間内に与えられる必要があり，成熟してから始めて与えられたのでは，正常な感覚能力や社会性の獲得はできない．逆に正常な環境で育てられて成熟に達した動物は，数ヵ月間感覚刺激から遮断されても，それによって大きな障害を受けることはないのである[5]．

1) Hess, E. H., 1958, "Imprinting" in animals. *Scientific American*, **198**, 81–90.

2) Nissen, H. W., Chow, K. L., & Semmes, J., 1951, Effects of tactual experience on the behavior of a chimpanzee. *American Journal of Psychology*, **64**, 485–507.

3) Riesen, A. H. 1950, Arrested Vision. *Scientific American*, **183**, 16–19.

4) Harlow, H. F. & Harlow, M. K., 1962, Social deprivation in monkeys. *Scientific American*, **207**, 136–146.

それでは正常な刺激は生後のどの時期にどのくらい与えられる必要があるのだろうか．それに関連して初期学習の一つである**刷り込み**または**刻印づけ**（imprinting）と呼ばれる現象についてまず説明してみよう．刷り込みはオーストリアの行動生態学者ローレンツ[6]によって報告された，鳥類などのごく限られた種に特異的に見られる現象である．これはカモやアヒルやガチョウなどの新生ヒナが動くものに追随することを経験すると，それに対する追従が半永久的に続くというものであり，しかも再学習ができない（その後他の対象に対する追随を学ぶことはない）というものである．ここで動くものとしては親鳥や同種の鳥である必要は必ずしもなく，人でもウサギでも，さらには動くおもちゃでもよいのである．さらにこの現象は生後16時間前後に最も強く起こるが，30時間を過ぎるともはや起こらなくなってしまうというように，生後ごくわずかの時期（**臨界期**：critical period）にしか起こらないのである（図46-1）．通常では，ヒナが「生まれて始めて見る動くもの」である親鳥に追随することを学べば，身の安全と餌を与えてもらえることになる．しかしヒナ鳥は実験的に親鳥の代わりに動くものを何か提示されると，それを「親」と見なしてしまう行動をとるのである．

　哺乳類では刷り込みにおけるような短期間でなされる初期学習は見られない．先のハーローの社会的隔離の研究では，サルの社会性獲得の臨界期または**敏感期**（sensitive period）は生後3-6ヵ月であるとされる．また，人では生後3-4歳までに（生後1年以内では特に）正常な視覚経験をもたないと，正常な視覚能力が発達しないことも示されている．

　なお正常な視覚経験とはどんなものであるのかについて，ヘルドらは興味ある実験をしている．彼らは兄弟ネコ2匹を生後すぐ暗闇の中で育て，歩けるようになってから（生後8-12週），1日3時間だけ図46-2に示すような装置の中に入れてみた．この装置では，1匹のネコは自分で動き回ることができるが，もう1匹のネコはゴンドラの中に入れられており，自分で動ける方のネコが動くと同じ距離だけ動かされるようになっている．ゴンドラの経験をして大きくなったネコ

5) 初期経験の差は脳自体に目に見える変化をもたらす．生後すぐに暗闇で育てられた哺乳類は，数週間後に正常に戻されても正常な視覚能力を発揮できないが，そうした動物の脳を調べてみると，視覚一次野（大脳の一番後ろに位置し，視覚刺激の「位置」とか「傾き」のような基本的な情報を処理する働きをもつ部位）とか視覚連合野（視覚一次野より前に位置し，視覚刺激の形態や色に関し，視覚一次野より複雑な情報処理を担う部位）のような視覚皮質のニューロン（神経細胞）の光感受性が異常になっており，またニューロンの樹状突起の発達も悪いことが示されている．

6) Lorenz, K.(1903-1989)
「I-9 比較行動学」の項を参照．

7) Held, R & Hein, A, 1963, Movement-produced stimulation in the development of visually guided behavior. *Journal of Comparative and Physiological Psychology*, **56**, 872-876.

は，空間認識や視覚誘導性行動がひどく劣っていることが示された．つまり，幼児期に与えられるべき正常な経験とは，単に受動的に刺激にさらされるだけではなく，積極的に外界を注視したり，探索したりという能動的ふれ合いがなければならないわけである．

人の乳幼児期に目の病気などで片方の目に眼帯をすると，それがわずか1週間程度でも，その遮閉された目は矯正不可能な弱視になる場合がある．ネコの実験でも生後のいろいろな時期に一定期間だけ片方の目のまぶたを縫いつけるという手術をすると，生後4-5週齢では3-4日の片目遮閉だけでも，両眼からの刺激に反応性のあるニューロンの数は激減し[8]，遮閉された眼に反応性をもつニューロンがほとんどなくなることが示されている．そうした感受性の高い時期は6-8週齢まで続くが，さらにその後も生後3ヵ月までは片目遮閉操作がある程度の影響をもつ．こうした遮閉された眼への刺激に応答性をもつニューロンの数と，行動的な弱視の程度には強い相関があることが示されている．

哺乳類の視覚一次野には特定の方向をもった線分が出されたときに活動するニューロンのあることが知られている．生まれてすぐのネコに一定方向の線分だけが見えるようにしたゴーグルをかけさせたり，1日3時間だけ図46-3（A）のような装置で一方向の線分しか見せないという経験をさせてみると，視覚一次野のニューロンの多くは，その見せられた方向の線分にのみ応じるようになる（図46-3 B, C）ことが示されている．逆にいえば正常な視覚経験をするという初期学習があって始めて，あらゆる方向に応じるニューロンが存在するようになるわけである．

ところで，好ましい初期経験をするとどういう効果が表われるのかも興味あることである．ローゼンツヴァイクらはラットを次の3つの条件で数ヵ月育てて，その後の行動や脳の違いを調べてみた[10]．第1群のラットは標準的な飼育条件[11]

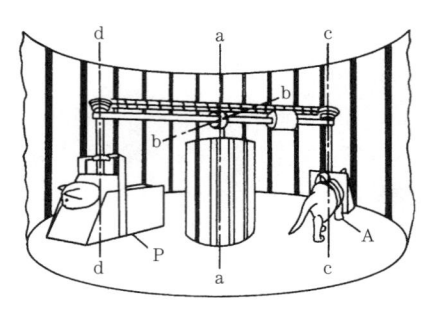

図46-2 能動的に動く仔ネコ（A）と受動的に動く仔ネコ（P）に同一の視覚刺激を与える装置．(Held & Hein, 1963)[7]
a–d は回転軸を示す．

8) ネコや人の視覚一次野には，右目から，あるいは左目からだけの情報に反応性のあるニューロンとともに，どちらの眼に刺激が与えられても反応性をもつニューロンがある（全体の約80％）．

9) Blackmore, C. & Cooper, G. F., 1970, Development of the brain depends on visual environment. *Nature*, **228**, 477–478.

10) Rosenzweik, M. R., Benett, E. L. & Diamond, M. C., 1972, Brain changes in response to experience. *Scientific American*, **226**, 22–30.

11) タテ30 cm，ヨコ40 cm，高さ17 cmのケージで他の2匹のネズミと一緒に飼育する．

で育てた．第2群のラットは**乏しい環境**（impoverished environment），つまり小さなケージで1匹だけ他のラットとは隔離して育てた．第3群のラットは**豊かな環境**（enriched environment），つまりいろいろな刺激（はしご，ブランコ，木片など）がある大きなケージで10-12匹の他のラットとともに育てた．その結果迷路学習など多くの学習成績は，第3群で優れており，第1群で劣っていることが示された．さらに脳そのものを調べてみたところ，豊かな環境で育ったラットでは大脳皮質の重量，厚さ，それにニューロンの樹状突起の数が多くなっていることも明らかになった．

こうした事実から動物では，生まれてからずっとニューロン間の結びつきが増加し続けると考えがちであるが，事実はその直感に反する．ニューロンは生後分裂能力がなくなり，特殊な場合を除きその数が増加することはない[12]．視覚一次野でのシナプス（ニューロン間の結びつく部位）密度は生後4ヵ月で最大となり，およそ5歳までその高いレベルが続いた後に減少が始まる．シナプスは，いったん過剰に作っておいて，それから約半分ほどに減らすという過程が大脳のどこでも見られる．その減らす過程を**刈り込み**（pruning）と呼ぶが，この刈り込みの時期に適切な刺激を受けるか否かが，脳の正常な機能発達に必須であることが知られている[13]．　　　　　　　　　　〔渡邊〕

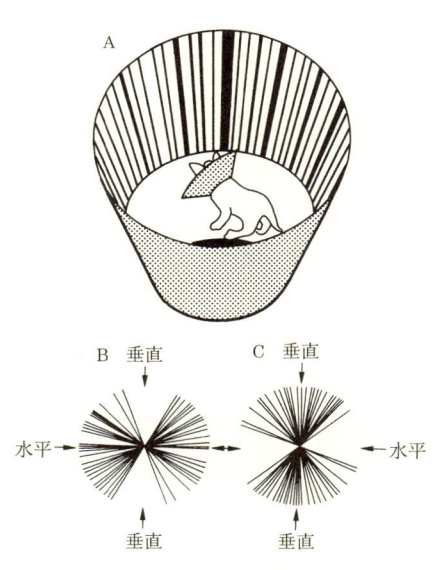

図46-3　縦縞だけの視覚経験をさせる実験
（Blackmore & Cooper, 1970）[9]
（A）ネコに縦縞だけを見せるための装置．ネコにはカフスをつけ，自分の体は見られないようにしてある．
（B）水平の縞だけを見て育ったネコから得られた視覚一次野のニューロンが応答性をもった線分の方向．垂直方向がまったくないことに注意．
（c）垂直の縞だけを見て育ったネコから得られたニューロンが応答性をもった線分の方向．ここでは水平方向がまったくないことに注意．

12）ただ，最近では記憶に関わる海馬において，経験によって大人でも細胞数が増加することが示されている．

13）この刈り込みの時期に正常な視覚刺激を受けないと，正常な視覚機能をもつことができなくなる．刈り込みは，重要でない神経細胞間の結びつきを取り去るという機能的意義があると考えられている．

【参考文献】
Hebb, D. O., 1972, *A Textbook of Psychology*. 3rd ed., Saunders.（白井常他訳，1975，行動学入門．紀伊國屋書店．）
永江誠司，2004，脳と発達の心理学：脳を育み心を育てる．ブレーン出版．

III-47 古典的条件づけ
Classical Conditioning

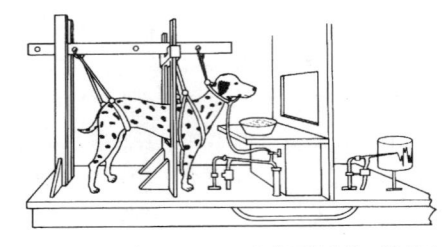

図47-1 パブロフのイヌの条件反射実験の模式図
（ピアース／石田ら訳,1990[1]より引用）

古典的条件付け（classical conditioning）とは，生体に生得的に特定の反応を起こさせる刺激と反応を起こさせない刺激を同時に提示し続けると，元々反応を起こさせなかった刺激でも類似の反応を起こすようになるという学習過程である．歴史的には**パブロフ型条件づけ**（Pavlovian conditioning）あるいは**レスポンデント条件づけ**（respondent conditioning）[2]と呼ばれることもある．古典的条件づけを初めて体系的に研究したのはロシアの生理学者パブロフ[3]である．パブロフはイヌを被験体として以下のような実験を行なった（図47-1）．イヌの口に餌として肉粉を与えると，イヌは唾液分泌反応を生じる．この反応は学習過程が関与しない生得的な反応（唾液反射）と考えられるので，肉粉を**無条件刺激**（unconditioned stimulus：UCSまたはUS），唾液分泌反応を**無条件反射**（unconditioned reflex）または**無条件反応**（unconditioned response：UCRまたはUR）と呼んだ[4]．肉粉を与える際に，常にメトロノームの音を提示しておくと，初めはメトロノームの音を聞いただけでは唾液分泌反応は生じないが，対提示を繰り返すうちに，イヌはメトロノームの音を聞いただけで唾液分泌反応を生じるようになった（図47-2）．この場合，メトロノームの音は条件づけによって唾液分泌を引き起こす力を獲得したと考えられるので**条件刺激**（conditioned stimulus：CS）と呼び，メトロノームによって生じた唾液分泌反応を**条件反**

1) ピアース, J. M.／石田雅人ほか訳,1990,動物の認知学習心理学．北大路書房.

2) 無条件刺激によって反射的に誘発される応答的反応をレスポンデントという．よって，この応答的反応の条件づけということでレスポンデント条件づけということがある．

3) Pavlov, I. P.(1849-1936)帝政ロシア末期から旧ソ連邦初期の生理学者．消化腺の神経支配の研究で1904年ノーベル賞を受賞した．彼の構築した条件反射学は後に心理学に多大な影響を及ぼしたが，本人はひどく心理学を嫌っていたという

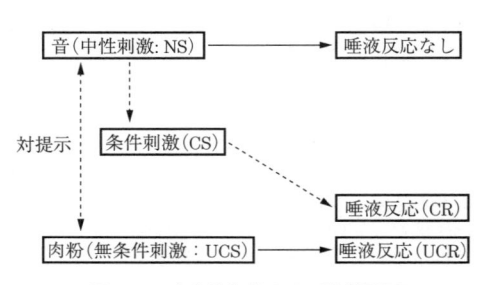

図47-2 古典的条件づけの形成過程

射（conditioned reflex）または**条件反応**（conditioned response：CR）と呼んだ．CSとUCSの対提示を繰り返すとCRの強度が増す．この両刺激の対提示の手続きを**強化**（reinforcement）と呼ぶ．

古典的条件づけによって獲得されたCRは，CSの後にUCSを提示するのをやめれば容易に消失してしまう．UCSを提示しないでCSを繰り返し提示することによってCRが消失していく過程を**消去**（extinction）と呼ぶ．消去は一義的にCRが減衰していく過程ではなく，消去訓練の途中で休息時間を与えるとCRの回復が見られる（**自発的回復**；spontaneous recovery）．また，消去訓練中に，CSの提示の途中で他の刺激を提示すると，一時的にCRの強度が回復する（**脱制止**；disinhibition）．これらの現象から，消去は条件づけとは反対方向の（CRを抑えるような）学習（制止；inhibition）であると考えられている．

古典的条件づけの訓練を行なった後で，CSと同一ではない類似の刺激を提示した場合にもCRが生じることが知られている．パブロフはイヌに1000 Hzの音をCSとして条件づけを行なった後で，1500 Hzの音を提示してテストを行なった場合にもCRが生じることを見いだした．この現象を**般化**（generalization）と呼ぶ．これに対して，CS（1000 Hzの音）にはUCSを対提示するが，CSと類似の刺激（1500 Hzの音）に対してはUSCを提示しないという訓練を行なうと，CSに対してはCRを生じるがCSと類似した刺激（この場合は1500 Hzの音）に対してはCRが生じなくなる．この現象を**分化**（differentiation）[5]と呼ぶ．しかし，CSおよびCSときわめて類似性の高い刺激（たとえば，円と円に近い楕円）を用いて分化の訓練を行なうと，イヌは異常な興奮状態に陥り，簡単な分化もできなくなり，ついには日常の行動にも異常をきたした．この現象を**実験神経症**（experimental neurosis）と呼ぶ．

CSとUCSを提示する時間的な近接性をもとに，古典的条件づけを4種のパターンに区別することができる（図47-3）．**同時条件づけ**（simultaneous conditioning）はCSとUCS

エピソードをもつ．

4) 元々無条件反射は唾液反応など生得的な反射を示す一方，無条件反応は飛んで来た異物を咀嗟による防御反応のような反射よりも複雑な生得的反応を意味していた．しかし現在ではその区別は曖昧となり，主としてより広い概念である無条件反応の用語が用いられている．

5) 古典的条件づけにおける分化は，オペラント条件づけにおける**弁別**（discrimination）とほぼ同義である．「Ⅲ-48 道具的条件づけ」の項を参照．

を同時に提示する方法である．一方，**遅延条件づけ**（delayed conditioning）は CS の提示開始後に一定の時間をあけて CS の終了直前から終了直後にかけて UCS を提示する．この場合 CS と UCS には重複する時間がある．恐怖条件づけなど現在頻繁に利用されている手続きにおいては，遅延条件づけが条件づけの成立に最も適していると考えられている．これに対して，**痕跡条件づけ**（trace conditioning）は，CS の提示終了後一定の時間をあけてから UCS を提示する方法であり，条件づけの成立は難しい．さらに，**逆行条件づけ**（backward conditioning）とは UCS の提示終了後に CS を提示する方法であり，一般的に条件づけは成立しないと考えられている．

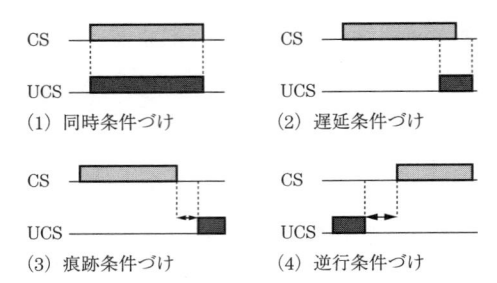

図 47-3 CS と UCS の時間的近接性による古典的条件づけの分類

かつて，古典的条件づけの成立を規定する要因として，CS と UCS の時間的な近接性が必要十分条件であると考えられていた（近接説）．しかし，レスコーラ[6]は，仮に CS と UCS が接近して提示されたとしても，CS の提示後に UCS が提示される確率が，CS が提示されないで UCS が提示される確率と同じ場合には，条件づけが成立しないことを見いだした．CS の提示後に UCS が生起する確率が，CS を提示しない場合に UCS が生起する確率よりも高い場合に，CS と UCS の間に**随伴性**（contingency）があるという．古典的条件づけの成立には随伴性が必要と考えられている．

古典的条件づけには，先述の唾液条件づけのほか，**瞬目反射条件づけ**（eyeblink conditioning）や**恐怖条件づけ**（fear conditioning）などがある．瞬目反射条件づけは，伝統的に音や光を CS として目に短時間空気を吹き付ける（UCS）ことによってまばたき（CR）を条件づける方法が用いられてきたが，近年では空気を吹き付ける代わりにまぶたに軽い電気ショック（UCS）を与える方法がよく用いられている．同様に恐怖条件づけでは，主として足下からの電気ショックのような不快な刺激（嫌悪刺激）を UCS とし，音や光を CS

6) Rescorla, R. A., & Wagner, A. R., 1972, A theory of Pavlovian conditioning : Variations in the effectiveness of reinforcement and nonreinforcement. In Black, A. H., & Prrokasy, W. F.(Eds.), *Classical Conditioning II: Current research and theory.* (pp. 64-99), Appleton–Century–Crofts.(富田達彦訳, 1980, イェール学派の学習理論. 早稲田大学出版部.)

として条件づけを行なう方法である．このように古典的条件づけではさまざまな刺激をCSとして条件づけが可能であるが，学習の基盤になる神経メカニズムはさまざまである．たとえば，瞬目反射条件づけは小脳（cerebellum）においてCSとUCSが統合されることで形成されると考えられる[7]のに対して，足下に提示する電気ショックをUCSとする恐怖条件づけにおいては，CSが場所（空間刺激）の場合は海馬（hippocampus），音の場合は扁桃体（amygdala）が中心的な役割を果たしていると考えられている[8]．

古典的条件づけで用いられるCSは音や光など単独の刺激だけでなく，これらのモダリティが異なる刺激を複合して用いる場合がある．これを**複合刺激条件づけ**（compound conditioning）と呼ぶ．複合刺激条件づけにおいて代表的な現象として**阻止**（blocking）と**隠蔽**（overshadowing）がある．阻止とは，あるCSとUCSに対する条件づけを行なった後で（このCSをCS1とする），CS1と別のCS（CS2）の複合刺激に対して条件づけを行なっても，新たに付加したCS2に対しては条件づけが成立しにくいという現象である．たとえば，音をCS，足下の電気ショックをUCSとして条件づけを行なった後で，音と光の複合刺激をCSとして，同じ電気ショックのUCSと条件づけを行なった場合，後から条件づけされた光については条件づけが形成され難いという現象である．一方，隠蔽とは，音や光といった2種のCSを複合して同時にUCSと対提示すると，2種のCSに対する条件づけの強度が異なるという現象である．近年統合失調症および統合失調症の発症前症状として，阻止や隠蔽現象が消失していることがわかってきた．脳内の情報処理の欠陥であると推測されるが，原因は明らかではない．しかし，反応の欠如の再現性が高いために，これらの精神疾患の診断法の一つとしても利用されつつある． 〔山田〕

7）詳しくは下記文献を参照．
Thompson, R. F., and Steinmetz, J. E., 2009, The role of the cerebellum in classical conditioning of discrete behavioral responses. *Neuroscience*, **162**, 732–755.

8）詳しくは下記文献を参照．
LeDoux, J. E., 1993, Emotional memory systems in the brain. *Behav. Brain Res.*, **58**, 69–79.

【参考文献】
廣中直行編著，2004，実験心理学の新しいかたち．下山晴彦（企画・編集）心理学の新しいかたち4，誠信書房．

III-48 道具的条件づけ
Instrumental Conditioning

図48 スキナー箱

生体は環境の中でさまざまな行動を行ない，その行動がもたらした結果によって，その行動の生起頻度は変化する．たとえば，ある状況下で空腹の動物が特定の反応をすると餌が与えられたならば，次からこの状況下ではその反応が生じやすくなる．また，別の反応をすれば常に電気ショックが与えられるならば，その反応の生起頻度は低下する．このような生体の「反応がもたらす結果」による学習の過程を**道具的条件づけ**（instrumental conditioning）または**オペラント条件づけ**[1]（operant conditioning）と呼ぶ．そして上記の餌のように，反応（**オペラント反応**；operant response）に随伴して与えると直前の反応の生起頻度を高めるような刺激を**報酬**（reward），反応に随伴して報酬を与える操作のことを**強化**（reinforcement）と呼ぶ．電気ショックのように，反応に随伴して与えると直前の反応の生起頻度を低下させるような刺激を**嫌悪刺激**（aversive stimulus）と呼ぶ[2]．オペラント条件づけにおける「刺激」「反応」とは環境や行動の分析単位の呼び名であって，条件反射[3]のように特定の環境刺激に機械的に反応して行動するという意味ではない．

道具的条件づけを初めて実験的に検討したのは，問題箱を使ったソーンダイクの**試行錯誤**（trial and error）の研究[4]であるが，現在ではスキナー[5]が考案した**スキナー箱**（Skinner box）（図48参照）や走路，迷路などが主に使われている．標準的なネズミのスキナー箱にはレバーと餌皿がついており，この中に空腹のネズミを入れる．ネズミは餌を与えなくても1時間に数回は偶然にレバーに触れ，押すことがある．

1) スキナーは人間や動物の行動をレスポンデントとオペラントの2つに分けた．レスポンデントとは，レモンを食べたときの唾液分泌や，眩しい光に目を閉じる反応のように，外界の特定の刺激によって誘発される反応である．一方，オペラントとは，そのような刺激とは無関係に自発される反応である．オペラント条件づけとは，生体が環境の変化に応じて自己の自発的行動をどのように変化させていくか，についての分析である．

2) 「III-52 報酬と罰」の項を参照．

3) 「III-47 古典的条件づけ」の項を参照．

4) 「III-49 試行錯誤」の項を参照．

5) Skinner, B. F. (1904-1990)「I-6 行動主義」「III-58 行動分析」の項を参照．

このように強化がなくても偶然に反応が生じる生起率を**オペラント水準**（operant level）と呼ぶ．ネズミがレバー押しをすると餌を与えるようにすると，徐々にレバー押しの生起頻度が増大し，まもなく高率のレバー押し反応をするようになる．

一方，強化を中止することを**消去**（extinction）という．一般に強化から消去に移るとその反応の出現頻度は一時的に上昇するが，その後徐々に低下していく．また反応のレパートリーが広がり，いままで強化されていた反応に似た反応をいろいろと行なう．反応の力も増大する．たとえば，急にドアが開かなくなる（消去）と，ドアのノブを引っぱったり持ち上げたり，反対に回してみたり（反応率の一時的上昇・反応のレパートリーの広がり）するとともに，力いっぱい開けようとする（反応の力の増大）が，やがてあきらめてしまう（反応率の低下）のは，この例である．

消去に移ると反応率は低下するが，しばらく休止すると反応率が部分的に回復することがある．これを**自発的回復**（spontaneous recovery）と呼ぶ．翌朝，先程の開かなくなったドアを見て，もう一度やってみようとするのがこれである．自発的回復で生じた反応は，強化が与えられないと比較的短期間で消失する．消去を始めてから反応しなくなるまでの時間や反応数などを消去の困難さ（**消去抵抗**；resistance to extinction）の指標とする．一般に，それまでの強化回数が多いほど消去されにくく（消去抵抗が大），個体がそれまでに消去を何度も経験しているほど，消去されやすい（消去抵抗が小）[6]．

オペラント条件づけでは，まずその反応が自発されなければ強化は与えられず，学習は成立しない．オペラント水準が非常に低い行動を形成するときは，**行動形成**または**シェイピング**（shaping）と呼ばれる，強化と消去を組み合わせた手続きを用いて訓練する．スキナー箱の場合では，まずネズミの自発する反応のレパートリーの中から，生起頻度がある程度高く，かつレバー押しに類似した反応（レバーの方を向く反応など）を選び，これを十分に強化する．生起頻度が増大

6)「Ⅲ-51 強化スケジュール」の項を参照．

したら強化を中止する（消去）．消去に移った当初は生体の反応のレパートリーが広がり，いままで強化されていた反応に似た反応をいろいろと行なうようになる．その中から，今度はレバー押しにさらに類似した反応（レバーに近づく反応など）のみを強化する．これを繰り返すことによって，最終的には目的とする行動（レバー押し反応）にたどり着くことができる．このように，行動形成において強化される反応の幅を少しずつ狭めていく方法を，**遂次接近法**（method of successive approximation）と呼ぶ．この行動形成の手法は言語を使えない重度障害児の教育[7]や動物の訓練などに応用されている．また，学級集団や病院で不適応行動を減らし，望ましい行動を強化するため，集団内でのみ通用するトークン（金券など）を望ましい行動の直後に与える方法を**トークン・エコノミー法**（token economy method）[8]という．これもオペラント条件づけの応用の一例である．

しかし，行動形成の手法を用いればどんな行動でも形成できるわけではない．いくら強化を与えてもヒトが手を羽ばたかせて空を飛べるようにはならないように，本来その動物がもっている能力や反応レパートリーを越えた行動を形成することはできない．また，その動物の生態と矛盾する行動を強化してもなかなか条件づけは成立しない．

道具的条件づけは，反応に対してすぐ強化が与えられるときに最も条件づけが容易であり，反応と強化の間の遅延時間が長くなるにつれてしだいに条件づけが成立しにくくなる．これは，強化が遅延されるとその間に他の反応が生じ，実際に強化をもたらした反応が何であるかが明瞭でなくなるからである．このようなときには，偶然，強化の直前に生起した別の行動の生起率が上昇することがある．ヒゲを剃らなかったときに（偶然に）試合に勝つと，縁起をかついで試合の日にはヒゲを剃るのをやめるのはこの例である．縁起やジンクスなどは，このような**迷信的強化**（superstitious reinforcement）によって維持された**迷信行動**（superstitious behavior）であると考えられる．ネズミのレバー押し学習の場合でも，訓練初期にはレバーを必ず尻で押すとか，一回して

7) 内海正編，1973，精神薄弱児のオペラント学習．日本文化科学社．

8) 「Ⅲ-59 行動療法」の項を参照．

から押すといった迷信行動が形成されるのが見られることがある.

　レバー押しを学習したネズミは，スキナー箱の中ではレバー押しをするが，スキナー箱の外ではものを押そうとはしない．これはスキナー箱という環境刺激が，オペラント条件づけによってレバー押し反応を増加させる力を獲得したと考えられる．また，緑ランプがつくとレバー押しを強化し，赤ランプのときは強化しないとすると，ネズミは緑ランプのときにしかレバー押し反応をしなくなる．スキナー箱や緑ランプのように，オペラント条件づけによって反応を**制御**（control）する力をもつようになった刺激を**弁別刺激**（discriminative stimulus）と呼び[9]，弁別刺激によって反応の生起が制御されることを**刺激性制御**（stimulus control）と呼ぶ．交差点の赤信号で人や車が止まるのも，学習によって形成された刺激性制御の例である．

　被験者が直接強化を受けなければ学習が成立しないわけではない．他人（モデル）がある反応を行ない，強化を受ける事態を観察するだけでその反応の生起率が増えることを**観察学習**（observational learning）と呼び，モデルに与えられた強化を代理強化と呼ぶ．また，初めにモデルの行動の模倣自体を強化すると，強化をやめてもさまざまな行動の模倣を続けることがある．これを**般化模倣**（generalized imitation）と呼ぶ．

　また，オペラント条件づけはレバー押しのような筋肉反応だけでなく，血圧，心拍，皮膚温のような自律反応や脳波についても条件づけ可能である（**バイオフィードバック**[10]；biofeedback）． 〔浜村〕

9) 「Ⅲ50　般化と弁別」の項を参照.

10) 「Ⅲ-59　行動療法」「Ⅴ-73　ストレス」の項を参照.

【参考文献】
レイノルズ，G. S., 浅野俊夫訳，1978，オペラント心理学入門：行動分析への道．サイエンス社．
メイザー，J. E., 磯博行・坂上貴之・川合伸幸訳，2008，メイザーの学習と行動．日本語版第3版，二瓶社．

試行錯誤

Trial and Error

Ⅲ-49

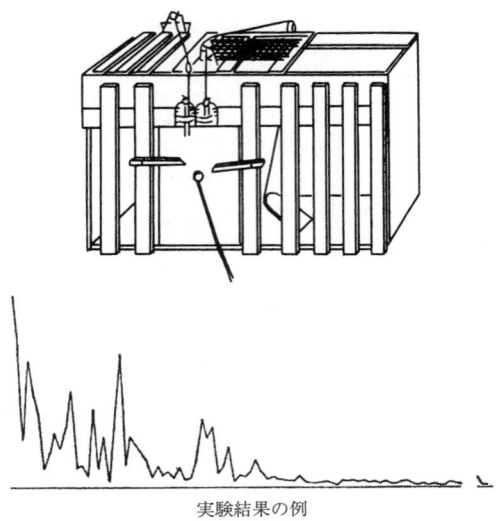

図49 ソーンダイクの問題箱（K型）と実験結果
（C型）の例（Thorndike, 1911）[5]

実験結果の例

　19世紀末の動物行動の研究者は，ダーウィン[1]の進化論の影響を受け，人間と動物の知能は連続的に進化してきたものと考えた．彼らはその証拠として，動物の知能の高さを示す逸話を集め，擬人的に解釈した．たとえばロマーネス[2]は，御者のネコが中庭の戸の鍵を開ける逸話を紹介し，ネコに合理的模倣の能力があると主張した．ネコは人が手で鍵を開けるのを観察し，ネコの足でも開けられるだろうと推論して鍵を開けてみたというのである．それに対しモーガン[3]は，飼犬トニーが偶然に門の掛金の開け方を学習した逸話を紹介し，「偶然の成功を伴う**試行錯誤**（trial and error）」が動物の学習の基本的な型であり，連合の原理[4]にもとづくと主張した．

　この試行錯誤を実験的に検討したのがソーンダイク[5]である．彼は空腹のネコを錠のついた**問題箱**（problem box；図49上）に入れ，箱の外に餌を置き，ネコが錠を開けて箱から出てくるまでの行動や時間を測定した．15種類の問題箱はいずれも紐を引いたり，レバーを押したり，踏み板を踏んだりすると自動的に開くようになっている．ネコは初め手あたりしだいに引っかいたり咬んだりしたが，そのうち偶然に紐を引っぱると戸が開いて脱出に成功し，餌を食べることができた．この試行錯誤を繰り返すと無駄な反応は減り，脱出につながる反応だけが起こるようになり，脱出までの時間も短くなった（図49下）．一方，他のネコが錠を開けるのを観

1) Darwin, C. R. (1809–1882)『種の起原』

2) Romanes, G. J. (1848–1894)『動物の知能』

3) Morgan, C. L. (1852–1936)「ある行動がより低次の心的能力の結果であると解釈できるときは，より高次の心的能力の結果であると解釈してはいけない」というモーガンの公準（Morgan's cannon）で知られる．

4)「Ⅰ-3 構成心理学」の項を参照．

5) Thorndike, E. L. (1874–1949) エドワード・リー・ソーンダイ

察させても脱出までの時間は短縮せず，模倣の効果は見られなかった．彼は，試行錯誤学習は刺激状況（S）と反応（R）が結合するS-Rの連合学習であり，動物の学習の基本的な型であると考え，次の3法則からなる**効果の法則**（law of effect）を提唱した．

①反応の直後に満足をもたらす反応は，その状況と強く結合し，その状況でより生じやすくなる（満足の法則）．

②反応の直後に不快をもたらす反応は，その状況との結合が弱まり，より生じにくくなる（不満足の法則）．

③満足や不快の程度が強いほど，状況と反応の結合の変化の度合いは大きくなる（強度の法則）．

しかし，効果の法則は，反応が増えるかどうかは満足か否かで決まるとするが，満足か否かは反応が増えるかどうかでしかわからないので，本質的に循環論である．この点を解決する試みがその後いろいろと行なわれている[6]．試行錯誤学習では生体がまずさまざまな反応を自発し，結果的に成功した反応が選ばれて残るので，**選択的学習**（selective learning）と呼ばれることもある．

それに対し，ケーラー[7]はチンパンジーの部屋の天井からバナナを吊し，部屋の隅に木箱を置いて，チンパンジーの行動を観察した．チンパンジーは初めはバナナに飛びつこうとしたが，じきにあきらめてしばらく部屋を見渡した後，急に木箱をバナナの下に移動し，箱の上に乗ってバナナを取った．試行錯誤学習ではなめらかな学習曲線[8]になるのに対し，この実験では不連続な学習曲線になったので，ケーラーはチンパンジーは試行錯誤で課題を解決したのではなく，箱が道具（台）として使えるという**洞察**（insight）にもとづく，**見通し学習**（insight learning）を行なったと考えた．しかし，チンパンジーは部屋を見回している間に精神的試行錯誤を行なっていたと考えることもできる． 〔浜村〕

【参考文献】
ケーラー，W.，宮孝一訳，1962，類人猿の知恵試験．岩波書店．
ボークス，R.，宇津木保・宇津木成介訳，1990，動物心理学史．誠信書房．

クはアメリカの心理学者・教育学者．コロンビア大学教授．ネコの問題箱の研究と試行錯誤，効果の法則で知られる．教育心理学においても，統計法，心理テスト，双生児研究などで先駆的な業績を残した．また，英語教育の研究でも知られる．
Thorndike, E. L., 1911, *Animal Intelligence*. Macmillan.

6)「Ⅲ-52 報酬と罰」の項を参照．

7) Köhler, W.(1887-1967) ウォルフガング・ケーラーはドイツの心理学者．ヴェルトハイマー，コフカらとならぶゲシュタルト心理学（「Ⅰ-5 ゲシュタルト心理学」の項を参照）の創設者でもある．テネリファの類人猿研究所長，ゲッチンゲン大学教授，ベルリン大学教授，スウォースモア大学教授．試行錯誤説に反対し，学習における洞察の重要性を唱えた．また，心理・物理同型説，力学の心理学への導入などの業績もある．日本でも『類人猿の知恵試験』『心理学における力学説』（岩波書店）などが翻訳されている．

8)「Ⅲ-54 学習曲線」の項を参照．

III-50

般化と弁別

Generalization and Discrimination

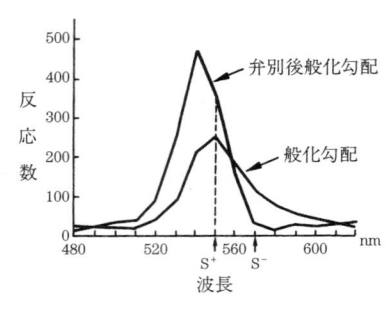

図50-1 般化勾配と頂点移動
（Hanson, 1959）[1]

古典的条件づけの訓練を行なった後で，条件刺激と類似の刺激を提示した場合にも条件反応が生じる（**般化**；generalization）．たとえば，イヌに1000 Hzの音を条件刺激（CS）として唾液条件づけを行なった後で，1500 Hzの音を提示してテストを行なった場合にも唾液反応が生じる．これは2つの刺激の物理的類似性による般化であるので，**刺激般化**（stimulus generalization）と呼ぶ．般化の大きさは原刺激との類似性によって決まる．たとえば，さまざまな周波数の音をイヌに提示して条件反応を調べると，原刺激（初めに条件づけをした1000 Hzの音）に対する条件反応が最も大きく，周波数が原刺激から離れるにしたがって条件反応が小さくなる山型の曲線になる．このような般化の曲線を**般化勾配**（generalization gradient）と呼ぶ．

般化は原刺激との物理的類似性だけでなく，意味の類似性によっても起こる．たとえば，単語の視覚的提示を条件刺激，ブザー音を無条件刺激としてGSR[2]（galvanic skin responce）の条件づけを行なった後，音響学的にはまったく異なるが意味的には類似した同義語や，正反対の意味の反義語を提示すると，条件反応（GSR）が生じることがある．この現象を**意味般化**（semantic generalization）と呼ぶ[3]．

条件づけを行なうとき，条件づけされた反応だけでなく，類似の反応の生起率も増大する現象を**反応般化**（response generalization）と呼ぶ．たとえば，イヌの右前肢に電気ショックを用いた嫌悪条件づけを行なった後，右前肢を縛って条件反応（屈曲反応）をできなくして，条件刺激を提示すると，電気ショックを受けたことがなく，いままで屈曲反応が

1) Hanson, H. M., 1959, Effects of discrimination training on stimulus generalization. *Journal of Experimental Psychology*, **58**, 321-334.

2) 「VI-86 GSR」の項を参照．

3) 一般に言語を用いた条件づけでは，年齢が進むにしたがって，同音語への刺激般化より同義語への意味般化の方が般化の程度が大きくなることが知られている．

生じなかった左肢にも屈曲反応が生じるようになる．

　道具的条件づけにおいても般化は生じる．たとえばハトに波長550 nm の色のキーをつつくと餌で強化する訓練を行なった後，さまざまな波長の色のキーを提示してキーつつき反応を調べると，原刺激（初めに訓練した波長550 nm の色）に対するキーつつき反応が最も多く，波長が原刺激から離れるにしたがって反応が少なくなる刺激般化勾配が得られる（図50-1）．また，人間の場合，1歳児の「パパ」という発話に対して親が注目したり返事をしたりする（強化）と，「パパ」という反応が増えるだけでなく，「ババ」「ンマンマ」といった他の反応も増え，発話全体が増加する．強化された反応だけでなく，類似の反応の生起率も増大するわけであり，これは道具的条件づけにおける反応般化の例と考えられる．

　般化とは逆に，互いに類似した刺激に対して別々の反応をするよう訓練することもできる．古典的条件づけにおいて，ある条件刺激 CS$^+$（1000 Hz の音）には無条件刺激を対提示するが，条件刺激と類似した別の刺激 CS$^-$（1500 Hz の音）に対しては無条件刺激を提示しないという訓練を行なうと，条件刺激 CS$^+$ に対しては条件反応を生じるが，類似した刺激 CS$^-$ に対しては条件反応が生じなくなる．この手続きを**分化**（differentiation）または分化条件づけと呼ぶ[4]．

　また，道具的条件づけにおいても，互いに類似した刺激に対して別々の反応をするよう訓練することができる．ハトに波長550 nm の色のキーをつつくと餌で強化されるが，波長570 nm の色のキーをつついても強化されないという訓練を行なうと，ハトは550 nm の色のキーはつつくが，570 nm の色のキーはつつかないようになり，ハトは2つの刺激を**弁別**[5]（discrimination）できるようになる．キーの色のように強化の有無の手がかりとなる刺激を**弁別刺激**（discriminative stimulus）と呼ぶ．上記の波長550 nm の色のように強化の手がかりとなる刺激は正の弁別刺激（S$^+$ または S^d と略称される），波長570 nm の色のように消去の手がかりとなる刺激は負の弁別刺激（S$^-$ または S$^\mathrm{d}$ と略称される）である．S$^+$ と類似した刺激を提示すると反応は増加するが，S$^-$

[4] 古典的条件づけの分化では，CS（条件刺激）の違いによって US（無条件刺激）の有無が決まる．古典的条件づけの分化のことを弁別と呼ぶこともある．

[5] オペラント条件づけの弁別では，弁別刺激の違いによって強化の有無が決まる．一方，レバーを50 g 重以上の力で押さなければ強化しない場合のように，弁別刺激を与えず，反応の違いによって強化の有無が決まる場合を分化強化と呼ぶ．

と類似した刺激を提示すると反応は抑制されるので，S⁺とS⁻はそれぞれ類似の刺激に対して興奮性または抑制性の刺激般化を及ぼすことがわかる．また，白いキー（○）をS⁺，白地に縦線のキー（①）をS⁻として弁別訓練を行なった後，縦線の角度をさまざまに変えて般化勾配を調べると，縦線のS⁻（①）に対する反応数が最も少なく，線の角度が水平線（⊖）に近づくにしたがって反応数が回復する谷型の曲線となる（図50-2）．このような抑制性の般化の曲線を**負の般化勾配**（negative generalization gradient）と呼ぶ．

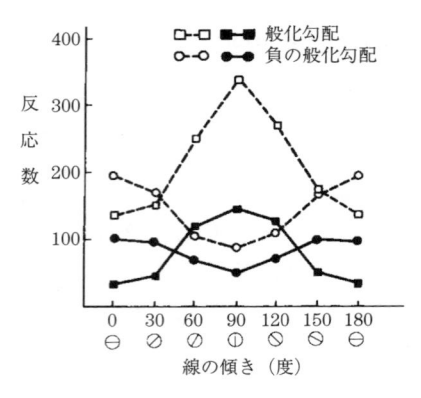

図50-2 般化勾配と負の般化勾配
(Honig et al., 1963)[6]

波長550 nmの色のキーだけを提示し，キーつつき反応を強化する単一刺激訓練の後の般化勾配と，S⁺とS⁻を用いた上記の弁別訓練を行なった後の，弁別後般化勾配を比べたものが図50-1である．弁別訓練を行なうと，S⁻に対する反応数が通常の般化勾配に比べて減少するだけでなく，S⁺に対する反応数が増加する．これを**行動対比**（behavioral contrast）という[7]．また，弁別訓練を行なうと，般化勾配の頂点がS⁻と反対の方向に移動する（図50-1）．これは**頂点移動**（peak shift）と呼ばれる．S⁺とS⁻の中間の波長の色では，S⁺による興奮性の般化勾配とS⁻による抑制性の般化勾配が重なっており，頂点がずれるのは，S⁺による興奮性の般化勾配のうちS⁻に近い方の部分が，S⁻による抑制性の般化勾配の影響によって，打ち消されたために起きたと考えられている．S⁺とS⁻が似ていればいるほど般化勾配の重なりが大きくなるので，頂点移動の量も大きくなる．

弁別学習課題は刺激の提示方法によって，**同時弁別**（simultaneous discrimination）と**継時弁別**（successive discrimination）に大別される．同時弁別課題ではS⁺とS⁻が被験者に同時に提示され，S⁺への反応のみが強化される．継時弁別課題ではどちらか１つの刺激が提示され，それがS⁺の場合には反応は強化されるが，S⁻の場合には反応は強化

6) Honig, W. K., Boneau, C. A., Burstein, K. R., & Pennypacker, H. S., 1963, Positive and negative generalization gradients obtained after equivalent training conditions. *Journal of Comparative Physiological Psychology*, **56**, 111–116.

7) 身近な例では，家の中で子どものいたずらを消去すると，外でのいたずらが増えるのが行動対比である．「Ⅲ-52 報酬と罰」の項を参照．

されない．また，弁別課題はS⁺がどのように決まるかによって，いくつかの課題に分けられる．常に三角形がS⁺で円がS⁻というように，S⁺が常に決まっている弁別課題を**単純弁別**（simple discrimination）と呼ぶ．一方，背景が赤のときは三角形がS⁺で円がS⁻，背景が白のときは円がS⁺で三角形がS⁻というように，背景の色のような別の手がかり刺激によってS⁺が決まる弁別課題を**条件性弁別**（conditional discrimination）と呼ぶ．

先に見本刺激としてS⁺を短時間提示し，次に選択肢（S⁺とS⁻）を提示して，見本刺激と同一の刺激（S⁺）を選ばせる課題を**見本合わせ**（matching to sample）と呼ぶ．また，見本合わせ課題において，見本刺激を消してからすぐには選択肢を提示せず，遅延時間（短期記憶[8]の保持時間[9]に相当する）を入れた課題を**遅延見本合わせ**（delayed matching to sample）と呼ぶ．遅延見本合わせ課題では遅延時間を自由に変化できるので，動物の**ワーキングメモリー**[10]（作動記憶；working memory）の忘却過程を調べるのに用いられる．また，見本刺激は試行ごとに変えられるので，動物の記憶の順向抑制[11]や逆向抑制[12]を研究するのにも用いられる．見本刺激が赤のときは三角形を選び，見本刺激が白のときは円を選ぶという課題は**条件性見本合わせ**（conditional matching）と呼ばれ，動物の概念[13]の研究に用いられる．

テラス[14]は，初めはS⁺を明るく長時間，S⁻を暗く短時間提示して誤反応を生じにくくし，S⁺への反応が安定した後にS⁻をしだいに明るく長時間に変えた．ハトは失敗経験（S⁻への反応）をほとんどすることなく短時間で課題を学習でき，課題中に攻撃行動が生じることも少なかった．この方法は**無誤弁別**（errorless discrimination）と呼ばれ，知的障害児の教育にも応用されている．　　　　　　　　　〔浜村〕

8)～12)「Ⅳ-60 記銘と保持」，「Ⅳ-64 記憶の生理学的メカニズム」，「Ⅳ-65 情報処理理論」，「Ⅳ-67 短期記憶」の各項を参照．

13)「Ⅶ-92 概念形成」，「Ⅲ-56 カテゴリー学習」の項を参照．

14) Terrace, H. S., 1963, Discrimination learning with and without "errors". *Journal of the Experimental Analysis of Behavior*, **6**, 1-27.

【参考文献】

ピアース，J. M., 石田雅人・石井澄・平岡恭一・長谷川芳典・中谷隆・矢沢久史訳，1990，動物の認知学習心理学．北大路書房．

メイザー，J. E., 磯博行・坂上貴之・川合伸幸訳，2008，メイザーの学習と行動．日本語版第3版，二瓶社．

Ⅲ-51
強化スケジュール
Schedules of Reinforcement

図51 各種の強化スケジュール下における典型的な反応パターンと消去における反応パターンの累積記録（レイノルズ，浅野俊夫訳，1978）[1]

釣り人は釣り竿を下ろすたびに必ず魚が釣れるわけではないし，子どもがいたずらをしてもいつも罰を受けるわけではない．日常場面で起こるオペラント条件づけ[2]では，反応が自発されるたびに必ず強化を受けるのはまれである．このように反応がときどきしか強化されない場合を**部分強化**（partial reinforcement）と呼ぶ．これに対し，反応が毎回強化される場合を**連続強化**（continuous reinforcement）と呼ぶ．一般に，部分強化で訓練された行動は，連続強化で訓練された行動よりも消去しにくいことが知られている（**部分強化消去効果；partial reinforcement extinction effect**）．

魚釣りのような部分強化の場合でも，長い目で見ると強化（魚が釣れること）の有無およその規則または確率がある．どのようなときの反応を強化するかについての環境側の規則を，スキナー[3]は**強化スケジュール**（schedules of reinforcement）と呼んだ．強化スケジュールはその行動の反応率に対して強力な統制力をもち，どのような強化スケジュールで維持されているかによって，その行動の強化時や消去時の反応パターンが変わってくる[4]（図51）．基本的な強化スケジュールには以下のようなものがある．

①**固定比率スケジュール**（fixed ratio schedule：FR）：出来高払いの仕事のように，一定の反応ごとに強化が与えられる．50反応に1回必ず強化される場合，FR 50と略記する．図51のように，横軸に時間，縦軸に累積反応数をとった累積記録を作ると，このスケジュール下では仕事を始めると一

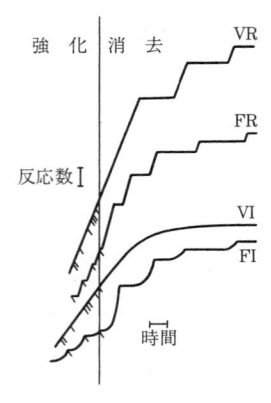

1) レイノルズ, G. S., 浅野俊夫訳, 1978, オペラント心理学入門：行動分析への道. サイエンス社.
図51の下ヒゲは強化を示している.

2) 「Ⅲ-48 道具的条件づけ」の項を参照.

3) Skinner, B. F. (1904-1990)「Ⅰ-6 行動主義」「Ⅲ-58 行動分析」の項を参照. Ferster, C. B. & Skinner, B. F., 1957, Schedules of Reinforcement. Appleton–Century–Crofts. Skinner, B. F., 1972, Cumulative Records. Appleton – Century – Crofts.

4) 動物・乳児の行動や，成人の無意識的な行動は強化スケジュールの随伴性の影響を強

気に行なうが，仕事が一段落するたびに一休み，すなわち一定時間の強化後の反応休止[5]が生じるのが特徴である．

　②**変動比率スケジュール**（variable ratio schedule：VR）：要求される反応数が強化ごとに不規則に変動する．たとえば平均50反応に1回強化される場合，VR 50 と略記する．スロットマシンやパチンコなどのギャンブルがこれにあたる．図51のように，このスケジュール下では反応率が非常に高くなり，消去に移ってもなかなか反応がなくならない．

　③**固定間隔スケジュール**（fixed interval schedule：FI）：前の強化から一定時間経過した後の最初の反応が強化される．この時間間隔が60秒であれば，FI 60秒と略記する．図51のように，このスケジュール下では強化直後の反応は少ないが，その後反応率はしだいに増大する．これを FI スキャロップと呼ぶ[6]．勤務時間が決まっている仕事がこれに相当し，退社時間が近づくと時計を見たり片づけたりする行動が増える．

　④**変動間隔スケジュール**（variable interval schedule：VI）：前の強化からある時間経過した後の最初の反応が強化されるが，その時間間隔が強化ごとに不規則に変動する．その時間間隔が平均60秒であれば，VI 60秒と略記する．魚釣りや，電話が話し中でなかなかつながらない場合がこの例で，相手が受話器を置くまでの時間は不定なので変動間隔スケジュールになる．図51のように，強化時の反応パターンは VR に似ているが，消去時の反応は異なっている．

　⑤**固定時間スケジュール**（fixed time schedule：FT）：反応とは無関係に一定時間に1回の割合で強化刺激を与える[7]．その間隔が60秒であれば，FT 60秒と略記する．

　⑥**変動時間スケジュール**（variable time schedule：VT）：反応とは無関係に強化刺激を与えるが[7]，その間隔は毎回不規則に変動する．その間隔が平均60秒であれば，VT 60秒と略記する．　　　　　　　　　　　　　　〔浜村〕

く受ける随伴性形成行動（contingency-shaped behavior）である．年長児や成人の意識的行動の場合は，自分で言語的ルール（言語的弁別刺激）を作って行動するルール支配行動（rule-governed behavior）が多く，強化スケジュールの特徴が見られにくい．

5) 反応休止中には，飲水行動や攻撃行動など生起率が高くなることが知られている．これらをスケジュール誘発性の行動（schedule-induced behavior）と呼ぶ．

6) 罰の場合にもスケジュールの効果があることが知られている．たとえば，FR スケジュールで反応を罰すると，罰の直後に反応率が急上昇する．また，FI スケジュールで反応を罰すると，罰直後に反応率が急上昇した後，徐々に反応が減少する．これは，罰の効果にも FR の反応休止や FI スキャロップと同じ現象が生じることを示している．

7) 時間スケジュールは特定の反応を「強化」しないスケジュールである．

【参考文献】
レイノルズ，G. S., 浅野俊夫訳, 1978, オペラント心理学入門：行動分析への道．サイエンス社．

Ⅲ-52

報酬と罰

Reward and Punishment

	刺激の種類	
	報酬	嫌悪刺激
反応に応じて刺激を提示	報酬訓練 ↗	罰訓練 ↘
反応に応じて刺激を除去	オミッション訓練 ↘	逃避／回避訓練 ↗

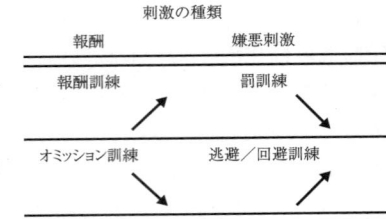

図52-1 道具的条件づけの分類と反応生起率の変化
（山本，1984 より改変）[1]

　道具的条件づけ（オペラント条件づけ）[2]の訓練は，反応に随伴して与える刺激の種類（報酬か嫌悪刺激[3]か）と提示条件（反応すると刺激を提示するか，反応すると刺激を除去するか）によって，報酬訓練，オミッション訓練，罰訓練，逃避／回避訓練の4種類に分けられる（図52-1）．

　①**報酬訓練**（reward training）：決められた反応をすると報酬を与える訓練であり，反応率は上昇する[4]．この手続きを**正の強化**（positive reinforcement）と呼ぶ．報酬訓練を行なうと弁別刺激（報酬のサイン）に接近する反応が増加する．これをサイン・トラッキングと呼び，自動形成[5]のもとになるメカニズムだと考えられている．

　②**オミッション訓練**（omission training）：決められた反応をすると報酬を除去する訓練で，反応の生起率は低下する．実際には，一定時間決められた反応をしなければ報酬を与える[6]方法が多く用いられる．

　③**罰訓練**（punishment training）：決められた反応をすると嫌悪刺激を与える訓練であり，反応は抑制される．その反応をしなければ罰を回避できるので，罰訓練を**受動的回避**（passive avoidance）訓練と呼ぶこともある．一般に罰の強度が強いほど反応を抑制する効果が大きい（図52-2）．罰は導入した当初が最も反応抑制効果が強く，時間が経つにつれ反応がやや回復する傾向がある．また，間歇スケジュールで罰を与えると，常に罰した場合より罰の効果は弱くなる．

　動機づけが強い反応を罰しても罰の効果は少ないが，罰された行動を維持している強化刺激が別の行動によっても手に入る場合は，罰によって反応をほぼ抑制することができる．

---

1) 山本豊，1984，学習の基礎過程．大山正編，実験心理学，東京大学出版会．
　図52-1 の矢印（↗）は反応増加，（↘）は反応減少を示す．

2) 「Ⅲ-48 道具的条件づけ」の項を参照．

3) 「Ⅲ-47 古典的条件づけ」「Ⅲ-48 道具的条件づけ」の項を参照．

4) 「Ⅲ-49 試行錯誤」の項を参照．

5) ハトをスキナー箱に入れ，キーランプの点灯（CS）と給餌（US）の対提示を繰り返すと，キーつつき反応を強化したわけでもないのに，ハトはまもなくキーをつつきはじめる．これがキーつつき反応の自動形成である．

6) 「お母さんが買い物をする間，駄々をこねず（反応しない）じっと待っているなら，アイスクリームを買ってあげる（報酬）から

ある弁別刺激[7] S^+ の下では反応を罰するが，他の弁別刺激 S^- の下では反応に罰を与えないと，反応が抑制されるのは S^+ の下だけで，罰が与えられない S^- の下では逆に反応が増加する．これを罰の**行動対比**（behavioral contrast）と呼ぶ．家の中で母親（S^+）がゲームを禁止すると，友だちの家（S^-）でゲームをする時間が増えるのはこの例である．また，罰が効果をもつのは罰訓練中だけであり，罰を中止すると罰の導入以前よりさらに反応が増えることがある（図52-2の22-23日目）．これも罰の行動対比効果の一つである．

罰には嫌悪刺激を用いるので，罰は単に反応を抑制するだけでなく，攻撃などの情動反応や葛藤を引き起こす．また，罰の弁別刺激（罰を与える人など）は嫌悪刺激になり，生体は罰の弁別刺激を避けようとする．

④**逃避／回避訓練**（escape/avoidance training）：まず生体に嫌悪刺激を与え，決められた**逃避反応**（escape response）をすると嫌悪刺激を除去する訓練である．逃避反応の生起率は上昇し，反応潜時（嫌悪刺激を与えてから逃避反応が出るまでの時間）も短くなる．嫌悪刺激が与えられないときに反応しても強化されないので，嫌悪刺激自体が「反応すれば嫌悪刺激が除去される」ことの弁別刺激となっている．

また，嫌悪刺激提示直前に一定時間警告刺激を与え，警告刺激提示中に決められた**回避反応**（avoidance response）をしたときのみ嫌悪刺激の提示をやめる，という訓練を**弁別型回避訓練**（discriminated avoidance training）と呼ぶ．この場合，回避反応をした時点で警告刺激を止めることが多く，警告刺激の停止が安全信号となっている．警告刺激がないときに反応しても何も起こらないので，警告刺激は回避反応が強化されることを示す弁別刺激となっている．

これに対し，警告刺激を提示せず，嫌悪刺激（S）をたと

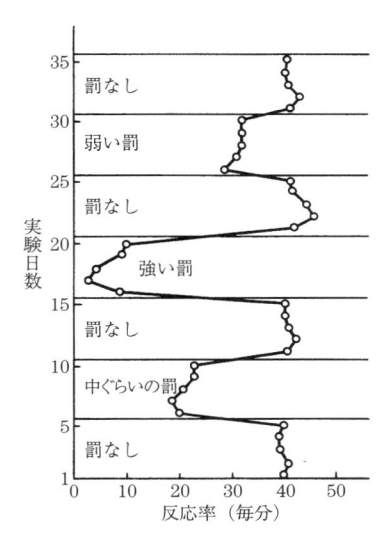

図52-2 強・中・弱，3種類の罰の効果
（レイノルズ，浅野俊夫訳，1978）[8]

ね」というのがこれに相当する．

7）「Ⅲ-50 般化と弁別」の項を参照．

8）レイノルズ，G. S.，浅野俊夫訳，1978，オペラント心理学入門：行動分析への道．サイエンス社．

えば10秒（S-S間隔）ごとに与え続けるが，回避反応（R）が生じると次の嫌悪刺激（S）がその時点から20秒後（R-S間隔）に延期される訓練を，**シドマン型回避訓練**（Sidman avoidance training）と呼ぶ．これは，前の回避反応または嫌悪刺激からどのぐらい時間が経ったかが反応の手がかりとなるフリー・オペラントで，いつ反応しても反応から一定時間（R-S間隔）は安全期間になる点が特徴である．もし，R-S間隔以下の時間間隔で定期的に回避反応を行なえば，嫌悪刺激はすべて回避できることになる．これらの逃避／回避訓練の手続きを**負の強化**（negative reinforcement）と呼ぶ．

逃避／回避訓練ではまず初めに嫌悪刺激を与えるので，嫌悪刺激に対する**種特有の防御反応**[9]（species-specific defense reactions：SSDR）が生じる．決められた逃避／回避反応が防御反応に似たもの（隣室に逃げる反応など）であれば，逃避／回避訓練は容易に完成するが，逃避／回避反応が防御反応と異なる反応（レバーを押す反応など）であれば反応はほとんど自発されず，逃避／回避訓練は非常に困難となる．また，回避反応はいったん学習すると消去抵抗が高く，嫌悪刺激の提示をやめてもなかなか消去しない．ネズミは，消去訓練中に回避反応をすると逆に罰を与えた場合でも回避反応をやめず，自分から罰を受け続ける．この現象を**自己罰行動**（self-punitive behavior）と呼ぶ．

嫌悪刺激に対して逃避や回避が可能であることを**対処可能性**（controllability）[10]と呼ぶ．生体に対処が不可能な嫌悪刺激を与え続けると，やがて生体は胃潰瘍などのストレス疾患や学習性無力感[11]を示すようになる．

強化刺激はあらゆる反応を強化できるのではない．たとえば，鳥に粟を強化刺激としてキーつつき反応を学習させることができるが，止まり木に乗る反応を学習させることはできない．しかし仲間のさえずりの声を強化刺激とすると，止まり木に乗る反応を学習させることができるが，キーつつき反応を学習させることはできなくなる．このように，強化刺激と反応の組み合わせには一定の生得的な制約条件がある．

従来の強化説はオペラント条件づけを反応-強化刺激関係

[9] たとえば，嫌悪刺激が電気ショックであればネズミは攻撃する，身を縮める，逃げるなどの反応をする．

[10]「V-73 ストレス」の項を参照．

[11]「Ⅲ-57 学習性無力感」の項を参照．

の学習（レバー押し反応→餌）ととらえてきたが，プリマックは反応－反応関係の学習（レバー押し反応→餌を食べられる）ととらえ直す強化の反応説を唱えた．たとえば，オマキザルのチコの反応生起率が高い（好む）行動は，レバー押し反応(L)＞ドア開け反応(D)＞プランジャー引き反応(P)の順であった．そこで，PをするとDができる，またはPをするとLができるという随伴性を設定すると，どちらの場合もチコのP反応は増加した．また，DをするとLができるという随伴性を設定してもチコのD反応が増加した．しかし，それ以外の組み合わせでは行動は増加しなかった．この結果から，彼は「より生起率の高い反応は，より生起率の低い反応を強化できる」とする**強化のプリマック説**[12]（Premack theory of reinforcement）を唱えた．2つの反応の生起率をあらかじめ測定すれば，そのときの相対的な強化力の関係が予測できるのである．また，プリマックはこれを敷衍して，「より生起率の低い反応は，より生起率の高い反応を罰することができる」とするプリマックの罰の原理を唱えた．たとえば，親から見ると「勉強を1時間したらゲームを1時間してよい」というのはご褒美（強化）であるが，子どもから見ると「ゲームをするためには勉強をしなければならない」ので罰であり，勉強嫌いの子どもはゲームを我慢する．

　しかし，反応を制限すると，強化する反応と強化される反応との関係は入れ替わる．たとえば，水を一時的に制限された動物は，水を飲むためには余計に走る．運動を一時的に制限された動物は，走る機会を得るためには余計に水を飲む．この結果から，ティンバーレイクとアリソンは「自由に反応できたときの生起率に比べて反応の機会が制限された反応は，より制限の少ない反応を強化できる」とする**反応制限説**（response deprivation theory）[13]を唱えた．　　　〔浜村〕

12) Premack, D., 1965, Reinforcement theory. In D. Levine (Ed.), *Nebraska Symposium on Motivation*. University of Nebraska Press.

13) 現在では，反応制限説が最も適切な強化理論であると考えられている．
Timberlake, W. & Allison, J., 1974, Response deprivation : An empirical approach to instrumental performance. *Psychokogical Review*, **81**, 146-164.

【参考文献】
レイノルズ，G. S., 浅野俊夫訳, 1978, オペラント心理学入門：行動分析への道. サイエンス社.
メイザー，J. E., 磯博行・坂上貴之・川合伸幸訳, 2008, メイザーの学習と行動. 日本語版第3版, 二瓶社.

III-53 高次学習
Higher-Order Learning

図53-1 チンパンジーが代用貨幣を穴に入れると、干しぶどうが出てくる「自動販売機」

たとえば、音（条件刺激：CS）と餌（無条件刺激：UCS）の間に唾液反応の古典的条件づけ[1]が形成されている場合、音（CS1）と光（CS2）を対提示することによって、光について唾液反応を条件づけることができる。これを**二次条件づけ**（secondary conditioning）と呼び、もとの古典的条件づけを**一次条件づけ**（primary conditioning）と呼ぶ。二次条件づけは、一次条件づけと比較して条件反応（CR）が弱く、**反応潜時**（response latency）[2]も長いことが知られている。また、二次条件づけの訓練中に、間欠的に一次条件づけの対提示を挿入しないと、二次条件づけはしだいに消失する。二次条件づけの強さの規定要因としては、一次条件づけの対提示の回数や、二次条件づけの対提示の時間的な関係などが考えられている。このように、あらかじめ条件づけが形成されている刺激と新たな刺激を対提示することによって形成される条件づけを一般に**高次条件づけ**（higher-order conditioning）[3]と呼ぶ。

二次条件づけは古典的条件づけにおいてだけではなく、道具的条件づけ[4]においても観察されている。この場合、一次強化刺激として報酬を用いるものを**二次的報酬訓練**（secondary reward training）、電気ショックのような嫌悪刺激を用いるものを**二次的逃避／回避訓練**（secondary escape/avoidance training）と呼んで区別している。

高次条件づけはヒトや動物に見られる行動の連鎖（behavioral chain）の基本的なメカニズムの一つであるといえる。たとえば、チンパンジーを被験体として用いた代用貨幣

---

1) 「III-47 古典的条件づけ」の項を参照.

2) 反応潜時は、刺激が提示されてから反応が生じるまでにかかる時間を示す.

3) 一次条件づけで餌をUCSとした場合には二次条件づけまでしか形成できないが、一次条件づけで電気ショックをUCSとした場合には、三次条件づけの形成まで可能であるといわれている.

4) 「III-48 道具的条件づけ」の項を参照.

5) Wolf, J. B., 1936, Effectiveness of token-rewards for chimpanzees. *Comparative Psychological Monographs*, 12.

(token reward) の実験がある（図53-1）. ウォルフ[5]は，あらかじめチンパンジーに，コインを投入すると干しぶどう（一次強化刺激）が出てくる「自動販売機」の操作を学習させた（**一次強化**；primary reinforcement）. コインの色によって報酬の量を変化させると，チンパンジーはコインの中から報酬量の多いものを集めるようになった. 本来コイン自体は報酬としての価値をもたないが，条件づけによってコインが報酬価を獲得して二次強化刺激になったために，チンパンジーがコインを集めるようになったと考えられる. また，コインを報酬として，他の反応を強化する（**二次強化**[6]；secondary reinforcement）こともできる. このような，条件づけによって獲得された動因を**獲得的動因**[7]（acquired drive）と呼ぶ.

ファンティーノとレイノルズ[8]はネズミにおいて，音（CS）提示下でのレバー押しと餌の対提示を一次条件づけとして，非常に複雑な行動の連鎖が形成できることを示している（図53-2）. スタート手がかりである照明が点灯すると同時に，ネズミは螺旋階段を登って実験装置の2階部分に入り，バネでつり上がっている橋に乗ってこれを下げて渡る. そして，到達した次のプラットフォームでは前足で鎖を引いて台車をたぐり寄せ，台車を動かして対面するプラットフォームに渡る. さらに次の階段を上って装置の3階部分に登り，チューブをくぐり抜けてエレベータに乗り，そこでチェーンを引いて旗を立てると，エレベータが装置の1階部分に降りる. その後ブザー（CS）が鳴り，レバーを押すと餌が得られる. 再び照明が点灯し，この行動の連鎖が繰り返される. この実験では異なる行動の連鎖が形成されているが，同じ行動の繰り返しによっても行動の連鎖が形成されることが明らかにされている[9].

上述のように条件づけによる随伴性形成によって，動物でも複雑な行動連鎖の形成

6) 一次強化によって強化機能を獲得した刺激，つまり二次強化刺激によって，新たな反応を強化すること. ここでは，干しぶどうによって，コインを自動販売機に入れるという行動を強化することが一次強化であり，たとえばコインを獲得するために特定の作業を行なわせることが二次強化といえる.

7) 「V-72 獲得的動因」の項を参照.

8) Fantino, E., & Reynolds, G. S., 1975, *Introduction to Contemporary Psychology*. Freeman & Company.

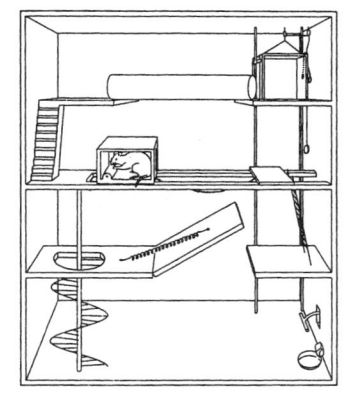

図53-2 **ファンティーノとレイノルズの実験装置**（Fantino & Reynolds, 1975）[8]

が可能であることが示された．しかし，ヒトに見られる他の動物とは比較にならない多様な行動の連鎖は条件づけだけで説明可能であろうか．たとえば，サルに円と四角形の図形を提示し，一方の図形を選択した場合に餌を与える弁別学習[10]をさせる．この学習が完成したら，次に異なる図形のセットに移行し，再び弁別学習を行なわせる．このように図形の組み合わせを異なるものに変えて，図形の弁別学習を繰り返してゆくと，学習達成までの試行数が減少し，ついには図形を変えてもすぐに学習できるようになる．これは「一つの図形を選択して餌が出なければ，別の図形を選択すればよい．」という規則を学習したことによると考えられる．このような規則に従って行なわれる行動を**ルール支配行動**（rule governed behavior）と呼ぶ．随伴性が個体独自の経験の積み重ねであるのに対して，ルールは他の個体と共有が可能であるという特徴をもつ．ヒトは言語を介して，非常に多数のルールを共有することによって，きわめて多様な行動の連鎖を形成できるのであろう．

9) Kelleher, R. T., 1966, Conditioned reinforcement in second–order schedules. *Journal of the Experimental Analysis of Behavior*, **9**, 475-485.

10) 「III-48 道具的条件づけ」の項を参照．

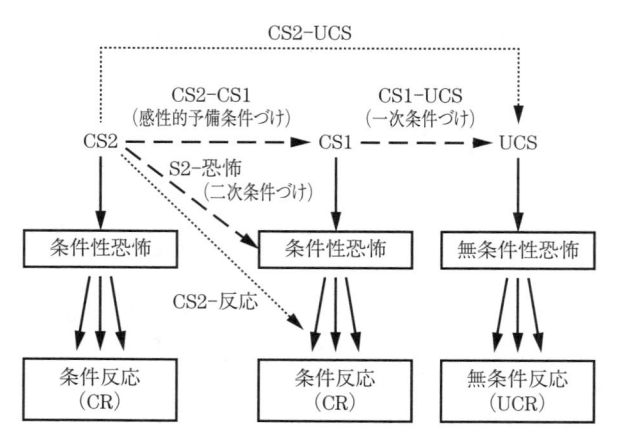

図 53-3　一次条件づけに恐怖条件づけを用いた場合の高次条件づけにおいて形成される連合についての仮説（Gewirtz et al., 2000[14]より改変）
太い破線は一次条件づけ（CS1-UCS は CS1 と UCS の連合を示す．以下同様），二次条件づけ（CS2-UCS 連合），および感性的予備条件づけ（CS1-CS2 連合）の検索（retrieval）過程において活性化される表象．細い破線は二次条件づけの検索過程において活性化されると考えられる表象．

これまで一次条件づけを基盤とした高次学習について見て来たが，必ずしも一次条件づけが先行しなくても高次学習は成立する．二次条件づけの現象は，条件づけが成立しているCSがCSとしての機能だけではなく，UCSとしての機能も果たしうることを示しているといえる．これに対して，UCSを伴わずに対提示された2種の刺激の間にも，学習が成立しうることを示す現象がある．ブログデン[11]は，たとえば，まず音と光のような2種類の刺激の対提示を繰り返し（予備条件づけ），次に一方の刺激（たとえば音）に対して条件づけを形成すると，UCSとは対提示されていない他方の刺激（光）でテストを行なってもCRが生起することを見いだした．この現象を**感性的予備条件づけ**（sensory preconditioning）と呼ぶ．この場合，光はUCSと対提示されていないので，光に対するCRは条件づけの結果とは考えられず，また光と音の対提示を行なわなければ光に対するCRは生じないことから，**刺激般化**（stimulus generalization）[12]とも異なっている．感性的予備条件づけにおいては，UCSと直接対提示されない刺激が，CSの**表象**（representation）[13]を喚起し，UCSの到来を**予測**（prediction）するためにCRを生起すると考えられる．このように感性的予備条件づけは，二次条件づけとは異なるメカニズムによる高次学習と考えられる．近年では，一次条件づけ，二次条件づけおよび感性的予備条件づけを別種の条件づけととらえて，これら3種の条件づけによって，情動学習や記憶の神経機構を解明しようとする研究もある[14]．　　　　　　　　　　　　　　　〔山田〕

11) Brogden, J. B., 1939, Sensory preconditioning. *Journal of Experimental Psychology*, **25**, 323-332.

12) 「Ⅲ-47 古典的条件づけ」の項を参照．

13) 「Ⅶ-92 概念形成」の項を参照．

14) Gewirtz, J. C., Davis, M., 2000, Using Pavlovian conditioning paradigms to investigate the neural substrates of emotional learning and memory. *Learning and Memory*, **7**, 257-266.

【参考文献】
パブロフ，I. P., 川村浩訳，1975, 大脳半球の働きについて：条件反射学．岩波文庫．
Rescorla, R. A., & Wagner, A. R., 1972, A theory of Pavlovian conditioning: Variations in the effectiveness of reinforcement and nonreinforcement. In Black, A. H., & Prrokasy, W. F. (Eds.), *Classical Conditioning II: Current research and theory*. (pp. 64-99), Appleton-Century-Crofts.(富田達彦訳，1980，イェール学派の学習理論．早稲田大学出版部．)
廣中直行編著，2004, 実験心理学の新しいかたち．下山晴彦（企画・編集）心理学の新しいかたち　4，誠信書房．
本吉良治編著，1995, 心と道具：知的行動から見た比較心理学．培風館．

学習曲線

Learning Curve

Ⅲ-54

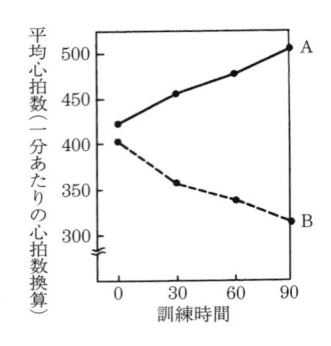

図54-1 ラットの心拍数のオペラント条件づけにおける学習曲線（Miller & DiCara, 1967）[1]
Aは心拍数を増加させた場合に報酬が与えられたラットの学習曲線であり，Bは心拍数を減少させた場合に報酬が与えられたラットの学習曲線

学習曲線（learning curve）とは，動物や人の学習（古典的条件づけ，オペラント条件づけ，**運動学習**；motor learning や **暗記学習**；rote learning など）において，試行が増すとともに学習が進行していく過程を図示したものである．

一般に学習曲線では横軸に時間の経過，または試行数をとり，縦軸に学習反応の割合や強さ，正解率をとって表わす．たとえば図54-1は，時間の経過とともに条件反応の成立していく過程を示したものである．

こうした学習曲線には大きく分けて3つのタイプがあるとされる．一つは図54-2（a）に示すような**正の加速曲線**（positively accelerated curve）であり，これは試行が増すとともに学習反応の増し分が大きくなる場合に見られる．2つ目は図の（b）に示した**負の加速曲線**（negatively accelerated curve）であり，これは始めに急速に学習が進むものの，後になるほど学習反応の増し分が減少する場合に見られる．もう一つは図（c）に示すような**S字型曲線**（S-shaped curve）であり，これは学習の前半には正の加速曲線を描き，後半には負の加速曲線を描くものである．

（b）は学習が容易である場合に見られる曲線であり，こうした場合は生理的限界などのために成績は比較的早く頭打ちとなる．（a）は学習が困

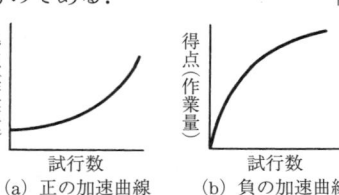

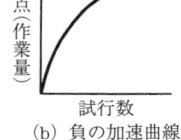

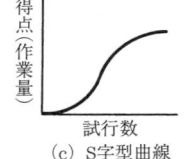

(a) 正の加速曲線　(b) 負の加速曲線　(c) S字型曲線

図54-2　学習曲線のタイプ

1) Miller, N. E. & DiCara, L., 1967, Instrumental learning of heart rate changes in curarized rats: Shaping, and specificity to discriminative stimulus. *Journal of Comparative and Physiological Psychology*, 63, 12-19.

難であるものの，動機づけが十分な場合，困難を克服して徐々に学習が進む場合に見られる．一方学習の初期には学習がなかなか進まないために正の加速曲線を描くものの，学習材料に慣れて学習の構えもできてくると負の加速曲線を描くようになるのが（c）であり，一般にはこのタイプが最もよく見られる．なお，(b) と (c) では学習の終わりごろになると，試行を増しても学習反応の増加がほとんどなくなってしまうが，この状態は**プラトー**（高原）(plateau) 状態と呼ばれる．

学習曲線はこのように個体データで示す場合と，各個体をまとめて全体データで示す場合がある．全体データで示す場合には個体間に学習速度の差があり，単純に加算することには問題があることから**ヴィンセント曲線**（Vincent curve）と呼ばれるものが用いられる[2]．

図54-3は人の運動学習でよく見られる学習曲線であり，水泳の技能の伸びを示したものである．ここではいったんプラトーに達した段階から再び急速な技能の伸びが見られているが，これは途中から新しい泳法を身につけたために可能になったものである．ワープロの打ち方を学ぶ場合を考えてみても同じことがいえる．すなわち始めは1字ずつ打つことを学習し，それが十分うまくできるようになるとプラトー状態になり，それ以上速く打つことがなかなかできなくなる．ところが単語単位で打つことを学ぶと，打つ速さはまた急速に伸び，プラトー状態を脱することができる．この単語単位で打つ方法で次のプラトーに達しても，句や文単位で打つ方法を習得すれば，タイプ打ちの速さはさらに大きく伸びることになる．

人の暗記学習においては，いくつかの項目（一般には単語）を一定の順序で提示した

2) 各個体が学習を完成させるまでにどれだけの試行数が必要であったのかを調べ，それを100%とした上で，学習全体の中で何%の試行数のところでは，それぞれの個体がどれだけの成績を示したのかを多くの個体について平均して図示するもの．

3) Stanger, R. & Solley, C. M., 1970, *Basic Psychology*. McGraw-Hill.

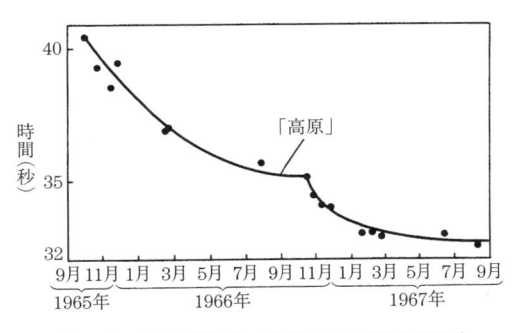

図54-3 人の運動学習（水泳）における学習曲線
(Stagner & Solley, 1970)[3]
縦軸にタイムがとってあるため，学習曲線は図54-2とは逆に漸減曲線となっている．

後で，順序にかかわりなくできるだけたくさん思い出すように求めると，提示された順序によって項目の再生されやすさに差のあることが示されている．これは**系列位置効果**（serial position effect）と呼ばれる．図54-4の再生率を示した曲線に表わされるように，一般に系列の始めの数項目は真ん中の項目に比べてかなりよく再生される．こうした現象は**初頭効果**（primacy effect）と呼ばれる．また一般に系列の最後の数項目は最もよく再生され，こうした現象は**新近性効果**（recency effect）と呼ばれる[5]．

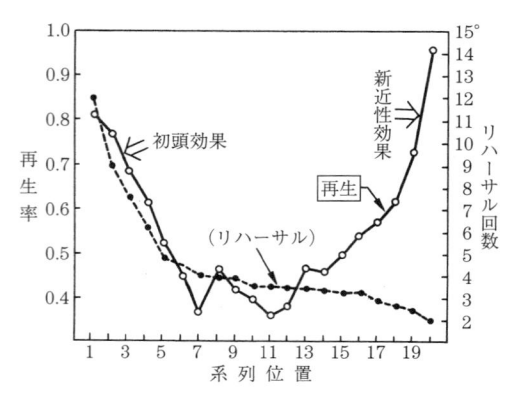

図54-4　系列位置による再生率とリハーサル数の違い（Rundus, 1971）[4]

4) Rundus, D., 1971, Analysis of rehearsal process in free recall. *Journal of Experimental Psychology*, **89**, 63-77.

5) 新近性効果は，刺激項目を視覚的に提示した場合の方が，聴覚的に提示した場合より大きいことが明らかにされている．

　それではどうしてこのような効果が生じるのであろうか．刺激を提示し終えた後の再生までの間に，3桁の数字から次々に3ずつ引き算していくというような妨害課題を与えると，新近性効果はなくなってしまうことが明らかにされている．この操作によって項目リストの最後の数項目が最も影響を受けるということは，新情報を直ちに利用できるという**短期記憶**（short-term memory：STM）が影響を受けているということになり，新近性効果は学習後に続いている短期記憶にもとづくものであると考えられる．一方，学習中被験者に声を出して憶えるように教示すると，図54-4に示すように，始めの数項目の**リハーサル**（rehearsal：反復復唱）が最も多いことが示されている．つまり，系列の始めの数項目は繰り返しリハーサルされるために，確かな**長期記憶**（long-term memory：LTM）になると考えられ，初頭効果は長期記憶のより安定した部分を反映していると考えられる．さらに系列の長さをいろいろ変えて系列位置効果を調べてみると（図54-5），新近性効果には影響が出ないものの，初頭効果とリスト中間の再生率には影響が表われる．この結果からも，両効果はリストの最初の部分と最後の部分が異なった記憶貯蔵

（長期記憶と短期記憶）から想起されるために生じたものということができる．

人の学習では**全習法**（whole method）と**分習法**（part method）のどちらの学習効果が大きいのかについていろいろな研究がなされている．全習法とは，記憶材料全部を憶えるまで，一度に学習

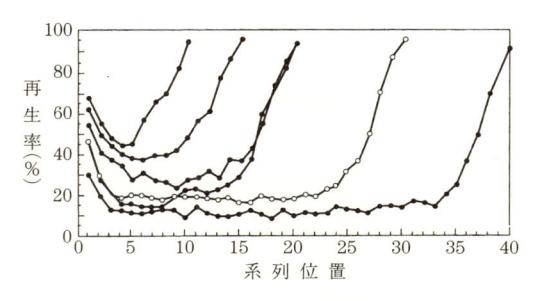

図54-5　系列の長さをいろいろ変えた場合の系列位置効果（Murdock, 1962）[6]

するというものであり，分習法とは材料をいくつかに分けて学習する，またはステップごとに進むというものである．たとえばピアノの練習で一曲全体を通して練習するのが全習法であり，各小節ごとに分けて練習するのが分習法である．どちらがより効果的であるのかは種々の条件により異なってくる．一般にまとまりのある学習材料の場合には全習法が，ばらばらな材料を機械的に暗記するというような場合には分習法が効果的であるとされる．これによく似た言葉に**集中学習**（massed learning）と**分散学習**（distributed learning）という言葉がある．休みをほとんど取らず，連続的に学習するのが前者であり，休みを多く取りながら，長期にわたって学習するのが後者である．どちらが能率的であるのかは学習内容により一概にいえないが，一般的には分散学習の方が能率的である．　　　　　　　　　　　　　　　〔渡邊〕

6) Murdock, B. B. Jr., 1962, The serial position effect of free recall. *Journal of Experimental Psychology*, **64**, 482-488.

【参考文献】
篠原彰一, 1998, 学習心理学への招待：学習・記憶のしくみを探る. サイエンス社.
実森正子・中島定彦, 2000, 学習の心理：行動のメカニズムを探る. サイエンス社.
山本　豊, 2008, 学習・教育. キーワード心理学シリーズ2, 新曜社.

Ⅲ-55
学習の転移
Transfer of Learning

学習の転移（transfer of learning）とは，ある学習をすると，そのことが別の学習事態に何らかの影響を及ぼすことをいう．この転移の問題は19世紀における，「教育は形式陶冶であるべきか，実質陶冶であるべきか」という論争から始まっている．中世以来のヨーロッパの教育は，ラテン語や数学などの基本的科目を学習することにより，推理力や記憶力のような一般的能力が養われ，それが実生活にも役立つという形式陶冶の立場に立って行なわれてきた．しかし教育の現場では，実生活に必要な内容をそのまま教えるべきであるとする実質陶冶の主張も強くなっていた．ジェームズ[2]は詩の記憶の練習をすることで，記憶能力そのものが向上するかどうかを実験的に調べたところ，そのような事実はないことを見いだし，形式陶冶の考えを否定した．しかし学習は一定の条件で転移することも事実であり，転移の問題はむしろどのような条件では，どのような転移があるのかを分析する研究に移っていった．

ここでは心理学の実験でよく用いられる事態である**鏡映描写**（mirror drawing）を例にとって，学習の転移について説明する．この実験は図55-1 (a) に示すような装置（鏡映描写器）を用い，被験者に鏡に映っている図形（星型がよく用いられる）と，その図形上の自分の手の鏡映像を見て，その図形をなぞってもらうというものである．鏡映像では上下が逆になっており，被験者にとって最初は正しく図形をなぞる

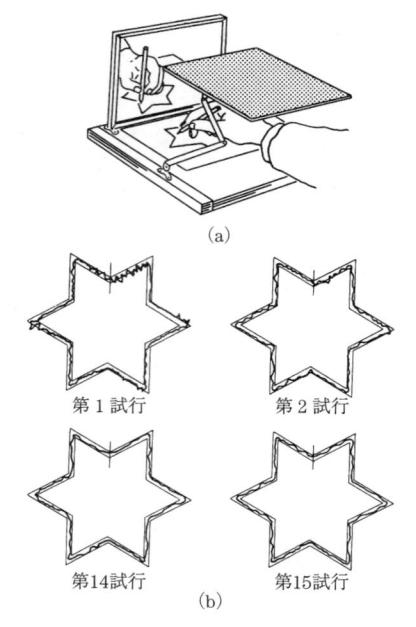

図55-1　鏡映描写器（A）と鏡映描写の上達過程（B）（メドニック，八木冕訳，1966)[1]

1) メドニック，S. A.，八木冕訳，1966，学習．現代心理学入門8，岩波書店．

2) James, W. (1842-1910)「Ⅵ-82 ジェームズ・ランゲ説」の項を参照．

のが大変困難である．しかし徐々に新しい感覚－運動協応を形成して，正しくかつ速くなぞることができるようになる．ここで右手を使って十分うまくできるようになった後に左手を使ってみると，始めから左手でこの作業をするよりもはるかに容易に，速くかつ正しくなぞることができるようになる．この場合鏡映描写をする技能が右手から左手に転移したという．なおこのような体の一側で行なった学習が他の側に波及する場合を特に**両側性転移**（bilateral transfer）と呼ぶ．

学習の転移は，先の学習が後の学習に促進的に作用する**正の転移**（positive transfer）と，先の学習が後の学習に阻害的に作用する**負の転移**（negative transfer）の2種類に分けられる．たとえば卓球の経験があるとバドミントンの上達が早くなるような場合や，上に述べたような鏡映描写における両側性転移などは正の転移の例である．一方，軟式テニスの経験があると，硬式テニスをやろうとするとき，少なくとも一時的にラケットの握り方で苦労するような場合は，負の転移が起こったという．

私たちが何かを学習するときには，何らかのかたちでそれまでに学習してきたものが影響を及ぼすと考えられ，そういう意味ではどんな学習も学習の転移の要素があるといえる．次にはそのことに関連して，いくつもの異なった学習を行なった後に起こる転移の問題について述べることにする．

同じ系列の学習課題をいくつか経験すると，個々の学習課題の習得はしだいに容易になる傾向にある．これは経験のなかで「学習の仕方」を学ぶためと考えられ，これを特に**学習セット**（learning set：学習の構え）が形成されたという．ハーロー[3]はこの問題について詳しく調べるために，サルの弁別学習[4]では最もよく用いられる**ウィスコンシン汎用検査装置**（Wisconsin General Testing Apparatus：WGTA，図55-2参照）を用いて，アカゲザルに344種類の視覚弁別学習をさせている．弁別対は球や立方体のような3次元物体であり，同じ問題内では2つの弁別物体が左右ランダムに提示される．サルは一方の弁別物体を選べば報酬として物体の下にある餌を得ることができる．ここで始めの32問題は予備的

3) Harlow, H. F. はサルの弁別学習の標準的なテスト装置であるWGTAを開発したことで有名である．学習セットに関する研究のほかにも隔離飼育の研究（「Ⅲ-46 初期学習」の項を参照）や代理母ザルを用いて，子ザルの母親に対する愛着の研究を行なっている．また，前頭葉破壊の行動に及ぼす影響を調べた研究でも知られている．

4) 「Ⅲ-50 般化と弁別」の項を参照．

弁別問題であり，各問題につき50試行ずつ行ない，次の200問題は6試行ずつ，そして最後の112問題は9試行ずつ行なっている．各問題の最初の6試行についての正試行の割合を示したのが図55-3である．始めの8問題では正答率が徐々に上がっており，ここでは試行錯誤型の学習が起こっていると考えられる．一方学習の最後になると，第二試行（第一試行ではどちらの弁別物体が正刺激なのかはわからないわけであり，サルの反応が正しいか否かは偶然によって決まり，正解率は50％となる）の正反応率は95％以上になっている．すなわち，始めは各弁別課題で高い正答率を得るようになるまでには数多くの試行数を要するものの，幾種類もの弁別課題を経験するにつれて，それぞれの弁別学習における**問題内学習**（intraproblem learning）が完成するまでの試行数は徐々に減少する．そして200種類ぐらいの弁別課題を経験した後では，新しい課題においても1試行の経験をするだけで，第二試行には95％以上の正解率で反応できるようになることがわかる．これはサルが「win-stay, lose-shift」というストラテジーを身につけ，正解であればその対象を選び続け，誤りであれば別の対象を選ぶようにするという**問題間学習**（interproblem learning）をした，言いかえれば**学習の学習**（learning to learn）をしたために可能になったと考えられる．なお，この学習セットを形成する能力は動物の系統発生的な順序におおよそ対応しており，高等な動物ほどこれを形成する能力が発達している（図55-4）．

逆転学習（reversal learning）は2つの対象のうちのどちらかが正で他が負であるという学習を動物にさせた後に，対

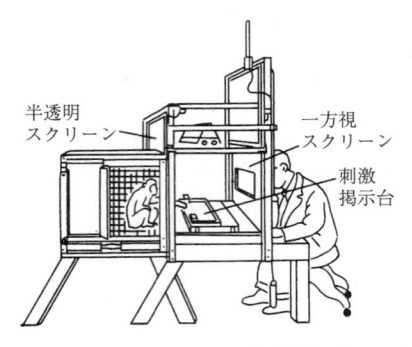

図55-2　ウィスコンシン汎用検査装置（WGTA）(Harlow, 1949)[5]

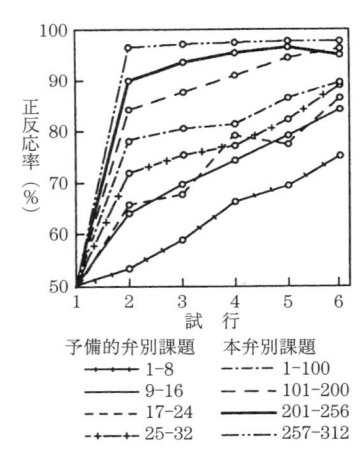

図55-3　学習セットの形成過程 (Harlow, 1949)[5]

予備的弁別課題：1-8，9-16，17-24，25-32
本弁別課題：1-100，101-200，201-256，257-312

5) Harlow, H. F., 1949, The formation of learning sets. *Psychologial Review*, **56**, 51-65.

象の正負を逆転し，前に正であったものが負に，前に負であったものが正になる課題を学習させるものである．1つの弁別課題の逆転学習が完成した後に，別の弁別学習をさせ，それが完成したらその弁別対についても逆転学習をさせる，ということを続けると，動物はしだいに**逆転学習のセット**（reversal learning set）を形成し，新しい弁別課題の逆転第二試行での正解率がどんどん上昇していく．

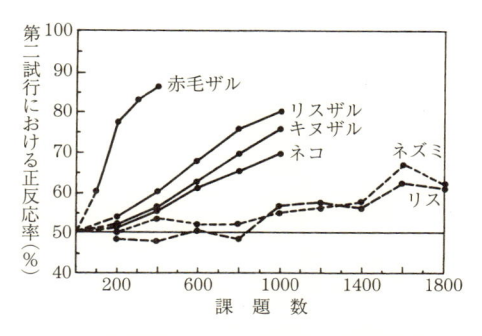

図55-4 動物種の違いによる学習セット形成能力の違い (Miles, 1973)[6]

　一方，特定の弁別対の弁別学習につき，いったん逆転学習をした後で再度正負を逆転し（正負の関係は原学習と同じになる），それができるようになったらまた逆転するというように，何度も逆転する場合を**連続逆転学習**（serial reversal learning）と呼んでいる．サルにこれを課す場合，逆転が起こってからその学習が完成するまでに要する試行数は，逆転のたびに徐々に少なくなっていき，最後には逆転の第一試行を経験すれば，サルは第二試行目から新しい逆転課題で95％以上の正解率で反応することができるようになる．これは「いままで正であったものが負になったら，これまでの関係を逆転して反応すればよい」という逆転学習のセットが形成されるからであると考えられる．　　　　〔渡邊〕

6) Miles, R. C., 1973, Animal leaning : An overview. In B. B., Wolman（Ed.）, *Handbook of General Psychology*, Prentice-Hall.

【参考文献】
メイザー，J. E., 磯博行・坂上貴之・川合伸幸訳, 2008, メイザーの学習と行動. 日本語版第3版, 二瓶社.（Mazur, J. E. 2006, *Learning and behavior*. Sixth Edition, Upper Saddle River, NJ : Prentice Hall.）
山本豊, 2008, 学習・教育. キーワード心理学シリーズ2, 新曜社.
山内光哉・春木豊編, 2001, グラフィック学習心理学：行動と認知. サイエンス社.

III-56 カテゴリー学習
Category Learning

表56 カテゴリーの典型性の評定 (Rosch, 1975)[13]

果物		鳥		野菜	
オレンジ	1.07	コマドリ	1.02	ニンジン	1.15
スイカ	2.39	ミソサザイ	1.64	ホーレン草	1.22
トマト	5.58	ダチョウ	4.12	パセリ	3.32

被験者に7件法で評定させた．数字が小さいほど「典型的な」事例である

　「木」の**概念**[1]（concept）とは多くの個別事例（杉，松，桜など）から共通要素を抽出したものである．知識は主に概念と概念の特定の関係として表わされる．たとえば，「木」「高い」という2つの概念から「木は高い」という命題的知識ができる．

　概念には「カタカナ」のようにカテゴリーの成員をすべて列挙できるもの（外延的説明）や，「三角形」のように内包[2]を正確に定義できるもの（内包的説明）もあるが，「美」のようにカテゴリーに属する事例をいくつか列挙することはできても，内包を明確に定義できないものもある．このような概念はカテゴリー境界が曖昧で，カテゴリーの幅[3]にも個人差がある．また，人は「明日の仕事」のように，即興で任意のアドホック・カテゴリーを作ることもできる．

　概念は「三角形とは〜である」という内包を直接学ぶことによっても学習されるが，個別事例をもとにした**弁別学習**[4]（discrimination learning）によっても学習される．たとえば，ハーンシュタイン[5]はハトをスキナー箱[6]に入れ，80枚の写真を1枚ずつ提示した．「木」が一部でも含まれている写真は正刺激S^+で，ハトが反応キーをつつくとVIスケジュール[7]で強化した．「木」が含まれていない写真は負刺激S^-で，ハトが反応キーをつついても強化しなかった．ハトは数日のうちに正負の弁別を学習し，般化テスト[8]では初めて見る写真を提示しても「木」が写っているかどうかを正しく弁別できた[9]．

　渡辺茂[10]は同様の手続きで，ハトに人工的なカテゴリーの印象派絵画（モネ）と抽象画（ピカソ）の弁別を教えること

1) 「Ⅶ-92 概念形成」の項を参照．

2) その概念の成員に共通な属性の集合．三角形の内包は「同一直線上にない異なる3点とそれを結ぶ3本の直線からなる多角形」である．

3) どこまでがそのカテゴリーの成員に含まれるかという範囲．

4) 「Ⅲ-50 般化と弁別」の項を参照．

5) Herrnstein, R. J. 1979, Acquisition, generalization, and reversal of natural concept. Journal of Experimental Psychology: Animal Behavior Processes, **5**, 116-129.

6) 「Ⅲ-48 道具的条件づけ」の項を参照．

7) 「Ⅲ-51 強化スケジュール」の項を参照．

8) 般化テストとは，弁別訓練時に提示していない新しい刺激を非強化で提示し，生体が

ができた．般化テストでは，ハトはモネとピカソの初めて見る絵だけでなく，他の印象派絵画（ルノワール，セザンヌ）と抽象画（マチス，ブラック）の絵も正しく弁別できた．

カテゴリー学習（category learning）によって何が獲得されるのだろうか．ヴォーン[11]は40枚の「木」の写真を2組用意し，一方をS^+，他方をS^-にしてハトに弁別学習を行ない，数日おきにS^+とS^-を逆にした．ハトはまもなく，ある組の写真の初めの数枚が強化されると残りの写真にも反応し，強化されないと残りの写真にも反応しなくなった．ハトは弁別学習によって2つのカテゴリーを弁別できるようになっただけでなく，同一カテゴリーの写真には同じように反応する**等価セット**（equivalence set）を学習したのである．同一カテゴリーに属する刺激は同じ意味をもつという**刺激等価性**（stimulus equivalence）は言語学習の基礎であると考えられる．

また，活字や手書きの文字にはさまざまな字体があるが，人は容易にその文字を判断できる．この場合，人はカテゴリー学習によって「理想的な字の形」である**プロトタイプ**（prototype）を獲得したと考えられる[12]．これを刺激と照合し，プロトタイプとの類似性をもとに文字のパターン認識をしているのであろう（鋳型照合モデル）．

しかし，果物のカテゴリーの場合は「理想的な果物の形」はない．果物のカテゴリーにはリンゴやオレンジ，バナナのような典型的な成員があり，これをロッシュ[13]は**中心事例**（central instance）と呼んだ．オリーブやブラックベリーのような非典型的な成員は**周辺事例**（peripheral instance）である．果物というとまずリンゴなどを思い浮かべるように，人間の自然概念はふつう中心事例によって表象されており，この場合，典型性の評定は人々の間で比較的一致している．

〔浜村〕

【参考文献】
渡辺茂，1995，ピカソを見わけるハト：ヒトの認知，動物の認知．日本放送出版協会．

その刺激をS^+と判断するかS^-と判断するかを調べることで生体が何を学習したかを精査する方法である．

9) これらの写真は緑の葉が生い茂った木，紅葉した木，落葉した木，大きな木，小さな梢などさまざまで，木が写っている以外に共通点がないので，刺激般化で説明することはできない．

10) 渡辺茂，1995，ピカソを見わけるハト：ヒトの認知，動物の認知．日本放送出版協会．

11) Vaughan, W. 1988, Formation of equivalence sets in pigeons. *Journal of Experimental Psychology : Animal Behavior Processes*, **14**, 36–42.

12) プロトタイプと内包は一致しない．たとえば，「空を飛ぶ」というのは「鳥」のプロトタイプだと考えられるが，空を飛べない鳥（ダチョウ）もいるので，鳥の内包ではない．

13) Rosch, E. 1975, Cognitive representations of semantic categories. *Journal of Experimental Psychology : General*, **104**, 192–233.

III-57
学習性無力感
Learned Helplessness

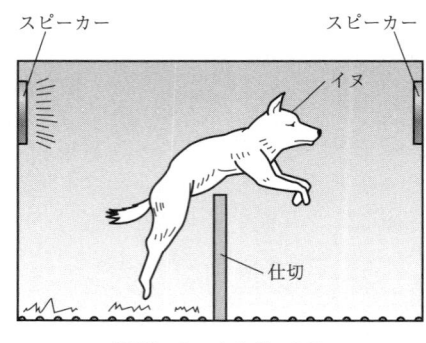

図57　シャトルボックス

　イヌを図57のように中央の仕切りで2部屋に分かれたシャトルボックスの一方の部屋に入れ，音（CS）－電気ショック（US）の対提示を行ない，イヌが隣の部屋に移動すると対提示をすぐ打ち切るようにすると，イヌはまもなく音を提示しただけで隣の部屋に移動し，電気ショックを回避できるようになる．これを**回避学習**（avoidance learning）と呼ぶ[1]．

　セリグマンら[2]は初め，イヌにあらかじめ音－電気ショックの古典的条件づけを教えておくと回避学習が促進されると考えた．しかし，実験結果は逆に，あらかじめ古典的条件づけを学習したイヌは，無抵抗にうずくまって電気ショックに耐えるだけで回避しようとはしなくなった．彼は，これはイヌが古典的条件づけで回避不能な電気ショックを経験したためだと考え，対処不可能な外傷を経験した生体は，後で似たような外傷体験に出会うと抑鬱と不安が優勢になり，対処反応の動機づけが低下するという**学習性無力感**（learned helplessness）の理論を唱えた．この現象は人間からゴキブリまで，多くの動物種で確かめられている．

　また，一定期間，ハトに反応と無関係に餌を与えた（餌をコントロールできない）後に，キーつき反応を餌で強化した場合も，餌をコントロールできない経験をもたないハトに比べて学習が遅れる．したがって，対処不可能な嫌悪刺激だけでなく，対処不可能な報酬も後続の学習を阻害することがわかる．

　対処不可能な環境にさらされると，生体は自分の反応と個々の強化の間に随伴性がないことを学習するだけでなく，

[1]「III-52 報酬と罰」の項を参照．

[2] Seligman, M. E. P., & Maier, S. F., 1967, Failure to escape traumatic shock. *Journal of Experimental Psychology*, **74**, 1-9.

　Overmier, J. B. & Seligman, M. E. P., 1967, Effects of inescapable shock upon subsequent escape and avoidance learning. *Journal of Comparative and Physiological Psychology*, **63**, 23-33.

それを一般化し，自分の反応は強化とは無関係である（反応—結果間の独立性）という**負の認知セット**（negative cognitive set）を作って固執するため，経験から学習する能力が低下する（認知的障害[3]）．これが学習性無力感の実験で後続のオペラント学習を妨害したと考えられる．

また，学習性無力感の動物は不安や体重減少のようなストレス反応，胃潰瘍などのストレス疾患[4]を示し（情動的障害），環境をコントロールしようとする動機づけが低下する（動機づけの障害）とともに，食欲，性欲，社会的欲求の減退を示す．学習性無力感は攻撃行動も減少させる．学習性無力感に陥ったネズミは電気ショックをかけても攻撃反応がほとんど起きなくなり[5]，イヌの場合は餌を争う競争にいつも負けるようになり，人間の場合は，被験者は「囚人のジレンマ」ゲームで賭をせずリスクを最小限にする降伏反応ばかり選ぶようになった．

イヌは対処不可能な電気ショックに1回さらされてから24時間以内にテストすると学習性無力感を示したが，1週間後にテストすると回避学習を遂行できた．しかし，対処不可能な電気ショックに4回さらされた場合は1週間後でも学習性無力感を示した．この結果は，学習性無力感の症状は時間経過とともに回復に向かうが，対処不可能な経験が強い場合は災害症候群のように長期間無力感を生じさせることを示している．

学習性無力感の治療や免疫には**対処可能性**（controllability）の経験をさせることが有効である．たとえば，学習性無力感のイヌをむりやり隣の部屋に移動させ，反応すれば電気ショックが止むことを何度も経験させると，イヌは自発的に電気ショックを回避できるようになる（直接療法）．また，あらかじめ別の場所で，電気ショックを回避する経験をさせておけば，イヌはたとえその後で対処不可能な電気ショックを受けても学習性無力感にはならない（**行動的免疫**；behavioral immunization）．イヌは過去に回避成功体験があるため負の認知セットを作らなかったと考えられる．

リヒター[6]は，野ネズミを温水プールに入れると60時間

3) Maier, S. F., & Seligman, M. E. P., 1976, Learned helplessness : Theory and evidence. *Journal of Experimental Psychology : General*, **105**, 3-46.

4) 「V-73 ストレス」の項を参照．

5) 1つの箱にネズミを2匹入れ，同時に電気ショックをかけると，ふつうネズミは互いに攻撃しあう．これをショック誘発性の攻撃行動（shock-induced aggression）という．

泳げるが，暴れなくなるまで手で押え付けてからプールに入れると短時間で溺れ，**突然死**（sudden death）してしまうことを見いだした．野ネズミの口ひげを切っても突然死が起こった．しかし，野ネズミを上の条件と同様に暴れなくなるまで手で押え付けた後，逃がしたり捕らえたりを2度繰り返してからプールに入れると突然死は生じなかった．彼はこの結果から，突然死の原因は手で押え付けたり口ひげを切られたりしたことによる無力感によると考えた．一時的にせよ逃げることができた野ネズミは行動的免疫を獲得し，学習性無力感に陥らなかったことを示している．

人間の突然死も無力感や絶望から生じるものが多いと考えられる．たとえば，エンジェル[7]は突然死が生じた状況を分析し，①愛する者の死，②突然のショック，③愛する者の喪失の恐怖，④服喪あるいは追悼記念祭，⑤地位と自尊心の喪失，⑥危機の間，⑦危機から救出されたとき，⑧幸福な終末の間，に分類している．

セリグマンは人間の**鬱病**（depression）と学習性無力感の症状には，①自発的反応の低下，②負の認知セット，③症状の時間的経過，④攻撃性の低下，⑤食欲・性欲・社会性の低下，⑥脳内ノルエピネフリンの減少などの共通点があることから，学習性無力感は鬱病の行動モデルになると考えた．

セリグマンの負の認知セットは反応—結果間の独立性に限定されていたが，エイブラムソンら[8]はこの考えを発展させ，鬱病の認知理論を提唱した．彼らは，人は自分に起きたさまざまな出来事の原因を自分なりに解釈する（**原因帰属**；attribution）が，その解釈の仕方にはその人なりの一貫した**帰属様式**（attributional style）があると考えた．帰属様式の個人差には，①自分の失敗の原因を自分の能力や努力の欠如，性格のような内的要因のせいにするか，環境や事故のような外的要因のせいにするか，②その要因は永続的なものか，一時的なものか，③その要因はどんな課題にも当てはまる全体的なものか，この課題にのみ当てはまる部分的なものか，がある[9]．学習性無力感をもちやすい人は失敗の原因を内的かつ永続的・全体的な要因に帰属するため，悲しみに襲

6) Richter, C. P. 1957, On the phenomenon of sudden death in animals and man. *Psychosomatic Medicine,* **19**, 191-198.

7) Engel, G. L. 1971, Sudden and rapid death during psychological stress, folklore or folkwisdom? *Annals of Internal Medicine,* **74**, 771-782.

8) Abramson, L. Y., Seligman, M. E. P., & Teasdale, J. D. 1978, Learned helplessness in humans: Critique and reformulation. *Journal of Abnormal Psychology,* **87**, 49-74.

9) たとえば，失恋の原因を自分の魅力のなさや性格のせいにしたならば，①内的，②永続的，③全体的な要因に帰属させたことになる．また，遅刻を目覚時計の故障のせいにしたならば，①外的，②一時的，③部分的な要因に帰属させたことになる．

われやすく，否定的かつ悲観的なものの見方をしがちで，鬱病になりやすいのである．学力不振児も悪い成績を努力不足のせいではなく，能力不足のせいにしがちなので，その結果，無力感に襲われやすくなる．

　また，ベックら[10]は，心の深層には発達過程で形成された認知のスキーマがあり，鬱病患者のスキーマには自己，環境，将来について否定的な見方をするという認知の歪みがあるとした．ベックはこれを**否定的認知の3要素**（negative cognitive triad）と呼ぶ．鬱病患者はこの結果，自分は不幸で生きていく価値がなく（自己），周囲は無理解で障害だらけで（環境），将来も暗く望みはない（将来）と考えがちである．これが患者の対人関係様式や思考パターン，行動パターンに影響する．その底には，患者が証拠も不十分なのに自分の思いつきを信じ込み，それに固執し（恣意的推論），何でも自分と関連づけ（自己関連づけ），そればかりを重視し（拡大視），すぐに白黒をつけようとする認知の歪みがある．したがって，認知療法ではこの否定的認知を変えるのが治療の焦点となるとする．

　鬱病患者は自分の行動によって環境を変えられない（無力感）という負の認知セットをもつだけでなく，エイブラムソンらやベックらのいう通り，それ以外のものに対しても否定的かつ悲観的なものの見方をする．しかし，それが鬱病の原因なのか結果なのかについては現在ではまだ明らかではない．

〔浜村〕

10）ベック，A. T. ほか，坂野雄二監訳，神村栄一ほか訳，1992，うつ病の認知療法．岩崎学術出版社．

【参考文献】
セリグマン，M. E. P.，平井久・木村駿監訳，1985，うつ病の行動学：学習性絶望感とは何か．
ピーターソン，C.・マイヤー，S. F.・セリグマン，M. E. P.，津田彰訳，2000，学習性無力感―パーソナル・コントロールの時代をひらく理論．二瓶社．
島井哲志，2006，ポジティブ心理学：21世紀の心理学の可能性．ナカニシヤ出版．
ベック，A. T. ほか，坂野雄二監訳，神村栄一ほか訳，1992，うつ病の認知療法．岩崎学術出版社．

III-58

行動分析

Behavior Analysis

図58-1　B. F. スキナー

　スキナー[1]（図58-1）は，新行動主義[2]の心理学者が習慣強度や動因，期待のように観察不能な仮説的構成概念を心理学に導入するのに反対し，心理学は客観科学の一員であり，科学の目標は予測と制御にあるので，心理学の研究対象を観察・測定・再現が可能なものに限るべきだと主張した．この立場を**徹底的行動主義**（radical behaviorism）と呼ぶ．彼はオペラント行動[3]を弁別刺激，反応，強化子（強化刺激）の**三項随伴性**（three-term contingency）の枠組みでとらえ，刺激と反応の関数関係について精力的に研究した（**行動分析**；behavior analysis）．行動分析には，行動を変容させる環境要因を実験によって明らかにする**実験的行動分析**（experimental analysis of behavior），実験的行動分析で得られた知見を臨床場面や教育場面，産業などに応用する**応用行動分析**（applied behavior analysis），および実験的には操作できない現実場面での随伴性を行動分析の枠組みから理論的に検討する**理論的行動分析**（theoretical behavior analysis）がある．

　それまでの研究では，主に統制群法[4]による群間比較によって仮説を統計的に検証してきたのに対し，行動分析ではABABデザインによる個体内比較を行なうことで個体の行動を変容させる要因を分析する．ABABデザインとは，①ベースライン期（A），②実験操作期（B），③ベースライン期（A），④実験操作期（B）の4つの期間を設け，同一個体に与える随伴性を順に変えて個体の行動の変化を測定し，実験変数の効果を調べる実験法である．図52-2（181ページ）はこれを用いて罰の効果を測定した実験の例で，少数の被験体

1) 「I-6　行動主義」の項を参照．

2) 「I-6　行動主義」の項を参照．

3) 「III-48　道具的条件づけ」の項を参照．

4) 統制群法とは，特定の実験操作が与えられる被験者のグループ（実験群）と与えられない被験者のグループ（統制群）を設け，両群の結果の差を統計的に分析して実験操作の有効性を検証する実験法である．たとえば，図52-2の罰の効果を統制群法を用いて研究するには，①罰を与えられない統制群，②弱い罰を与える群，③中ぐらいの罰を与える群，④強い罰を与える群の4群を設ける．各群ともかなりの数の被験体を用いなければ統計的に有意な結果を得ることができない（「I-15　心理統計」の項を参照）．

だけで実験変数の効果を検証できる特長がある．

　スキナーは生体の行動を，生体が自発した行動である**オペラント**（operant）行動[5]と，古典的条件づけの CR や UR のように刺激によって誘発された行動である**レスポンデント**（respondent）行動[6]に分類した．オペラントは特定の筋肉運動によって定義されるものではなく，外界に与える効果によって定義される反応のクラスである．たとえば，ドアを右手で開けるのと肩で押して開けるのは，筋肉運動は異なるが同じ結果を生む（ドアが開く）ので同じオペラントである．スキナーは生体のすべての行動はオペラントとレスポンデントに分類できると考えた．しかし，ステッドン[7]は，部分強化スケジュール[8]における強化直後の時期のように次の強化の生起頻度が最も低い時期に特徴的に生じる攻撃，飲水，走行，逃避などの行動[9]は強化の随伴性とは無関係で，他の反応の生起率が低下した結果，生得的に生起しやすい行動が生じたものであるとし，これを**付随行動**（adjunctive behavior）と呼んだ．付随行動はオペラントでもレスポンデントでもない第3の行動と考えられる．

　なお，応用行動分析では，**行動変容**（behavior modification）のためのアセスメント，すなわち対象者の問題行動を弁別刺激，反応，強化子の三項随伴性の文脈で分析し，治療目標を設定し，問題行動を強化している強化子を特定し，望ましい行動を強化する強化子を選択することを行動分析と呼んでいる[10]．　　　　　　　　　　　　　　　〔浜村〕

【参考文献】
スキナー，B. F., 河合伊六他訳, 2003, 科学と人間行動. 二瓶社.
スキナー，B. F., 岩本隆茂他訳, 1996, 人間と社会の省察：行動分析学の視点から. 勁草書房.
杉山尚子・島宗理・佐藤方哉，マロット，R. ・マロット，A., 1998, 行動分析学入門. 産業図書.
レイノルズ，G. S., 浅野俊夫訳, 1978, オペラント心理学入門：行動分析への道. サイエンス社.

5）「Ⅲ-48 道具的条件づけ」の項を参照．

6）「Ⅲ-47 古典的条件づけ」の項を参照．

7）Staddon, J. E. R., 1977, Schedule induced behavior. In W. K. Honig & J. E. R. Staddon (Eds.), *Handbook of Operant Behavior* (pp.125-152). Englewood Cliffs, NJ : Prentice-Hall.

8）「Ⅲ-51 強化スケジュール」の項を参照．

9）これをスケジュール誘発性の行動と呼ぶ．受験で英単語を覚えるときに，単語帳のページが終わる区切れ目にコーヒーを一口飲んだり，一休みするのはこの例である．

10）なお，行動分析の研究成果は本書の「Ⅲ-48 道具的条件づけ」，「Ⅲ-51 強化スケジュール」，「Ⅲ-52 報酬と罰」，「Ⅲ-59 行動療法」などの項に詳しく述べられている．

Ⅲ-59

行動療法

Behavior Therapy

表59 不安階層表の例（田上，1984）[1]

大勢の人前で文字を書く	100
授業で黒板に文字を書く	90
女の友だちと食事をする	75
女の友だちと話す	65
男の友だちと食事をする	45
男の友だちと話す	30
両親と話す	10
一人で部屋で寝ている	0

数字は最も緊張する場面を100，最も緊張の少ない場面を0として，患者自身が評定したもの．

行動主義の隆盛とともに，主に動物を被験体とする条件づけなどの学習の研究が盛んに行なわれるようになり，そこで実験的に確立された事実をもとに**学習理論**（learning theory）あるいは行動理論の体系が生み出された．**行動療法**（behavior therapy）は，この学習理論にもとづいて不適応な行動を変容あるいは除去し，適応的な行動を開発あるいは強化する方法である．行動療法では行動そのものに着目し，症状の背後に無意識の欲求や抑圧された感情などを仮定することはない．また，個々の行動を除去あるいは形成するために，患者の全人格の再体制化が必要だとは考えない．

古典的条件づけ[2]（classical conditioning）は条件刺激と無条件刺激を対提示することによって条件刺激が条件反応を誘発するようになる手続きであるが，この技法を応用した例として夜尿症の治療がある．トイレへ行く間隔が短い人でも尿意をもよおしたときにすぐに覚醒すれば夜尿とはならない．また，排尿しはじめたときにすぐに覚醒させれば排尿は反射的に抑制される．そこで排尿があるとブザーが鳴ってすぐに覚醒させるような装置[3]を利用する．事象の連鎖としては，①膀胱圧が高まる，②排尿する，③ブザーが鳴る，④覚醒するという順序になる．③のブザーは無条件刺激，④の覚醒は無条件反応にあたる．①の膀胱の感覚は治療者がコントロールできる刺激ではないが，時間的には無条件刺激に先行しているので，これを実質的な条件刺激として利用することが可能である．この条件づけが成功すれば，患者は膀胱圧が高まったとき，排尿する前に覚醒できるようになる．そして最終

---

1) 田上不二夫,1984,恐怖症・不安神経症．祐宗省三ほか編著，新版行動療法入門，川島書店．

2) 「Ⅲ-47 古典的条件づけ」の項を参照．

3) シーツあるいは下着に絶縁された回路を設置し，濡れたときに流れる微弱な電流を感知してブザーを鳴らす装置．

的には，朝まで排尿しないでもちこたえられるようになる．

ウォルピ[4]によって考案された**系統的脱感作法**（systematic desensitization method）は，古典的条件づけの消去の理論をもとにして恐怖や不安を除去する技法の一つである．特定の対象に対する非合理的な不安を偶然の古典的条件づけの結果と考えたとき，その不安を消去するためには条件刺激である不安の対象を単独で提示し続ければよい．しかしながら，不安の対象そのものをいきなり提示することは，患者に著しい苦痛を与え，しばしば無用な混乱を引き起こす．そこで**刺激般化**[5]（stimulus generalization）を利用して，不安水準の低い対象から徐々に消去を行なっていく．具体的には，さまざまな刺激や場面に対する患者自身の評定をもとに，不安の弱いものから強いものへと順に並べた不安階層表を作成する．表59は対人恐怖症の男子大学生の階層表の例である．不安の除去は，最も不安の低い段階から始めて徐々に不安の強い場面へと進んでいく．通常の系統的脱感作法では各刺激場面は現実のものではなく，患者にイメージを想起させることによって与えられる．不安の除去は条件刺激を提示するだけの通常の消去手続きではなく，不安とは両立しない反応である筋弛緩反応を積極的に条件づける拮抗条件づけ[6]の手続きをとる．拮抗反応にも般化勾配が存在するので，下位の場面の不安が除去された後では次の段階の不安は当初ほど強くはない（図59）．段階的に順次不安を除去していくことで，患者は治療場面で強い不安を体験することなく最終的な目標を達成することができる．

このような脱感作の操作を，イメージではなく現実場面で行う場合は，**現実脱感作法**（in vivo desensitization）と呼ばれる．

精神発達遅滞児に生活習慣を身につけさせたり，自閉症児にコミュニケーションの

4) Wolpe, J.(1915-1997)

5) 「Ⅲ-50 般化と弁別」の項を参照．

6) ある条件づけが行なわれた後，これと同じ条件刺激に対して前反応とは両立しない反応（拮抗反応）を新たに条件づけること．この条件づけによって，前反応は実質的に消去される．

7) Yates, A. J., 1970, *Behavior Therapy*. Wiley.

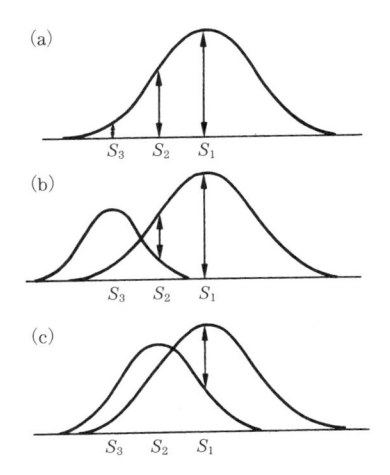

図59 系統的脱感作による不安反応の治療（Yates, 1970 より作成）[7]

S_1 を中心とする不安反応の般化勾配（a）の中で，S_1 とはあまり類似していない S_3 に対する恐怖の除去を行なうと，S_3 に対する拮抗反応が条件づけられ，S_3 に対する不安が除去されると同時に，拮抗反応の般化勾配によって S_2 に対する不安も弱められる（b）．次に，この S_2 に対する不安の除去を行なうと，S_1 に対する不安も相当程度軽減される（c）．

様式を身につけさせたりする場合には，**道具的条件づけ**[8] (instrumental conditioning) の原理を適用することができる．道具的条件づけを行なうためには，まずその子どもや患者に何が有効な強化子となるかを確定しなければならない．治療・訓練する側の立場からは，言葉による賞賛，うなずき，軽い身体的接触などの社会的強化が使いやすいが，重度の遅滞や情緒・社会性に障害がある場合には社会的強化は単独では無効であることが多い．その場合には，食べ物あるいは「好きなテレビ番組を見る」「好きな遊具で遊ぶ」などの特定の活動を強化子として利用しなければならない．しかし，このようなタイプの強化子は長期間のうちに効果が減退し，即時強化の原則[9]を厳密に適用することも難しい．トークン（代用貨幣）を集めて後で食べ物や外出許可などの実際的な強化子に交換する**トークン・エコノミー** (token economy) の適用が可能ならば，トークンを安定した強化子として利用することができる．

目標行動の生起頻度が低い場合には，**シェイピング**[10] (shaping) の手続きが必要となる．臨床場面におけるシェイピングには**プロンプティング** (prompting) と**フェイディング** (fading) が併用されることが多い．プロンプティングは反応を生起させるための手がかりを与えることであり，フェイディングは反応が確実に起きるようになるにつれて，その手がかりを徐々に撤去することである．目標行動がいくつかの単位行動の連鎖からなる場合には，正しい連鎖を形成する手続きを**チェイニング** (chaining) と呼ぶ．たとえば，入院中の患者に望まれる食事行動は，食堂に行く，順番に並ぶ，トレイに食べ物をのせる，テーブルに運ぶ，自分で食べる，食器を片づけるなどの単位行動の連鎖からなる．正しい連鎖を形成するためには，特定の単位行動を中心に前あるいは後ろに向かって連鎖を少しずつ長くしていくことが必要である．

道具的条件づけは，生理学的測定によって初めて明らかにされるような微妙な身体的反応に対しても適用することができる．その場合通常の強化は不必要で，測定値を音の大きさ

8) 「Ⅲ-48 道具的条件づけ」の項を参照．オペラント条件づけともいう．

9) 道具的条件づけを効果的に行なうには，反応の直後に強化子を与えることが重要である．

10) 「Ⅲ-48 道具的条件づけ」の項を参照．

で表示したり，目標値の達成をランプで知らせることで十分である．この手続きを**バイオフィードバック**（biofeedback）と呼ぶ．筋緊張性の頭痛の治療の場合，前額部あるいは肩に電極を装着し，筋電図の電圧変化に応じてブザーの音量が変化するようにしておく．あるいは筋電圧が一定の数値を越えた場合には赤ランプ，下回った場合には青ランプが点灯するようにしておく．患者にブザー音をなるべく小さく，あるいは青ランプをなるべく長く点灯させるようにと教示すると，患者は自分でコントロールして筋電圧を低下させることができるようになる．血圧や皮膚温についても同様の方法でバイオフィードバックを行ない，心身症[11]の身体症状の改善を図ることができる．また脳波のα波[12]やGSR[13]のバイオフィードバックは，安定した精神状態を得るための手段として利用されている．

モデルの行動を観察させることによって特定の行動を学習させる**モデリング**（modeling）も行動療法に取り入れられている．バンデューラら[14]はイヌを恐がる幼児に，パーティで同年齢の幼児がイヌに接触し，その接触がだんだん濃密になっていく様子を観察させることによって治療効果をあげたと報告している．

認知療法[15]は，行動療法とはまったく別の理論的背景から開発され，知覚，記憶，判断などの歪みによって生じる不適応の治療に関して，行動療法の技法を取り入れて成果を上げてきた．一方，もっぱら観察可能な行動を対象としてきた行動療法も，患者自身が自分の行為の意味やその行為をとる理由をどのように考えているかという認知過程を重視するようになった．このような認知過程に適用される行動療法を**認知行動療法**（cognitive behavioral therapy）と呼ぶ．　〔高橋〕

11) 身体的疾患のうち，心理・社会的因子が密接に関与する病態をいう．喘息，高血圧，胃潰瘍，過敏性腸症候群などが心身症としてあげられる．

12) α波はヒトの脳波の代表的な成分で，8〜12 Hzの周波数からなる．閉眼安静時に顕著に見られる．「Ⅶ-93 夢」の項を参照．

13) 「Ⅵ-86 GSR」の項を参照．

14) Bandura, A., Grusec, J. E., Menlove, F. L., 1967, Vicarious extinction of avoidance behavior. *Journal of Personality and Social Psychology,* **5**, 16-23.

15) Beck, A. T., 1976, *Cognitive Therapy and the Emotional Disorders.* International University Press.（大野裕訳，1990，認知療法：精神療法の新しい発展．岩崎学術出版社．）

【参考文献】
宮下照子・免田賢著，2007，新行動療法入門．ナカニシヤ出版．

Ⅳ 記憶

兎(うさぎ)追いし　かの山
小鮒(こぶな)釣りし　かの川
夢は今も　めぐりて
忘れがたき　故郷(ふるさと)
如何(いか)に在(い)ます　父母(ちちはは)
恙(つつが)なしや　友がき
雨に風に　つけても
思い出(い)ずる　故郷
志(こころざし)を　はたして
いつの日にか　帰らん
山は青き　故郷
水は清き　故郷

（尋常小学唱歌（第六学年用）「故郷(ふるさと)」高野辰之　作詞　岡野貞一　作曲）

IV-60 記銘と保持

Memorization and Retention

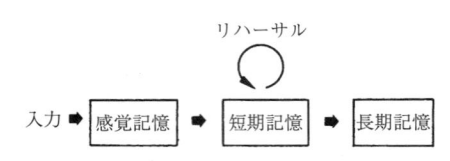

図60-1 記憶情報処理における貯蔵庫モデル

　私たちがものを憶えるときにまず行なう「憶え込む」という過程を**記銘**（memorization）と呼ぶ．その記銘されたものを頭の中にしまっておく過程を**保持**（retention）と呼び，その保持しているものを必要に応じて取り出す過程を**想起**（recall）と呼んでいる．なお最近ではコンピュータにおける情報処理と対応させて，記銘を**符号化**（encoding），保持を**貯蔵**（storage），想起を**検索**（retrieval）と呼ぶこともある．

　記憶に関する人間の情報処理モデルとして1960年代に提示された「貯蔵庫モデル」[1]によれば，外界から刺激が入ると，それはまずごく短期間（数百ミリ秒）の感覚レベルの記憶（**感覚記憶** sensory memory）[2]となり，その一部が数十秒間持続する**短期記憶**（short-term memory）[3]になる．そしてさらにその中の一部が長期に持続する**長期記憶**（long-term memory）になるとされる（図60-1）．

　短期記憶は持続時間が数十秒と短く，またその容量は非常に小さいので，必要な情報は容量がほぼ無限大である長期記憶に転送される必要がある．長期記憶になった情報は**記憶痕跡**（memory trace）として，脳の中の何らかの物質的変化のかたちで保持されると考えられる[4]．

　ところでこのような3段階の貯蔵庫モデルは生理的，臨床的な事実[4]に合致するものではあるが，日常生活での私たちの記憶について必ずしも十分な説明力をもっているわけではない．近年の認知心理学の発展の中では，日常的な記憶を取り扱う研究も盛んになり，多くの知見が得られている．

　クレイクとタルヴィング[5]は**偶発的学習**[6]（incidental learning）という手法を使って**処理水準**（levels of process-

1）「ボックスモデル」とも呼ばれる．

2）「IV-66 感覚記憶」の項を参照．

3）「IV-67 短期記憶」の項を参照．

4）「IV-64 記憶の生理学的メカニズム」の項を参照．

5）Craik, F. I. M. & Tulving, E., 1975, Depth of processing and the retention of words in episodic memory. *Journal of Experimental Psychology : General*, **104**, 268-294.

6）「記憶しなさい」というような教示はせずに被験者に何らかの方向づけ課題を与え，その後にその課題に関連した記憶のテストをするもの．一方「記憶しなさい」という教示のもとに学習させるものを「意図的学習」と呼んでいる．

ing) または「処理の深さ」という概念の重要性を示すための実験を行なっている．彼らによれば，単語を見るときに，文字の形に注目する「形態的処理」よりも文字の音韻特徴に注目する「音韻的処理」，音韻的処理よりも単語の意味に注目する「意味的処理」というように「より深い処理」がされるほど，よりよい記銘が起こるとされる．「処理水準」の考えによると，短期記憶に関する**リハーサル**（rehearsal）が刺激の単なる繰り返し（維持型リハーサル）の場合は，入力情報のうちのわずかのものしか長期記憶に移行しないのに対し，情報を整理し，すでにある記憶内容と結びつける操作をする（精緻型リハーサル）と入力情報のうちの多くのものが長期記憶に移行するとされる．

　なおタルヴィングは，「いつ，どこで，どのように経験されたのか」が明らかな記憶を**エピソード記憶**（episodic memory），一般的な知識のように時間的，空間的に規定できない記憶を**意味記憶**（semantic memory）と呼んでいる[7]．またタルヴィングは，**知っていること**（knowing）と**憶えていること**（remembering）の区別にも着目している[8]．私たちにとって，あることを思い出すことはできなくとも，その事項について見たり，聞いたりすれば，それは見たことがある，あるいは聞いたことがある，と感じることは多い．この2つの長期記憶の保持メカニズムには違いがあると考えられる．タルヴィングによれば，「知っている」は「憶えている」より保持期間が長い．一方「憶えている」ときには「いつ，どこでその情報を得たか」という「エピソード記憶」を伴うことが多い．また，記銘時に深い処理がなされたり，出現頻度が高かったりすると「憶えていること」の保持はよくなるが，「知っている」ことの保持期間に対する影響は少ないことも示されている．想起のテストの代表としての**再生法**（reproduction method）（憶えていることをそのままのかたちで想起する）は「憶えていること」を，**再認法**（recognition method）（いくつかの項目の中で，記銘されたものとそうでないものを区別する）は「知っていること」を調べていることになる．

7) スクワイヤーはこのエピソード記憶と意味記憶をひとまとめにして「宣言的記憶」と呼んでいる．それに対して運動学習，古典的条件づけなどの記憶は「手続き的記憶」と呼んでいる（詳しくは「IV-64 記憶の生理学的メカニズム」の項を参照）．

8) Tulving, E., 1983, *Elements of Episodic Memory*. Oxford University Press.（太田信夫訳, 1985, タルヴィングの記憶理論：エピソード記憶の要素．教育出版.）

ところで「深い処理」がなくても，そして一回限りの経験でも，長期にわたって保持される記憶となる場合がある．**フラッシュバルブ記憶**（flashbulb memory）と呼ばれる記憶である[9]．これは，何か衝撃的事件が起きると，その事件そのものや，その事件が起きた前後の出来事がいつまでも鮮明に保持されるというものである．ブラウンとクリーク[10]は，ケネディの暗殺事件が報道されたとき，自分がいた場所，ニュースが流れたときにしていたこと，ニュースの情報源，事件の余波などの記憶が多くの人において強固に残っていることを明らかにした．最近ではニューヨーク世界貿易センタービルにおける同時多発テロに伴う記憶もその例にあげられる．こうした特徴をもつフラッシュバルブ記憶にはふつうの記憶とは違うメカニズムが働いている，という主張があるとともに，衝撃的事件はマスコミで何度も取り上げられ，会話で話題に上ることが多いために強固な記憶になる，という主張もある[11]．ベトナム戦争などの過酷な経験や，阪神・淡路大震災のような悲惨な経験のように強い情動を伴う経験をすると，**心的外傷後ストレス障害**（post-traumatic stress disorder：PTSD）[12]が生じる場合のあることが知られている．衝撃的事件は強い情動が伴うことを考えると，フラッシュバルブ記憶とPTSDには共通するメカニズムがあるかもしれない．

　実験室的な記憶テストの多くはエピソード記憶を対象にしており，意味記憶がどのように保持されるのかに関する研究は少ないが，コリンズとキリアン[13]は意味記憶に関係して，ネットワークモデルを提唱している（図60-2）．それによると，たとえば動物という概念は鳥，魚，哺乳類などの下位カテゴリーに分けられ，それぞれの下位カテゴリーの中にはたとえば鳥の場合，カナリア，スズメ，ダチョウ，ツバメなどが含まれる．このように概念はカテゴリーの階層として位置づけることができ，それが「意味記憶のネットワーク」を形成していると考えるのである．

　新しい情報はこのネットワークに組み込まれる．たとえばモズという言葉が鳥の名前であることがわかれば，翼があ

9) カメラのフラッシュが光った一瞬に，画像が鮮明に記録される，ということのアナロジーとして用いられる．

10) Brown, R., Kulik, J., 1977, Flashbulb memories. *Cognitiion*, **5**, 73-99.

11) Neisser, U., 1982, Snapshots or benchmarks? In U. Neisser (Ed.), *Memory Observed : Remembering in natural contexts*. San Francisco : Freeman, pp. 43-48.

12) 破局的な出来事を経験した後に生じ，不安，不眠など過覚醒，関連する事物に対しての回避傾向，その出来事の再体験などを症状とする長く続く心身の病的反応．

13) Collins, A. M. & Quillian, M. R., 1969, Retrieval time from semantic memory. *Journal of Verbal Learning and Verbal Behavior*, **8**, 240-247.

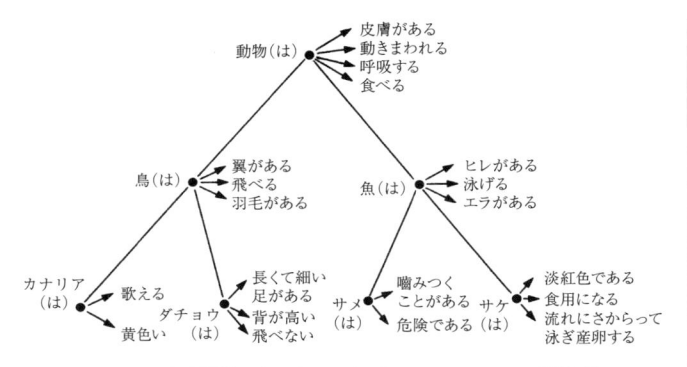

図60-2　意味記憶のネットワーク（Collins & Quillian, 1969）[13]

る，飛べる，羽毛がある，といった属性については特に言わなくても自明のこととされるわけであり，ここに意味記憶のネットワークの「認知的経済性」が認められる．彼らは単純な文の真偽判断をさせ，その反応時間を測定する実験を行なうことによって，このモデルの妥当性を確かめている．すなわち

　a．カナリアは皮膚をもっていますか？
　b．カナリアは空を飛びますか？
　c．カナリアは黄色いですか？

という簡単な質問に対する「はい」という答えが出るまでの反応時間はaよりb，bよりcで短い．彼らのモデルに従えばこの結果は，cの質問が直接カナリアの属性に結びついたものであるのに対し，bの質問はネットワークの上でカナリアから鳥の段階に登って考えなければならず，さらにaの質問に答えるにはカナリアから鳥を経て動物という概念にまで至らなければならないからであると考えられる[14]．〔渡邊〕

14）ただ，このモデルだけでは説明しきれない現象も多い．たとえば
　カナリアは鳥である．
　ペンギンは鳥である．
という2つの文章の真偽判断をさせたとすると，このネットワークモデルに従えば反応時間は等しいはずである．しかし実際には後者の質問に対する反応時間の方が長くなる．スミス，ショーベンと，リップスは鳥「らしさ」という点でカナリアはペンギンより勝っており，その「らしさ」の程度が反応時間を左右するのだと考え，意味記憶を考える上で事象の「典型性」を重視する考えを提唱している．

Smith, E. E., Shoben, E. J., & Rips, L. J., 1974, Structure and process in semantic memory : A featural model for semantic decision. *Psychological Review*, **81**, 214-241.

【参考文献】

Tulving, E., 1983, *Elements of Episodic Memory*. Oxford University Press.（太田信夫訳，1985，タルヴィングの記憶理論：エピソード記憶の要素．教育出版．）

Lachman, R., Lachman, J. L. & Butterfield, E. C., 1979, *Cognitive Psychology and Information Processing : An introduction.* Lawrence Erlbaum.（箱田裕司・鈴木光太郎監訳，1988，認知心理学と人間の情報処理Ⅰ，Ⅱ．サイエンス社．）

太田信夫，2008，記憶の心理学．放送大学教育振興会．

IV-61 忘却
Forgetting

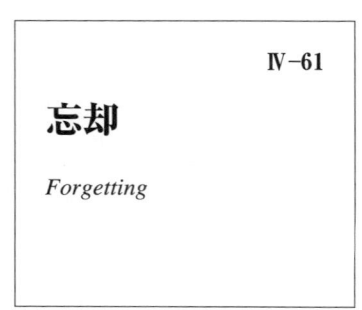

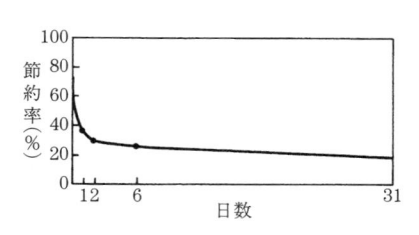

図61-1　長期記憶の忘却曲線（Ebbinghaus, 1885）

忘却（forgetting）とは文字通り忘れ去ることであり、いったん**記銘**（memorization）し、**保持**（retention）していたものが**想起**（recall）できなくなることをいう。忘却がどのような時間経過をたどるのかを始めて実験的に研究したのがエビングハウス[1]である。彼は記銘材料として、過去に見たり聞いたりしたことがないような**無意味綴り**[2]（nonsense syllable）というものを考案し、これを用いて自らを被験者とした実験を行なった。彼は13項目からなる無意味綴りを完全に暗記した後、19分、63分、8時間45分、1日、2日、6日、31日後に再度これらを完全に暗記するのにどのくらいの試行数が必要であるかを調べた。彼は記憶されている部分を**節約率**（saving rate）という指標を用いて表わしている。これは初めての学習（原学習）の結果と再学習の結果の差を求めて、そこで節約された程度をもって原学習の内容の保持の程度を表わそうとするものであり、次の式で求められる。

$$節約率 = \frac{(原学習完成までの所要時間) - (再学習完成までの所要時間)}{(原学習完成までの所要時間)} \times 100$$

図61-1はその結果を示す。これは**忘却曲線**（forgetting curve）または**保持曲線**（retention curve）と呼ばれるものであり、時間経過とともにどの程度の忘却が起こるのかを示すものになっている。図から明らかなように、記銘後の最初の数十分で急速な忘却が見られる一方、その後の忘却の程度はわずかである。

なおエビングハウスの実験は**長期記憶**（long-term memory）の忘却に関するものであるが、ピーターソン[3]らは**短期記憶**（short-term memory）の忘却の過程を調べている。彼

1) Ebbinghaus, H. (1850-1909) ヘルマン・エビングハウスは心理学の祖ヴントが学習や記憶は心理学の研究対象にはならないとしていたころに、学習と記憶の実験的研究を初めて行なった。彼は実験室もなく自らを唯一の被験者として、注意深く組織的な実験を5年間にわたって成し遂げた。

2) エビングハウスは、記憶材料として日常用いるような単語を用いると、語の意味によって記憶過程に差が生じると考え、意味をもたない材料として無意味綴りというものを考案し、これを用いて実験を行なった。英語や独語の無意味綴りは通常 WOS, XAG, SIB のような子音—母音—子音の3文字から作られるが、日本語の無意味綴りは、ヨテ、ポペ、トヒというようなカタカナ2文字で作られる場合が多い。なお、最近の記憶研究では日常的情報の記憶や知識が重要視されるよ

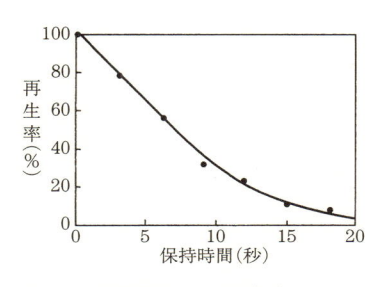

図 61-2　短期記憶の忘却曲線（Peterson & Peterson, 1959）[3]

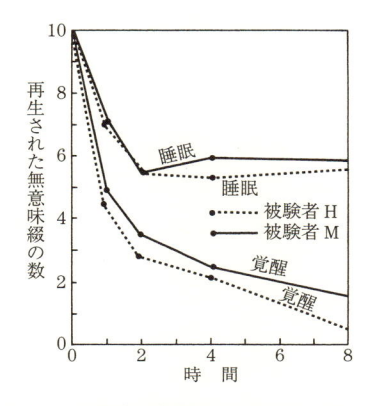

図 61-3　記銘後に覚醒しているのか，眠っているのかによる忘却の程度の違い（Jenkins & Dallenback, 1924）[4]

らは被験者に3文字の子音からなる無意味綴り1つを2秒間提示した後，3, 6, 9, 12, 15, 18秒後に再生させているが，待っている間にそれを復唱をさせないため，3桁の数字から3ずつ次々に引き算をするという課題を与えている．図61-2に示すように，短期記憶は記銘の十数秒後に急速に衰えていることがわかる．

それでは長期記憶にしろ短期記憶にしろ，忘却はなぜ起こるのであろうか．一つの可能性として，時間の経過とともに**記憶痕跡**（memory trace）が徐々に薄れていき，その結果としてしだいに想起が困難になっていくということが考えられる．この考えは**減衰説**（decay theory）といわれ，常識的にはありえることと考えられるが，この説を積極的に立証した実験は見られない．

より有力な仮説として提示されているのが，**干渉説**（interference theory）である．これはある記憶内容が他の記憶内容と干渉しあい，その結果として想起が悪くなるというものである．干渉説を支持する実験としてよく引き合いに出されるものにジェンキンズとダレンバッハ[4]の研究がある．彼らは大学生の被験者に無意味綴りのリストを憶えさせた後，1, 2, 4, 8時間後に再生テストを行なっているが，テストまでの間被験者を覚醒状態にしておく条件と，眠らせておく

うになった結果，むしろ積極的に意味のあるものを記憶材料に用いる傾向にある．

3) Peterson, L. R & Peterson, M. J., 1959, Short-term retention of individual verbal items. *Journal of Experimental Psychology,* **58**, 193-198.

4) Jenkins, J. G. & Dallenback, K. M., 1924, Oblivescence during sleep and waking. *American Journal of Psychology,* **35**, 609-612.

条件とで結果を比較している．図61-3に示すように，覚醒条件ではどんどん忘却が起こっているが，睡眠条件では2時間経過後ほとんど忘却が起こっていない．覚醒条件のもとでは，その間に種々の精神活動があり，記銘された無意味綴りのリストの記憶と覚醒中の種々の出来事の記憶の間に干渉が起こるのに対し，睡眠条件ではそうした干渉がないためにこうした結果が得られたものと考えられている[5]．

(A) 逆向抑制（RI）

実験群	リストAを学習	リストBを学習	保持時間	リストAのテスト
統制群	リストAを学習	—	保持時間	リストAのテスト

時　間→

(B) 順向抑制（PI）

実験群	リストAを学習	リストBを学習	保持時間	リストBのテスト
統制群	—	リストBを学習	保持時間	リストBのテスト

時　間→

図61-4　逆向抑制（A）と順向抑制（B）を調べる実験手続き
A：実験群と統制群は同じようにリストAを学習するが，リストBについては実験群のみが学習する．リストAのテストで実験群の方が成績が悪くなる場合は，リストAの学習の後にリストBの学習をしたため逆向抑制が起こったものと考える．
B：実験群と統制群は同じようにリストBを学習するが，実験群のみがその前にリストAの学習をする．リストBのテストで実験群の方が成績が悪くなる場合は，リストAの学習を行なったため順向抑制が起こったものと考える．

なお干渉には2種類のものがある．一つは**順向抑制**（proactive inhibition：PI）と呼ばれるものであり，何かを記銘すると，そのことで後に記銘する内容の保持が悪くなるというものである．もう一つは**逆向抑制**（retroactive inhibition：RI）と呼ばれるものであり，後で記銘する内容が前に記銘した内容の保持を妨害するというものである（図61-4）．いずれの抑制も記憶内容が前後で類似しているほど大きくなることが分かっている．

エビングハウスの忘却曲線に見られるように，記銘後の保持量は時間の経過とともに単調減少を示すのが一般的である．しかし学習が100%に至らない状態で記銘作業を終えたような場合には，記銘直後よりも記銘後一定時間後の方が成績の良い場合がある．この現象は**レミニッセンス**（reminiscence）と呼ばれる．これは記銘後しばらくの間に記憶内容が整理される結果起こるのではないかと考えられている．

記憶された内容が忘却される原因は干渉だけではない．フロイトは，不愉快な体験をすると人はその記憶を**抑圧**（re-

5) この実験は干渉説を支持するものとしてよく紹介される．しかし彼らの実験では，夜に憶えさせた後眠らせる群と，午前中に憶えさせて，その後も覚醒状態にしておく群を比較しており，記銘時の時間帯が異なっている．この点をコントロールした最近の研究によれば，憶えた後眠っていたか，起きていたかはあまり再生率に影響せず，いつ憶えたか（朝より夕方憶えた方が再生はよい）が重要であるという結果が示されている．

pression）し，意識から取り除いて無意識の中に押し込めるという考えを提唱している．実験的にも人は楽しく愉快な体験はよく記憶しているが，悲しく不愉快な体験はあまり記憶していないことが示されている[6]．

何か作業をさせたときにその作業を途中で強制的に中断させると，最後まで終えることのできた作業内容に比べて，未完成な作業の内容をよく記憶していることが示されている．これは**ゼイガルニク効果**（Zeigarnik effect）と呼ばれ，作業を中断させられたために生じた緊張感によって生じるものと考えられている．

忘却が起こったかどうかは想起テストによって調べるわけであるが，想起のためには膨大な記憶内容の中から検索してこなければならない．検索がうまくいけば正しく想起することができるが，検索がうまくいかなければ（本当は記憶痕跡があるのに）テストの上では忘却が起こっていることになる．つまりテストの上に表われた忘却は，必ずしも記憶痕跡がなくなっていることを示すわけではなく，検索の失敗による場合がかなりあると考えられるのである．よく私たちは「喉まで出かかっているのに，どうしても思い出せない」という経験をするが，これは**舌端現象**（tip-of-the-tongue phenomenon）とも呼ばれ，検索がうまくいきそうでいかないという状態を表わしている．このような場合，何か手がかりを与えてやると簡単に思い出すことができる場合も多い．

ところで私たちはお酒を飲んで酔っぱらってしまったとき，後でそのときのことがどうしても思い出せないという経験をすることがある．ところが再度酔っぱらうとそのときのことを思い出せる場合がある．このようにある状態で記憶したことは同じ状態ではよく思い出せるのに，別の状態ではよく思い出せないというような現象を**状態依存学習**（state dependent learning）と呼んでいる[7]．　　　　〔渡邊〕

[6] フロイトの説によれば，こうした不愉快な体験の記憶は忘却されるのではなく，無意識の中に保持されていることになり，自由連想法などにより意識化＝想起可能ということになる．「I-7 精神分析学」の項を参照．

[7] 動物でも人でもアルコールを始め，種々の薬物によってこの現象の起こることが知られている．この現象は記憶したときと同じ状態であるということが，想起の手がかりとして働くために生じると考えられている．

【参考文献】
大田信夫，2008，記憶の心理学．放送大学教育振興会．
山内光哉・春木豊編，2001，グラフィック学習心理学：行動と認知．サイエンス社．

IV-62
健忘症
Amnesia

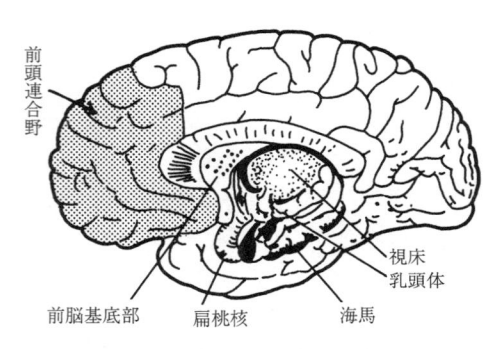

図62 記憶に関係する脳部位（脳を左右に2分した右側を示す）
前頭連合野／視床／乳頭体／前脳基底部／扁桃核／海馬

健忘症（amnesia）とは，記憶の障害で必要な情報を思い出せなくなる症状をいう．健忘症はそれが起こる原因により大きく2つに分けられる．一つは心理原因で起こるものであり，**心因性健忘**（psychological amnesia）とも呼ばれる．これは自分にふりかかった大事件とか，身近な人の突然の不幸などをきっかけに起こることが多いもので，**記憶喪失**（memory loss）とも呼ばれ，過去に起こったことの一部，またはほとんどすべてを思い出せなくなるというものである．

記憶喪失に陥った人は，よく自分が誰でどうしていまいるところにいるのかがわからないといった症状を示す．さらに自分の家族に会ってもそれとわからないことも珍しくない．こうしたことから幾度となく小説の題材にとられたりしている．ただ，言葉を話す能力や，日常生活に必要な知識の点では一般に障害は認められない．記憶喪失に陥ってから，別の場所で別人として長い間過ごした例もこれまでにいくつか報告されている[1]．記憶喪失に陥った人は，催眠療法を受けたり，なつかしい場所に行ったりすることをきっかけにして，記憶を取り戻す場合もあるが，治療の決め手はないのが現状である．

健忘症のもう一つは**器質性健忘**（organic amnesia）と呼ばれるものであり，これは脳の損傷によって起こるものである．器質性健忘の代表的なものは**海馬**（hippocampus）を中心とした**側頭葉**（temporal lobe）内側部に損傷を受けた場合に起こるものである（図62）．H. M. というイニシャルで知られるカナダの患者[2]は1953年の27歳のときに，難治性の

---

[1] エレンベルガーは「無意識の発見」（*The Discovery of the Unconscious*. 1970, Basic Book, 1980, 木村敏・中井久夫監訳, 弘文堂）において次のような実例をあげている．エンゼル・ブーンは1826年生まれである．大工の仕事をしていた彼はある日，銀行から551ドルおろして，親しくしていた甥を訪ねた後ロード・アイランド州コンヴェントリーの住まいから姿を消した．その2週間後，アルバート・ブラウンと名乗る人物がペンシルベニア州ノリスタウンにやってきて，小さな店を借り，文房具，菓子，雑貨の店を開いた．2ヵ月後，ブラウンは朝早く目を覚ましたが何が何だかまったくわからず呆然とした．もとの人格エンゼル・ブーンに戻っており，こんな場所でこのようなことをしているわけがまったくわからなかった．男は隣人を

てんかん治療の目的で左右両側の内側側頭葉の切除手術を受けた．その結果，てんかんには悩まされなくなったが，副作用としてひどい記憶障害に陥ってしまった．彼は毎日通う病院に行く道順を憶えられず，また毎日会う医師や看護婦の顔を憶えることもできなかった．さらに本を読んでも，その内容をすぐに忘れてしまい，同じ本を何度でも初めてのように読んだといわれる．このようなひどい**順向性健忘**（anterograde amnesia：脳損傷を受けた時点以後に新しい出来事が憶えられないという症状）があるものの，彼のIQは平均以上であり，短期記憶もほぼ正常であった．また，手術以前の記憶は正常であり，1940年代の出来事については彼はよく憶えていた．ただ，手術前数年の出来事については**逆向性健忘**（retrograde amnesia：脳損傷を受けた時点以前の記憶が失われる症状）が見られた．

健忘がよく見られる病気としてはその他に**コルサコフ症**（Korsakoff disease）がある．これは慢性アルコール中毒などにより，脳の中の**間脳**（diencephalon）にある視床内側部や乳頭体（図62）と呼ばれる部分に栄養が回らなくなった結果生じる障害であり，コルサコフ症候群と呼ばれる種々の症状を示す．これには新しい出来事を憶える能力の低下（順向性健忘），過去の出来事が思い出せない（逆向性健忘），いまが何月何日で自分はどこにいるのかがわからない（失見当識(しきん)），記憶障害を補うために架空の話を作る（作話）などという症状がある．なおコルサコフ症患者の示す順向性健忘は，側頭葉性の健忘患者の示すものほどひどいものではなく，手がかりが与えられればある程度は思い出すことができるものである．また彼らに見られる逆向性健忘も側頭葉性のものとは異なり，ときには数十年に及ぶという長いものであって，しかもそこにはより最近の記憶ほど健忘が著しいという「時間勾配」が見られる．

コルサコフ症患者にはよく，何が起こったのかに関する記憶はある程度保たれているとしても，それがいつ，そしてどこで起こったのかという「時間的，空間的文脈に関する記憶」が障害を受けていることが多い．こうした障害は**源泉健**

呼んだが隣人は発狂だと思った．結局，甥がやってきて商品を清算し，ブーンをコンヴェントリーに連れ戻した．ブーンはアルバート・ブラウンの名の下に過ごした2ヵ月の行動の記憶がまったく失われたままだった．

2) H. M.（1926年2月26日生まれ-2008年12月2日死去）．ウィリアム・スコヴィル（William Scoville）によりてんかんの治療のため，海馬を中心とした両側側頭葉の切除手術を受けた．H. M. の記憶に関するテスト結果はスコヴィルとブレンダ・ミルナー（Brenda Milner）により1957年に初めて報告され，記憶の脳メカニズム研究に多大なインパクトを与えた．実名はヘンリー・グスタフ・モレゾン（Henry Gustav Molaison）であるが，生前はプライバシーのためにH. M. と呼ばれた．

忘あるいは**出典健忘**（source amnesia）と呼ばれる．コルサコフ症患者では間脳とともに前頭連合野（prefrontal cortex）（図62）にも損傷の及んでいる場合が多いが，この前頭連合野の損傷の度合いと源泉健忘の度合いに相関が見られることから，源泉健忘はむしろ前頭連合野の損傷と結びついていると考えられる．最近の研究によると，前頭連合野は経験したことに関する特定の時間的，空間的文脈を構成して，それによって類似した場所，類似した時間に起こった個々の出来事をそれぞれ別個に思い出すことを可能にする役割を果たしていると考えられている．

神経学的検査で特に障害が認められない健康な人でも，時として一時的な健忘を示す場合がある．これは**一過性全健忘症**（transient global amnesia）と呼ばれ，一般に50歳以上の人に起こり，温度の急激な変化や身体的ストレスをきっかけに数時間から数日にわたって健忘が起こるというものである．一過性全健忘症に陥ると，いま起こっている出来事が憶えられないという順向性健忘を示すとともに，それに陥る前しばらくの出来事の記憶がないという逆向性健忘を示す．なおこの障害に陥った人は，一般に時間に関する失見当を示すが，自分が誰なのかはわかっており，また自分の記憶障害についての病識はある．さらに一般的な知能程度や会話能力はよく保たれている．一過性全健忘症が起こる原因としては脳への一時的虚血，すなわち記憶機能に関係する脳部位への血液供給が一時的にストップするというものが考えられている．この障害から回復すれば（通常数時間ないし1-2日で回復する），順向性健忘はもはや認められないが，この一過性全健忘症が起こっていた間およびその直前の記憶は失われたままであることが報告されている[3]．

私たちは2-3歳ごろまでの記憶がないのがふつうである．これは**乳幼児健忘**（infantile amnesia）と呼ばれる．2-3歳ごろまでは言語が未発達で，経験を言語化できないために，記憶が残らないと考えられる．しかし，出生前後の記憶をもつという子どもの報告が世界中からなされており[4]，その真偽をめぐり大きな議論を巻き起こしている．

3) 一過性全健忘症からの回復後に見られる逆向性健忘の期間は，それに陥った直後では数日から数週間にわたっているが，時間の経過とともにしだいに短縮し，最後にはその健忘に陥った直前数時間だけになる．後で思い出すことができるようになった部分は，この一過性健忘後しばらくの間，想起の過程が阻害されていたために思い出せなかったものと考えられる．なお，最後に残った逆向性健忘部分は永久に思い出されることはない．この障害は一度起こったとしても，その後たびたび起こるというものではなく，一生に一度という場合の方がむしろ多いとされる．

4) Chamberlain, D., 1988, *Babies Remember Birth*. Jeremy, P. Tarcher, Inc.(片山陽子訳, 1991, 誕生を記憶する子どもたち. 春秋社.)

健忘が起こるものとして，**認知症**（dementia）を忘れることはできない．健康な人でも老化とともに記憶力が衰え，物覚えが悪くなることは一般に知られている．この場合短期記憶は正常であり，昔の記憶は比較的よく残っているのに対し，新しいことがなかなか憶えられないという症状が見られるのがふつうである．老化とともに海馬や間脳などの記憶に関係した部位において脳細胞の減少することが知られているが，軽い順向性健忘はこうした脳における変化を反映していると考えられる．

認知症は脳に何らかの障害があるために起こるものであり，脳血管の障害から生じるものと，脳細胞自体に機能的，形態的変化が起こるために生じるものとがある．後者の代表が**アルツハイマー病**（Alzheimer's disease）[5]と呼ばれるものであり，これは前脳基底部（図62），その中でも特にマイネルトの基底核と呼ばれる部位を中心にしたコリン作動性ニューロン[6]の減少と機能低下によって生じると考えられている．この病気の患者には，知能の全般的な低下が見られるが，その中でも特に記憶の障害が目立っている．アルツハイマー病患者が一時に憶えられる量（記憶の範囲）は小さく，短期記憶に障害のあることが知られている．アルツハイマー病患者は長期記憶にも障害を示すが，彼らが新しい出来事をなかなか憶えられない（順向性健忘）のは，この短期記憶の障害に原因があるのではないかと考えられている．さらに彼らに見られる逆向性健忘は，コルサコフ症患者の場合のように新しい事柄ほど健忘の程度が大きくなる（時間勾配）というものではなく，過去の記憶全般にわたるものなのである．それゆえアルツハイマー病患者の健忘は，他の健忘とは異なったメカニズムで生じていると考えられている．〔渡邊〕

5）ドイツの医師アルツハイマーが1907年に始めて報告したもの．一般に50代以降に発病するが，若年の患者も見られる．この病気にかかると脳全体の萎縮が生じる．また脳の中に老人斑というしみが見いだされるとともに，アルツハイマー神経原線維変化と呼ばれる変化が生じる．記憶の障害を始めとして知能の全般的低下が生じる．

6）脳の中には約140億個のニューロン（神経細胞）があるとされるが，これらのニューロンの間の伝達は化学物質によって行なわれている．この物質を神経伝達物質と呼んでいるが，それにはアセチルコリン，ドーパミン，セロトニン，アドレナリンなど多くのものがあり，その中のアセチルコリンを伝達物質とするニューロンをコリン作動性ニューロンと呼んでいる．前脳基底部のマイネルト基底核には海馬や間脳，それに前頭連合野などに投射するコリン作動性ニューロンが多数あることが知られている．

【参考文献】
市川伸一・伊東祐司・渡邊正孝・酒井邦嘉・安西祐一郎，1994，記憶と学習．岩波書店．
横山詔一・渡邊正孝，2007，記憶・思考・脳．キーワード心理学シリーズ3，新曜社．

IV-63
記憶の変容
Modification of Memory Content

何かの体験をした場合，その体験の記憶内容は必ずしもそのときのままのかたちで留まるわけではなく，質的変容を遂げることがよくある．

文章材料を用いて**記憶の変容**

再生図	命名1	原図	命名2	再生図
	←窓のカーテン		短形の中の菱形→	
	←瓶		あぶみ→	
	←三日月		文字C→	
	←蜜蜂の巣箱		帽子→	
	←眼鏡		亜鈴→	
7	←7	7	4→	4
	←舵		太陽→	
	←砂時計		机→	

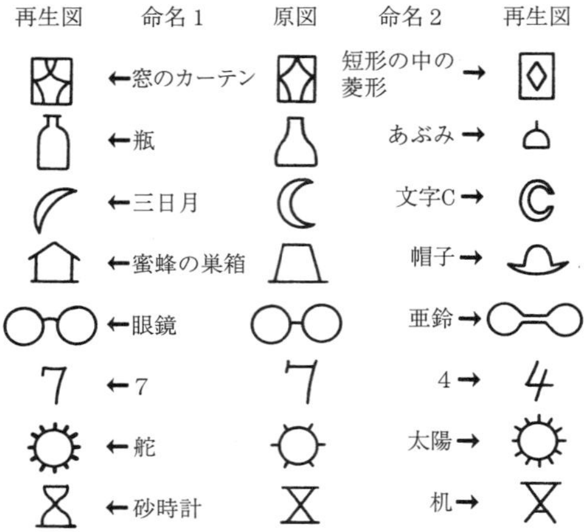

図63-1　言語的符号化がもたらす記憶内容の変容
(Carmichael et al., 1932[3])より．一部省略)

(modification of memory content) の研究をしたバートレット[1]は，イギリスの大学生に「幽霊たちの闘い」という北米インディアンの民話を読ませ，その直後，数週間後，さらには何年も後というように繰り返し再生させる実験を行なっている．この民話は文化的背景が異なる大学生には奇妙で馴染みのない内容のものである．大学生の行なった再生には次のような特徴が見られた．すなわち，話のつじつまが合うように，十分理解できない内容に関しては単純化し，細部は取り去り，また実際にはなかった話を挿入する．言葉や名称は使い慣れ，よく知っているものに変える，というものである．人は自分がおかれている文化的背景のもとで，それまでの経験的知識によって形成された**スキーマ** (schema)[2]にもとづいて話を理解し，その理解したものを記憶する，さらに再生時にはそうして記憶したものをもとに，細部をつなぎ合わせて話を再構成する傾向にある．つまり，記憶内容は保持中にしだいに変容するというよりも，記銘時にすでに与えられた情報とは異なった内容を記憶しているわけであり，さらに想起時にも記憶された内容にもとづいて，整合的な話になるような再構成をしていると考えられるのである．

バートレットの考えを支持するものとしてカーマイケルら

1) Bartlett, F. C. (1886-1969) サー・フレデリック・チャールス・バートレットは，記憶研究において，エビングハウスが行なったような無意味綴りを用いるのではなく，日常使われる文章などを用いる必要性を強調した．彼の提唱した「図式」概念は，近年の認知心理学の隆盛の中で再評価され，重要な概念となっている．なおここにあげた文献は Bartlett F. C., 1932, *Remembering: A study in experimental and social psychology*. Cambridge Uniresity Press. (宇津木保・辻正三訳, 1983, 想起の心理学. 誠信書房.)

の，図形を記憶材料に用いて行なった研究がある[3]．彼らは図 63-1 に示すような図形（図の中央列に示す）を「次の図形は～に似ている」と言って提示したのであるが，ある被験者には左に記した名前を言い，別の被験者には右に記した名前を言ってから提示した．後に被験者に描画再生させたところ，左の名前を言われた被験者は左端のような画を描き，右の名前を言われた被験者は右端のような画を描くことが示された．この変容は**命名**（naming）という言語的符号化により，刺激を特定のスキーマにもとづいて理解したため，記銘時にすでに原図形とは異なったものを憶え，しかも想起時にはそのスキーマにもとづき再構成を行なったために起こったものと考えられる．

記憶の変容にスキーマの果たす役割を調べた研究をもう一つ紹介しよう．スーリンとドゥーリング[4]は2つの群の被験者に同一の文章を読ませたが，その際主人公について第一群の被験者には実在しない女性であると教示し，第二群の被験者にはヘレン・ケラーであると教示しておいた．その文章とは次のようなものである．

キャロル・ハリスは生まれたときから問題児であった．彼女はわがままで，頑固で，乱暴であった．8歳になってもまだ手に負えなかった．彼女の両親は彼女の心の健康を大変心配した．彼女の問題を解決するために適当な施設は，彼女の州にはなかった．彼女の両親は，ついにある行動をとることを決心した．キャロルのために，家庭教師をやとったのである[5]．

後に始めの文章から取ったものと似たいくつかの文章を提示し，それがもとの文章と同じであるかどうかを被験者に聞いた．その質問の中で最も注目したのが「彼女は耳が聞こえず，口もきけず，盲目であった」（She was deaf, dumb, and blind）という文であるが，これは意図的にもともとあった「彼女はわがままで，頑固で，乱暴であった」（She was wild, stubborn and violent）という文に似せて作ったものである．

第二群の被験者，つまりこの内容がヘレン・ケラーについての話であるといわれた被験者は，この文が実際にあったと

2) 日本語では「図式」と訳される．現実との関わりの中で人が用いる（経験にもとづいて形成された）知識や活動の枠組みをいい，これによって情報の選択的認知や解釈がなされる．

3) Carmichael, L., Hogan, H. P. & Walter. A. A., 1932, An experimental study of the effect of language on reproduction of visually perceived form. *Journal of Experimental Psychology*, **15**, 73-86.

4) Sulin, R. A., & Dooling, D. J., 1974, Intrusion of a thematic idea in retention of prose. *Journal of Experimental Psychology*. **103**, 255-262.

5) Klatzky, R. L, 1980, *Human Memory: Structures and processes*. 2nd ed., Freeman.（クラツキー，R. L.，箱田裕司・中溝幸夫訳，1982，記憶のしくみ．サイエンス社，より．）

誤って再認する傾向が著しかった．この傾向は，直後のテストではそれほど見られなかったが，最初の提示から1週間後に行なわれた場合には特に著しかった．これは時間がたつにつれて文章の細部は忘れてしまうため，再認時には自分のもつスキーマにもとづくヘレン・ケラーについての知識によって答えてしまったためと考えられる．

　記憶の変容の問題が最も重要な意味をもってくるのは犯罪や事故の**目撃証言**(testimony)の信懸性に関してであろう．この問題に関してロフタスらは次のような実験をしている[6]．彼らは被験者に交通事故の映画を見せてから，事故について2群の被験者に次のような別々の質問をした．

　(1) 自動車は激突した(smashed)とき，どのくらいのスピードで走っていましたか．

　(2) 自動車はぶつかった(hit)とき，どのくらいのスピードで走っていましたか．

これらの質問に対しては，(1)の質問を受けた被験者の方が(2)の質問を受けた被験者より大きなスピード値を答えている．さらに1週間後に「ガラスが割れるのを見ましたか」という質問をしたところ「Yes」の答えは(1)の質問を受けた被験者ではるかに多かった．(1)の質問を受けた被験者では，質問の中の「激突した」という言葉が(2)の質問にある「ぶつかった」という言葉よりも事故はひどいという一般的な概念と結びついたため，ガラスが割れたという推論がもたらされたものと考えられる(図63-2)．

　このように記憶内容の変容は，(1)まず記銘時に，出来事を自分のスキーマに従って解釈する中で，実際の出来事とは異なったものが記憶される．(2)再生または再認までにその出来事に関して何か情報を与えられると，その情報が何らかのかたちですでに記憶されたものの中に取り込まれる．(3)さらに再生時には記憶の中にあるものをもとに，話につじつまを合わせるための必要な再構成が行なわれる，といった各段階で生じるのである．

6) Loftus, E. F., & Palmer, J. C., 1974, Reconstruction of automobile destruction: An example of the interaction between language and memory. *Journal of Verbal Learning and Verbal Behavior*, **13**, 585–589.

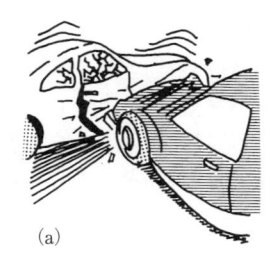

図63-2　記憶の変容
　　(Loftus & Palmer, 1974 にもとづく)
a) もとの情報．b)「自動車は激突したとき〜」という質問を受けた後に残る「記憶」

記憶の変容でさらに深刻なのは**偽りの記憶**（false memory）の植え付けである．1990年代のアメリカでは，心の問題をかかえてカウンセラーに助けを求めた人が，「あなたは子どものころ，虐待された可能性がある」と聞かされ，さらには催眠を含む暗示や誘導により，実際にはなかった「子ども時代に両親から受けた虐待」の記憶をもつようになった，という事例が数多く報告された．そのため多くの家族が崩壊し，無実の人がたくさん起訴され，さらには牢獄に入れられたのである．多くは偏執的なカウンセラーによる偽りの記憶の植え付けによるものであるが，そのようなありもしない虐待を本人が本当に自分の記憶と信じるようになるのであろうか？

　そこでロフタスらは子ども時代の偽りの記憶を大人の心に移植する，という実験を行なった[7]．たとえば「子どものころショッピングセンターで迷子になり怖かったけれど，最後は老人に助けられて家族に再会できた」，あるいは「結婚式のパーティでガラス製ボウルをひっくり返した」，というような「倫理に触れない範囲」で外傷的な記憶を移植する試みをし，成人の4分の1に偽りの記憶をもたせることができた，と報告している．

　こうした実験により，問題のあるカウンセリングでありもしない「子ども時代の虐待」の記憶が作られうることが明らかになり，多くのカウンセラーが訴えられるとともに，無実の罪で服役していた人たちも救済されることになったのである．　　　　　　　　　　　　　　　　　　　〔渡邊〕

7) Loftus, E. F., Ketcham, K., 1994, *The Myth of Repressed Memory*. St. Martin's Press.（仲真紀子訳，2000，抑圧された記憶の神話：偽りの性的虐待の記憶をめぐって．誠信書房．）

【参考文献】
Loftus, E. F., Ketcham, K., 1994, *The Myth of Repressed Memory*, St. Martin's Press.（仲真紀子訳，2000，抑圧された記憶の神話：偽りの性的虐待の記憶をめぐって．誠信書房．）
大田信夫，2008，記憶の心理学．放送大学教育振興会．

IV-64
記憶の生理学的メカニズム

Physiological Mechanisms of Memory

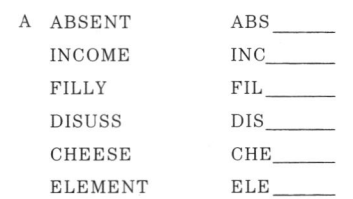

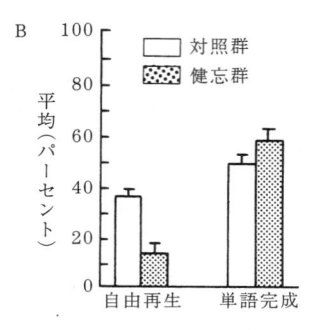

A ABSENT　　　ABS_____
　　INCOME　　　INC_____
　　FILLY　　　　FIL_____
　　DISUSS　　　DIS_____
　　CHEESE　　　CHE_____
　　ELEMENT　　ELE_____

B （平均（パーセント）の棒グラフ：対照群／健忘群。自由再生、単語完成）

図64　健忘症患者におけるプライミング効果
（Graf et al., 1984[1]より改変）
健忘症患者と健忘者の被験者に同じ日常語からなる単語リスト（図Aの左側）を見せた後，再生テスト（図Bの「自由再生」テスト）をさせると健忘症患者は著しい障害を示す．しかしリストにあった各単語の始めの3文字（図Aの右側）を出して，心に浮かんだ最初の単語を言うように求めると（図Bの「単語完成」テスト），健忘症患者に障害は見られない．

　経験は脳の中でどのようにして記銘され，脳のどこに蓄えられ，どのようにして想起されるのであろうか．ここでは記憶に障害が起こるいくつかの事例を見ることにより，こうした**記憶の生理学的メカニズム**（physiological mechanisms of memory）について考えることにする．

　ラグビーやフットボールの試合中に，相手プレイヤーと激突すると脳震盪（のうしんとう）を起こすことがある．これが起こるとその直前および脳震盪中に起こった事柄が思い出せなくなってしまう．また全身麻酔の手術を受けると，やはりその直前およびその麻酔中の出来事が思い出せなくなると報告されている．脳震盪や全身麻酔と同様に脳の正常な活動を一時的に停止させるもので，精神科で用いられるECT（**電気けいれん療法**；electroconvulsive therapy）[2]を受けた患者でもやはり，その直前およびそれに伴う発作中の記憶がなくなることが知られている．

　脳震盪になったり，ECTを受けた人でも，その直前の**短期記憶**（short-term memory）[3]は正常だったはずであり，また脳震盪中の人でも，その間に応答が可能な限りでは短期記憶は正常である．さらにこうした人たちは，脳機能の一時的停止以前の昔の出来事を正常に思い出すことができるし，それ以後も一般には記憶障害を示さない．それゆえここで見ら

1) Graf. P., Squire. L. R. & Mandler, G., 1984, The information that amnesic patients do not forget. *Journal of Experimental Psychology* (Learning, Memory and Cognition), 11, 386-396.

2) 通常70〜130Vの電圧で0.5秒程度の通電をすると1〜1.5分のてんかん発作が起こる．その結果脳波的にもてんかんのときに見られるような発作波が現われる．

れる障害は，記憶されたものを想起する，あるいは検索する過程に関係するのではなく，短期記憶が**長期記憶**（long-term memory）に移行する過程に関係していると考えられる．

生理心理学研究の第一人者であったヘッブ[4]はこの過程について，何かを経験するとそれが始めはニューロン（神経細胞）の間で電気的信号が行き来するという状態（反響回路）で脳の中に留まるが（短期記憶），しだいに物質的解剖学的変化が起こることによって，脳が一時的に停止しても失われないような記憶痕跡（長期記憶）というかたちになるという考えを提唱している[5]．最近では，短期記憶が反響回路のようなものではなく，ニューロンの興奮性の一時的な上昇や下降によって支えられていると考えられている．なお，この短期記憶から長期記憶になるには一定の時間が必要とされ，この期間は**固定期間**（consolidation period）[6]と呼ばれる．この固定期間内に脳機能を一時的に停止させると記憶の固定が（十分に）できず，後の想起テストで障害が見られることになるのである．

「Ⅳ-62 健忘症」の項では，**海馬**（hippocampus）を中心とした**側頭葉**（temporal lobe）や，乳頭体や視床内側核などの**間脳**（diencephalon）に損傷があると**健忘症**（amnesia）の起こることが述べられている．特に側頭葉性の健忘患者は，新しく見たり，聞いたりしたことをまったく憶えられないという障害を示す．しかしこうした患者もほぼ正常な短期記憶をもち，古い記憶の想起には障害を示さない．それゆえこうした患者も記憶の貯蔵庫そのものや，想起，検索の過程に障害を受けているのではなく，短期記憶が長期記憶に固定する過程に障害を受けていると考えられる．この結果と一時的な脳機能停止による記憶障害の結果を合わせ考えると，経験が記憶痕跡として脳の中に残る（固定される）ためには，経験後一定期間の正常な脳活動が必要であり，その過程には海馬を中心とした側頭葉内側部が最も重要な役割を果たしているということになる．

記憶の生理学的メカニズムの研究の第一人者であるカリフ

3)「Ⅳ-67 短期記憶」の項を参照．

4) Hebb, D. O. (1904-1985) カナダに生まれ，始めは高校の英語教師を勤めた．後にマギル大学の大学院で心理学を学んだ．その後アメリカに渡り，ラシュレイに師事した．1947年にマギル大学の心理学教授に迎えられてから，ここに定年まで勤めた．彼はヒト，チンパンジー，イヌ，ネズミなどの種における知覚，知能，学習と記憶，情緒と動機づけなど多くの問題に取り組んだが，常に生理学的メカニズムを考えに入れた考察，分析を試みた．記憶の生理学的メカニズムに関する彼の優れたアイデアは60年以上経ったいまでも記憶研究の重要な指針となっている．

5) Hebb, D. O., 1949, *The Organization of Behavior*. Wiley.（鹿取廣人・金城辰夫・鈴木光太郎・鳥居修晃・渡邊正孝訳，2011，岩波文庫，岩波書店．）

6) この固定期間の長さについて，ECTを用いた実験からは数時間ないし数日という値が得られているが，動物実験では数秒から数十分という結果が得られている．これは種の違いや学習内容の違いも関係していると考え

ォルニア大学サンディエゴ校のスクワイヤーは，記憶を**手続き的記憶**（procedural memory）と**宣言的記憶**（declarative memory）の2つに分けて考えている[7]．ここで手続き的記憶とは意識にあまり上ることのない習慣的動作などのことであり，それには技能学習，運動学習，**知覚学習**（perception learning）[8]，古典的条件づけ，**プライミング**[9]（priming）で得られた記憶などが含まれる．

側頭葉内側部の損傷やECTは宣言的記憶の固定を阻害するが，手続き的記憶には影響を及ぼさない．つまり側頭葉性の健忘患者では，新しく見聞きしたことがまったく記憶に残らないが，車の運転法を習ったり，タイプライターの打ち方を習ったり，スキーやスケートを習ったりという技能学習，運動学習は可能なのである．また知覚学習やプライミング，それに古典的条件づけも健忘症患者には可能である（図64）．それゆえ健忘症患者が古典的条件づけを経験すると，後のテストで条件づけができていることを示すのであるが，意識の上で彼らはそうした条件づけ訓練を受けたという記憶をまったくもたないのである．最近の研究によると，古典的条件づけや運動学習には小脳が最も重要であり，技能学習には大脳基底核[10]が重要であることが示されている．

宣言的記憶はさらに**意味記憶**（semantic memory）と**エピソード記憶**（episodic memory）の2種類に分けられる．意味記憶とは言葉の意味や，種々の法則のような一般的知識の体系のことをいい，エピソード記憶とはいつ，どこで，何をしたのかという，時間的，空間的に位置づけすることができ，その情景をイメージすることができる個人的経験の記憶をいう．意味記憶のみ，あるいは，エピソード記憶のみに選択的な障害をもつ患者の例が報告されており，この2種類の記憶の背景には異なった脳メカニズムがあると考えられている．特にエピソード記憶には前頭連合野の重要性が指摘されている．

次に記憶が固定すると脳内では実際にどのような変化が生じるのかについて考えることにする．学習後にRNA[11]や蛋白の合成を阻害するような薬物を投与すると，その学習に関

られる．

7) スクワイヤーの分類を表にすると次のようになる．

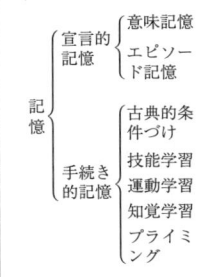

記憶
- 宣言的記憶
  - 意味記憶
  - エピソード記憶
- 手続き的記憶
  - 古典的条件づけ
  - 技能学習
  - 運動学習
  - 知覚学習
  - プライミング

Squire, L. R. 1987, *Memory and Brain.* Oxford University Press. (河内十郎訳, 1989, 記憶と脳. 医学書院.) より．

8) ある刺激（隠し絵など）を提示して，それに対して何らかの反応（どのように見える，など）が得られた後，一定の時間が経過してから再度その刺激を提示すると，最初の反応と同じものが得られるまでに要する時間が短くなる現象をいう．

9) 以前にいくつかの刺激（通常は単語）を提示しておき，一定時間経過後，単語完成テストをさせると，以前に提示された刺激を完成するのが容易になる傾向をいう．たとえば「だいどころ」，「れいぞうこ」というような単語をあらかじめ見せられていると，見せられていない場合に比べて「□いど□ろ」，「□

与する記憶の固定が阻害されることが知られている．そしてこれらの薬物を学習後早い時期に投与するほど固定の阻害効果が大きいことも示されている．こうしたことから記憶の固定にはRNAや蛋白の合成が重要な役割を果たしていると考えられている．しかし記憶「内容」とこうした物質変化との対応については，まだほとんど明らかになっていない．

最近哺乳類の海馬で，「長期増強」という現象が報告されている．これは海馬への入力線維を高頻度で短時間電気刺激すると，海馬内のニューロン（神経細胞）のシナプス[12]伝達効率が数時間から数日にわたってよくなるという現象である．一方小脳では，シナプス伝達効率が悪くなる「長期抑圧」と呼ばれる現象も報告されている．こうしたシナプスの伝達効率の変化の基盤として，伝達に作用する物質（神経伝達物質）レベルの変化や，シナプスの数の増加のようなニューロン間の結びつき自体の変化などの起こることが報告されている．宣言的記憶と手続き的記憶に最も重要と考えられる海馬と小脳でこのようなニューロン間の結びつきの構造的変化が見いだされるということは興味深い．

スクワイヤーによる記憶の分類には現われていないが，最近の研究では**ワーキングメモリー**（working memory）が大いに注目されている．ワーキングメモリーは「課題解決に必要な情報を，必要な期間だけアクティブに保持し，操作する」過程と定義される．つまり短期記憶のように，経験が受動的に受け取られ，時間の経過とともに意識されなくなるようなものではなく，意識的にリハーサルされるものを指す．ワーキングメモリーには大脳前頭連合野が重要な役割を果たすことも示されている[13]． 〔渡邊〕

いぞ□こ」という単語完成テストにおける正解率が高くなる．健忘症患者はそうした単語を再認や再生することができず，さらにそうしたものを見せられたという記憶がなくても，このプライミング効果を示す．

10) 大脳の中の白質層の中に埋もれたかたちで存在している脳部位．被殻，淡蒼球，尾状核などの部位からなり，円滑な運動の遂行に重要な役割を果たしている．

11) リボ核酸（ribonucleic acid）；細胞内にある物質で，遺伝情報の伝達に重要な役割を果たしている．

12) ニューロンとニューロンの接する部分．物理的にはごくわずかなすきまがある．ニューロン間の情報の伝達は神経伝達物質と呼ばれる化学物質によって担われている．

13) 苧阪満里子, 2002, 脳のメモ帳 ワーキングメモリ. 新曜社.

【参考文献】

Hebb, D. O., 1972, *A Textbook of Psychology.* Saunders.（白井常他訳，1975，行動学入門. 紀伊國屋書店.）

田中啓治編，永雄総一・中沢一俊・渡邊正孝著，2008，認識と行動の脳科学. 東京大学出版会.

横山詔一・渡邊正孝，2007，記憶・思考・脳. キーワード心理学シリーズ3，新曜社.

IV-65

情報処理理論

Theory of Information Processing

シャノンとウィーヴァーの情報伝送の理論[1]に端を発し, 加えてコンピュータの発展によって情報処理システムの研究が進んだことにより心理学にも情報理論の考え方が導入されるようになってきた. それに伴って人間をコンピュータと類似した一種の情報処理装置と考え外界からの入力情報 (刺激) が, どのように処理されて出力 (反応) されるのかを実験的に検討し, それによってモデルを考えるという試みが盛んに行なわれるようになってきた. このような考え方を**情報処理理論** (theory of information processing) と呼ぶ.

従来, 心理学では人間を, 中身を開けてみることのできないブラック・ボックスと考えて, 入力としての刺激とその出力としての反応との関係を問題とし, ブラック・ボックス内でどのようなことが生じているかについてはあまり問題としなかった. しかし, この情報処理理論的アプローチによっていままで扱われていなかったブラック・ボックス内での処理に関することが研究されはじめるようになってきた. このことは, コンピュータでいうところのソフトウェア (処理プログラム) を問題としており, コンピュータ内部がどのように配線され, ユニットがどのように配置されているのかというハードウェアに対応するものを見いだそうとするものではない.

図65は, 情報処理理論的アプローチによる研究によって作られた**記憶モデル** (memory models) の一つである. この

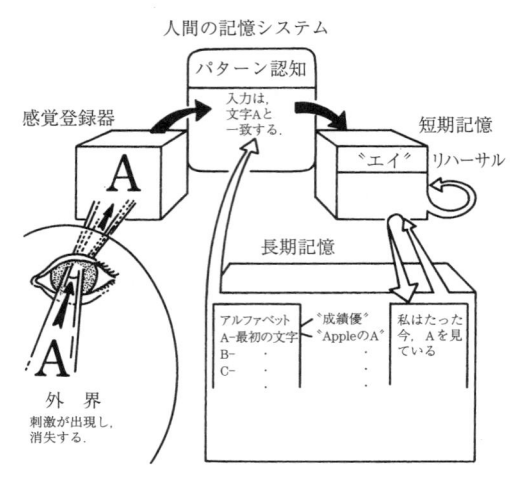

図65 記憶の情報処理モデル (Klatzky, 1980)[2]

1) Shannon, C. E. & Weaver, W., 1949, *The Mathematical Theory of Communication*. Urbana.

2) Klatzky, R. L, 1980, *Human Memory: Structures and processes*. 2nd ed., Freeman. (箱田裕司・中溝幸夫訳, 1982, 記憶のしくみ I, II. サイエンス社.)

ようないくつかの情報貯蔵庫を想定したモデルはボックスモデル（box model）と呼ばれる．

一般にボックスモデルでは，記憶は**感覚記憶**（sensory memory），**短期記憶**（short-term memory），**長期記憶**（long-term memory）の3つの主要な貯蔵構造から構成されているシステムだと考えられている．外界からの情報は，まず感覚記憶に入る．感覚記憶は，感覚登録器とも呼ばれ，数分の1秒という非常に短い時間だけ情報を保持する機能を果たしている．注意による情報の選択やパターン認知の働きによって，感覚記憶内の情報の一部は，次の短期記憶へ送られ，それ以外の情報は消滅する．短期記憶に送り込まれた情報は，**リハーサル**（rehearsal：復唱）と呼ばれる保持過程が行なわれている限りいつまでも留めておくことができる．リハーサルは2種類あり，短期記憶に留めておくだけの**維持型リハーサル**（maintenance rehearsal）と，長期記憶へ送り込みやすい状態にするための**精緻型リハーサル**（elaborative rehearsal）とがある．リハーサルがなされなければ，十数秒程度で情報は消滅してしまう．短期記憶で貯蔵できる情報は，感覚記憶に比べてはるかに少なく7±2チャンク[3]程度で，精緻型リハーサルが繰り返されることで何らかのかたちの情報の**符号化**（coding）が生じ次の長期記憶へ送られる．最終記憶段階である長期記憶では，ほとんど無制限といえるほどの多くの情報を，長期間にわたって蓄えることができるとされる．このように，短期記憶と長期記憶という2つの貯蔵段階に分ける考え方は，記憶の2段階説と呼ばれている（感覚記憶も含めるとすれば3段階説ともいえる）．

この2段階説に対して，短期記憶を**ワーキングメモリー**（作動記憶；working memory）[4]と考える説や，短期記憶と長期記憶をまったく別の情報処理貯蔵とは考えずに，単に情報に対する処理の種類や深さといった**処理水準**（levels of processing）が違うのではないかといった仮説も出されている[5]．〔藤井〕

【参考文献】
リンゼイ，P. H.・ノーマン，D. A.，中溝幸夫・箱田裕司・近藤倫明訳，1983, 情報処理心理学入門Ⅰ, Ⅱ, Ⅲ. サイエンス社.

3)「Ⅳ-67 短期記憶」の項を参照.

4)「Ⅳ-67 短期記憶」の項を参照.

5) Craik, F. I. M. & Lockhart, R. S., 1972, Levels of processing: A framework for memory research. *Journal of Verbal Learning and Verbal Behavior*, 11, 671-684.

IV-66

感覚記憶
Sensory Memory

```
T D R        7 V F 2
S R N        X L 5 A
F Z R        B 4 W P
```
（9文字の場合）　（12文字の場合）

図66-1　スパーリングが用いた刺激
（Sperling, 1960)[1]

　たとえば，アルファベットが数文字書かれた視覚刺激を，ほんの一瞬だけ見せられたときを考えてみよう．刺激情報が眼に入る前から（情報の処理を行なう前から），この情報は必要でこの情報は不必要だというような情報の選択を私たちはすることはできない．したがって当然のことではあるが，まずは生の情報をそのまま取り入れて処理がなされるまで保存しておかなくてはいけない．それから，その情報に対して何らかの処理を加えるという操作が始まる．このように何らかの処理が加えられる前に，生の情報を無差別に取り込んで，一時的に蓄えておくところ，いわゆるバッファ・メモリーを想定した方が，情報処理という見方をした場合には都合がいい．実際に，ほんの一瞬だけ提示された刺激が消えてしまった後でも，まだしばらくはその文字が見えているような印象をもつのは，その証拠と考えられる．

　提示された刺激情報が，ほとんど何の処理も受けずに提示されたままのかたちで非常に短い時間ではあるが保持されることは**感覚記憶**（sensory memory）または**感覚情報保存**（sensory information storage），**感覚登録器**（sensory register）とも呼ばれる．

　この感覚記憶の存在を実験的に証明してみせたのが，スパーリング[1]であった．彼は，従来の認知や記憶の研究と同様に，一目見ただけで知覚できる情報はどのくらいかを調べる実験を，刺激を非常に短い時間だけ提示できるタキストスコープ（瞬間露出器）[2]を使って行なった．たとえば，ランダムに選ばれたアルファベット12文字を3行4列に並べて（図66-1），50ミリ秒だけ提示した．被験者はその刺激を見

1) Sperling, G., 1960, The information available in brief visual presentations. *Psychological Monographs*, **74**, No. 11, 1-29.

2) タキストスコープ（tachistoscope）視覚刺激を提示する装置で，提示時間を1ミリ秒（1/1000秒）単位で設定できる．

てすぐに，何が提示されていたかを報告させられた．その結果，被験者が正しく報告できた文字数は，せいぜい4～5個であった．しかし，「もっと見えていたが報告するうちに忘れてしまった」と内観報告する被験者が多かった．そこで，スパーリングはこの種の記憶の範囲は4～5個ではなくて，もっと多くの情報が保存できているのだが，その保存時間が短いために，報告している間に情報が消滅していったのではないかと考えた．つまり，保存しておけないのではなくて，報告しきれないのだろうと考えた．それを確かめるために，彼は，**部分報告法**（partial report procedure）と呼ばれる次のような手続きを考え出した．

たとえばアルファベット12文字を3行4列に配列した文字刺激を50ミリ秒提示し，その直後に報告するべき行を指示する合図（音）を提示する．合図には，3種類の音が使用され，被験者は高音のときには一番上の行，中音のときには真ん中の行，低音のときには下の行という具合に指示された行だけを報告するように求められる．この手続きは，提示された文字すべてを報告する必要はなく，一部分だけ報告すればよいので部分報告法と呼ばれる．それに対して，提示されたものすべてを報告させる従来の手続きは**全体報告法**（whole report procedure）と呼ばれる．

この部分報告法で実験した結果，刺激提示直後ならどの行を指示しても提示文字数が9文字の場合は，ほぼ100%の正答率が得られた．提示文字数が12文字の場合，正答率が76%であった．つまり，1行4文字のうち約3文字（4文字×0.76）が知覚できており報告可能であったということになる．どの行について報告するかは，刺激の提示が終了してから指示されるので被験者はすべての行について少なくとも3文字は見えていたことになる．したがって，3文字×3行＝9文字は情報として利用可能であったということになる．スパーリングは，利用可能文字数を（正答率（%）/100）×提示文字数という式で求めた．ここでは，0.76×12＝9.12文字が利用可能文字数ということになる．図66-2は，スパーリング[1]が行なった実験結果で，提示文字数に対する利用可能文

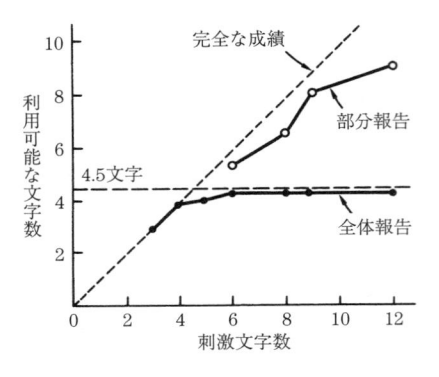

図66-2 スパーリングの実験における部分報告法と全体報告法の結果 (Sperling, 1960)[1]
各試行によって得られた正答率に提示文字数をかけることによって得られた利用可能文字数が示されている．横軸は提示文字数で，斜めの破線は被験者が提示文字すべてを正しく報告できた場合の利用可能文字数を示している．

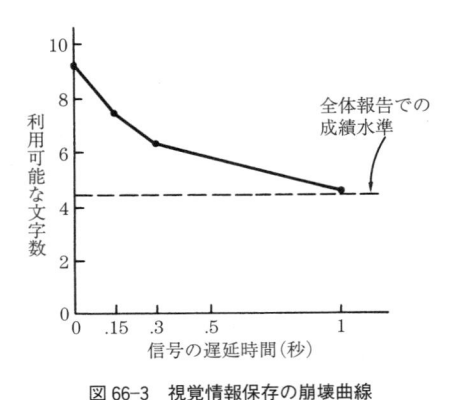

図66-3 視覚情報保存の崩壊曲線 (Sperling, 1960)[1]
部分報告法において，合図音（信号）の遅延時間を変化させた実験結果．グラフ中の破線は，全体報告法での報告文字数（正答数）である．

字数をグラフにしたものである．

また，スパーリングは，報告するべき行を指示する合図音を，刺激提示直後ではなく遅延させた実験も行なっている（図66-3）．合図音の遅延時間が0秒（刺激提示直後）の場合，利用可能文字数は9文字であるが，遅延時間が増すにつれて利用可能文字数は減少し，最終的には全体報告法を用いた結果と同じ成績にまで落ちている．これは，刺激提示直後には提示された情報はそのほとんどが利用可能なかたちで保存されているが，わずか1秒足らずの間に急速に消失していくということを示している．このことから，感覚記憶の保持時間は1秒以内の非常に短い時間であることがわかる．

感覚記憶の中で上記のように視覚情報に関連するものをスパーリングは**視覚情報保存**（visual information storage：VIS）と呼んでいる．これを，ナイサー[3]は**アイコニックメモリー**（iconic memory），または簡単に**アイコン**（icon）と呼んでいる．

この視覚情報保存の性質については，一般に，視覚像として与えられたそのままの未処理の情報保存であり，容量が大きく，保存時間は1秒以内で急速に情報は消滅し，短期記憶

3) Neisser, U., 1967, *Cognitive Psychology.* Appleton–Century–Crofts.（大羽蓁訳, 1981, 認知心理学．誠信書房．）

Neisser, U.（1928～）アルリック・ナイサーは，1956年ハーバード大学で学位を取得後，スワースモア，ハーバード，ブランダイスの各大学を経て，コーネル大学の心理学教授になる．認知研究においてすべての認知は知覚の最初の瞬間から創造的な分析と統合の過程を含んでいるという革新的アプローチを主張した．著書に『認知心理学』（1967）『認知の構図』（1976）などがある．

とは異なるものである等があげられている．視覚情報保存やアイコンに関しては，多くの研究者によって実験的研究が行なわれており，さまざまな議論がなされている[4]．

また，視覚と同様に聴覚においても同じような機構があると考えられている．たとえば，注意を向けていなかった電車の車内放送が終わって初めて車内放送があったことに気づくような場合でも，何がアナウンスされたのかが改めて思い返せるというような現象から聴覚情報保存の存在が推定される．これは**聴覚情報保存**（auditory information storage）または**エコイックメモリー**（echoic memory）と呼ばれている．このエコイックメモリーに関して，ダーウィンら[5]は，聴覚的言語刺激を用いた部分報告と全体報告の実験を行ない，その存在を明らかにしている．彼らは，3種の言語刺激リスト（各リストは3個の英字または数字からなっている）が，右耳のあたり，頭の中央付近，左耳のあたりと3ヵ所で同時に聞こえるように刺激を提示した．たとえば，提示される刺激が各々，右耳が（GK7），中央付近が（U3H），左が（MCE）であるとすると，まず初めに「G，U，M」が同時に提示され，次に「K3C」という具合に提示される．被験者は，全体報告の場合は聞こえた言語刺激をすべて報告し，部分報告の場合は，視覚的手がかりによって指示された箇所のリストのみを報告するように求められた．その結果，部分報告法の方が，全体報告法よりも平均正答項目数は多く，しかも，刺激提示後4秒経過した後であっても，部分報告法での正答項目数は全体報告法よりも上回るという結果が得られている． 〔藤井〕

4） Coltheart, M., 1980, Iconic memory and visible persistence. *Perception and Psychophysics*, **27**, 183-228.
岩崎祥一，1986，アイコンをめぐる最近の動向．心理学評論, vol. 29, No. 2, 123-149．

5） Darwin, C. J., Turvey, M. T. & Crowder, R. G., 1972, An auditory analogue of the Sperling partial report procedure: Evidence of brief auditory storage. *Cognitive Psychology*, **3**, 255-267.

【参考文献】
Rumelhart, D. E., 1977, *Introduction to Human Information Processing*. John Wiley.（御領謙訳，1979，人間の情報処理．サイエンス社．）
小谷津孝明編，1982，記憶．現代基礎心理学第4巻，東京大学出版会．
箱田裕司・都築誉史・川畑秀明・萩原滋，2010，認知心理学．有斐閣．

短期記憶
Short–Term Memory

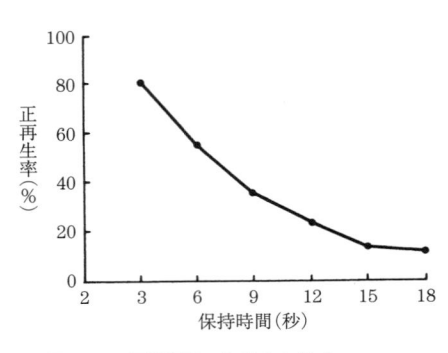

IV-67

図67-1 短期記憶における忘却 (Peterson & Peterson, 1959)[3]
横軸は保持時間（刺激を見終わってから再生するまでの時間），縦軸は正再生率を示す．

電話帳で電話番号を調べて覚えたつもりの番号でも，番号を入力するうちにわからなくなったり，電話が通じたらもう忘れてしまったりすることがある．このように，一度見ただけで記憶できて，短い間は覚えておけるが，時間が経つとそのうちに忘れてしまうような記憶を**短期記憶**（short–term memory：STM）と呼ぶ．それに対して，自分の家の電話番号などは忘れることはない．ある程度日時が経っても忘れない長期にわたる記憶は，**長期記憶**（long–term memory：LTM）と呼ばれる．記憶をこのように短期記憶と長期記憶の2つの段階に分ける考え方は昔からあった．ジェームズ[1]は，いま現在の知覚対象を保持する**一次記憶**（primary memory）と，意識に上らなくてもなお保持されていていつでも想起できる**二次記憶**（secondary memory）という区別をしている．これは，短期記憶と長期記憶にほぼ対応するものである．

それでは，一度聞いたり見たりしただけで記憶できる短期記憶容量の限界はどの程度だろうか．この短期記憶の容量は**記憶の範囲**（memory span）とも呼ばれたりする．ためしに，次の文字を一度だけ読んですぐに眼を閉じてできるだけ多く思い出して見よう．何個くらい思い出せるだろうか．

　　　　GOMIXFPCKADLUHSTBE

この18文字を，そのまま全部思い出すことはできなかったはずである．せいぜい7〜8個くらいだったのではないだろうか．ミラー[2]によると，短期記憶の容量の限界は，大人でもせいぜい**7±2チャンク**（chunk）としている．このチ

1) James, W., 1980, *The Principles of Psychology*. vol. 1, Henry Holt & Co.「VI-82 ジェームズ・ランゲ説」の項を参照．

2) Miller, G. A., 1956, The magical number seven, plus or minus two: Some limits on our capacity for processing information. *Psychological Review*, **63**, 81-97.（高田洋一郎訳，1972, 不思議な数 "7"，プラスマイナス 2：人間の情報処理容量のある種の限界．心理学への情報科学的アプローチ．培風館．）

ャンクとは，まとまりの単位のことである．たとえば，上記のアルファベットは，そのまま1文字ずつ覚えるとしたら18チャンクであるが，アルファベットを並べ替えてBOX, FISH, GET, LAMP, DUCKという単語にまとめると5チャンクということになる．これは短期記憶に十分入る数であり，事実，このくらいの数の単語なら短期記憶に留めておけるであろう．短期記憶の容量は，単なる情報の量で記述できるものではなく，記憶材料が文字ならば7±2文字で，それが単語になると7±2単語という具合に，文字とか単語というまとまりの数，つまりチャンクの数で決まるのである．

短期記憶はその容量の少なさに加えて，情報の保持時間も短いと考えられている．短期記憶に入った情報は，頭の中で**リハーサル**（復唱；rehearsal）をしなければ，すぐに消えてしまう．短期記憶の保持時間について，ピーターソンとピーターソン[3]は，以下のような実験を行なっている．

被験者に3文字の子音からなる無意味音節（たとえば，JQB）を提示した後，さまざまな時間間隔（3, 6, 9, 12, 15, 18秒）をおいて再生させた．被験者は，再生を始めるまでの間，リハーサルができないように，3桁の数字から3ずつ引く減算課題が課せられた．このような，リハーサルを妨害するための課題はディストラクター（destructor）と呼ばれる．その結果，短期記憶内の情報は，わずか18秒で90％近くが忘却されるということが示された（図67-1）．これは，短期記憶の保持時間の短さと，リハーサルが，短期記憶の保持にとって重要な働きをしていることを示している．

このリハーサルには，2種類あり情報を短期記憶に留めておくためだけの**維持型リハーサル**（maintenance rehearsal）と，情報を符号化し長期記憶へ送るための**精緻型リハーサル**（elaborative rehearsal）とがある．精緻型リハーサルとは，具体的にはイメージを思い浮かべたり，連想したり，情報を貯蔵しやすいかたちへ変換する符号化（たとえば，語呂合わせ等）をすることである．

ところで，7±2チャンクの容量しかもたず，しかも保持時間が短いという短期記憶内の情報の検索は，どのようにし

3) Peterson, L. R. & Peterson, M. J., 1959, Short-term retention of individual verbal items. *Journal of Experimantal Psychology*, **58**, 193-198.

て行なわれているのだろうか．スターンバーグ[4]は，次のような方法で実験を行なった．たとえば，被験者に「4, 9, 6」の3個の数字[5]（これを記憶セットと呼ぶ）を提示した後，1個の数字たとえば「4」を提示し，この数字（テスト刺激と呼ぶ）が最初に提示された記憶セットの中にあったか無かったかを，できるだけ速くボタンを押すという反応によって答えてもらった．そして，テスト刺激が提示されてから反応ボタンが押されるまでの時間（反応時間）が測定された．記憶セットの項目数（セットサイズ）を，1個から6個まで変化させて，反応時間を測定した結果が図67-2である．グラフには，「Yes」のボタンを押したとき（記憶セットの中にテスト刺激が含まれていた場合）と，「No」のボタンを押したとき（記憶セットの中にテスト刺激が含まれていなかった場合）の結果がプロットされている．セットサイズが大きくなると反応時間は確実に遅くなっている．このことから，スターンバーグは，短期記憶内の記憶セットの項目とテスト刺激とを比較照合する際に，すべての項目を同時に一瞬のうちに比較するのではなく，一個ずつ順番に調べる直列型走査を行なっていると考えた．また，「Yes」のときも「No」のときも，反応時間に差はなかった．「No」と判断するにはすべての項目を調べなければならないが，「Yes」の場合は，それがわかった時点で比較照合を打ち切ればよい．そうすると，「Yes」のときの反応時間は「No」のときの反応時間より平均すれば1/2程度になるはずである．しかし，実際には，そうはならずほとんど変わらなかった．これは，「Yes」の反応のときでも，そこで比較照合を打ち切らずに，すべての項目についてチェックしている悉皆型走査が行なわれていることを示唆していると考えられる．

このような短期記憶を，単なる情報を蓄えるためだけの一時的貯蔵庫と見なすのではなく，さまざまな記憶情報を処理

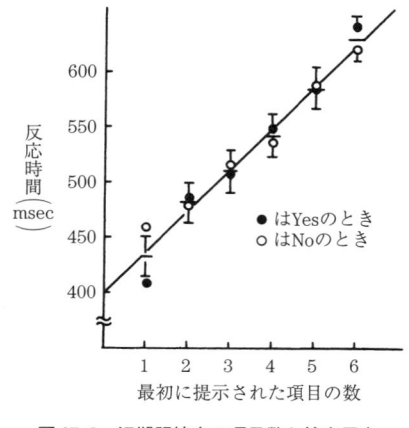

図67-2 短期記憶内の項目数と検索反応時間（Sternberg, 1966）[4]

4) Sternberg, S., 1966, High-speed scanning in human memory. *Science*, **153**, 652-654.

5) スターンバーグは数字のほかに，文字，無意味図形，顔の絵などを刺激として用いている．

6) ワーキングメモリーとはもともとコンピュータ用語で，ある作業をするために必要な情報や中間結果，その時点における部分問題などを一時的に保存している記憶のことで作動記憶とも呼ばれ，すでに獲得していてワーキングメモリーに呼び出されるのを待っている記憶情報は主記憶と呼ばれている．ワーキングメモリーは，学術用語集（日本学術振興会編）では作動記憶と訳されている．

したり，それらを用いて何らかの課題を解決したりする**ワーキングメモリー**（作動記憶；working memory）[6]と見なす考え方がある．バッドレイとヒッチ[7]は，ワーキングメモリー空間というものを考えて，そこで短期記憶に対応する情報の保存や貯蔵，何らかの作業や処理の実行を行なっているとした．そして，当然，容量に限界があるだろうと考えた．したがって記憶負荷をかけた上で新たなワーキングメモリーを必要とする課題を実行させると，一定容量しかもたないワーキングメモリー内での各課題の遂行には一種のトレードオフが生じ，情報保存か課題実行かのどちらかの機能低下が生じるであろう．

彼らは，次のような実験でそのことを確認している．たとえば，文章の中に出てくる言葉の順序を後でチェックするという文章検証課題を行なわせると同時に，それとは無関係の課題（数の復唱など）を行なわせると，文章検証課題の反応時間や正反応率は低下するという結果が得られた．これは，文章検証課題のためのワーキングメモリーのスペースが他の課題によって減少したためと考えられる．このことから，彼らは従来いわれてきた短期記憶－長期記憶という構造の代わりに，ワーキングメモリー－長期記憶という構造を提唱した．

しかし，ワーキングメモリーの限界容量が短期記憶のそれと同じではないとか，短期記憶が阻害されていると思われる記憶障害者でもワーキングメモリーが必要とされる文章理解が可能である[8]などの理由から，短期記憶＝ワーキングメモリーとは言い切れないという反論もある． 〔藤井〕

7) Baddeley, A. D. & Hitch, G., 1974, Working memory. In G. H. Bower (Ed.), *The Psychology of Learning and Motivation*, vol. 8. Academic Press, pp. 47-90.

8) Shallice, T. & Warrington, E. K., 1970, Independent functions of verbal memory stores: A neuropsychological study. *Quarterly Journal of Experimental Psychology*, **22**, 261-273.
Warrington, E. K. & Sahllice, T., 1969, The selective impairment of auditory verbal short-term memory. *Brain*, **92**, 885-896.

【参考文献】
小谷津孝明編，1982，記憶．現代基礎心理学第4巻，東京大学出版会．
Klatzky, R. L., 1980, *Human Memory: Structures and processes*. 2nd ed., Freeman.（箱田裕司・中溝幸夫訳，1983，記憶のしくみⅠ，Ⅱ．サイエンス社．）
苧阪満里子，2002，ワーキングメモリ：脳のメモ帳．新曜社．

IV-68
記憶術
Mnemonics

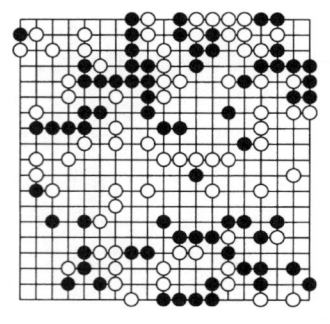

図68　囲碁のある局面
プロはどのようにして，このパターンを記憶するのか．

　記憶は筋肉のように鍛えれば強くなるのだろうか．

　頭の中にモノを闇雲に詰め込むだけでは記憶は改善されない．記憶を改善するためには一定の技術のもとでの鍛錬が必要である．記憶を改善する技術すなわち**記憶術**（mnemonics）とは，情報をどのように符号化し検索するか，いわゆる**記憶方略**（memory skill）である．最も基本的な記憶方略は，**リハーサル**（rehearsal）および**イメージ化**（imagery）である．

　電話番号を覚えるときなど，何度も復唱してみることがある．リハーサルとはこのように少量の記憶事項を頭の中あるいは口頭で，繰り返し自己生成し，意識の中に留め，長期記憶内での固定化を促進することで記憶を改善する方略である．リハーサルのように単純に見える方略でさえ，子どもにとっては，学習しなければ身につかない．小学校1年生くらいでは，自発的にリハーサルする子は少ないといわれている[1]．

　リハーサルがいわば言語・発話コードを利用しているのに対して，イメージ化は視空間コードを利用しているといえる．イメージ化とは，視覚イメージを用いて，無関連な項目対を結びつけたり（「少女」「椅子」に対して，椅子に座っている少女をイメージする）[2]，具体的な内容をもった物語を視覚イメージ上で構成したりすることである．後者は，物語構成法とも呼ばれる．イメージ化は，単にリハーサルをする場合よりも記憶の改善に優れる．イメージ化が記憶方略として優れるのは，記憶項目の識別性を高めるだけでなく，記憶項目間あるいは記憶項目と手がかりとの間の関連性を高め，

1) Keeney, T. J., Cannizzo S. R. & Flavell, J. H., 1967, Spontaneous and induced verbal rehearsal in a recall task. *Child Development*, **38**, 953-966.

2) 鉤語法(かぎごほう)と呼ばれる方法は，数詞（1，2，…）を同じ韻を踏む単語（道，荷，…）などで置き換え，覚えるべき単語リストの項目（たとえば，「学校，妊婦，…」）と，イメージ上で結び付ける方法である．たとえば，「凸凹道の向こうに学校がある」とか．

記憶項目の**体制化**（organization）を促進させるからである．

体制化とは，記憶項目間に何らかの意味のある構造を導入することである．体制化されると項目から項目への連想が生じ，想起されやすい．体制化の好例は囲碁やチェスのパターンであろう（図68）．体制化による記憶方略は他にもある．

チャンキング（chunking）とは，記憶すべき項目をより大きな単位へと体制化することである．ミラー[3]のマジカル・ナンバー7[4]で知られるように，私たちの記憶の範囲は約7記憶単位といわれている．したがって英語のアルファベットが記憶単位となっている（ランダムな文字系列の）場合には7文字しか覚えられないものが，単語が記憶単位となれば7単語，したがって約35文字も記憶できる．文章が記憶単位となればさらに多くの文字が記憶できる．このようなより大きな記憶単位へのチャンキングによって，被験者が82数字もの記憶スパンをもつに至ったと報告している研究もある．

文章構成法（natural language mediation）という記憶方略もある．歴史的事件の起こった年や，英単語，元素記号の順序などを覚えるのに語呂合わせや文を構成して覚える方法である[5]．この方法は，無意味な項目を有意味な項目へと変換する記憶方略である．

このほかにも系列順序を記憶するために記憶する対象のイメージを作り，それを熟知している道筋に配置する**場所法**（method of loci）なども体制化の一種である．

このように効果的な記憶方略とは，記憶すべき項目の識別性を高め，それらに構造を導入して体制化することである．記憶術のエキスパート（mnemonist）とは，このような記憶方略を訓練によって身につけ，さらに，特殊に構造化された知識データベースを頭の中に，長期記憶として備えているのである． 〔石口〕

3) Miller, G. A. (1920-)

4) Miller, G. A., 1956, The magical number seven, plus or minus two : Some limits of our capacity for processing information. *Psychological Review*, **63**, 81-97.（高田洋一郎訳，1972，不思議な数"7"，プラスマイナス2：人間の情報処理容量のある種の限界．心理学への情報科学的アプローチ．培風館．）
「Ⅳ-67 短期記憶」の項を参照．

5) 英単語の記憶としては，Lamentable＝ラーメン食べる悲しい受験生．31日ない月を覚えるのに，2, 4, 6, 9, 11＝西向く侍．外国の例では，虹の7色（red, orange, yellow, green, blue, indigo, violet）を，それぞれの頭文字を使った文，Richard Of York Gains Battles In Vain.で覚えるという．

【参考文献】
Baddeley, A., 1982, *Your Memory : A user's guide*. Multimedia Publications.（川幡政道訳，1988，記憶力．誠信書房．）
横山詔一・渡邊正孝，2007，記憶・思考・脳．キーワード心理学シリーズ3，新曜社．

IV-69

失認症と失行症

Agnosia and Apraxia

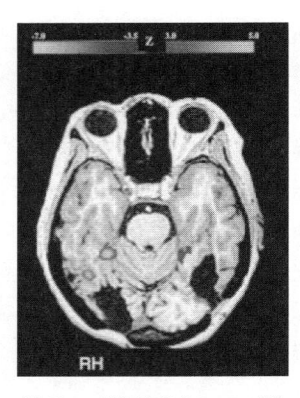

図 69-1　脳損傷患者の MRI 像[2]

　感覚障害や認知障害がないにもかかわらず，感覚を介して外界の対象を認知することができないという症状を**失認症**（agnosia）と呼ぶ．**視覚失認**（visual agnosia）・**相貌失認**（prosopagnosia）・**聴覚失認**（acoustic agnosia）など，特定の感覚様式に限定して症状が現われる．これに対して，麻痺等がなく，運動可能であるにもかかわらず目的にかなった運動ができなくなる症状を**失行症**（apraxia）と呼ぶ．**観念運動失行**（ideomotor apraxia）・**観念失行**（ideational apraxia）など運動や行為全般に関わる障害とともに，**構成失行**（constructive apraxia）や**着衣失行**（dressing apraxia）など，特定の行為ができないという症状もある．これらはいずれも**高次脳機能障害**（higher brain dysfunction）[1]の主症状である．原因については脳血管障害，頭部外傷，感染症，認知症，アルコール性障害など多様な原因が考えられる．失認症では右頭頂葉の損傷，失行症では左頭頂葉の損傷が原因であると考えられている（図 69-1）[2]．

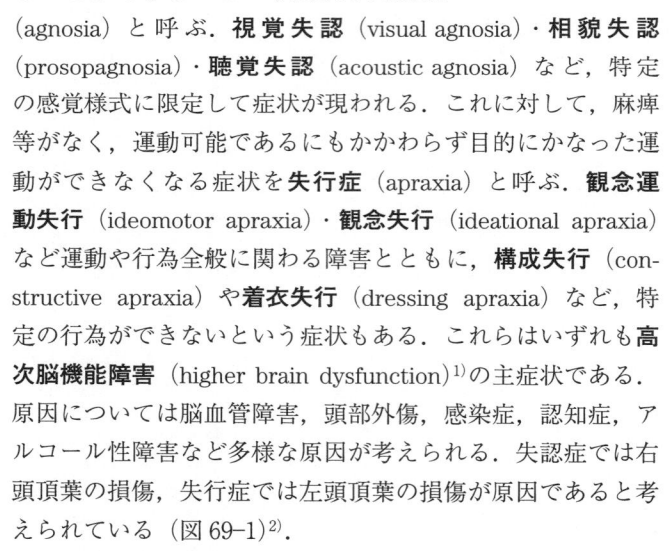

　失認症において，視覚失認とは，ものが見えているにもかかわらず，そのものが何であるか理解できない状態である．中でも相貌失認は，身近な人々や有名人など良く知っているはずの人々の顔が識別できなくなる症状である．しかし，写真等の視覚刺激に加えて，声を聞かせると誰であるかわかるので，視覚に限られた障害であることがわかる．一方，聴覚失認とは，ベルや時計等の音などを聞かせても，それが何の音であるのか理解できない症状である（精神聾）．他の音は理解できるのに，言語が理解できない症状（純粋語聾：声は

1) 主に脳の損傷によって生じるさまざまな認知機能障害．その障害の範囲は記憶障害，注意障害，運動機能障害，社会的行動障害など広範にわたり，脳の損傷部位によって障害の性質が異なる．また，損傷の程度によって核磁気共鳴画像（MRI）やポジトロン断層撮影（PET）などで障害部位を特定することができる場合もあるが，脳障害による身体障害がほとんど見られない場合でも，脳機能に障害が生じている場合がある．このような認知障害は，社会復帰後に明らかになることが多く，社会生活や日常生活に重大な支障をきたす．詳しくは，高次脳機能障害学会（http://www.higher-brain.gr.jp）等を参照．

2) Rossion, B., Caldara, R., Seghier, M., Shuller, A-M.,

聞こえるが，意味がわからない．聞く・話す・読む・書くのすべてが何らかの障害を受ける失語とは異なることに注意．)³⁾，音楽だけ認識できない症状などもある（失音楽症）．失音楽症には，メロディの弁別ができなくなったり音符が読めなくなる受容能力の障害や，リズムがわからなくなったり歌えなくなったりする運動性の障害，また音楽が騒音に聞こえる情動性の障害などがある．失認は頭頂葉の損傷に併発する場合があるが，この場合，患者が麻痺している身体部分（半側不注意）あるいはその周りの部分を無視する（半側空間無視）ことがある．

失認症の診断では，まず感覚障害のないことを確認する必要がある．続いて，視覚・聴覚・触覚などの感覚を使って，一般的な物体の識別を行なう．また，半側空間無視が疑われる場合に

Lazeyras, F., Mayer, E., 2003, A network of occipito-temporal face-sensitive areas besides the right middle fusiform gyrus is necessary for normal face processing. Brain, **136**, 2381-2395.

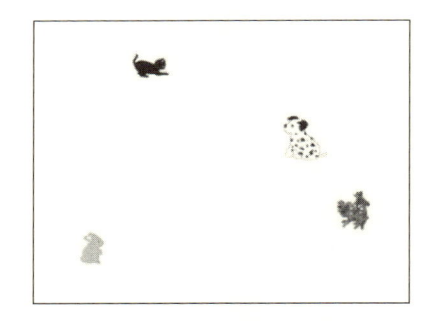

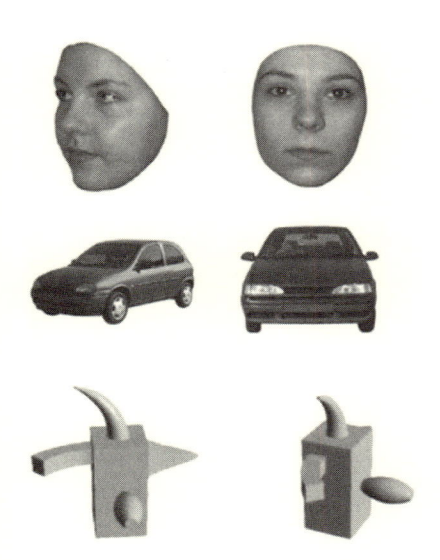

3）「Ⅶ-95 失語症」

図 69-2 失認症のテスト課題の例
患者に人物の顔の一部を見せ，性別・感情・年齢および同じ人物か否かなどを判断させる（上段）．患者に人物以外のものを見せ，同じものか否かを判断させる（中・下段）．

図 69-3 The Animal's Re-location Test
（動物画再配置テスト）
一枚の紙の上に4種の動物の絵が描かれている（上段）．患者はこれを見た後，2種類だけ動物の絵が描かれている紙に，描かれていない2種類の動物の絵を初めに提示された上段の絵と同じ向き・同じ配置にすることを求められる．

は，患者の身体麻痺部分あるいは半側の視野内に置いた物体の識別を指示することによって判別する．診断の際，神経心理学的検査はさらに詳細な症状を明らかにする可能性があるので有効である（図69-2）[2]．

失認症については，言語聴覚士[4]や作業療法士[5]によるリハビリテーション以外，現在特別な治療法はない．これらの機能回復訓練は，患者の機能回復に役立つが，回復の程度は損傷部位の大きさや患者の年齢などの影響を受ける．

一方，失行症において，観念運動失行とは，ものを使用しない単純な運動や習慣的な動作（バイバイの動作等）ができ

の項を参照．

[4] 以前は言語療法士という資格であったが，1997年言語聴覚士（speech-language-hearing therapist：ST）として国家資格になった．「音声機能，言語機能，摂食・嚥下機能，

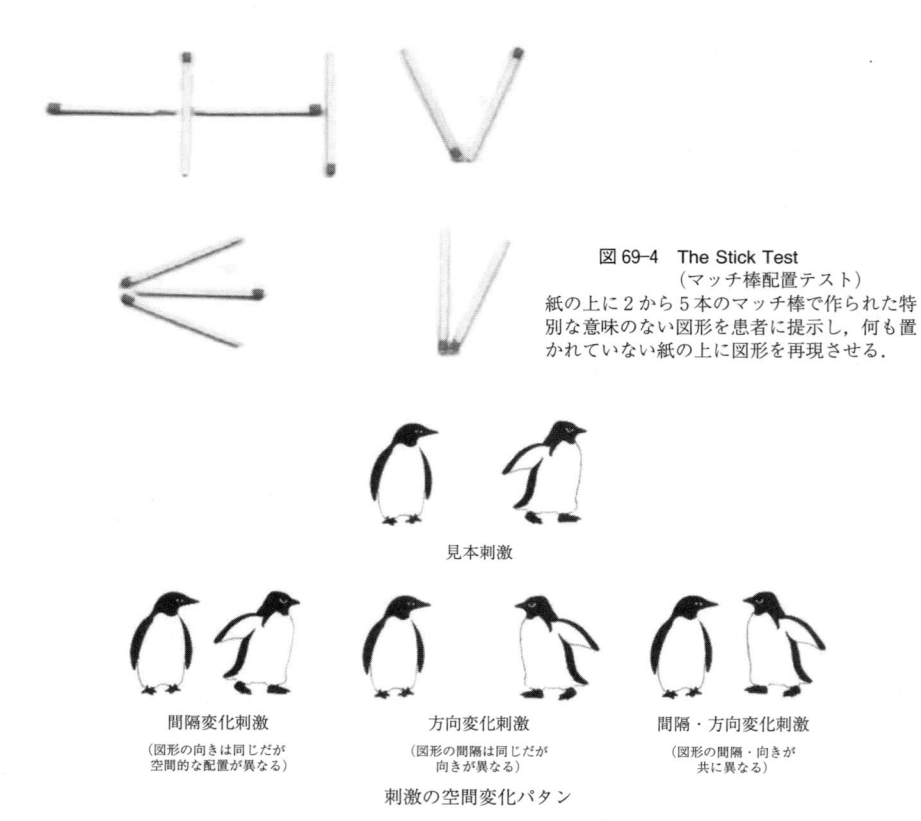

図69-4　The Stick Test
（マッチ棒配置テスト）
紙の上に2から5本のマッチ棒で作られた特別な意味のない図形を患者に提示し，何も置かれていない紙の上に図形を再現させる．

見本刺激

間隔変化刺激
（図形の向きは同じだが空間的な配置が異なる）

方向変化刺激
（図形の間隔は同じだが向きが異なる）

間隔・方向変化刺激
（図形の間隔・向きが共に異なる）

刺激の空間変化パタン

図69-5　The Perceptual Categorical/Coordinate Test（知覚的カテゴリー/調和テスト）
遅延見本合わせ課題（delayed matching-to sample task）．患者に見本を提示し，その後見本と同じあるいは同じだが配置や間隔の異なる絵を提示し，見本の提示された位置（上下）を選択させる．

ない，あるいは動作や行為をまねたり言われた通りにできないという症状である．これに対して，観念失行とは，物品を用いる一連の動作や行為（たとえば，スプーンやフォークを使って食事をする等）を順序立ててできないという症状である．これら動作や行為全体に及ぶ症状に対して，構成失行（構成障害）では，他の運動や行為には問題がないにもかかわらず，図形や文字・絵を描いたり，積み木をするなど，形を作ることがうまくできなくなる症状である．また，着衣失行（着衣障害）では，他の運動や行為には問題がないにもかかわらず，服をうまく着ることができなくなるという症状である．

失行症の診断では，まず運動障害の有無の確認が必要である．観念運動失行や観念失行は，動作のための環境が整った日常場面では症状が出にくい可能性があるため，診断の場面では積極的に障害を疑って検査に臨む必要がある．口頭命令による習慣的な動作（バイバイや敬礼などの動作）の確認，物品を使う動作（実際には物品は使用しない．金槌や鍵を使っているときの動作を行なわせる，等．）の確認，系列動作の確認（ポット，茶筒，急須，湯のみなどがあるものとして，お茶を入れる動作を行なわせる，等）を行なう．構成障害が疑われる場合には，六角形や正方形等の見取り図を模写させることによって障害の有無を確認する．また，着衣障害については，きちんと畳んでない上着を患者に手渡して，着衣の様子によって障害の有無を確認する．

失行症においては，患者の症状が日常生活に支障をきたす程度に重篤な場合，監視や介助が必要になる．また，失行症の診断においても，神経心理学的検査は有効である（図69-3-5）[6]．失行症の治療については，失認症と同様，現在特別な内科的治療法はない．しかし，理学療法や作業療法は，ある程度の効果が期待できる．　　　　　　　　　　〔山田〕

又は聴覚に障害のある者に対し，その機能の維持向上を図るため，言語訓練その他の訓練，これに必要な検査および助言，指導その他の援助を行なうことを業とする者」と位置づけられている．

5）作業療法士（occupational therapist：OT）．身体の機能に障害をもった人に，手芸や工芸などの作業，生活活動の訓練等を通して，機能の回復や機能低下の予防を図る専門職．理学療法士（physical therapist：PT）や注4）の言語聴覚士と同じく国家資格である．

6）Lean, B., 2006, Constructional apraxia after left or right unilateral stroke. *Neuropsychologia*, **44**, 1595-1606.

【参考文献】
メルクマニュアル18版，日本語版（万有製薬）　http://merckmanual.jp
橋本圭司，2007，高次脳機能障害：どのように対応するか．PHP新書，PHP研究所．

V　動機づけ

……やがて，水たまりができたとき，男たちはシャベルを持って雨のなかに出ていって，テントのまわりに小さな堤防を作った。たたきつける雨はテントの生地に働きはじめ，ついにはにじみ出てしずくをボタボタ落とした。やがて小さな堤防も洗い流され，水がなかに流れこんできて，ベッドや毛布を濡らしてしまった。人々は濡れた服のまますわっていた。箱を積み上げ，その上に板をのせた。そして，昼も夜も，その板の上にすわっていた。……
（ジョン・スタインベック「怒りの葡萄」尾上政次訳，『世界の文学 40　新集スタインベック』中央公論社，1971 年）

V-70 欲求と動因
Need and Drive

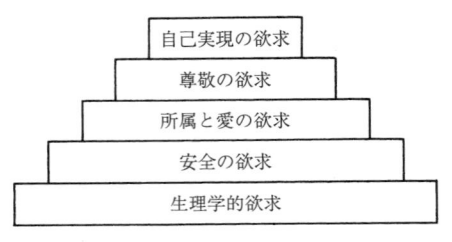

図70-1 マスローの欲求階層説（Maslow, 1954）[3]

（階層図：下から 生理学的欲求／安全の欲求／所属と愛の欲求／尊敬の欲求／自己実現の欲求）

　行動を生じさせる個体内の要因は**欲求**（need），**要求**（need[1]），**動因**（drive），**動機**（motive）などと呼ばれる．それらが意味するものはほとんど同じであるが，それぞれの歴史的理論的背景から使われ方に微妙な違いがある．動因という言葉には解消されるべき内的緊張という意味が含まれており，摂食，性などの比較的単純な行動の場合に多く使われる．これに対して動機は達成や親和などの社会的な文脈で使われることが多い．動機は一人の人間の中で時間とともに変化する状態を意味するばかりでなく，比較的安定した傾性として個人差を説明する概念でもある．**誘因**（incentive）は一般に動因と対にして使われ，行動の目標物を指す．動因と誘因の相互作用のもとに行動が進行していく過程全般は**動機づけ**（motivation）と呼ばれる．長時間餌を与えられていないネズミは飢えの動因が高まり，さまざまな探索行動を行なう．走路に入れられ，反対の端にある餌を見つけて食べるという経験を何回かすると，ネズミは走路を餌に向かってまっすぐに走るようになる．このとき，ネズミは，飢えを動因，餌を誘因として走路を走ることに動機づけられているのである．人間の場合には，外部に具体的な誘因がなくても目標を自己設定することができるため，動機づけの語が動機の活性化された状態を意味して使われることも多い．

　欲求にはさまざまな種類があるが，マスロー[2]によればそれらは階層構造をなしている．下位の欲求がある程度満足されなければ，より上位の欲求は出現しない．この階層は発達段階とも対応しており，小さな子どもほど下位の欲求が優位になっている[3]．図70-1はこのようなマスローの**欲求階層**

---

[1] need は欲求，要求の2通りに訳される．

[2] Maslow, A. H. (1908-1970) エイブラハム・マスローは，精神的に健康で創造的な人たちを対象とした研究にもとづいて人格理論を展開し，人間の前進的傾向を強調した．

[3] Maslow, A. H., 1954, *Motivation and Personality*. Harper and Row.

説 (need–hierarchy theory) を示したものである．生理学的欲求とは飢え，渇き，性の欲求であり，安全の欲求は危険を避け，安心感を得たいという欲求である．所属と愛の欲求は親しい友人や仲間を得たいという欲求であり，尊敬の欲求は物事を成し遂げ，周囲から認められたいという欲求である．最上位にある自己実現の欲求は自分がもっている潜在的な能力を生かし，真に創造的な人間になりたいという欲求である．下の4段の欲求は不足しているものを補いたいという欲求であるため欠乏欲求とよばれ，自己実現の欲求は成長欲求と呼ばれる．

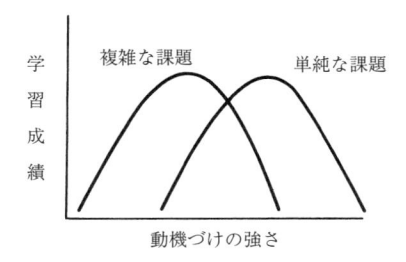

図70-2 動機づけの強さ，課題の困難度と学習成績との関係

一般的には動機づけが強いほど反応の生起確率が増し，学習や遂行が効率的に行なわれると考えがちである．しかし，強すぎる動機づけはかえって学習や遂行を阻害してしまう．動機づけの水準と遂行との間には逆U字型の関数関係があり，中程度の強さの動機づけが最も行動を促進する．これを**ヤーキズ・ドッドソンの法則**（Yerkes–Dodson's law）と呼ぶ．また，学習成績と動機づけの間にも同様の関係があるが，学習に最適な動機づけの水準は課題の困難度によっても異なり，課題が困難になるほど最適な動機づけの水準は相対的に低くなる（図70-2）．

動機づけは生体の全体的行動を調整しているばかりでなく，知覚・認知の過程にも影響を及ぼしている[4]．動機づけは大きさや明るさなどの刺激の属性の知覚あるいは対象自体の検出の難易に影響する．ブルーナー[5]とグッドマン[6]は，アメリカの子どもたちに貨幣の大きさを判断させた．その結果，子どもたちは，貨幣と同じ大きさの厚紙の円板に比べて実際の貨幣をより大きく認知する傾向があり，豊かな家庭の子どもよりも貧しい家庭の子どもに，この過大視の傾向が著しいことが明らかになった．〔高橋〕

4) 「Ⅱ-40 社会的知覚」の項を参照．

5) Bruner, J. S. (1915—) ジェローム・ブルーナーは，社会的知覚の研究ばかりでなく，発達心理学・教育心理学の領域でも多くの重要な研究を行なった．

6) Bruner, J. S. & Goodman, C. C., 1947, Value and need as organizing factors in perception. *Journal of Abnormal and Social Psychology*, **42**, 33–44.

【参考文献】
マスロー, A. H., 上田吉一訳, 1998, 完全なる人間（第2版）．誠信書房．

V-71 生得的動因
Innate Drive

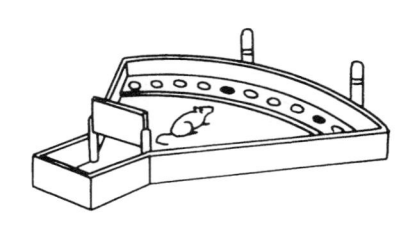

図 71-1　カフェテリア実験（Young, 1940）[1]

　生存や繁殖に重要な役割を果たす生得的行動の動因を**生得的動因**（innate drive）と呼ぶ．多くの生得的動因には対応する生理学的過程が存在し，現在までの研究はそのかなりの部分を明らかにしている．

　生得的動因には渇き，飢え，性的動因，内発的動機づけなどが含まれるが，渇きや飢えは**ホメオスタシス**（homeostasis）と呼ばれる生理学的なメカニズムを基礎としている．ホメオスタシスとは人間や動物の体の内部環境を一定に保とうとするメカニズムで，たとえば体温が一定に保たれているのはホメオスタシスの働きによるものである．体温が上昇すると発汗して体温を下げるように働き，体温が下がりすぎると毛が逆立ち血圧が上昇して体温が上がるのを助ける．しかし多くの場合，生理学的なホメオスタシスだけでは体温の維持は不十分で，衣服を着たり脱いだりする行動が引き起こされることになる．体内の水分やエネルギーの不均衡の場合にも生理学的調節と同時に飲水行動や摂食行動が引き起こされる．

　血液などの体液は塩分濃度が一定に保たれるようにモニターされているが，体内の水分は呼吸，発汗などによって常に失われている．長時間水分を摂取しないと血液の塩分濃度が上昇し，このことが**渇き**（thirst）の原因になる．塩からいものを食べた後に渇きを感じるのもこれと同じ理由による[2]．飲水行動の基礎にはこのようなホメオスタシスが存在するが，実際の飲水行動の調節には喉や胃などの末梢の感覚も働いている．動物や人間は飲んだ水分が胃腸から吸収され，体液が均衡を回復するよりずっと以前に飲水行動を停止

1) Young, P. T., 1940, Reversal of food preferences of the white rat through controlled prefeeding. *Journal of Genetic Psychology*, **22**, 33–66.

2) 出血等による体内の水分の絶対量の減少も渇きの原因となる．

する.

　体内には血液中のブドウ糖濃度をモニターしている細胞があり,ブドウ糖濃度が低下すると肝臓から血液中にブドウ糖が放出される.また体内の脂肪組織に蓄えられていた脂肪も分解されて遊離脂肪酸になり,身体のエネルギー源として利用される.**飢え**(hunger)の動因の基礎にはこのような生理学的ホメオスタシスが存在するが,実際の摂食行動の開始と停止はホメオスタシス以外のさまざまな要因の影響を受けている.口の感覚あるいは味覚も摂食行動の停止にある程度の役割を果たしている.静脈から必要な栄養分を直接投与されているネズミも,なおかなりの量を口から摂取する.空の胃の収縮は古くから飢えの感覚の原因と考えられてきた[3]が,キャノン[4]とウォッシュバーン[5]はこのことを実験的に示そうとした.胃に風船を飲みこんだ状態で,胃の収縮を測定しながら本人の飢餓感の報告を求めると,両者にはかなりの一致が見られた.たしかに飢餓感と胃の収縮は関連があるが,飢餓感が胃の収縮だけに依存しているわけではない.病気のために胃を切除され,食道が直接小腸につながっている人でも飢えを感じるのである.

　摂食行動の調節に関与している,特定の物質あるいは感覚の受容器は全身のさまざまな場所に存在しているが,それらのシステムを協応させているのは脳内の中枢である.視床下部[6]の外側部[7]を破壊された動物は食欲を失い,極端な場合には餌を一切取らなくなってやがて死んでしまう.また視床下部の腹内側部[8]を破壊すると動物は過食になり,極度の肥満状態に陥る[9].

　特定の栄養素が不足している場合,その栄養素を含む食物への好みが生ずることがある.これを**特殊飢餓**(specific hunger)という.たとえば,クル病の徴候がある乳児にさまざまな食べ物を自由に摂取させると,ビタミンDを多く含む肝油[10]を好んでとり,自分でクル病を直してしまったという.また,タンパク質をほとんど含まない飼料を長期間与えられていたネズミは,種々の栄養素を含む食品が別々の容器に入れて与えられ,自由に摂取することが許される**カフェ**

3) 日本語では飢えの感覚を「満腹」「空腹」という言葉で表現するが,英語にも full stomach, empty stomach という表現がある.

4) ウォルター・キャノンについては「VI-82 ジェームズ・ランゲ説」の項を参照.

5) Cannon, W. B. & Washburn, A. L., 1912, An explanation of hunger. *American Journal of Physiology*, **29**, 441-454.

6) ヒトの脳の視床下部の位置については「VI-82 ジェームズ・ランゲ説」の項の図82参照.

7) 8) 内側−外側,腹側−背側は部位内での相対的位置を示し,内側は正中線に近い側,外側は正中線から見て周辺部を意味する.背側は背中から後頭部を含む面に近い側,腹側は腹部から胸を含む面に近い側を意味する.

9) 視床下部の腹内側部を破壊されたネズミは単に過食するだけでなく,特異な行動を示す.正常なネズミには影響しない程度のわずかな量のキニーネ(苦い味がする)が含まれているだけでも食べなくなるし,食物を得るために必要な労力が大

テリア実験（cafeteria experiment）（図 71-1）において，タンパク質を含む食物を多く摂取する．特殊飢餓の現象は栄養素ごとに働くホメオスタシスが存在するかのようである．しかしながら，乳児や動物はどのような味の食物がタンパク質やビタミンDを多く含むかを生得的に知っているわけではない．特殊飢餓によって適切な食物が選択されるのは，栄養不足が原因で生じた身体の不調を回復させる食物の味や匂いを試行錯誤的に学習した結果である．栄養のバランスのとれた餌を与えられていたネズミは，食べたことのない餌よりも食べ慣れた餌を好む．しかし，その餌から特定の栄養素を取り除くとネズミは新しい餌を指向するようになる．このとき新しい餌にその栄養素が多く含まれていて，栄養不足から来る身体の不調を回復させるならば，その餌の味や匂いに対する新しい選好が形成される[11]．

人間でも動物でも，食物の味は摂食行動に大きな影響を与え，しばしばホメオスタシスや特殊飢餓を破綻させてしまう．ネズミは甘い味を好むが，餌に甘い味付けをするとネズミの摂食量が増加し，体重も増える．また，タンパク質が不足しているネズミは，甘い餌が用意されているときには，タンパク質を多く含む餌よりも甘い餌を食べてしまう．

味覚の影響の受けやすさには個人差があり，肥満と関連している．一般に肥満体の人は味覚に対して敏感である．試食会などの名目で，好きなものを好きなだけ食べられるような状況を設定しておくと，肥満体の人は標準体の人に比べておいしいものを多く，まずいものは少なく摂取する．また，肥満体の人は手近にあってすぐに食べられるものはたくさん食べるが，食べるために労力が必要とされる場合には標準体の人に比べて食べる量はむしろ少なくなる．肥満体の人の摂食行動は，味覚を含めた外部要因の影響を強く受けているということができる[12]．

性的動因（sex drive）にはホメオスタシスのメカニズムは存在しないが，行動の生理学的基礎はかなり明らかにされている．視床下部を中心とする神経系は性行動の発現に重要な役割を果たし，生殖腺からのホルモンの分泌を調節してい

きい場合にも反応しなくなる．

10) タラなどの魚類の肝臓から抽出された油．ビタミンA, Dを多量に含む．

11) Rozin, P. & Kalat, J. W., 1971, Specific hungers and poison avoidance as adaptive specializations of learning. *Psychological Review*, **78**, 459–486.

12) Schachter, S., 1971, *Emotion, Obesity and Crime*. Academic Press.

る．一方で，生殖腺ホルモンは中枢神経系の特定の部位に作用している．下等な動物では生殖線を摘出すると性行動のパターンが消失し，雄性ホルモンあるいは雌性ホルモンを投与すると性行動が回復する．しかしこの場合でも，卵巣を摘出されたメスに雄性ホルモンを投与するとオスの性行動のパターンが出現するということはない．これは視床下部を中心とする脳の部分的構造が発達初期に性分化しているためで，「メスの脳」は雌性ホルモン，「オスの脳」は雄性ホルモンに対して感受性をもつ．性ホルモンの直接的な影響力は種が高等になるほど弱まる傾向がある[13]．ネズミ，ネコ，イヌなどのメスは卵巣を摘出するとまもなくオスを受け入れなくなる．サルやチンパンジーのメスでは卵巣摘出後も性行動を示す個体はいるが，その水準は低い．ネズミやネコのオスの性行動は去勢によって徐々に消失するが，以前に性行動の経験がある場合には去勢後も性行動が持続することがある．サルやチンパンジーのオスの性行動は去勢の影響をほとんど受けない．

　生体内部に性的動因が高まっていても，異性から与えられる刺激が外部に存在しなければ性行動は出現しない．下等な動物では性行動は特定の刺激に依存している．イトヨのオスの性行動の発現にはメスの腹部の膨らみが重要であるし[14]，ネズミのオスには発情したメスの臭いが重要である．しかし種が高等になるほど性行動は特定の刺激に依存しなくなり，視覚や嗅覚などの感覚モダリティが欠けていても性行動が生じるようになる．

　人間の性的動因も他の動物の場合と同様に性ホルモンの影響を受けているが，性ホルモンが性的行動を支配する力はサルやチンパンジーなどの高等な哺乳類に比べてもさらに弱い．男女ともに生殖線摘出によって性的動因が減じることはない．加齢に伴って性ホルモンの産出は少なくなるが，そのことは老年期に入って性的動因が減退あるいは消失することを意味しない．人間の性的動因は，動物と同じ生理的基盤をもってはいるが，他者への愛着あるいは親和と関連する社会的動機としての側面が強いと考えられる．

13) Beach, F. A., 1947, Evolutionary changes in the physiological control of mating behavior. *Psychological Review*, **54**, 297–314.

14) 「Ⅲ-45 生得的行動と獲得的行動」の項を参照．

摂食行動や性行動ではそれに対応する目標が存在し，動機づけはその目標に到達するための行動を支えている．しかし，サイクリングや登山のように行動することそれ自体が目標となっているような種類の行動も存在する．このような行動を支えているのは**内発的動機づけ**（intrinsic motivation）である．内発的動機づけの生理学的基礎は明らかにされていないが，多くの種に認められ，適応的な価値をもっていることから生得的動因の一つと考えられている．

内発的動機には，活動することで得られる感覚刺激が重要な意味をもっている．人間にとってまったく刺激のない状態，何もしないでよい状態は必ずしも快ではない．カナダのマギル大学で1950年代に行なわれた**感覚遮断**（sensory deprivation）の実験では，被験者は図71-2のような装置の中に入れられ，何もしないで過ごすことが要求された．このとき，被験者の感覚刺激入力が最小限になるような工夫がされている．目には半透明のゴーグルをかけられ，外部の明暗は感じられるが，ものの形を見ることはできない．耳にはスポンジの覆いがつけられ，さらに空調装置の音が絶えず鳴っているので，意味のある音を聞くことはできない．手や腕にも覆いがつけられ，触覚刺激も制限されている．このような状態におかれた被験者はやがてイライラしはじめ，思考能力が低下し，幻覚や脳波の異常も見られた．当時としては高額の日当が支払われたにもかかわらず，多くの被験者は2～3日でこの状態に耐えられなくなった[15]．

感覚刺激自体は与えられていても，同質の刺激が長く続く

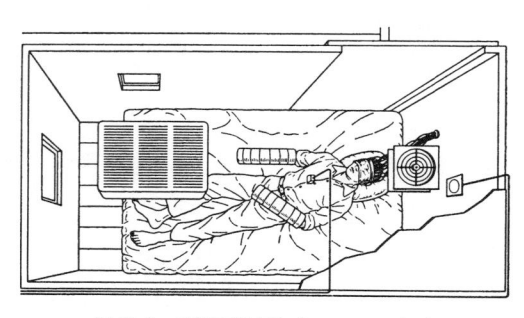

図71-2　感覚遮断実験（Heron, 1961）[15]

15) Heron, W., 1961, Cognitive and physiological effects of perceptual isolation. In Solomon et al.(Eds.), *Sensory Deprivation*. Cambridge, MA : Harvard University Press. pp. **6**-33.

と，それとは異なる刺激を求める行動が生じる．この行動の動機を**好奇動因**（curiosity drive）という．好奇動因は動物にも見られる．うす暗い何もない部屋に閉じ込められたサルは，他のサルやおもちゃの汽車を覗くためだけに特定の色のカードが貼られている窓を押して開くことを学習した[16]．この場合，外を見る機会を与えられることが，餌を与えられるのと同じように弁別学習の報酬として機能したと考えることができる．

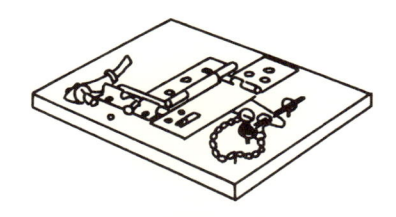

図71-3 サルに与えられた機械的パズルの例（Harlow, 1950）[17]

好奇動因は，見たり聞いたりするものの好みに関連するだけでなく，新奇な対象の操作や新奇な環境の探索行動を引き起こす原因でもある．この場合，好奇動因は**操作動因**（manipulation drive）あるいは**探索動因**（exploratory drive）とも呼ばれる．

図71-3のような機械的なパズルをサルに与えると，餌などの報酬がまったく与えられなくても，サルはこのパズルを解くことに熱中する．しかも，正しく解けるまでの時間はだんだんと短くなっていく[17]．

ネズミに，まっすぐに餌のある場所に行く最短の通路と簡単な迷路を通る遠回りの通路とを選択させると，ネズミは必ずしも最短の通路を選ばない．しかも，迷路のパターンが試行ごとに変わる場合には，遠回りの通路の選択率がさらに増加する[18]．

活動それ自体が目標である内発的動機づけに対して，外部の目標に到達するための道具として特定の行動をしている場合は，**外発的動機づけ**（extrinsic motivation）と呼ばれる．外発的に動機づけられた行動とは，食物や水，他者の承認などの報酬を期待した行動である．内発的動機づけと外発的動機づけは両立しないものではない．むしろ日常の行動の多くは両者を同時に含んでいる．

〔髙橋〕

16) Butler, R. A., 1953, Discrimination learning by rhesus monkeys to visual exploration motivation. *Journal of Comparative and Physiological Psychology*, **46**, 95–98.

17) Harlow, H. F., 1950, Learning and satiation of response in intrinsically motivated complex puzzle performance by monkeys. *Journal of Comparative and Physiological Psychology*, **43**, 289–294.

18) Hebb, D. O., 1972, *Textbook of Psychology.* 3rd ed., Saunders.（白井常他訳, 1975, 行動学入門. 第3版, 紀伊國屋書店.）

【参考文献】
デカタンザロ, D. A., 浜村良久監訳, 2005, 動機づけと情動（現代基礎心理学選書），協同出版．

V-72
獲得的動因
Acquired Drive

出生後の経験によって形成される動因を**獲得的動因**（acquired drive）という．

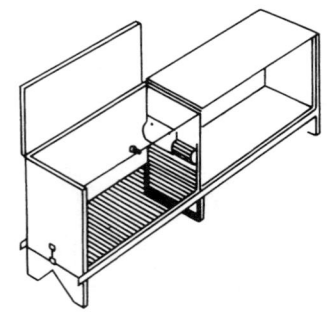

図72 逃避／回避訓練装置（Miller, 1948）[1]

モルヒネやコカインなどの薬物を常用していると，これらの薬物の効果が切れたときに禁断症状といわれる著しい生理学的な変調をきたす．**薬物依存**（drug dependence）の患者が正常な精神機能を維持するためには，血液中の特定物質の濃度が一定に保たれていることが必要である．それは，人間にとって本来不必要な物質であるモルヒネやコカインに対して，人工的なホメオスタシスが形成されたと考えることができる．いったん薬物に対する中毒が確立してしまうと，その欠乏に対しては通常の飢えや渇き以上の強い動機づけが生じるようになる．

一部の刺激と情動の間には生得的な結びつきが存在するが，多くの刺激は学習によって情動を喚起する力を獲得する．そして，情動は表情や自律神経系の活動に表われるばかりでなく，さまざまな行動の動機としても機能している．ミラー[1]の実験（図72）は恐怖が獲得的動因として働くことを示している．黒部屋と白部屋の2部屋からなる装置の白部屋に入れられたネズミは，初め特別な反応を示さなかったが，実験者が床から電気ショックを与え，黒部屋との間の落とし戸を開くと黒部屋へ逃げ込んだ．このネズミを再び白部屋に入れると震え，うずくまりなどの恐怖の徴候を示した．ここで，小さな車輪を回すと落とし戸が開くようにすると，ネズミはこの反応を学習した．白部屋に対する恐怖が，獲得的動因としてこの学習を支えたと考えられる．

生得的動因の開始と対呈示された中性刺激がそれ自身で動

1) Miller, N. E., 1948, Studies of fear as an acquirable drive: I. Fear as motivation and fear-reduction as reinforcement in the learning of new responses. *Journal of Experimental Psychology*, **38**, 89–101.

因を喚起するようになるのと同じように，本来の強化子と連合した中性刺激もそれ自身が報酬価を獲得する．このような強化子を**二次強化子**（secondary reinforcer）と呼ぶが，この2次強化子に対する動機づけも獲得されたものである．金銭は最も強力な2次強化子の一つということができる．

オールポート[2]は，人間がもっている動機は生得的動因から派生したものであるにしても，個人の成熟に伴ってその起源からは分離され独立して働くようになると主張した．たとえば，若いころ生計を立てるために船員となって海に出て働いていた男が，銀行家として成功し裕福になった後も海に対するあこがれと愛情をもち続けることがある．オルポートは動機のこのような傾向を**機能的自律性**（functional autonomy）と呼んだ．

機能的自律の考えは多くの**社会的動機**（social motive）に当てはまる．**達成動機**（achievement motive）は，卓越した目標を設定し，困難を克服しながら，それを成し遂げようとする動機である．達成動機はマクレランド[3]によって大規模な研究が行なわれたため，社会的動機の中では最も実証的な研究が蓄積されている．マクレランドが考案した測定法はTAT[4]を応用したもので，4枚の図版についての想像物語を作らせ，その内容を分析して得点化する[5]．達成動機はまた，EPPS[6]などの質問紙によって測定することもできる．達成動機の高い人は自分自身の評価に結びつく場面での作業能率が高く，仕事のパートナーとして仲の良い人よりも専門家を選ぶ傾向がある[7]．

他者との積極的な愛情関係を確立，維持，回復しようとする動機を**親和動機**（affiliation motive）と呼ぶ．親和動機も達成動機と同様にTAT方式の投影法や質問紙法により測定される．親和動機の高い人は電話をかけたり手紙を書いたりする頻度が高く，相手の承認を求める行動が多い[8]．〔高橋〕

【参考文献】
上淵寿編著，2004，動機づけ研究の最前線．北大路書房．

2) Allport, G. W., 1937, *Personality: A psychological interpretations*. Holt, Rinehart and Winston.（詫摩武俊ほか訳，1982，パーソナリティ：心理学的解釈．新曜社．）

3) McClelland, David (1917-1998)

4) 「Ⅷ-102 パーソナリティ検査」の項を参照．

5) McClelland, D. C., Atkinson, J. W., Clark, R. A. & Lowell, E. L., 1953, *The Achievement Motive*. Appleton-Century-Crofts.

6) Edwards Personal Preference Schedule. 日本版も作成されている．達成動機を含む15の社会的動機の相対的な強さを測定することができる．

7) 女性の場合には，達成動機の高さが必ずしも仕事の成功につながらない．そこには，成功することによって女らしさを失うのではないかという不安が働いていると考えられる．このような動機を成功回避動機という．

8) 長田雅喜，1977，親和性と好意性．水原泰介編，個人の社会行動（講座社会心理学1），東京大学出版会．

V-73

ストレス

Stress

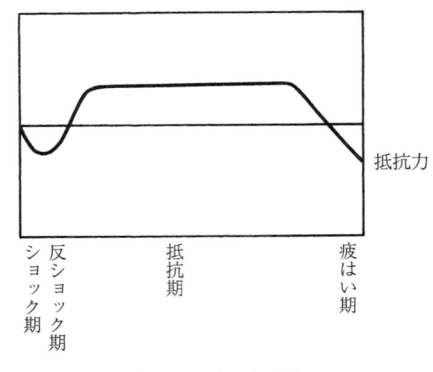

図73　セリエのモデル

（図中ラベル：反ショック期，ショック期，抵抗期，疲はい期，抵抗力）

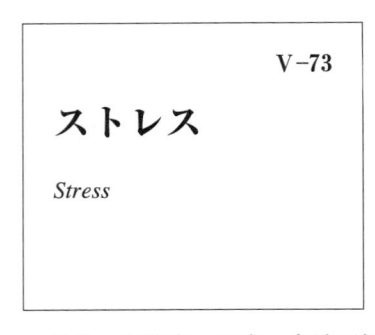

発熱，関節痛，頭痛，食欲不振などは特定の病気のときだけ生じる症状ではなく，風邪をひいても，日射病や2日酔いでも起こる．セリエ[1]は1936年の「種々の有害物質で生じる一症候」という論文で，さまざまな感染症や有害物質による症状には副腎皮質の肥大，胸腺・リンパ節の萎縮，胃・十二指腸潰瘍などの共通の症候（**汎適応症候群**；general adaptation syndrome）があり，これは生体が急に有害刺激にさらされたときに起こる全身的な防御反応の現われであると考えた．汎適応症候群はいろいろな病気に共通の，「まさに病気であることを示す症候」である．セリエはこの状態を「歪み」を意味する工学用語を援用して生物学的**ストレス**（stress）と呼び，ストレスを生じさせる有害刺激を**ストレス刺激**（**ストレッサー**；stressor）と呼んだ．

ストレスに対する反応は順に警告期，抵抗期，疲はい期の3つの時期に分けられる（図73）．①突然ストレス刺激にさらされショックを受けている時期が警告期であり，ストレス刺激のため体温や血圧が下がり，胃や十二指腸に潰瘍ができる（ショック相）．しばらくするとショックから立ち直り，ストレス刺激に抵抗を始める（反ショック相）．反ショック相では血圧や血糖値が上がりはじめ，体温も上昇する．神経系や筋肉の活動が増え，ストレス刺激への抵抗力も大きくなる．②抵抗力が十分強まり，ストレス刺激と均衡がとれた時期を抵抗期と呼ぶ．抵抗期では生体の反応も比較的安定している．③しかし，ストレス状態が長く続くと生体はストレスに耐えきれず，疲はいしてしまう．疲はい期では体温や免疫

1) Selye, H. (1907-1982)
Selye, H., 1936, A syndrome produced by diverse nocuous agents. *Nature*, **138**, 32.

力が低下し，体重も減少し，ついには死に至ることがある．

さまざまな社会的・心理的刺激も心理的ストレスの原因となり，胃潰瘍などの身体症状を引き起こす．心理的ストレスとは，強い不安や苦悩，恐怖，葛藤，フラストレーションなどによって自己の安定や安全が脅かされたと感じたり，自己の防衛のために全力で頑張らなければならないと感じたときの生体の緊張の状態のことである．それゆえ同じ状況下におかれても，本人の心構えや状況をどうとらえるかによって，ストレスと感じるか否かが分かれる．「大変だ，頑張らなければ」と感じればストレスになるが，そう考えなければストレスにはならない．戦争映画を見るとき，歴史の学問的解説を聞いたり（知性化），どうせ映画は作り物で登場人物は実際に死んだわけではないと考える（否定）とそれほど恐怖を感じないのはこの例である．

逆に，何でも「一大事」と感じ，頑張ろうとするとストレスになりやすい．フリードマン[2]らは「情熱的な完全主義者で，仕事や余暇においても常に先を競い，常に時間に追われている」という行動パターンを**A型行動パターン**（type A behavior pattern）と名づけた．A型行動パターンの人はそうでない人（B型行動パターン）より血圧や血中コレステロール値，中性脂肪が高く，狭心症や心筋梗塞の発症率が高い．心理的ストレスが原因だと考えられる疾患には，このほかに胃や十二指腸の潰瘍や気管支喘息，偏頭痛，自律神経失調症，円形脱毛症，インポテンスなどがある．神経症や精神病の発病にもストレスが関与している．ストレスは生体の免疫能力を低下させ，発癌率を高めることも知られている．

日常生活における心理的ストレス刺激を調べたものに，ホームズ[3]らの社会再適応評価尺度（表73）がある．これは被験者にさまざまな日常の出来事に適応するに必要な適応力や時間を評定させ，心理的ストレス刺激としての強さの尺度としたものである．心理的ストレスの原因となる出来事は不快なもの（**不快ストレス** distress）ばかりではない．結婚や子どもの誕生，和解，成功のように，本来喜ばしいはずの出来事も，強い喜びや感動，興奮を引き起こす「人生の一大

2) Friedman, M. & Rosenman, R. H. 1959, Association of specific overt behavior pattern with blood and cardiovascular findings. *Journal of the American Medical Association*, **169**, 1286-1296.

3) Holmes, T. H., & Rahe, R. H., 1967, The social readjustment rating scale. *Journal of Psychosomatic Research*, **11**, 213-218.

事」であり，自律神経系や内分泌系に過大な負担をかけ，ストレスの原因となる（**快ストレス**；eustress）．すなわち，極端な快刺激も，極端な不快刺激もともにストレスの原因となるわけである．しかし，ストレス刺激は必ずしも避けるべきものではない．適度なストレス刺激であれば積極的に挑み，ストレス状況を乗り越えることで人間的体験を豊富にし，人間的に成長することができる．人々がスリラー館やジェットコースターを好むように，不快ストレス刺激すらも適度であれば刺激的に感じられ好まれる．自己の安定のためにストレスを感じる状況をできるだけ避け，摩擦のない生活を求める人は，ストレスへの耐性もつかず，自己を萎縮させ，能力を埋没させてしまう．

ストレス下では，生体はストレス刺激に立ち向かい克服しようとしたり，ストレス事態から逃れようとして，逃避・回避・攻撃などさまざまな**対処行動**（coping behavior）を行なう．このような対処行動には大変な努力や労力が必要であり，対処行動を試みること自体も，初めは新たなストレスの原因となる．しかし，やがて対処行動によってストレス刺激から逃れたり，ストレス刺激をうまくコントロールできるようになると（行動的対処），この事態をそれほどストレスとは感じなくなり，血圧上昇や筋緊張などの生理的なストレス反応も減少し，胃潰瘍などのストレス疾患も少なくなる（生理的対処）．すなわち，物理的に同

表73 社会再適応評価尺度（Holmes & Rahe, 1967）[3]

生活上の出来事	ストレスの強さ
1. 配偶者の死	100
2. 離婚	73
3. 夫婦の別居	65
4. 刑務所などへの勾留	63
5. 近親者の死	63
6. 自分のけがや病気	53
7. 結婚	50
8. 解雇	47
9. 夫婦の和解	45
10. 退職や引退	45
11. 家族が健康を害する	44
12. 妊娠	40
13. 性生活がうまくいかない	39
14. 新しく家族のメンバーが増える	39
15. 仕事の再調整	39
16. 経済状態の変化	38
17. 親友の死	37
18. 職種換えまたは転職	36
19. 夫婦の口論の回数が変わる	35
20. 1万ドル以上の抵当（借金）	31
21. 抵当流れまたは借金	30
22. 仕事上の責任の変化	29
23. 子どもが家を去ってゆく	29
24. 身内間のトラブル	29
25. 優れた業績をあげる	28
26. 妻の就職，復職，退職	26
27. 復学または卒業	26
28. 生活状況の変化	25
29. 生活習慣を変える（禁煙など）	24
30. 上司とのトラブル	23
31. 勤務時間や勤務条件の変化	20
32. 転居	20
33. 学校生活の変化	20
34. レクリエーションの変化	19
35. 教会（宗教）活動の変化	19
36. 社会活動の変化	18
37. 1万ドル以下の抵当（借金）	17
38. 睡眠習慣の変化	16
39. 家族だんらんの回数の変化	15
40. 食習慣の変化	15
41. 休暇	13
42. クリスマス	12
43. ちょっとした法律違反	11

じストレス刺激が与えられた場合でも，そのストレス刺激への対処可能性や予測可能性によって，ストレス反応の強さが変わってくるわけである．

しかし，行動的対処と生理的対処はいつも一致するわけではない．対処が可能であるといっても，その対処行動のコスト（対処行動によるストレスの増加）を上回る利益（対処行動によってストレスから逃れられる程度）が対処行動で得られる場合のみ，対処行動はストレスを減少させ，ストレス反応を抑えるので適応的だといえる．しかし，ときには利益よりコストの方が大きく，ストレス事態を克服しようと努力しても大した効果が得られず，無駄に終わることがある．そのような場合には対処行動はストレスをかえって大きくし，胃潰瘍などのストレス疾患を招く原因となるので，無駄な努力をやめることの方がかえって適応的だといえる．

震えや緊張，発汗のように，通常，自分の意志でコントロールや感知ができない生理的反応を自分でコントロールする訓練を**バイオフィードバック**（biofeedback）[4]と呼ぶ．バイオフィードバック訓練では，血圧，発汗，心拍，皮膚温，筋緊張などの自律反応や，脳波[5]（リラックスするとα波が多くなる）を指標として，心理的緊張の程度を音の高さなどで被験者に知らせる．被験者は試行錯誤でフィードバック音をできるだけ低く（すなわち緊張を小さく）するよう努力する．被験者はその過程で「故郷の山を想い浮かべる」とか，「手を動かし深呼吸する」など，自己の心理的緊張を抑えるに有効な，自分なりの手がかり（媒介）を見つけていく．その結果，被験者は自分がリラックスした状態とはどんな感じの状態かがわかるとともに，自分がそのリラックス状態に入る方法を学び，自分の身体反応を**セルフコントロール**（self control）できるという自信をもつようになる．　　〔浜村〕

[4]「Ⅲ-59 行動療法」の項を参照．

[5]「Ⅶ-93 夢」の項を参照．

【参考文献】
ラザルス，R. S., 本明寛監訳，小川浩・野口京子・八尋華那雄訳, 2004, ストレスと情動の心理学：ナラティブ研究の視点から．実務教育出版．
小杉正太郎・福川康之・島津明人他, 2002, ストレス心理学：個人差のプロセスとコーピング．川島書店．

V-74 フラストレーション
Frustration

図74 絵画−欲求不満検査（住田ら，1969)[1]

人はさまざまな欲求をもち，その欲求を満たしてくれる対象（目標）を求める．しかし，ときには何かの理由で目標達成行動が阻まれ，欲求が満たされないことがある．この状態を**フラストレーション**（frustration）または**欲求不満**と呼ぶ．フラストレーションの事態におかれると，人は情動的に興奮し，混乱して適切な行動がとれなくなり，時として不適応な破壊的行動を起こすこともある．一般に，フラストレーションの強さは，満たされなかった欲求が切実なものであるほど強くなる．また，フラストレーションの強さはその人の要求水準[2]の高さにも密接に関連している．

フラストレーションの原因には，物理的な障害物があったり，家族の反対があったり，愛する人を失うなど，個人外に欲求の満足を阻む原因がある[3]場合（外的フラストレーション）と，病気や能力不足のように個人内に原因がある場合（内的フラストレーション）とがある．

内的フラストレーションの中で，自分自身に目標達成の手段や能力が足りない場合を内的欠乏と呼ぶ．点数が足りないので志望学科に入れないのはこの例である．また，自分自身の中に目標達成を妨げる何らかの心理的な障害物がある場合を内的障壁と呼ぶ．目標を達成するための行為が自分の信念や面子などに触れたり[4]，不安が強すぎて踏み切れない場合などである．また，司法試験の勉強のように，目標の達成には長時間の持続的努力が必要な場合や，目標の達成が非常に困難な場合には，課題に飽きてやる気を失ってしまうことがある（**心的飽和**；mental saturation）．心的飽和も内的障壁

1) 住田勝美・林勝造，1969，絵画欲求不満テスト．三京房．

2) 「V-78 要求水準」の項を参照．

3) ドリスコルらは「恋愛関係の進展の度合い」と「親などの反対の強さ」には正の相関があることを示し，恋愛の場合は外的障壁によって目標達成行動が阻まれた方が恋愛が進展するとした（ロメオとジュリエット効果）．
Driscoll, R., Davis, K. E. & Lipetz, M. E., 1972, Parental interference and romantic love : The Romeo and Juliet effect, *Journal of Personality and Social Psychology*, **24**, 1–10.

の一つであり，心的飽和状態になると目標自体に対する興味を失って情動的になり，目標達成のための努力を続けることができなくなる．女性が2人の求婚者の間で迷う場合のように，同時に満足させることが不可能な2つ以上の欲求があるときも，目標の選択に迷って一方を選べず（内的葛藤[5]），その結果なかなか欲求が満たされず，内的フラストレーションの原因になる．

　フラストレーションのもとでは，人は心の平衡や自我水準を守るために無意識的に自己を欺き，不快な経験を抑圧したり合理化，反動形成などの自我防衛機制[6]を用いることがある．また，以下のようなさまざまな**フラストレーション反応**（frustration response）を示すことがある．

　①**攻撃行動**（aggressive behavior）：ダラード[7]らはフラストレーションは必ず個体の攻撃傾向を高め，また攻撃のうらには常にフラストレーションがあるとする**フラストレーション–攻撃仮説**（frustration–aggression hypothesis）を主張した．生体は欲求を妨害されると，欲求を阻む障壁へ怒りや攻撃を示したり，障壁を排除しようとする．母親におもちゃを禁止された子どもが障壁である母親を叩くのはこの例である．また，障壁への攻撃が何かの理由でできない場合には，弟妹や飼い猫などの第三者に攻撃の矛先が向かうこともある（攻撃の転移）．一般に，攻撃する機会が与えられると，フラストレーションによって生じた緊張が緩和される．これを攻撃のカタルシス効果と呼ぶ．胃潰瘍や喘息，じんましんなどのストレス疾患も，攻撃を表出する機会があると緩和されることが知られている．

　②**迂回行動**（detour）：欲求を阻む障壁を迂回して目標に到達しようとする．たとえば，子どもがおもちゃを母親に断られたので，祖父母にねだって買ってもらうのがこの例である．迂回行動は最終的に欲求を満足させる適応的な行動である．

　③**代償行動**（substitute behavior）：本来の目標の代わりに，他の目標を得ることで満足すること．代償満足ともいう．子どもがおもちゃの代わりにお菓子を買ってもらい満足

4）面子のため自己の前言を撤回できず，本当にやりたかった行動ができない場合など．

5）「V–75　葛藤」の項を参照．

6）「V–77　防衛機制」の項を参照．

7）Dollard, J.（1900–1980）
ダラード, J. ほか，宇津木保訳, 1959, 欲求不満と暴力．誠信書房．

するのがこの例である[8].

④**退行**(regression):フラストレーションになると指しゃぶりのような幼稚な行動のレベルに逆戻りすることがある.下の子が生まれ,母親にあまり構ってもらえなくなった子どもが夜尿をしたり,いままで自分でできていたことを自分でやらなくなるのがこれである.

⑤**逃避**(escape):フラストレーションを経験すると,その場所や事柄を避ける傾向がある.また,白昼夢など空想の世界に逃避することもある.

⑥**異常固定**(abnormal fixation):フラストレーション事態に追い込まれると,解決できないと分かっている無駄な反応に固執し続けることがある.このときには障壁を乗り越える意欲や自尊心が低下しており,後に解決可能な事態に変わっても不適当な反応に固執し続けたり,自罰的行動を反復しがちである.

しかし,現実の生活ではどこかで自己の欲求と現実との間に折り合いをつけなければならない.子どもはある程度のフラストレーションを経験すると,フラストレーションに耐え,感情を適切に処理することを学ぶ.そして,後に新たなフラストレーションに遭遇したときにも,フラストレーションに適切に対処することができる.このような,フラストレーションに耐える力をローゼンツァイク[9]は**フラストレーション耐性**(frustration tolerance)と呼んだ.逆に,子どものころあまりフラストレーションを体験せずに成長した人は,大人になってもフラストレーションへの対処の仕方がわからず,不適応な行動に走りやすい.しかし,子どもはフラストレーション体験が多すぎると,フラストレーションに対処しきれず,不適応に陥ってしまう.メイヤー[10]は,フラストレーションが個人のフラストレーション耐性の閾値を越えてしまうと,非適応的で意味のない行動が生じるとした.

フラストレーション反応の個人差を調べるものに,ローゼンツァイクの**絵画-欲求不満検査**(Picture-Frustration Test:P-Fスタディと略称される)がある(日本版図版:図74).絵画-欲求不満検査では,被験者にフラストレーショ

8)この場合,代替のお菓子には代償としての価値(代償価 substitute value)があったと考えられる.代償価が高いほど,フラストレーションの解消の程度が大きくなる.

9) Rosenzweig, S. (1907-2004) ソール・ローゼンツァイクはアメリカの心理学者.ワシントン大学教授.欲求やフラストレーション,防衛機制の研究を行ない,1945年に投影法性格検査のP-Fスタディを開発した.日本でも『攻撃行動とP-Fスタディ』(北大路書房)が翻訳されている.

10) Maier, N. R. F., Glasser, N. M., & Klee, J. B., 1940, Studies of abnormal behavior in the rat: The development of behavior fixations through frustration. *Journal of Experimental Psychology*, **26**, 521-546.

ン場面の絵（左の人が右の人に何らかの不満を起こさせる）を見せ，右の人がフラストレーションにどう反応するかを，登場人物の台詞のかたちで自由に記入させる．この台詞には，被験者のフラストレーションに対する反応型が投影されるわけである．結果の分析法としては，たとえば，絵画-欲求不満検査に現われたフラストレーションに対する自我防衛的反応を，どんな方向に攻撃を向けているかによって外罰的反応，内罰的反応，無罰的反応の3つに分類し，さらに反応のパターンによって，被害を指摘することにこだわる障害優位型，被害やフラストレーションの解決にこだわる要求固執型，自己防衛的で責任や誰が悪いかにこだわる自己防御型などに分ける．

①**外罰的反応**（extrapunitive response）：フラストレーションによる攻撃を，他の人や物に向ける反応であり，防衛機制の投射のメカニズムにより，怒りや非難が表出される．例として，「こんなにひどくなったじゃないか」（障害優位型）「どうしてくれるんだ」「弁償しろ」（要求固執型）「気をつけろ」「おまえが悪い」（自己防御型）などがある．

②**内罰的反応**（intrapunitive response）：フラストレーションによる攻撃を，自分に向ける反応であり，置き換えのメカニズムにより，罪悪感や自責の念が表出される．例として，「どこも痛くない」（障害優位型）「自分で直すよ」（要求固執型）「私も悪かった」「私が注意すればよかった」（自己防御型）などがある．

③**無罰的反応**（impunitive response）：フラストレーションによる攻撃を抑圧し，避けようとする反応である．大したことはないと表面を取り繕おうとしたり，責任を曖昧にするものが多い．例として，「もともとこんなものだった」（障害優位型）「すぐ治る」（要求固執型）「よくあることだ」「誰も悪くない」（自己防御型）などがある． 〔浜村〕

【参考文献】
佐治守夫，1988，フラストレーション．異常心理学講座1，みすず書房．
秦一士，2007，P-Fスタディの理論と実際，北大路書房．

V-75

葛藤
Conflict

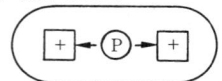

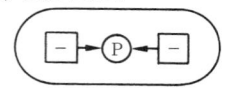

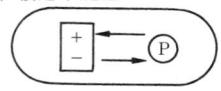

図75-1 葛藤の型
(a) 接近-接近型
(b) 回避-回避型
(c) 接近-回避型

「煙草は喫いたいが心臓病・癌などの病気が恐い」という場合のように，同時に満足させることが困難な要求や衝動が，同じくらいの強さで個人内部に同時に存在し，行動を決定することができない状態を心理的**葛藤**（conflict）という．レヴィン[1]によると，葛藤は3つの基本的な型に分けられる．

(1) **接近-接近型**（approach–approach）の葛藤

同じくらい魅力的な対象が2つあるいは2つ以上あり，同時にすべてを得たいがそれが不可能な場合に生じる葛藤状態．たとえば，車を購入したいと思っているが，非常に魅力的な2車種が最終的に候補として残り，決めかねている状態がこれにあたる（図75-1 a）．

(2) **回避-回避型**（avoidance–avoidance）の葛藤

自分にとって望ましくない対象が2つあり，いずれも選択したくない場合に生じる葛藤．たとえば，職場は魅力的でないのでなるべく早く退社したいが，家へ帰ると妻子との口論が絶えない場合などがこの型の葛藤である（図75-1 b）．

(3) **接近-回避型**（approach–avoidance）の葛藤

ある活動を行なうことが肯定的な側面と否定的な側面を併せもつ場合に経験される葛藤をいう（図75-1 c）．たとえば，仕事をバリバリやって業績を残したいが，そうすると「女性らしさ」を失うのではないかと不安になる場合（**成功回避動機**；motive to avoid success）がこれにあたるだろう．また，望ましい状態に至るために否定的な事象を経験しなければならないときにもこの型の葛藤が生じる．健康な身体で生活を

1) Lewin, K. (1890–1947) クルト・レヴィンはドイツで生まれ，アメリカで活躍した心理学者．ゲシュタルト心理学の影響を強く受け，情緒や動機づけの研究を行なった．実践的な理論家として「よい理論ほど実際に役に立つものはない」という有名な言葉を残した．

送りたいが，そのためには（大嫌いな）手術を受けなければならない，などの場合である．特殊な例として**心理的拘泥**（psychological entrapment）という現象がある．バスがなかなか来なくて，タクシーで行こうか，それとももう少し待とうか，というような場合がこれにあたる．時間が経過することが目標達成への投資（investment）となっているとともに損失にもなっている（他のことができない）のである．この葛藤は，時間の経過とともに大きくなる．

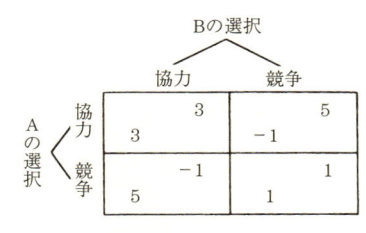

		Bの選択	
		協力	競争
Aの選択	協力	3　　3	5 -1
	競争	-1 　　5	1　　1

図75-2　囚人のジレンマゲームで用いられる利得行列の例

　ミラー[2]は，接近-回避型の葛藤をネズミを使って実験室の中に再現した．餌を求めて目標地点まで来るようにネズミを訓練した後で，その後，目標に到着するたびに電撃を与えたのである．この場合，目標は正負の誘意性をもつことになり，ネズミは目標に向かって走り出すが，途中の地点で行きつ戻りつという葛藤の徴候を示すようになる．ミラーによると，目標への接近傾向と回避傾向は目標から遠ざかるにつれて弱くなるが，回避傾向の方がその勾配が急であり，両傾向を示す理論線の交差する点で葛藤が生じる．

　対人間の葛藤を研究するのに用いられる方法の一つに**囚人のジレンマゲーム**[3]（prisoner's dilemma game）がある．このゲームでは，2人のプレイヤーが「協力」か「競争」かの選択を繰り返し求められる．図75-2は，双方がいずれかの選択を行なったときに得られる結果をまとめたものである．この場合，自分だけ最高の利益（5点）をあげようと競争的選択を行なうと，相手も同じ選択を行なって結局双方とも1点しか得られない可能性がある．一方，相手も協力的選択をすることを期待して協力的選択を行なう場合（期待どおりになれば双方3点），相手に最大の利益を与え，自分は得点を失う（-1点）危険を冒すことになる．一般に，相手に対する信頼感が強い場合や，相手とのコミュニケーションが可能な場合などに協力的選択が多く生じるようになる．〔安藤〕

2）Miller, N. E., 1944, Experimental studies of conflict. In L. M. Hunt(Ed.), *Personality and Behavior Disorders*. Vol. 1, Ronald. Miller, N. E.(1909-2002)はアメリカの心理学者．学習理論の立場から不安や葛藤の研究を行なったことなどで知られる．

3）社会における利害を伴った複雑な対人関係を，実験室の中でゲームのかたちに簡略化して研究することがある．これを実験ゲームという．この中で，一方が損失をすれば必ず他方がその分だけ利益をあげる場合を「ゼロ和ゲーム」，一方が損をしても必ずしも他方が損をするとは限らない場合を「非ゼロ和ゲーム」という．囚人のジレンマは後者の代表的なゲームである．

【参考文献】
レヴィン，K., 末永俊郎訳, 1954, 社会的葛藤の解決．創元新社．

V-76 心理療法

Psychotherapy

図76-1　カール・ロジャーズ（Rogers, 2002[1]より）

　心理療法（psychotherapy）とは，悩みや心の問題をもって来談した人（**クライエント**；client）に対して，治療者（**セラピスト**；therapist）が心理学的な知識をもとにして心理的な援助を行なうことである．心理療法の目標は，心身の症状の改善やクライエントの対人関係の調節だけではなく，症状の背後にあるクライエントの人生観や価値観の変容をも包含している．したがって，セラピストはクライエントとの信頼関係（**ラポール**；rapport）を確立し，人間存在を可能な限り全体的にとらえ，クライエントが自分の力で問題の解決に対して努力してゆくことを援助するものと考えられる．心理療法の技法はきわめて多岐にわたるが，主としてフロイト[2]が創始した**精神分析療法**（psychoanalytic therapy）[3]の発展あるいは批判として考案されて来た．数多くの学派があるが，各々治療過程のとらえ方，人格論を異にしている．また，最近はこれら伝統的な学派によらない新たな技法も開発されている．心理療法の理論については別に述べるので[4]，ここでは多彩な心理療法について，簡単に紹介する．

　代表的な理論にもとづいた心理療法として，精神分析的心理療法，来談者中心療法，認知療法[4]，行動療法[4]，認知行動療法[4]，などがあげられる．**精神分析的心理療法**（psychoanalytic psychotherapy）[5]では，無意識の分析による抑圧の解放を目的とする点では，伝統的な精神分析法を踏襲しているが，実際のカウンセリング場面は通常のカウンセリングと同様に行なわれる．伝統的な技法の中で，治療過程における治療者の態度に注目したのがアメリカのロジャーズ（図76-1）[6]である．彼は，「ほとんどの個人には成長への力，自己

---

1) Rogers, C., 2002, *The Quiet Revolutionary*. Penmarin Books.

2) Freud, S.（1856–1939）「I-7　精神分析学」の項を参照.

3) 「I-8　臨床心理学」，および「I-7　精神分析学」の項を参照.

4) 「I-8　臨床心理学」の項を参照.

5) 精神分析的カウンセリングとも言う．

6) Rogers, C. R.（1902–1987）ロジャーズは1902年アメリカに生まれる．30年以上の心理療法家としての実践と観察にもとづいて，彼の理論は創造された．彼の治療理論の根本的特色は，個人には成長への力と，自己実現に向かう傾向があるとする成長仮説と，それは対人関係の

実現に向かう傾向が存在し，それが治療への唯一の動機となって働く」という成長仮説から，**来談者中心療法**（client-centered therapy）を発展させた．来談者中心療法は治療技法として，クライエントが何をすべきか指示をしないことを特徴とする（非指示的療法；non-directive therapy）．治療者はクライエントを独立した人格としてそのまま受け入れ，話を要約したり感情表現を返しながら相手を内面から理解しようとすることにより，クライエントが自ら自己の内面や現在の事態を理解し，自己を受容し，他との関係を恐れず，自ら決定するようになる「成長」を助ける．

心理療法としての**カウンセリング**（counseling）[7]――ここでは治療者はカウンセラー（counselor）と呼ばれることが多い――の実際の心理臨床場面では，クライエントの病態水準（クライエントの問題がどれくらい大きいものなのか，自我の強さがどのレベルなのか），クライエントのおかれている状況の緊迫性など，さまざまな条件が配慮され，日常生活に対するアドバイスがクライエントに示唆されることもある．また，生活環境の調整のために，カウンセラーが家族・職場の同僚や上司・友人などと会うこともある．

また，言葉を介したカウンセリングだけではなく，クライエントの年齢や状況に対応した技法が選択される．

たとえば，クライエントが子どもの場合，カウンセリングという言葉を介しての治療ではなく，**遊戯療法**（play therapy）が行なわれる場合がある．遊戯療法とは，**遊戯療法室**（play room）という限定され安全が保証された空間の中で，遊びやクライエントとセラピストの関わりを通して，クライエントの性格上の問題や行動上の問題を治療し，クライエントの成長を援助しようとする技法である．遊びは**浄化作用**（catharsis）をもち，退行[8]を引き起こしやすく，自己表現の手段となりえるという特徴があるために，治療効果があると考えられる．遊びには，ボール遊び・粘土遊び・フィンガーペインティング・絵画・箱庭・砂遊び・ごっこ遊び・積み木遊び・プラレール[9]などがある．

これらの遊びの中で，絵画や箱庭は，**絵画療法**（art thera-

中で解放されるとする仮定である．

彼の理論は，単に個人の心理療法にとどまらず，家庭生活，教育，グループ内の葛藤状態等の分野に応用される．特に，1960年代からは，エンカウンターグループ，教育改革等に活用されている．

7) 現在カウンセリングと心理療法はほとんど区別されずに用いられているが，本来はまったく別個のものであった．現在のように1対1の面接形式で行なわれる心理療法は，フロイトの精神分析に始まる．一方，カウンセリング心理学の起源は20世紀初頭のアメリカにおける職業指導運動にあると考えられている．1950年代には臨床心理学は医療場面，カウンセラーは学校などとその活動分野が明確に分かれていたが，その後個人クリニックの増加などによって，この2つの境界は曖昧になり，現在ではカウンセリングと臨床心理学・心理療法は同義的に用いられている．

8) 「V-77 防衛機制」の項を参照．

9) 電車の模型．各種の車両や踏み切り，駅舎，鉄橋および各種の線路を使って，自由に展開できる遊び．

py)・**箱庭療法**（sandplay therapy）（図 76-2）として独立した技法として，クライエントが子どもの場合だけでなく大人の場合にも行なわれることがある．絵画療法や箱庭療法では，クライエントが作品を創作する上で，無意識的なものがイメージとして把握され，表現される．これらは，治療技法としてだけではなく，投影法[11]の一種として診断にも用いられる．

図 76-2　河合隼雄と箱庭
（松岡和子ほか，2009[10]より）

上述のような，個人を治療対象とする個人療法に対して，クライエントをグループにして行なう心理療法を**集団心理療法**（group therapy）と呼ぶ．集団心理療法は，個人の社会的態度の成長を，集団体験を通じて促進することを目的としている．集団療法は主として言語的な交流によって行なわれるが，ときには身体的活動を通じて行なわれることもある．

集団療法は非行少年や薬物中毒患者などの治療に有効であるといわれている．さらに，集団心理療法には健常者による自己の人間的成長を図ろうとする**エンカウンターグループ**（encounter groupe）のような活動もある．

また，**心理劇**（psychodrama）は，人間の自発性を回復することを目的としてモレノ[12]によって始められた，身体活動を伴う即興的役割演技を主とした療法である．通常，治療者が舞台監督となり劇のテーマを指示し，クライエントは与えられたテーマについて即興の台詞や演技を行なったり，観客として劇に参加したりする．クライエントは劇の中で，現実生活で困難に感じている事柄に対処し，観客の反応にも助けられ，自信を取り戻す．観客となったクライエントも，劇を見ることで自己の問題について考えることができる．心理劇は身体活動が促進されることによって大きな浄化作用をもつが，一方で精神障害者などでは心理的混乱を助長する危険性もある．

集団内の相互作用を治療に利用する集団心理療法に対し

10）松岡和子・高野祥子・河合俊雄・川戸圓・茂木健一郎・日本箱庭療法学会編集委員会，2009，河合隼雄と箱庭療法（箱庭療法学研究）．創元社．

11）個人の深層心理を探る方法．代表的なものとして，ロールシャッハテストやTATテストなどがある．「Ⅷ-102　パーソナリティ検査」の項を参照．

12）Moreno, J. L. (1892-1974)　「Ⅸ-114 ソシオメトリー」の項を参照．

13）Berne, E. (1910-1970)

14）バーンの弟子であるデュセイ（Dusay, J. M., 1935-）が考案した心理検査．個人の自我の状態を，模範的な父親の状態（CP: critical parent），養育的な母親の状態（NP: nurturing parent），理性的で客観的な大人の

て，バーン[13]は「新しい集団療法」として**交流分析**（transactional analysis：TA）を提唱した．交流分析では，対人関係を各個人の5つの自我状態に分けて，個人の間の関係（交流）を分析するという方法で，個人間のコミュニケーションの理解を図るものである．交流分析の分析対象としての自我状態を図る方法としてエゴグラム（egogram）が用いられる[14]．

家族療法（family therapy）は，クライエントを問題の中心（critical patient：CP）と位置づけ，家族全体のシステムを変化させることによって，クライエントの問題を解決しようとする方法である．

心理療法の多くはヨーロッパあるいはアメリカを起源とするものであるが，日本で生まれた心理療法もある．**森田療法**（Morita-therapy）は大正時代に森田正馬[15]によって開発された．数週間にわたる合宿形式の生活指導によって，神経症の悪循環を断つという方法である．また，**内観法**（Naikan/Naikan therapy）は仏教の修行法をもとに，吉本伊信[16]がその宗教色を取り除くことによって心理療法としての形式を整えた．クライエント自らの力で，自己の悩みや人生観そのものを変えてゆく方法である．

最近はこれらの伝統的な療法にとどまらず，さまざまな療法が考案され，実績をあげている．なかでも，動物との交流によって癒やしや障害の回復をめざす**アニマルセラピー**（animal therapy，図76-3）[17]は心理的問題の解決から難病患者の**生活の質**（quality of life：QOL）の改善まで広い範囲の効果が報告されている．歴史は古いが科学的研究が不十分な療法なので，治療効果のメカニズム等については不明な点が多いが，現在さまざまな動物種を用いた臨床・障害者教育への応用が試みられており，今後の展開が期待される． 〔山田〕

【参考文献】
乾吉佑他編，2005，心理療法ハンドブック．創元社．
村瀬孝雄編，1993，内観法入門：安らぎと喜びにみちた生活を求めて．誠信書房．
ツィンマー，K., 今泉みね子訳, 2006, イルカがくれた奇跡：障害児とアニマルセラピー．白水社．

状態（A：adult），自由で生き生きした子ども（FC：free child），無理して大人に従っている子ども（AC：adapted child）の5種に分類し，これらの自我状態のバランスを調べる検査．

15) 森田正馬（1874-1938）

16) 吉本伊信（1916-1988）

17) アニマルセラピーは，医師など医療従事者が動物を治療の補助手段として用いる動物介在療法（animal associated therapy：AAT）と，動物とのふれ合いを通じて人のQOLの向上をめざす動物介在活動（animal associated activity：AAA）の2種類に大別される．

18) Fine, A. H. (Eds.), 2006, *Handbook on Animal-Assisted Therapy : Theoretical foundations and guidelines for practice.* Academic Press.

図76-3 アニマルセラピー（Fine, 2006[18]より）

V-77 防衛機制
Defense Mechanism

図77　S.フロイト

人は外部環境から危険が迫れば，自己を何とか守ろうとする．不快な状況に直面した場合や内的な衝動を満足できない場合も同様である．これを防衛といい，防衛の際に人々が採用する主として無意識的な手段を**防衛機制**（defense mechanism）という．一般的にいえば，危険・不安・不快を回避して状況に適応するための手段と考えられるので**適応機制**（adjustment mechanism）とも呼ばれる．

防衛機制の概念を最初に明らかにしたのは**精神分析**[1]（psychoanalysis）を創始したフロイトである．彼は，人間のパーソナリティを**イド**（id），**自我**（ego），**超自我**（super-ego）の力関係からとらえた．イドは無意識的なエネルギーの根源であり，本能的衝動が含まれる．自我は，自分で受け入れているパーソナリティの一部分であり，イドの衝動性と，社会的に受け入れられない面との調整を行なう．超自我は社会の倫理的基準が内面化されてできたものであり，道徳的態度・良心を代表するものである．この場合，個々人のパーソナリティは，本能を満足させるイドの要求と，社会的制約との間の葛藤を人がいかに解決するかによって決まることになる．そしてフロイトは，自我がイドや超自我との関係において生じる不安から自らを守るためにさまざまな手段を用いることを明らかにし，この過程を（自我）防衛機制と呼んだのである．

フロイトやそれに続く研究者が明らかにした防衛機制には，以下のようなものがある．

①**抑圧**（repression）：受け入れることが苦痛だったり，危険であるような考えが意識に上らないように防ぎ，無意識

1) 「Ⅰ-7　精神分析学」の項を参照．

下に閉じ込めておくことをいう．最も基本的な防衛機制である．抑圧された葛藤が，再体験されそうな状況になったとき感じられる一種の危険信号不安を神経症的不安（neurotic anxiety）という．

②**否定**（denial）：抑圧が内からの脅威に対する防衛であるのに対し，外からの脅威に対する防衛が否定であり，不快な現実の知覚を拒否することによって自我を防衛するやり方を指す．たとえば，「息子の戦死」や「子どもが不治の病である」と親が知らされてもそれを信じようとしない場合などがこれにあたる．

③**投射**（projection）：投影と訳されることもある．自分に向けられた非難を他者に振り向けたり，自分で受け入れられないような欲求を他者に振り向けること．投射が生じるには，まず，認められない衝動の抑圧が生じることが必要である．例としては，母親に対して自分が敵意をもっていることを抑圧し，母親が自分に敵意をもっていると考える場合などが投射にあたる．こうすることによって，自分の敵意は母親の敵意に対する当然の反応であると正当化できる．

④**合理化**（rationalization）：自分の行動が「合理的な」ものであることを示す理由を見つけ出すこと．投射と共に使われることが多い．棚の葡萄を取ろうとして果たせなかったキツネが「あの葡萄は酸っぱい」と言ったというイソップ物語の中の話が，合理化の例としてあげられる．

⑤**知性化**（intellectualization）：不安を起こすような感情を意識化せずに，距離をおいて知的に物事を見つめて情緒的に巻き込まれないようにすること．たとえば，夫が癌であることを宣告された女性が，癌に関する医学的知識を一生懸命に求めることで自分の不安を覆い隠す場合などが知性化にあたる．

⑥**抑制**（suppression）：不安を感じる事象について考えることを意識的に避けること．無意識的過程である抑圧と区別される．たとえば，会話をしているとき，「核戦争（放射能）のことは明日考えよう」と言って，話題を変える場合などがこれにあたる．

⑦**補償**(compensation):アドラー[2]の提唱した概念で,自分の弱点をカバーするために他の望ましい特性を強調することを指す.劣等感に由来する心理的緊張を,他の側面で優れることによって解消しようとする機制である.

⑧**反動形成**(reaction formation):抑圧した自分の衝動や願望が行動に現われるのを防止するために,それとは正反対の行動や態度をとること.子どもに対して何らかの理由で敵意をもつ人が,その子に対して過度に愛情を注ぐ場合などがこれにあたる.

⑨**置き換え**(displacement):自分の衝動や願望をある対象(その衝動の原因となった対象)に向けることが何らかの理由で容認されない場合,その衝動を他の対象に向けること.自分の感情は理解しているが,それを生じさせた対象を誤る過程である.たとえば,上司に怒られた人が部下に対して攻撃の矛先を向ける場合など.フロイトの業績の中では,馬に対する恐怖心が,父親に対する恐怖を置き換えたものと解釈した「ハンス少年の事例」がよく知られている.

⑩**昇華**(sublimation):社会的に容認されない衝動を,社会的に容認されるかたちに変形させて表出させること.攻撃衝動の強い人が,スポーツ選手や外科医になることによって昇華させる場合など.また,レオナルド・ダ・ビンチが自分の同性愛的衝動を芸術的表現に昇華して「モナ・リザ」を生み出したとフロイトが解釈したことはよく知られている.

⑪**同一化**(identification):同一視ともいう.特定の他者のある側面,あるいはそのすべてを自分の中に取り入れ,その他者の考え方や感情・行為と同じように考えたり感じたり行動しようとすること.なお,同一化は,防衛機制としてではなく,人間の発達の過程でも重要な役割を果たす.

⑫**逃避**(escape):不安を生じさせる状況から逃れる防衛機制の総称.退避(状況から単純に身を引く),他の現実への逃避,疾患への逃避,薬物への逃避などがある.

⑬**退行**(regression):困難な事態に直面したとき,過去のより未成熟な行動様式に戻ること.逃避の一形式とも考えられる.小学校に入学した直後の子どもが,やめていた指しゃ

---

[2] Adler, A. (1870–1937) ウィーン生まれの精神分析者.劣等感の役割とその補償作用を強調した.

ぶりを再び始めたり，弟が生まれて母親の愛情を奪われたと感じた子どもが，再び「おねしょ」を始めて世話をやかせる場合などが退行の例としてあげられる．

⑭**隔離**（isolation）：ある観念内容に伴っているはずの感情を切り離し遠ざけること．不快な事態が生じることを予防しようとする意図が含まれるという意味で合理的な側面をもち，次の打ち消しと区別される．

⑮**打ち消し**（undoing）：罪悪感を引き起こす行為を行なった後で罪悪感や恥辱を感じた場合，それとは反対の行為を行なって不快な感情を取り去ろうとすること．何度も手を洗わなければ気がすまない強迫神経症者の行為は，典型的な打ち消しと解釈されている．また，他者を非難した後で，その他者を誉めちぎるような場合なども，この防衛機制の側面が強い．

防衛機制は自我の統合を維持し，その崩壊を防ぐ役割を果たすので，外界に適応していく上で不可欠のものと考えられる．人は不安を解消するためにさまざまな防衛機制の方略のうちどれを用いるかを意識的に選択することはできないが，過去に有効であったやり方が頻繁に利用されることがあり，これが人のパーソナリティの一つの側面となる．ただし，自我の統合が防衛機制に大きく依存するようになる場合には，さまざまな精神障害によってはどのようなタイプの神経症になりやすいかを決める要因となる． 〔安藤〕

【参考文献】
フロイト，A., 外林大作訳，1958, 自我と防衛．誠信書房．
フロイト，S., 懸田克躬訳，1955, ヒステリーの心理療法（フロイト著作集7），人文書院．
土居健郎，1965, 精神分析と精神病理．医学書院．

V-78

要求水準

Level of Aspiration

	結果＞要求水準	結果＜要求水準
客観的に見て 大きな結果（成功）	1　高自尊心	2　低自尊心
客観的に見て 小さな結果（成功）	3　高自尊心	4　低自尊心

図78-1　要求水準と自尊心
ジェームズの公式からは，結果の大小は考慮されず，結果と要求水準の相対的な大小だけが自尊心の高低を決めるとされる．

　試験で，85点取れば御の字，60点ならガッカリというのが客観的なあるいは平均的な見方であるが，個人個人に注目すれば，85点でも満足できない者もいれば，60点なのに満足する者もいる．これは，何点ぐらいを取ることを目標としていたかが人によって異なっているからである．人が何らかの課題に取り組む際に，課題に対していだくこのような「願望をこめた予想・目標」のことを心理学では**要求水準**[1]（level of aspiration）と呼んでいる．同じ成績，学校，会社，相手が人によって満足できたりできなかったりするのは，「満足」というものが要求水準との絡みで生じるものであることを示している．このことをもう少し公式化して表現してみよう．

　「満足」というものは言いかえれば成功感であり，それは**自尊心**（self-esteem）を高めることに通じる．パーソナリティならびに社会心理学においては，自尊心は人の社会行動を説明する概念としてきわめて重要なものとされ，人が自尊心を維持し高揚するよう動機づけられるのは自明とされている．人は，何かを成し遂げたり手に入れたりすることで満足を得，その満足によって自尊心が高まり，その高まった自尊心によって社会的に適応できるのである．ジェームズ[2]は，この自尊心について，

$$自尊心 = \frac{現実（actualities）}{想像された可能性（supposed\ potentialities）}$$

という公式を提唱している．「現実」とはたとえば「85点」という客観的な結果であり，「可能性」は「要求水準」に相当すると考えられる．この公式は自尊心と要求水準という2つの概念の関係を端的に表現するものとして著名である[3]．

[1] Hoppe, F., 1930, Erfog and Misserfolg. *Psychologishe Forschung*, **14**, 1-62.

[2] James, W., 1890, *The Principles of Psychology*. Vol. 1, Henry Holt.
「Ⅵ-82 ジェームズ・ランゲ説」の項を参照．

[3] 「自尊心＝成功（success）/願望（pretensions）」とも表現される．この「成功」は客観的・平均的に見ての意．

この公式が意味していることは，分母に比べて分子が大きければ大きいほど自尊心が高まるということである．つまり，ある要求水準を設定し，結果がそこに至ればまず成功といえるが，結果がその水準を上回れば上回るほど成功感が生じ自尊心が高まる，逆に結果がそこに至らなければ失敗といえるが，結果がその水準を下回れば下回るほど失敗感が生じ自尊心が低まるのである．またこの公式では，分子・分母の相対的関係が重視され，結果の客観的な量の大小は区別されていない．つまり，高い要求水準を設定し，それを上回る結果をあげることで適応できるだけでなく，大きな結果をあげなくても，高い要求水準を設定しなければ，同じように適応できるのである（図78-1）．この公式を，自尊心を高める方法という観点から見ると，分子を大きくするか，分母を小さくするかの2つがあることを示している．たとえば，大きな結果をあげたのに，それを上回る要求水準のために不適応をきたしている人は[4]，要求水準を上回る「驚異的な」結果をあげるか，要求水準を「人並みの」成功者のものに下げることで適応できるし，小さな結果しかあげられずに不適応をきたしている人は，「人並みの」成功者程度の努力は惜しまないか，「何も望まない」境地に至ること[5]で適応できるのである．

　この公式は，日常の不満足の原因を直感的に理解させ，対処法を示唆してくれるように思えるだろう．ただしある調査データ[6]によると，いくら要求水準が結果を上回っていなくても，小さな結果しかあげていない人の自尊心が，その小さな結果にもかかわらず，大きな結果をあげて適応している人の自尊心と同じ高さにまで高まるということ（図78-1のセル3）はなく，またいくら要求水準が結果を上回っているからといって，客観的に見て大きな結果をあげている人の自尊心が，その大きな結果にもかかわらず，小さな結果しかあげられず不適応を来している人の自尊心と同じ低さにまで低まるということ（図78-1のセル2）もないようである．つまり「何も望まないので屈辱も失敗も感じない」，「世界第2位だが第1位ではないので死にたいほど恥ずかしい」というの

[4] 自信なげで恥ずかしそうな振る舞いを見せる，かと思うと，能力や業績を過度に主張する不遜な態度を見せる．

[5] もう少し通俗的な言葉でいえば，己れの身の程を顧みない程の高い理想を捨てること．適応的な日々を送るための心理技法．

[6] Moretti, M. & Higgins, E. T., 1990, Relating self-discrepancy to self-esteem: The contribution of discrepancy beyond actual-self ratings. *Journal of Experimental Social Psychology*, **26**, 108-123.

は極端な例のようである．結果が大きいことはやはり意味があるし，要求水準を下げる方法はどのような場合でも最善であるとは限らないのである[7]．

　私たちはこの制約を留意した上で，公式（およびそこに含まれる要求水準という概念）の意義を十分に理解しなければならないだろう．なお当然のことかもしれないが，要求水準という概念が意味をもつのは，つまり"要求水準が高い・低い"，"要求水準を上げる・下げる"などという表現が適用されるのは，あくまでも，結果が成功感あるいは失敗感を生じさせ，自尊心に影響するような，いわゆる**自我関与**（ego-involvement）できる課題に私たちが取り組んでいる場合だけである．発達的に見れば，要求水準という概念は，子どもが自己というものに気づき，自尊心を維持し高揚しようとする意識をもつまでは意味がないのである．

　一般に要求水準の実験的研究では，被験者が自我関与できる課題を対象に，難易度の異なる課題をその順に並べて選ばせるか，1つの課題を前にどれくらいの成績をおさめられるかを予想させるという手続きがとられ（一般にどちらも練習試行の後本試行を繰り返す），その際の「どの課題をやりたいか」，「どのくらいやりたいか」などの教示に対する被験者の反応をもって，要求水準の操作的定義とされる．その「要求水準」は，被験者の反応が，願望を含まず認知的な判断にもとづいたものである場合には期待水準，最高の願望にもとづいたものである場合には理想水準，確実にできると思う安全策にもとづいた場合には最低水準と呼び分けられることもある．また，今回の作業量を次回の作業の予想量（要求水準）から引いた**目標差（GD）スコア**（goal discrepancy score），作業前に立てた予想量（要求水準）を実際の作業量から引いた**達成差（AD）スコア**（attainment discrepancy score）が算出されることもある[8]（図78-2）．結果を上回る予想量を設定するとGDスコアは"＋"（プラス），下回る予想量を設定すると"－"（マイナス）となり，予想量に達しないとADスコアは"－"，予想量より多くできると"＋"となる[9]．これらのスコアをもとに一種の性格分類が可能である．たとえ

[7] ジェームズ自身が，要求水準を下げることは場合によっては雄々しい行為となるが，慢性的に用いると偏狭で思いやりのない人格を生むといっている．

[8] 本人に作業量を知らせないで，後からこれを判断させた場合の差を判断差（JD）スコア（judgement discrepancy score）という．

[9] 一般にADスコア"＋"は成功，"－"は失敗と考えられるが，大きな作業量を残せない者が，失敗を避けるために予想量を低く設定したときには"＋"であっても満足を感じない．これは，Moretti & Higgins (1990) からも予想される．

Moretti, M. M., & Higgins, E. T. 1990, Relating self-discrepancy to self-esteem: The contribution of discrepancy beyond acutal-self ratings. *Journal of Experimental Social Psychology*, **26**, 108-123.

ば「理想水準」型は要求水準が高めなのでGDスコアは"＋"，ADスコアは"－"が多い．「最低水準」型はGDスコアは"－"，ADスコアは"＋"が多い．「現実水準」型は作業量に近いところに予想量を設定するので，GDスコアは0か0に近い値，ADスコアも変動が少ない[10]．より一般的な性格分類によると，高い要求水準には"自信・野心・主観性・優越性"といった特性が，低い要求水準には"現実性・慎重・自己防衛・失敗への不安・劣等感"といった特性が関わっているといわれる．

　また実験的研究の結果，要求水準は「成功の後には上がり，失敗の後には下がる」という一般法則が得られている[11]．ただしあくまで一般法則で，その表われ方には個人差が見られる．たとえば"安定感があり・自分に満足でき・失敗を直視できる"ような，つまり上述の高い要求水準に関わる特性が低い要求水準に関わる特性に勝るような人ほど，一般法則が当てはまる．表現を変えると，人には達成動機と失敗回避動機という相反する欲求が働き，2つがどこで折り合うかで一般法則が表われたり表われなかったりする．つまり達成動機が失敗回避動機に勝るほど，初めから高い要求水準を設定し，失敗の後も少しずつ下げ，成功の後には急激に上げる．失敗回避動機が達成動機に勝るほど，初めは要求水準を低く設定し，成功しても少しずつ上げ，失敗の後には急激に下げる，あるいは要求水準を下げる代わりに，課題を放棄したり，課題の評価を低めたりすることもあり，さらには失敗後にあえて困難な課題を選ぶという一般法則の逆を行なうこともある[12]．これらは不快さを低減しようとする術策と考えられる．要求水準に関する実験的研究では，このような個人差を同定するだけでなく，要求水準の設定に影響を与える状況要因[13]を同定することが行なわれることも銘記しておくべきだろう．　　　　　　　　　　　　　〔八木〕

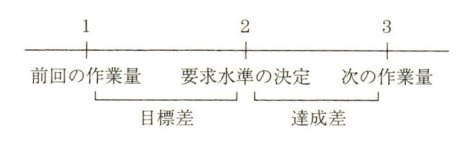

図 78-2　GDスコアとADスコア

10) アイゼンクによると，内向的で神経症的傾向の強い者 (dysthymic) は，GDスコアが高度の"＋"でJDスコアが高度の"－"であり，外向的で神経症的傾向の強い者 (hysteric) は，GDスコアが低度の"＋"か，むしろ"－"であり，JDスコアは低度の"－"か，"＋"でさえある．

11) 要求水準が上がる際，より困難な状況に自発的に挑み，決断が早くなり，課題の遂行が順調でテンポがよくなり，緊張の緩和，良好な社会的関係，上機嫌の気分が伴う．

12) Moulton, R. W., 1965, Effects of success and failure on level of aspiration. *Journal of Personality and Social Psychology*, 1, 399-406.

13) 過去の成功・失敗の経験，課題への自我関与の程度，所属集団の基準，課題遂行の事態（競争場面など），事態の現実度（遊びと真剣な場面）．

【参考文献】
関計夫編著，1970，要求水準の研究．金子書房．

V-79 コンプレックス
Complex

アドラーにとって，真の意味で成功した補償とは，社会的関心が伴っているものを意味した．つまり，人は劣等感を克服する際に，他者に関心をもち社会の幸福に貢献することを忘れてはならない．劣等感は万人が有し，その克服のために目標とされるのが社会的行為であるというアドラーの考えは，ある行為がコンプレックスからなされていることと，その行為の価値とは関係がない，重要なのは，劣等感や劣等コンプレックスの支配に屈しないことであるということを示している．

図79　アドラー（Adler, A. 1870-1937）

コンプレックス[1]（complex）とは，精神分析の文脈で出た言葉で，**心的外傷**（psychic trauma）などの苦痛な体験における情動やその体験にまつわる観念・記憶が集合したものをいう．一般に意識されず，日常の自我（ego）の働きすなわち適切な感情，態度，行動を妨害し，失錯行為[2]，夢，神経症症状となって現われる．自我は，さまざまな方法（防衛機制）で，コンプレックスを無意識のうちに抑圧するが，コンプレックスが勝れば日常生活に障害をきたす[3]．

エディプス・コンプレックス（Oedipus complex）：3歳から5歳の男根期[4]に入ると，男の子は，それまで依存の対象であった母親に愛情（性的な関心）を抱き母親との一体感を脅かす父親を敵視する．しかし父親への愛情も感じるためそれは苦痛で，敵意のせいで父親に処罰されるのではないかという去勢不安も抱く．このような情動が絡まって生じる観念や記憶の集まりがエディプス・コンプレックス[5]である．男の子はこれを，一度は父親と競争を試みるがやがて父親を見習って男らしさを身につけることで克服し，性的同一性の確立，超自我（superego）の形成に向かう．またコンプレックスは潜伏期を経て思春期に復活し異性選択に影響を与えるが，肉親以外の相手を選ぶことで克服し成熟した性器期に入る．このような「正常な」発達過程で経験されるものを特に陽性エディプス・コンプレックスといい，去勢不安に脅かされた男の子が，父と競争するよりも男らしさを放棄し，父に愛されようとして同性愛的傾向が強まる場合を陰性エディプス・コンプレックスという．エディプス・コンプレックスは男女共通とされるが，女の子の場合は最初の依存対象である

1) (1) 誰しも抱くもので，その克服が適応への道という意味，(2) 適応的行動に失敗した者の人格を支配するものという意味の2つの場合があり，(1) はエディプス・コンプレックス，(2) は劣等コンプレックスが代表的．他に，男の子の母親に対する恨みに注目し，母親を愛するが裏切られた気持ちから敵意を抱く阿闍世コンプレックス，兄弟に羨望を抱くカイン・コンプレックス，自分を殉教者・救済者と見なすジーザス・コンプレックスなど．なお，コンプレックスという言葉は，ユングが，言語連想検査で，連想が意識に上らない情動的要因で遅延する事実を見いだし「感情によって色づけされたコンプレックス」と名づけたことに負う．

2) 言い間違い，失念，紛失，置き忘れなど．

3) 「V-77 防衛機制」，「I-7 精神分析学」の項を参照．

母親から父親に愛情を移すという特徴がある．エディプス・コンプレックスは，人が乗り越えなくてはならないさまざまな葛藤を想定したフロイトがとりわけ重視した概念である．

劣等コンプレックス（inferiority complex）：通俗化された意味での「コンプレックス」はこの概念に由来している．アドラーは性本能の概念を不要とし，**劣等感**（inferiority feeling）とその補償という概念で人間を理解しようとした[6]．すべての人は身体器官，容貌，性，能力，社会経済的条件などに劣等感を抱き，それを補償しようとして，自らの生き方を決める．劣等感は，客観的な劣性ではなく要求水準の高さによる場合も（この場合は優劣感情の裏返しといわれる），幼少時に与えられた否定的な評価による思い込みの場合もありうるが，どんな場合も，人の心に，自己評価を高めること，すなわち下から上へ，負から正へ，劣等から**優越への追求**（striving for superiority）を生じさせる．そして，人は，ほとんど無意識的に**先導的自己理想**（guiding self-ideal）を抱く．その理想は，劣等感を抱く対象に直接取り組むことで達成される理想であることも，それ以外の対象に取り組むことで達成される理想であることもある．それは，**虚構の目標**（fictional final goal）ではあるが，人はその理想に導かれて行動し，理想に到達できるか否かにかかわらず，理想を抱くことで劣等感が緩和され，人格の統一と一貫性が保たれ，日常生活を処理できる．理想を現実的なものに修正しつつ達成することで劣等感は解消され補償は成功する．しかし補償に失敗すると，感情的なしこりやあつれき（劣等コンプレックス）が生じ，人は神経症的な非合理行動に駆り立てられる．人は，客観的状況を変えるための前進は一歩もせず，重要な人間であることを納得させるためのトリックを使う．それは，(1) 自我に脅威となる場面や相手を回避する非攻撃的な表われ方（不安，臆病）をすることも[7]，(2) 自我に脅威となる場面や相手に接近する攻撃的表われ方[8]（自己顕示，尊大，突っ張り）をすること[9]もあるだろう． 〔八木〕

【参考文献】
河合隼雄，1971，コンプレックス．岩波新書．

4) フロイトの心理・性的発達の理論では，口唇期，肛門期，エディプス期（男根期），潜伏期，性器期の段階に分けられている．

5) 知らずに父である王を殺し，母である王妃と結婚するが，真実を知り自らの両目をえぐった「エディプス王」の悲劇（ソフォクレス作）に由来．

6) 身体的ハンデがあったアドラーは，誰しも形態的・機能的に劣るところがあり，劣等感を抱くと考えた．

7) 他者の優れた面に接したとき，「自分にもできる」「たいしたことない」と思ったならそれは可能性としての優越感を味わうため．自己理想をいだくことによってその際イライラする，気分が沈むなど情動の乱れが伴うなら劣等コンプレックスに支配されている．

8) 過剰補償・防御的攻撃

9) 相手を避けより劣ったものと交わったり，自分が劣っていることを公言し劣性を認められる人間であると振る舞う．現実認識の伴わない努力を繰り返し，飽かず相手に挑戦したり，別の領域での優越の獲得に奔放する．

V-80 不安障害
Anxiety Disorder

脅威とかストレスに対する不安，恐怖，懸念などの感情的反応は，健常な心理的機能において重要な役割を担っている．また日常生活に支障をきたすような**不安障害**（anxiety disorder）は診断治療される精神疾患の中で最も頻度の高いものである[1]．具体的には次のような種類がある．

恐怖症（phobia）の患者は特定の対象や状況に対して過度の不合理な恐怖を覚え，回避しようとする[2]．たとえば広場恐怖（agoraphobia）は，家から外に出て公共の場所で一人になること，混雑の中や閉所で一人とり残されることへの恐怖．社会恐怖（social phobia）は，他人に精査されたりよく知らない人と交流することへの恐怖である[3]．

パニック障害（panic disorder）は再発性の予測不能の不安障害．動悸，胸痛，窒息感，発汗，震え，めまいなどの自律神経系の症状の発作，現実感喪失や離人症状がある．不安の源泉となる恐怖刺激や現実の危険な出来事が特定できない．パニック発作に対して学習された反応として広場恐怖が生じることもある．

全般性不安障害（generalized anxiety disorder）の患者は慢性の不安状態にある．発汗，紅潮，動悸，息苦しさ，口渇，腹部症状などに示される自律神経系の過剰活動．驚きやすく，落ち着きがなく，吐息が多いなどの緊張動作．さまざまな生活状況におけるネガティブな結果を想像し苦悩する．

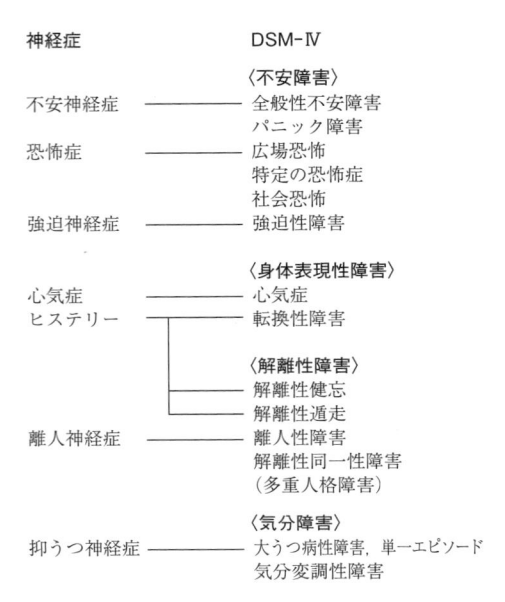

神経症	DSM-Ⅳ
	〈不安障害〉
不安神経症 ———	全般性不安障害
	パニック障害
恐怖症 ———	広場恐怖
	特定の恐怖症
	社会恐怖
強迫神経症 ———	強迫性障害
	〈身体表現性障害〉
心気症 ———	心気症
ヒステリー ———	転換性障害
	〈解離性障害〉
	解離性健忘
	解離性遁走
離人神経症 ———	離人性障害
	解離性同一性障害
	（多重人格障害）
	〈気分障害〉
抑うつ神経症 ———	大うつ病性障害，単一エピソード
	気分変調性障害

表80　神経症の古典的分類とDSM-Ⅳの分類との対応

1) DSM-Ⅳによる分類である．フロイトによる神経症との対応は表80を参照．

2) 障害をもたらす対象が明確なので不安症ではなく恐怖症と命名されてきた．他の特定の恐怖症（specific phobias）として，動物，高所，閉所，飛行機，血，注射，疾病，対人などがある．

3) 他人の前で話す，一緒に食事をとる，署名したり支払いをする，公共の手洗所を使うなどの状況が，気まずい反応をしたり不安の徴候を露呈するのではないかという恐怖を喚起する．

忍耐の欠如，短気，注意散漫，不眠[4]を伴う．

脅迫性障害（obsessive-compulsive disorder）では，反復的，持続的な思考，衝動，表象（脅迫観念）が意識に侵入してきたり，意に反してある行為（脅迫行為）を反復してしまう．脅迫観念は強い不安や苦痛を喚起する．患者は脅迫観念に応じて，または厳密に適用しなければならない規則に従って，苦痛を予防ないし緩和するために，脅迫行為に駆り立てられる．

外傷後ストレス障害（postraumatic stress disorder：**PTSD**）と診断される人は，自分または他人の生命に危険が及ぶ状況に直面したり，目撃した後，強い不安，恐怖，無力感が1ヵ月以上続き，社会的，職業的領域で機能の障害を起こしている[6]．症候として，外傷的出来事の再体験[7]，出来事に関連する刺激を回避もしくは反応性の鈍磨[8]，覚醒の亢進[9]などがある．

トラウマ（trauma）とは，傷を意味するギリシャ語に由来し，PTSDの外傷には，戦闘，性的暴行，誘拐，拷問，監禁，災害，家庭内虐待あるいは暴力（いわゆるドメスティック・バイオレンス）などが含まれる．しかし，これらの出来事を体験しても障害を発症しない人もいて，実際には外的現実がもたらす脅威つまり心的外傷が病因として重視されている．脅威の中心にあるのはコントロール不能の確信である．被害者は，否認，抑圧，解離，自己非難などの防衛を行なう．治療回復は，(1)安全な環境あるいは思いやりによって支持される治療場面の確立，自己管理や自己決定の拡大[9]，(2)外傷体験の意識化と（失ったもの奪われたものへの）服喪追悼[10]，(3)自己や他者との再結合，という段階をとるとされている．

これらの障害に共通の病因論が考えられる．精神分析学によれば，脅威は脅威と象徴的に関連する対象や状況や観念に置き換えられ，対処しようとされる．不安の形成と反応の獲

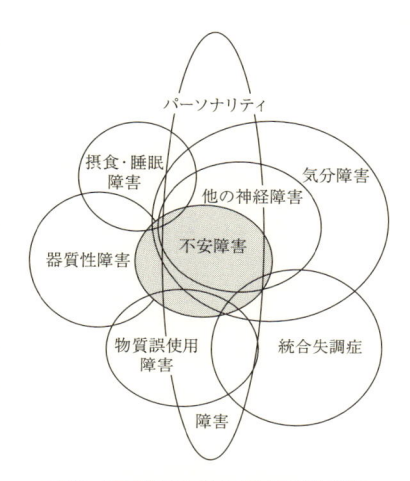

図80　不安障害と他の精神患者と関係（Tyver, 1999）[5]

4) 不安を喚起する刺激は生活場面の全般に広がっているととらえられるが，不安の源泉は，他の不安障害と同じく，コントロール不能感にあると考えられる．

5) Tyrer, P., 1999, *Anxiety.* Imperal College Press.

6) 外傷的出来事に遭遇したほとんどの人が経験し，2，3日から4週間で回復する場合を急性ストレス障害（acute stress disorder）とする．

7) 繰り返し思い出したり，関連した夢を見る．あたかもいま起こっているかのような感情や行動が生じる（フラッシュバック）．出来事を象徴するような

得を古典的条件づけとオペラント条件づけ（回避学習の二要因説）やモデリングによって説明することもできる．対象や状況の脅威を過大評価したり対処能力を過小評価する認知的な影響も考えられる．治療法は，抗不安薬による薬物療法があるが，心理療法として，抑圧とか否認を解き，脅威に直面するために，指示的な精神分析的療法[11]や行動療法（**系統的脱感作** (systematic desensitization)，**曝露** (exposure)，**反応制止** (response inhibition)[12]や認知療法（合理的ではない信念を論理行動療法によって認知的再体制化）がある．治療者は，安全と激励を提供し，決して審査的にならないことが必要とされる．

アドラー派の理論では，個々の心理障害は現代社会における疎外の増大や競争の激化がもたらす脅威に対処する一様式と見なされる．人はすべて死すべき運命にあり，自分一人が優越した存在であったり，他の人々や物事を完全にはコントロールできないという事実に，突然直面することに不安障害の原因がある．脅威の中心にあるのは自己の劣等性とかコントロール不能の確信である．死の存在を自覚している社会があるとしたら，PTSDは生じないかもしれない．死に対する突然のコントロール喪失感は，死の覚悟のできていない（虚構の，つまり自己の優越性に拘泥した）ライフ・スタイルに強度の不安をもたらす．

さまざまな脅威に対して，人は一般に，誤ったかたち（注目，権力，復讐，孤立，完全を求める）で自尊心（自己評価感）を高めることで対処しようとする．しかし，不安を陽性の挑戦（人は個々ができる限りのことをするだけだ）に転換していくことが重要である．他人との比較や他人からの賞賛にもとづかない自尊心，社会的関心（共同体感情）とか自分を超える大きなものに帰属している感覚，ユーモア感覚を養成することが必要となる．

なお，脅威は精神分析学ではイド（性的もしくは攻撃的衝動）と自我との間の無意識の葛藤というかたちで把握される．

脅威刺激にたいする情報処理的反応を扱った実験室実験に

刺激によって強い苦痛が喚起される．

8) 出来事について考えたり思い出させる刺激を避ける．活動に関する興味の減退．他者への疎遠感，感情の狭窄，将来の短縮感がある．

9) 睡眠障害，集中困難，過剰な警戒心，強い驚愕反応．

10) ここで自己価値感，自己防衛能力，他者信頼感，の回復が始まる．

11) 自由連想法，夢分析など．

12) 不安や恐怖を喚起する刺激にイメージ上あるいは実際に直面させ，リラクセーションや反応制止によって，不安や脅威に耐えられるようにする．

おいて，不安の高い者（不安障害の諸タイプを含む）の反応を把握することもできる．たとえばプローブ・パラダイムを使った例をあげておく[13]．

　画面の中央に注視点が表示され，脅威語と中性語が画面の上下もしくは左右にさまざまな時間で提示された後，いずれかの言語刺激の位置にプローブ（探索刺激）が提示される．実験参加者には，このプローブの位置に応じたキーをできるだけ早く押すことが要請される．注意を向けていた言語刺激の位置にプローブが現れると，キー押し反応は相対的に速くなり，注意を向けていなかった位置に現れると，相対的に遅くなる．各々の脅威語と中性語の組み合わせに対して，プローブが脅威語の位置に提示された試行の反応時間を，中性語の位置に提示された試行の反応時間から引いた値を統計分析の指標とする．言語刺激の提示時間が，内容が意識できない短時間（たとえば100 ms）場合，不安の高い者は脅威を敏感に検出し（指標はプラスの方向），内容を意識できる時間（たとえば1250 ms）場合，脅威から注意を逸らす（指標はマイナスの方向）[14]．このような結果には，不安の高い者の脅威に対する自動的な反応と意識的な反応の特徴が反映されていると考えられる．進化生物学の観点からは，基本的に脅威の無意識的自動的検索は迅速な防御反応を可能とする適応的な機能である．しかし，さまざまな脅威の可能性に対して過度に敏感になることで，不安や恐怖が喚起される頻度が多くなり，しかも，それらの感情に対峙し馴化する前に注意を逸らして感情を制御してしまうと，短期的恩恵は得られても，長期的に見れば，不安の特性を持続させ，克服することができないことになる．　　　　　　　　　〔八木〕

[13] ストループ課題を援用した次のような実験もある．脅威語と中性語がさまざまな色で1語ずつ画面提示される．参加者は，語の内容は無視して色名をできるだけ速く答えることが要請される．語の内容に注意を奪われるほど色名反応は遅くなる．脅威語に対する反応時間が中性語に対する反応時間と比較して大きくなることが脅威に対する注意の鋭敏化の指標とされる．

[14] 抑うつの高い者では，これと対照的パタンになる可能性がある．すなわち，内容が意識できない短時間の場合，指標は明確な方向が出ず（0よりも大きい値がでない），内容を意識できる場合，指標はプラスの方向．

【参考文献】

Herman, J. L., 1992, *Trauma and Recover.* New York : Basic Books.（中井久夫訳，1999，心的外傷と回復．みすず書房）．

Sperry, L. & Carlson, J., 1996, *Psychopathology and Psychotherapy*, 2nd ed., Taylor & Francis.（一ノ渡尚道監訳，1997，精神病理と心理療法．北大路書房．）

小此木啓吾・深津千賀子・大野裕編，1998，精神医学ハンドブック．創元社．

河合隼雄・空井健三・山中康裕編，2000，心的外傷の臨床．臨床心理学大系第17巻，金子書房．

V-81

虐待
Abuse

表81 虐待の分類と例（児童虐待防止協会のホームページ http://www.apca.jp/より）

分類	例
身体的虐待	たたく，ける，つねる，なぐる，激しく揺さぶる，振り回す，噛む，しばる，水につける，火を押しつける，首を絞めるなど．
性的虐待	性的暴行，性関係の強要．ポルノの被写体など．
ネグレクト（養育の拒否や放置）	食べ物やミルクを与えない，衣服をかえない，学校に行かせない，危険な場所に放っておく，医者に見せない，家に閉じ込めるなど，愛人などの子への暴力を見過ごしにするなど．
心理的虐待	子供の存在を無視する，おびえさせる，暴言をあびせる，ひどい言葉でなじる，無理じいするなど．子供のいるところで繰り返されるドメスティック・バイオレンスも．

PTSDを発症させる外傷のひとつに**虐待**（abuse）がある[1][2]．虐待は，①身体的虐待，②心理的虐待，③養育放棄（neglect），④性的虐待に分けられる．たとえば乳幼児虐待の要因として次のものがある．①母親自身の被虐待体験，被剥奪体験．②母親の子どもに対する認知的歪曲．母親が抱いている赤ん坊イメージ，望んだ妊娠か否か，新生児の性，家族の妊娠への態度，妊娠出産にまつわる健康問題，新生児の健康状態などが，「かわいい子」「かわいくない子」といった評価に影響する．③内的危機状況（育児に伴うストレス，家族間のストレス）の存在．たとえば，夫との関係による感情が投影される．④社会的援助の欠如（近隣で孤立）．

総じて虐待された子どもは，暴力と死の脅威の中，孤立無援で，基本的信頼感，安全感，自己価値感，コントロール感を失わないような生き方を見つけなくてはならない．絶望を避け，希望と意味とを残すために駆使される，非常に深刻な**防衛**（defense）の数々がハーマンによって描写されている．①虐待を意識や記憶から排除したり，虐待であることを否認する．解離状態（トランス，幻覚，断片的人格）を誘発させる．②虐待者を避けるのが不可能ならば，服従することで苦境を支配しているという感覚を得ようとする．自分で身体的虐待（自傷，浣腸，嘔吐，脅迫的性行動）を加え，それを支配しコントロール感を得ようとする者もいる．あるいは，③自己価値感を維持するために，たとえば自分は殉教者として選ばれた聖女だと解釈する．あるいは，④虐待を正当化し，自己非難を行なう．自分に原因があるなら，努力すれば，この運命を変えることができる（と思うことができる）からで

1) 対人関係の満足度（satisfaction）を規定するのは，当該の対人関係によってもたらされる報酬（rewards）とコスト（costs），および各人が一般に対人関係によって得られると期待する水準（comparison level）の3つである．報酬からコストを引いた結果が一般期待水準を越えているほど満足度は大きくなる．

さらに，当該の相手との関係の維持（commitment）を規定するのは，満足度，これまでの関係の維持のために投資してきたと思う主観的量（level of investment），もし関係を解消した場合に得られる他の相手の可能性や質（quality of alternatives）である．

このモデル*）によれば，虐待や家庭内暴力を受けているのに関係を維持する人は，主観的満足度は小さいけれども，これまでの投資量が大きくて，いまさら手を引くのは遅すぎる，あるいは，子どもがいて歳をとりすぎたので代わりが見つからない，といった理由が考えられる．あるいは暴力というコストを凌ぐほどの裕福な生活を送れるという場合もある．

*Rusbult, C. E. 1983, A longitudinal test of the investment model. *Journal of Personality and Social Psychology*, **45**, 101-117.

ある．⑤虐待者に注目してもらえることに喜びを感じたり，取り引きのために性的関係を利用したりすれば，自己の邪悪性の証拠となる．このネガティブなアイデンティティは虐待が終わっても消えない．また，⑥虐待者をなだめようとして，被虐待児はしばしば完璧な演技者になる．この才能は職業上の成功をもたらす場合もあるが，真の自己がもたらしたものではないという感覚がつきまとう．

　虐待された子どもは，その事実の意識化と否認の間を揺れ動くことが多く，意識化と否認は行きつ戻りつする．たとえば，悲しみを意識しないことが加害者の勝利を否定することになるため，喪の作業[4]に抵抗する患者がいる．加害者に対する復讐や許しの幻想は，勝ちたいという欲求が潜み，加害者から自由になるのを妨げる．あるいは，虐待した親に責任や攻撃を向けることに罪悪感を覚えて直面化を避けようとする患者がいる．あるいは，かつての母親と同じことを自分の娘に繰り返していることを指摘されて洞察に至る場合もある．

　正常な発達では養育者を通して他者への基本的信頼感が形成され，これを背景に他者とのつながりの中で自立し独立していける．これを欠く虐待経験者は，誰彼かまわず依存したり，なぐさめと快楽を与えてくれる外的な資源を求める．また，児童期にとらわれ，危険な状況を生き直して自分の過去を正したいと願うが，虐待される人間関係を繰り返してしまう．あるいは虐待を運命として甘受する結果になることが多い．かつての虐待者を看護したり，弁護したりすることもある．いわゆる「虐待の世代間伝播」として伝聞されていることに反して，虐待経験者が虐待されるよりも虐待する方にまわることは少ない．虐待経験者がジェンダー・ステレオタイプに沿って生きる男性である場合は，他人への攻撃性を発動しやすいが，大多数の虐待を生きのびた人々は自分の子どもを虐待しない．子どもが同じ運命をたどらないように恐れ，予防に心を砕いているというのが事実である．　　〔八木〕

【参考文献】
棚瀬一代，2000，乳幼児虐待とその心理的ケア．河合隼雄，空井健三，山中康裕編，心的外傷の臨床，pp. 232-250.

2）ルドゥによる神経生理学的モデルは次の内容である．①感覚器官からの情報が視床に伝わる．②視床は，感覚的情報をさらに詳しく評価するために，扁桃核と前頭葉に送る．③扁桃核は情報の情緒的評価を行なう．ここで，自分が何に反応しているのかを意識的に評価できる以前に，人は自律神経やホルモンのレベルで活性化されることになる．④この情緒的反応と感覚的印象が，前頭葉を経た対象の知覚的情報と合わさって，海馬に伝達される．⑤海馬ではこれらの情報を組織化し，既存の情報と統合されて，⑤前頭葉において意識され，記憶される．
　トラウマのように情緒的覚醒が極端に大きい場合は，海馬の機能が阻害される．経験を適切に評価され，記憶されない結果，他の生活経験から孤立し言語化できない，情緒，イメージ，身体的感覚として残ることになる．
LeDoux, J. E. 1992, Emotion as memory. In S. A. Christianson (Ed.), *Handbook of Emotion and Memory*. Hillsdale, NJ: Erlbaum, pp. 269-288.

3）母親自身が，自分の母親との関係で経験した親子関係のパターンや認知や感情を，自分の子供との関係の中で，今度は母親の立場から，再現してしまう．被虐待者が虐待者になる．いわゆる「虐待の世代間伝播」の俗信のこと．

4）大切なものやことが失われた事実を，否認したり抑圧するのではなく，徐々にでも直面し，悲しみや苦しみを体験して，受け入れられるようになること．

Ⅵ 感　情

……その時，先生の眼には，偶然，婦人の膝が見えた。膝の上には，手巾を持つた手が，のつてゐる。勿論これだけでは，発見でも何でもない。が，同時に，先生は，婦人の手が，はげしく，ふるへてゐるのに気がついた。ふるへながら，それが感情の激動を強ひて抑へようとするせゐか，膝の上の手巾を，両手で裂かないばかりに緊く，握つてゐるのに気がついた。さうして，最後に，皺くちやになつた絹の手巾が，しなやかな指の間で，さながら微風にでもふかれてゐるやうに，繡のある縁を動かしてゐるのに気がついた。――婦人は，顔でこそ笑つてゐたが，実はさつきから，全身で泣いてゐたのである。……
(『芥川龍之介集』現代日本文学大系 43，筑摩書房，1968 年)

VI-82

ジェームズ・ランゲ説

James–Lange Theory

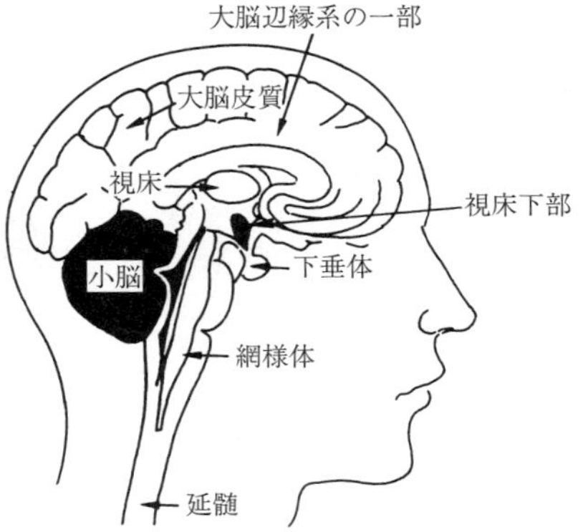

図82 情動に関連する脳の部位
この図では，大脳辺縁系の全体を見ることはできない．大脳辺縁系は脳の正中線の両側に広がっているためである．

（図中ラベル：大脳辺縁系の一部，大脳皮質，視床，視床下部，小脳，下垂体，網様体，延髄）

　私たちは不幸な出来事に出会ったとき悲しみの**感情**（feeling）を抱く．そしてその結果涙を流すこともあるだろう．悲しいという**情動**（emotion）が原因になって，泣くという行動が結果として現われるというのが常識的な解釈である．しかしながらウィリアム・ジェームズ[1]によれば，身体反応は情動経験の結果ではなく原因である．熊を見たときにまず逃げるという身体的な反応が生じる．この身体反応が感覚神経を伝わって脳に達して情動経験を生むのである．ジェームズは「泣くから悲しいのであり，なぐるから腹が立つのであり，震えるから恐ろしいのである」と述べている．ジェームズは骨格筋反応を多く例にあげて説明しているが，実際の情動経験の中心としてはむしろ内臓器官の反応を重視している．ほぼ同じころランゲ[2]も同様の理論を発表したため，この説は**ジェームズ・ランゲ説**（James–Lange theory）と呼ばれる．

　キャノン[3]は，内臓と脳との神経結合を切断しても情動経験は残る，異なる情動状態でも同一の内臓反応が起きるなどの理由をあげて，ジェームズ・ランゲ説を批判した．キャノンはジェームズ・ランゲ説に代わる理論を提唱し，バード[4]もその理論を支持した．**キャノン・バード説**（Cannon–Bard theory）の概要は次のようなものである．大脳皮質は通常，視床[5]などの下位の脳の興奮を抑制している．感覚情報は各感覚器官から視床経由で大脳皮質に伝わり，そこで知覚される．皮質が視床に対する抑制を解除すると視床は興奮し，その興奮が内臓や骨格筋に伝えられる．一方で視床の興奮は皮

1) James, W., 1884, What is emotion? *Mind*, **9**, 188–205.
ウィリアム・ジェームズ（1842–1910）はアメリカの哲学者，心理学者．心理学者としては「意識の流れ」を強調し，生理学的事実を重視した．哲学者としては，「徹底的経験論」を主張し，プラグマティズムの創始者の一人とされる．

2) Lange, C. G.（1834–1901）カール・ランゲはオランダの生理学者．

3) Cannon, W. B., 1927, James–Lange theory of emotions: A critical examination and an alternative theory. *American Journal of Psychology*, **39**, 106–124.
　ウォルター・キャノン（1871–1945）はアメリカの生理学者．動機づけや情動の生理学

質にも伝えられ，単純な感覚に情動的な特質を与える．このように視床は情動の中枢としての役割を果たしている．

キャノン・バード説も現代の心理学ではそのままのかたちで受け入れられてはいない．現在では，視床のほかに視床下部[6]，大脳辺縁系[7]，網様体[8]など（図82）が情動に関与していることが明らかにされている．

シャクター[9]とシンガーが行なった実験[10]は，ジェームズ・ランゲ説が重視した身体反応の意味を再評価するものである．ビタミン剤が視覚に与える影響を調べるという名目で大学生が被験者として集められて注射を受けたが，注射されたのはアドレナリンあるいは生理食塩水[11]であった．アドレナリンを注射された被験者の一部は「ビタミン剤」の副作用として顔のほてり，動悸などのアドレナリンの正確な作用を教示され，一部の被験者は副作用として頭痛や痒みなどの誤った情報を与えられた．残りの被験者は薬の副作用について何の教示も受けなかった．「視覚の検査」までの間，被験者はサクラと同じ部屋で待たされるが，そのときサクラは多幸症的，すなわち非常に楽しそうに軽薄に振る舞うか，あるいはイライラして怒っているように振る舞った．被験者の自己評定と観察者の評定によって，被験者がサクラと同じ情動を体験するかどうかを調べた結果，怒りまたは多幸症の程度は薬の作用について誤った教示を受けた群が最も大きく，教示を受けなかった群がこれに次いだ．薬の正しい作用を教示された群は，生理食塩水の注射を受けた群と同様，サクラの行動に影響されることはなかった．シャクターは，この結果から，身体反応とその身体反応に対する認知的解釈の両方の要因が情動の質を決定するのだと考えた．このような説を**情動の2要因説**（two-factor theory of emotion）という．〔高橋〕

【参考文献】
コーネリアス，R. R.，齊藤勇訳，1999，感情の科学：心理学は感情をどこまで理解できたか．誠信書房．

的研究を行なった．

4) Bard, P. (1898-1977)

5) 嗅覚を除くすべての感覚路は，視床で中継されて大脳皮質に至る．

6) 自律神経系の総合的な中枢として生命維持に不可欠な基本的な機能を調節している．

7) 新皮質以外の大脳皮質をいう．視床下部と密接な関連があり，自律神経系の活動に重要な影響を与える．

8) 網様体は感覚路から入力を受けて一定の活動状態が保たれているが，一方では大脳皮質にインパルスを送って，皮質を目覚めた状態にしている．

9) Schachter, S. (1922-1997)

10) Schachter S. & Singer, J. E., 1962, Cognitive, social and physiological determinants of emotional state. *Psychological Review*, 69, 379-399.

11) 薬物としての効果はない．注射の精神的影響を見るために用いられている．このような薬をプラシーボ（placebo）という．

情動

Emotion

VI-83

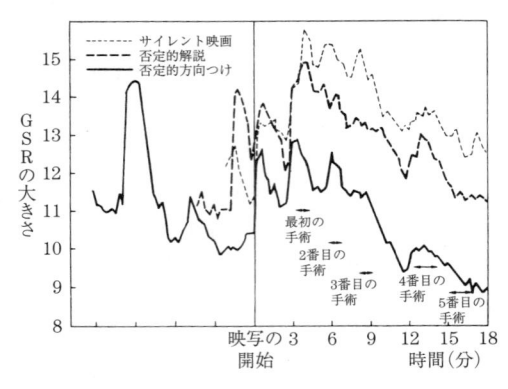

図83-1 認知的評価が情動に及ぼす影響
(Lazarus & Alfert, 1964)[2]

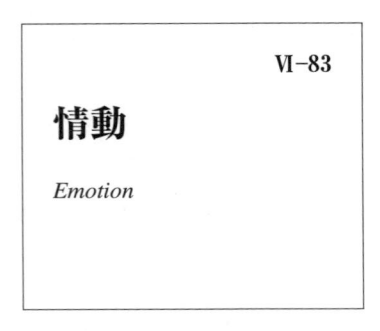

感情（feeling）は外部刺激や観念によって生じる快－不快の意識現象であるが，このうち特に一過性に生じる強い感情を**情動**（emotion）あるいは**情緒**（emotion）と呼ぶ．類似した概念に，長期間安定した感情である**気分**（mood）や文化的価値をもつものに向けての価値判断を伴う感情である**情操**（sentiment）がある．

恐怖や怒りなどの情動には逃避や攻撃などの特定の行動を引き起こす動機づけの機能がある．この意味での情動は動機や動因と類似の概念であるが，動機は必ずしも主観的経験内容を含まず，また外的な刺激によって引き起こされるよりもむしろ内部で活性化されることが多いという点で情動と異なっている．

情動には，主観的な意識経験，生理学的変化[1]，表情などの身体的表出，知覚された情動の源泉に対する行動の4つの要素が考えられる．したがって情動の研究には被験者の内観報告，行動観察，生理学的測定の3つの方法が可能である．

同じ刺激状況におかれても，その刺激状況が有益か有害かという評価が異なれば，情動反応は大きく変化する．同じような身体の揺れを感じても，遊園地のジェットコースターに乗っているときとブレーキの壊れた車で山道を下っているときとでは，恐怖の質がまったく異なる．図83-1は未開民族の思春期の通過儀礼に関する映画を見たときの被験者のGSRの大きさを示したものである．映画の中ではペニスの下側を切開する手術が行なわれ，そのシーンは被験者に強い

1) 情動に伴う生理学的変化については，「VI-86　GSR」の項にも説明されている．

2) Lazarus, R. S. & Alfert, E., 1964, The short-circuiting of threat by experimentally altering cognitive appraisal. *Journal of Abnormal and Social Psychology,* **69**, 195-205.

3) Shaffer, L. F.,

不安を喚起する．認知的評価は映画の解説を被験者に与えることによって操作された．否定的解説群では，登場人物は俳優で手術には苦痛が伴わないというような，映画の不安喚起の側面を否定する解説が上映中に音声で与えられる．否定的方向づけ群では，同じ説明を映画が始まる前に聞かされる．サイレント映画群では，何の説明も与えられない．結果はサイレント映画群が最も大きなGSRを示し，否定的解説群がこれに次ぎ，否定的方向づけ群の反応は最も低かった[2]．

情動にはGSRをはじめさまざまな生理学的変化が伴っている．表83は第二次大戦中の戦闘機のパイロットが戦闘中に体験した身体的変化の報告をまとめたものである[3]．激しい恐怖にさまざまな身体反応が起きているが，それらの大部分は**自律神経系**[4]（autonomic nervous system）の反応の結果である．

自律神経系の活動からのフィードバックが主観的な情動経験へ影響することを示す証拠がある．脊髄を損傷すると損傷部位より下の感覚は，交感神経系の活動によって生み出された感覚も含めて脳に到達しなくなる．脊髄を上部で損傷するほど，交感神経系の活動の脳に対するフィードバックは少なくなる．さまざまな位置で脊髄を損傷した退役軍人に面接し，損傷前と損傷後で怒りと恐怖の情動経験の強さが変化したかどうかを尋ねたところ，損傷部位が上部であるほど情動経験の強さが減少していた．頸椎を損傷した被験者の報告によれば，損傷後は怒りを行動に表わしていても，そこで経

1947, Fear and courage in aerial combat. *Journal of Consulting Psychology*, **11**, 137–143.

4) 内臓，腺，血管などの器官の機能を自動的に調節する役目を果たす不随意神経系．交感神経系と副交感神経系の2つに分けられる．

5) Hohmann, G. W., 1962, Some effects of spinal cord lesions on experienced emotional feelings. *Psychophysiology*, **3**, 143–156.

6) シャクターとシン

表83 空中戦闘中に経験した恐怖の徴候
(Shaffer, 1947)[3]

「戦闘中あなたは次のような経験をしましたか」	しばしば	ときどき	合計
心臓がどきどきする・脈が速くなる	30%	56%	86%
筋肉がこわばる	30	53	83
イライラする・怒りっぽくなる	22	58	80
喉や口の中が渇く	30	50	80
神経性の発汗・冷や汗	26	53	79
胃の違和感	23	53	76
非現実感	20	49	69
排尿の要求が頻繁に生ずる	25	40	65
震える	11	53	64
頭が混乱する	3	50	53
力が出ない・めまいがする	4	37	41
作戦終了後，何が起きたかを詳しく想起できない	5	34	39
吐き気がする	5	33	38
注意散漫	3	32	35
失禁	1	4	5

験される情動は「冷静な怒り」あるいは「精神的な怒り」なのである[5]．

　健常者では自律神経系の反応や身体反応はすべて脳にフィードバックされるわけであるが，身体的変化の生起が認知されるか否か，あるいはその原因が何に帰属されるかによって，経験される情動は異なったものになる．刺激事象の評価を一次的な評価とすれば，身体反応に対する評価は二次的な評価の過程である[6]．敵機を見たパイロットは恐怖を感じるが，しかるべき対処をすることに忙しく，自分の身体的変化にはあまり注意が向かないかもしれない．後になって心拍数の増加や手足の震えに気がつけば，改めて激しい恐怖に襲われるであろう．あるいはまた，身体反応の原因が疲労などに求められれば恐怖とは異なる情動が喚起されるかもしれない[7]．心理的には興奮がおさまったと感じても，実際の生理的興奮はかなりゆっくりと減衰していくため，興奮状態を引き起こした原因について常に正確な帰属がなされるわけではない．たとえば，危険な吊り橋を渡ったことによる興奮は異性のインタビュアーへの好意を増大させ[8]，ペダルこぎ運動をしたことの興奮は怒りの挑発を受けたときの報復攻撃を増大させる[9]．

　知覚された表情が主観的な経験に影響するという仮説は**表情フィードバック仮説**（facial feedback hypothesis）と呼ばれる．情動喚起刺激に対してわざと表情を誇張して反応するように求めると，そうでない場合よりも強い情動を経験する[10]．意図的に特定の表情を作ると自律神経系の反応が引き起こされることが知られており，表情は自律神経系の反応を媒介として主観的な情動経験に影響している可能性がある．

　自律神経系の活動や表情ばかりでなく，随意的な身体運動からのフィードバックも主観的な情動経験に影響するという証拠がある．運動中のイヤホーンの性能をテストするという名目で実験が行なわれ，一群の被験者は頭を上下に動かしながら，別の群の被験者は頭を左右に動かしながら録音テープを聞く．終了後，イヤホーンの性能に関する質問とともに，テープで議論されていた内容に関する意見を求めたところ，

ガーの実験（「Ⅵ-82 ジェームズ・ランゲ説」の項を参照）も，情動経験における身体反応の評価の重要性を指摘したものである．

7) Arnold, M. B., 1960, *Emotion and Personality*. Columbia University Press.

8) Dutton, D. G. & Aron, A. P., 1974, Some evidence for heightened sexual attraction under conditions of high anxiety. *Journal of Personality and Social Psychology*, **30**, 510–517.

9) Zillmann, D., Katcher, A. H. & Milavsky, B., 1972, Excitation transfer from physical exercise to subsequent aggressive behavior. *Journal of Experimental Social Psychology*, **8**, 247–259.

10) Laird, J. D., 1974, Self-attribution of emotion: The effects of expressive behavior on the quality of emotional experience. *Journal of Personality and Social Psychology*, **29**, 475–486.

11) Wells, G. L. & Petty, R. E., 1980, The effects of overt head movement of persua-

首を縦に振っていた被験者の方が，首を横に振っていた被験者よりも同意することが多かった[11]．

　情動に伴う生理学的変化は自律神経系の活動と密接な関係があるが，自律神経系は究極的には脳の支配を受けている．系統発生的に古い脳の構造の一つである大脳辺縁系と視床下部[12]は情動に重要な役割を果たしている．視床下部のさまざまな場所を刺激すると，自律神経系を介して心拍数や血圧の変化，腸の収縮などが起きてくる．ネコの視床下部のある場所を刺激すると，怒りの反応を示す．瞳孔が開き，毛が逆立ち，尻尾が立ち，爪と歯をむき出して唸り声をあげる．このような徴候はネコが挑発されたときに示す怒りとまったく同じであるが，脳の刺激が停止すると急速に消失するため**見かけの怒り**（sham rage）と呼ばれる[13]．一方，視床下部の同じ場所を破壊すると，どんなに挑発されても怒らないおとなしいネコになってしまう．また，スキナー箱でのバー押し反応に大脳辺縁系や視床下部の特定の場所への弱い電気刺激を随伴させると，ネズミは高頻度のバー押しを行なうようになる[14]．このような快中枢はネズミばかりでなく人間にも存在する．てんかんの治療のためにこの領域の電気刺激を受けた患者は酩酊感，幸福感，性的快感を報告している[15]．

　マイケル・ルイス[16]は，様々な状況における子どもの表情や行動を観察して，生後3年間の情動の発達を次のように説明している．誕生時には**満足**（contentment），**苦痛**（distress），**興味**（interest）という少数の情動しか存在しないが，3ヵ月までには**喜び**（joy），**悲しみ**（sadness），**嫌悪**（disgust）が区別され，6か月までに**怒り**（anger）と**驚き**（surprise）が加わる．8か月ごろに**恐怖**（fear）が現れると，基本的な情動がほぼ揃う．1歳の後半になって自分自身を客観的に意識するようになると，**きまり悪さ**（embarrassment），**共感**（empathy），**嫉妬**（envy）が現れてくる．さらに2歳半から3歳の間に自分の行動を基準や規則によって評価できるようになると，**誇り**（pride），**恥ずかしさ**（shame），**罪悪感**（guilt）が現れる．

　基本的情動の一つである恐怖について詳しく調べてみる

sion: Compatibility and incompatibility of responses. *Basic and Applied Social Psychology*, 1, 219-230.

12)「Ⅵ-82 ジェームズ・ランゲ説」図82参照．

13) ネコの新皮質を除去しても見かけの怒りが現われ，このことがキャノン・バード説（「Ⅵ-82 ジェームズ・ランゲ説」の項を参照）の根拠の一つになっている．

14) Olds, J. & Milner, P., 1954, Positive reinforcement produced by electoerical stimulation of septal area and other regions of rat brain. *Journal of Comparative and Physiological Psychology*, **47**, 411-427.

15) Heath, R. G., 1963, Electrical self-stimulation of the brain in man. *The American Journal of Psychiatry*, **120**, 571-577.

16) Lewis, M. 2008, The emergence of human emotions. In M. Lewis & J. M. Haviland-Jones (Eds.), *Handbook of Emotions* 3rd ed., New York: Guilford Press.

17) Gibson, E. J. & Walk, R. D., 1960, The

と，恐怖を誘発する刺激は発達に伴ってさまざまなものに拡大されていく．高所に対する恐怖は，赤ん坊がはいはいを始める生後8ヵ月ころに形成されるようである．ギブソンとウォーク[17]は動物や乳児の奥行き知覚を調べるために**視覚的断崖**（visual cliff）と呼ばれる装置を考案した．大きなガラス板でできたテーブルは中央のプラットフォームで2つに分けられ，一方の側はガラス板のすぐ下に市松模様が見えるが，もう一方の側は同じ市松模様がガラスの下数フィートのところにある（図83-2）．9ヵ月の赤ん坊をのせ，視覚的に浅い側あるいは深い側で母親が赤ん坊を呼ぶと，赤ん坊は浅い側には這っていくが，深い側へは這い出さない．このことは9ヵ月児が奥行きを弁別することができ，かつ高所を恐がることを示している．まだ這うことのできない7ヵ月の赤ん坊でも，視覚的断崖での奥行きの弁別はできる．7ヵ月児を浅い側にゆっくりと降ろしていくと手を伸ばし指を広げる反応を示すが，深い側に降ろしていくときにはそのような反応を示さない．しかしながら，7ヵ月児は深い側のガラスの上に直接置かれたとき，年長児のような心拍数の増加などの恐怖の徴候を示さない[18]．

ワトソン[19]によれば，新生児は大きな音と身体の支えを失うことに生得的な恐怖を示すが，これらの恐怖は古典的条件づけによってその対象を拡大していく．11ヵ月の乳児アルバート坊やは初めシロネズミに対してまったく恐怖の徴候を示さなかったが，シロネズミを見せると同時に鉄の棒をハンマーで叩くという手続きを繰り返すと，やがてシロネズミを見ただけで激しく泣くようになった．さらにウサギや毛皮のコートなどシロネズミに類似した対象にも**刺激般化**（stimulus generalization）が起き，これらの対象にも恐怖を示すようになった[20]．

ヘッブ[21]によれば，種が高等になるほど恐怖の原因はその多様性を増し，飼育されているチンパンジーはさまざまなものに対して恐怖を示す．大人のチンパンジーは，チンパンジーのデスマスク，ホルマリン漬けの本物のチンパンジーの

図83-2 視覚的断崖（Gibson & Walk, 1960）[17]

visual cliff. *Scientific American*, April, 64-71.
［Ⅱ-33 奥行き知覚］の項を参照．

18) Campos, J. J., Hiatt, S., Ramsey, D., Henderson, C. & Svejda, M., 1978, The emergence of fear on the visual cliff. In M. Lewis & L. A. Rosenblum (Eds.), *The Development of Affect*. Plenum.

19) Watson, J. B., 1930, *Behaviorism*. University of Chicago Press.
ジョン・ワトソン（1878-1958）はアメリカの心理学者で行動主義の提唱者．「Ⅰ-6 行動主義」の項を参照．

20) Watson, J. B. & Rayner, R., 1920, Conditioned emotional reactions. *Journal of*

頭，等身大の人体模型からはずされた腕などに激しい恐怖の徴候を示す．しかし，子どものチンパンジーの反応は大人とはまったく異なっている．1，2歳のチンパンジーはこれらの物体にまったく関心を示さない．5，6歳のチンパンジーは恐怖よりはむしろ好奇心を示す．また，大人のチンパンジーはヘビを初めて見たときに激しい混乱を示すが，1歳のチンパンジーはヘビに接触しても何の混乱も示さない．人間の場合でも，一般的に成人の方が子どもよりもヘビに対する恐怖は強い[22]．ヘッブによれば，このような恐怖は直接的な学習の結果ではない．それは神経系の成熟と一般的な生活経験の結果であり，見知らぬ対象が**知覚的な矛盾**（perceptual discrepancy）を引き起こすために生じる恐怖である．

ケイガン[23]はヘッブの考えを拡張し，乳児期の情動の発達を説明している．生後数週間の赤ん坊にとってすべては新しく，あらゆる人やものに興味を示す．やがて過去の経験が図式を形成するようになると，赤ん坊は環境について仮説を立て，何が起きるかを予期しはじめる．この予期に反することが起き，それに対する反応様式をもたないとき，赤ん坊は恐怖を示す．年少児の図式は固定されたものではないので，ズレが混乱を引き起こすことは比較的少ないが，年長になり図式が固定されるにつれて混乱は大きくなる．2，3ヵ月児は人見知りをしないが8ヵ月になると人見知りが起きてくること，親しい人が仮面をつけたときの恐怖は年少児よりも年長児に大きいことなどは，図式の形成と，図式と刺激事象とのズレとによって説明することができる． 〔高橋〕

【参考文献】
畑山俊輝編著，2005，感情心理学パースペクティブ，北大路書房．
デカタンザロ，D. A., 浜村良久監訳，2005，動機づけと情動（現代基礎心理学選書），協同出版．
エヴァンズ，D., 遠藤利彦訳，2005，1冊でわかる感情．岩波書店．

Experimental Psychology, **3**, 1-14.

21) Hebb, D. O., 1972, *Textbook of Psychology*. 3rd Ed., Saunders.（白井常他訳，1975，行動学入門．第3版，紀伊國屋書店．）
ドナルド・ヘッブ（1904-1985）はカナダの心理学者．仮想された神経細胞の回路によって行動を説明する理論を立てた．

22) ヘビに対する恐怖には生得的基礎がある可能性がある．アカゲザルの観察学習では，ヘビに対する恐怖は花やウサギに対する恐怖より容易に形成された．
Cook, M. & Susan, M., 1989, Observational conditioning of fear to fear-relevant versus fear-irrelevant stimuli in rhesus monkeys. *Journal of Abnormal Psychology*, **98**, 448-459.

23) Kagan, J., Kearsley, R. B., & Zelazo, P. R., 1978, *Infancy: Its place in human development*. Harvard University Press.

VI-84

凝視

Gaze

表84 凝視のもつ意味

(1) 好意的な内容の会話をしている場合は，凝視は多く向けるほど好意的，否定的な場合は，否定的に評価される．
(2) 適度の凝視は好意的，少なすぎたり，多すぎる凝視は否定的に評価される．
(3) たとえば赤の他人の凝視は否定的．
(4) 他者に親密性を求めているなら，凝視はコミュニケーション開始の意志表示となる．他者との親密な相互関係を恥ずかしいと思っているなら，他者からの支配の意図となる．また，自尊心の高揚した者には，尊敬や羨望・嫉妬を意味し，困惑したり恥を感じた者は，内面を見抜かれるものとなる．

　愛情・好意・尊敬・従属の気持ちから相手を見ることもあれば，攻撃・支配の気持ちから見ることもある．愛する人を見る場合のように，相手の一挙一動作の情報それ自体が見る者に大きな報酬となることも，敵や指導者を見る場合のように，一挙一動作の情報が見る者に後の報酬のために今すぐにとるべき行動を示唆することもある．しかしどれも「人が相手を見る（**凝視**；gaze する）のは，相手に関与しており（involved），相手から**情報**（information）を得る必要があるからだ」といえる．逆に相手を見ないのは，愛情や敵意を抱かないか見ることが忍びないからで，相手から情報を得る必要がないからであるといえる．

　しかし，この凝視の機能はあくまでも基本であり，人は社会生活でそれほど「見たいものを見る」わけではない．それは，目が，他の感覚器官と違い，情報を受け入れる機能だけでなく，対人間の**非言語的コミュニケーション**（nonverbal communication）における**信号**（signal）の機能を果たすからである．つまり，情動のままに凝視すればそれで終わるのではなくその凝視の意味が相手に解読されるのである．相手は，凝視がもっている愛情・好意・尊敬・従属の意味はもちろん攻撃・支配の意味をも言語的コミュニケーションや他の非言語的コミュニケーション[1]に注意しながら解読し，それに応じた社会的相互作用が行なわれる．また同じ凝視が，(1) コミュニケーションの内容，(2) 凝視の量，(3) 二者間の関係，(4) 相手の心のあり方によって逆の意味をもつこともある（表84）．人は，このような親和と威嚇の両極の意味をもち相手に接近と回避という両極の心理をもたらす凝視

1) 対人距離，体の傾き，体の向き，表情，身振り，声の調子．

2) 一例として次の文献をあげる．
Kleck, R., 1968, Physical stigma and nonverbal cues emitted in face-to-face interaction. *Human Relations*, 21, 19-28.

を，威嚇の信号を発する必要がある場合は別として，誤って威嚇と解読されることのないよう，他者を意識し細心の注意を払って使用しており，それゆえ凝視は必ずしも内面の情動を反映しない．たとえば，不躾になったり拒絶を恐れる場合は相手を見たくとも見ないし，相手を傷つけたり第三者からの非難を恐れる場合は見たくない相手[2]でも目をそむけない．社会生活を潤滑に送るため，人は，「注意を向けていますよ」というさまざまな信号を相手に送る．その配慮は，たとえば，「互いに見つめあう」や「共通の対象に目をやる」などのかたちで結実し，相互の関係を始め維持するのに重要な役割を果たす．情動がほとんど絡まず習慣化されてはいるが，会話における調節機能[3]もその一例である．

　また，相手をコントロールしようとする意識が高まり，凝視がその目的を果たすための戦術（tactics）となる場合もある．たとえば，相手への凝視や大きな**瞳孔**（pupil）は相手がこちらに好意を抱く大きな要因である[4]ことを利用し，凝視が好意を意味すると解釈される状況で相手を見つめたり，薬物を点眼し瞳孔を拡大して相手に向かうことは女性に利益を与えるかもしれない[5]．しかし，このような戦術に対処しなければならない相手は，凝視にコントロールの意図が含まれているかどうかを気遣うようになり，ひとたび凝視が戦術と判断されると，コントロールの意図の実際の有無に関係なく，期待どおりの効果が生じないことも考えられる[6]．

　凝視は，親和と威嚇という両極の意味をもつが，系統発生的には回避を生じさせる機能がより根源的と見なされる[7]．しかし人間は，新生児のとき母親との見つめ合いのなかで母子一体の相互主観的な世界（inter-subjectivity）を生きている点が特徴的で，この個体発生初期の経験が，愛情に基づいた見つめあいの根源であり，他者に**共感**（empathy）できる能力の形成に重要であると考えられている．〔八木〕

【参考文献】
福井康之，1984，まなざしの心理学．創元社．

3) 話し手は文法の切れ目や発言の終わりにフィードバックを求めて聞き手を見る，と同時に相手が話す番であると示唆し，聞き手は視覚情報を聴覚情報に補足する，と同時に相手に話が興味深かったと伝える．

4) 世の中の明るさのみを吸うごとき黒き瞳のいまも眼にあり（啄木）

5) これは貞淑な媚態の大きな武器である．眼は何でも言える．しかし，いつでも否定できる．眼差しをそのまま再現することはできないからだ（スタンダール）．

6) MacKay, D. M., 1972, Formal analysis of communicative processes. In R. A. Hinde (Ed.), *Nonverbal Communication*. Cambridge University Press, pp. 3-25.

7) 下等な動物の凝視や昆虫などがもつ眼状紋（eye spot）は，捕食動物を威嚇するものとして存在している．
Argyle, M., & Cook, M., 1976, *Gaze and Mutual Gaze*. Cambridge University Press.

VI-85

表情

Facial Expression

図 85-1　表情写真の評定の円形尺度
(Schlosberg, 1952)[1]

　日常生活で私たちが他者の情動を比較的正確に知ることができるのは，先行する刺激状況を手がかりにその人の**表情**（facial expression）や身振りを判断するからである．写真だけを見てその人の情動を判断するのはそれほど容易ではない．初期の表情写真の分類の研究では判断の一致率は低かった．しかし，ウッドワース[1]は，表情写真を判断する場合に「愛・喜び・幸福」「驚き」「恐怖・苦痛」「怒り・決意」「嫌悪」「軽蔑」の6つの基本的な情動のカテゴリーが順序づけられた連続体をなすことを指摘した．シュロスバーグ[2]はこの考えをさらに進めて，6つのカテゴリーを円環状に配置すると，どの情動に関しても，隣接部との混同は起きるが遠いカテゴリーとの混同は起きないこと，6つのカテゴリーが快–不快，注意–拒否の2つの次元で説明できることを明らかにした（図85-1）．

　人種や文化が違っていても表情は正確に判断されるのであろうか．エクマンら[3]は子どもから老人までの白人男女が演じた幸福，不快，驚き，悲しみ，怒り，恐怖の6種類の表情写真（図85-2）をアメリカ，ブラジル，チリ，アルゼンチン，日本の被験者に見せたところ，高い判断の一致率が得られた．また，西洋文明との接触がほとんどないニューギニアの部族にもこれらの表情は正確に認知された．このことから，少なくとも基本的な情動に関しては，**表情認知の普遍性**（universal recognition of emotional expressions）が認められる．

　しかし，基本的な情動の表出やその認知が文化を越えて普遍的であるとしても，特定の場面でふさわしいとされる情動

1) Woodworth, R. S., 1938, *Experimental Psychology*. Henry Holt.

2) Schlosberg, H., 1952, The description of facial expressions in terms of two dimensions. *Journal of Experimental Psychology*, **44**, 229–237.

3) Ekman, P., Friesen, W. V. & Ellsworth, P., 1972, *Emotion in the Human Face: Guidelines for research and an integration of findings*. Pergamon.

表現や，表現の仕方の細部についての制約は文化によって異なっている．クラインバーグ[4]は**表出の文化的差異**（cultural differences in emotional expressions）を，『紅楼夢』などの中国の小説を西洋の小説と比較することによって調べている．赤面する，顔が青ざめる，冷や汗をかく，震える，鳥肌がたつなどの身体反応は中国でも西洋と同じに解釈されていたが，中国の小説には独自の情動表現もいくつか認められた．たとえば，舌を出すことは驚きの表現であり，目を丸く大きく開くことは怒りの表現である．手を叩くことは失望を意味し，耳や頬をかくことは幸福感を表わしている．

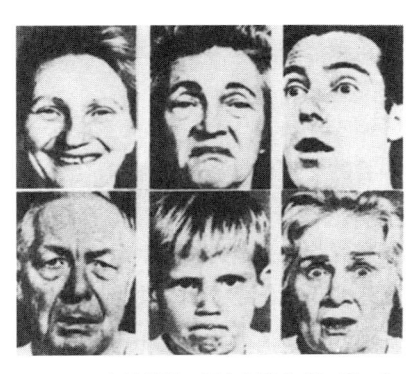

　図85-2　表情判断の異文化間比較に用いられた写真（Ekman et al., 1972）[3]

　表情の統制に関する文化的規則は他者が存在する状況では明確に適用されるが，一人でいるときの無意識の表情には適用されない場合もある．エクマンとフリーセン[5]によれば，恐怖と嫌悪感を与える映画を見ているときの日本人とアメリカ人の表情は，他者がいるときにはほとんど一致しない．アメリカ人が不愉快な気持ちをそのまま表情に出すのに対して，日本人は表情を変えずにいることが多い．しかし，一人で見ているときの表情をビデオテープにとってその筋肉運動を分析してみると，日本人とアメリカ人の表情は実質的に同じであった．

　基本的な表情の認知が文化を越えて比較的正確に行なわれることは，基本的な情動の表出に遺伝的な基礎があることを示唆している．チャールズ・ダーウィン[6]は，人間の表情はかつては適応的な意味をもっていた行動パターンの一部なのだと主張している．たとえば，驚きや恐怖に眉毛を上げるのは外界をよく見えるようにするためであり，怒ったときに上唇を持ち上げて歯を見せるのはすぐに嚙みつけるようにするためである．

　新生児が味覚刺激を経験したときの表情が大人の表情に類似していることも，表出の基本的様式が生得的であることを

4) Klineberg, O., 1938, Emotional expression in chinese literature. *Journal of Abnormal and Social Psychology*, **33**, 517-520.

5) Ekman, P. & Friesen, W. V., 1975, *Unmasking the Face: A guide to recognizing emotions from facial expressions*. Prentice-Hall.（工藤力訳編, 1987, 表情分析入門. 誠信書房.）

6) Darwin, C., 1872, *The Expression of the Emotions in Man and Animals*. John Murray.
チャールズ・ダーウィン（1809-82）はイギリスの生物学者．『種の起源』の著者で，進化論を唱えた．

7) Ganchrow, J. R., Steiner, J. E. & Daher, M., 1983, Neonatal fa-

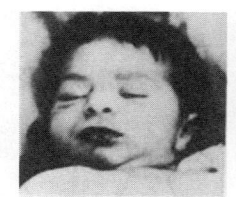

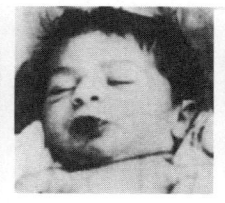

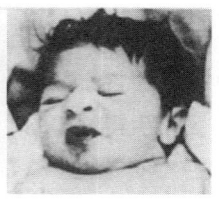

図 85-3 味覚刺激に対する新生児の表情 (Ganchrow et al., 1983)[7]

示唆している．図 85-3 は，出生直後に甘いあるいは苦い味を味わったときの**新生児の表情** (facial expressions in neonates) の例である．新生児は一般に，甘い味に対しては微笑み，上唇をなめるなどの行動を示し，苦い味に対しては舌を出し，吐こうとする．また，酸っぱい味に対しては口をすぼめ，眉間に皺をよせ，まばたきをする[7]．

認知能力の発達とともに表出される情動もその種類を増していく．おしゃぶりをしゃぶろうとした瞬間にそれを取り上げられた 7 ヵ月児は怒りの表情を示す．その表情は，前に何が起きたかを知らない第三者にでも正確に判定できるほど明瞭なものであり，試行を繰り返すにつれてますます激しい怒りを表わすものになっていった[8]．

表情の意味の認知も発達的にかなり早い段階で可能になる．ソースら[9]は 1 歳児を**視覚的断崖** (visual cliff)[10] の装置の上に置き，母親が「深い」側から赤ん坊を呼んだ．赤ん坊が段差にさしかかったとき，一部の母親は警戒の表情を示し，残りの母親は微笑した．母親が微笑する群では 20 人中 15 人の乳児が「深い」側へ這い出したが，母親が警戒の表情を見せる群では 17 人中這い出したものは一人もなく，ほとんどの乳児が母親の顔を見ると急いで引っ込んでしまった．

3 歳になれば，図 85-4 のような簡単な線画で表現された表情でも正しく認知することができる．自由命名法では 50％ 前後の正答率だが，「喜んでいる顔」「怒っている顔」「悲しんでいる顔」「楽しそうな顔」「ふくれている顔」の選択肢の中から選ばせると，73％ 以上の正答率が得られ，特に「怒っている顔」は 100％ 正解であった[11]．

cial expressions in response to different qualities and intensities of gustatory stimuli. *Infant Behavior and Development*, **6**, 189-200.

8) Stenberg, C. R., Campos, J. J. & Emde, R. N., 1983, The facial expression of anger in seven-month-old infants. *Child Development*, **54**, 178-184.

9) Sorce, J., Emde, R. N., Campos, J. J. & Klinnert, M., 1981, Maternal emotional signaling: Its effect on visual cliff behavior of one-year-olds. Paper presented to the Society for Research on Child Development biannual meeting, Boston.

10) 視覚的断崖の装置については「Ⅵ-83 情動」の項を参照のこと．この実験では「深い」側へくる恐怖心をそれほど強くしないために，視覚的な段差は 12 インチと浅くなっている．

図85-4　表情図形（星野，1969）[11]

　さまざまな情動に対する先天性の盲児の表情は，表出の様式の生得性のもう一つの証拠になる．先天性の盲聾であった10歳の少女は，他者の表情を観察する機会をまったくもたなかったにもかかわらず，少し怒ったときには顔をそむけ，口をとがらし，眉をひそめた．また，激しい怒りのときには頭を後ろに倒して左右に振り，歯をむき出しにした[12]．しかし，怒り以外の情動に関しては，盲児の表情は晴眼児に比べて一般的に乏しい．初めのうち晴眼児と同じ表情を示していた先天的に盲の乳児も，時が経つにつれ，特に目の周辺の表情が失われてしまう．

　表情の意味の認知には**大脳の右半球**（right hemisphere）が関連している．表情写真が右視野に呈示されたときよりも左視野に呈示されたときの方が，表情を速く正確に認知することができる[13]．また，右半球の損傷を受けた患者は左半球損傷の患者よりも表情認知がより困難である[14]．

　親しい人の顔を見てもそれが誰だかわからなくなる**相貌失認**（prosopagnosia）の患者にも表情の意味を認知する能力が残っていることがある．一般的な顔の再認能力と表情の意味の認知能力とは別の過程に支配されているようである．

　表出に関しても右半球の優位を示す証拠がある．喜び，悲しみ，怒り，驚き，恐怖，嫌悪の6つの基本的表情の写真を左右に切り離して合成し，顔の左半分から合成された全体の顔と右半分から合成された顔の情動の判定を求めると，多くの被験者が左半分から合成された写真の方が情動をはっきりと表わしていると判定した[15]．また，右半球損傷者の表情に表われる情動は，左半球損傷者や健常者に比べて弱いとされている．

〔高橋〕

【参考文献】
エクマン，P.，フリーセン，W. V.，工藤力訳編，1987，表情分析入門．誠信書房．

11）星野喜久三，1969，表情の感情的意味理解に関する発達的研究．教育心理学研究，**17**，90-101．

12) Goodenough, F. L., 1931, *Anger in Young Children*. University of Minnesota Press.

13）左視野に呈示された刺激入力は，まず大脳の右半球に伝えられる．

14) Etcoff, N. L., 1985, The neuropsychology of emotional expression. In Goldstein, G. & Tarter R. E. (Eds.), *Advances in Clinical Neuropsychology*, Vol. 3, Plenum.

15）前額部を除き，顔の左側の表情は大脳の右半球によって，右側の表情は左半球によってコントロールされている．
Sackheim, H. A. & Gur, R. C., 1978, Lateral asymmetry in intensity of emotional expression. *Neuropsychologia*, **16**, 473-481.

VI-86

GSR

Galvanic Skin Response

表86　交感神経系・副交感神経系の作用

器官	交感神経系	副交感神経系
瞳孔	散大	収縮
汗腺	分泌	
末梢血管	収縮	
心臓の拍動	促進	抑制
胃，小腸の平滑筋	弛緩	収縮
胃，小腸の分泌腺	抑制	促進

　情動にはさまざまな身体反応が伴うが，その大部分は**自律神経系**（autonomic nervous system）[1]の反応の結果である．自律神経系は**交感神経系**（sympathetic nervous system）[2]と**副交感神経系**（parasympathetic nervous system）[3]からなり，その作用は互いに拮抗している（表86）．一般的にいえば，休息時には副交感神経系が優位に立って生体のエネルギーを蓄え，危急時には交感神経系が優位に立ってエネルギーを消費する準備をする．しかしながら，交感神経系あるいは副交感神経系の支配下にある反応群は，交感優位あるいは副交感優位として二者択一的な生起のパターンをとるわけではない．交感，副交感両神経系は協力して，さまざまな生理的反応のパターンを形成する．たとえば恐怖は一般的には交感神経系を活性化するが，激しい恐怖に際しては失禁することがある．ところが膀胱の収縮は副交感神経系の作用によって起きるのである．

　汗腺は交感神経系の支配を受けており，恥ずかしい思いや恐い思いをしたときには精神性の発汗が見られる[4]．**GSR**（galvanic skin response）は刺激によって引き起こされる手掌部の発汗を測定するもので，日本語では**皮膚電気反射**と呼ばれる．GSRの測定には電位法と通電法の2つの方法がある．電位法は関電極を手掌に，不関電極を前腕部などにとって電位波形を増幅記録するもので，**皮膚電位反射**（skin potential reflex；SPR）と呼ばれる．通電法は上記の回路中に微弱な直流電流を流して皮膚の抵抗変化を測定するもので，**皮膚抵抗反射**（skin resistance reflex；SRR）と呼ばれる．GSRは非常にゆっくりとした経過を示し，SPRの場合反応

[1] 内臓，腺，血管などの器官の機能を自動的に調節する役目を果たす不随意神経系．「VI-83　情動」の項を参照．

[2] 脊髄の胸部および腰部の側角に中枢があり，脊髄の両側を縦走する交感神経幹を経て末梢器官に達する．

[3] 迷走神経などの脳神経の一部に含まれて脳を出て末梢器官に達する．また，脊髄の下部の仙髄を出て膀胱や生殖器に至るものもある．

[4] 発汗には温熱性の発汗と精神性の発汗があり，精神性の発汗は手掌，足底，腋窩などに局限される．

潜時は 1.5 秒程度，全経過は 10 秒から数十秒である．

　GSR，呼吸，血圧などいくつかの生理的活動を同時に測定する**ポリグラフ**（polygraph）は**うそ発見器**（lie detector）とも呼ばれる[5]が，実際には情動の発見器である．それが犯罪捜査でうそ発見器として使われるのは，多くの人々がうそをつくときに後ろめたさや不安を感じるからである．一般的には次のような手続きをとる．まず検査者は被疑者に対して反応のベースラインを調べるためのいくつかの質問をする．それは名前や住所など，被疑者がうそをつく必要のない事柄に関するありきたりの質問である．次に本質的な質問項目に入る．このとき，特定の質問に対する反応がベースラインに比べて顕著に大きければ，その質問に対する被疑者の答えは疑わしいと判断される．

　裁判においてポリグラフの証拠能力を認めた判例もあるが，使用に関しては論争があり，いくつかの問題点が指摘されている．第一に，うそをつけば必ず生理学的反応が起きるというわけではない．逆に，GSR の変化や呼吸の乱れが常にうそを意味するわけでもない．無実の被疑者が疑いをかけられたということだけで不安を感じ，犯人と同じポリグラフの反応を示すこともありうる．次に，被疑者がベースラインの質問に対して意図的に反応を大きくすることに成功すれば，本来の質問に対する反応との比較が無意味になってしまう．たとえば，真犯人が自分の住所に関する質問を受けたときに犯罪のことを考えるようにすればベースラインの反応は大きくなる．その結果，後で犯罪に関する質問を受けたときの反応が大きくても，ベースラインとの比較によって答えは真実と判定されてしまう．

　ポリグラフは，一般的な緊張や興奮を検出するためばかりではなく，情動の種類によって微妙に異なる自律神経系の反応のパターンを明らかにする目的でも利用されている．アックス[6]は恐怖と怒りによって起きる生理学的変化をポリグラフを使って測定している．「恐怖」の事態は次のようなものである．被験者の手の小指に痛みを感じさせない程度の電流が間欠的に流され，それがだんだん強くなっていく．被験者

[5] GSR が最も信頼できる指標であり，GSR だけを測定する器具もうそ発見器と呼ばれることがある．

[6] Ax, A. F., 1953, The physiological differentiation between fear and anger in humans. *Psychosomatic Medicine*, 15, 433–442.

が異常を訴えると，実験者は驚いた様子で配線を調べ，あるキーを押すと火花が飛ぶ．実験者は「危険な高電圧回路がショートした」と叫び，困惑した様子で振る舞う．「怒り」の事態では，ポリグラフのオペレータが機械の調子が悪いといって配線を調べに部屋に入ってくる．ポリグラフの操作を頼まれた実験者がしぶしぶ部屋を出た後，オペレータは被験者に皮肉を言ったり，非協力的だとなじったりする．恐怖，怒りともに刺激期間は5分間である．図86は，刺激期間の直前の安静状態を基準にしたときの，刺激期間とその直後の2分間の計7分間に起きた変化を，増加，減少別に標準得点で表示したものである．縦の破線の左側の指標は怒りの方に強く表れ，右側の指標は恐怖の方に強く表れている．14の指標のうち7つで恐怖と怒りの間の差が有意になっている．

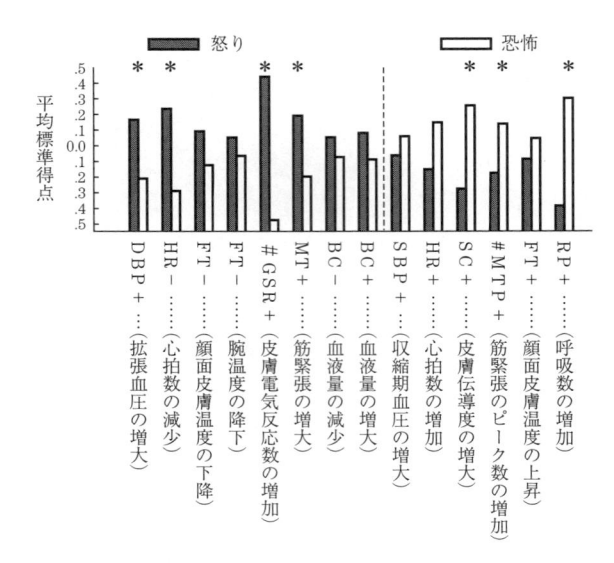

図86 怒りと恐怖の刺激場面に対する反応パターン (Ax, 1953)[6]
＊は有意な差が認められる指標

手指の皮膚温も情動の質によって分化した反応を示す[7]．怒り，恐怖，悲しみ，幸福，驚き，嫌悪の表情を10秒間続けたときのさまざまな生理学的指標を測定したところ，怒り，恐怖，驚きに伴って心拍数が増加し，他の情動との間に有意な差が認められた．右手指の皮膚温は怒りのときにだけ顕著な上昇を示し，恐怖と悲しみではほとんど変化しなかった．

血管反応も情動研究に利用されてきた．刺激強度があまり強くない新奇な刺激が呈示されたときには，刺激源の方向に受容器が向く，刺激受容に関連する感覚器官の閾値が低下するなどの反応が起きる．これらの反応は**定位反応**（orienting

7) Ekman, P., Levenson, R. W. & Friesen, W. V., 1983, Autonomic nervous system activity distinguishes among emotions. *Science*, **221**, 1208–1210.

response）と呼ばれる．これに対して，刺激強度が強いときには刺激の受容を抑制する**防御反応**（defensive response）が起きる．ソコロフ[8]は定位反応と防御反応を血管反応に結びつけ，定位反応には頭部（こめかみ）の血管の拡張と末梢（手指）の血管の収縮が伴い，防御反応では頭部，末梢ともに血管が収縮すると主張した．しかしながら西欧で行なわれた研究はこのような定位反応，防御反応の区別を必ずしも確認していない．現在では頭部の血管の拡張・収縮よりも心拍数の変化の方が定位反応，防御反応の基準に適合するものとされている．心拍数の減少は定位反応，増加は防御反応の成分であり，前者は繰り返し呈示によって**慣れ**（habituation）が起きるが，後者ではなかなか慣れが生じない．

呈示される刺激が純音などの単純な刺激である場合には，心拍反応を定位—防御の枠組みで理解することができるが，複雑な刺激の場合には必ずしも心拍数増加が刺激拒否，心拍数減少が刺激受容を意味するとはいえない．ウィンストンら[9]は，重傷のやけどの写真から大人と子どもが楽しそうに遊んでいる写真まで，さまざまな種類の写真をスライドにして被験者に提示した．その結果，不快なスライドでは心拍数が減少し，快いスライドでは心拍数が増加した．そして被験者の刺激の快さの評定と心拍数の間には直線的な関係が認められた[10]．このように，心拍数は恐怖やストレスなどの否定的情動に対して反応するばかりでなく，喜びや興味などの肯定的情動に対しても敏感に反応するため，情動の研究によく利用されている．また，心拍反応は新生児や乳児でも成人と同様の安定した反応が得られる[11]ため，言語報告を求められない年齢の子どもの情動を調べる重要な手段となっている．

〔高橋〕

8) Sokolov, E. N. ロシアの心理学者．

9) Winston, W. N., Putnum, L. E. & Krauss, R. M., 1984, Facial and autonomic manifestations of the dimensional structure of emotion. *Journal of Experimental Social Psychology*, **20**, 195–216.

10) この実験では心拍数と同時にGSRも測定されたが，GSRはスライドが快であっても不快であっても，その快あるいは不快の程度に応じて反応が大きくなった．

11) 新生児，乳児ではGSRの反応性が成人に比べて著しく低い．

【参考文献】
苧阪良二編，1973，実験Ⅱ．心理学研究法 3，東京大学出版会．

VI-87

愛着

Attachment

第2次世界大戦後に施設に収容された子どもたちを調査したボウルビィ[1]は、子どもの健全な発達には母親あるいはそれに代わる人物との暖かく親密で継続的な関係が必要だと考え、そのような関係が欠如している状態を**マターナル・デプリベーション**（maternal deprivation）[2]と呼んだ．

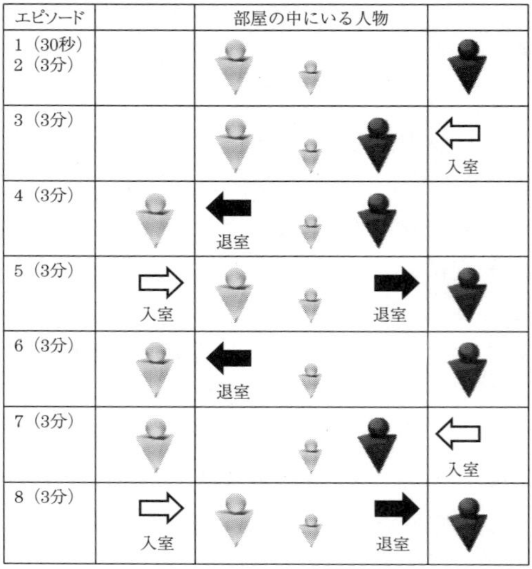

ボウルビィによれば、このような関係は母親の育児行動によって二次的に形成されるものではなく、子どもに生得的に備わっている傾向によってもたらされるものである．鳥類のヒナや哺乳類の子どもは、一般に親の庇護がなければ生き残れない．危険を避けるために親のそばから離れず、親に自分を世話してくれるよう求めることが必要である．生まれたばかりのヒトの子どもは自分の力で移動することも、しがみつくこともできないが、無力な状態であるからこそ、特定の人物に情緒的絆を形成することが生存のために不可欠である．この情緒的絆は**愛着**（attachment）[3]と呼ばれ、子どもが愛着を形成する人物を愛着人物と呼ぶ．

愛着は相互作用の中で徐々に形成されていく．生まれたばかりの子どもには、相互作用を円滑に進めるための能力が備わっている．母親が子どもを見つめると、子どもが視線を合わせ、子どもが泣くと母親が語り掛け、子どもは母親の声に注意を向け、その語りかけの言葉のリズムに合わせて手足を

図87 新奇場面法における人の入退室の手順
大きな灰色のアイコンは母親、小さな灰色のアイコンは子ども、黒いアイコンは見知らぬ人を表す．

1) Bowlby, J.(1907–1990)

2) 「Ⅷ-106 環境閾値説」の項を参照．

3) Bowlby, J., 1958, The nature of the child's tie to his mother. *International Journal of Psycho-Analysis*, **39**, 350–373.

動かす．やがて子どもがまだ意味をもたない音声を発するようになると，母親はそれに言葉で応える．

　出生直後は誰にでも同じように反応していた乳児は，やがて身近な人物と見知らぬ人とで異なる反応を示しはじめる．生後6ヵ月を過ぎて愛着が明確になると，見知らぬ人の働きかけには**人見知り**（stranger anxiety）によって嫌悪を示すようになる．さらには，愛着人物が離れていこうとすることに対して泣いて抵抗する**分離不安**（separation anxiety）が始まる．

　愛着を確立した乳児は，愛着人物を**安全基地**（secure base）として積極的な探索行動をするようになる．愛着人物の周辺から活動範囲を拡大し，不安を感じたときには愛着人物のもとに戻って安心感を得る．

　やがて愛着人物が実際にその場に存在しなくても，表象のレベルの愛着人物が安全基地の機能をもつようになる．愛着人物と自分との関係が内在化された表象を**内的作業モデル**[4]（internal working model）と呼ぶ．内的作業モデルは，生後6ヵ月ころから徐々に形成され，3歳を過ぎると実際の愛着人物の存在よりも内的作業モデルの方が重要な意味をもつようになる．

　子どもの養育を主として担当する人物が愛着人物になるが，愛着人物は一人に限らない．ボウルビィは，まず一人の特定の人物（多くの場合母親）に愛着が形成され，それを原型として，父親や他の家族などに愛着形成へ進むのだと考えていた．しかし，最近の研究は，母親への愛着形成と父親[5]，祖母，保育所の保育士[6]などに対する愛着形成が同時に独立して進行することを示している．その場合の内的作業モデルは，複数の人物に対する愛着を子どもがときによって使い分ける統合された内容になる[7]．

　愛着の質を客観的に測定するための方法として，エインズワース[8]は**新奇場面法**（strange situation procedure）を開発した．1歳の乳児が母親とともに見知らぬ部屋に連れてこられ，見知らぬ人と対面する．全体は8つのエピソードに分かれていて，見知らぬ人と母親が決められた手順に従って，部

4) たとえば，母親はいまここにいないが，いざという時には助けに来てくれるというようなイメージである．

5) Lamb, M. E., 1976, Twelve-months-olds and their parents: Integration in a laboratory playroom. *Developmental Psychology*, **12**, 237-244.

6) Howes, C., Rodning, C., Galluzzo, D. C. & Myers, L., 1988, Attachment and child care: Relationships with mother and caregiver. *Early Childhood Research Quarterly*, **3**, 403-416.

7) たとえば，いま保育園にいて母親は呼んでも来てくれないから，先生（保育士）に助けを求めようというモデルである．

8) Ainsworth, M. D. S., Blehar, M. C., Waters, E., & Wall, S., 1978, *Patterns of Attachment: A psychological study of the strange situation*. Hillsdale, NJ: Erlbaum.

屋から退室したり再び入室したりする（図87）．その結果，子どもは見知らぬ人と2人になったり，ひとりきりになったりする状況を体験する．このうち，母親が子どもを残して部屋を出るときと再び部屋に戻って来るときの子どもの反応が愛着の質を判定する上で重要になる．

　A型（回避型）は，母親との分離時にあまり泣くことがなく，母親との再会時にも母親に接近しようとせず，むしろ避けようとする．部屋の中を移動しておもちゃなどを探索するが，母親がいるときに特に活発に探索するわけではない．見知らぬ人に対する態度と母親に対する態度にあまり違いが見られない．B型（安定愛着型）は，母親との分離時に泣き，再会時には自分から母親に近づいて接触を求める．母親がいるときには，母親を安全基地として利用して積極的に探索活動を行なう．母親がいなくなると活動は減少するが，母親と再会して安心すると再び遊びはじめる．見知らぬ人に対しても好意的な態度を示し，母親が退室するときには見知らぬ人の慰めを受け入れる．C型（両面価値型）は，母親との分離時に泣き，再会時に身体的接触を求める点でB型と同じであるが，分離時の不安や混乱が非常に大きく，再会してもなかなか機嫌が直らない．怒って母親を叩くことさえある．探索行動は，母親がいるときでもあまり多くはない．見知らぬ人に対しは拒否的な態度を示す．D型（無秩序・無方向型）は，母親に対して，接近，回避どちらともつかない状態が長く続くことを特徴とする．母親に近づこうとして急に止めてしまったり，動作が止まって凍りついたようになったり，同じ動作を何度も繰り返したりするなどの行動をとる．家庭内で虐待を受けるなど，愛着の対象が同時に脅威の対象でもあるような場合に見られる混乱した愛着と見ることができる．

　B型の子どもたちが成長後も仲間との親密な関係を形成し維持することが得意である[9]ことを示す研究は多い．しかし，A型やC型の子どもが将来必ず問題をかかえるというわけでは決してない．A型やC型は，子どもの個性や養育者の個性，育児スタイル等に対する適応的な行動システムとして形成されたとものと見ることもできる．たとえば，日本

9) Freitag, M., Belsky, J., Grossmann, K., Grossmann, K. E. & Scheuerer–Engliseh, H., 1996, Continuity in parent–child relationships from infancy to middle childhood and relations with friendship competence. *Child Development*, **67**, 1437–1454.

で行なわれた研究では，A型が非常に少なく，その分C型が多い．これは，母親と子どもとの距離が近く，ベビーシッターの利用が一般的でない日本の育児スタイルを反映していると考えられる．

愛着人物への接近を求める行動は幼児期以降減少するとしても，内的作業モデルとしての愛着は成人になっても持続する．**成人愛着面接**（adult attachment interview）[10]は，その成人期の内的作業モデルを調べるために開発された技法である．インタビューによって，子どものころの両親との関係や，激しく動揺した出来事，両親やその他の親密な人との別離の体験と，大人になった自分にそれらの経験が与えている影響を尋ねる．語りの内容や形式を分析することによって，内的作業モデルは4つの型に分類される．F型（自律型）では，過去の愛着経験が，つらい経験も含めて，ありのままに整合性をもって語られ，子どものころの愛着の経験が現在の自分につながっていることを十分認識している．Ds型（愛着軽視型）は，子どものころの愛着を軽視していて，過去の記憶を思い出そうとしない．親を過度に理想化して語ることもあるが，その具体的な根拠を示すことはない．E型（とらわれ型）では，語り全体がとりとめのないものになり，過去の出来事にとらわれて，感情を制御できないこともある．U型（未解決型）は，喪失や虐待などの外傷体験について語るときにだけ思考の合理性が失われ，その体験が心理的に未解決であることが推測されるタイプである．

成人のF型，Ds型，E型，U型は，それぞれ乳児のB型，A型，C型，D型の成人版に相当する．母親の成人愛着面接とその子どもの新奇場面法の結果を照らし合わせた研究によれば，母親の愛着型と子どもの愛着型の間には明確な対応関係が認められる[11]．　　　　　　　　　　　〔高橋〕

10) Main, M., Kaplan, N., & Cassidy, J., 1985, Security in infancy, childhood and adulthood: A move to the level of representation. *Monographs of the Society for Research in Child Development*, 50. 66-104.

11) Levine, L. V., Tuber, S. B., Slade, A. & Ward, M. J., 1991, Mothers' mental representations and their relationship to mother–infant attachment. *Bulletin of the Menninger Clinic*, 55, 454-469.

【参考文献】
数井みゆき・遠藤利彦編著，2005，アタッチメント：生涯にわたる絆．ミネルヴァ書房．
庄司順一・久保田まり・奥山眞紀子，2008，アタッチメント：子ども虐待・トラウマ・対象喪失・社会的養護をめぐって．明石書店．

VI-88 自尊感情

Self-Esteem

表88　ローゼンバーグ自尊感情尺度
(Mimura & Griffiths, 2007)[1]

1. 私は，自分自身にだいたい満足している．
2. 時々，自分はまったくダメだと思うことがある．
3. 私にはけっこう長所があると感じている．
4. 私は，他の大半の人と同じくらいに物事がこなせる．
5. 私には誇れるものが大してないと感じる．
6. 時々，自分は役に立たないと強く感じることがある．
7. 自分は少なくとも他の人と同じくらい価値のある人間だと感じている．
8. 自分のことをもう少し尊敬できたらいいと思う．
9. よく，私は落ちこぼれだと思ってしまう．
10. 私は，自分のことを前向きに考えている．

自分自身の性格，能力，身体的特徴，価値を客体として把握し，形成したイメージを**自己概念**（self-concept）という．その自己概念のうち，自分自身の価値についての判断とその判断に付随する感情を**自尊感情**（self-esteem）と呼ぶ．自尊感情は，比較的永続的な特性の一つとしてとらえられる**特性自尊感情**（trait self-esteem）と，状況によって個人内で変動する**状態自尊感情**（state self-esteem）に分けて考えることができる．英語の self-esteem は自尊心と訳されることもある．

ジェームズ[2]は，自尊感情を個人にとって重要な領域における願望と成功の比率[3]の比率であると考えた．小さな成功は野心あふれる人にとっては自尊感情の上昇をもたらさないが，慎ましい望みを抱いている人にとっては自尊感情を高める結果となる．

ローゼンバーグ[4]は，自尊感情を理想自己と現実自己とのズレの関数と考え，10項目からなる4件法の自尊感情尺度を開発した．この尺度で測定されるのは，他者に対する優越から生じる自尊感情ではなく，自らの基準に照らして，たとえ欠点があったとしても「これでよい（good enough）」と自分を受容することから生じる自尊感情である．この尺度は実施が容易であるため，日本でも多くの研究者が翻訳して利用している（表88に日本語版の一例を示す）．

クーパースミス[5]の自尊感情検査は成人用と児童・生徒用[6]の2種類があり，50項目の記述が自分に当てはまるかどうかを回答する．

1) Mimura, C., & Griffiths, P., 2007, A Japanese version of the Rosenberg Self-Esteem Scale: Translation and equivalence assessment. *Journal of Psychosomatic Research*, **62**, 589-94.

2) James, W., 1983, *The principles of Psychology*. Cambridge, NY: H. Holt & Co.

3) self-esteem = success/pretentions

4) Rosenberg, M., 1965, *Society and the Adolescent Self-Image*. Princeton, NJ: Princeton University Press.

5) Coopersmith, S., 1967, *The Antecedents of Self-Esteem*. San Francisco: Freeman.

自己報告法は，他者に見せる意識的な自尊感情を測定している．このような自尊感情は**顕在的自尊感情**（explicit self-esteem）と呼ばれる．これに対して，状況に対して自動的に生じる意識されない自尊感情を**潜在的自尊感情**（implicit self-esteem）と呼ぶ．潜在的自尊感情は，**潜在的連合テスト**[7]（implicit association test）や**名前文字効果**[8]（name letter effect）によって測定される．

　潜在的連合テストでは，コンピュータの画面上に提示される単語を右または左のキーを押してカテゴリーに分類する．「自分」対「他者」の分類と「快い」対「不快な」の分類が並行して行なわれるが，「自分」に属する単語に対して押すキーと「快い」に属する単語に対して押すキーが一致する場合は，一致しない場合に比べて，誤反応が少なく反応にかかる時間も短くなる．これは「自分」と「快い」の連合の強さを示し，この連合が強いほど自尊感情が高いと判断される．

　名前文字効果とは，文字の選択課題や個々の文字の好意度の測定において，自分の名前に含まれる文字，特に最初の文字が他の文字よりも好まれる現象をいう．自分の名前に含まれる文字を無意識に好むということは，自分自身を尊重していること，すなわち潜在的自尊感情が高いことの表れと考えられる．

　ローゼンバーグの尺度などの自己報告法を使って行なわれた国際比較研究は，日本人は米国人やカナダ人に比べて自尊感情がかなり低いという結果を一貫して示している[9]．しかし，このことは自尊感情そのものに文化差があることを必ずしも意味しない．質問項目別に分析すると，日本人は，「親切である」というような他者の利益につながる特性に関しては北米人と同様に高い自尊感情を表明するが，「勉強ができる」というような自分の利益につながる特性については高い自尊感情の表明を抑制するのである．

　どの文化においても，自己報告法で測定された結果は他者に良い印象を与えようとするバイアスの影響を受ける．謙遜を美徳とする日本文化では，「勉強ができる」という特性について高い自尊感情を表明することは他者に良い印象を与え

---

6) 対象年齢は8歳から15歳．

7) Greenwald, A. G. & Farnham, S. D., 2000, Using the implicit association test to measure self-esteem and self-concept. *Journal of Personality and Social Psychology*, **79**, 1022-1038.

8) Nuttin, J. M., 1985, Narcissism beyond Gestalt and awareness: The name letter effect. *European Journal of Social Psychology*, **15**, 353-361.

9) たとえば，日本青少年研究所，2002, 中学生の生活意識に関する調査．

ることにならないため，表明を抑制するバイアスがかかると考えられる．自己報告法による測定と潜在連合テストによる測定を同時に行なった研究によれば，顕在的自尊感情に見られる日米間の差は潜在的自尊感情では見られなかった[10]．

直感的に，自尊感情の低下は精神的健康を損なうと感じられ，自尊感情が他のさまざまな個人的属性や行動と相関していると推測されるため，20世紀後半の米国では，子どもたちの自尊感情を向上させることによって学業の不振や社会的な問題行動を解決できるという考え方が広まっていた．しかしながら，実証的な研究を再検討すると，自尊感情を向上させることによって何らかの好ましい結果がもたらされるという証拠はない．ただし，自尊感情が高い人は主観的幸福感あるいは生活満足度が高いという結果は多くの研究に一貫して示されている[11]．

自尊感情は個人にとって重要な要素であり，誰にでも見られるものであるため，心理学者は古くから，自尊感情の維持・向上は人間の基本的な欲求の一つであると考えてきた[12]．

一方で，適応の観点から，他者あるいは集団との関係性によって自尊感情を説明しようとする試みもある．

ソシオメーター理論（sociometer theory）は，もともと集団で生活していたヒトが他者との関係を完全に断ち切ってしまうのは自らの生存を危うくするため，他者からの社会的受容の程度をモニターする計量器として自尊感情が存在すると考える．他者からの拒絶の徴候を検出すると自尊感情が低下して警告を発し，他者との関係を維持するように動機づける．関係維持に成功すると自尊感情が高まることになる．

実験的研究の結果は，社会的に受容されていることをフィードバックすると自尊感情が高まり，拒絶のフィードバックを与えると自尊感情が低下することを示している[13]．

ドミナンス理論（dominance theory）は，自尊感情が，他者からの社会的受容ではなく，他者に対する支配性（ドミナンス）をモニターしていると考える．一般的に集団の中で個体が支配性を増大させると繁殖成功度が増すため，個体が支

---

10) Yamaguchi, S., Greenwald, A. G., Banaji, M. R., Murakami, F., Chen, D., Shiomura, K., Kobayashi, C., Cai, H., and Krendl, A., 2007, Apparent Universality of Positive Implicit Self-Esteem. *Psychological Science*, **18**, 498–500.

11) Baumeister, Roy F., Campbell, Jennifer D., Krueger, Joachim I., D. Vohs Kathleen, 2003, Does high self-esteem cause better performance, interpersonal success, happiness, or healthier lifestyles? *Psychological Science in the Public Interest*, **4**, 1–44.

12) たとえば「V-70 欲求と動因」にあるマスローの要求階層説では，上から2番目が「尊敬の欲求」であり，その内容には「自尊感情（の維持・向上）」が含まれている．

13) Leary, M. R., Haupt, A. L., Strausser, K. S., & Chokel, J. T., 1998, Calibrating the sociometer: The relationship between interpersonal appraisals and state self-esteem. *Journal of Personality and Social Psychology*, **74**, 1290–1299.

配性をモニターしてこれを増大させるような行動をとることには適応的な意味がある．

社会的に受容されている個体は支配的な地位にあることが多いため，社会的受容の要因と支配性の要因を分離することは困難であるが，特性自尊感情の個人差に関する研究によれば，自分が社会的に受容されていると思っている人ほど自尊感情が高くなるのと同様に，集団の中で自分の支配性が強いと考えている人ほど自尊感情が高くなる傾向がある[14]．

恐怖管理理論（terror-management theory）によれば，ヒトは高い知能をもったため，自分を客観視できるようになり，自らの将来を予測することができるようになった．その結果，誰もがいつかは死ぬことを認識せざるを得なくなり，不可避的な死に対して強い恐怖を抱くようになる．この恐怖に対しては，**文化的世界観**（cultural worldview）と自尊感情という2つの次元で対処することができる．

自分が属する文化の世界観が示す価値の基準に従えば，世界は安定して秩序のある永続的なものと感じられる．文化的世界観は，自分の人生の意味や死後の世界についての合理的な説明を与えてくれる．自分が死んだとしても，自分の子どもたちや同じ文化に属する人々によって，この文化的世界観が受け継がれていくのであれば，個人の死を超えた永遠の感覚を得ることができる．そして，ある人が文化の価値基準に従って模範的な行動をとれば，その人は自分が社会的に価値ある存在であることを確認し，自尊感情が高まることになる．このように，文化的世界観を受け入れ，積極的に自尊感情を高めることによって，人々は死の恐怖を免れている．

実験的研究の結果によれば，自尊感情と死の不安には負の相関があり[15]，自尊感情を高める操作を受けた人は死に関係するビデオを見ても恐怖を感じることが少ない[16]．〔高橋〕

14) Leary, M. R., Cottrell, C. A., & Phillips, M., 2001, Deconfounding the effects of dominance and social acceptance on self-esteem. *Journal of Personality and Social Psychology*, **81**, 898-909.

15) Solomon, S., Greenberg, J., and Pyszczynski, T., 1991, Terror management theory of self-esteem. In C. R. Snyder & D. Forsyth (Eds.), *Handbook of Social and Clinical Psychology: The health perspective*, New York: Pergamon, pp. 21-40.

16) Greenberg, J., Solomon, S., Pyszczynski, T., Rosenblatt, A., Burling, J., Lyon, D., & Simon, L., 1992, Assessing the terror management analysis of self-esteem: Converging evidence of an anxiety-buffering function. *Journal of Personality and Social Psychology*, **63**, 913-922.

【参考文献】

遠藤辰雄・蘭千壽・井上祥治編著，1992　セルフ・エスティームの心理学：自己価値の探求，ナカニシヤ出版

Ⅶ　思考と言語

……直感によって判断する習慣のついている人々は、推理に関することがらについては何もわからない。なぜなら彼らはまず一目で見ぬこうとし、原理を求める習慣がついていないからである。これに反して、原理によって推理する習慣のついている他の人々は、直感に関することがらについては何もわからない。彼らはそこに原理を求めようとするが、一目で見ることなどできないからである。……
（ブレーズ・パスカル『パンセ』前田陽一・山本康訳，中央公論社，1973年）

Ⅶ-89 内言と外言

Inner Speech and External Speech

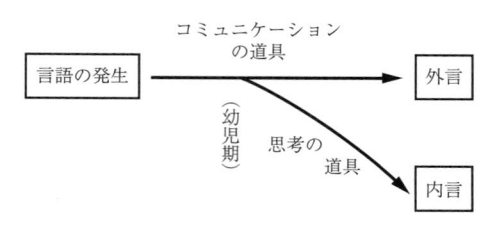

図89 ヴィゴツキーの説の図示

幼児は自由遊びの場面でよくひとりごとを言う．ピアジェ[1]はこのような幼児の非社会的な言語活動を**自己中心語**（egocentric speech）と呼んだ．自己中心語は幼児期の思考の特徴である自己中心性の反映であり，発達に伴って他者への伝達の意図をもつ社会的発話へ移行する．ピアジェによれば幼児期のひとりごとは社会的発話の未発達なかたちである．

これに対してヴィゴツキー[2]は，言葉はそもそも**外言**（external speech）すなわち他者とのコミュニケーションの道具として発生するのだと考える．子どもの発達に伴って語彙は増加し，構文も複雑化していく．しかし，コミュニケーションの機能が洗練されるばかりでなく，言葉にはやがて思考の道具という新たな機能が加わってくる．思考のための言語活動は，外的な発声を伴わない内面化されたものであるため，**内言**（inner speech）と呼ばれる．内言の分化は幼児期に始まるが，分化が不十分な段階では思考に外的な発声が伴ってしまう．このような不完全な内言が幼児期のひとりごとである．以上のようなヴィゴツキーの見解を支持する証拠は多く，ピアジェも後にこれを受け入れた．

まず，幼児のひとりごとは与えられた課題が困難になるほど増加する．ヴィゴツキーは絵の上に薄紙をのせて色鉛筆でその輪郭を写し取るという課題を子どもに与え，子どもに気づかれないように絵と薄紙を留めているピンをはずした．このとき子どもは実験者に助けを求めて話しかけてきたが，状況を記述するような発話や解決策を自問するような発話も同時に示した．妨害によって困難な課題状況が生まれ，幼児の

1) Piaget, J., 1936, *Le langage et la pansee chez l'enfant.* Neuchatel et Paris : Delachaux et Niestle.（大伴茂訳, 1954, 児童の自己中心性. 同文書院.）

ジャン・ピアジェ（1896-1980）はスイスの発達心理学者．子どもの反応を見きわめながら実験を展開していく独特の臨床的方法により，子どもの思考が大人とは質的に異なることを明らかにした．

2) Vygotsky, L. S., 1934, *Thought and Language.*（柴田義松訳, 2001, 新訳版・思考と言語. 新読書社.）

ヴィゴツキー（1896-1934）はロシアの発達心理学者．この内言に関する彼の説にも表われているように，人間の高次精神活動の起源は社会的活動の中にあるというのが，彼の理論の中心的テーマの一つである．

思考活動が促進されたためにひとりごとが増加したのだと考えられる．

　次に，ひとりごとは5,6歳の子どもに最も多く見られ，8歳を過ぎるとほとんど見られなくなる．このことは，子どもが言葉を使って思考しはじめると，それに伴ってひとりごとが増加するが，6歳を過ぎて思考の内面化がさらに進行すると，ひとりごとが減少しはじめることを示している．

　幼児ばかりでなく成人でも，困難な課題に直面したときには思わずつぶやきをもらすことがある．また，実際には音声にならない場合でも，舌や喉頭の運動を生理学的に測定すると筋電反応が観察されることがある．成人に見られるこのような現象は，内言の起源を示唆するとともに，内言の完全な内面化が年齢ばかりでなく課題の困難度にも依存していることを示している．

　ひとりごとが内面化して内言が形成されていく過程では，ひとりごとの出現頻度が減少するばかりでなく，語の省略や構文の単純化といった発話の内容の変化も同時に進行する．前述の写し絵の課題では，年少児の発話は外言と同じような完全な文の特徴を備えているが，年長になるほど省略が進み，ついには「紙」「ピン」「どうしたら」のようなきわめて断片的なものになる．このことは完成された内言が圧縮された構造をもっていることを示唆している．成人の課題解決的思考や選択の決断は，状況を他者に外言として伝える場合に比べてずっと速く，しばしば一瞬のうちに行なわれるが，これも内言が圧縮された構造をもつことと関連している．しかしながら，内言の述語的機能は圧縮された構造の中でも十分に保持されている．内言では話し手と聞き手とが同じであるため，問題の所在や直面している課題について特に表示する必要はないが，何を実行すべきか，行為をどの方向に向けるべきかは必ず含まれている．　　　　　　　　〔高橋〕

【参考文献】
ヴィゴツキー，L. S., 柴田義松訳，2001，新訳版　思考と言語．新読書社．

Ⅶ-90

問題解決

Problem Solving

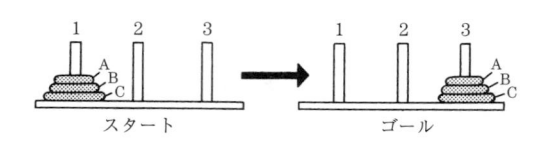

図90-1　ハノイの塔の問題

　私たちは，日々，問題に直面し，それを解決しようと努力する．パズルや入試問題を解く．体重を減らそうとダイエットする．30歳までに結婚しようと婚活に走る．見知らぬ土地を歩いて友人の家に行く．このように問題およびその解決は多種多様である．

　一般に**問題解決**（problem solving）とは，**初期状態**（initial state）から始まり，何らかの**オペレータ**（operator）を使用して，**目標状態**（goal state）に向かうことである．オペレータの使用には，何らかの**制約**（restriction）がかかる場合が多い．たとえば，ダイエット問題の解決には，初期状態は現在の体重である．目標は，文字通り目標とする体重であろう．オペレータには，食事制限や運動など，制約には，生活するのに必要な最小摂取量や休息時間が考えられる．問題解決で扱われるオペレータには，動作や行動だけでない．特に心理学的な問題解決では，心的オペレータに注目する．

　心理学的な意味での問題解決を考えるには，問題解決の特徴を明確にすることが重要である．そこでまず，「問題」をいくつかの観点から分類してみよう．

　①事前知識を必要とするか．

　問題を解決するのに，多くの領域固有知識を必要とするか，という観点がある．たとえば，詰め将棋を解くには，将棋に関する知識が必要である．一方，多くのパズル問題は，問題の構造や手順，制約が単純で明確であり，事前知識をほとんど必要としない．

　②良定義問題か．

　問題解決者は初期状態（問題への着手）から目標状態（問

題が解決）まで，種々の状態を踏んでいくと考えられる．こうしてできる状態系列が**状態空間**（state space）（あるいは問題空間）[1]，また，ある状態を他の状態へと変換する方法がオペレータである．問題解決者の作業は，初期状態から出発して，目標状態に至ると思われる何らかのオペレータ系列を発見することである．そのためには，初期状態の情報，目標状態の情報，使用可能なオペレータに関する情報，オペレータを使用するときの制約条件などの情報が明確に与えられていることが望ましい．これらの情報が十分与えられている問題は良定義問題と呼ばれる．パズル問題は良定義問題であることが多い．これに対し，不良定義問題は，上記の情報のいずれかが不足している．「良いテキストを書く」のような問題は，オペレータや制約が不明瞭なので，不良定義問題となる．不良定義問題では，解決者自身でそれらを定義しなくてはならないが，その際，解決者のもつ知識がいかに検索されたかが重要な意味をもつ．

一般の問題解決では不良定義問題が多いのであるが，心理学，特に認知心理学では，良定義問題を扱ってきた．その理由は，問題解決の標準的プロセスが既知であること，参加者の個人要因（経験や知識量など）を統制できること，学習の転移などが容易に扱えること，などである．

このほか「問題」を分類する観点として，解を導き出すことが重要なのか，プロセスが重要なのかといった観点，問題どうしの類似性という観点などがあげられる．

心理学的な意味での問題解決の特徴を明確にするためには，「問題」の分類のほかに，問題解決のプロセスを検討することがあげられる．そのために，多くの研究では，事前知識を多く必要としない，良定義問題が選ばれた．たとえば，「ハノイの塔[3]」の問題はこれに当てはまる（図90-1）．初期状態は「1の塔に下から大・中・小の輪が重なっている」，目標状態は「3の塔に下から大・中・小の輪を重ねる」，オペレータは「輪を塔から塔へ動かす」操作群，オペレータの制約条件は「一度には1つの輪のみ動かせる，小さい輪の上に大きい輪を置いてはならない，3つの塔以外の場所に輪を

[1] サイモン[2]は問題の構造に関する心的表象を個人問題空間と呼んだ．そして問題の客観的構造である状態空間を基本問題空間と呼んで，個人問題空間と区別した．

[2] Simon H. A., (1916-2001)

[3] 伝説によれば，ハノイの僧は64枚の円盤を用いてこの問題に従事した．一種の苦行である．ただし，その作業を終えるには，1秒に1回正しく円盤を動かしたとしても，600000000000年もかかる．

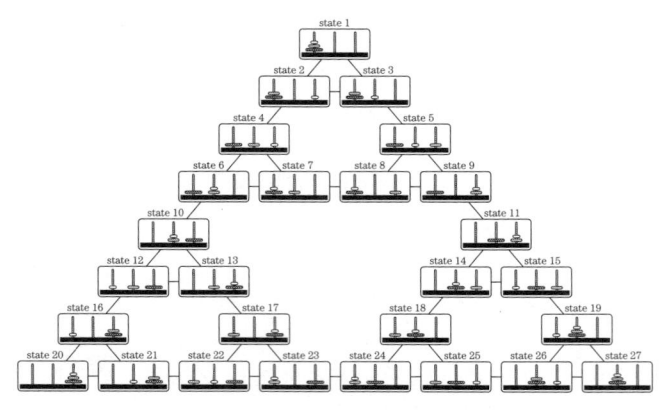

図 90-2　ハノイの塔の問題の状態空間（Robertson, 2001[4]）

置いてはならない」である．

　ハノイの塔の問題で状態空間を考えてみよう．この問題では，オペレータを1つ選ぶと状態が変化する（状態変換）．ただ，状態変換のために選びうるオペレータはたくさんある．どの塔からどの塔へ，どの輪を動かすか，である．したがって，状態空間は，1本の直線状にはならない．良定義問題では，問題解決を初期状態から目標状態への状態変化系列と考え，問題の構造を明確にした状態空間表示が可能である．図 90-2 が，ハノイの塔の問題での状態空間表示である．直線状ではないことが理解できよう．

　目標状態までの経路で，適切な（最短な）状態変化系列を発見することが問題解決であるが，状態空間表示を用い，問題の状態空間と実際の問題解決者がたどる経路とを比較することで，解決者の行動を分析できる．また類似する問題間の関係や，問題記述の精度の違いの影響なども分析できる．このような分析手法を**状態空間分析**（state space analysis）と呼ぶ．

　問題解決過程において解決者は一連の知識状態の中を進んでいく．つまり，問題解決は個人の状態空間，すなわち問題空間内の探索であると見なされる．問題解決の道筋を発見するのに，人が一般的に用いる探索法は，**ヒューリスティックス**（heuristics）である．これは，発見的探索法とも呼ばれ

4) Robertson, S. I., 2001, *Problem Solving*. New York : Psychology Press.

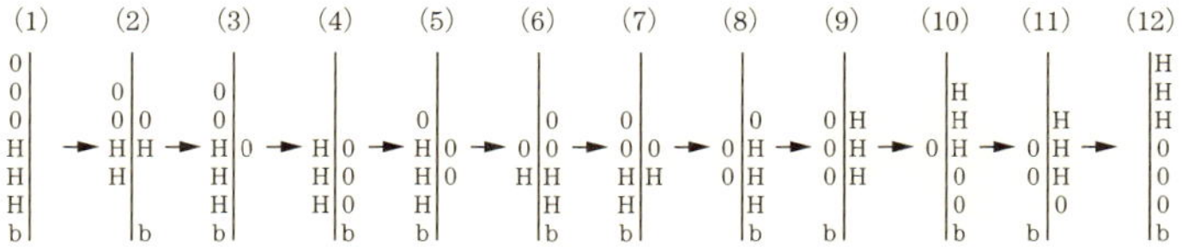

|(1)|(2)|(3)|(4)|(5)|(6)|(7)|(8)|(9)|(10)|(11)|(12)|

```
   (1)    (2)    (3)    (4)    (5)    (6)    (7)    (8)    (9)   (10)   (11)   (12)
    O      |      |      |O     |O     |      |      |O     |O     |      |      |HH
    O      |OO    |OO    |O     |O     |OO    |OO    |O     |O     |HH    |HHH   |HH
    HH  →  |HH  → |O   → |HH  → |O   → |OO  → |OO  → |OHH → |HH  → |OOO → |O   → |O
    HH     |HH    |HH    |HH    |HH    |HH    |OHH   |HH    |HH    |HH    |HHO   |O
    b      |b     |b     |b     |b     |b     |b     |b     |b     |b     |b     |b
```

図90-3 ホビットとオーク問題と探索経路
縦線の左右が2つの岸を表わす．bはボート．最終目標との類似性を考えると，
(6) → (7) へは，類似性が低下してしまうので，この経路を探すのが難しい．

る．問題解決で一般的なヒューリスティックスは，現在の状態と目標状態との差異を縮めようとするヒューリスティックスであるが，その代表的なものとして，山登り法と手段-目標分析がある．

　山の頂上をめざしているが，霧で道がまったく見えない．このような状況で用いる探索法が**山登り法**（hill climbing）である．すなわち，現在の状態の近傍を探索して，少しでも高いところ（目標に近い状態）を選び，そこを新たな状態とする．これを繰り返す．山登り法は局所探索法の最も単純であり，かつ代表的な探索法である．この探索法の問題点は，山の頂上ではなく，途中の高台（いわゆる極値）で探索が終了してしまい，結果，行き詰まるという点である．この点を例証したのが「ホビットとオークの問題」[5]（図90-3）である．最終的な目標との差異を考えると，図の段階6から7へは，差異が拡大するので，この移行を見つけることが困難になる．この移行は当該の問題解決にとって必要な移行であるが，山登り法ではこの経路を発見するのが困難ということになる．

　手段-目標分析（means-end analysis）ヒューリスティックスは，サイモンとニューエルが命名したものである．この方法でも，目標状態と現在の状態との差を縮めるようなオペレータを選択する，という方針には変わりない．山登り法と異なるのは，目標に直接たどり着けない場合には，それより下位の目標を立てることを考える[6]，という点である．たとえば，ニューヨークへ行こうとする場合，まず成田へ行くという下位目標を設ける．さらに，成田へ行くという目標を達成するために，最寄りの駅へ行くという下位目標を設ける．

5）川の岸辺に3匹のホビット（妖精）と3匹のオーク（人喰い鬼），1艘のボートがある．川の向こう岸に渡りたい．だが，ボートには同時に2匹までしか乗れない．さらに，川のどちら側でもホビットの数をオークの数が上回ってはならない．「宣教師と土人」問題とも呼ばれる．

このように漸次下位目標を設け，それを達成するオペレータを選択する．そうすることで，たとえ「遠回り」になっても，最終目標にたどり着ける．「ホビットとオークの問題」も，時間はかかっても，人はこの問題を解決できるということは，このヒューリスティックスが使用されているとも考えられる．そして当初の期待として，手段-目標分析によってさまざまな問題（いろいろな領域の，いろいろな問題）が（コンピュータによって）解決可能と思われた．サイモンらの**一般問題解決器**（general problem solver, GPS）はこの方法を用いている[6]．彼らの考えは，人の問題解決プロセスの理解やコンピュータによるシミュレーションの道を開いたが，しかし，私たちの身の回りの問題解決では，領域固有の知識が必要であり，不良定義問題が多数を占めることは事実であるので，これらを組み入れられない点に，彼らの理論の限界がある．

手段-目標分析などでは，人の問題解決は，オペレータを順次使用して，問題空間を系列的に探索し，解決に向けて漸進することを前提としている．これに対して，漸進的ではなく，突然のひらめきによって問題が解決する場合がある．これを**洞察**（insight）による問題解決（洞察問題解決）という．洞察問題解決を1つの問題空間の探索ではなく，初期の問題空間から別の適当な問題空間へのスイッチと考えれば，同じ枠組みでとらえることができよう．問題空間のスイッチがどのように行なわれるのかに関して，さまざまな研究が行なわれている[7]．

ところで，ある問題を解決した経験はそれと類似な問題を解く上でポジティブな影響を与えるだろうか．これは，正の**転移**（transfer），または**類推**（analogy）による問題解決としても知られている．類推は，すでに知っていて理解している問題や概念，状況（＝ソース）を把握し，それを新しい問題や概念，状況（＝ターゲット）に適用することである．

先に説明した状態空間分析によって，類推の問題が検討できる．「ハノイの塔」の問題と「中国の茶会問題[8]」とは基本構造は同じ，つまり，状態空間が一致する．これらは**同型**

6) Newell, A. & Simon, H. A., 1972, *Human Problem Solving*. Prentice-Hall.

7) 鈴木宏昭，1996，類似と思考．共立出版．

8) 中国のある村で茶会が開かれ，客2人が招かれた．その茶会では3つのもてなしが振る舞われた．それは，貴賓度の順に上から，

問題（isomorphic problem）と呼ばれる．これに対して，類似しているが一致していない構造をもつ問題は準同型問題と呼ばれる．状態空間表現は，異なった問題を比較して，問題の基本構造の中に一致性が存在するかを見ることができる．

一般には問題構造が一致しているだけでは，正の転移は生じない．解決者が問題の構造とオペレータをどのように心的に表現しているかが問題なのである．つまり，正の転移が生じるには，個人内での問題空間構造の一致が条件となる．

最後に，問題解決と**メタ認知**（meta-cognition）との関係を簡単に解説しよう．

メタ認知とは，「認知」の意識的な認知，つまり，自分がどのような認知活動（たとえば，問題解決）をしているかを意識的に気づくプロセスや能力である．メタ認知が働くことで，自分の行なっている問題解決過程を「外の眼」から見て（モニタリング），コントロールすることができる．先の類推を例にとれば，与えられた問題（ターゲット問題）に対して，「それと類似な問題（ソース問題）を記憶の中から探し出しなさい」，「2つの問題間の構造（問題空間）を比較しなさい」，「構成要素間の対応を考えなさい」と指示し，それが正しく行なわれているか監視する．洞察問題でも，解決に行き詰まったとき，「行き詰まっているという状態を認知」し，「行き詰まりの原因を精査」し，「別の問題空間がないか探索を指示」する，これがメタ認知の働きである．メタ認知活動の測定には，**プロトコル分析**（protocol analysis）法[9]や**インタビュー**（interview）法などが用いられている． 〔石口〕

詞を朗吟する，茶をつぐ，火をたく，である．茶会の間に，このもてなしが1つずつ出席者の間でやりとりされる．ただし，もてなしを振る舞われる場合には，もてなす方の手元にある中から最も貴賓度の低いもてなしを求めなくてはならない．さらに，すでに振る舞われているもてなしより貴賓度の低いもてなしを求めなくてはならない．このようにして，茶会では，すべてのもてなしが主人から年齢の高い客人に振る舞われる．これはどのようになされるか．

9）プロトコル分析とは，問題解決中の言語報告（発話プロトコル）を分析する手法である．発話プロトコルは，問題解決中の被験者の「内的発話」を直接に表明したもの，ワーキングメモリー内の内容，どのように問題を解いたかの説明，といった3つのタイプに分けられる．

【参考文献】
安西祐一郎，1985，問題解決の心理学．中公新書．
Robertson, S. I., 2001, *Problem Solving*. Psychology Press.

Ⅶ-91

演繹的推論
Deductive Reasoning

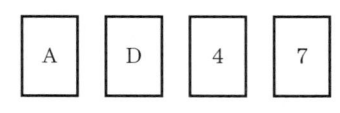

| A | D | 4 | 7 |

図91　ウェイソンの4枚カード問題

「問題ができたら手を挙げなさい.」先生から，このように言われて，問題ができていないにもかかわらず手を挙げた生徒がいたとする．この生徒は，何を考えているのだろうか．

問題解決の項で述べたように，問題解決とは，適切なオペレータを選択して，初期状態から目標状態へと問題空間内を探索する過程と考えられる．ところで，通常私たちは，ある行動をとったならば（あるオペレータを選択したならば）どのような結果が生じるか考える．これはすなわち推論である．問題解決には，推論は切り離せない．一般に推論の形式としては，演繹的推論，帰納的推論があげられる．

演繹的推論（deductive reasoning）は論理による推論規則に従った推論である．つまり，真なる命題（あるいは命題群）から，論理規則（形式論理）を用いて，別の命題を導出する様式である．たとえば，「雨の日は，遊園地は休みである．今日は雨だ．だから遊園地は休みだろう．」といった，3段論法に則った推論は，演繹的推論である．人工知能でよく用いられるコンピュータ言語の Prolog は論理処理言語と呼ばれるが，この演繹論理を発展させた述語論理を基礎として作られたものである．

演繹的推論で多く取り上げられる問題に，条件3段論法がある．条件3段論法では，形式論理に則れば，肯定式（前件肯定規則）「AならばBである．Aである．したがって，Bである」，否定式（後件否定規則）「AならばBである．Bでない．したがって，Aでない」が真である．このような規則を，人がどのように受け入れるかという問題として，**4枚カード問題**[1]（four-card problem）が取り上げられることが多

---

1) 正式名称は，Wason Selection Task. Peter Wason, P.（1924-2003）はイギリスの心理学者.

い．4枚カード問題では，図91のようなカードが与えられる．カードの片面には文字，他の面には数字が書かれている．ここで，「カードに書かれた文字が母音ならば，その裏の面の数字は偶数である」という規則があるとする．そこで，問題である．「この規則が遵守されているか判定するのに，少なくともどのカードを裏返すのが適当か？」この問題に対して，多くの人は，「A」のカードを選ぶ．これは，肯定式を確かめているので正解である．しかし，次に多い選択は，「4」である．これは，**後件肯定の錯誤**（fallacy of affirmation of the consequent）と呼ばれる，誤った選択である．つまり，「AならばBである．Bである．」だからといって，「ゆえにAである」とは，論理規則上は，言えない．したがって，「4」を確かめる必要はない．一方，否定式を確認する「7」を選択する人は少ないという．

一般に，条件3段論法の枠組みでは，人の犯しやすい錯誤として，「後件肯定の錯誤」のほかに，**前件否定の錯誤**（fallacy of denial of the antecedent）があげられる．「AならばBである．Aでない．ゆえにBでない」と考える推論形式である．「彼と結婚したら幸せになれる．彼と結婚できない．だから，幸せになれない」といった推論形式で，これは，形式論理上は，誤った結論である．4枚カード問題では，「D」を確認するのが，前件肯定錯誤に相当するが，この問題では，このカードを選択する頻度は少ない．だが，現実的には，「問題ができたら手を挙げる．問題ができない．だから，手を挙げない」といった推論形式が罷り通る．これは，日常会話では，「AならばBである」が「Aならば，かつそのときに限り，Bである」という，論理形式では，**双条件文**（biconditional）として解釈されることを物語る．双条件文とは，「AならばB」かつ「AでないならばBでない」が同時に成立する条件文をいう．

ところで，人は，論理式を脳に組み込んで，推論しているのだろうか．そうではないという議論がある．人は，考え方の枠組み，すなわち，スキーマにしたがって判断する場合が多い．たとえば，「ある行動Xをするには，条件Aを満たす

必要がある」という許可スキーマ[2]をもつ．それは，別な言い方をするならば，「条件Aを満たしていないならば，行動Xをしてはならない」ともいえる．これは，規則の場合もあれば社会的慣習の場合もある．具体的には，「車を運転するには，免許証が必要である」などである．この場合，チェックするのは，車を運転する人，免許証をもたない人である．これは，実は，4枚カード問題で肯定式，否定式の確認に相当する．しかし，この判断を，形式論理の命ずるままに行なったとはいえないであろう．

演繹的推論と対比されるのが，**帰納的推論**（inductive reasoning）である．帰納的推論は，経験・データをもとにして，ある事象が確率論的に正しいと判断することである．実験科学では，実験結果をもとにして何らかの仮説を提唱するが，これは帰納的推論による仮説形成なのであり，演繹的推論による結論と違って，100%正しいということはない．次に実験を行なったら，仮説が覆されることもある．

帰納的推論では，カテゴリーに関する推論が多く見られる．この場合，基本的には**一般帰納**（general induction）と**特殊帰納**（specific induction）とに分けられる．一般帰納は，「太郎は嘘つきだ，次郎も嘘つきだ．男なんて，皆嘘つきだ」のように，前提事例より上位のカテゴリー階層に関する仮説的推論である．一方，特殊帰納は，「スズメにはT神経がある．ツバメにもT神経がある．だから，カラスにもT神経がある」というように，カテゴリー階層において前提事例と同じレベルの他の事例に関する仮説的推論である．

一般帰納も特殊帰納も，結論あるいは仮説の心理的妥当性は，前提となる事例によって異なる．たとえば，「スズメにT神経がある．ツバメにもT神経がある．だから，トリには一般にT神経がある．」という結論より，「スズメにT神経がある．ペンギンにもT神経がある．だから，トリには一般にT神経がある」という結論の方が妥当性は高いと判断される．これを説明するモデルとして，「類似度・被覆度モデル」[3]が知られている．

また，前提となる事例に関して確率的な数値が与えられて

2) Chen & Holyoak, 1985, Pragmatic reasoning schemas. *Cognitive Psychology*, **17**, 391–416.

3) Osherson et al. (1990) Category-based induction. *Psychological Review*, **97**, 185–200.

いる場合，結論としての仮説の確からしさは，**ベイズ推論**（Bayesian inference）の手法を用いて，確率的な数値として示すことが可能である．ベイズ推論では，前提事例に関する事前確率，条件付き確率を用いて，仮説の事後確率を求めることができる[4]．たとえば，「1000人に1人の罹患率が知られているラキア病がある．その検査では，ラキア病患者ならば95％陽性反応が出る．ただし，ラキア病患者でなくても10％陽性反応が出る．Aさんが，検査を受けたら，陽性反応が出た．」この場合，「Aさんはラキア病である」が仮説である．検査を受ける前の仮説の確からしさは，確率的には0.1％であった．検査を受けた後では，その確率は，95％となったのであろうか．実は，これは正しくない．ベイズ推論によって得られる，「陽性反応が出た後，Aさんはラキア病である」確率は，0.94％である[5]．この例では，帰納推論でよく見られる，事前確率や条件確率の無視が見られる．仮説「Aさんはラキア病である」の事前確率0.1％や，「ラキア病でなくても10％陽性反応が出る」という条件確率が見逃されて，仮説の確からしさを95％と判断してしまう場合が多い．ただし，このような事前確率や条件確率の無視は，確率を頻度で表現すると，低減されるという研究もある[6]．頻度表現とは，「ラキア病は10000人に10人罹る．10000人検査したら，その10人のラキア病患者のうち9.5人が陽性となる．残りの9990人の健常者でも，999人が陽性となる」といった表現である．10000人に検査をした場合，陽性になった人で実際にラキア病患者である割合は，9.5/(9.5+999) となる．このような思考法は自然であり，かなり正確に判断される．

帰納推論には，このほかに，類推推論や因果推論なども含まれる． 〔石口〕

[4] ベイズ推測は，ベイズ定理に則った推測である．ベイズ定理は，以下の式で表わされる．
$P(H_1|E) = P(H_1) \cdot P(E|H_1) / \{\sum P(H_i) \cdot P(E|H_i)\}$
H_1 は問題としている仮説．$H_i (i=1,2,\ldots)$ は，複数の仮説（H_1 も含む）．E はデータ．$P(H_i)$ は仮説 H_i の事前確率．$P(E|H_i)$ は，仮説 H_i が真のときにデータ E が得られる条件確率．$P(H_1|E)$ は，データ E が得られた後の，仮説 H_1 が真である事後確率．

[5] ベイズの定理で，$P(H_1)=0.001$，$P(H_2)=0.999$，$P(E|H_1)=0.95$，$P(E|H_2)=0.10$ として，計算してみよ．

[6] Gigerenzer, G. 2002, *Calculated Risks*. Brockman.（吉田利子訳，リスク・リテラシーが身につける統計的思考法．ハヤカワ文庫．）

【参考文献】
横山詔一・渡邊正孝，2007，記憶・思考・脳．キーワード心理学シリーズ3，新曜社．
渡部 洋，1999，ベイズ統計学入門．福村出版．

概念形成

Concept Formation

VII-92

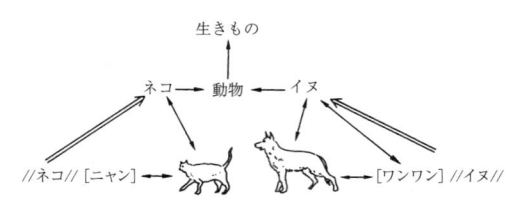

図 92-1 さまざまなカテゴリー表象とその関係
(Glass & Holyoak, 1986)[1]

イヌという概念は，その姿（視覚イメージ），鳴きまね〔ワンワン〕（音韻表象）およびその名称 //イヌ// と直接な関係をもつ．

絵本を見ている幼児が，「ネコ」を指して「ワンワン」と言っている．よくある光景である．その子はいろいろな「イヌ」から，「ワンワン」という概念を作り上げ，しかもその概念の中には「ネコ」も含まれていたと思われる（図 92-1 参照）．

私たちは，世の中に存在しているものを何らかの規準のもとで**カテゴリー**（category）に分類している．これをカテゴリー化，あるいは**概念形成**（concept formation）という．カテゴリーの中には，自然事物のカテゴリーもあれば，「美」のような抽象的なカテゴリーもある．ここでは，主として自然事物のカテゴリー化を扱う．

世の中に1つとして同じものは存在しない．私たちがカテゴリー化という情報の体制化システムを用いることは，異なった情報内に存在する共通性を認知し，情報のオーバー・フローを防ぎ，あるいは入力情報の付加情報に関する**演繹的推論**（deductive reasoning）を可能にするのである．たとえば，赤いリンゴも青いリンゴもリンゴとカテゴリー化されたら，それをかじれば中に芯があると推論できる．このようにカテゴリー化は認知システムの重要な機能であり，記憶や，推論，問題解決，言語などに不可欠なものである．

概念の古典的研究[2]では，概念はその構成員であるための必要十分条件によって明確に定義されるというとらえ方をしていた．たとえば，トリならばAであり，Aならばトリである，と考えられる場合に，Aが「トリ」という概念の条件となる．しかし，私たちの周りの自然事物の概念，つまりカテゴリーには明確（explicit）には定義のできないものが少

1) Glass, A. L. & Holyoak, K. J., 1986, *Cognition*. 2nd ed., Random House.

2) Bruner, J. S., Goodnow, J. J. & Austin, G. A., 1956, *A Study of Thinking*. Wiley.

なくない．そのようなカテゴリーはどのように形成され，またどのような性質をもつのだろうか．

異なった種類のカテゴリーは，記憶内にそれぞれ異なった**表象**（representation）（あるいは表現）をもつと考えられる[3]．この表象は，カテゴリーの潜在的な（implicit）定義として，記憶内に貯蔵される．ところで，この表象には，列挙型と特性型とがある．

列挙型とは最も単純なカテゴリー表象である．たとえば，英語のアルファベットや数字などのように，カテゴリーが個々のインスタンス（カテゴリー内の事例）で定義されたものである．ただし数字などは無限にインスタンスがあるので実際には列挙できない．したがってこの場合は，同時に規則（生成スキーマと呼ばれる）を学習する必要がある．

特性型とは，知覚的形態や機能，関係などによって定義されるカテゴリーである．カテゴリーが機能的に定義される場合，機能スキーマのような，考え方の枠組みがあり，カテゴリーのインスタンスがどのように用いられるものか，どのような目標を達成するものか，などを記憶内で表現している．たとえば，武器というカテゴリーは，「相手を威嚇する，あるいは打ち倒す」というスキーマによって表現されている．

カテゴリーを潜在的に定義するこれらの表象は相互に排他的なものではない．たとえば，武器という1つのカテゴリーでも，上で述べたように機能的表象として定義できるが，いかにも武器らしい視覚イメージも実際ある．したがって，知覚的表象としても定義されうる．これを部分的に示したのが図92-1である．ここでは「イヌ」や「ネコ」というカテゴリーが，記憶内部で，視覚イメージ表象や音声表象によって定義され，さらにそれらが相互にネットワーク状に結合していることを示している．相互に結合していることで，連想が可能になる．

ところで，カテゴリー表象はどのように形成されるのであろうか．一つの考えは，カテゴリーの中で典型的なインスタンスがカテゴリー表象となるというものである．これはインスタンス理論，あるいは**典型性理論**（typicality theory）と

[3] 「IV-60 記銘と保持」の項を参照．

呼ばれる．たとえば，私たちが「トリ」というカテゴリーを考えるとき，すぐに頭に浮かぶのは「スズメ」や「ハト」ではなかろうか．この典型性理論を支持するデータは多い．たとえば，カテゴリー内の典型性に関する判断は被験者間でよく一致していること，カテゴリー内のインスタンスをあげるよう言われると，典型的であると思われるインスタンスが他よりも先にかつ高頻度であげられること，典型的なインスタンスは，それがカテゴリーに属するか否かを問われた場合，反応時間が他のインスタンスと比較して短いこと，などがあげられる．たしかに，生活している文化などによって典型的なインスタンスは異なるが，同じ集団であるならば，典型的とされるインスタンスがかなり一致していることは，日常見られることである．

一方，**プロトタイプ理論**（prototype theory）という考え方もある．これは，カテゴリーの表象となるのは，具体的なインスタンスではなく，カテゴリー・インスタンスのいわば抽象的な合成物，融合体としてのプロトタイプであるというものである．この説では，プロトタイプとしてのカテゴリー表象は，必ずしも実在物と対応しなくてもよいと考える．

自然事物のカテゴリー化の特性として，表象の階層構造があげられる．この階層構造における基本レベルがカテゴリー表象に対応する，というのがプロトタイプ理論の基盤である．たとえば，スピッツ・イヌ・動物……という表象の階層構造がある．この構造上で，私たちが通常カテゴリーとしてとらえるのは，イヌのレベルである．基本レベルとは，そのカテゴリーに含まれるインスタンスの間で類似性が最大となり，かつ異なるカテゴリー間のインスタンスとは相違点が最大となる，カテゴリー表象の階層構造上のレベルである．ロッシュによれば，この基本レベルでのカテゴリーは，人がものを認知する際に使うカテゴリーであり，さらに子どもが最も身につけるのが早いカテゴリーでもある[4]．

多くのカテゴリーは，与えられたインスタンスから帰納的に形成される．ところで，プロトタイプ理論が示唆するように，私たちは与えられたインスタンスから，実際にカテゴリ

4) Rosch, E. et al., 1976, Basic objects in natural categories. *Cognitive Psychology*, **8**, 382-439.

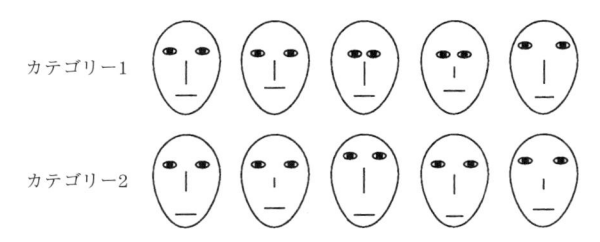

図92-2 カテゴリーの形成とプロトタイプ (Reed, 1972)[6]

ーのプロトタイプを形成できるのであろうか．さらに，新たな事物を与えられた場合，私たちはプロトタイプとの類似性で，そのカテゴリーのメンバーであることを識別するのであろうか．この点に関して，ランダムに配置されたドットパターンからプロトタイプ・パターンが形成されることが実証されている[5]．また，図92-2のような顔パターンを用いて，カテゴリーを学習させた後，新たな顔パターンをカテゴリーに分類させた実験では，被験者がどのような規準を用いて新たなパターンの分類をするかに注目すると，カテゴリーの典型的インスタンスとの照合ではなく，プロトタイプとの照合によって分類していることが報告されている[6]．

ただしプロトタイプ理論にも問題はある．プロトタイプはインスタンスの平均値なのか，最頻値なのかという点[7]，さらにカテゴリー内でのインスタンスの変動範囲（プロトタイプからの距離の範囲）の大きい方が新たな事例をそのカテゴリーに引き込みやすい[8]という点などがあげられる．

今日では，プロトタイプと記憶されたインスタンスとが加算されたものがカテゴリー表象として形成されると考えられている． 〔石口〕

5) Posner, M. I. & Keele, S. W., 1970, Retention of abstract ideas. *Journal of Experimental Psychology*, **77**, 353-363.

6) Reed, S. K., 1972, Pattern recognition and categorization. *Cognitive Psychology*, **3**, 383-407.

7) Neumann, P. G., 1977, Visual prototype information with discontinuous representation of dimensions of variability. *Memory and Cognition*, **5**, 187-197.

8) Fried, L. S., & Holyoak, K. J., 1984, Induction of category distributions : A framework for classification learning. *Journal of Experimental Psychology : Learning, Memory, and Cognition*, **10**, 234-257.

【参考文献】
Eysenck, M. W., & Keane, M. T., 2010, *Cognitive Psychology*. 6th Edition, Psychology Press.
Roth, I. & Frisby, J. P., 1986, *Perception and Representation*. The Open University.（長町三生監，1989，知覚と表象．海文堂出版．）

夢
Dream

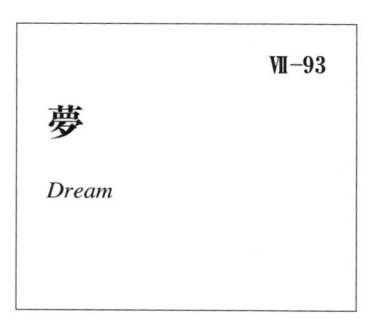

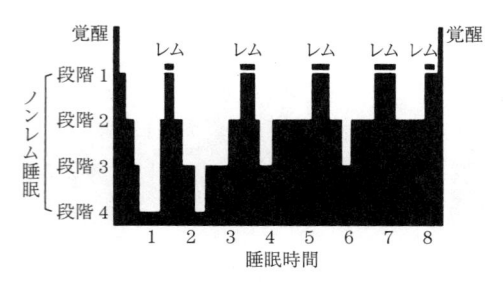

VII-93

図93-1 平均的な一夜の睡眠経過（Hartmann, 1973）[1]

夢（dream）は古くから神のお告げとして取り扱われたり，占いや呪術と結びついて考えられたりしてきた．現在でも「夢のお告げ」「夢枕に立つ」というような形で人の行動の手がかりを与えたりすることはまれではない．これは一般にその内容を予期できないし，コントロールできないために，私たちが夢に神秘的な感じを抱いているためと考えられる．この夢の神秘性のために古くから多くの人が夢について考え，また自分の夢を書き残したりしてきている[2]．しかし科学的に夢を研究しようとする試みは19世紀のフロイト[3]により始めて行なわれるようになったといえる．

彼は1900年に『夢判断』[4]を著したが，この中で「夢とは**無意識的**（unconscious）な願望の充足」をもたらすものであるという主張を繰り広げている．彼によれば，この無意識的な願望が日中の体験と結びつき，眠っている間にある物語になって現われるものが夢であるとされる．ただ夢の内容に無意識的な願望がそのままのかたちで現われるのではなく，**自我**（ego）と**超自我**[5]（superego）がその存在を脅かさないように**検閲**（censorship）を行ない，その結果として加工されたものが夢として現われるとされる．その加工の典型的なものは**象徴化**（symbolization）[6]と呼ばれるが，これは性器などを他の類似物で示すことによって検閲を通るようにするものである．そして夢判断ではその象徴を解釈し，夢の中に隠された無意識的願望を明らかにしようとするわけである．

真に科学的な夢研究が始まったのは1952年からである．アズレンスキーとクレイトマン[7]は子どもの睡眠の研究をし

---

1) Hartmann, E., 1973, *The Function of Sleep*. Yale University Press. より改変.

2) 夢の記録としては，たとえば鎌倉時代初期の僧明恵（みょうえ）（1173-1232）は19歳から自分の夢の記録を書きはじめ，死亡する1年前までそれを続けた．彼は，夢を書き残すだけでなく，自分なりに夢の内容の解釈も試みている（『明恵上人夢記』久保田淳・山口明穂校注，1981，明恵上人集，岩波書店所収）．なお，ユング心理学の立場からこの夢記を解説したものとして『明恵夢を生きる』（河合隼雄，1987，京都松柏社.）がある.

3) 「I-7 精神分析学」の項の注参照.

4) Freud, S., 1900, *Die Traumdeutung*. Deuticke. （高橋義孝訳，1968，フロイト選集2，人文書院．）

ていたとき，眠っているのを見ていると，ときどきまぶたの下で目がキョロキョロ動いているのを見いだした．これが**レム**（REM：rapid eye movement；急速眼球運動）**睡眠**（sleep）の発見である．その後，大人にも睡眠中にこのような目がキョロキョロ動く時期（レム期）のあること，そしてこのレム期はおよそ20分ほど続き，一夜の睡眠に3, 4回あることも明らかになった．

レムを伴わない睡眠は**ノンレム**（nonREM）**睡眠**と呼ばれるが，深さによって段階1から段階4の4段階に分けられている．一夜の睡眠はおよそ図93-1のような経過をたどり，レム睡眠はノンレム睡眠に挟まれて出現する．レム睡眠中にはその名のとおり，急速な眼球運動が見られるとともに，体中の筋肉が弛緩してダラッとした状態になる．脳波（図93-2）的[8]にはノンレム期に見られるθ波やδ波の代わりに，α波やβ波のような，起きているときに見られるような波形が現われる．レム睡眠期はノンレム睡眠期の段階3や4の深睡眠のときと同じくらい覚醒させにくいことが知られている．なおこのレム睡眠期には呼吸や心拍の乱れが見られるとともに，男性ではペニスの勃起が見られる．

このレム睡眠について最も興味あるのは，この睡眠段階中の人を起こすと夢を見ている場合がきわめて多いという事実である．この「レム覚醒法」を使って調べてみると，普段夢を見ない，あるいは自分は夢など見たことがないというような人でも，ほとんどの場合夢内容について報告できるのであ

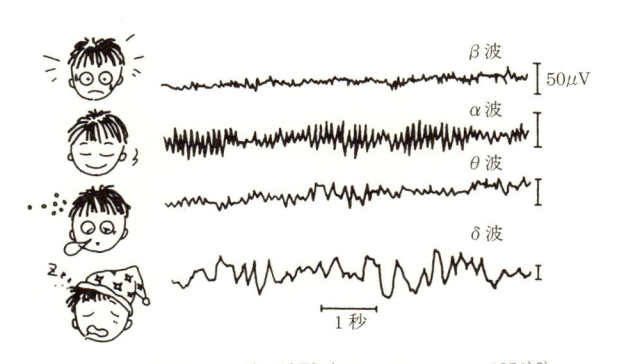

図93-2　典型的な脳波の波形（Penfield & Jasper, 1954）[9]

5)　「Ⅰ-7　精神分析学」の項を参照．

6)　たとえばステッキ，カサ，棒，噴水，ピストルなどは，その形状や機能の類似から男性器の象徴とされる．一方，穴，瓶，孔，ドア，口，トランクなどは，女性性器の象徴とされる．またダンス，乗馬，山登り，車にひかれるなどは男女の交わりの象徴とされる．

7)　Aserinsky, E. & Kleitman, N., 1953, Regularly occurring periods of eye motility and concomitant phenomena during sleep. *Science*, **118**, 273-274.

8)　脳の中または表面に電極を当て，脳に生じている自発電位を増幅したもの．通常，目を閉じて安静にしているときにはα（アルファ）波が，目を開けて活発な精神活動をしているときはβ（ベータ）波が，うとうとしているときはθ（シータ）波が，そしてぐっすり眠っているときはδ（デルタ）波が出ている（図93-2参照）．

9)　Penfield & Jasper, 1954, *Epilepsy and The Functional Anatomy of The Human Brain*. Little & Brown. より改変.

る．つまり人は一夜の睡眠中，レム期ごとに夢を見ているのに，朝起きたときにはそれをほとんど忘れてしまっていると考えられる[10]．

ところでレム睡眠中に目がキョロキョロ動くのを見ると，あたかも夢の内容を「見ている」のかのごとく見えるが，レム睡眠中の目の動きと夢の内容については直接の関係はないとされる．ただ目の動きが多いときの方が夢の内容はより鮮明であるとされる[11]．

夢遊病（sleep walking）[12]はその言葉の中に「夢」という文字があることから夢の延長と考えられやすい．しかし夢の多くがレム睡眠時に起こるのに対し，夢遊現象の多くは寝始めのころ起こり，段階3か4のノンレム睡眠時に起こるのがふつうである．夢遊歩行中は大変目覚めにくく，外界に対する意識レベルは低下しているが，障害物を避けるなどの低いレベルでの環境刺激に対する反応性は保たれている．また夢遊現象中の記憶はまったくないのがふつうである．

一方，世界中で報告されている**金縛り**（**睡眠麻痺**；sleep paralysis）はレム睡眠と関係がある．レム睡眠の後はノンレム睡眠が続くのが正常な移行であるが，金縛りは睡眠段階が正常に移行せず，また体と脳では移行が乖離して，脳は覚醒しかかっていながら，体ではレム睡眠が続いておりダラッとして筋肉を動かせない状態になったときに起こる．頭の方は覚醒しかかっていながら，体を動かすことができないことから金縛り体験をするわけである．覚醒が十分ではないレム睡眠状態ということで，ときには悪魔に押さえつけられるという悪夢のような恐ろしい体験も報告される．ストレスや肉体的疲労があると金縛りは起こりやすい．

ところで夢の内容をコントロールしたり，他人が現に見ている夢の内容を伺い知ることができたらどんなに楽しいことだろうと，それこそ夢のようなことが可能になるかもしれないような研究の試みも始められている．アメリカのラバージらは，古くからその存在について何人もの人によって言及されている**明晰夢**(めいせきむ)（lucid dream）というものに注目した[13]．これは（レム睡眠中に見られるもので），夢を見ている人が

10) ノンレム期にも夢を見ないわけではないようである．ただ，夢を見る割合は少なく，またレム睡眠中の夢が鮮明で劇的であるのに対し，ノンレム睡眠中の夢は「考えごと」と必ずしも区別できないとされる．

11) 先天盲の人の夢はもっぱら聴覚的なもので，視覚像は現われないが，先天盲の人の眠りにも急速眼球運動の見られる時期はふつうの人と同様に存在している．

12) 眠っていた人が起きあがって歩き回り，ときにはわけのわからないことをしゃべり，再び寝床に帰って眠ってしまうというもの．

13) LaBerge, S., 1985, *Lucid Dreaming.* Tarcher.

14) LaBerge, S., Nagel, L. E., Dement, W. C., & Zarcone, V. P. Jr., 1981, Lucid dreaming verified by volitional communication during REM sleep. *Perceptual and Motor Skills,* **52**, 727–732. より．

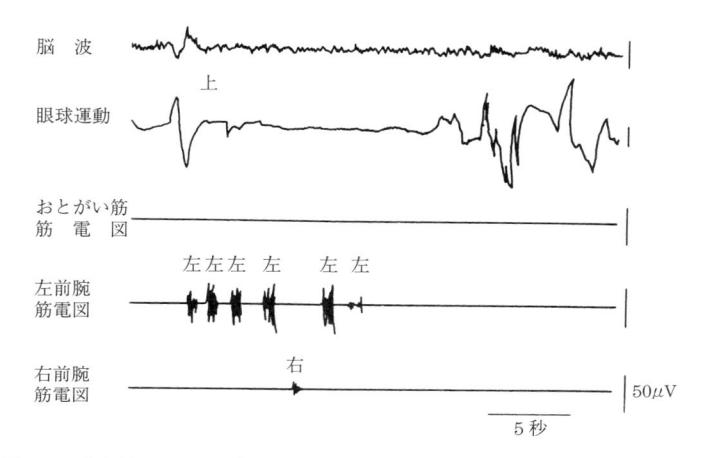

```
脳　波 ────────────
        　　上
眼球運動 ────────────
おとがい筋
筋電図   ────────────
        左左左 左   左 左
左前腕
筋電図   ────────────
              右
右前腕                      │50μV
筋電図   ────────────
                    5秒
```

図93-3　夢を見ているのに気づいていることを合図している（上向きの眼球運動と左と右のこぶしを握るという反応を用いている）被験者（ここではラバージ自身）のポリグラフの例（LaBerge et al., 1981）[14]
　　ここではまず上向きの眼球運動の後，左，左，左とこぶしを握り，続いて左，右，左とこぶしを握っている．これはモールス信号でSとLを示し，ラバージ自身のイニシャルを表わしている．

「夢を見ている」という意識をもっているというものである．この明晰夢を見ることのできる人（人口の約10%とされる）は，夢の中であらかじめ決めておいた合図を使うことにより，自分が現在まさに夢を見つつあるということを知らせることができる場合のあることが明らかにされている（図93-3）．さらにこうした人たちは，寝る前に自己暗示をすることによって明晰夢をよく見ることができるようになり，また夢の中である程度その内容を自分の思うように変えることができるとされる．

　この明晰夢に関する知識と技術がさらに進めば，将来，誰もが訓練によって夢の中で起こっていることを何らかの方法で人に伝えられるようになるかもしれないし，自分の見たい夢を自由に見られるようになるかもしれない[15]．　　〔渡邊〕

15）自分自身も明晰夢を見るというラバージは，そうした訓練の際，始めは「自分が夢を見ている」という意識をすると自然に目が覚めてしまう傾向にあるが，訓練とともにそうしたことは少なくなること，明晰夢の中で，目が覚めたと思っても，実際はそれも夢の続きである場合が多い，というようなことに注意を促している．

【参考文献】
堀忠雄, 2008, 眠りと夢のメカニズム：なぜ夢を見るのか？　睡眠中に脳が育つのか？　サイエンス・アイ新書, ソフトバンククリエイティブ.
LaBerge, S. 1991, *Exploring the World of Lucid Dreaming*. Mass Market：Ballantine Books.（大林正博訳, 2005, 明晰夢：夢見の技法. 春秋社.）
北浜邦夫, 2009, 脳と睡眠. 朝倉書店.

VII-94

分離脳

Bisected Brain

人の脳は左右ほぼ対称の2つの部分から成り立っている（図94-1）．左の部分は**左脳**（left brain），右の部分は**右脳**（right brain）と呼ばれる．おもしろいことに右手や右足への触覚刺激や，右耳への聴覚刺激情報のほとんどはまず左脳に入るのに対し，左手や左足，それに左耳への刺激情報のほとんどはまず右脳に入る．視覚刺激に関しては，右目と左脳，左目と右脳がつながっているのではなく，右視野（視野の真正面から右側の部分）と左脳，左視野と右脳が結びついているのである．右脳と左脳は**脳梁**（corpus callosum）と呼ばれる神経線維の束でつながっており，いったん右または左の脳に入った刺激情報は，この脳梁を通って反対側の脳に伝えられる．また運動の遂行に関しては，右手や右足は左脳が，左手や左足は右脳が支配している．

この左右を結ぶ脳梁を切断する手術をしたものを**分離脳**（bisected brain）と呼ぶ．この手術は主にてんかんの治療のために行なわれる[2]．分離脳患者は，日常生活の上でほとんど一般の人と同じように生活できることから，脳梁は機能的に重要な役割を果たしていないと考えられた時期もあった．しかしスペリー[3]やガザニガ[4]などの研究により，脳梁は重要な役割を果たしていることが明らかにされるとともに，左右の脳の機能差について興味ある知見が得られている．

分離脳患者において左右の脳の機能差を調べるのに最もよ

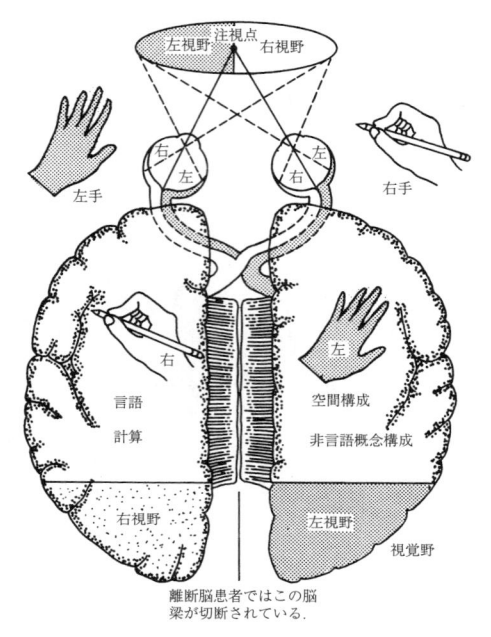

図94-1 左右の脳の機能分化（Sperry, 1984）[1]

1) Sperry, R., 1984, Consciousness, personal identity and the divided brain. *Neuropsychologia*, **22**, 661-673. より改変.

2) てんかんは通常左または右の海馬（hippocampus）付近に「巣」（てんかんが始まる部位）をもつが，その巣から発作が広がるとそれが脳梁を通って反対側の脳にも及び，全身の発作が引き起こされることになる．分離脳手術はこうしたてんかんの発作を脳の片側のみにおしとどめ，全身発作が起こらないようにするために行なわれ

く用いられるのが**タキストスコープ**（tachistoscope；瞬間露出器）法と呼ばれるものである．これは図94-2のような装置で，患者が中央の一点を注視しているときに，右または左の視野に0.1秒だけ視覚刺激を提示することにより患者の脳の片側だけに情報を入れることを可能にするものである[5]．

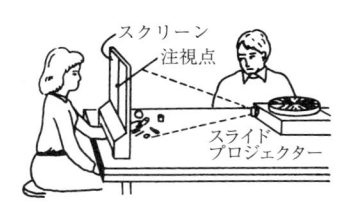

図94-2 タキストスコープ法

分離脳の手術が行なわれる以前における脳損傷患者を調べた研究によると，言語機能はほとんどの人において（95％以上）左脳にのみ局在している[6]．タキストスコープ法を用いて患者の視野の右側に文字刺激を提示すれば，患者はもちろん容易にそれを命名することができる．これは刺激情報が**言語野**（language area）のある左脳に入り，その中で処理されるからである．一方，同じ刺激を左視野に提示すると，患者は何が提示されたのかを答えられないだけでなく，刺激が提示されたという意識さえもたないのである．これは右脳に入った情報が脳梁切断のため左脳に入ることができず，言語野では処理されないためである．ただいくつか用意された見本物体の中から，提示されたものを左手を使って触覚的に選び出すということは，分離脳患者にも可能である．これは右脳にもそれを可能にする程度にはわずかに言語機能が存在しているからである．

ガザニガらは分離脳患者についてさらに次のような報告をしている．彼らはある女性患者のテストをしているときに，何の予告もせずに右脳（左視野）に対し女性のヌード写真を瞬間提示してみた．するとこの患者はくすくす笑い出した．患者は何かを見たという意識がないのに，このような行動をしたのである．「なぜおかしいのか」と聞かれると「なぜかわからない，この機械がおかしい」などと答えたという．

別の患者は左視野に「笑え」という言葉が瞬間提示されると笑いはじめた．そこでその理由を聞くと「だって，あなたはほんとうにおもしろい人だ」と答えている．「こすれ」という言葉が左視野に瞬間提示されると，患者は左手で頭の後ろをこすった．命令は何だったのかと尋ねると，彼は「痒

た．

3) Sperry, R. W. (1913–1994) 分離脳の研究により1981年にノーベル生理学・医学賞を受賞している．博士号はシカゴ大学から動物学で受けているが，分離脳の研究は彼がカリフォルニア工科大学の教授のときに行なわれた．分離脳の研究前にも彼は神経回路の成長と回復の過程に関する優れた研究を行なっている．

4) Gazzaniga, M. S. (1937–) カリフォルニア工科大学においてスペリーのもとで分離脳の研究を行なった．後にダートマス医科大学の心理学教授．現在はカリフォルニア大学サンタ・バーバラ校心理学教授．右脳の言語機能に関してスペリーとは意見を異にし，右脳にはスペリーの考えるよりも多くの言語機能があると主張している．

5) 分離脳患者においては，右脳は左視野，左脳は右視野とだけ結

い」と言っている．さらに別の実験では，この患者に左右別々の絵を同時に瞬間提示し，手元のカードの中からその絵と関連のあるものを選ばせている（図94-3）．するとたとえば，左視野（右脳）に雪景色，右視野（左脳）に鶏の足を見た患者は，左手ではシャベルを，右手では鶏の頭を指さした．その説明を求めると「ああ，それは簡単ですよ．鶏の足は鶏に関係あるし，シャベルは鶏小屋の掃除に必要だからですよ」と答えている．つまり左手がシャベルを選んだのは，左視野に雪景色を見たからだという本当の理由を患者は意識することができず，もっともらしい理由をいわば創作しているわけである．

図94-3 左右の脳に同時に別々の情報を入れた実験（Gazzaniga, 1985）[7]

　これらの実験結果から2つの重要な結論が導き出せる．すなわち右脳は言語能力に乏しいものの，そこでも意識活動はあり，左視野に出された刺激を正しく認識した反応（たとえば「笑え」，「こすれ」に対して正しく反応できる）をすることが可能である．しかしこの刺激は表に出るかたちでの意識にはのぼらず，患者はどうして自分が笑ったり，こすったりしたのかということの真の理由について理解できない．にもかかわらず患者は自分の行なった行為についてその「理由づけ」をしており，右脳だけが知っており，左脳は伺い知ることのできない理由についていわば場当たり的なこじつけをしているのである．

　ところで右脳は空間理解，空間構成の能力に優れていることが知られている．分離脳患者に立体を見えないようにして提示し触らせてから，次にいろいろな対象を平面的に描いた図形を視覚的に示し，前に触れたものに一致するものを選ばせると，右手を用いた場合より左手（右脳）を用いた場合の方が正確であることが示されている．

　ガザニガはその後，長時間にわたって片方の脳にのみ情報を入れ続けるという，タキストスコープ法よりもさらに洗練された方法で，分離脳患者をテストしている[8]．この方法を

びついているが，日常生活では目が自由に動くので，刺激は左右両方の脳に入ることになる．しかし刺激が出てからその方向に目が動くまでには0.15秒程度の時間が必要なので，タキストスコープ法により刺激を0.1秒間だけ片方の視野に提示した場合には，（患者がその方向に目を動かしたときには刺激はすでに消えていることになり）刺激を分離脳患者の片方の脳にのみ入れることができるわけである．

6) 言語中枢として有名なブローカ野（運動性言語野）とウェルニッケ野（感覚性言語野）は，ほとんどの人で左脳にのみ局在している．特に右利きでは98%の人で，左利きでも70%以上の人で言語中枢は左脳（約15%は右脳に，残り

用いて，右脳だけに強い情動を起こさせるような刺激を与える場合，右脳のとらえているものが何であるのかについて，患者の左脳は意識的には知りえないわけである．しかし原因不明の「感情状態」については左脳も正しくとらえることのできることが示されている．これは感情状態が左右の脳につながりをもつ皮質下の脳部位により支えられているから可能になるのだと考えられる．

　分離脳の研究から得られた知見で最も重要なのは，右脳の意識内容がいわば「無意識的意識」あるいは「潜在的意識」であり，顕在化することはないということである．そして右脳の働きの結果については，左脳はその真の原因を知ることができず，それを推測し，いわば強引に解釈しようとしているのである．そのことはまた，正常人において左右の脳がどのようなかたちで関係しあい，統一的な人格を形成しているのかという興味ある問題を提起している．

　分離脳患者の研究で得られている結果に関しては，右脳の言語能力の問題など，研究者の間で必ずしも意見の一致をみていない点も多い．ここで注意しなければならないのは，分離脳患者の脳は，単に脳梁が切断されただけで，その他の点では正常人と同じというわけではないことである．患者たちは重度のてんかんの障害があるために分離脳の手術を受けたのであり，もともと脳に異常をかかえていたわけである．それゆえ分離脳患者の研究から得られた結果を直ちに正常人の脳の機能に関して一般化するようなことはあってはならない．特に一時期の「右脳ブーム」であったような，「理屈に支配される左脳で考えるのをやめ，柔軟な発想を生む右脳で考えるようにすべき」，とか「右脳を鍛えよ」というような主張は，脳研究で得られた事実にもとづくものでなく，信じるに値しないものであることに注意すべきである．　〔渡邊〕

の15％は左右両方の脳）にある（「Ⅶ-95 失語症」の項を参照）．

7) Gazzaniga, M. S., 1985, *The Social Brain*. Basic Books.（杉下守弘・関啓子訳，1987，社会的脳．青土社．）

8) この方法では精巧な眼球運動追跡装置を用い，しかも患者が目を動かすとコンピュータが電気的にシャッターを切るようにしてある．そのためタキストスコープ法のように刺激を0.1秒しか提示できないというわけではなく，患者の右脳または左脳のどちらか一方にのみ刺激を持続的に提示し続けることができるわけである．

【参考文献】
シュプリンガー，S. P.・ドイチュ，G.，福井圀彦・河内十郎監訳，1997，左の脳と右の脳．第2版，医学書院．
Gazzaniga, M. S., 1985, *The Social Brain*. Basic Books.（杉下守弘・関啓子訳，1987，社会的脳．青土社．）

VII-95

失語症

Aphasia

失語症(aphasia) とは，**音声言語**(speech) に関係した末梢の受容器や発声器官が健全であり，知能や意識の障害も見られないのに，言語を正しく使用したり理解することができなくなる場合をいう[1]．失語症は，言語が単にコミュニケーションのための道具ではなく，思考あるいは認識機能を反映していることを示している．

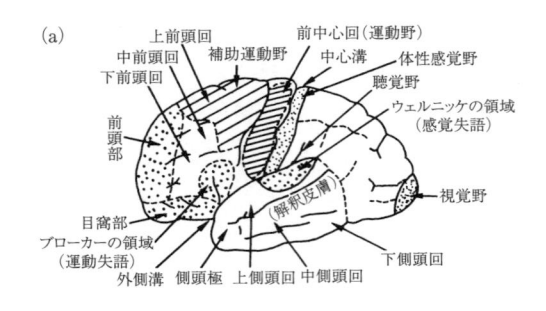

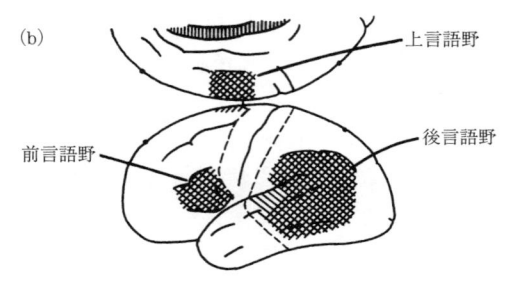

図95 言語野（河内，1970）
(a) ヒトの大脳皮質左半球の主要部位と，ブローカの言語野とウェルニッケの言語野との関係（島崎・宮坂，1966）
(b) ペンフィールドとロバーツが決定した言語野

すでに前世紀の後半にはブローカ[2]やウェルニッケ[3]によって，大脳皮質の中に言語と特に密接な関係をもつ特定の部位が存在することが指摘されており，この部位は**言語野**(speech area) と呼ばれていた．これらの部位は，(1) 脳損傷による失語症患者の脳の解剖，(2) 外科的手術による脳の切除，(3) 脳への電気刺激，の3つの方法によって決定されている．

フランスの外科医ブローカは1861年，舌や口は自由に動き，声も自由に出せるが，話そうとすると言葉がどうしても出てこない患者（運動性失語症）の脳を解剖した．その結果，左耳の真横の少し上の脳の領域（大脳皮質左半球の前頭葉下前頭回の後方部）に重大な損傷が見られた．その部位は言語の表出に必要な筋肉の働きを統合する中枢であり，現在では**ブローカ野**(Broca's area) と呼ばれている．

一方，ウェルニッケは1874年，自由に話せるが話の内容

[1] 厳密に区別すれば，失語症は文字通り「発話のない」(without speech) という意味であり，「誤った発話」(bad speech) の意味のギリシア語に由来している不全失語症(dysphasia) とは区別される．しかし，現在この2つの言葉は，ほとんど同じ意味に用いられている．

[2] Broca, P. P. (1824-1880)「II-43 大脳半球の優位性」の項を参照．

[3] Wernicke, C. (1848-1905)

が不自然であり，耳もよく聞こえるが話を聞き取る能力が低い患者（感覚性失語症）の脳が，左半球の上側頭回と中側頭回の後方部に損傷をもつことを確認した．この部位は**ウェルニッケ野**（Wernicke's area）と呼ばれている．

これらの部位を破壊した場合に生じる失語症のタイプから，ブローカ野を運動性言語中枢，ウェルニッケ野を感覚性言語中枢ともいう．耳に入った音声信号は，「聴覚連合野→ウェルニッケの言語野（内容を理解し，答えを準備する）→ブローカの言語野（文法的に正しい文章を組み立てる）→筋肉の運動プログラム→発話」の過程をたどるものと考えられている．

その後，カナダの脳外科医ペンフィールド[4]らが中心となって，てんかんの治療のため局所麻酔をして電極を脳のいろいろな部位に入れて調べた結果，言語野の存在とその部位とが，ほぼ決定的となった（図95）．すなわち，左半球に3つの言語野の存在が認められた．これらはほぼ同じくらいの重要性を有している．

(1) 前言語野（ブローカの言語野と一致）
(2) 後言語野（ウェルニッケの言語野を拡大したかたち）
(3) 上言語野（ペンフィールドらにより初めて設定された部位で，補足運動野に相当する）．

これらの部位を切除した後に起こる失語症の程度から見ると，(2)が最も重要で言語にとって不可欠である，(1)は重要だが不可欠ではない，(3)は前言語野に対して補足的に働いている，と考えられている．しかし(3)の機能については，まだよくわかっていない．

言語野は言語の生成，発話に重要な役割をになっているが，言語野以外の部位に損傷があって失語症になる場合や，逆に言語野内の損傷でも失語症にならない場合もあることが報告されている． 〔重野〕

[4] Penfield, W. G. (1891-1976)

【参考文献】
高田明和, 2002, 脳と心の謎に挑む. 講談社.
重野　純編, 2010, 言語とこころ. 新曜社.

心理言語学

Psycholinguistics

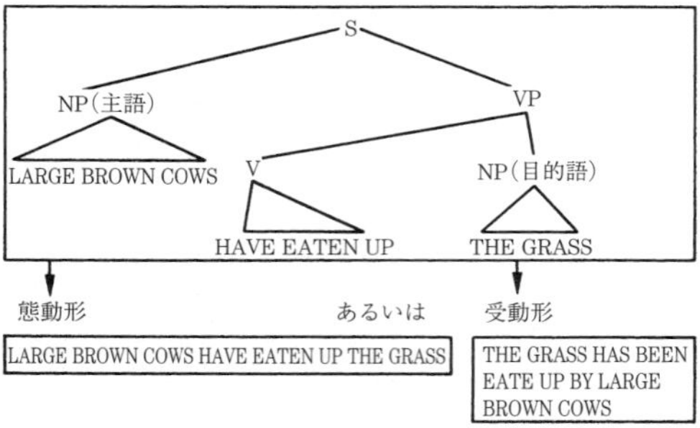

図96-1　上から下への階層構造（Aitchison, 1983）[1]
このような図を樹状図（tree-diagram）という．

心理言語学（psycholinguistics）は，1951年コーネル大学で開かれた「言語学と心理学」に関する夏期セミナー以降に発展した心理学の新しい研究分野である．従来，言語についての心理学としては，**言語心理学**（psychology of language）の分野があった．言語心理学の主な研究対象は，個人の言語的表現や一般的言語活動，言語の異常などであった．しかし，心理学において**行動主義**（behaviorism）が隆盛になるにつれ，思考の分野は軽視されるようになり，いわゆる「意識（思考）なき心理学」の時代を迎えることとなった．その結果，言語は心理学の研究対象の一つではあったが，あくまでも心の働きを具体化するための手段として用いられ，あるいはコミュニケーションの手段として見なされるに過ぎなかった．たとえば，ワトソン[2]は，言語は行動の微小化された形態であると考えた．そのため，言語心理学は心理学の中で重要な位置を占めることはできなかった．

しかし，行動主義における思考軽視の考え方に対する反省から，思考を重視し，思考を表現する言語についての研究を見直そうとする気運が起こり，言語心理学を含めた領域として，「言語行動の心理学的側面」と「思考や認識形成における言語の役割」を切り離さない点を特徴とする心理言語学が誕生したのである．心理言語学では個人の言語活動と関係させて，言語およびコミュニケーションを研究することを目的とする．それは，言語学と心理学の融合する境界領域に位置するものである．

1) Aitchison, J., 1983, *The Articulate Mammal.* Hutchinson.（鹿取廣人・重野純訳, 1985, 言葉をもった哺乳類．思索社．）
Aitchison, J.（1938-）ジーン・エイチソンは英国の言語学者．

2) Watson, J. B.（1878-1958）「I-6 行動主義」の項を参照．

心理言語学を生み出そうとする動きは，心理学のみならず**言語学**（linguistics）や社会学（sociology）の分野からも起こっていた．言語学においては，ブルームフィールド[3]は条件づけの原理を取り入れ，言語行動をも連合のメカニズムによって説明しようとした．また，ゲシュタルト心理学の影響を受けて，音素（phoneme）を単独な物理的音として定義するのではなく，言語環境全体の中に位置づけようとする**構造言語学**が成立した．また，社会学の分野からは，人間の言語の多様性を生む社会的要因を分析しようとする社会言語学の分野が成立した．

このような心理言語学を生み出す気運の背景としては，いくつかの要因が考えられる．その一つは，**失語症**[4]（aphasia）やその他の言語病理学的研究によって，思考や認知機能の本質は言語において現われることが明らかにされたということである．また，ピアジェ[5]やヴィゴツキー[6]の言語発達の研究から，発達過程における思考と言語との密接な相互作用の重要性が示されたことである．さらに，サピア[7]やホワーフ[8]らは論理的思考の型や認識の様式は，母国語とする言語の構造（語彙のシステム，文法的カテゴリーの性質，構文法の型など）によって大きく規定されると主張した．たとえば，英語では「雪」を表わす単語は「snow」の1語だけであるが，エスキモー語では，雪の状態を厳密に区別して3種類の語がある．このように，どのような言語体系かによって認識の体系が形作られていくとする考え方は，**言語相対性仮説**（linguistic relativity hypothesis）またはサピア-ホワーフ仮説と呼ばれる．言語相対性仮説に見られるような未開言語についての文化人類学者の研究から，言語のもつ認識の様式や論理構造のあり方について実証的な資料が得られたことも心理言語学を生み出す背景となった．

構造言語学の考え方は，やがてチョムスキー[9]による**変形生成文法**（transformational generative grammar）へと発展した．チョムスキーは，表面的な**言語運用**（performance）（具体的状況で実際に言語を用いること）を扱うのみでは不十分で，その底に潜む**言語能力**（competence）（話し手-聞き手

3) Bloomfield, L. (1887-1949)

4) 「Ⅶ-95 失語症」の項を参照．

5) Piaget, J. (1896-1980)「Ⅶ-89 内言と外言」の項を参照．

6) Vygotsky, L. S. (1896-1934)「Ⅶ-89 内言と外言」の項を参照．

7) Sapir, E. (1884-1939)

8) Whorf, B. L. (1897-1941)

9) Chomsky, N. (1928-) ノーム・チョムスキーは，アメリカの言語学者．現在マサチューセッツ工科大学の教授．文の間の統語関係をとらえるために，統語変形を導入することは，ペンシルベニア大学のゼリッヒ S. ハリスによって提案されたが，チョムスキーはその提案を発展させて，変形生成文法を提唱した．

が自分の言語について知っていること）に目を向けなくてはならないことを主張した．

チョムスキーの変形生成文法では，文法は2つの規則をもつ．書き換え規則（あるいは句構造規則）と変形規則である．チョムスキーは文の内部構造は記号が一列に配列しているのではなく，いくつかの句と呼ばれる単位に分かれ，その配列は左から右へではなく，上から下への階層的構造からなる（図96-1）と考えた（書き換え規則ないし句構造規則）．また，チョムスキーは言語は2つのレベルで組織されていると考えた．すなわち，**表層構造**（surface structure）と**深層構造**（deep structure）の2つのレベルがあり，統語の深層レベルが表層レベルの基礎をなすと主張した．表層レベルと深層レベルとは，たとえば次に示すような関係にある．

　　　　深層レベル　　　　　表層レベル
　　　I HAVE HURT I　→　I HAVE HURT MYSELF

上の文において，深層構造では主語と目的語は同一人物（I）であることが明らかである．チョムスキーは意味に直結した抽象的な構造を深層構造として仮定し，それが表層構造へと変形され，現実の文が生成されると考えたのである（変形規則）．このような考え方は，ネズミのバー押しのような刺激―反応の連合によって説明できるものではなく，もっと複雑なメカニズムが関与していることを示している．

チョムスキーはまた言語のもう一つの根本的な面である「創造的側面」を強調した．人間の言葉はさまざまな語を組み合わせることにより，無限の文を創造することができる．このとき重要なのは深層構造から表層構造に変形する規則である．チョムスキーはこのような規則の集合すなわち文法のルールを定義したので，彼の文法は**生成文法**（generative grammar）あるいは**変形文法**（transformational grammar）と呼ばれることもある．

これらの動向の中で，言語学と心理学の境界領域として心理言語学が生み出されたのであった．したがって心理言語学とは，言語行動の心理学的側面と，思考や認識形成に関わる言語およびコミュニケーションの側面とを切り離すことな

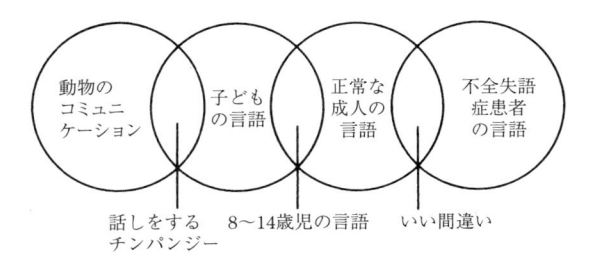

図 96-2 心理言語学において行なわれている研究
（Aitchison, 1983）[1]

（円：動物のコミュニケーション／子どもの言語／正常な成人の言語／不全失語症患者の言語；交差部：話しをするチンパンジー／8〜14歳児の言語／いい間違え）

く，心理学，言語学を融合して実証的研究を行なう学問であり，心理学と言語学が相互に寄与するばかりでなく，他の諸科学（社会学，生理学など）における知見を取り入れて今後発展していく分野であるといえるであろう．

エイチソン[10]によれば，最近の心理学言語学で扱われている主な話題は，次の3点にまとめられる．

（1）言語獲得の問題：人間は生まれつき特別な言語知識を身につけているのか．それとも，人間は高度に知的な動物であるから言語を習得することができるのか．

（2）言語の知識と言語の使用との関係：言語を使用することと言語を知っているということの関係はどのような関係にあるのか．言語学者の提案するいろいろな文法は，本当に人間の頭の中にある文法を反映しているのか．

（3）言語の産生と理解：人間が言語を産生したり理解するとき，どのようなことが生じているのか．

心理言語学では種々の研究が行なわれているが，たとえば図 96-2 に示すように，そこで取り上げる問題は互いに無関係ではなく関連しており，中間的な部分によってつながっていて，互いに切り離すことはできない．　　　〔重野〕

10) Aitchison, J., 1983, *The Articulate Mammal.* Hutchinson. （鹿取廣人・重野純訳, 1985, 言葉をもった哺乳類. 思索社.）

【参考文献】

Aitchison, J., 1983, *The Articulate Mammal.* Hutchinson. （鹿取廣人・重野純訳, 1985, 言葉をもった哺乳類. 思索社.）

Steinberg, D. D., 1993, *An introduction to psycholinguistics.* Longman. （竹中龍範・山田純訳, 1995, 心理言語学への招待. 大修館書店.）

Jackendoff, R., 1993, *Patterns in the mind : Language and human nature.* Harvester Wheatsheaf. （水光雅則訳, 2004, 心のパターン：言語の認知科学入門. 岩波書店.）

VII-97

身振り言語

Sign Language

「こっちへいらっしゃい」　　"Come here"

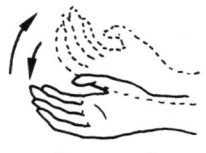

図 97　日本人と欧米人のジェスチュアの違いの例

　私たちは話をしながらも，手まねや身振りをしていることが多い．その方が話し手もスムースに言葉をつなげることができるし，聞き手もその場のニュアンスを的確に認知することができる．ときには，**ジェスチュア**（gesture）だけで**音声言語**（speech）の代わりをしてしまうこともある．外国人と話をするときに，ジェスチュアだけでうまく「会話」してしまう人もいるくらいである．**身振り言語**（sign language）とは，一般に手まね，身振りなどのジェスチュアを用いた言語，指話法，手話などを指す．

　ジェスチュアの様式は万国共通ではない．ジェスチュアを多く行なう民族もあれば，あまり用いない民族もある．また，同じジェスチュアでも国や民族によって異なる意味をもつことがあるし，逆に同じ意味を表わすのに異なるジェスチュアを用いることもある．たとえば，図 97 のように日本では手招きをするのに手の平を向こうに向けて振るが，欧米人は手の平を自分の方に向けて振る[1]．

　マクニール[2]によれば，発話に伴うジェスチュアは無意識に言語に伴って動作がとられるものであり，語や文と異なり，全体の意味を決定した後に初めて各部分の意味を理解することができるものである．ジェスチュアは，音声言語のもつ言語学的な複雑さを引き継いでおり，文の部分であると考えられている．自発的なジェスチュアは，思考しているときや話をしているときの心的過程を映し出すものとして，話し言葉そのものについて利用されてきた．話し言葉の場合には，話そうと思うことを思いついてから実際に言葉として発するまでの間に変化してしまうことがあるが，ジェスチュア

[1]　日本人の手招きは，米国人にとっては「さよなら」を表わす．

[2]　McNeill, D. 現在，シカゴ大学の心理学科教授．

の場合にはそのようなことはない．ジェスチュアは話し言葉が社会的に受け入れられるように作り上げられる前の段階のものを有しており，またジュスチュアには直接的な社会的規制がないために，何の歪みも受けずにこうした発達段階が表わされる，などの理由によると考えられている．

　このようにジェスチュアは程度の差こそあれ日常会話の中で用いられているのであるが，それはまた聾唖者（ろうあ）用に手を用いたコミュニケーション・システムとして，音声言語の代わりに用いられている．これが**手話**（sign language）である．

　一方，身振り言語はチンパンジーに言語を教える研究にも用いられている．たとえば，アメリカのガードナー博士夫妻[3]は，1966年にワシューというメスのチンパンジーに**アメリカ聾唖者身振り言語**[4]（American Sign Language：ASL）を教えた．彼らの研究から，ワシューの言語は創造的なものであることがわかった．たとえば，ワシューは人差し指を歯に当ててこする「歯ブラシ」に対する言葉を獲得したが，このことは1つの身振りがある対象や行動を「意味する」ことを理解していることを示している．また，ワシューは「鍵」に対する言葉を，もともとはドアや食器棚を開けるために用いられる鍵だけを表わすものとして用いていたが，後にはいろいろな種類の鍵を表わすのに，その身振りを自発的に用いるようになった[5]．

　ASLはそれ自体の構造をもった独立した言語であると考えられている．それは人間のあらゆる話し言葉がもつ重要な特徴をもっている．その特徴とは，言語がそれを使用する人の住む社会によるコントロールを受けた産物であり道具である，という点である．このような点で，ASLは自発的なジュスチュアとはまったく対立するものである．　　〔重野〕

3）Gardner, B. T. & Gardner, R. A.

4）身振り言語（サイン言語）の一つ．ASLがどのように生じたかは，あまりはっきりしていない．Frishberg (1975) は，19世紀の初頭，北アメリカに入ってきたフランス式サイン言語(French-Sign-Language, FSL)から発達してきたものだとしている．

5）さらに，そこにないものやいない人を尋ねることもでき，一定限度ではあるがワシューの「ことば」には置換性のあることもわかった．

【参考文献】
McNeill, D., 1987, *Psycholinguistics : A new approach*, Harper & Row.（鹿取廣人他訳，1990，心理言語学．サイエンス社．）
重野　純編，2010，言語とこころ．新曜社．

VII-98 第二言語習得

Second Language Acquisition

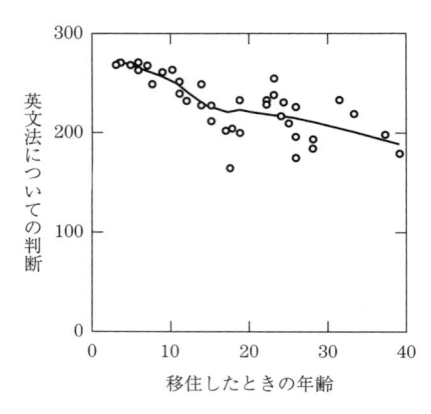

図 98-1 移住したときの年齢から見た英語テストの成績
グラフは移住時の年齢が上がるにつれて成績が下降していくが，20歳を境に下がり方がゆるやかになることを示している．(Johnson & Newport, 1989)[1]

私たちは生まれたときから周りの人たちの話し声が耳に入ってくる．そして知らない間に言葉を覚え，話をしたり相手の言うことを理解したりできるようになる．このようにして習得した初めての言語を**母語**（native language）ないしは**第一言語**（first language）という．日本人のほとんどは日本語を母語としている[2]．母語の獲得には特別な学習は必要とされず，日常生活をふつうに送っていれば，自然と身についてしまう．このことは書き言葉とは大きく異なる点である．書き言葉では文字の学習が必要である[3]．

やがて学校に行きはじめると母語以外の言語も学習するようになる．日本の場合を例にあげると，日本語以外の言語としてたいていは英語を習うようになる．このような母語以外に習得した言語を**第二言語**（second language）という．英語のほかにもフランス語やドイツ語などを学習するかもしれないが，第三，第四，……の言語もすべて第二言語という．

母語を獲得できるのは，5～6歳くらいまでという説や7～8歳くらいまでという説もあるし，青年期までなどともいわれている．時期についてはさまざまな説があるが，脳を損傷した場合，幼い子どもは言語機能を回復できるが，思春期を過ぎた患者は元には戻らないなどの事実も報告されており，一般的に青年期のどこかの時期までに母語獲得のための**臨界期**（critical period）があると考えられている[4]．脳の片側半球に言語機能が局在化する（脳の側性化）のもこの時期と一

---

1) Johnson, J. S. & Newport, E. L., 1989, Critical periods effects in second-language learning: The influence of maturational state on the acquisition of English as a second language, *Cognitive Psychology*, **21**, 60-99.

2) 母語と母国語（国籍がある国の言語）が同じでない場合もある．たとえば，アメリカに移民した家族に生まれた子どもは，母国語は米語であるが，家庭内でスペイン語が話されていて初めて獲得した言語がスペイン語である場合には，母語はスペイン語である．

3) 書き言葉のない文明は存在あったが，話し言葉のない文明はな

致している.

　一方,**第二言語習得**(second language acquisition)においては,ある年齢を越えると,言語の習得は母語と同じようにはできなくなるが,第二言語の習得過程にも臨界期があるかどうかについては議論が分かれている.たとえば,母語の発達の中で言語技能の鋳型ができあがり,それがその後ずっと保存され,新しい方言を覚えるのと同じようなやり方で第二言語を学習するという考え方がある.別の考え方としては,第二言語の学習は程度の差はあれ第一言語獲得と同じ道筋をたどることによって行なわれるのではないかとするものがある.

　言語音の知覚は**カテゴリー知覚**（categorical perception）の様式のもとで行なわれるが,この点についても母語と第二言語の間で知覚様式に違いが認められる.カテゴリー知覚とは,物理的には連続している刺激を特定の範囲ごとに区切って,それぞれひとまとまり（カテゴリー）として判断する知覚様式のことである.ウィリアムズ[5]はアメリカ合衆国に移住したスペイン語を母語とする人々について,英語の/p/と/b/という2つの音素の知覚について調べ,米語を学習した期間によって言語音の知覚に差があることを認めた.ウィリアムズの研究ではアメリカ合衆国に移住していた人たちを,思春期の前後（8～10歳と14～16歳）において学習期間が6ヵ月まで,1年6ヵ月から2年まで,3年から3年6ヵ月まで,の3つのグループに分けて米語を教え,/p/と/b/の音素境界に移動が生じるかどうかを調べた.その結果,米語に接する機会が多いほど,米語の音素境界への移動が大きいことが認められた.また14～16歳の年長児に比べて,8～10歳の年少児の方が音素境界の移動を起こしやすいということもわかった.この例からもわかるように,思春期は言語学習において特別な意味をもつ時期といえる.

　一般に,言葉は聞き取れないと話せないし,話せないと聞き取れない.ある言語を母語として獲得すると,その音韻体系にもとづいて言語音の知覚が行なわれるために,母語には存在しない音韻の識別は難しくなる.たとえば日本人の多くが英語の"l"と"r"をうまく聞き分けられないし,発音も

かった.

4)　アヴェロンの野生児のように幼少期に人間社会から隔絶されて成長すると,言語は獲得されず,後に学習の機会が与えられても,習得することはきわめて難しい.

5)　Williams, L., 1977, The perception of stop consonant voicing by Spanish–English bilinguals. *Perception and Psychophysics*, **21**, 289–297.

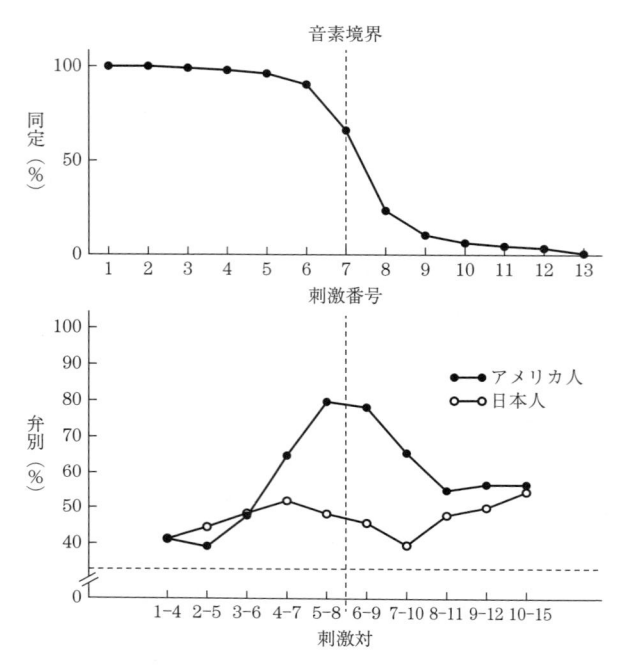

図 98-2 "l" と "r" の同定と弁別——日本人話者と米語話者の比較
(Miyawaki et al., 1975[6])

うまく区別できないが，アメリカ人は容易に区別できる．そこで日本人（母語が日本語）とアメリカ人（母語が米語）の "l" と "r" の聞き取り方を比較すると，アメリカ人はそれらをカテゴリー知覚するが，日本人はカテゴリー知覚しないということがわかった（図 98-2）．アメリカ人の場合は "l" と "r" の音素境界付近で弁別成績が良いが，日本人の場合にはそのような傾向は認められない．なお，母語でない言語の場合，聞き分ける方が発音するよりも難しいという報告もある[7]．

　幼少より同時に2つ以上の言語環境の中で生活していると，それらを母語のように使えるようになる．たとえば両親の母語が異なり，家庭で2つの言語を同等に用いている場合には，子どもは両方の言語を同程度に流暢に使えるようになる．このように複数の言語を使える人を**バイリンガル**（bilingual）という．また「2つの言語を母語話者のようにコン

6) Miyawaki, K., Strange, W., Verbrugge, R., Liberman, A. M., & Jenkins, J. J., 1975, An effect of linguistic experience: The discrimination of [r] and [l] by native speakers of Japanese and English. *Perception & Psychophysics*, **18**, 331-340.

7) Goto, H., 1971, Auditory perception by normal Japanese adults of the sound "l" and "r". *Neuropsychologia*, **9**, 317-323.

トロールできること」を**バイリンガリズム**（bilingualism）という[8]．ただし，2つの言語を常に同等に使えることは少なく，どちらかの言語能力がときに応じて優勢になることが多い．バイリンガルに対して，一つの言語のみを使用する人は**モノリンガル**（monolingual）と呼ばれる．バイリンガルの言語は2つの言語が折衷したような性質をもつと考えられる．たとえば，米語を話せるスペイン語母語話者が米語の/b/を発音するときには，スペイン語の/b/のように発音することが観察されており，母語の音韻カテゴリーの上に第二言語の音韻カテゴリーが形成されると考えられている．

チョムスキー[9]は，子どもは生得的に何が言語で何が言語でないかを知っており，そのような生まれつきもっている言語知識や言語能力によって，子どもは母語の文法を習得すると考えた．ここで言語知識とはあらゆる言語のもととなる普遍文法に関しての知識である[10]．言語の普遍性は音韻などの言語の素材についての実在的普遍性（たとえば，ある言語音とそうでない音とを区別できること）と文法についての形式的普遍性（たとえば，文法がいかにして組み立てられるかを知っていること）から成り立つ．チョムスキーのこのような考え方に対して，子どもは言語について白紙の状態で生まれてくるという考え方もある．

言語習得に対して柔軟だった脳は子どもが成長するにつれしだいに可塑性が失われ，第二言語の学習も難しくなる．また母語の文法規則を習得することも，第二言語の獲得に影響を及ぼし，干渉や促進を引き起こす．たとえば，日本語は英語とは語順などの文法が異なり，母音や子音などの数も少ないので，日本語を母語として獲得すると，日本語（母語）についての知識に影響されて英語を学習するのが難しくなる．このように第二言語習得は母語の影響を受けたかたちで行なわれると考えられている． 〔重野〕

[8] Bloomfield, L., 1933, *Language.* New York: Holt, Rinehart and Winston. （三宅鴻・日𦱳資純訳，1969，言語．新装版，大修館書店．）

[9] Chomsky, N., 1965, *Aspects of the Theory of Syntax.* Cambridge, Mass.: MIT Press. （安井稔訳，1970，文法理論の諸相．研究社．）

[10] 普遍文法をピアニストの例にたとえると，初見で曲を演奏する場合，ピアニストはその曲には拍子があることは知っているが，2拍子か3拍子か4拍子かは作品を見るまではわからない．同様に，音符の音域については知っているが，音符の並びや組み合わせがどんなふうであるかは知らない．

Aitchison, J., 1983, *The Articulate Mammal.* Hutchinson. （鹿取廣人・重野純訳，1985，言葉をもった哺乳類．思索社．）

【参考文献】
ビアリストク，E.・ハクタ，K.，重野純訳，2000，外国語はなぜなかなか身につけかないか：第二言語学習の謎を解く．新曜社．
重野純編，2010，言語とこころ．新曜社．

Ⅷ　パーソナリティ

　むかし，あるところに，おじいさんとおばあさんが，すんでいました。
おじいさんは　やまへ　しばかりに，おばあさんは　かわへ　せんたくに
ゆきました。　（中略）　ふたりが　ももを　わろうとすると，ももが
じゃくっと　われて，なかから　かわいい　おとこのこが，ほおげあ　ほ
おげあっと　いって　うまれました。　（中略）
「このこは，ももから　うまれたのだから，ももたろうと　なをつけよう」
と，ももたろうと　なづけました。　（中略）　ももたろうは，
　　一ぱいたべると　一ぱいだけ，
　　二はいたべると　二はいだけ，
　　三ばいたべると　三ばいだけ，
おおきくなる。
　　一を　おしえれば　十まで　わかる。
だんだん　おおきくなって，それはそれは　ちからもち。そのうえ，
なんともかとも　かしこいこに　なりました。
（「ももたろう」松居直文，福音館書店，1965　より）

類型論

Typological Theory

VIII-99

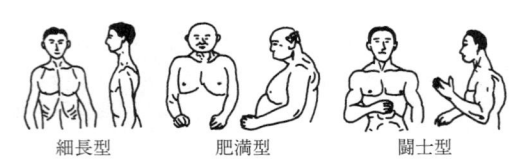

細長型　　肥満型　　闘士型

図99　クレッチマーの3体型

人を観察していると，各人のものの見方，聞き方，感じ方，考え方，態度，仕ぐさにはそれぞれ特徴があり，物事を処理する能力にも差があることがわかる．さまざまな個人差のうち，物事を処理する能力を知能と呼び，それ以外の個人差を**人格**（personality）とか**性格**（character）と呼ぶ[1)2)]．人格や性格という個人差の研究は，(1) それらを生じさせる根源となるものは何か，(2) それらの構造はどうなっているのか，(3) それらはどのように形成され発達するのかという観点から行なうことができる．しかし類型論とか特性論は，これらの観点からの研究ではなく，性格や人格を分類することを目的とする研究であり（両者は分類の仕方の違いで区別される），**類型論**（typological theory）は，何らかの観点から比較的少数の型に分類し，分類することで人間を明確に理解しようとする立場を指す．それは，さまざまに行なわれた分類の総称であり，**類型学**（Typologie）ともいわれ，20世紀前半のドイツを中心に欧州で流行した．

類型論の源流と見なすことのできるものは数々あげられる．たとえば，紀元前3世紀，テオフラストス[3)]が巧妙な人間観察にもとづく分類を行なって以来，19世紀に至るまで哲学・文学的考察が行なわれた．特に19世紀は，骨相学，観相学，筆跡学など人間をさまざまに分類することが盛んであった．心理学者ではたとえばヴントが，2世紀にガレノス[4)]が行なった気質の分類[5)]をもとに新たな分類[6)]を試みた．しかし個人差に言及した当時の心理学は，魅力に乏しく理論的にもとるに足らなかった．これらに対して，20世紀に入ってクラーゲス[7)]やシュプランガー[8)]によってなされた分類

1) 昔，心の働きを素質としての知能・気質・性格に分け，人格をそれらを包括するものとしたことがある．これによると知能と性格が人格の下位の概念となる．

2) 2つの言葉の区別はしばしばなされないが，人がもっていると仮定したさまざまな心的な素質あるいは可能性のうち，成長につれ表面に表われてきたのが「人格」，すでに表われているものもまだ表われていないものもすべて含めたのが「性格」である．性格はもって生まれたものすべてで，人格と性格の違いを一言でいえば，「人格は変わるが，性格は変わらない」ということである．この2つの言葉の違いはすでにその語源に見られる．人格はもともとラテン語で「仮面」を意味し「目に見える行動，表面的行動」が含意された．それはやがて「劇で演じる役割」，「明確な特質をもつ人」を意味した．性格はも

は，それ以前の分類より魅力的で組織的な理論をもっていた．これらは類型の重要な例であるが，最も重要でかつ大きな影響を与えた類型論の典型はクレッチマー[9]とユングの分類である．以下この2つを中心に述べる．

クレッチマーは，①多くの精神病患者の体格を観察し**肥満型**（pyknic type），**細長型**（leptosomic type），および筋骨逞しい**闘士型**（athletic type）に分類し（図99），②躁鬱病者には肥満型が，分裂病者には細長型が多いことを見いだした．このことから，③クレッチマーは精神病の特徴と体格には関係があり，しかもこの関係は精神病患者以外の者の性格と体格の関係として一般化できる，つまり精神病患者の特徴は健常者のもっている性格が異常の方向に進行したものと考えた[10]．そして，まだ異常には至らない精神病質者や健常者の性格を検討して自らの考えを確信し精神病名を付けた類型を分類した．解放的で情味豊かな人間で自分の外に出て生活する**躁鬱気質**（cycloid temperament）と閉鎖的で情味の乏しい人間で自分の内で生活する**分裂気質**（schizoid temperament）である．これらの気質が精神病者ではより極端に，正常者ではより社会から逸脱しないかたちで表われるとクレッチマーは主張した．そしてその後，てんかんの患者には闘士型，発育不全型（発達の不十分な徴向をもつ），細長型が多いことが見いだされ，主に闘士型と関係が深いとする**粘着気質**（phlegmatic temperament）を類型に加えた．それは，几帳面・固執的，その反面，強い自己主張・爆発的な憤怒を示すとされた（表99参照）．

人間は環境によって形成されるとの見方をするアメリカでは，体格という遺伝的なものと人間の心を対応づけるクレッチマーの分類は，その対応が必ずしも明確でなく統計的扱いも不十分と批判され，人気がなかった．シェルドン[11]は，多くの大学生を対象に，体の5つの部分を数値的に表現し，内胚葉[12]から発生する消化器系統がよく発達しやわらかくまるい**内胚葉型**（endomorphy），中胚葉から発生する骨・筋肉がよく発達し角ばりがっしりしている**中胚葉型**（mesomorphy），外胚葉から発生する神経系感覚器官および皮膚組織

ともとギリシア語で「刻んだり彫ったりする道具」「刻まれたり彫られたもの」を意味し「生得的で変容困難な傾向性」が含意された．

3) Theophrastus (B. C. 372-287)．「道徳諸相」で，へつらい，身勝手，晩学……などの分類を行なった．

4) Galenus (129?-199)

5) 血液・黒胆汁・黄胆汁・粘液の4種の体液があるとする古来の考えにもとづき，これらのどれが優勢かで多血質・憂鬱質・胆汁質・粘液質という気質が生じると考えた．

6) 気質を感情反応の遅・速・強・弱でとらえた．多血質を速・弱，胆汁質を速・強，憂鬱質を遅・強，粘液質を遅・弱とした．

7) Ludwig Klages (1872-1956)．『性格学の原理』(1910)で，人間は動物や原始人にも共通する心情的なもの＝心 (Seele) と発展の所産である精神的なもの＝精神 (Geist) の相対立する本質をもつ存在であり，どちらが優勢かによって類型化しようとする傾向が見られた．

8) Eduard Spranger (1882-1963)．『生の諸

表 99　躁鬱気質と分裂気質

躁鬱気質の特徴
　陽気もしくは憂鬱な気分に支配されるかまたは両者の間を動揺する．一般的には気分がすぐ変化する．たとえば，些細なことでかっとなるが，次の瞬間，親切で愛想のいい人間となり，自分を責める．悪気のないわがままあるいは無作法な振る舞いをする．小さなことに大騒ぎしたり，目前の興味に没頭する．この気質の者はあるがままに振る舞うので理解しやすい．

分裂気質の特徴
　何を考えているのかわからず外面と内面が存在する．しかし内面にはすべての有害な影響から守られなくてはならない「領域」が隠され，それはその人が豊かな感情や激しい情動で応じられる隠れ場である．その人にとって外面はどうでもよく，それゆえ人を寄せつけない（無愛想，気むずかしい）印象を与える．社会的な技量があれば愛想があり社交的な姿を見せることができ，また内面への脅威がないときはお人好しで従順な人間であることができる．しかし「領域」が攻撃されると敏感に防御する．中には，内面にはどんな感情も情動もなく生ける屍のような人もいるが，やはり外面は内面について何も語らない．

がよく発達しきゃしゃな**外胚葉型**（ectomorphy）の3つの体格の典型を分類し（肥満型，闘士型，細長型に対応），次に，各々の体型と高い相関をもつ3つの気質群をまとめ，各々の体型に対応して，内臓緊張型気質，身体緊張型気質，頭脳緊張型気質と名づけた（躁鬱気質，粘着気質，分裂気質に対応）．しかしシェルドンの研究は，クレッチマーへの批判から始められた大がかりな研究であったにもかかわらず，クレッチマーの分類をさらに実証するものとなった[13]．

　1921年には，もう一つ大きな影響を与えた『心理的類型』が発表された．ユング[14]は，**リビドー**[15]（libido）を性欲に限定しないで心的現象の根源であるエネルギーと考えた．それが外部に向かい外部の刺激に影響されやすい**外向型**（extraversive type）は，情緒の表出が活発で決断が早く他者との交わりを好む．これに対し，内部に向かい自己に関心が集中する**内向型**（introversive type）は，内気で控え目で思慮深い反面，実行力に乏しく孤独で社会的なことに興味を示さない．エネルギーが内か外かのいずれに向かうのが優勢かによって型が決まるが，違いが極端になるほど互いにが理解できず反発するか，理解できないが故に盲目的に尊敬するという．ユングの類型は，向性検査などのさまざまな検査に取り

形式』（1910）で，人間は価値によって方向づけられ，文化は人間が形成したものである．したがって文化財（芸術や科学など）を分類することは，人間がもつ価値すなわち人間を分類することであると考え，理論的人間・経済的人間・審美的人間・宗教的人間・権力的人間・社会的人間の6類型を分類した．
　Spranger, E., 1930, *Lebensformen : Geisteswissen schaftliche Psychologie undEthik der Personlichkeit*. 7. Aufl, Leipzig.（1. Aufl. 1914）

9) Kretschmer, E. (1888–1964)
　Kretschmer, E., 1924, *Korperbau und Charakter*. 4. Aufl, Julius Springer.（1. Aufl. 1921）.（相場均訳，1960，体格と性格（1955年版）．文光堂．）

10) 精神病者と正常者を量的な相違ととらえることに反対する者もあった．

11) Sheldon, W. H. (1899–1977)

12) 動物の個体発生の初期における授精卵は3層からできているが，この層を胚葉という．

13) クレッチマーは精神病者を基礎に直感的，シェルドンは正常

入れられ，また日常語となった．しかしユング自身は分類が目的ではなく，一般に類型論では論じられない個人差の力動的側面を論じ，その必然として典型に言及したのである[16]．内向-外向は類型としても有名であるが，ユングの理論は力動論と見なしてよい．

最後に，イエンシュ[17]の分類を述べる．外界に対象がなくともそれを知覚しているのと同じくらいの明瞭さをもってイメージ化できる人は，知覚の機能とイメージの機能が互いに「浸透しあっている」のであり，このような人をイエンシュは**統合型**（integrated type）と呼んだ．「統合」は心理的機能間[18]だけでなく，個人と外界との間にも生じる．**非統合型**（disintegrated type）は，その人と外界の関係を見ると，外界に対してほとんど接触をとらず外から入ってくるものは異質なものとして受け取るという．イエンシュは，この分類に対する実証的な基礎を与えようとしてさまざまな実験心理学的な手法[19]を用いた点が特徴的で[20]，当時は共感を受けたが，分類が多義的で事実と推測が混同される欠点があった．

以上が類型論の典型例である．類型論は，人間を独自な全体として考えそれより小さな部分に分けない．厳密に測定することでなく，直感的に理解できることを重視する．その結果，類型論は無体系であったり，分類方法に研究者の特殊性が反映し一般的といえず，少数の型に分けるためどちらの類型にも属さない中間の型が無視されやすく，互いにの分類を統合するような分類は試みられないのである．したがって客観的・科学的であろうとする主にアメリカの心理学者は類型論は粗雑であると判断し特性論の立場をとったが，類型論で見いだした類型と，因子分析で見いだした因子とが類似することもあった． 〔八木〕

【参考文献】

Lazarus, R. S. & Monat, A., 1979, *Personality*.(3rd ed), Prentice-Hall.(帆足喜与子訳，1981，パーソナリティ．岩波書店．)
Rohracher, H., 1956, *Kleine Charakterkunde*. Urban & Schwarzenberg.(宮本忠雄訳，1966，性格学入門．みすず書房．)
坂本賢三，1982，「分ける」こと「わかる」こと．講談社現代新書．
塚田毅，1980，人格心理学概説．共立出版．

者を基礎に実証的，なお，体型と気質に相関が認められても因果関係はわからない点に注意．

14) Jung, C. G.(1975-1961)
Jung, C. G., 1921, *Psychologische Typen*. Rascher & Cie.
「I-7 精神分析学」の項を参照．

15) 人間の行動の根源となるもの．この充足のされ方がパーソナリティを決める．

16) このことはフロイト，フロム，ホーナイなどの精神分析派の流れにも当てはまる．

17) Jaensch, E. R. (1883-1940)

18) 思考と感情が浸透しあっている場合，あらゆる思考が感情を伴って意識化される．

19) たとえば，統合型は，ミュラー・リヤーの錯視量が大きい．

20) 傾いた外枠の中の棒を垂直にしようとしたときに傾きに影響されるかによって分類した，ウィトキンの研究も有名．

VIII-100

特性論

Traits Theory

表 100-1 キャッテルが因子分析にかけたデータの例 (Cattell, 1965)[8]

評定尺度における測定
高い超自我　　　　　　　　低い超自我
持続的な　決意の固い　対　あきらめやすい　気まぐれな
責任ある　　　　　　　　対　浅薄な　未成熟な
質問紙における測定
・あなたは，礼儀作法や社会的義務など他の同じような事柄においても几帳面ですか.
・あなたは，不注意な会話によって人の感情を害することがないよう慎重に注意していますか.

上半分が評定尺度，下半分が質問紙にするもの．これは，16因子のうち1つを特定するもの．質問紙の表現内容が表 100-3 で示したのと違っていることに注意.

類型論（typological theory）研究者は人間のより基本的な固定された部分，「人格」ではなく「性格」もしくは「気質」[1]「価値」の分類を求めた．一方，**特性論**（traits theory）は米・英の研究者が行なった「人格」の分類をさすが，彼らは，人間は環境によって形成され他者や社会との関わりの中でさまざまな行動を表出するという立場から個人差を求めた．つまり語源的に変化するもののニュアンスをもつ「人格」の分類こそが人間の変化・発展を重視するとくに米国の風土に合致しているのである．また米・英の研究者は，ただ人格を分類するだけでなく人格を測定する検査を作ったので，性格検査ではなく人格検査と表記するのが適切である[2]．なお，日本語の「人格」には価値的・倫理的な意味が含まれうるので，以下**パーソナリティ**（personality）と表記する.

さて，特性論も，類型論同様，人間を分類するある立場の総称であるが，性格を少数の類型に分類する代わりに，パーソナリティを構成する比較的多数の単位に分類し，それぞれの程度を量的に測定し，それら測定値の組み合わせによって個人のパーソナリティを記述しようとする．この単位を**特性**（trait）という．類型論ではある分類の単位＝類型（という分類の単位）をもつ人は他の類型をもたないのに対し，特性論では比較のために分類された単位＝特性（という他者との比較のために分類された単位）はすべての人が多かれ少なかれもつとされ，個人差は各々の特性の量的な違いとして表現される．特性論は分析的な立場に立ち，それに質問紙などに

1) 気だての優しさ，興奮しやすさなど，刺激への感受性，反応の強度や速度に特徴が表われる先天的な感情・情緒的側面を指す.

2) 日本ではこの区別がなされない.

よる客観的測定が伴うのが特徴である.

　特性論の出発点はオルポート[3]である.ある人がある行動をとるのは,行動主義的な考えでは[4],その行動を生じさせる**習慣**(habit)が形成されていたからである,つまりその行動はかつてある場面で強化されたものであり,その人がそのときと同じような場面におかれるためにその行動が生じることになる.しかし,私たちは,人がさまざまの場面を通し一貫してある行動をとるように思える場合がある.オルポートは,場面の違いに影響されず人を一貫した行動に導くもの,すなわち特性の存在を主張したのである.彼は,特性とは,人が出会うさまざまな場面を特定の行動を起こさせる刺激として同じ機能をもつものにまとめ上げ,行動主義者のいう習慣そのものや習慣が単純に加算されたものでなく,習慣が基礎となって形成されたより一般化された行動へと結びつけることができるものであると考えた.たとえば「ありがとうと言う」,「相手の話をさえぎらない」,「自分の意志を明確にする」などという所作をある特定の場面で行なうことを学習した子どもが,大人になってより広い場面で,各場面に臨機応変して,一連の行動を行なったとしよう,そしてそれが観察する者に「優雅だな」という感慨をいだかせるようなものであったならば,それは「優雅さ」とでもいうべき,場面を越えた特性が形成されたのである.オルポートは,類型が観察者の作り上げた概念構成物であるのに対し,特性は観察者の創作ではなく何らかの神経学・生理学的基礎に対応すると考えた[5].それは正確に測定することは困難だが,何らかの方

[3] Allport, G. W. (1897-1967)

[4] 行動主義は,行動を規定するのはその人のおかれた状況であり習慣の集まりにほかならない.刺激と反応について十分に知ることができれば,特性のような媒介変数は不要とする.

[5] 「多くの刺激を機能的に等しい価値をもつものとし,見かけは異なっても等しい価値をもつ(見かけではなく意味の上から一貫している),適応的でしかも表出的な行動を引き出し,導き出す能力をもっている神経精神的組織(neuropsychic system)である(Allport, G. W., 1961, *Pattern and Growth in Personality*. Henry Holt).

表100-2　刺激場面と生じうる反応

刺激となる場面	特性	生じうる反応
議論をする パーティに行く 見知らぬ人に会う 親密な人に会う 他の人に教える ⋮	優雅さ	適度に目を見つめる 適度に微笑む 話をさえぎらない 言うべきことは言う 明瞭な発声 聡明なたとえ話 ⋮

特性が形成されるとそれは,さまざまな刺激(場面)群とさまざまな反応群とを関係づける媒介変数となる.

法で近似的に測定できる．そして人間とは，このような特性が複数集まり相互に関係しあう存在と考えた（表100-2）．

オルポートは，特性を，すべての人が多かれ少なかれもっている**共通特性**[6]（common trait）とその個人だけがもっている**個人的特性**[7]（individual trait）に分けた．他者との比較をするためには共通特性に注目しなければならない．比較されるべき共通特性は，それを測定する何らかの指標が必要であり，共通特性を個人について測定した結果をプロットしたものを**心誌**（psychograph）と呼んだ．心誌は，なぜその特性が選ばれたのかが明らかでなく，特性間の相互関係も不明だったので普及しなかったが，特性を一定数選び出し，それらを数量的に図示し，個人間の比較をするという特性論によるパーソナリティの把握方法を明らかにした点で歴史的な意義がある．

オルポートのいう特性は，**因子分析**（factor analysis）という多変量解析の一手法が広まることで実証的に同定されるようになった．それを用いて大がかりな特性の抽出を行なったのはキャッテル[8]である．彼は，オルポートに倣い特性を**共通特性**（common trait）と**独自特性**（unique trait）に大別するが，彼の研究を方向づけたのは次の観点からの分類である．つまり，共通特性にしろ独自特性にしろ，特性は外部から観察することができる**表面的特性**（surface trait）と観察されない**根源的特性**（source trait）に分けられ，後者はいくつかの表面的特性についての相関係数を求めて因子分析を行なうことで抽出できると考えられた．キャッテルは，(1) 人の行動を表現する際に使われる用語を検討集約し，対をなすかたち（クラスター）として54個にまとめ上げ[9]，観察の対象となる人々をこの対を使って観察者が評定したデータ，および，(2) 被験者が自己観察や内観によって自分自身について回答するいわゆる質問紙法によるデータ，をそれぞれ因子分析し，合わせて12個の因子を抽出した．分析の対象となったデータが表面的特性であり，抽出された因子が根源的特性である．この因子はその後改訂され16因子となり（表100-1），それにもとづき**16パーソナリティ因子質問紙**

[6] ある地域社会の内部では個人のパーソナリティに影響する要因は共通しており，共通特性が存在すると考えられる．個人を真に理解するには個人特性まで考慮しなければならない．

[7] 個人特性は，事例研究，日記・手紙などを手がかりに把握できる．このような考えは，オルポートが，臨床心理学的な事例研究も重視したことから来ている．後年，個人的特性は個人的傾性（disposition）と表現された．

[8] Cattell, R. B. (1905–1998)
Cattell, R. B., 1965, *The Scientific is Analysis of Personality*. Penguin Books.（斎藤耕二・安塚俊行・米田弘枝訳, 1981, パーソナリティの心理学. 改訳版, 金子書房.）

[9] 当時としては因子分析を行なうには多すぎる数だったので，35個に減らした．

(sixteen personality factor questionnaire) が作成された．キャッテルは，抽出された16因子のうち第1因子は「躁鬱性気質対分裂性気質」に相当し，それによってクレッチマーの2つの類型を一次元の両極として統合できると主張し[10]，2次因子分析（second-order factor analysis）という手法によってさらに因子を抽出した結果，不安（後述するアイゼンクの神経症的傾向と等しいと考えられる）や内向－外向といった因子を抽出し，後者はユングの類型に相当すると主張した．また彼は，このような質問紙検査とは別に，被検者にその測定内容がわからないような客観テスト[11]を実施しデータを因子分析し，不安などを測定する検査を作った．

さらにキャッテルは角度を変え，根源的特性について，生理的遺伝的要因を反映する**体質的特性**（constitutional trait）と環境の諸条件によって形成される**環境形成特性**（environmental mold trait）という分類を行なった．さらに特性の表われ方によって，目標の処理をどれだけ効果的にできるかという**能力特性**（ability trait），処理する際に表われるテンポ・スピード・持続性など生得的な側面の個人差に関わる**気質特性**（temperament trait），なぜそれをする気になるのかという動機づけに関わる**力動特性**（dynamic trait）という分類を行なった．力動特性のみは実際に因子分析によって同定しようとされた．キャッテルがこの特性を考慮したのは，根源特性を同定するだけでは不十分であり，パーソナリティの力動的な側面も同定しなければならないと考えたからである．力動特性は，日常，態度・興味・信念といったかたちで現われ，「わたしは／ある場面のある対象について／～することを／切に願っている」という表現の質問項目（表100-3）を多数回答させたデータを因子分析して得られると考え

10) クレッチマーはこれを受け入れなかった．

11) 冷水の中に前腕を入れて脈拍をとる，ペン先に付いている電気装置によって筆圧を見るなど，多様なものがあった．

12) 抽出された因子は，力動特性をさらに分類した生得的で従来の動因・欲求という概念に相当する部分（エルグと称した）と，それから派生した情操に相当する部分（メタネルグと称した）に相当すると考えた．

13) Guilford, J. P. (1897-1987) ギルフォードは因子分析を利用した組織的な研究をし，また統計手法の著書で有名となった．彼が抽出した因子は，抑制，支配性，社会性，情緒安定性，客観性など．日本ではこれをもとにY-G検査が作られた．

14) Eysenck, H. J. (1916-1997) 直交解を用い因子の数を少数に絞った．彼は自分の分

表100-3　力動特性を同定するための質問項目の例
（　）は，力動特性の種類．

・私は，事故や病気による死の危険が減少するのを見たい．（恐怖）
・恋愛やうっとりするようなヒロインが登場する小説が好きだ．（性）
・私は，生涯を通して，維持され，拡大していくような組織だった宗教的な基準を手にしたい．（宗教）
・私は，自尊心を損なうようなことは決してしたくない．（自己）

ギルフォード[13]も，戦前から用いられていたさまざまな質問項目を数多く実施し，その回答を因子分析した結果にもとづき**人格目録**（personality inventory）を作った．

同じく因子分析を用いて心理検査を作ったけれど，特徴ある因子分析の利用の仕方をしたことで知られているのがアイゼンク[14]である．キャッテルの研究ではあまりにも多くの資料が無計画に因子分析にかけられ，その結果抽出された因子は必ずしも明確ではないとアイゼンクは考えた．アイゼンクの因子分析の利用の仕方が特徴的だったのは，彼によれば，抽出しようとする因子は彼のパーソナリティ観からあらかじめ決定されているという点にある．それは**外向-内向**（extraversion–introversion）と**神経症的傾向**（neuroticism）（もしくは情緒不安定性）という2つの次元である．約1万にも及ぶ被験者を対象に，外向-内向次元では外向群と内向群，神経症的傾向では神経症群と正常群という両極群を選び出し，精神医学的診断・質問紙・客観的動作テスト・身体的差異の4つの方法で測定した4群の資料を因子分析にかけ，2群を判別するのに最も有効な資料を特定しようとした．それが特定されることは目標とする次元が操作的に同定できたことを意味すると見なしたのである．上述の2次元は，たしかにこの因子分析によって見つけ出され[16]，それにもとづき**モーズレイ人格目録**（Maudsley personality inventory, MPI）が作られた．図100-1はアイゼンクのパーソナリティの階層モデルである[17]．この図で象徴的に示されるように，アイゼンクは，(1) 類型とは定量的にとらえられ

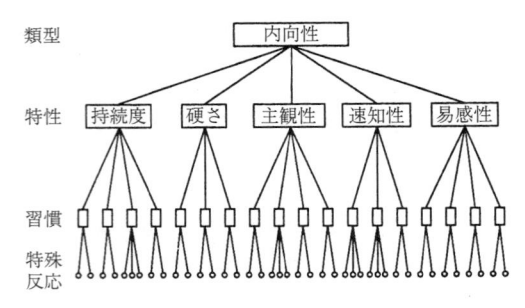

図100-1　パーソナリティの階層モデル
（Eysenck, 1953）[15]

類型論と特性論の統合．第1の層の特殊反応とは，日常生活またはそのときどきの実験における個々の反応であり，一度だけ現われても規則的に現われてもよい．個人が同じような状況下で同じような反応を繰り返すようになると，あるいはテストを繰り返しても同じ結果を出すようになると，第2の層の習慣反応となる．第3の層は，さまざまな習慣反応が重なってパーソナリティ特性が形成される，あるいは多くのテストのうちどれが大きな相関をもつかを調べることでその背景にある特性を同定できることを意味している．第4の層は，さまざまな特性が重なって類型が形成されることを意味している．あるいはすでにまとめ上げられたテスト群のうち，対象となっている被験者群を同じようによく弁別できるものどうしをさらにまとめることでより広範囲の検査にできるということを意味している．

析をクライテイリオン分析と呼んだ．彼のパーソナリティ観は，第二次世界大戦中に勤務していた病院における戦時神経症の研究が基盤．

15) Eysenck, H. J., 1953, *The Structure of Human Personality*. Wiley.

16) 後に，精神病的傾向（psychoticism）の次元を加えた．

17) これは日常実際にパーソナリティが形成される段階を意味すると同時に，実験室で被験者のパーソナリティ

るだけでなく，(2) 特性から形成されるものであると主張した．

　特性論は，人間を類型論のように質的に異なるものではなく，測定値のパターンの違いとしてとらえる．そのため類型論のように中間の型が無視されることはないが，直感的な理解ができにくい．しかし直感的な理解はできなくとも，信頼性と妥当性をもってパーソナリティを構成する特性が同定され，その諸特性の客観的測定によって個人をとらえられるのなら，特性論は類型学における単純化を免れた優れたものである．そして，幾人かの研究者は自らの因子分析の結果，類型に相当するものが見つけられたと主張したが，もしそれが正しいなら，類型は何らかの特性の量の違いで表わされることになり，類型論と特性論とは相対立しないことになる（図100-2）．

　基本的単位の抽出に貢献した因子分析について留意しておかねばならない点は，(1) 抽出される因子が本来もつ人間の特性を反映したものかどうかを判定するのは困難である，(2) 抽出される因子は分析にかける資料に規定され，あらかじめ資料に含まれていない側面は因子に反映されない，(3) 意味の不明な因子が抽出されたときの扱いが困難である，(4) 研究者間で基本的特性に関して一致や同意[19]が見られない，などである．また，有用な道具であっても，十分なパーソナリティ理論もないまま因子分析を実施することは，脈絡のない多数の紙と鉛筆による検査を生み出すだけの結果になりかねないことを注意しておこう．　　　　　　〔八木〕

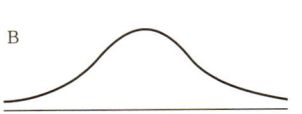

図100-2　類型論と特性論（Carver &Scheier, 1988）[18]
図の(A)は，従来，相容れない類型（たとえば内向型と外向型）として考えられていたものの図示である．(B)は，それらが，何らかの分布のかたちをもった1次元上の数値の違い（両極）として表わされることを示している．

ィを抽出・同定する際の手続きをも意味した．

18) Carver, C. S. & Scheier, M. F., 1988, *Perspectives on Personality*. Allyn and Bacon, Inc.

19) アイゼンクとキャッテルは「内向－外向」など同じような因子を抽出したが，因子分析の手法の違いから来る主義の対立によって同じものであると認めなかった．

【参考文献】

Allport, G. W., 1937, *Personality: A psychological interpretation*. Henry Holt.（詫摩武俊他訳，1982，パーソナリティ．新曜社．）

Cattell, R. B., 1965, *The Scientific Analysis of Personality*. Penguin Books.（斎藤耕二・安塚俊行・米田弘枝訳，1981，パーソナリティの心理学．改訳版，金子書房．）

Nyborg, H. (ed.), 1997, *The Scientific Study of Human Nature*. U.K.: Pergamon.

詫摩武俊編著，1978，性格の理論．第2版，誠信書房．

VIII-101

力動論

Dynamic Theoy

図101-1 生活空間のトポロジー(詫摩, 1978より改変)
ある小学生が, 病気になったことがきっかけとなり医者になりたいという明確な欲求をいだいたとする. その最終目標を満たすために, 大学に入る, 高校に入る, 中学に入るという下位の欲求が生じ, それらの欲求に応じて生活空間の分化が進む. その小学生は領域を1つずつ通って最終目標に至れば欲求が充足される. 図では, aが現在の小学時代, bが中学, cが高校, dが大学, eが医者の時代である. 各領域は各々の時代の中での選択肢の1つ.

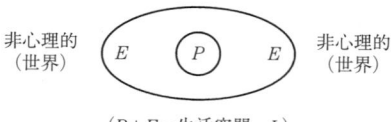

図101-2 生活空間(L)にいる人(P)
(Hall & Lindzey, 1978)[1]

$(P+E=生活空間, L)$

類型論(typological theory)や**特性論**(traits theory)は, 性格やパーソナリティを分類するだけなので人間を静的にしかとらえられない. 人間を深く理解するためには, 人間の心理・行動の特徴を性格やパーソナリティとして分類するだけでは不十分である. つまり, 人間の行動の根源は何であり, それはどんな条件下でどのように人を動かすかという観点からの研究が必要である. この行動の根源となるものとして**欲求**(need)や**動機**(motive)[2]を重視し, それによって喚起された**動因**(drive)や**心的緊張**[3](psychic tension)がどのように低減されるか, その過程を力動的(ダイナミック)に分析する立場を**力動論**(dynamic theory)あるいは**精神力動論**(psychodynamics)と呼ぶ[4]. 力動論の代表には, 精神分析学のフロイトとゲシュタルト心理学のレヴィン[5]をあげるのが一般であり, ともに行動を推進する力を生む欲求を想定し, パーソナリティの形成や人と行動との関係を考える上で, 欲求によって喚起された緊張を充足させようとする過程を理論化した[6]. ここでは主にレヴィンの考えを紹介する.

レヴィンは, 類型や特性によってパーソナリティを記述することにも, 本能や欲求を列挙することにも関心をもたなかった. 精神分析に対しては, 力動的研究の優れた例であると見なしたが, 本能を重視しすぎ, 仮説演繹法による実験的検

1) Hall, C. S. & Lindzey, G., 1978, *Theories of Personality*. 3rd ed., John Wiley & Sons.

2) 生得的である欲求を一次欲求, 経験によって習得されたものを二次欲求と分けることが多いが, 後者の場合, 特に動機という言葉が当てはめられることがある.

3) 「動因」は特に動物を使った実験において多用され, 「心的緊張」はレヴィンが好んだ.

証を経ない概念が多いと指摘した．そしてフロイトのように行動の原因を過去へさかのぼり過去の出来事で現在の行動を説明するのではなく，現在の生活空間全体を分析しその構造から現在の行動を説明しようとした．また，行動主義とは概念が操作的に定義される点が一見共通するが，行動主義は心理的な記述を排除しようとするあまり人間の心理をとらえるという本来の目的が忘れられていると指摘した．そして状況の記述は観察者の視点からではなくて行動している人の視点からなされなくてはならないと主張した．

　レヴィンによると，人間の行動（B）の原因は，個人のパーソナリティや欲求，あるいは環境刺激のいずれか一方にあるのではなく，人（P）と環境（E）が相互に作用しあう全体の事態（S）にあると見る．レヴィンのこのような考えは，$B=f(P, E)=f(S)$という関数関係を擬したかたちで表現され，**場の理論**（field theory）と呼ばれる．その理論では，すべての心理的事実は場＝**生活空間**（life space）の平衡が破れることで生じ，それに対し人は平衡を回復しようとして行動すると考えられる．生活空間は楕円形で表わされ，その中に（閉じた円で表わされる）人がいるのが基本的図解である（図101-1）．生活空間内には交差せずかつ閉じた（トポロジー的な）領域が描かれるが，これは各個人にとっての心理的事実を示している．領域はその個人にとって存在している心理的事実の数だけあるが，それを領域が**分化**（differentiation）しているという．分化が始まるのは，生活空間の中に緊張が生じ平衡が破れたことを意味する．つまりある欲求が人の内部に生じたときその欲求の対象となるものが生活空間内の領域として分化する．領域は必ずプラス（＋）かマイナス（−）の価値をもち，中性の場合は存在しない．レヴィンは，誰にも共通して存在するものはなく，その人にとって価値あるものだけが存在すると考える．人は＋ならばその領域に近づき，−ならば離れようとする．＋の領域は人がその領域に入ると緊張は低減・解消されるが，直接その領域に入れるとは限らず，その領域に至るまで数々の領域を通過しなければならないことも多い．一般に最初の領域＝目標が定ま

4) ジェームズやマクドゥガルが本能のリストを提示したことを，力動論の起源と見ることもできるが，なぜそのリストのような内容になるのかを説明する十分な理論が欠けていた．本能は（特に一次的な）欲求や動機と同じ意味で使われることがある．

5) Lewin, K.(1890-1947)
　Lewin, K., 1935, *A Dynamic Theory of Personality*. McGraw-Hill.
　Lewin, K., 1936, *Principles of Topological Psychology*. McGraw-Hill.
「V-75 葛藤」の項を参照．

6) フロイトの流れを受けて，ホワイト，ロジャース，マスローたちが重要な考えを展開した．

7) それぞれの領域は，「隣接しているか−離れているか」，領域を区別する線（境界）が「硬いか−柔らかいか」，領域内が「流動的か−堅固か」で区別され，領域相互の交通の程度が表現される．離れているほど，境界が硬いほど，領域内が堅固なほど，その領域に入るのが困難．

ることによって生活空間はさまざまに分化が進んでいく[7]．各領域は＋か－の価値[8]をもつが，ふつう最終目標となる領域のみに＋か－が表示される（図101-1）．ただし欲求の充足は，このように，その緊張の原因となっている直接の対象に向かって行動し（障害に負けず欲しいものに直進し），生活空間を再構成することでのみ果たされるわけではない．環境の認知構造を変化させる（たとえば「ほんとは欲しくない」と言い聞かせる）ことによっても可能である[9]．

人（P）は，環境から分離した領域であるが，その内部はやはり交差せずかつ閉じ，しかも成層的に分化した領域で表現される．**知覚-運動領域**（perceptual-motor region）は人の周辺部に属し，情報器官として環境の姿を**内部人格領域**（inner-personal region）に伝え，逆に内部人格領域は内部で生じた緊張を言語や行為などの手段で表出し環境に働きかける[10]（図101-3）．また，分化度（領域の数）や境界の硬さや領域内の堅固さによって発達差（図101-4）や個人差（図101-5）が表現される．

レヴィンの特徴は理論と共にその理論をもとに実験を行な

8）その領域のもつ価値を特に誘発性（valence）と呼び，その方向と大きさ［Va(G)］は，目標自体に備わるのでなく緊張（t）の強さに依存し，Va(G)＝f(t)と表現される．

9）緊張低減の方法の中でもレヴィンが特に検討したのは代償である．ある行為に対応する緊張は，代償価の高い他の行為によって低減できる．代償価は2つの領域がどれほど似ているか，両者の交通はどれほど困難かによる．

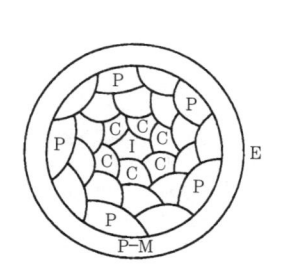

図101-3 人のトポロジー構造
P-M 知覚・運動領域
I 内部人格領域
p Iの周辺的領域
c Iの中心的領域
E 生活空間

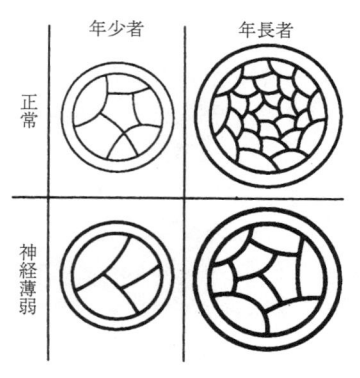

図101-4 硬さの発達差（Lewin, 1935）[5]
年長者は年少者よりも分化度が大きく硬さも増大している．精神遅滞の者は分化度が同年齢の者に比べて小さい．しかし硬さはより大である．

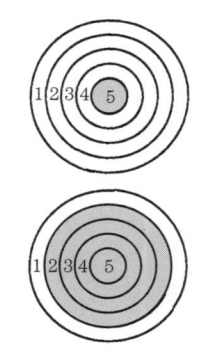

図101-5 硬さの個人差
斜線の中心的な層は内部人格領域，その外側の周辺的な層は公的な領域を示す．上の人は内部人格領域が少ないので他の人がかなりの深さまで入れるが，下の人は外壁近くまで内部人格領域があるので，他の人となじみにくい．

ったことである．たとえば，ある子どもにある課題を与え，それが完了する前に中止させ別の課題を与えて完成させる．そして第一の課題を再び与えたとき，取り組もうとしないなら，別の課題は代償となったと考えた（代償の実験）．たとえば，被験者を怒りが生じるような状況においたとき，すぐに怒りが表われるがすぐおさまる場合，被験者の怒りは周辺的領域に触れただけであるが，怒りが爆発することなく持続した場合，その怒りは中心的領域に関わっていると見なされた（怒りの実験）[11]．

そして，レヴィンは，パーソナリティは環境から孤立した静的なものでなく環境と力動的に関連して働くことを強調し，一定の概念で正常も異常も一般も特殊もそして発達的変化も理解できる理論を作ったのであり，それは臨床経験などから自明な事実を書き直しているだけで実用的な進歩は望めないと批判されはしたが，一貫した記述とそれにもとづく実験の実施は当時類のない貢献であり，今日の実験社会心理学の原点となった．

最後にフロイトの力動論に関して簡単に述べておく[12]．その特徴を端的にいえば，心あるいはパーソナリティの状態を意識・前意識・無意識に分け，その機能をイド・自我・超自我に分けるという2種類の分類を行なって，人間の心の葛藤をしばしば擬人化を使ったたとえ話として記述しようとした点にあるだろう．レヴィンと比較した大きな違いは，フロイトの場合いわば環境（E）すなわち外部よりも，人（P）すなわちパーソナリティを3つの部分に分けたことにあるだろう．これはまた，「社会性の欠如である」として後期フロイト派から指摘されたフロイトの大きな特徴でもあったのである．　　〔八木〕

10）内部人格領域は，内的衝動によっても，環境からの影響によっても，欲求が阻止されると緊張が生じる．ある領域に生じた緊張は，他の領域に拡散され全体の緊張を均等化し，内部人格領域だけで平衡を回復することも，運動領域へ拡散させて（たとえば落ち着かない動作をして）回復することもある．

11）他の実験状況でも人の層構造が実験的に解釈できる．たとえばいろいろな作業における心的飽和（psychological satiation）の時間を測定することで，そのときの内部領域の層の深さを知ることができる．心的飽和とは，いわゆる「飽きる」という状態．初めは正の誘引性をもっていたものが繰り返し関わることによって中性もしくは負の誘引性をもつものに変わること．

12）「I-7　精神分析学」の項を参照．

【参考文献】
福島章（編）1996，精神分析の知88．新書館．
Lazarus, R. S. & Monat, A., 1979, *Personality*. 3rd ed., Prentice-Hall.（帆足喜与子訳，1981，パーソナリティ．岩波書店．）
Maslow, A. H., 1968, *Toward a Psychology of Being*. D. Van Nostrand.
Maslow, A. H., 1970, *Motivation and Personality*. Harper & Row.

Ⅷ-102 パーソナリティ検査

Personality Test

図102-1 ロールシャッハ検査に類似した刺激図形（古崎他編, 1975）

```
5 9 4 6 3 8 6 7 5 9
   4 3 0 9 1
3 8 5 9 8 7 6 5 4 9
8 7 4 9 8 4 7 3 8 5
```

図102-2 内田クレペリン検査の一部

個人差のうち物事を処理する能力以外の個人差，すなわちパーソナリティを測定するものを**パーソナリティ検査**（personality test）という．私たちは，自分や他者を理解しようとするなら，長い時間をかけて自分を見つめたり他者を観察することによってその目的は叶えられるかもしれないが，そのような時間や労力を注げないときに代用となるのである．それには多くの社会的な要請[1]もある．一般にパーソナリティ検査[2]は，知能検査や適性検査に比べ実生活の具体的場面での行動に対応した（予測となる）問題を作ることが困難と考えられている．以下，その方法として**質問紙法**（questionnaire method），**投影法**（projective technique），**作業検査**（performance test）について述べる．

質問紙法：これは，多数の質問項目に，"はい・いいえ"の2件法，"どちらでもない"を加えた3件法，数段階の評定尺度で答えさせるものである．多数の人に同時に実施でき，客観性に富み，採点が容易であるという点が長所である．一方，日常の言葉で質問をするので，回答が被検者の理解や判断や思惑によって影響を受けるという点が短所としてあげられることがある．しかし，(1)多義性を排し，(2)理解しやすい表現で書かれ，(3)回答が変動する項目は除外された質問紙であって，(4)回答者が「うそをつかない」なら，各項目への回答はパーソナリティを十分反映すると考えられている．

質問紙法を重視する研究者は，最も素朴な場合，「自分のことは自分が一番よく知っている」つまり「回答者は自分の行動を内省できる」という仮定にもとづき，質問紙の回答に

[1] 病院，裁判所・鑑別所での精神鑑定，児童生徒が学校や家庭で適応しているかの指標，職業の興味・適性，職場への適応などの指標．

[2] 現実のパーソナリティ検査の「パーソナリティ」には，性格・気質も，社会的・情緒的適応，動機，欲求，興味，態度，習慣などすべてが含まれる（一時的な変動，気分は含まないのが一般的）．

は，回答者が適切に気づくことができたその人自身の日常の典型的な行動が述べられていると見なしている．しかし，より一般的には，研究者は，質問紙の回答には，回答者が自分はどのような行動をする人間であると自分自身を見なしているかが，つまりその人の自己概念が反映されていると判断している．「あなたは自分に自信がありますか」という項目に「はい」と答える人を「自信をもっている人」と解釈するのである．ある項目に「はい」と回答した場合，その人はその項目に書かれている行動を「本当に」する人であるというよりも，より一般的には，その項目に「はい」と答えるその反応自体がその人のパーソナリティを反映していると考えるのである[3]．その際，どのような項目を選定するかはきわめて重要な作業であるが，ふつうただ1つの項目だけで被検者がある特性をどの程度もっているかを測定することはない．多くの項目を用いて内的に一貫した尺度を構成し，1つ1つの項目への被検者の回答はさまざまな誤差で変動しても，尺度の全項目を合計することで安定した測度にしようとするのである．また，回答者が自分に都合のよいように回答を意識的に歪めることはないかという常識的な疑問が考えられる．回答者の意識的な欺瞞は**見せかけ回答**（faking response）と呼ばれ，それを検出する巧妙な対応策として，テストの中に，回答を歪めようとしている人にはきわめて魅力的に見えるが，そうでない人にはきわめて不適切に見える項目を忍ばせておくという方法が考案されており，そのような項目から構成された尺度は一般に**虚構尺度**[4]（lie scale）と呼ばれる．

また，意識的に歪めるつもりはなくとも，回答が何らかの**反応の構え**[5]（response set）によって歪められることもある．そのなかでも社会的な規範に反するような回答を避けてしまう傾向を**社会的望ましさ**（social desirability）といい，これを測定する尺度も作成されており，その尺度の得点の高い者はパーソナリティ検査への回答の解釈に注意しなくてはならないとされる．社会的望ましさ自体が一種の自己愛的傾向を示すパーソナリティ特性であると考える立場もある．

尺度の作成方法に関しては，ユングの概念である内向性-

3) 自己概念が現実の自己（real self）と一致しないことは，しばしば自己を研究する立場の者が指摘している．質問紙法は，眺められた自己を反映しているのであって，被検者の本当の人間像を反映していないのかもしれない．

4) 理想的なことかもしれないが，その通り実行することはほとんどありえないような日常のさまざまな行動について問う内容になっている．たとえば，「ときには口ぎたなくののしりたくなる」や「下品な冗談を聞いてたまに笑う」にいいえと答えると，回答に欺瞞が働いていると判断される．

5) ほかに，他人の言うことには賛成し，ただ「はい」という同調傾向が考慮されたが，心配するほどの影響力はないことが明らかになった．

6) 淡路・岡部式がよく使われた．「すぐに決心がつくか」「空想家か」などの質問に答

外向性を測定しようとした**向性検査**[6] (introversion–extraversion test) のように，まず人格理論があり，それにもとづいて項目を作成するものが代表的だが，項目の内容をあらかじめ方向づけず，経験的に何らかの外的基準にたよって決定するという方法もある．その代表が，**ミネソタ多面的人格目録（MMPI）**である（図102-3）．そこでは，まず精神医学的な特徴，身体的健康，一般的習慣，家族，社会等に関する事柄をカバーした数百の記述から項目を集め，どの項目を検査を構成する項目とするのかは，回答者の項目に対する回答と回答者の検査以外の場面での行動と対応させて決められる．つまり，他者による行動観察や医学的診断による徴候を示した者のみが反応する項目を検査を構成する項目として採用するのである．したがって項目の文章や語句が表わす内容は測定しようとする特性の特徴を直接反映するものとは限らない．また特に理論や基準はないが多くの項目を因子分析に分類した結果人格目録として構成される場合もある．たとえば日本では，ギルフォードの人格目録（personality inventory）の翻訳版**矢田部・ギルフォード検査**（Yatabe–Guilford personality inventory：Y–G test）が有名である．

　投影法：これは，曖昧な刺激を提示し，それに対して比較的自由な形式で反応させ，その反応の仕方に反映されるパーソナリティを解読しようとするものである．投影法は，結果

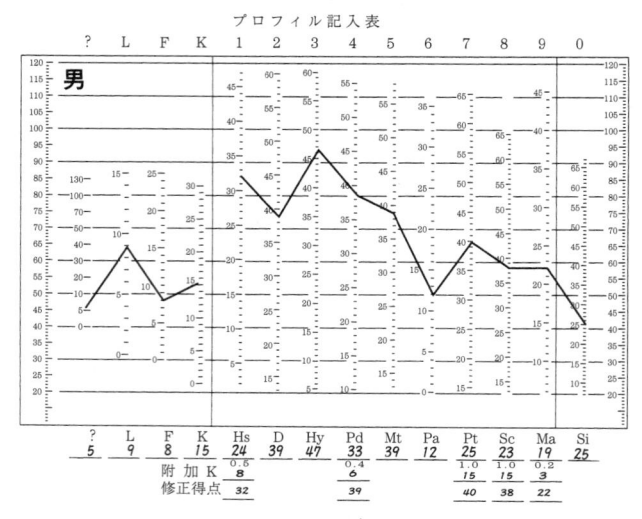

図102-3　MMPIの採点表の例

Hsは心気性，Dは抑鬱性でMaまでは臨床尺度，Siは内性尺度，残りはL＝虚構尺度などテスト結果の妥当性を示す尺度．左右の縦軸は各尺度の粗点を標準化したT得点を指し，そのT得点の高いことはその尺度の傾向の強い（高い）ことを，T得点の低いことはその尺度傾向の少ない（低い）こと，またT得点の標準分布領域（55〜45）の範囲（正常範囲）を意味し，その範囲を逸脱したものを問題視する．

え，どの程度外向的であるかを内性指数によって示す．外向性の人は活動的で社会活動を好み，しばしば野心的であり，内向性の人は内気，実直，地味，感傷的とされる．

[7]　採点基準は，各カードに対する反応数は多いか少ないか，絵の全体に反応しているかそれとも部分か，どの程度形と色と明暗にもとづいているかという反応の構造に関する観点．人間，動物，解剖図，地図，雲，その他の具体的なものとして見るか．どのくらい特異であるかふつうであ

を明確に数量化できる質問紙に比べ，統計的には曖昧な指標しかもたず，投影法を重視する臨床家のいうような個人の無意識を測定しているかは疑わしいと批判される．それに対し臨床家は，習熟した臨床家が用いればパーソナリティの深い理解が得られると応じる．投影法は検査というより，利用者が投影法への回答を独自の基準で判断し相手を理解する面接の技法と見なされる場合もある．代表的なものは**ロールシャッハ検査**（Rorschach test）である．それは，インクを紙に落として二つ折りにし作成した刺激に，どのようなものが見えるかを答える．インクのしみは特に何を表わすわけではないので，被検者の解釈は，彼自身が世界をどう知覚し組織化しているかを反映すると見なすのである[7]．また**絵画統覚検査**（**TAT**）は，ある場面の人物を描いたカードについて物語を作ることが要求される．どのような場面か人物はどう感じているかは曖昧なので，被検者自身の態度が自然と入り込むと考えられている[8]．他には，不完全な文章を呈示し，それに自由に補足させて全文を完成させる**文章完成法**[9]（**SCT**），あらかじめ定められた刺激語に対して，自由に連想して生じる言葉を答えていく**自由連想法**[10]，日常の欲求不満場面を描いた略画に対して，会話を完成することが要求される**P-Fスタディ**（絵画・欲求不満テスト）がある．

　作業検査：これは，一定の指示にしたがって作業を行なわせ，作業の取り組み方に反映されるパーソナリティを解読しようとするものである．表面的には能力検査のように見えるが，作業能力を測定するのではない．検査目的が被検者に察知できないという長所があるが，表面的でしかも限られた側面のパーソナリティしか測定できない．**クレペリン検査**[11]（Kraepelin's test）はとなり合う1桁の数字を連続加算する作業から作業曲線を求め，作業量，誤謬数をもとにパーソナリティを判定しようとするものである（図102-2）．他に，マッチ・ボード検査などがある．　　　　〔八木〕

8）描かれた場面がなぜ起きたか，何を考えているか，これからどうなるか，物語の主人公は誰か，その人は自分と同一視する人物であるか，同じ傾向が別の物語でどれくらい頻繁に表われるか，などに注目．

9）「他の人は……」，「私は……が好きだ」などの文章．積極的な感情の表現，その欠如，消極的な感情の表現，異常な反応，理想化した反応などを手がかりに解釈される．

10）その自発的な答えが，その人の個人的な意味をもっていると考える．長い反応時間，無反応，非常に短い反応時間，1回目のテストと2回目のテストとの回答の違い，固執反応，無意味反応などを手がかりに解釈する．

11）この検査結果は作業曲線として表わされるが，その曲線の形から，努力を欠くか，休息効果を欠くか，作業のむらがあるか，興奮がはなはだしいか，などが判断される．(Emil Kraepelin, 1856-1926 による．)

【参考文献】
岩脇三良，1973，心理検査における反応の心理．日本文化科学社．
Kline, P. 2000. *Handbook of Psychological Testing,* 2nd ed. London : Routledge.

VIII-103

知能検査

Intelligence Test

個人差のうち物事を処理する能力を**知能**（intelligence）というが，一般に知能とは環境への適応力であるとされる．あるいはウェクスラーの「目的的に行動し，合理的に試行し，効果的に環境を処理する，個人の総合的・全体的能力」であるという定義が最も代表的なものである[2)3)]．このような知能を客観的・科学的に測定しようとして考案された道具が**知能検査**（intelligence test）である．結果は標準化の手続きを経て作成された基準にもとづき，数量的に表示される．

知能を客観的に測定しようとする源流は，19世紀後半の個人差の研究である．進化論の影響を受け天才の家系を対象に優勢遺伝の観点から個人差の研究を行なったゴールトン[4)]は，感覚器官の鋭敏さと知能との関係を確かめようとしたが肯定的な結果は得られなかった．ゴールトンによって作られたさまざまな感覚検査に学んだキャッテルも，メンタルテストを作り反応時間などと学業成績との相関を見いだそうとしたが成功しなかった[5)]．

これらと別に，フランスで文部省から義務教育上問題となる精神遅滞児を識別する方法を考案するよう依頼されたビネー[6)]は，医師シモンの協力を得て翌1905年，内容や形式に関係なく難易度の順に配列された30の問題からなる世界初の知能検査を発表し，今日の**ビネー・シモン式知能検査**[7)]（Binet–Simon intelligence test）の基礎を作った．子どもは

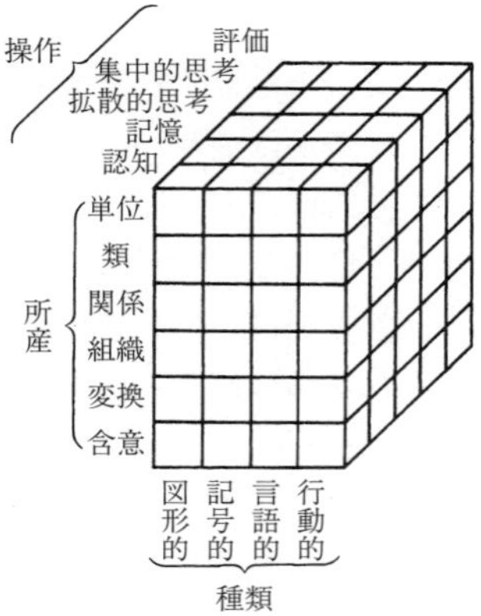

図103 知能構造の模型（Guilford, 1959）[1)]
第1次元は処理すべき情報の種類，第2次元は情報に加える心理的な操作，第3次元は情報の処理によって得られる所産であり，これによると，120個の能力があることになるが，現在までに約80のものが発見されている．たとえば，「言語的–単位–認知」は，語彙検査によって検査することができる．

1) Guilford, J. P., 1959, *Personality*. McGraw–Hill.

2) ヘッブは，知能を遺伝的に規定される「知能A」と経験や学習の成果である「知能B」とから成るものとし，「遺伝と環境」の観点から知能を見た（現行の知能検査では，別々に測定することはできない）．

3) ピアジェは，知能を高度に発展した精神的適応と考え，外界を自分の行動図式（シェマ，schema）に取り入れる同化（assimilation）と外界に合わせて行動を変容する調節（accomodation）との均衡としてとらえた．

やさしい問題から始めて難しい問題に取り組む．子どもの得点は困難度の順に並んだ問題の「梯子」をどこまで昇れたかで決まる（速度や柔軟さは考慮されない）．子どもが"10歳用"の問題[8]まで正解できたら，知能は"10歳"となる．この検査は多くの国で改訂され，なかでもスタンフォード大学のターマン[9]によるものが，**知能指数**[10]（intelligence quotient, IQ）を採用し，有名となった．それは**精神年齢**[11]（mental age, MA）と**生活年齢**[12]（chronological age, CA）を用い，IQ＝(MA/CA)×100 という公式で表わされる．

知能指数は大人の知能を表わすのに適当ではない．つまり，成人に達すると一般に精神年齢は増えないが生活年齢は増加し，生活年齢の大きい人の方が知能指数が小さくなり，やがて子どものそれよりも小さくなってしまうので，同じ年齢の人の分布の中での被験者の位置を示す指標として，次式で代表される**偏差知能指数**（deviation IQ）が採用されるようになった．

$$偏差知能指数[13] = \frac{15(個人の得点 - 母集団の平均点)}{母集団での標準偏差[14]} + 100$$

これを用いて知能測定で重要な貢献をしたのがウェクスラー[15]である．1939年，彼は精神病患者の知能を測定するという目的から一組の標準化された成人用知能検査を発表した．子どもにしか適用できないビネー式に対し，成人の知能を評価できるというのですぐ広まった．第二次世界大戦後，16歳以上用の**WAIS**（Wechsler Adult Intelligence Scale），15歳以下用の**WISC**（Wechsler Intelligence Scale for Children），4歳から6歳半用の**WPPSI**（Wechsler Preschool and Primary Scale of Intelligence）の3種となった．

ビネー式は，年齢ごとに課題が異なっていたり全体としての知能しか算出されなかった．これに対しウェクスラーの検査は，共通の下位検査から構成され下位検査ごとに得点が算出されるので，各々の能力が基準集団と比較でき，また下位検査間のバランスも検討することができるという特徴がある．

WAIS-R（改訂版，RはRevisedの略）では，(1) 一般の

4) 「Ⅷ-105 事例研究」の項を参照．

5) よく適応している動物は環境に対して早く反応できるという直感から，知能とは信号に対する反応の早さを決定する基本的神経学的特性であると考え，多くの感覚-運動課題を作った．

6) Binet, A. (1857-1911)

7) スタンフォード・ビネー知能検査，田中・ビネー知能検査，鈴木・ビネー知能検査．

8) "10歳用"の問題は9歳では少数，10歳では大部分，11歳ではほとんどができるものが選ばれている．

9) Terman, L. M. (1877-1956)

10) Stern, W. (1971-1938)の発案による．

11) 各人が到達した検査問題の水準に想定されている年齢のこと．

12) 暦年年齢ともいう．誕生からの満年齢のこと．月数での区別をする場合もある．

社会生活で出会う事柄の知識，(2) 日常生活において常識的で適切な判断，(3) 計算力，(4) 2つのものの似ているところを答えることによる概念形成・抽象化の能力，(5) 単語の定義づけによる語彙の深さと表現力（知的素質や幼少期の受容的雰囲気の環境に規定される），(6) 機械的な短期記憶力，などの言語性の能力を測定する下位検査，および，(1) 絵カードを見てそこに欠けている重要な部分を指摘する（本質的な部分を見分ける），(2) 数枚の絵カードを物語として自然な順序に並べ替える，(3) 各面に色づけされた数個の立方体を指定された模様どおりに配置する，(4) バラバラにした事物の部分を試行錯誤しながら組み合わせてもとの形にする，(5) 手本に従って単純な形や数字を符号に変換する，などの動作性の能力を測定する下位検査から成る[16]．

　この検査によって測定された偏差 IQ の利用法の例をあげると，知能の発達が正常範囲以下の場合は**精神遅滞**（mental retardation）と呼ぶが，それは偏差 IQ で 69 以下[17]であり，70～79 は境界線と規定される[18]．逆に 130 以上を最優とする．また，下位検査間のパターンを見ることによってさまざまな精神医学的分類ができたり脳損傷との対応づけが可能と考えられ，言語得点と動作得点の差異が 15 点（WAIS の標準偏差にあたる）以上の場合はその意味を検討すべきと考えられている[19]．

　一方，グーデナッフ[20]によって作成された**人物画検査**（Draw A Man Test）は，人の絵を描かせ，手・足・眼・服装などを見て知能を測定するもので，言葉を使えない幼児に適用される．あるいは社会的階層を考慮して[21]，教示はすべて口頭で与えられ問題は絵で表わされる検査や，すべての年齢に適用できるように図形を用いた推理問題だけからなる検査も作成された．

　以上すべて個別検査であるが，同時に多くの対象に実施できる集団検査もある．それは第一次世界大戦時，米軍隊の要請から作成された．また，個別検査に比べ厳密性に欠けるという懸念をよそにかなりの予測力があることが認められ，米・英で第二次世界大戦中にさらに開発され，今日教育・産

13) 平均を 100 にして正規分布を描くようにするのは，便宜的に IQ の値に近づけるためで，IQ とは異なることに注意．また検査により 15 だけでなく 15 から 20 の数値が用いられる．

14) 分散の正の平方根．

15) Wechsler, D. (1896-1981)

16) 一般に言語性検査の方は，教育の影響が大きく，動作性検査は比較的少ない．

17) 一般に知能検査で測定された指数は正規分布を示すが，精神遅滞は，2σ（標準偏差の2倍）以上の低い方に偏っているものと規定することが多い．ちなみに，ビネー式 IQ では 60 以下を最劣，61～75 を劣，141 以上を最優とする．

18) これは量的な偏りで，質的な異常は明らかにしていない．あくまで異常を規定するための予備資料として意義がある．

19) 脳髄の変容の有無には，脳室撮影，生体剖検，脳波検査などの神経学的検査が必要で，あくまで補助手段として利用される．

業界で貢献している．個人の診断や指導には不向きでも，選抜を実施しなければならない学校や企業では重視される．

　一般に知能検査はパーソナリティ検査や態度尺度と比べてその結果は変動が少ないが，IQや偏差IQが，知的能力の唯一重大な指標と考えてはならない．それらは精神発達の平均速度が同年齢の者たちと比較してどうであるかを示し，そこには創造性[22]や，日常生活を送る際の現実的もしくは社会的な知能は測定されておらず，未だそのような側面の知能を測定する方法は確定していない．日常IQや偏差値という言葉に慣れている立場からは知能とは，勉強ができたり物覚えがよいことであると当然のように思える．しかしながら，習った問題はよくできるが新しい問題はできなかったり，学校の勉強はできるが社会で直面する問題は解決できない，という現象を思うと明白でなくなる．もっとも，だからといって知能検査の存在理由がなくなるというわけではない．

　冒頭に述べたような知能の定義は，現実の社会的環境や物理的環境に必ずしも適応しなかった歴史上の偉大な人物は知能が高いことにならないので，本当は十分な定義とはいえない．この限界に対して，抽象的な定義は下さず「知能とは知能検査で測られたものである」という操作的な定義を採り，十分に動機づけられていればどのような課題を解決できるかという視点から，一般には因子分析によって，知能の特質を分類同定する試みを行なう研究者もいる．有名な例では，サーストン[23]は，空間，知覚，数，言語，語の流暢さ，記憶，推理の7因子からなる基本的知的能力を見いだしているし，ギルフォードは，3次元からなる知性の因子立方を提唱し，組織的に知能因子を明らかにしようとしている[24]（図103）．

〔八木〕

【参考文献】
品川不二郎・小林重雄・藤田和弘・前川久男共訳編著，1990，日本版WAIS-R成人知能検査法．日本文化科学社．
岩脇三良，1973，知能．大山正・詫摩武俊編，心理学通論．新曜社，pp. 171-185．

20) Goodenough, F. L., 1926, *The Measurement of Intelligence by Drawings*. World Book Co.

21) 一般に心理検査は，中産階級の人々にもとづいて開発されるので，中産階級の規準が基礎となって検査が作成されやすい．したがって，それ以外の階層に所属する人々には不利な道具となりやすい．この階層の違いは，文化の違いの場合にも当てはまる．

22) 創造性検査と称するものあるが，それで高得点を取っても，知能検査で高得点を取る者と違う人間であることはたしかだが，創造的仕事を生むかは不明．高得点ほど，非同調的・低不安・平凡を嫌う．

23) Thurstone, L. L. (1887-1955)

24) 「Ⅷ-107 集中的思考と拡散的思考」の項を参照．

VIII-104

性格障害

Character Disorder

表104　人格障害の分類

ICD-9 による分類
①妄想性
②情動性
③分裂病質性
④爆発性
⑤強迫性
⑥ヒステリー性
⑦無力性
⑧著しく社会病質的か非社会的な特徴を伴うもの

DSM-III による分類
①奇妙，奇矯な群（妄想性，分裂病質性，分裂病型）
②演劇的，感情的，気まぐれな群（演技性，自己愛性，反社会性，境界性）
③不安，臆病な群（回避性，依存性，強迫性，受動-攻撃性）

性格障害[1]（character disorder）とは，一般に，衝動的で適切な判断を欠く，周囲に影響されやすく自主性を欠く，虚栄的・自己中心的で他への配慮を欠く，デリカシー・羞恥心を欠く，経験から学べないなど感情・意志面での多様な問題を有し，社会や本人自身に著しい障害や苦悩をもたらす症候群を指している．この概念は，神経症・心因反応の基礎（病前性格）として，あるいは犯罪・薬物やアルコールの乱用・性的逸脱など反社会的・非社会的行動の原因として重視されてきた．ただし，精神遅滞・認知症などの知能障害，総合失調症・進行性麻痺などの脳器質性疾患にもとづく性格変化や，異常体験による一時的な性格変化は含まない．性格障害の形成因として，独語圏では生得的にもっていた要因を重視し，英語圏では乳幼児期の情緒的体験による要因を重視する．

性格障害の概念は，シュナイダー[2]の**精神病質人格**（psychopath）という概念に端を発している．彼は「人格の平均基準からの変異，逸脱」を**異常人格**（abnormal personality）とまず定義し[3]，そして「その人格の異常性に自ら悩むか，その異常性のために社会が悩む異常人格」を精神病質人格とした．その具体的内容は，主として「自ら悩む」類型としての抑鬱型・気分不安定型・自己顕示型・自信欠乏型・無力型，主として「社会が悩む」類型としての発揚型・爆発型・狂信型・意志欠如型・情性欠如型の計10個の類型のことである．この概念のもとに行なわれた分類は，シュナイダー自身「無体系的」と称したように，根拠となるべき性格理論を欠いて

1) 現実には，性格障害，異常性格，性格異常，人格異常，人格障害，パーソナリティ障害，異常人格，精神病質人格など，ほぼ同じ意味で使われる．

2) Schneider, K., 1923, *Die Psychopathishen Personlichkeiten*. F. Deuticke. （懸田克躬・鰭崎轍訳, 1954, 精神病質人格. みすず書房.）

3) これによると，平均から逸脱している点では，聖者も大詩人も，情性欠如型の犯罪者と同じで，「何らかの点で特殊な人格，その人の本質が何らかの点で目立っている人格」はすべて異常人格に包括される．

いるが，治療や対処を進める上できわめて有効な分類だったため，長い間重宝がられてきた．ただし，精神病質人格という表現が一般人にいわゆる精神病と混同されることがあったので，それに代わる表現として性格障害が使われるようになった．英語が中心となった今日では，**人格障害**（personality disorder）という表現が使われることが多い[4]．ICD[5]もDSM[6]もこの表現を採用しているが，薬物やアルコールの乱用・性的逸脱が除外されている（表104参照）[7]．

性格障害は神経症などの病前性格と見なされていることは冒頭で述べたが，神経症にしろ心因反応にしろ病気の因果が解明されているものはまれであり，それらの病気の正確な分類は行なえないのが現状である．したがってそれらの病気の病前性格なるものは曖昧なものにならざるを得ず，それらを分類することは厳密には不可能である．にもかかわらず分類をするのは，分類によって対象が同定されてこそ治療が始まるからで，つまり，個人内に病気をもととなるもの（準備因子）が類型化されることによって今度は病気を誘発するもの（結実因子）が環境内に同定され，その個人と環境の関係の把握こそ治療に不可欠と考えられるからである．ただし，異常という判断は軽々しく下すべきではなく，相手の立場から異常に見える行動の意味を理解することが必要となる場合があることを忘れてはならない．たとえば，人格障害は思春期以前にも認められるが，児童が，明らかに人格障害が原因ではなく，身体的・器質的に障害もないのに，人格形成や社会生活でいわゆる**問題行動**（problem behavior）を起こしているような場合にそのような理解が必要となる．その児童の行動は，カナー[8]によると，(1)人に援助を求めるサインである，(2)これ以上人格の崩壊をきたさないための安全弁になっている，(3)最良ではないが自分なりの解決手段として役立っている，(4)周囲を煩わせるが，それだけに早期に注意をひき治療の機会を得やすい，(5)周囲に対して態度の変更を求めている，の意味があるとされている．〔八木〕

4) この人格障害という概念は，シュナイダーの異常人格という概念とは異なることに注意．

5) International Classification of Disease 世界保健機構（WHO）による国際疾病分類．ICD-9はその第9回修正．

6) DSM-Ⅲ: Diagnostic and Statistical Manual of Mental Disorders, Third Edition アメリカ精神医学会による，アメリカにおける精神障害の診断と統計のためのマニュアル．

7) 実際は，どちらの分類も「その他」の項があり，新たな例を受け入れる余地をもたせている．「Ⅷ-99 類型論」の項を参照．

8) Kanner, L., 1948/72, *Child Psychiatry*. Thomas, Springfield.（黒丸正四郎・牧田清志訳，1974，児童精神医学．医学書院．）

【参考文献】
Masterrson, J. F. 1981, 富山幸佑・尾崎新訳, 1990, 自己愛と境界例. 星和書店.

事例研究

Case Study

VIII-105

表 105　知能テスト得点間の相関表（Shell & Hall, 1983）[1]

血縁関係	中央値
血縁関係なし	
別々に育てられた子ども	.01
一緒に育てられた子ども	.20
傍系親族	
またいとこ	.16
いとこ	.28
おじ（おば）と甥（姪）	.34
別々に育てられた兄弟姉妹	.46
一緒に育てられた兄弟姉妹	.52
二卵性双生児，異性	.49
二卵性双生児，同性	.56
別々に育てられた一卵性双生児	.75
一緒に育てられた一卵性双生児	.87
直系親族	
祖父母と孫	.30
親（成人時）と子	.50
親（幼少時）と子	.56

　条件を統制し，条件の変化によって生じる行動の差異を量的に測定する**実験研究**（experimental study）は，因果関係を解明するためには最も適した方法である．心理学の研究では知覚や記憶などの領域でこの実験的方法がよく用いられる．しかしながら実験室で構成された概念は，厳密な条件統制を追求するあまり，日常生活とはかけ離れた不自然なものになりがちである．また，人道的・倫理的な観点から実験的研究が許されない事柄も多い．知能の発達やパーソナリティの形成などの領域では，1つの事例について多方面の資料を収集し，総合的な検討を加える**事例研究**（case study）の果たす役割が大きい．しかし，事例研究で扱うのはごく少数の，しばしば特殊な事例であり，実験研究のような統計的処理を行なうことができない．そのため，事例研究には判断や考察が主観的になりやすいという欠点がある．

　人間的環境から隔絶されたまま成長し，やがて発見された**野生児**（feral child）はこれまで数十例報告されている．最も信頼できる事例としては，18世紀末にフランスで発見された推定年齢12歳の男児ヴィクトールのものがある．この事例は「アヴェロンの野生児」と呼ばれ，医師イタールの指導の精細な記録が残されている．1920年にインドでオオカミの洞穴から発見されたとされるカマラ（推定8歳）とアマラ（推定1歳半）の姉妹の事例は，養育した牧師シングの日誌をもとにゲゼル[2]が『狼に育てられた子』として公刊した

[1] Shell, R. E. & Hall, E., 1983, *Developmental Psychology Today*. Random House.

[2] Gesell, Arnold Lucius (1880–1961)

ため有名になった[3]．いずれの事例も，発見されたときには人間的行動様式を何一つもたなかった野生児が，養育者の熱心な教育によって格段の進歩を遂げたことを示している．しかし，教育によってすべてを取り戻すことができたわけではない．イタールやシングの努力にもかかわらず，野生児たちの言語発達面での回復は思わしくなかった[4]．

野生児の事例は人間的な発達における**環境的要因**（environmental factor）の影響の大きさを示しているが，人間の発達における**遺伝的要因**（hereditary factor）の重要性を主張する人々にとっては，**家系研究**（biographical study）が大きな拠り所であった．家系研究は同一家系に属する人々の中に特定の心理学的特性を備えた人物が出現する頻度を調べることによって，その特性の遺伝性を研究しようとするものである．フランシス・ゴールトン[5]はさまざまな優秀な人物の家系を調べて同じ血統に多くの優秀な人物が出ていることを発見し，優れた才能は遺伝すると考えた．一方，好ましくない特性が遺伝することを示そうとした家系研究も存在する．**ジューク家**（The Jukes）[6]は犯罪者の家系として知られ，マックス・ジュークから7代の709人中140名が犯罪を犯していた．**カリカック家**（The Kallikaks）[7]は精神遅滞の家系として有名になった．アメリカ独立戦争当時マルチン・カリカックは戦地で出会った精神遅滞の女性との間に子どもをもうけ，帰郷後は別の女性と正式に結婚したが，前者の子孫からだけ多くの精神遅滞者が出て，後者の系統からは専門職につき社会的に成功した人物も出ている．以上のような家系研究は，当初は遺伝的要因の決定的な影響力を示すものと考えられたが，同一家系に属する人々の生活環境は類似していることが多く，結果は環境的要因の影響力を分離しえていない．犯罪を犯す傾向や精神遅滞は，親の養育態度や経済的貧困，社会的不遇などを媒介として次の世代に伝えられた可能性も大きい．

2変数間の相関係数[8]を調べる**相関研究**（correlational study）は，因果関係を確定できないという欠点をもってはいるが，実験研究では不可能な日常的で複雑な事象を扱うこ

[3] シングの記述には数多くの矛盾があり，その後の調査で否定された内容もあるため，その信憑性には疑いがもたれている．

[4] 野生児はもともと障害をもつ子どもであり，そのために養育を放棄されたという可能性もある．

[5] Sir Francis Galton (1822-1911) ゴールトン自身も天才であり，その家系からは優秀な人物が多数輩出している．進化論で有名なチャールズ・ダーウィンはいとこにあたる．ゴールトンは感覚の個人差を測定するためのさまざまな装置を考案し，質問紙法による調査も初めて行なった．測定された数値を統計的に処理する技法，とりわけ相関の概念を発見したことでも有名である．

[6] ジュークは仮名である．19世紀の後半，監獄改良事業の役人であったダグデールが視察に行った刑務所で，6人の血縁関係のある犯罪者が別々の事件で収監されているのを発見し調査したところ，同一家系に次々と犯罪者が発見された．

とができるため，知能やパーソナリティの研究にも盛んに利用されている．

知能が強い遺伝的基礎をもっているならば，親戚関係にあるもののなかでも，血縁的に近いほど知能の類似度も高くなるはずである．同じ祖先から受け継ぐ特定の遺伝子を共有する確率を**血縁度**（coefficient of relatedness）と呼ぶが，血縁度はきょうだいでは0.5，おじと甥では0.25，いとこどうしでは0.125になる．また親と子の場合には0.5，祖父母と孫では0.25である．これらの数値は表105に見られる知能得点の相関係数にほぼ対応している．しかしながら，このことは知能が遺伝によってほとんど決定されることを意味しない．血縁の近さは血縁度ばかりでなく，生活環境の類似性も予言するからである．血縁的に無関係な人々は互いの環境も重なりあわないことが多い．いとこどうしの生活環境は無関係な人々の生活環境よりは類似しているであろう．そしてもちろん，きょうだいは多くの場合同じ家庭の中で育てられる．

遺伝的要因と環境的要因の混同を避けるためには，双生児を対象とした研究を行なえばよい．双生児には一卵性双生児と二卵性双生児があるが，**一卵性双生児**（identical twins）は1個の受精卵が発達のごく初期に分裂して2つの個体になったもので，血縁度は1.0である．これに対して**二卵性双生児**（fraternal twins）は，たまたま2個の卵子が排卵され，それぞれが別の精子によって受精して発育したもので，血縁度はふつうのきょうだいと同じ0.5になる．したがって一卵性双生児は必ず同性であるが，二卵性双生児では約半数が異性の組み合わせになる．**双生児法**（twin method）による研究は，一卵性双生児では遺伝的要因が同一であることを利用する．一卵性双生児に見られる差異はそのすべてを環境的要因に帰することができる．表105では別々に育てられた一卵性双生児よりも一緒に育てられた一卵性双生児の方が相関が高いが，このことは知能における環境的要因の影響を示している．一方，二卵性双生児に見られる差異には遺伝と環境の両要因が関与している．一卵性双生児も二卵性双生児も，同

7) カリカックはギリシア語の善を意味する語と悪を意味する語から作った造語である．20世紀の初め精神遅滞児収容施設の校長であったゴッダードが収容されていた重度遅滞の少女デボラの家系をさかのぼり2つのまったく異なるグループの人々を発見した．

8) 相関係数は2変数間の共変関係の強さを示す数値で，+1から−1の値をとる．一方の変数の値が大きいときに他方の変数の値も大きくなる傾向が強いときには相関係数は1に近づき，両変数にまったく関連がないときには0になる．逆に，一方の変数が大きいときに他方の変数が小さくなるという傾向が強くなれば，相関係数は−1に近づく．

じ家庭内で育てられた場合には双生児としての環境条件はほぼ等しい．したがって一卵性双生児と二卵性双生児の相関係数を比較すれば遺伝的要因の影響を推定することができる．表105では一卵性双生児の知能得点は二卵性双生児よりも相関が高く，遺伝的要因の影響が示唆されている．

　生まれてまもなく養子に出された子どもが「生みの親」に似ているか，「育ての親」に似ているかを調べるのは，知能における遺伝と環境の要因の影響を調べるもう一つの方法である．14歳になるまでの子どもの知能指数を測定し，学歴によって推定された親の知能指数との相関を調べたところ，4歳以降の子どもの知能は育ての親とはほとんど相関がないが，「生みの親」とは0.3から0.4の相関が認められた[9]．実際，養子に出された子どもと生みの親との相関は，自分の親に育てられた子どもと親との相関にほぼ等しい．このことは知能において遺伝的要因が重要な役割を果たしていることを示している．しかしながら，養子の知能の発達に環境的要因がまったく影響しないわけではない．親が生存しているにもかかわらず子どもを養子に出すのは，健康や社会経済的理由から自分自身で養育できないためである．一方，養子を引き受けるのは教育水準が高い中流以上の家庭が多い．したがって，養子に出された子どもたちの大部分はより好ましい家庭環境に移されたことになる．このような環境的変化は養子に出された子どもの知能指数の平均値に表われている．スカーとワインバーグの研究[10]では，養子に出された子どもの知能指数の平均は106で，「生みの母親」の推定された知能指数の平均86を大きく上回っていた[11]．　　　〔髙橋〕

9) Skodak, M. & Skeels, H. M., 1949, A final follow-up study of one hundred adopted children. *Journal of Genetic Psychology*, **75**, 85-125.

10) Scarr, S. & Weinberg, R. A., 1976, IQ test performance of black children adopted by white families. *American Psychologist*, **31**, 726-739.

11) このことは，養子と「育ての親」の知能にほとんど相関がないことと矛盾しない．各得点がかさあげされて全体の平均値が上昇しても，得点相互の関係が変わらなければ相関係数は変化しないからである．

【参考文献】
イタール，J. M. G., 中野善達・松田清訳, 1978, 新訳アヴェロンの野生児．福村出版．
サール，A./宮本聡介・渡辺真由美訳, 2005, 心理学研究法入門．新曜社．

Ⅷ-106

環境閾値説

Environmental Threshold Theory

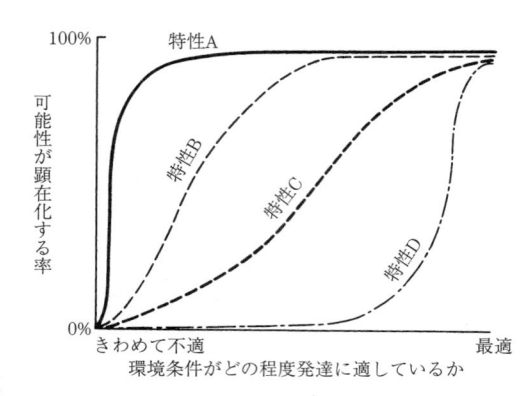

図106-1 ジェンセンの環境閾値説の解説図
（東，1969）[4]

かつて，心理学的特徴の形成には遺伝が重要なのかそれとも環境が重要なのかという議論が盛んに行なわれていた．この論争に一応の決着をつけたのがシュテルン[1]の**輻輳説**[2]（convergence theory）である．しかしシュテルンの説は，遺伝的要因と環境的要因が独立に作用し，その効果が単純に加算されると考えていたため，今日では受け入れられていない．発達は遺伝的要因と環境的要因の相互作用の過程であり，両者の連続的協働の結果として考えなければならない．

知的発達が環境的要因の影響を大きく受けていることは明白だが，環境条件が良ければ良いほど，それに応じて知的発達が進むというわけではない．ジェンセン[3]は環境条件があまりに劣悪な場合には発達が妨げられるが，一定水準（閾値）以上であれば環境の差異はあまり問題にならないと考えた．これを**環境閾値説**（environmental threshold theory）と呼ぶ．この説によれば，閾値以上の環境条件に育った者どうし，あるいは閾値以下の環境条件に育った者どうしの比較では遺伝的な要因の影響が大きく現われるが，閾値を挟んだ環境条件に育った者の比較では環境的要因の影響が大きく現われる．図106-1は東[4]がジェンセンの説を説明するために作成したものである．特性Aのように閾値が低い場合には，環境条件がきわめて劣悪である場合を除いて遺伝的可能性がそのまま顕在化する．特性Dのように閾値が高い場合には，適切な教育訓練や最適の環境下で初めて遺伝的素質が発現する．特性Bは中程度のところが閾値になっている．一方，

1) Stern, W.（1871–1938）シュテルンはドイツの心理学者．

2) 輻輳とは1つの対象に別々の方向からものが集まることをいう．

3) Jensen, A. R., 1968, Social class, race and genetics : Implications for education. *American Educational Research Journal*, **5**, 1–41.

4) 東洋, 1969, 知的行動とその発達．児童心理学講座4, 認識と思考, 金子書房．

特性Cの場合のように，明確なかたちでの閾値が見られず，環境の変動の全域にわたって比例的関係を示すような特性も存在する．特性Aの例としては身長，特性Dの例としては絶対音感[5]が考えられる．この環境閾値説は，特性によって環境条件が遺伝的素質の顕在化に与える影響が異なることを示す一つの理論的モデルであるが，具体的な個々の特性について検討するにはあまりにも単純すぎる．環境条件の好悪はすべての子どもに一元的に規定できるものではない．ある子どもがその環境条件を好ましいものとして受け取るか否かは，その子どもがそれまでにどのような発達を遂げてきたかに依存している．

遺伝と環境との関係を説明するもう一つの概念として**反応レンジ**（reaction range）がある．ある人がもっている遺伝的素質は，ある決められた範囲で環境に対して反応するというものである．別の言い方をすれば，良いあるいは悪い環境条件によってどの程度の影響を受けるかは遺伝的に決まっているということになる．身長の場合，一般的にいって良い栄養環境が与えられれば，栄養が悪い場合よりも身長は高くなる．しかし，まったく同じ条件におかれても身長の個人差は存在するであろう．図106-2は遺伝的素因の異なる青年の平均身長を，環境の好ましさを横軸にとって図示したものである．日本人の男子は最適の環境で成長すれば貧困な環境で育ったアメリカ人[7]の男子の身長を越えるであろう．しかしもし両者の環境条件がともに貧困あるいは最適であるならば，アメリカ人の男子の身長の方が高くなるであろう．低身長症[8]の原因が遺伝的なものである場合，その子どもたちの身長はどの環境条件にあっても，他の3群の子どもの身長を越えることはないであろう．遺伝

5) ピアノなど楽器の音の高さを音名で，他の音と比較しないで言い当てる能力．

6) Schell, R. E. & Hall, E., 1983, *Developmental Psychology Today*. Random House.

7) アメリカ国籍を持つ人には，多様な民族的背景をもつ人々が含まれるが，ここでは全体の平均をさしている．

8) 家族性の要因あるいはホルモンの分泌不全などの疾患により，平均値よりも著しく低い身長にとどまる状態をいう．

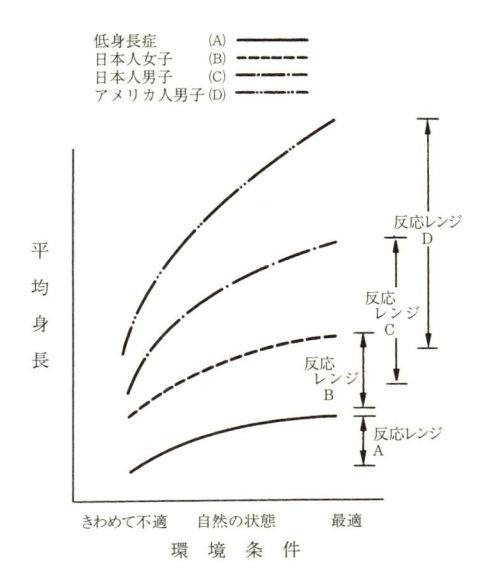

図106-2 反応レンジ説（Schell & Hall, 1983）[6]

子は直接身長を決定するのではなく，栄養などの環境条件によって変動する成長のパターンを決定している．この意味で，最終的な身長は遺伝と環境の両方の要因の相互作用の結果である．反応レンジ説は身長ばかりでなく，知的発達にも適用することができる．しかしながら，環境閾値説の場合と同様，想定された環境条件があまりに巨視的であるために，個々の研究をそのままこのモデルにのせることは難しい．

　知的発達の環境閾値や反応レンジがどのようなものであれ，**社会階層**（social class）が低いほど環境条件は貧困になると考えられるので，下層の子どもほど知的発達が不十分になることが予測される．実際，これまでに行なわれた多くの研究が社会階層によって子どもの知能指数が異なることを指摘している．現在ではさらに，階層間のどのような環境の差異が子どもの知的発達に影響するのかが明らかにされつつある．子どもが周囲を自由に探索できることは認知能力の発達に大変重要なことであるが，低い社会階層では住居が狭いために乳児をベビーサークルの中に入れたままにしておくことが多い[9]．また，子どもの言語能力の発達には母親の言語的働きかけが重要な役割を果たしているが，中間階層の母親は下層の母親に比べて子どもの発話により敏感に反応し，子どもに豊富な言語的刺激を与えている．そして，このような階層差は子どもが1歳になる前にすでに存在している[10]．

　環境的要因が子どもの発達に与える影響のもう一つの例として，**ホスピタリズム**（hospitalism）をあげることができる．今世紀の中ごろまで，乳児院や孤児院に収容されている子どもたちの死亡率は一般家庭の子どもに比べて極端に高く，健康な子どもについても身長，体重などの発育が不十分であることが多かった．当初このような現象は医療，衛生あるいは栄養面の不備が原因と考えられたが，身体的養護の条件や物理的環境が整備されても子どもたちの発達の障害は改善されなかった．また，障害は身体的側面ばかりでなく知能や社会性などの心理的側面にも見られた．施設収容児は一般に抽象的思考能力に関する遅れがあり，表情が乏しく無感動で，浅薄な対人関係しかもてないとされた．また，夜尿や指

[9] Tulkin, S. R. & Kagan, J., 1972, Mother–child interaction in the first year of life. *Child Development*, **43**, 31–41.

[10] Golden, M. & Birns, B., 1976, Social class and infant intelligence. In M. Lewis (Ed.), *Origins of Intelligence : Infancy and early childhood*. Plenum.

しゃぶり，チックなどの習癖が多く見られ，点頭行動[11]などの施設児特有の習癖も存在した．このような身体的・精神的発達障害の原因は施設収容そのものにあるのではなく，母性的養護の欠如した生活条件にあることがやがて明らかになった．養育者の母親的な働きかけや子どもとの相互交渉は，乳幼児が順調に発達し健康を維持するために不可欠なものであり，母性的養護の欠如，すなわち**マターナル・デプリベーション**（maternal deprivation）は精神的・身体的発達に重要な障害をもたらすのである．施設収容はマターナル・デプリベーションを引き起こす可能性のある事態の一つであるが，現在の施設では保育者数を増やし，母性的養護についても適切な配慮を行なうことによって，問題の多くを克服している．今日では，家庭内にあって親にネグレクトなどの虐待を受けてマターナル・デプリベーションの状態におかれている子どもたちがむしろ問題になっている．

　環境閾値説も反応レンジ説も，環境条件が最大限に改善されれば身体的，知的発達の個人差の大部分は遺伝的要因によって説明されることを示唆している．しかしながら，ある特定の個人についていえば，その人の遺伝的素質がどの程度のものであるかは，それを開発するあらゆる努力をして初めて明らかになるものである．かつては教育不可能として放置されていた重度精神発達遅滞児や重複障害児が，近年開発されたさまざまな教育の技法によって，かなりの程度の社会的適応が可能になっていることを考えると，教育にたずさわる者は安易に環境の閾値や反応レンジの上限を想定すべきではないと思われる．　　　　　　　　　　　　　　　〔高橋〕

11）無意味に頭を前後に動かす行動．

【参考文献】
ジャン，K. L. 安藤寿康・大野裕監訳，2007，精神疾患の行動遺伝学．有斐閣．

VIII-107
集中的思考と拡散的思考

Convergent Thinking and Divergent Thinking

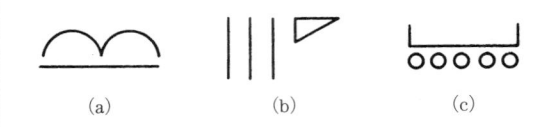

図107 図形を使った創造性検査の例 (Wallach & Kogan, 1965)[4]

人間は経験したことのない新しい課題状況におかれたときに単純な試行錯誤によってこれを解決することはほとんどない．むしろ，おかれた状況を適切に把握し，過去の記憶を利用しながら，見通しや洞察によって問題解決の方法を発見しようとする．このような能力は**知性**（intellect）あるいは**知能**（intelligence）と呼ばれる．

ギルフォード[1]の**知性の構造モデル**[2]（structure-of-intellect model）は，操作，所産，内容の3つの次元からなるが，操作の次元のカテゴリーには**集中的思考**（convergent thinking）[3]と**拡散的思考**（divergent thinking）が含まれる．集中的思考は，与えられた課題のただ1つの正解に到達しようとする際に働く思考であり，ビネーやウェクスラーの知能検査の課題は，この集中的思考の能力を測定している．そこで要求されているのは，過去の経験や知識を利用して，なるべく速く正解に到達することである．これに対して拡散的思考は，さまざまな可能性について考えたり，新しいアイデアを思いつく能力にあたる．

拡散的思考は**創造的思考**（creative thinking）の中心をなすものと考えられ，**創造性検査**（creativity test）によって測定される．創造性検査には，「レンガ」や「新聞紙」などのものの本来の用途以外の利用法を列挙させたり，「世の中から紙がなくなったら」など現実にはありえないことが起きた場合の帰結を想像させたり，与えられた図形の要素を利用してまったく別のデザインを作らせる（図107）などの形式がある[4]．このような形式の検査では，1つの問題に多くの正答が存在する．解答は制限時間内にどれだけたくさん多様な

1) Guilford, J. P., 1959, Three faces of intellect. *American Psychologist*, **14**, 469-479.

2) ギルフォード以前にもいくつかの知能因子説が存在したが，拡散的思考を含むモデルはギルフォードが初めてである．「VIII-103 知能検査」の項の図103参照．

3) 収斂的思考，収束的思考とも呼ばれる．

4) Wallach, M. A. & Kogan, N., 1965, *Modes of Thinking in Young Children*. Holt Rinehart and Winston.

答えを思いついたかという量的側面と，他の人が考え付かないユニークな回答であったかという質的側面に関して評定される．「新聞紙をパッキングの詰め物にする」という答えや図107の（C）の図から電車を作るという答えは得点が低くなる．

　知能指数（intelligence quotient）と創造性得点の相関係数を調べたこれまでの研究の結果は必ずしも一致していないが，両者の相関は，あるにしても低い相関に過ぎないということができる[5]．このことは集中的思考と拡散的思考が異なる思考過程にもとづくものであることを示しており，知能指数の高い者が必ずしも創造性が高いとはいえない．

　科学上の発見・発明や優れた芸術作品の制作にあたっては，ユニークな発想や自由な想像力だけで成果がもたらされるわけではない．創造的思考の進展は，準備期，あたため期，啓示期，検証期の4つの段階に区分することができる[6]．まず準備期では必要な情報の収集と問題状況の分析が行なわれる．また，解決に向けての予備的な試みも行なわれる．次のあたため期では意識的な思考活動は停止する．休息の時期のように見えるが，それまでに準備された内容が整理され消化される時期である．啓示期には創造的思考の決定的要素であるひらめきが，突如として出現する．検証期はひらめきとして与えられた着想を枠組みにしたがって現実的に仕上げる段階である．このようにしてみると，実際の創造作業においては拡散的思考がすべてではなく，集中的思考も準備期や検証期において重要な役割を果たしていることが明らかである．　　　　　　　　　　　　　　　〔髙橋〕

5) Batey, M. & Furnham, A., 2006, Creativity, intelligence and personality: A critical review of the scattered literature. *Genetic, Social, and General Psychology Monographs*, **132**, 355–429.

6) Wallas, G., 1926, *Art of Thought*. London: Jonathan Cape.

【参考文献】
伊藤隆二ほか，1981，知能と創造性．講座現代の心理学4，小学館．

IX　社会と集団

一　　子曰,學而時習之,不亦説乎,
　　　有朋自遠方來,不亦樂乎,
　　　人不知而不慍,不亦君子乎,

子の曰わく、学びて時にこれを習う、亦た説ばしからずや。
朋あり、遠方より来たる、亦た楽しからずや。
人知らずして慍みず、亦た君子ならずや。
(孔子『論語』金谷治訳注, ワイド版岩波文庫 6, 岩波書店, 1991 年)

IX-108

態度
Attitude

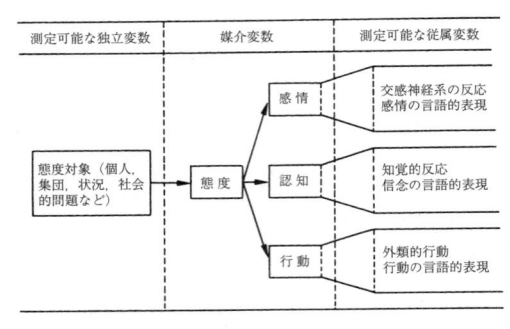

図108 態度構造の図式的表現（Rosenberg & Hovland, 1960）[5]

態度（attitude）という語は，日常的には「態度が悪い」という表現に見られるように外に現われる行動そのものを指す場合が多いが，心理学では人間の行動を説明するための仮説的な構成概念として扱われる．すなわち，直接観察することはできないが，さまざまな対象（他者，自分，事物，集団，社会的事象など）に対して一定の仕方で反応させるような個人内部の傾向性をいう．シェリフ[1]とキャントリル[2,3]は，パーソナリティ，習慣，欲求，本能といった概念との違いを次のようにまとめている．

(1) 態度は学習を通じて形成される反応の準備状態であり，本能的な傾向性とは異なる．
(2) 態度は，常に一定の対象（人物，集団，事物など）や状況に関連しているが，パーソナリティの場合にはそうした対象が想定されない．
(3) 態度は習慣と異なり，価値あるいは好悪の感情を伴う．
(4) 態度は持続的な特性をもつ点で，欲求や一時的な情動状態とは異なる．
(5) 態度の対象となる刺激の範囲は広狭様々である．

態度の機能：カッツ[4]によれば，態度を形成・保持することにはいくつかの働き（機能）がある．

①適応機能 態度には，欲求充足を促進する働きがある．すなわち，態度が示す行動を遂行することによって，快や報酬を最大にし，苦痛や罰を最小にすることができる．
②自我防衛機能 自分の内部にある葛藤を処理し，自我を防

---

1) Sherif, M. (1906-) シェリフはアメリカの社会心理学者．自動運動を利用して集団が個人の判断に及ぼす影響を実験的に検討した研究などが有名（「IX-112 準拠集団」の項を参照）．C. W. Sherifは，彼の妻である．

2) Cantril, A. H. (1906-1969) キャントリルはアメリカの社会心理学者．政治的・国際的問題にも関心をもち幅広い研究活動を行なった．『火星からの侵入』（川島書店，1971）の著者．

3) Sherif, M. & Cantril, H., 1945, Tne psychology and attitude. *Psychological Review*, **52**, 306-314.

4) Katz, D., 1960, The functional approach to the study of attitude. *Public Opinion and Quarterly*, **24**, 163-204.

衛する．
③価値表出機能アイデンティティを維持し，自己イメージを高揚させる．
④知識機能混沌とした世界を理解し，意味づける．

態度の構造：ローゼンバーグら[5]は，態度は3つの要素から成ると考えた（図108）．第1は認知要素であり，これには対象に対する知覚反応や信念の言語的表現を含む．第2は感情要素であり，交感神経系[6]の反応や感情の言語的表現を指す．第3は行動要素であり，対象に対する接近傾向や回避傾向をいう．これらの要素は相互に関連し，一貫性を保つ傾向がある．たとえば，「環境破壊」という問題に対する態度を考えるとき，「環境破壊は明らかに進行しつつある」という信念が認知要素であり，その事実に対して抱く不安感・不快感が感情的要素，資源節約を率先して行なおうとしたり，リサイクル運動のサークルに参加しようとすることが行動要素にあたる．

態度の形成：クレッチら[7]によると，態度形成には次の要因が関連してくる．
①欲求満足の過程：人は，欲求を満足させてくれるものやその手段となるものに対して好意的な態度を抱くようになり，逆に，欲求満足を妨害するものに対して非好意的な態度をとるようになる．
②情報：さまざまな情報源から受ける情報によって，実際に態度対象に接したことのない人でも態度が形成される．
③所属集団：自分が所属する集団の規範に同調する過程で態度が形成される．
④パーソナリティ：個々人のもつパーソナリティが態度の形成に影響を及ぼすことから，多様な態度が見られるようになる．

このほか，私たちには認知要素の間の斉合性を求める傾向があるが，その過程で態度が形成されることもある．たとえば，ハイダーの**バランス理論**[8]（balance theory）からは，自分が好意を抱いている人が歌謡曲を嫌悪しているのを知る

5) Rosenberg, M. J. & Hovland, C. I., 1960, Cognitive, affective, and behavioral components of attitudes. In C. I. Hovland & M. J. Rosenberg (Eds.), *Attitude Organization and Change.* Yale University Press.

6) 自律神経系の一部．副交感神経系と拮抗的に作用し，瞳孔散大，心臓の鼓動促進など興奮作用をもたらす．

7) Krech, D. & Crutchfield, R. S., 1962, *Individual in Society.* McGraw-Hill.

8) 「IX-109 バランス理論」の項を参照．

と，その人も歌謡曲を嫌いになる（非好意的な態度を抱く）ことが予想される．古典的条件づけの過程で態度が形成されることもある．すなわち，本来中性的な態度対象でも，快適な経験と結びつけられれば好意的な態度が生じ，不快な経験と結びつけられれば否定的な態度が生じる可能性がある．

態度の測定：先に述べたように，態度は仮説的な構成概念であり直接測定することはできない．そこで，対象者の自己評定や行動，生理的変化などから態度を間接的にとらえる方法が考案されてきた．自己評定法で測定する場合，態度は，「好き−嫌い」あるいは「賛成−反対」という1つの次元を構成し，個人の態度はこの次元上のいずれかの点に位置づけられるものと仮定される．このような方法で態度を測定するために用意される質問群を尺度と呼び，その代表的なものとして**サーストン尺度**（Thurstone scale），**リカート尺度**（Likert scale），**ガットマン尺度**（Guttman scale）などがあげられる．たとえばテレビに対する態度を測定するためのサーストン尺度を作成する場合，まず多数の態度項目（「テレビは現代人にとって必須の情報源である」など）を集めた上で，それぞれの項目が示す好意度を何人かの判定者が判定する．そして，尺度値が等間隔になるような項目を選択し，最終的な尺度とする．実際に測定する場合には，項目をすべて対象者に提示し，自分の気持ちに最も近いものを選ぶように求め，その選ばれた項目の尺度値を個人の態度得点とする．リカート尺度（評定加算尺度とも呼ばれる）の場合は，項目分析によって選ばれたすべての項目について5段階尺度（たとえば，1. 賛成 2. やや賛成 3. どちらともいえない 4. やや反対 5. 反対）で評定させ，各項目に対する評定値の合計を個人の態度得点とする．

態度と行動：特定の方向に反応するように影響を与える個人内部の傾向性として態度をとらえるならば，態度と行動の間には対応関係が認められるはずである．しかし，実際には対応関係が乏しいことを示す事例や研究も多い．よく知られているものにラピエールの調査がある．これによると，白人のラピエール[9]が1930年代の初頭，若い中国人夫妻と米国

9) LaPiere, R. T. 1934, Attitudes vs. actions. *Social Forces*, **13**(2), 230–237.

内を自動車旅行した際，ホテルの宿泊やレストランでの食事を拒否されたことは1度しかなかった．しかし，半年後にそれらのホテルやレストランに中国人を客として受け入れるか否かを手紙で尋ねたところ，大多数が拒否する旨の回答だったという．また，ウイッカー[10]は態度と行動の関係を調べた多くの文献を概観した結果，両者の間にまったく相関がない場合や，見られても弱いものである場合が多いことを明らかにした．しかし，その後の研究で，予測しようとする行動に関連した特殊的態度を測定したり，認知的要素と感情的要素の一貫性を考慮に入れることによって，態度と行動との間の結びつきを明確にできることなどが明らかにされている．

態度変化：態度にさまざまな機能があることから推察されるように，ひとたび形成された態度は持続する傾向がある．しかし，いわゆる「説得」と呼ばれる操作を加えたり，自ら何らかの行動を遂行させることによって，人の態度が変化することが知られている．

一般的にコミュニケーションは，送り手，メッセージの内容と構成，チャンネル（メッセージが伝達される通路），受け手，という4つの要素に分けられるが，それぞれの要素がどのような特徴をもつ場合に効果的な説得が行なわれるかについてある程度の知見が得られている．

送り手の要因に関しては**信憑性**（credibility）に関する研究が多く，まったく同じ内容のメッセージでも信憑性が高い送り手からのものとされた場合の方が説得効果が高いことが明らかにされている．しかし，ある程度の期間が経過すると，信憑性の低い送り手からのメッセージでも説得効果が生じてくることがあり，**スリーパー効果**[11]（sleeper effect）と呼ばれている．なお，信憑性は**専門性**（expertise：送り手が専門的知識をもっていると受け手から見なされている）と**信頼性**（trustworthiness：その知識を偏りなく誠実に伝えていると受け手から見なされている）の2つの成分からなるとされる．

メッセージの内容に関しては，一面的メッセージ（唱導する立場を支持する議論だけから成る）と両面的メッセージ

---

10) Wicker, W., 1969, Attitudes versus actions: The relationship of verbal and overt behavioral responses to attitude objects. *Journal of Social Issues*, **25**, 41-78.

11) 仮眠効果，寝坊効果ともいう．

(反対の議論も併せて提示する)ではいずれが効果的か,受け手に恐怖感を与えることで説得効果が上がるか,などの点から研究が行なわれてきた.後者の問題を扱ったジャニスとフェッシュバック[12]は,歯磨きを奨励する内容のメッセージを高校生に与える実験を行なった.そこでは,提示する情報やスライドによって強,中,弱の3種類の恐怖メッセージが用意されたが,その結果,受け手に与える恐怖が弱いほど歯磨きの実行率が高いことが明らかにされた.しかし,その後行なわれた研究のなかには,与える恐怖が強いほど説得効果があるという結果が得られたものも多い.一般には,受け手が説得の内容や送り手の意図に疑問をもたない場合や,生じた恐怖を十分に低減するための対処の仕方についても情報が与えられる場合には,恐怖の程度が大きいほど説得効果も大きいと考えられている.

このほか,受け手の特性に関しては知能,自尊感情,性別などが扱われてきたが,明確な結論は得られていない.

以上のような説得的コミュニケーションを用いる方法のほかにも,相手に何らかの行動を遂行させることによって,以後の行動や態度を変化させようとする方法が試みられている.**認知的不協和理論**(cognitive dissonance theory)で扱う現象も,まさにこの問題に関連するものであるが,ここでは,相手の承諾を導くテクニックとして使われてきた技法を4つ紹介する.

(1) **段階的要請法**(foot-in-the-door technique):この方法は,まず最初に誰でも承諾するような小さな要請を出してこれを承諾・実行してもらい,次に目的とする大きな要請を出す.これによって,最初から大きな要請をする場合よりも,承諾率を高めることができる.フリードマンとフレイザー[13]は,主婦に電話をして,「5,6名の調査員が直接家庭を訪問し,2時間かけて日用品や家財道具などの使用状況を調査させてほしい」という依頼をしたが,これを承諾したのはわずか22%だった.ところが,電話で家庭用品について8つの簡単な質問に答えてもらった数日後に同じ依頼をすると,承諾率は53%にもなったという.

12) Janis, I. L. & Feshbach, S., 1953, Effects of fear-arousing communications. *Journal of Abnormal and Social Psychology*, **48**, 78-92.

13) Freedman, J. L. & Fraser, S. C., 1966, Compliance without pressure : The foot-in-the-door technique. *Journal of Personality and Social Psychology*, **4**, 195-202.

(2) **譲歩誘導法**（door-in-the-face technique）：まず誰もが拒否するような大きな要請を出しておいて実際に拒否させ，次に，目的とする（相対的に小さな）要請を出すという方法．チャルディーニら[14]の研究では，大学構内を歩いている学生を呼び止めて「非行少年のグループを動物園に連れていくので，2時間ほど手伝いをしてほしい」と要請したところ，承諾率は17%に過ぎなかった．ところが，この譲歩誘導法を用いて，最初に「最低2年間にわたり，週に2時間，非行少年のカウンセラーをボランティアとしてやってほしい」と依頼して拒否させると，その後の同じ内容の依頼に承諾する人が50%にもなった．

(3) **承諾先取り法**（low-ball technique）：最初に，非常に良い条件をつけた上である選択をさせる．その後，何らかの理由をつけてその良い条件を取り除いてしまい，その上でもう一度選択をさせる．この場合，もはや決して自分に有利な決定ではないのに，受け手は最初の決定を覆すことをせずにそのまま受け入れてしまう傾向が強くなる．

(4) **利益付加法**（that's-not-all（TNA）technique）：最初に商品と価格を呈示し，その後に「別の小さな商品をつける」「あなただけ価格を安くする」などと言って有利な条件を付加する方法．最終的な価格で売ることを意図しているのだが，それを最初から言わないで，まず（最初の）高い価格で買うことについて客が考える機会を与える．この方が，最初からすべての条件を呈示するよりも効果があることが知られている． 〔安藤〕

14) Cialdini, R. B. et al., 1975, Reciprocal concessions procedure for inducing compliance : The door-in-the-face technique. *Journal of Personality and Social Psychology,* **31**, 206-215.

チャルディーニ（1945-）はアメリカの社会心理学者．日常場面における対人影響過程を巧みな実験によって追求している．『影響力の武器 第2版』（誠信書房，2007）の著者．

【参考文献】
榊 博文, 1989, 説得を科学する. 同文館.
チャルディーニ, R. B., 社会行動研究会訳, 2007, 影響力の武器 第2版. 誠信書房.
フェスティンガー, L., 末永俊郎監訳, 1965, 認知的不協和の理論. 誠信書房.
ゴールドスタイン, N. J. 他, 安藤清志監訳, 高橋昭子訳, 2009, 影響力の武器 実践編. 誠信書房.

バランス理論

Balance Theory

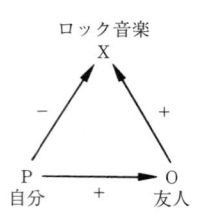

IX-109

図109-1 POXがインバランスになる例

バランス理論（balance theory）はハイダー[1]が提唱した態度理論で，均衡理論，P-O-X理論とも呼ばれる．「ある人（P）と他者（O）」などの二者関係，「ある人（P）と他者（O）と事物（X）」といった三者関係を人がどのように認知するかを扱うものであり，ハイダーは，このような対人関係の認知がその中に含まれる要素の間の不均衡を避け，均衡に向かおうとする傾向があるという基本的な仮説にもとづいて分析した．

彼は，他者や事物に対する人の関係を**心情関係**（sentiment relations）と**単位関係**（unit relations）に分けた．心情関係は，対象に対する人の心情的な側面，すなわち好意的あるいは非好意的な態度にもとづくものであり，対象に対する好意，尊敬，承認はプラス，嫌悪，軽蔑，不承認はマイナスの心情関係となる．一方，単位関係は，自分と他者，人と事象の関係を，「類似している」「接近している」「所有している」などの点から1つのまとまりとして認知できるか否かという側面を指す．まとまりとして認知できる場合にはプラスの単位関係，それができない場合にはマイナスの単位関係となる．

たとえば，図109-1は，ロック音楽（X），友人（O），自分（P）という3者の間の心情関係を図示したものである．ハイダーによれば，態度が好意的な場合を＋，非好意的な場合を－で表わすとして，3つの符号の積がプラスになる場合（全部プラスか，マイナスが2つ）には，自分（P）の認知はバランスのとれた状態にある（図109-2上段）．また，符号の積がマイナスになる場合（マイナスが1つあるいは3

[1] Heider, F., 1958, *The Psychology of Interpersonal Relations*. Wiley.（大橋正夫訳, 1978, 対人関係の心理学. 誠信書房.）
ハイダー（1896-1988）は，ドイツで学び，その後アメリカで活躍した社会心理学者．特に対人認知の研究で知られ，バランス理論と帰属理論はその後の社会心理学の流れに大きな影響を与えた．

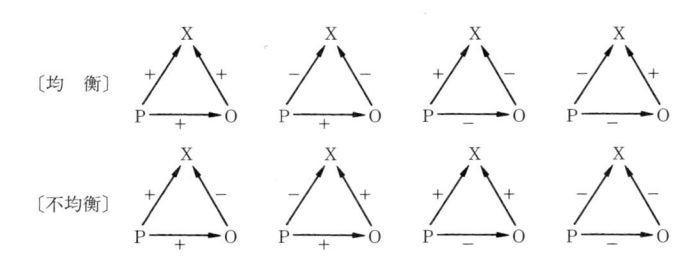

図109-2 POXの関係が均衡および不均衡を生じさせるパターン

つ）にはインバランス（不均衡）となる（図109-2下段）．これは，認知者（P）にとっては不快な感情を生み出すものであり，少しでもその不快さを低減してバランスのとれた状態へ戻ろうとする．

図109-1の例で考えると，これは「自分（P）はロック音楽（X）が嫌いであるが，自分が好意を抱いている友人（O）はロック音楽が大好き」という関係であり，不均衡な状態にある（[−]×[＋]×[＋]＝[−]）．この状態は認知者（P）にとっては不快な感情の源泉となり，対象（友人とロック音楽）に対する認知や態度を変化させようと努めるようになる．この場合は，①自分もロック音楽を好きになる，②友人をそれほど好きでないと考える，③友人も実はロックをそれほど好きでないと考えたり嫌いになるように働きかける，などの方略が考えられる．

ハイダーの研究以後，バランス理論に関して多くの実証的研究が行なわれた．そして，事象（X）を第三の人物として設定すると上述のような関係が認められなくなったり，単位関係の定義が曖昧であるなどの点が問題とされたが，単純な仮定にもとづいて多様な現象を説明できることから，多くの現象の理解に役立っている． 〔安藤〕

【参考文献】
Heider, F., 1958, *The Psychology of Interpersonal Relations*. Wiley.（大橋正夫訳，1978，対人関係の心理学．誠信書房．）

IX-110
認知的不協和理論
Cognitive Dissonance Theory

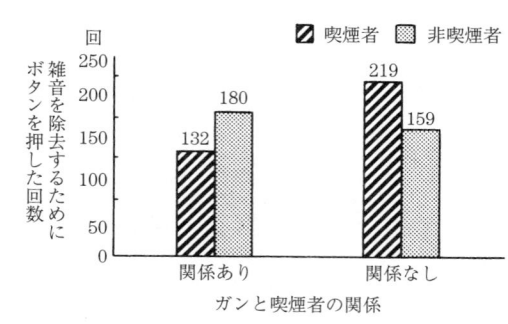

図110 情報への選択的接触 (Brock & Balloun, 1967)[5]

さまざまな対象に対する複数の認知要素が互いに斉合性を保つ傾向があることを仮定した理論は一般に認知的斉合性理論と呼ばれるが，その代表的なものにフェスティンガー[1]が提唱した**認知的不協和理論**（cognitive dissonance theory）がある．この理論では，さまざまな対象に対して私たちがもっている知識や信念・意見を認知要素と呼ぶ．他者（「私はXさんが嫌いだ」），出来事（「来年は経済不況になるだろう」），環境（「今日はよい天気だ」），そして自分自身（「私は善良な人間だ」）など，認知要素の対象は広範囲にわたる．フェスティンガーは，このような認知要素の間の関係に注目し，認知要素間に矛盾がある場合（これを不協和事態と呼ぶ）にある種の緊張状態に陥ると仮定した．さらに，人はこの不快な緊張状態を何とか低減して矛盾のない協和な状態にしたり，不協和をさらに増大させるような状況や情報を積極的に回避するように動機づけられることが仮定されたのである．

たとえば，喫煙者にとっては「喫煙は健康を害する」という認知と「自分は煙草を喫う」という認知は不協和な関係にあることになるが，この不協和を低減する方法として以下のものが考えられる．

① 不協和な関係にある認知要素の一方を変える（例：禁煙を実行する，あるいは喫煙が健康を害することはないと信じ込む）．
② 不協和な認知要素の重要性を低める（例：核戦争が勃発して死ぬ可能性もあるのだから，煙草の害など取るに足らぬものだ）．

1) Festinger, L., 1957, *A Theory of Cognitive Dissonance*. Evanston, Illinois : Row, Peterson. フェスティンガー (1919-1989) はアメリカの社会心理学者．レヴィンの諸理論を発展させるかたちでさまざまな実験的・理論的研究を行なった．なかでも，彼が提唱した「社会的比較理論」「認知的不協和理論」は，多くの社会心理学者を刺激して膨大な研究を生み出した．晩年は知覚心理学や考古学にも関心を示した．

③協和的な認知要素の重要性を高める（例：緊張を解消してくれる手段として煙草に勝るものはない）．
④協和な認知要素を付加する（例：親戚に煙草を喫い続けているのに元気にしている90歳の老人がいる）．
⑤不協和な認知要素を否定する情報を求める（例：喫煙と肺癌の関係を否定する実験結果の記事を読む）．

この理論は，単純ではあるものの，その後多くの興味深い仮説を生み出し，それを検証するための研究が盛んに行なわれたことで知られる．不協和理論との関連で扱われてきた問題には次のようなものがある．

(1) **強制的承諾**（forced compliance）：自分の態度に反する行為をするように誘導された場合，その行為に関する認知は自分のもともともっていた態度との間に不協和を生じさせる．この場合，ある条件のもとでは，行為に合致した方向へ自分の態度を変化させることによって不協和を低減する．フェスティンガーとカールスミス[2]が行なった古典的実験では，被験者に退屈な作業をやらせた後，別の人に「作業はおもしろかった」と告げるように要請した．その結果，自分の態度に反する行為に対して1ドル与えられる群の方が，20ドル与えられる群よりも最初に行なった作業を好意的に評価する傾向があることが明らかにされた．この結果は，1ドル条件では自分の態度（作業はつまらない）と行動（「おもしろい」とうそをついた）の間に生じる不協和を，自分の態度を変化させることによって低減したものと解釈される（20ドル条件では，自分の行動を高額の報酬を得るということで正当化することができるため，不協和はあまり生じない）．

また，これとは逆に，自分にとって魅力的な活動を行なわないように誘導された場合，その活動に対してあまり魅力を感じなくなってしまうという事実も明らかにされている[3]．

(2) **決定後の不協和**（post-decision dissonance）：いくつかの選択肢の中から1つを選択する場合，選んだ選択肢の否定的な側面および選ばなかった選択肢の肯定的な側面は意思決定という行為に関する認知との間に不協和を生じさせる．その結果，選んだ選択肢の魅力を高める一方で，選ばなかっ

2) Festinger, L. & Carlsmith, J. M., 1959, Cognitive consequences of forced compliance. *Journal of Abnormal and Social Psychology*, **58**, 203-210.

3) Aronson & J. M. Carlsmith, 1963, Effect of the severity of threat on the devaluation of forbidden behavior. *Journal of Abnormal and Social Psychology*, **66**, 584-588.

アロンソンはアメリカの社会心理学者．認知的不協和の研究のほかに，「ジグソー学習法」の提唱者としても知られる．

た選択肢の魅力度を低下させる傾向が生じる．コーエン[4]はクリスマス休暇中に婚約することを考えている男子学生に面接して，フィアンセに対する愛情の程度を測定した．そして，実際に婚約した後にも同じ質問をしてその回答の変化を調べた．その結果，婚約前につき合っていた女性の数が多い，両家族の経済的水準の違いが大きいなど結婚に伴って否定的な事象が生じる可能性の強い学生の方が，フィアンセに一層愛情を感じるようになったという．

(3) **情報への選択的接触**（selective exposure）：人は不協和を高めるような情報を回避する一方で，不協和を低減する情報に積極的に注意を向ける傾向がある．たとえば，図110に見られるように，喫煙者は喫煙と肺癌の関係を否定するスピーチを聴きたがる傾向が強く，非喫煙者は逆に，喫煙と肺癌に関連性があるというスピーチを聴きたがる傾向が強い[5]．また，ウォーターゲート事件の後，ニクソンの支持者は事件の情報に接触したがらず，知識も少ないことが報告されている[6]．

(4) **社会的支持の希求**（to seek social support）：認知要素を変容させることによって不協和を低減することが困難な場合，積極的に自分の信条を支持してくれる人を求める傾向が強まる．フェスティンガーら[7]は，大洪水が起こることを予言していた宗教集団の中に加わり予言がはずれた前後の信者の行動を観察したところ，予言がはずれた後には積極的に人々を自分の教団に引き入れようとする改宗活動が行なわれたことを報告している．

(5) **努力の正当化**（effort justification）：ある目標に向かって努力をする場合，努力することに対する適切な理由があるのがふつうである．しかし，そうでなくても努力を費やす羽目に陥ることもある．そのような場合不協和が喚起され，努力することを選択したことに対する正当な理由を捜し求めることになる．その一つのやり方は，努力を払ったその目標の価値を高く評価することである．

アロンソンとミルズ[8]は，女子大学生に対して性行動の心理に関する討論グループに参加することを求めた．その際，

4) Cohen, A. R., 1962, A study of discrepant information in betrothal. In J. W. Brehm & A. R. Cohen, *Explorations in Cognitive Dissonance*. Wiley.

5) Brock, T. C. & Balloun, J. L., 1967, Behavioral receptivity to dissonant information. *Journal of Personality and Social Psychology*, **6**, 413–428.

6) Sweeney, P. D. & Gruber, K. L., 1984, Selective exposure: Voter information preferences and the Watergate affaire. *Journal of Personality and Social Psychology*, **46**, 1208–1221.

7) Festinger, L. Rieken, H. & Schachter, S., 1956, *When Prophecy Fails*. University of Minnesota Press.

8) Aronson, E. & Mills, J., 1959, The effects of initiation on liking for a group. *Journal of Abnormal and Social Psychology*, **59**, 177–181.

実験者の前でポルノ小説の一節を朗読するという困惑するようなことをやらされた被験者は，さほど困惑することのなかった被験者に比べ，討論グループを高く評価する傾向が認められた．これらの被験者にとっては，入会するために何か苦労しなければならないグループは「魅力的なものでなくてはならない」のである．

その後，認知的不協和を生み出す条件について多くの議論がなされている．アロンソン[9]は，自己概念と自分の行為の間に矛盾がある場合（たとえば，「自分はよい人間だ」という認知と「自分はうそをついた」という行為に関する認知）に不協和が生じると考え，ウィックランドとブレーム[10]は，2つの認知を不一致な状態にしたことに対して当人が個人的責任性を感じている場合にのみ不協和が喚起されるとした．また，強制的承諾など認知的不協和理論が扱ってきた現象が，不協和という概念を用いなくても説明が可能であるとして論議が交わされたこともあった．たとえば，ベム[11]は自らが提唱する自己知覚理論にもとづいて前述のフェスティンガーとカールスミス[2]の研究結果を解釈した．すなわち，この実験に参加した被験者にとって，課題に対する態度はそれほど明確になっていない．そこで，最終的な態度評定を求められたとき，被験者は，自分の行動（「課題はおもしろかった」という発言）とそれが生起した状況（誘因の有無）から自分の態度を推測するというのである．したがって，1ドル条件では，「おもしろい」という発言を引き出すのは，行為者の態度以外にはないが，20ドル条件では「おもしろい」という発言は，20ドルを獲得するためのものと推測する余地がある．そこで，課題に対する好意的態度を自分がもっているとは推測し難くなることになる．〔安藤〕

9) Aronson, E., 1968, Dissonance theory: Progress and problems. In R. P. Abelson, E. et al., (Eds.), *Theories of Cognitive Consistency: A source book*. Rand McNally.

10) Wicklund, R. A. & Brehm, J. W., 1976, *Perspectives on Cognitive Dissonance*. Lawrence Erlbaum Associates.
ウィックランドはアメリカの社会心理学者．自己意識の問題に強い関心をもち，彼が提唱した「客体的自覚理論」は，自己研究の発展に大きな影響を与えた．ブレームはアメリカの社会心理学者．リアクタンス理論の提唱者として知られる．

11) Bem, D. J., 1972, Self-perception theory. In L. Berkowitz (Ed.), *Advances in Experimental Social Psychology*, Vol. 6, Academic Press.

【参考文献】

Axsom, D. & Cooper, J., 1985, Cognitive dissonance and psychotherapy: The role of effort justification in inducing weight loss. *Journal of Experimental Social Psychology*, **21**, 149–160.

フェスティンガー, L., 末永俊郎監訳, 1965, 認知的不協和の理論. 誠信書房.

帰属理論

Attribution Theory

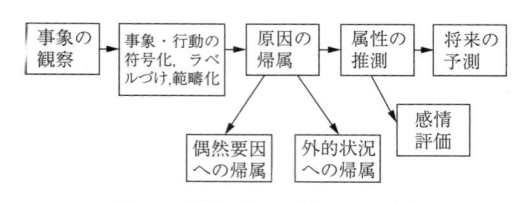

図111 帰属の流れ (外山, 1989)[1]

「なぜ，～さんは上司から注意を受けたのだろう」「なぜ，自分は試験で合格点をとれなかったのだろう」といったように，人は他者および自分自身の行動やその結果の原因に対して自分なりの説明を試みる場合が多い．そうすることによって，私たちは自分の周囲の世界を理解し，予測することが可能となるのである．社会心理学では，人々が事象の原因を自分なりに求め，その結果を基礎に行為者の傾性[2]（disposition）を推測する過程を帰属過程と呼び，その過程を理解するための概念的枠組みを**帰属理論**（attribution theory）と総称している（図111）．最初の提唱者はハイダー[3]であり，その後，ケリー[4]やジョーンズとデーヴィス[5]の理論へと受け継がれていった．

ハイダーは，日常生活の中で一般の人がふつうに行なう常識的な説明を重視する立場から，いわゆる「素朴心理学（naive psychology）」を提唱した．たとえば，日常的に使われる「～できる（can）」という言葉は，行為者の能力が課題の困難度という抑制要因よりも勝っている状態を指す．しかし，「できる」だけでは当該の課題が達成されるとは限らない．動機づけの側面としての「努める（trying）」が必要となる．これは意図と努力から成る要因であり，前者は動機を方向づけるもの，後者はそのために払われる努力の量と考えられる．これらの要因の関係は次の式で表わすことができる[6]．

$$課題達成 = f(\underbrace{[意図・努力量]}_{努める (trying)} \times \underbrace{[能力 - 課題の困難度]}_{できる (can)} \pm [運])$$

行為者側の要因　　　環境側の要因

1) 外山みどり, 1989, 帰属過程. 大坊郁夫・安藤清志・池田謙一編, 社会心理学パースペクティブ, 第1巻, 誠信書房, pp. 41-60.

2) disposition；人や事物がもつ安定的，持続的な属性.

3) Heider, F., 1958, *The Psychology of Interpersonal Relations*. Wiley.
「IX-109 バランス理論」の項を参照.

4) Kelley, H. H., 1972, Attribution in social interaction. In E. E. Jones (Ed.), *Attribution：Perceiving the causes of behavior*. General Learning Press.
ケリー (1921-2003) はアメリカの社会心理学者. 小集団に関する研究のほか，帰属理論を体系化したことでも知られる.

ケリーは，人が**共変動の原理**（covariation principle）を用いることによって行動の原因の推測を行なえるはずだと考えた．すなわち，「ある反応が生じたときに存在し，その反応が生じないときには存在しない」というように，ある反応と連動して変化する要因があれば，その要因が原因となって反応が生じているとされる傾向がある．たとえば，あるサークルで，Bさんがいるときには雰囲気が明るくなり，いないときには沈んだ雰囲気になるとしたら，サークルの雰囲気を左右しているのはBさんだと推測されることになるはずである．したがって，ある行動の原因を推測する場合，その行動と何が共変動しているかを調べることによってその行動の原因を明らかにすることができることになる．人間の行動は「人」が変われば違ってくるし，異なる「刺激」に対しては異なる反応が生じる．また，同じ人が同じ刺激に対する場合でも，時や周囲の状況が異なれば変わってくるはずである．そこでケリーは，次の3種類の情報を組み合わせることで他者の行動の原因を推測できると考えた．

①**合意性**（consensus）：その人の反応は，他の人の反応と一致しているか．
②**弁別性**（distinctiveness）：他の刺激と弁別して，その刺激だけに反応しているか．
③**一貫性**（consistency）：その反応は，時と様態にかかわらず一貫しているか．

　こうした側面から考えると，合意性・弁別性・一貫性すべてが高い場合，観察された反応の原因は刺激の側にあると判断できることがわかる．これを外的帰属という．また，合意性と弁別性が低く一貫性が高い場合には，行為者内部の属性（態度や性格など）に原因があると判断される傾向がある（内的帰属）．

　このモデルを適用して帰属を行なうには，広範囲にわたる情報を何回も収集する必要がある．しかし，日常的には1回限りの観察でも**因果図式**（causal schema）を適用することによって原因の推測が可能となる．たとえば，容易な課題に成功した場合には「多重十分条件図式」が適用される．すなわ

5) Jones, E. E. & Davis, K. E., 1965, From acts to dispositions: The attribution process in person perception. In L. Berkowitz (Ed.), *Advances in Experimental Social Psychology*, Vol. 2, Academic Press.

6) 萩原滋, 1984, 社会的認知I　感情・性格の認知．青木孝悦・萩原滋・箱田裕司, 一般心理学．関東出版社．

ち，複数の要因（能力と努力）のうちいずれか1つがあれば課題に成功するという図式であり，この場合，行為者が努力を払わなければ能力が高いと推測できるし，能力が低いことがわかればよほど努力したのだろうという推測が可能になる．

他者の行動を観察すると，認知者はそこから行為者の意図を推測し，さらにその背後にある安定した属性を推測しようとする．この過程の分析に焦点を合わせたのがジョーンズとデーヴィス[5]の**対応推論**（correspondent inference）**理論**である．**対応**（correspondence）というのは，観察された行為が行為者の属性を反映する程度を示す概念である．たとえば，「老人に席を譲る」という行為から「親切」という行為者の属性が直接的に推測できる場合，これは対応度の高い推測ということになる．ジョーンズとデーヴィスは，どのような条件があるときにこのような推測が可能となるかを分析した．第一に，選択された行為に伴う**固有の効果**（noncommon effects）の数が少ないほど対応度の高い推測ができる．たとえば，合格した3つの大学（XYZ）の中からX大学に進学することに決めた人の場合，X大学だけが優秀な教授陣と厳しい指導で評判であれば（固有の効果），この人が「勉学派」であることを確信をもって推測することができる．第二に，行為が望ましいものでない場合に対応度の高い推測ができる．たとえば，公衆電話をかけようとしたときに10円玉を貸してくれた友人の行為は，その友人を親切だと推測する材料にはなりにくい．そのような状況のもとでは，ほとんどすべての人が同じように振る舞うからである．逆に，10円をもっているのに貸してくれない友人がいたとすれば，その人が「ケチ」であることを確信をもって推測することができる．

帰属研究の流れとは別に，認知的不協和理論にもとづく強制的承諾の実験を行動主義的な視点から解釈し直すというかたちで提出されたベム[7]の**自己知覚理論**（self-perception theory）も帰属の研究に大きな影響を与えた．ベムは，人が自分の内的状態（態度や感情など）を直接的に知るための手がかりは限定されており，むしろ，自分の行動やそれが生起した状況の中の手がかりを利用して内的状態を推測すること

7) Bem, D. J., 1972, Self-perception theory. In L. Berkowitz (Ed.), *Advances in Experimental Social Psychology*, Vol. 6, Academic Press.

が多いと主張した．こうした理論を基礎にして帰属の問題は，他者認知の研究から，自己の態度や感情を人がどのように推測するのかという「**自己帰属**（self-attribution）」の問題にまで広がることとなった．

さて，人々が行なう帰属は，自尊心その他の要因によって「歪み」が生じることが明らかにされている．

①**根本的な帰属の誤り**：一般に，観察された行為の原因を行為者の内部属性に帰する傾向が強く見られることが指摘されている．ロス[8]は，こうした傾向を**根本的な帰属の誤り**（fundamental attribution error）と名づけている．

②**行為者と観察者の帰属のズレ**：観察者が行為の原因を行為者の内的属性に求めようとするのとは対照的に，行為者自身は自分の行為の原因を外部に求める傾向がある．そこで，両者の間に規則のズレが生じることになる．その原因の一つとして，両者の「視点」の違いがあげられる．すなわち，観察者にとっては行為者が際だった存在であるのに対し，行為者はふつうは自分の姿を見ることができず周囲の環境に注意が向きやすい．ストームズ[9]は，VTRを使って行為者と観察者の視点を逆転させると，帰属傾向もそれに伴って逆転することを明らかにしている．

③**利己的な帰属のバイアス**（self-serving bias）：私たちには「自分自身を高く評価したい」「他者からよく見られたい」という欲求があり，帰属の仕方はこうした傾向によって影響を受けることがある．たとえば，自分が成功をおさめた場合には原因が自分の内部（能力の高さや努力の量）にあると考えやすいのに対し，失敗した場合にはその原因が外部（課題の困難さ，運の悪さ）に求められることが多い．これに関連して，後で自分に都合のよい帰属が行なえるように，課題を遂行する前に自分に不利な条件があることを主張したり不利な条件を自ら作り出すことを**セルフ・ハンディキャッピング**（self-handicapping）という．〔安藤〕

8) Ross, L. D., 1977, The intuitive psychologist and his shortcomings: Distortions in the attribution process. In L. Berkowitz (Ed.), *Advances in Experimental Social Psychology*, Vol. 10, Academic Press.

9) Storms, M. D., 1973, Videotape and the attribution process: Reversing actor's and observer's point of view. *Journal of Personality and Social Psychology*, 27, 165–174.

【参考文献】
外山みどり，1989，帰属過程．大坊郁夫・安藤清志・池田謙一編，社会心理学パースペクティブ，第1巻，誠信書房，pp. 41-60.

IX-112

準拠集団

Reference Group

人が自分自身と関連づけることによって，自己の判断や評価の形成と変容が影響を受ける集団を**準拠集団**(reference group)という．多くの場合，家族・職場・学校・サークルなど，人が実際に所属している集団すなわち**所属集団**（membership group）が準拠集団となっており，その集団と自己を関連づけ，そこに属する人々の規範や価値観から自らの準拠枠を形成して態度を形成する．しかし，準拠集団は必ずしも所属集団である必要はない．自分が過去に所属していた集団，所属することを望んでいる集団など，自分が所属していない集団であっても，態度形成や判断に大きな影響を与えることがある．準拠集団という概念を最初に用いたのはハイマン[1]である．彼は，人々がもっている主観的な地位（社会的地位，経済的地位，知的地位など）が友人・知人・職場仲間，同郷人などを比較の基準として関係づけることによって形成されることを詳細な面接調査から明らかにし，これらを準拠集団と名づけた．

ケリー[2]によれば，こうした準拠集団が果たす機能は2つに分類できる．一つは**規範的機能**（normative function）であり，個人に対して規範を設定しそれに従うことを強制する（賞罰を伴う）機能である．第二は**比較機能**（comparison function）であり，個人が自分自身や他者を評価する際のチェックポイントとして役立つ機能である．

具体的に準拠集団が判断・態度の形成や変容にどのように関わっているかは，シェリフ[3]やニューカム[4]の研究などか

表112 学年別に見た大統領候補への支持 (Newcomb, 1957)[4]

	1年生 (52名)	2年生 (40名)	3・4年生 (52名)
〈学生〉			
ランドン（共和党）	62%	43%	15%
ルーズベルト（民主党）	29%	43%	54%
トマス＋ブロウダー （社会党，共産党）	9%	15%	30%
〈両親〉			
ランドン（共和党）	66%	69%	60%
ルーズベルト（民主党）	26%	22%	35%
トマス＋ブロウダー （社会党，共産党）	7%	8%	4%

1) Hyman, H. H., 1942, The psychology of status. *Archives of Psychology,* **269**, 1–94.

2) Kelley, H. H., 1951, Two functions of reference groups. In G. E. Swanson, T. M. Newcomb & E. L. Hartley, *Readings in Social Psychology.* 2nd ed., Henry Holt.

3) Sherif, M., 1947, Group influences upon the formation of norms and attitudes. In T. M. Newcomb & E. L. Hartley (Eds.), *Readings in Social Psychology.* Henry Holt.

シェリフ(1906-1988)はアメリカの社会心理学者．自動運動を利用して集団が個人の判断に及ぼす影響を実験的に検討した研究などが有名．

ら理解できる．シェリフは，暗室内で静止した小光点を凝視すると，実際には静止しているにもかかわらず動いて見える**自動運動**（autokinetic movement）現象を利用した実験を行なった．動いた距離を一人で報告する個人条件と2人あるいは3人で報告する集団条件を設定し，個人から集団へ，逆に集団から個人へと条件が変化することによって距離判断がどのように変わるかを調べたのである．その結果，前者では最初は個々人で異なっていた判断が一点に収斂してゆくこと，後者では，集団状況で形成された範囲と基準を個人の判断の際にも用いることが明らかにされた．

　ニューカムは1935年から1939年にかけてベニントン女子大学の学生に対して大規模な調査をいくつか行なったが，その中の一つ，大統領選挙直前の1936年の10月の調査では，全学年の学生に対し，5人の大統領候補者のうち，①自分は誰を支持するか，②両親は誰を支持していると思うか，を尋ねた．その結果，両親は平均して約65％が共和党のランドン候補を支持していたのに対し，同候補への支持を表明した学生は1年生62％，2年生43％，3・4年生15％としだいに減少していた．これは，学年が進むにつれて，準拠集団が家族からしだいに大学コミュニティへと移行した結果と考えられる（表112）． 〔安藤〕

4) Newcomb, T. M., 1957, *Personality and Social Change : Attitude formation in a student community.* Holt, Rinehart, & Winston.
　ニューカム（1903-1984）はアメリカの社会心理学者．集団規範・準拠集団などの概念を使用して独自の社会心理学を構築した．認知的均衡理論の一つA-B-Xモデルの提唱者としても知られる．アメリカ心理学会の会長（1955）など要職を歴任した．

【参考文献】
カートライト，D.・ザンダー，A., 三隅二不二・佐々木薫訳, 1978, グループ・ダイナミックス（第2版）．誠信書房．
ショウ，M. E., 原岡一馬訳, 1981, 小集団行動の心理．誠信書房．
ブラウン，R., 黒川正流他訳, 1993, グループ・プロセス．北大路書房．

IX-113

同調

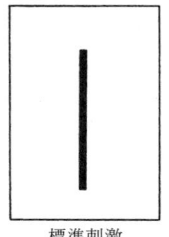

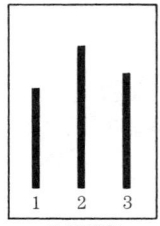

Conformity

図113 アッシュの実験で用いられた刺激の例（標準刺激／比較刺激）

　集団が形成されている場合，個々の成員の行動や考え方は他の成員の存在によってさまざまな影響を受ける．たとえば，自分が所属するサークルが大学祭に参加する場合，「大学祭はとにかく楽しければいい」という考えがサークル内で多数を占めていたとする．このような，集団の中で斉一化された行動様式や考え方を**集団標準**（group standard）という．その場合，ある人が「日本の将来」について討論するという企画を頭に描いていたとしても，それを皆の前で主張することは困難になる．集団標準から逸脱した行動をすることによって，その集団から排斥される危険を冒すことになるし，また，そうした行動は集団の目標達成を妨害することになるからである．このように，集団の成員が集団標準を受け入れるように働く心理的な圧力，すなわち**集団圧**（group pressure）を感じることによって，その行動や信念が集団の基準に一致した方向へ変化することを**同調**（conformity）という．

　アッシュ[1]は，線分の長さの判断を求めるという方法を用いて同調に関する一連の先駆的研究を行なった．ある課題では，左側のカードの線分と同じ長さの線分を，右側のカードに描かれた3つの線分（1，2，3）の中から選択することが求められた（図113）．試行ごとに線分の長さは異なっていたが，右側のカードには正解が必ず含まれ，また，それは誰の目にも明らかなものであった（図では2が正解）．実際，一人でこの課題を行なう場合には，ほぼ100％の正解率だった．アッシュの研究のユニークな点は，この課題を8人からなる集団状況で行なったことである．すなわち，一人の被験

1) Asch, S. E., 1951, Effects of group pressure upon the modification and distortion of judgment. In H. Guetzkow (Ed.), *Groups, Leadership and Men*. Carnegie Press.
　アッシュ（1907-1996）はワルシャワに生まれ，アメリカで活躍した社会心理学者．ゲシュタルト理論の影響を強く受け，この視点から実験的手法を用いて印象形成の研究を行なった．

者と7名の実験協力者（実験条件によってその数は異なる）から成る集団を作り，実験協力者たちには，18回の試行のうち12回はわざと誤った答えをする（たとえば，図113の比較線分が呈示された場合，全員が1と回答する）ようにあらかじめ指示しておいたのである（表113-1参照）．このような実験場面を設定すれば，本当の被験者が集団の圧力に屈してどの程度誤答をするかによって，同調行動の頻度が調べられることになる．

この実験の結果，50人の被験者が行なった総判断数のうち，多数者である実験協力者の回答と同じ誤りか，長さにおいて同一方向の誤りであるものが32%にも上った．また，74%の被験者が，少なくとも1回は誤った回答をしたのである．アッシュはさらに，実験協力者の人数を変えるなどさまざまな条件を設定して実験を繰り返した．その結果，実験協力者が4人の場合に最も同調が強く生じ，それより人数が増えても同調率にあまり変化がないこと（表113-2参照），8人の集団の中に被験者以外に常に正しい回答を行なう味方を一人入れると同調の割合が大きく減少すること，などが明らかにされた．

おそらく，被験者には実験協力者の答えが明らかに間違いであることはわかっているのに，なぜ自分だけ「正しい」答えを言うことができなかったのだろうか．ロスら[2]によると，正解が明確であるという事実に原因があるという．つま

表113-1 標準線分と比較線分の長さと実験協力者の回答

試行	比較線分の長さ（インチ）			正答	実験協力者の判断
	1	2	3		
1	8.75	10	8	2	2
2	2	1	1.50	1	1
③	3.75	4.25	3	3	1
④	5	4	6.50	1	2
5	3	5	4	3	3
⑥	3.75	4.25	3	3	1
⑦	6.25	8	6.75	2	3
⑧	5	4	6.50	1	3
⑨	6.25	8	6.75	2	1
10	8.75	10	8	2	2
11	2	1	1.50	1	1
⑫	3.75	4.25	3	3	1
⑬	5	4	6.50	1	2
14	3	5	4	3	3
⑮	3.75	4.25	3	3	2
⑯	6.25	8	6.75	2	3
⑰	5	4	6.50	1	3
⑱	6.25	8	6.75	2	1

（注）○印がついている試行（合計12回）において実験協力者は全員一致して誤った判断を行なう．

表113-2 実験協力者の人数が被験者の誤判断数に及ぼす影響

実験協力者の数	0	1	2	3	4	8	12
誤判断の平均数	0.08	0.33	1.53	4.00	4.20	3.84	3.75
被験者数	37	10	15	10	10	50	12

2) Ross, R., Bierbrauer, G. & Hoffman, S., 1976, The role of attribution processes in conformity and dissent: Revisiting the Asch Situation. *American Psychologist*, **31**, 148-157.

り，このような状況においては，被験者は他者がどうしてそのような判断をするのか理解できないはずであるが，同じように他者も自分の「正しい」判断を理解することができないだろうと考えざるを得ないことになる．このような場合，自分だけ他者と異なる回答をすれば否定的な評価を受ける危険があるし，異なる回答を何度も繰り返せば，その行為が彼らに対する一種の挑戦と見なされてしまうかもしれない．ロスらは，こうした不安が同調への圧力になっていると考えたのである．ただし，一人でも多数派と異なる答えをする人がいると，被験者はあまり同調しなくなることも明らかにされている．これは，多数派から排斥されても「自分一人ではない」という安心感が被験者に生じるためと考えられる．

ドイッチとジェラード[3]は，社会的影響を2つの要素に分けてこの問題を考察している．第一は**規範的影響**（normative social influence）であり，他者からの称賛を得たい，罰を避けたいという動機にもとづいて集団規範に合致した行動をとることをいう．もう一つは**情報的影響**（informational social influence）であり，他者の意見や判断を参考にして，より適切な判断や行動を行なおうとすることを指す．アッシュの実験に参加した被験者にとっては，この両方の動機が重要な意味をもっていたと考えられるが，日常的な場面では，状況によって前者が優勢に働いたり後者が優勢に働いたりする．

さて，アッシュの実験の被験者は，表面的には他の「被験者」と同じ行動をとったとしても，彼らの判断を正しいものとして受け入れていたわけではない．同じような実験状況でも，自分の回答が他の被験者に知られない（たとえば，口頭で答えるのではなく，紙に記す）場合には同調が少なくなることが知られている．ケルマン[4]は，社会的影響を3つの段階としてとらえている．第1の段階は，アッシュの実験の被験者が見せたような**追従**（compliance）である．この場合，影響を受ける人は，報酬を得たり罰を避けるために表面的に行動を一致させるが，私的な信念や態度を変化させることはない．第2の段階は**同一化**（identification）である．これ

3) Deutch, M. & Gerard, H. B., 1955, A study of normative and informational social influence upon individual judgment. *Journal of Abnormal and Social Psychology*, **51**, 629–636.

ドイッチ（1920–）はアメリカの社会心理学者．競争と協同に関する実験的研究を行なったことで知られる．

4) Kelman, H. C., 1961, Processes of opinion change. *Public Opinion Quarterly*, **25**, 57–78.

は，自分が尊敬し価値をおく他者と類似した存在でありたいと思って自分の信念・態度や行動を変える場合をいう．第3の段階は**内面化**（internalization）である．これは，影響を与える人の主張に心から納得して自分の態度や行動を変える場合である．たとえば，ある候補者の選挙演説を聞いて，それが世界平和に最も寄与するはずだと確信してその人に一票を投じたのであれば，それは内面化にもとづいていると考えられる．

同調行動の研究が示しているように，大多数の人が同じ意見をもち同じように行動するなかでは，自分だけが彼らと異なったことを行なうことはなかなか難しい．しかし，アッシュの実験においてもまったく集団の圧力に影響を受けない被験者が2割以上いたことも事実であるし，集団の中に多数派と違う答えをする人が一人でもいれば，被験者も同調することが少なくなることも知られている．そして，ある状況のもとでは，集団の中の少数派が逆に多数派に対して大きな影響を与えることがある．モスコビッチとマグニー[5]は，少数派の集団成員が他の成員から「見える」こと，集団の中に葛藤や緊張を生み出すことができる場合に，少数派が影響力をもつと考えている．緊張状態が存在したり，少数派の反対によって同調への社会的規範が破られると，多数派の人々も，少数派の立場やその他の立場のことを考慮するようになるからである．ただし，その場合でも，少数派が一貫して自分の立場を主張することが重要であるといわれている．〔安藤〕

5) Moscovici, S. & Mugny, G., 1983, Minority influence. In P. Paulus (Eds.), *Basic GroupProcess*. Springer-Verlag.

【参考文献】
カートライト，D.・ザンダー，A., 三隅二不二・佐々木薫訳, 1978, グループ・ダイナミックス（第2版）. 誠信書房.
ショウ, M. E., 原岡一馬訳, 1981, 小集団行動の心理. 誠信書房.
ブラウン, R., 黒川正流他訳, 1993, グループ・プロセス. 北大路書房.

IX-114

ソシオメトリー

Sociometry

集団の成員の間の心理的関係や集団構造の測定に関してモレノ[2])が創始し、その後継者たちによって体系づけられた理論を**ソシオメトリー**（sociometry）という。モレノによれば、小集団の人間関係や構造は最も表層的なものから中心的なものまで、5つの次元によってとらえることができるという。最も表面的なものが知人テスト（acquaintance test）であり、これによって個人の知り合いの範囲を調べる。次が**ソシオメトリック・テスト**（sociometric test）であり、後述のように、集団内の牽引と反発を対人的な選択行動によって調べる。残りは**心理劇**（psychodrama）によって人間関係の深層的な部分を調べるものであり、自発性テスト（spontaneity test）、状況テスト（situation test）、役割演技テスト（role-playing test）の3つがある。

これらの中で最も研究が進み、社会心理学や教育心理学における測定道具として普及しているのがソシオメトリック・テストである。通常この方法を用いる場合、集団の範囲と選択の場面を決め（たとえば、「このクラスでは、来週の遠足でグループごとに行動することになっています」）、次に各成員に選択・排斥の反応を求める（たとえば、「一緒のグループになりたい人は誰ですか、一緒になりたくない人は誰ですか」）という手続きがとられる。選択する人数は3〜5人に制限されることが多い。このデータはさまざまなかたちにまとめられる。集団内の関係を図示する方法としては、**ソシオグラム**（sociogram）が用いられることが多い（図114）。これ

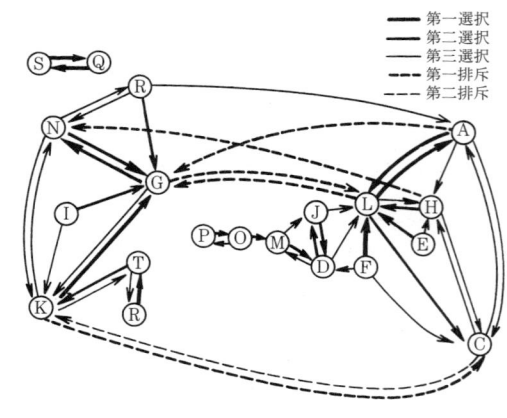

図114 ソシオグラムの例（狩野, 1985）[1)]

1) 狩野素朗, 1985, 個と集団の社会心理学. ナカニシヤ出版.

2) Moreno, J. L. (1892-1974) モレノは心理劇による集団心理療法の技法を発展させたことで知られる.

は一人ひとりの人間を○印，その間の選択関係を個々人を結ぶ線分で表わすものである．その際，索引と反発，選択順位などを線分の種類（実線と破線）や太さで区別し，集団成員の関係を直観的に把握できるように工夫される．これによって，他者から選択されない孤立者（isolates），相互に選択しあうペア（pairs），多数の成員が相互選択によって結ばれる連鎖（chains），多くの成員から選択されるスター（stars）がどれくらい存在し，どのように分布しているかを知ることができる．そして，これを基礎にして個人の特性や集団の構造を理解することが可能となる．しかし，集団成員の数が多くなると選択・排斥を示す線が複雑に入り込み，視覚的・直観的な理解が困難になる．この場合，個人や集団のさまざまな特性を表わす指数を導き，それによって個人や集団の特性を把握する方法がとられる．たとえば，集団の中での対人感情に関係した個々人の地位を示す社会測定的地位指数（sociometric social status：SSS）は(1)式で，**集団凝集性**（group cohesion：Co）は，(2)式で表わされる．

$$\text{SSS}_i = \frac{1}{2}[(C_i - R_i)/(N-1) + (mc - mr)/d] \qquad (1)$$

$$\text{Co} = 2MC/[N(N-1)] \qquad (2)$$

ただし，N＝集団の人数，C_i＝特定の個人の被選択数，R_i＝特定の個人の被排斥数，MC＝集団の相互選択総数，mc＝相互選択数，mr＝相互排斥数，d＝選択・排斥制限数．

〔安藤〕

【参考文献】
田中熊次郎，1970，ソシオメトリー入門．明治図書．
河井芳文，1985，ソシオメトリー入門．みずうみ書房．

IX-115 集団決定
Group Decision

表115 リスキー・シフトの研究で用いられた課題の例
(Wallach et al., 1962)[1]

・重い心臓病を患っている人がいる．手術を受けなければ，ふつうに生活を送ることはあきらめなければならない．手術に成功すれば病気は完治するが，失敗すれば命を落とすことになるかもしれない．手術を受けるか否か，迷っている．
・並のサラリーをもらっている電気技師がいる．給与はずっと高いが不安定な職に移ろうかどうか迷っている．

集団決定（group decision）とは，集団成員すべてが参加して全体の合意を形成する手続き（集団討議や評決など）によって集団の意思決定を行なうことをいう．集団決定の手続きがとられると，個々人が行なう決定と内容が質的に異なることが知られている．ワラックら[1]は，魅力的ではあるがリスクを伴う選択肢と，安全ではあるが魅力に乏しい選択肢から1つを選択しなければならない架空の人物に対するアドバイザーの役を被験者にとらせた（表115参照）．どの程度の成功確率があればリスクを含むが魅力的な選択肢をとることを助言するかを尋ねたのである．被験者は，最初は一人で決定し次に6名の集団で討議を行なって集団としての結論を出すように求められた．その結果，集団決定の方がリスクを冒す方向に結論が偏っていたのである．こうした現象は**リスキー・シフト**（risky shift）と呼ばれ，責任の分散（たとえ決定が誤りであっても，集団であれば個々人が負うべき責任は小さくなる）という要因が関与しているとされた．しかし，その後，集団で討議を行なうことによって一人の場合よりも安全な方向の決定がなされることもあることが報告され（**コーシャス・シフト**；cautious shift），これらの現象は，現在では集団討議によって意見が極端な方向に（より危険な方向に，あるいはより安全な方向に）変化するという一般的な現象であると理解されている．これを**集団極性化**（group polarization）と呼ぶ．

ジャニス[2]は，凝集性が高く，他の影響力から隔離されている集団が外的な脅威にさらされると，成員間の意見の一致を求めるあまり客観的な判断ができなくなってしまう危険が

1) Wallach, M. A., Kogan, N. & Bern, D. J., 1962, Group influence on individual risk taking. *Journal of Abnormal and Social Psychology*, **65**, 75-86.

2) Janis, I. L., 1972, *Victims of Groupthink: A psychological study of foreign policy decisions and fiascoes.* Houghton Mifflin.

あるという．これを**集団思考**（groupthink）という．この場合，①過度に楽観的になり，危険の徴候に対して注意を向けなくなる，②過去の決定を再考するよりも，それを正当化することに多くの時間を費やす，③自分の集団のモラルには従うが，倫理的，道徳的な問題を避ける，④相手を，交渉に適さない悪者であると見なす，⑤異議を唱えることが歓迎されない，⑥成員は疑念を述べることを自ら差し控えたり，自らその価値を低めてしまう，などの「症状」が現われる．

また，集団決定は個人の行動に大きな影響を及ぼすことが知られている．レヴィン3)は，その当時の慣習としては食用にしなかったもの（牛の心臓・膵臓・腎臓）を食べることを主婦に推奨する際，集団決定法と講義法とではどちらが効果的かを実験によって明らかにしようとした．集団決定法を用いる条件では，主婦同士でディスカッションを行なった後，挙手によって3種の内蔵肉のうち一つでも試みるという決断を表明した．講義法を用いる条件では，専門の栄養士がこれらの食物にはビタミンやミネラルが豊富に含まれていて栄養的に優れていること，工夫をすれば匂いを気にならないようにしたり見た目をよくすることができることなどを図版を用いて説明し，食用にするように勧めた．その結果，講義法ではわずか3%の人しか試みていなかったのに対し，集団決定法を用いた場合には32%の人が新しい食習慣を採用していたのである．別の実験では，病院で出産した女性が退院するときに，乳児に肝油とオレンジジュースを与えることを推奨し，それを実行するように求めた．個人教示を行なう条件では，20～30分間，栄養士からこの内容の教示を受け，集団決定条件では，6人からなる集団に分けられ集団決定の手続きが採用された．1ヵ月後に行なわれた追跡調査の結果，ここでも集団決定の方が効果が大きいことが明らかにされた．

〔安藤〕

3) Lewin, K., 1953, Studies in group decision. In D. Cartwright & A. Zander (Eds.), *Group Dynamics : Research and theory.* Evanston, Ill., Row, Peterson.
「V-75 葛藤」の項を参照．

【参考文献】
ブラウン，R., 黒川正流他訳, 1993, グループ・プロセス. 北大路書房.

IX-116

対人関係

Interpersonal Relationship

人間は一人で生きていくことは，きわめて困難である．日常生活の中で私たちは，他者と語り合ったり，困ったときに助けてもらったり，共通の目標を達成するためにともに努力したりする．こうした他者とのやりとり（相互作用）を通じて特定の人と持続的な結びつきが生じている場合，これを**対人関係**（interpersonal relationship）という．バーシェイド[1]が述べているように，対人関係は「人間の条件の基盤であると同時に主題でもある」．良好な対人関係は社会生活におけるさまざまな面でもウエルビーイングを高める一方で，嫉妬や暴力など「影の側面」とも密接に関わるのである．したがって，人間の社会的行動のさまざまな側面を理解するためには，対人関係の形成や維持，関係の終結の過程やその結果についての理解を深めることが必要となる．

さまざまな要因が，関係の形成に重要な役割を果たす．近接性は，その一つである．クラスや職場が同じだったり家が近い人は，当然，遠くにいる人に比べると目にする機会が増える．これが対人魅力の程度に影響を及ぼす可能性がある．ザイアンス[2]が提唱した**単純接触仮説**（mere exposure hypothesis）によると，特定の刺激に繰り返し視覚的に接触するだけで，その刺激に対する好意が高まる．他者が人に微笑んだり誉めたりしなくても，見る回数が多くなるだけで好意が高まるのである．

「類は友を呼ぶ」という諺にあるように，似ている者どうしが好意を感じることは実際に多くの研究で確かめられている．たとえば，ニューカム[3]は，互いに面識のない17名のミシガン大学の学生を半年間学生寮に住まわせ，寮生たちが

1) Bercheid, E., 1999, The greening of relationship science. *American Psychologist*, **54**, 260–266.

2) Zajonc, R. B., 1968, Attitudinal effects of mere exposure. *Journal of Personality and Social Psychology*, **9**, 1–27.

3) Newcomb, T. M., 1961, *The acquaintance process*. New York : Holt, Rinehart & Winston.

どのように親密になってゆくかを調べる研究を行なった．寮費を無料にする代わりに研究に協力してもらったのである．前もって大学生活，政治，宗教等に関する態度を測定し，類似性が高いものどうしが隣にならないように部屋が決められた．すると，入寮当初は同じフロアの近いものどうしが親密になったが，日が経つにつれて，類似した態度をもつものどうしが親密になっていった．バーンとネルソン[4]は，①実験参加者の態度を質問紙で測定しておき，②一定期間後に他の実験参加者（実際には架空の人物）が回答したとする同じ質問紙を見せ，③その人物に対する魅力を測定する，という方法を用い態度の類似性が対人魅力に及ぼす影響を検討した．その結果，類似性の程度が増すにつれて，相手への好意も高まることが明らかにされた．

態度の類似性が好意を高める理由の一つは，**合意による妥当化**（consensual validation）である．私たちは，自分の意見を他者と比較して評価する傾向があるが，意見が類似した他者は，周りの世界に関する自分の判断が正しいことを確認してくれる．これが，プラスの感情を生み出すことになる．また，他者と会話をしたり何か一緒に活動をする場合，自分と類似した人間であることがわかっていれば，それらが円滑にいくことが期待される．このことも，プラスの感情を生み出す．さらに，類似した他者の場合，その人が自分に好意をもっていると想定する傾向がある．そして，一般に自分に好意をもってくれる人に対しては「お返し」として好意を抱く傾向がある．

対人関係には，親子関係，友人関係，夫婦関係，仕事上の関係などさまざまなものがあるが，クラークとミルズ[5]によると，これらは，関係の中で利益の授受についてどのようなルールが適用されるかによって，**交換関係**（exchange relationship）と**共同関係**（communal relationship）に区別することができる．交換関係では，将来，同じくらいの利益が返ってくるという期待の下に利益や資源を提供したり，以前に相手から受け取ったお返しとしてその相手に利益を提供する．一方，共同関係では，相手の必要に応じて，あるいは相

4) Byrne, D., & Nelson, D. 1965, Attraction as a linear function of proportion of positive reinforcements. *Journal of Personality and Social Psychology,* **1**, 659–663.

5) Clark, M. S., & Mills, J., 1993, The difference between communal and exchange relationships : What it is and is not. *Personality and Social Psychology Bulletin,* **19**, 684–691.

手に対する気遣いを示すために利益が提供される．この場合，受け取った側が強い恩義を感じることはない．

交換関係では，その関係に関わることによって得られる報酬がコストを上回る場合に満足を感じる．ただし，ティボーとケリー[6]の対人的相互依存理論では，その満足は，自分が関係においてどの程度の報酬やコストを得るべきかという基準（比較水準）に照らして判断されることが仮定されている．また，日常生活では，特定の対人関係の周囲にはさまざまな他者が存在する．その人が特定の相手との関係を積極的に継続しようとする気持ち（コミットメント）は，現在の関係から得られる満足が，別の他者との関係に移ったときに得られるはずの満足（選択比較水準）を上回っているほど，強くなるとされる．逆にいえば，相手が暴力を振るうなどの理由で現在の関係に不満があっても，それより高い満足を得られそうな関係が見当たらなければ，関係を持続させることになる．

親密な対人関係を持続させるには，両者が相手を気遣う行動を示し，適切に思考し，感情を制御する必要がある．ハーヴェイとオマズ[7]は，これらを「マインディング」と呼び，良好に持続する関係においては，自己開示の促進（質問したり，よい聴き手になる），関係高揚的な原因帰属（否定的な出来事の外的帰属など），相手の受容と尊敬を示す行動，相互性（相手の貢献に対する認識と感謝），プロセス（一体感をもち，関係の将来に希望を示す）が含まれると考えた．

親密な関係であっても，そこで生じるさまざまな葛藤を解決することが困難になると，やがては解消することになる．ダック[8]は，この解消過程を4つの段階によって説明している．最初は「個人的段階」であり，一方のパートナーが，不満の原因を推測したり，既存の関係や，他の人との関係に移行した場合の報酬やコストを評価する．第2は「二者間の段階」であり，自分の不満や見解をパートナーに表明し，交渉や取り決めを行なって修復を試みる．第3は「社会的段階」であり，双方が関係解消という結論を受け入れ，その事実を周囲の人々に公表したり，自分の面子を保とうとする．最後

6) Thibaut, J. W., & Kelley, H. H., 1959, *The social psychology of groups.* New York : John Wiley & Sons.

7) Harvey, J. H., & Omarzu, J., 1999, *Minding the close relationship : A theory of relationship enhancement.* Cambridge University Press.

8) Duck, S. W., 1982, A typology of relationship disagreement and dissolution. In S. W. Duck (Ed.), *Personal Relationships* 4 : *Dissolving personal relationships.* London : Academic Press, pp. 1-30.

は「服喪段階」である．ここでは，過去の関係や解消の経緯について自分なりに意味づけ，それを周囲に広めることが行なわれる．

いじめや失恋など，拒絶を受けたり一方的に関係が解消される場合，そうした扱いを受ける側は強い心理的苦痛を感じる．ウィリアムズ[9]によると，集団からの排斥や関係の拒絶は，人間のもつ4つの重要な欲求を脅かす．第1に，拒絶されることは，最も基本的な欲求である**所属欲求**（need to belong）を脅かす．拒絶，追放されることは，まさに相手と分離される合図であり，それ以後，自分は相手から注目されず，考慮されないことを意味する．第2に，拒絶や追放は相手からの無視を伴うが，無視された側は否定的な**原因帰属**（causal attribution）（自分に何か足りないところがあるのではないか，など）を持続的に行なうために自尊心が著しく低下する．第3は**コントロール欲求**（desire for control）である．一方的な拒絶や追放を受けた場合，コミュニケーションを継続したり反論することが困難になり，自分なりに事を進めることができなくなる．第4に，関係の相手から拒絶されることは，相手から認められており，それゆえ意味のある存在であるという自己の重要な側面を脅かす．　　〔安藤〕

9) Williams, K. D., 2007, Ostracism. *Annual Review of Psychology,* **58**, 425-452.

【参考文献】
イックス，W.・ダック，S., 大坊郁夫・和田実監訳，2004，パーソナルな関係の社会心理学．北大路書房．
スピッツバーグ，B. H.・キューパック，W. R. 編，谷口弘一・加藤司監訳，2008，親密な関係のダークサイド．北大路書房．
ダック，S., 高橋利佳他訳，1995，フレンズ―スキル社会の人間関係学．福村出版．

IX-117
攻撃と援助
Aggression and Helping

　人が特定の他者に対してとる**対人行動**（interpersonal behavior）行動にはさまざまなものがあるが，**攻撃**（aggression）や**援助**（helping）もこれに含まれる．攻撃は，「危害を避けようとしている他者に対して危害を加えようと意図してなされる行動」と定義され，怒りや敵意にもとづいて相手に苦痛を与えることを目標とする**敵意的**（衝動的）**攻撃**（hostile aggression）と，他の目標を達成するための手段として行なわれる**道具的**（戦略的）**攻撃**（instrumental aggression）とに分類される．

　これまで，攻撃に至る過程を説明するさまざまな理論が提案されてきたが，アンダーソンとブッシュマン[1]による**一般攻撃モデル**（General Aggression Model：GAM）は，前述のいずれかの攻撃が行なわれる過程を統合的に理解する枠組みとして知られている．第1の段階である入力段階には，状況要因（メディアの暴力映像，不快感情を引き起こす出来事など）と性格要因（自己愛傾向など）が含まれ，これらが刺激となって個人の内的状態（感情，認知，生理的覚醒）を変化させる（第2段階）．たとえば，すぐ食事だと思って空腹で帰宅した夫が，夕食の支度ができていない事実を知って強い欲求不満を感じるような場合である．第3段階は評価と意思決定の過程である．ここでは，まず自動的な即時評価が行なわれる．夫が前日の夫婦喧嘩を思い出せば，それを妻の「腹いせ」と考えるかもしれない．このとき，時間や認知能力の点で十分な資源をもたなければ，衝動的行為が導かれる（前述の例では，妻への言語的暴力など）．一方，資源に余裕があり，即時評価の結果が重要で，その内容が満足のいかない

1) Anderson, C. A., & Bushman, B. J., 2002, Human aggression. *Annual Review of Psychology,* **53**, 27–51.

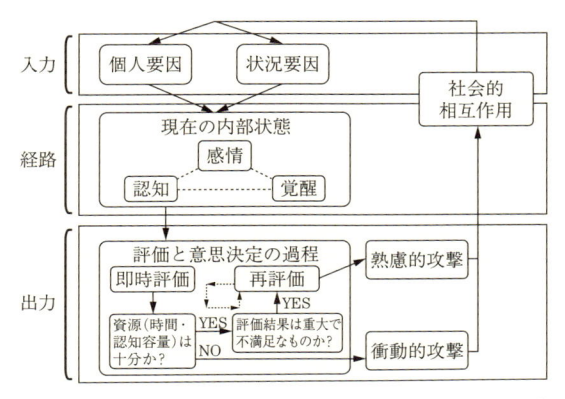

図117　一般攻撃モデル（GAM）（Anderson & Bushman, 2002[1]）

ものであれば，再評価の過程へ進む．この過程では，さまざまな解釈の可能性が吟味され，その結果にもとづいて熟慮的行為が行なわれる．食事の用意が遅れたのは妻が疲れていたからだ，訪ねてきた友人が長居をしていたからだ，などの推測が行なわれれば，特に腹を立てることもなく，ねぎらいの言葉と共に夕食を囲むことになる．

テダスキとフェルソン[2]が提唱した**強制行為理論**（theory of coercive action）は，特に評価と意思決定の過程に関連するもので，道具的攻撃やそれに関連する行為を説明するのに役立つ．強制行為は，他者に危害を加えたり承諾を強いることを意図して行なわれる行為であり，威嚇，罰，身体的強制が含まれる．この理論では，これらの行為の道具的機能に焦点が当てられている．具体的には，他者の行動をコントロールする（たとえば，自分の主張を通すために威嚇する）こと，公正を回復する（たとえば，無実の人を傷つけた人を暴力で懲らしめる）こと，肯定的なアイデンティティを主張する（たとえば，男らしさを見せるために暴力的に振る舞う）ことなどが含まれる．この理論では，強制行為を実行するかどうかは，目標（結果）の価値，目標達成の主観的確率，コストの大きさ，行為に伴ってコストが与えられる主観的確率の評価にもとづいて行なわれ，「与えられるコスト」よりも「得られる結果」の方が大きければ強制行為が遂行されることが仮定されている．

2) Tedeschi, J. T., & Felson, R. B., 1994, *Violence, Aggression, and Coercive Action*. Washington, DC : APA.

攻撃の「道具」としての使われ方は，文化的要因の影響も受ける．たとえばニスベットとコーエン[3]は，米国では南部の方が北部に比べて暴力的である理由として，**「名誉の文化（culture of honor）」**が関連していると主張した．米国の南部諸州に移住してきたのは主として牧畜民であり，彼らが広大な土地で牧畜生活を維持するには家族や財産を自分で守る必要があった．そこで，被害を受けたら徹底的に暴力を含む社会的制裁を与えることで将来の被害を食い止めるという文化が育まれたのではないかという説である．

攻撃が他者に苦痛を与えるのに対して，援助行動は他者に恩恵を与えるために行なわれる．ただし，恩恵を与えるためだけに援助をするのかに関しては議論がある．バトソン[4]は，援助を必要とする人に対して共感を感じれば，たとえ大きな犠牲を伴う場合でも愛他的動機によって援助を実行すると考える．これを**共感-愛他性仮説**（empathy-altruism hypothesis）という．これに対して，社会的交換理論の立場からは，援助によって得られる報酬（他者からの称賛，自尊心の高揚など）がコスト（援助に伴う危険，困惑など）を上回れば援助を実行することになる．また，チャルディーニら[5]が主張する**否定的状態除去モデル**（negative-state relief model）では，人間には否定的感情を低減しようとする生得的な欲求があることが仮定される．このモデルからは，たとえば人々が自然災害の被災者に援助の手を差し伸べるのは，彼らが被災者を見て感じる悲しみや無力感を除去することが主要な動機ということになる．

街角に人が倒れているのを目撃する場合などの「緊急場面」では，他者が存在することによって援助行動が抑制されてしまうことがある．ラタネとダーリィ[6]は，女性が暴漢に襲われるという出来事を38名の人が目撃していたにもかかわらず，誰も警察に電話をしなかったとされた「キティ・ジェノヴェーゼ事件」をきっかけに，数多くの実験的研究を行なった．そして，その結果から，緊急場面に居合わせた人が援助を行なうかどうかは，以下の5つの段階における判断によると考えた．すなわち，①緊急場面に気づく，②緊急場面

3) Nisbett, R. E., & Cohen, D., 1996, *Culture of Honor: The psychology of violence in the South.* Boulder, CO: Westview. （ニスベット, R. E.・コーエン, D., 石井敬子・結城雅樹訳, 2009, 名誉と暴力：アメリカ南部の文化と心理, 北大路書房.）

4) Batson, C. D., Batson, J. G., Griffitt, C. A., Barrientos, S., Brandt, J. R., Sprengelmeyer, P., & Bayly, M. J., 1989, Negative-state relief and the empathy-altruism hypothesis. *Journal of Personality and Social Psychology,* **56**, 922-933.

5) Cialdini, R. B., Schaller, M., Houlihan, D., Arps, K., Fultz, J., & Beaman, A. L., 1987, Empathy-based helping: Is it selflessly or selfishly motivated? *Journal of Personality and Social Psychology,* **52**, 749-758.

6) Latané, B., & Darley, J. M., 1970, *The unresponsive bystander: Why doesn't he help?* New York, NY: Meredith Corporation. （竹村研一・杉崎和子訳, 1997, 冷淡な傍観者：思いやりの社会心理学. ブレーン出版.）

であると解釈する，③援助する責任が自分にあると感じる，④援助のやり方を決定する，⑤実際に援助を行なう，である．援助に入る可能性がある人が複数存在すると，援助行動が抑制されることが知られている．その原因の一つは，②の段階で，各人が緊急場面だと判断していても，他者の「落ち着いた」反応を見て緊急場面でないと誤って判断してしまうことである（**集合的無知** pluralistic ignorance と呼ばれる）．また，③の段階では，他者が存在することによって責任が拡散し，各人が責任をあまり感じなくなってしまう．結局，多くの人々がいるにもかかわらず援助が行なわれないという事態が生じることになる．

環境条件も援助行動に影響を与える．たとえば，都市では多種多様かつ大量の刺激が存在することで住人は過剰負荷状態になり，援助が行なわれにくくなる可能性がある．レバインら[7]は，米国の30都市で，「ペンを落としたことを後ろを歩く通行人が教える」などの援助行動の割合を調べたが，都市の人口密度が高いほど，援助が少ない傾向が認められている．

たとえ愛他的な援助であっても，それを受けることは被援助者にとって常に好ましいことではない．たとえば，援助者のコストが大きかったり，自分が要請して援助を受けた場合などには，**心理的負債**（psychological indebtedness）（お返しへの義務感）が強くなる．また，援助者と被援助者の優劣を意味したり，被援助者の自立心と相容れない援助は，被援助者の自尊感情を損なう可能性があることが指摘されている．したがって，援助者は被援助者の心理を十分に理解することが求められる． 〔安藤〕

7) Levine, R. V., Martinez, T. S., Brase, G., & Sorenson, K., 1994, Helping in 36 U. S. cities. *Journal of Personality and Social Psychology,* 67, 69–82.

【参考文献】
湯川進太郎，2005，バイオレンス―攻撃と怒りの臨床社会心理学．北大路書房．
大渕憲一，2000，攻撃と暴力：なぜ人は傷つけるのか．丸善．
ラタネ，B.・ダーリー，J. M.，竹村研一・杉崎和子訳，1997，冷淡な傍観者：思いやりの社会心理学．ブレーン出版．
西川正之・髙木修編著，2006，援助とサポートの社会心理学：助けあう人間のこころと行動．シリーズ21世紀の社会心理学4，北大路書房．

IX-118

流言
Rumor

表118 番組をニュースだと解釈した人たちの教育程度,経済的地位別の比率
(Cantril, 斎藤・菊池訳, 1971)[5]

経済的地位	教育程度		
	大学(%)	高校(%)	中学校(%)
上	28	31	43
中	25	34	45
下	0	44	53

事実かどうかの確認がされないままに情報が人々の間を伝達されていくことを**流言**(rumor)という.これに関連する語に**デマ**(demagogy)があるが,これは特に政治的な目的のために誤った情報が故意に流される場合に使われる.また,特に知り合い関係にある人々の間を個人的な情報が伝達される場合を「うわさ」として流言と区別する立場もある.

日本における流言の事例としては,1923年の関東大震災の混乱の中で発生した,社会主義者や朝鮮人が暴動を企てているという事実無根の流言,1964年の新潟地震の際の流言,1973年,豊川信用金庫の取り付け騒ぎを引き起こした流言などが知られている.

流言の発生には数多くの要因が関与している.たとえば,オルポートとポストマン[1]は,流言の内容が人々にとって重要であり強い関心(i)をもっているほど,また,状況が曖昧(a)であるほど,流言の規模(R)は大きくなり,その関係は $R = i \times a$ という式で表現できると考えた.この場合,関心と曖昧さが積のかたちで表現されているので,いずれか一方がゼロ(関心がまったくない事柄や非常に明確な事柄)であると流言が発生しないことになる.シブタニ[2]によると,曖昧な状況を生み出す一つの要因は情報の需要と供給のアンバランスにある.人は,日常の生活の中で,さまざまな情報にもとづいて自分が関わる状況を定義し,それにもとづいて適切な行動を組み立ててゆく.ところが,たとえば災害時には,急激な環境変化によってテレビ・ラジオ・新聞などマス・メディアを通じて情報を得ることが困難になり,また,人々の情報に対する欲求がことさら強くなることから,

1) Allport, G. W. & Postmen, L. J., 1947, *Psychology of Rumor.* (南博訳, 1952, デマの心理学. 岩波書店.) オルポート(1897-1967)はアメリカの心理学者. 広範囲にわたるパーソナリティの研究で知られる.

2) Shibutani, T., 1966, *Improvised News: A sociological study of rumor*, Bobbs-Merrill. (広井脩他訳, 1985, 流言と社会. 東京創元社.)

状況を定義するのに必要なレベルまで供給が追いつかないのである．この場合，人々は相互にコミュニケーションを行なう中で自分たちがおかれた状況を定義づけようとする．この試みが流言となって現われる．したがって，流言は集団的な問題解決の側面をもっており，シブタニの著書のタイトルを借りれば「即興のニュース」ということになる．

フェスティンガー[3]は，流言が「不安の正当化」の役割を果たす点に注目した．参考となったのはインドで発生した大地震後に，被害が少なかった地域で将来の災害発生を予期する流言[4]が多く流されたことを明らかにした事例報告であった．フェスティンガーは，大きな被害を目の当たりにしていないのに自分の不安が高まっている場合，この不安を将来再び災害が起こるという認知をつけ加えることで正当化しようとするのだと解釈した．また個人の批判能力も流言の発生に影響を与えるものと考えられている．たとえば，H. G. ウエルズの『宇宙戦争』を題材にしたラジオ番組を聞いて「本当のニュース」を受け取ってしまいマス・パニックに巻き込まれた人々の中に低学歴の人の割合が多かったことがキャントリル[5]によって報告されている（表118）．

流言は，人々の間で伝達される過程でその内容が変容することが多い．第1は**平準化**（leveling）である．これは，伝達の過程でしだいに短く単純化された内容になってゆくことをいう．第2は**強調化**（sharpening）である．情報の一部だけに注意が向けられて，それが記憶されたり，あるいは，実際以上に誇張されて伝達されることをいう．第3は**同化**（assimilation）である．情報が伝達される過程で内容が取捨選択され，人々がもっている先入観や偏見に一致する方向に再構成されてゆくことをいう． 〔安藤〕

3) Festinger, L., Cartwright, D. & Barber, K., 1948, A study of rumor : Its origin and spread. *Human Relations*, 1, 464-485. 「IX-110 認知的不協和理論」の項を参照．

4) 「今度はひどい竜巻が起こるだろう」「月食の日に，ひどい地震があるだろう」「洪水が起こるだろう」など．

5) Cantril, H., 1940, *Invasion from Mars : A study of the psychology of panic*. Princeton University Press. (斎藤耕二・菊池章夫訳, 1971, 火星からの侵入．川島書店．)

【参考文献】

Festinger, L., 1957, *A theory of Cognitive Dissonance*. Row, Peterson. (末永俊郎監訳, 1965, 認知的不協和の理論．誠信書房．)
木下富雄, 1977, 流言．池内一編, 講座社会心理学, 第3巻, 東京大学出版会, pp. 11-86.
榊博文, 1989, 説得を科学する．同文館．

IX-119
マス・コミュニケーション
Mass Communication

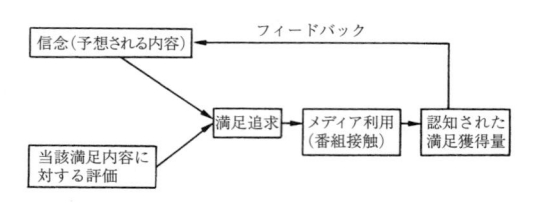

図119 メディア利用における予期の役割
(Palmgreen & Rayburn, 1985)[5]

送り手から不特定多数の受け手（**マス・オーディエンス** mass audience）に対してテレビ・ラジオ・新聞・雑誌など**マス・メディア**（mass media）を通じて大量の情報が伝達されることを**マス・コミュニケーション**（mass communication）という．日本では「マスコミ」と略称されることが多い．現代においては，私たちは世界や周囲の環境に関する情報を，ほとんどマス・メディアを通じて獲得する．したがって，私たちは，現実の環境というよりもマス・メディアが提供する**疑似環境**（pseudo-environment）の中で行動することになる．

マス・コミュニケーションがその受け手にどのような影響を及ぼすかについては，いくつかの考え方がある．なかでも，送り手が現実を選択的に受け手に開示することで，こうした情報に依存せざるを得ない人々に対して強い影響力をもつという主張を**強力効果論**（powerful effect model）という．たとえばマッコムら[1]はマス・メディアが**議題設定機能**（agenda-setting function）を果たすと主張した．すなわち，マス・メディアが態度の方向や強さに影響を及ぼすことは少ないが，複数の政治的争点の重要度の順位づけを行なうことで，これら諸争点に対する受け手の態度の**顕現性**（salience）に影響するという考え方である．言いかえれば，争点に関してマス・メディアが伝達する情報の量が，受け手がそれぞれの争点をどの程度重要だと認知するか，その順位づけに影響を与えるのである．また，ノエル-ニューマン[2]は，人々が社会的孤立を恐れることから多数派の意見を採用する傾向があること，どのマス・メディア機関も類似した情報を選択的

1) McCombs, M., & Shaw, D. L., 1972, The agenda setting function of mass media. *Public Opinion Quarterly*, **36**, 176-187.

2) Noelle-Neumann, E., 1984, *The Spiral of silence*, University of Chicago Press.（池田謙一訳, 1988, 沈黙の螺旋理論：世論形成過程の社会心理学．ブレーン出版．）

ノエル-ニューマンはドイツの社会心理学者．ドイツのグーテンベルク大学で長年教鞭をとると同時にアレンスバッハ世論調査研究所を設立し，活発な研究活動を行なっている．『沈黙の螺旋理論』（ブレーン出版, 1988）の著者．

にかつ繰り返し流すことを根拠に，マス・メディアが強力な効果をもち得ることを主張した．

これに対して，マス・メディアの影響がいくつかの理由から限定されることを強調する考え方もある．古くは，ラザースフェルド[3]らが主張した**コミュニケーションの二段階流れ仮説**（two-steps flow of communication）がある．この仮説によると，情報はまず集団内で強い影響力をもつ**オピニオン・リーダー**（opinion leader）に流れ，ここからパーソナル・コミュニケーションによって周囲の人々に伝達される，とする考え方である．この仮説は1940年のアメリカ大統領選挙の際に有権者に対して実施された大規模なパネル調査の結果にもとづいている．この調査では，有権者の投票意図に対するマスコミが果たす役割は予想をはるかに下回ること，その代わりにパーソナル・コミュニケーションが特に態度を変化させた人々に対して強い影響を及ぼしていること，オピニオン・リーダーとされる人々がマス・メディアとの接触が非常に多いことなどが明らかにされたのである．

近年，マス・メディアに対して人々が何を期待し，また，そこで提供される情報にどのように接して処理するのか，その心理過程が詳細に検討されている[4]．たとえば，パームグリーンとレイバン[5]は，人が特定のメディアを利用するかどうかは，それが自分の欲求をどれくらい満足させてくれるかということに関する本人の「予期」に大きく影響されると主張した．図119に示されるように，番組を視聴するかどうかは，当該の側面に関して自分の欲求がどの程度充足されていると認知しているか，特定の番組を試聴することがどの程度その欲求を満足させてくれるか，によって規定される．そして，番組を試聴することによって実際にもたらされる満足感が，次回の視聴に関する予期の形成に再び影響を及ぼすのである． 〔安藤〕

3) Lazarsfeld, P. F. (1901-1976) ラザースフェルドはウィーンで生まれ，アメリカで活躍した社会心理学者．マス・コミュニケーション過程の研究で多くの業績を残した．

4) 池田謙一，1990，情報と社会的コミュニケーション．大坊郁夫・安藤清志・池田謙一編，社会心理学パースペクティブ，第3巻，pp. 135-169.

5) Palmgreen, P. & Rayburn II, J. D., 1985, An expectancy-value approach to media gratifications. In K. E. Rosengren, L. A. Wenner & P. Palmgreen (Eds.), *Media Gratification Research: Current perspectives*. Sage.

【参考文献】
Robert, D. F. & Maccoby, N., 1985, Effects of mass communication. In G. Lindzey & E. Aronson (Eds.), *Handbook of Social Psychology*. Vol. 2, Random House.

IX-120

印象形成

Impresssion Formation

表120 ケリーの実験 (1950)[2]で用いられた略歴

半数の被験者には,「あたたかくて」の部分を「つめたくて」に変えたものを読ませて,その印象を尋ねた.

～氏は,本学(マサチュウセッツ工科大学)の経済-社会科学部の卒業生です.他の大学で3学期間心理学を教えた経験がありますが,この大学で講義をもつのは今回が初めてです.年齢は26歳,経験豊かで既婚者です.彼のことをよく知っている人たちは,どちらかといえばあたたかくて,勤勉で,批判力があり,実際的で,決断力に優れた人と評しています.

ある人物に関する断片的な情報(たとえば,「勤勉な」「器用な」「眼鏡をかけている」)から,その人に対してまとまりのある全体像を作り上げる過程を**印象形成**(impression formation)と呼ぶ.この問題について最初に体系的な研究を行なったのがアッシュ[1]である.彼はゲシュタルト心理学の立場から,人物に対する全体的印象は個々の特性に還元できるものではないと考え,一連の実験を行なった.その一つでは,ある人物の性格特性ということにして7つの形容詞を順に聞かせた.ただし,ある群の被験者には「知的な-器用な-勤勉な-あたたかい-決断力のある-実際的な-用心深い」というリストが用いられ,もう一つの群の被験者には,「知的な-器用な-勤勉な-つめたい-決断力のある-実際的な-用心深い」というリストが用いられた.これら2つのリストは,「あたたかい」と「つめたい」の部分が異なっているだけであるが,作り上げられた印象は前者の方がずっと好意的なものであった.アッシュは,「あたたかい」「つめたい」という単語がいわば核となり,これを中心にして他の単語が体制化されて全体的な印象が形成されると考えた.これらの特性を**中心特性**(central trait)という.一方,「あたたかい」「つめたい」の代わりに「礼儀正しい」あるいは「無愛想な」という形容詞を入れる場合には,形成される印象に大きな違いはないことも明らかにされた.このように,印象形成の過程にあまり影響を及ぼさない特性を**周辺特性**(peripheral trait)という.

また,別の実験で,「知的な-勤勉な-衝動的な-批判的な-嫉妬深い」というリストを提示された群の方が,同じリスト

1) Asch, S. E., 1946, Forming impressions of personality. *Journal of Abnormal and Social Psychology*, 41, 258-290.

を逆の順に提示された群よりも好意的な印象を形成することが明らかにされた．これは**初頭効果**（primacy effect）と呼ばれ，リストの最初にある特性が後続の特性の意味を変容させてしまうことによるとされた．ただし，その後の研究では，ある条件のもとではリストの最後の方の項目が大きな影響を及ぼす**新近効果**（recency effect）が生じることも明らかにされている．

以上は，性格特性を順に聞かせるという人工的な実験場面で得られた結果であるが，ケリー[2]は，「あたたかい－つめたい」という特性が日常的な場面における印象形成にどのような影響を及ぼすかを示す実験を行なっている．彼は，大学の教師を学生に紹介する際に「あたたかい」という表現を加えるか「つめたい」という表現を加えるかによって，その教師に対する学生の反応が異なってくることを明らかにした（表120）．

その後，アンダーソン[3]は，アッシュの考え方に対して，全体的印象は個々の特性の尺度値から予測できると主張した．そして，情報統合理論の立場から，特性の尺度値から全体的な印象（好ましさ）を予測する式をいくつか考案した．下の式はそのなかで**加重平均モデル**（weighted average model）と呼ばれるものである．

$$R_n = \frac{w_0 S_0 + W_i S_i}{w_0 + w_i S_i}$$

R_n は，n 個の特性にもとづいて行なわれる最終的な評価，S_i は i 番目の特性の尺度値，w_i はその重み（重要度）である．また，S_0 は被験者が最初からもっている人間観（初期印象），w_0 はその重みである．w_0 は与えられる情報の数が増加するにつれて減少する．　　　　　　　〔安藤〕

2) Kelley, H. H., 1950, The warm–cold variable in first impression of persons. *Journal of Personality*, **18**, 431–439. 「Ⅸ-111 帰属理論」の項を参照．

3) Anderson, N. H., 1968, Application of a linear–serial model to personality–impression task using serial presentation. *Journal of Personality and Social Psychology*, **10**, 354–362.

【参考文献】
クラインク，C. L., 福屋武人監訳，1984, ファースト・インプレッション．有斐閣．
ハストーフ，A. H. ・シュネイダー，D. J. ・ポルフカ，J., 高橋雅春訳，1978, 対人知覚の心理学．誠信書房．
瀬谷正敏，1977, 対人関係の心理．培風館．

人名索引

ア 行

アイゼンク　Eysenck, H. J.　28, 279, 363–365
東　洋　384
アズレンスキー　Aserinsky, E.　334, 335
アックス　Ax, A. F.　305
アッシュ　Asch, S. E.　410, 412, 413, 430, 431
アドラー　Adler, A.　22, 23, 274, 280, 281, 284
アリソン　Allison, J.　183
アルツハイマー　Alzheimer, A.　221
アロンソン　Aronson, E.　401–403
アンダーソン　Anderson, C. A.　422
アンダーソン　Anderson, N. H.　431

イエンシュ　Jaensch, E. R.　359
イタール　Itard, J. M. G.　380, 381

ウィーヴァー　Weaver, W.　230
ウィーゲル　Wegel, R. L.　84, 85
ヴィゴツキー　Vygotsky, L. S.　318, 345
ウィーゼル　Wiesel, T. N.　72, 73
ウィッカー　Wicker, W.　395
ウィックランド　Wicklund, R. A.　403
ウィトキン　Witkin, H. A.　359
ウィトマー　Witmer, L.　24
ウィーバー　Wever, E. G.　98, 99
ウィリアムズ　Williams, K. D.　421
ウィリアムズ　Williams, L.　351
ウィンストン　Winston, W. N.　307
ウェイソン　Wason, P.　326
ウェクスラー　Wechsler, D.　374, 376, 388
ウェーバー　Weber, E. H.　4, 8, 9
ウェルトハイマー　Wertheimer, M.　10, 13–15, 104
ウェルニッケ　Wernicke, K.　146, 342
ウォーク　Walk, R. D.　295, 296
ウォッシュバーン　Washburn, A. L.　251
ウォルピ　Wolpe, J.　205
ウォルフ　Wolf, J. B.　184, 185
ウォレン　Warren, R. M.　140
ヴォーン　Vaughan, W.　197
ウッドワース　Woodworth, R. S.　300
ヴント　Wundt, W.　5, 8–11, 33, 356

エイチソン　Aitchison, J.　347
エイブラムソン　Abramson, L. Y.　200, 201
エインズワース　Ainsworth, M. D. S.　309
エクマン　Ekman, P.　300, 301
エビングハウス　Ebbinghaus, H.　5, 100, 214, 216
エリス　Ellis, A.　26, 27
エレンベルガー　Ellenberger, H. F.　218
エンジェル　Engel, G. L.　200

小川誠二　58
小此木啓吾　26
オマズ　Omarzu, J.　420
オーム　Ohm, G. S.　96, 97
オルポート　Allport, G. W.　257, 361, 362, 426

カ 行

ガザニガ　Gazzaniga, M. S.　147, 338–340
カッツ　Katz, D.　12, 392
ガードナー　Gardner, B. T.　349
カナー　Kanner, L.　379
カーマイケル　Carmichael, L.　222, 223
カールスミス　Carlsmith, J. M.　401, 403
ガレノス　Galenus　356, 357
河合隼雄　270

ギブソン　Gibson, E. J.　295, 296
キムラ　Kimura, D.　148
キャッテル　Cattell, J. M.　25
キャッテル　Cattell, R. B.　362, 363, 365, 374
キャノン　Cannon, W. B.　251, 290, 291
キャントリル　Cantril, A. H.　392, 427
キリアン　Quillian, M. R.　212
ギルフォード　Guilford, J. P.　363, 364, 377, 388

グッドマン　Goodman, C. C.　249
グーデナフ　Goodenough, F. L.　376, 377
クーパースミス　Coopersmith, S.　312
クライン　Klein, M.　25, 26
クラインバーグ　Klineberg, O.　301
クラーク　Clark, M. S.　419
クラーゲス　Klages, L.　356

クリーク　Kulik, J.　212
クレイク　Craik, F. I. M.　210
クレイトマン　Kleitman, N.　334, 335
グレゴリー　Gregory, R. L.　110
クレッチ　Krech, D.　393
クレッチマー　Kretschmer, E.　3, 357, 358, 363

ケイガン　Kagan, J.　297
ゲゼル　Gesell, A. L.　380
ケーラー　Köhler, W.　10, 14, 15, 119, 173
ケリー　Kelley, H. H.　404, 405, 408, 420, 431
ケルマン　Kelman, H. C.　412

コーエン　Cohen, A. R.　402
コーエン　Cohen, D.　424
コフカ　Koffka, K.　10, 14
コフート　Kohut, H.　25, 26
コリンズ　Collins, A. M.　212
ゴールトン　Galton, S. F.　2, 374, 381

サ 行

ザイアンス　Zajonc, R. B.　418
サイモン　Simon H. A.　321, 323, 324
サーストン　Thurstone, L. L.　377
サピア　Sapir, E.　345
サリバン　Sullivan, H. S.　25, 26

ジェームズ　James, W.　16, 150, 153, 192, 236, 276, 290, 312, 367
ジェラード　Gerard, H. B.　412
シェリフ　Sherif, M.　392, 408, 409
シェルドン　Sheldon, W. H.　357, 358
ジェンキンズ　Jenkins, J. G.　215
ジェンセン　Jensen, A. R.　384
シブタニ　Shibutani, T.　426, 427
シモン　Simon, Th.　374
シャクター　Schachter, S.　291
ジャニス　Janis, I. L.　396, 416
シャノン　Shannon, C. E.　230
シュテルン　Stern, W.　3, 384
シュナイダー　Schneider, K.　378
シュプランガー　Spranger, E.　137, 356, 358
シュロスバーグ　Schlosberg, H.　300
ショーベン　Shoben, E. J.　213
ジョーンズ　Jones, E. E.　404-406
シンガー　Singer, J. E.　291
シング　Singh, J. A. L.　381

スカー　Scarr, S.　383
スキナー　Skinner, B. F.　18, 168, 178, 202
スクワイヤー　Squire, L. R.　211, 228, 229
スターンバーグ　Sternberg, S.　238
スティーヴンス　Stevens, S. S.　6, 7
ステッドン　Staddon, J. E. R.　203
ストームズ　Storms, M. D.　407
ストラットン　Stratton, G. M.　135
スパーリング　Sperling, G.　232-234
スピアマン　Spearman, C.　52
スペリー　Sperry, R. W.　147, 148, 338
スペンサー　Spencer, H.　8
スミス　Smith, E. E.　213
スーリン　Sulin, R. A.　223

セリエ　Selye, H.　258
セリグマン　Seligman, M. E. P.　159, 198, 200

ソコロフ　Sokolov, E. N.　307
ソース　Sorce, J.　302
ソーンダイク　Thorndike, E. L.　172

タ 行

ダーウィン　Darwin, C. J.　235
ダーウィン　Darwin, C. R.　172, 301
ダック　Duck, S. W.　420
田中寛一　25
ターマン　Terman, L. M.　375
ダラード　Dollard, J.　263
ダーリィ　Darley, J. M.　424
タルヴィング　Tulving, E.　210, 211
ダレンバッハ　Dallenback, K. M.　215

チェリー　Cherry, E. C.　145
チャルディーニ　Cialdini, R. B.　397, 424
チョムスキー　Chomsky, N.　345, 346, 353

ティチナー　Titchener, E. B.　10
ティボー　Thibaut, J. W.　420
ティンバーゲン　Tinbergen, N.　30, 31, 157
ティンバーレイク　Timberlake, W.　183
デヴァロア　DeVallois, R. L.　94
デーヴィス　Davis, K. E.　404-406
テオフラストス　Theophrastus　356, 357
テダスキ　Tedeschi, J. T.　423
デュセイ　Dusay, J. M.　270
テラス　Terrace, H. S.　177

土居健郎　26
ドイッチ　Deutch, M.　412
ドゥーリング　Dooling, D. J.　223
ドリスコル　Driscoll, R.　262
トリーズマン　Treisman, A. M.　145
トルマン　Tolman, E. C.　17, 18
トレイスマン　Treisman, A.　131

ナ 行

ナイサー　Neisser, U.　234

ニスベット　Nisbett, R. E.　424
ニッセン　Nissen, H. W.　160
ニューエル　Newell, A.　323, 324
ニューカム　Newcomb, T. M.　408, 409, 418
ニュートン　Newton, I.　92

ネルソン　Nelson, D.　419

ノエル-ニューマン　Noelle-Neumann, E.　428

ハ 行

ハイダー　Heider, F.　393, 398, 399, 404
ハイマン　Hyman, H. H.　408
ハーヴェイ　Harvey, J. H.　420
ハクスビー　Haxby, J. V.　127
バーシェイド　Bercheid, E.　418
ハッセルモ　Hasselmo, M. E.　127
バッドレイ　Baddeley, A. D.　239
バード　Bard, P.　291
バトソン　Batson, C. D.　424
ハートレイ　Hartley, D.　8
バートレット　Bartlett, F. C.　222
パブロフ　Pavlov, I. P.　164
パームグリーン　Palmgreen, P.　429
ハル　Hull, C. L.　18
ハーロー　Harlow, H. F.　160, 161, 193
バーロウ　Barlow, H. B.　72
バーン　Berne, E.　270, 271
バーン　Byrne, D.　419
ハーンシュタイン　Herrnstein, R. J.　196
バンデューラ　Bandura, A.　207

ピアジェ　Piaget, J.　318, 345
ピーターソン　Peterson, L. R　214, 215, 237
ピーターソン　Peterson, M. J.　237
ヒッチ　Hitch, G.　239
ビネー　Binet, A.　2, 3, 25, 374, 375, 388

ヒューベル　Hubel, D.　72, 73

ファンツ　Fantz, R. L.　124, 125
ファンティーノ　Fantino, E.　185
フェスティンガー　Festinger, L.　400–403, 427
フェッシュバック　Feshbach, S.　396
フェヒナー　Fechner, G. T.　4–6, 8, 9, 71
フェルソン　Felson, R. B.　423
ブッシュマン　Bushman, B. J.　422
ブラウン　Brown, R.　212
ブラディック　Braddic, O. J.　122
フーリエ　Fourier, J.　97
フリーセン　Friesen, W. V.　301
フリードマン　Freedman, J. L.　396
フリードマン　Friedman, M.　259
プリマック　Premack, D.　183
ブルース　Bruce, V.　125, 126
ブルーナー　Bruner, J. S.　249
ブルームフィールド　Bloomfield, L.　345
ブレイ　Bray, C. W.　98
フレイザー　Fraser, S. C.　396
フレッチャー　Fletcher, H.　86
ブレーム　Brehm, J. W.　403
フロイト　Freud, S.　2, 3, 10, 20–24, 26, 216,
　217, 272, 274, 281, 282, 334, 359, 366, 367, 369
ブローカ　Broca, P. P.　146, 342
ブログデン　Brogden, J. B.　187
ブロードベント　Broadbent, D. E.　145
フロム　Fromm, E.　25, 26, 359

ベイス　Bain, A.　8
ベケシー　Bekesy, G. v.　98
ベック　Beck, A. T.　201
ベッセル　Bessel, F. W.　2
ヘッブ　Hebb, D. O.　227, 297
ヘニング　Henning, H.　68
ベム　Bem, D. J.　403, 406
ヘリング　Hering, E.　94, 119
ヘルソン　Helson, H.　141
ヘルド　Held, R.　161
ヘルムホルツ　Helmholtz, H. L. F. v.　93, 97,
　98
ペンフィールド　Penfield, W. G.　343

ボウルビィ　Bowlby, J.　308, 309
ポストマン　Postmen, L. J.　426
ホーナイ　Horney, K.　359
ホームズ　Holmes, T. H.　259

ホール　Hall, G. S.　24, 25
ボールズ　Bolles, R. C.　159
ホワーフ　Whorf, B. L.　345

マ 行

マクギニス　McGinnies, E. E.　137
マクドゥガル　McDougall, W.　367
マグニー　Mugny, G.　413
マクニール　McNeill, D.　348
マクレランド　McClelland, D. C.　257
マスロー　Maslow, A. H.　26, 248
マッカロー　McCollough, C.　83
マッコム　McCombs, M.　428

ミショット　Michotte, A. E.　13
ミュラー　Müller, J. P.　33
ミュラー・リヤー　Müller–Lyer, F. C.　109
ミュンスターベルク　Munsterberg, H.　37
ミラー　Miller, G. A.　236, 241
ミラー　Miller, N. E.　256, 267
ミル　Mill, J.　8
ミル　Mill, J. S.　8
ミルズ　Mills, J.　402, 419

メイス　Mace, R. L.　128
メイヤー　Maier, N. R. F.　264
メッツガー　Metzger, W.　13

モーガン　Morgan, C. L.　172
モスコビッチ　Moscovici, S.　413
森田正馬　271
モレノ　Moreno, J. L.　270, 414

ヤ 行

ヤング　Young, A.　125, 126
ヤング　Young, P. T.　134
ヤング　Young, T.　93

ユング　Jung, C. G.　22–26, 280, 358, 359, 363, 371

吉本伊信　271

ラ 行

ラザースフェルド　Lazarsfeld, P. F.　429
ラザフォード　Rutherford, W.　98, 99
ラタネ　Latané, B.　424
ラピエール　LaPiere, R. T.　394
ランゲ　Lange, C. G.　290

リーガン　Regan, D.　74, 75
リーゼン　Riesen, A. H.　160
リップス　Rips, L. J.　213
リヒター　Richter, C. P.　199, 200

ルイス　Lewis, M.　295
ルドゥ　LeDoux, J. E.　287
ルビン　Rubin, E. J.　12, 102, 103

レイノルズ　Reynolds, G. S.　185
レイバン　Rayburn II, J. D.　429
レイン　Lane, C. E.　84, 85
レヴィン　Lewin, K.　15, 266, 366–369, 417
レスコーラ　Rescorla, R. A.　166
レネバーグ　Lenneberg, E. H.　149
レバイン　Levine, R. V.　425

ロジャーズ　Rogers, C. R.　26, 268
ロス　Ross, L. D.　407
ロス　Ross, R.　411
ローゼンツァイク　Rosenzweig, S.　264
ローゼンツヴァイク　Rosenzweik, M. R.　162
ローゼンバーグ　Rosenberg, M.　312, 313, 393
ロッシュ　Rosch, E.　197
ロフタス　Loftus, E. F.　225
ロマーネス　Romanes, G. J.　172
ロールシャッハ　Rorschach, H.　25
ローレンツ　Lorenz, K.　30, 161

ワ 行

ワインバーグ　Weinberg, R. A.　383
渡辺茂　196
ワトソン　Watson, J. B.　11, 16, 17, 19, 296, 344
ワラック　Wallach, M. A.　416

事項索引

数字・アルファベット

16パーソナリティ因子質問紙　sixteen personality factor questionnaire　362, 363
4枚カード問題　four-card problem　326
7±2チャンク　chunk　236　→　マジカルナンバー7
A型行動パターン　type A behavioral pattern　259
α運動　alpha(α)-movement　121
α波　alpha(α)wave　152, 207, 261
B型行動パターン　type B behavioral pattern　259
β運動　beta-movement　121
BOLD Blood Oxygen Level Dependent　58
DSM　27
DSM-Ⅲ　Diagnostic and Statistical Manual of Mental Disorders, Third Edition　379
ECT electroconvulsive therapy　226, 228
F分布　F-distribution　47
GSR　galvanic skin response　137, 174, 207, 292, **304**
ICD International Classification of Disease　379
IQ intelligence quotient　→　知能指数
MNI Montreal Neurological Institute　59
P-Fスタディ　Picture-Frustration Test　264, 373
P-O-X理論　P-O-X theory　398
RNA　228
S字型曲線　S-shaped curve　188
SPL sound pressure level　88
SPM Stochastic Parametric Mapping　59
S-R心理学　stimulus-response psychology　16
t検定　t-test　47
TAT Thematic Apperception Test　373
WAIS Wechsler Adult Intelligence Scale　375
WISC Wechsler Intelligence Scale for Children　375
WPPSI Wechsler Preschool and Primary Scale of Intelligence　375

ア行

アイコニックメモリー　iconic memory　234
アイコン　icon　234
愛着　attachment　**308**
アヴェロンの野生児　enfant sauvage de l'Aveyron, wild boy of Aveyron　380
アウベルト現象　Aubert phenomenon　133
明るさ　brightness　66, 72, 78, 92, 95
明るさの恒常性　brightness constancy　116
明るさの対比　brightness-contrast　100
味の四面体　taste tetrahedron　68
アセスメント　assessment　27
圧覚　pressure sensation　68, 69
アドホック・カテゴリー　ad hoc category　196
アニマ　anima　23
アニマルセラピー　animal therapy　271
アニムス　animus　23
アマラとカマラ　Amala and Kamala　380
アメリカ聾唖者身振り言語　American Sign Language: ASL　349
アルゴリズム　algorithm　35
アルツハイマー病　Alzheimer's disease　221
アルバート坊や　little Albert　17
暗記学習　rote learning　188, 189
暗順応　dark adaptation　78
暗所視　twilight vision; scotopic vision　66, 93
安全基地　secure base　309

怒り　anger　295, 369
閾下知覚　subliminal perception　137
閾値　threshold　7, 48, 70, 76, 78, 84, 137, 384
維持型リハーサル　maintenance rehearsal　231, 237
意識　consciousness　9, 20, 21
意識心理学　consciousness psychology　9-11
意識なき心理学　psychology without consciousness　11
異常固定　abnormal fixation　264
異常人格　abnormal personality　378
一次記憶　primary memory　236
一次強化　primary reinforcement　185
一次条件づけ　primary conditioning　184
位置説　space pattern theory　98
一卵性双生児　identical twins　382

一過性全健忘症　transient global amnesia　220
一貫性　consistency　405
一般帰納　general induction　328
一般攻撃モデル　General Aggression Model：GAM　422
一般問題解決器　general problem solver：GPS　324
偽りの記憶　false memory　225
遺伝的要因　hereditary factor　381, 384
イド　Id　21, 272
意図的学習　intentional learning　210
いのちの電話　Inochi No Denwa　29
意味記憶　semantic memory　211, 212, 228
意味般化　semantic generalization　174
イメージ化　imagery　240
色　color　13, 65, 74, 80, 92, 100, 116
色の恒常性　color constancy　74, 116
色の対比　color contrast/chromatic contrast　100
因果推論　causal reasoning　329
因果図式　causal schema　405
因子　factor　53
因子負荷量　factor loadings　53
因子分析　factor analysis　3, 52, 359, 362–364
印象形成　impression formation　**430**
インスタンス理論　instance theory　331
陰性残像　negative afterimage　80
陰性随伴変動　contingent negative variation：CNV　57
インタビュー　interview　325
隠蔽　overshadowing　167

ウィスコンシン汎用検査装置　Wisconsin General Testing Apparatus：WGTA　193
ウィーバー・ブレイ効果　Wever–Bray effect　99
ヴィンセント曲線　Vincent curve　189
飢え　hunger　251
ウェーバーの法則　Weber's law　4, 71
ウェーバー比　Weber ration　4, 71
ウェルニッケ野　Wernicke's area　343
迂回行動　detour　263
うそ発見器　lie detector　305
内側の要因　factor of surroundness　103
打ち消し　undoing　275
鬱病　depression　200
うなり　beat　85

右脳　right brain　146, 338, 341
うわさ　hearsay　426
運動学習　motor learning　188, 189, 228
運動感覚　kinesthetic sensation　65
運動残効　motion after–effect　82, 120
運動視差　motion parallax　115
運動性失語症　motor aphasia　342
運動知覚　perception of movement　13, 120
ヴント錯視　Wundt illusion　109

エイムズの部屋　Ames' distorted room　110, 114
エキスパート・システム　expert system　34
エコイックメモリー　echoic memory　235
エッジ検出　edge detection　72, 75
エディプス・コンプレックス　Oedipus complex　21, 280
エピソード記憶　episodic memory　211, 228
エビングハウスの図形　Ebbinghaus illusion　100
演繹的推論　deductive reasoning　**326**, 330
エンカウンターグループ　encounter group　26, 270
遠近法説　perspective theory　110
遠刺激　distal stimulus　116
援助　helping　**422**
エンメルトの法則　Emmert's law　81, 117

応用行動分析　applied behavior analysis　202
応用心理学　applied psychology　**36**
大きさ・距離不変仮説　size–distance invariant hypothesis　117
大きさの恒常性　size constancy　116
置き換え　displacement　274
奥行き知覚　depth perception　**112**
オッペル-クント錯視　Oppel–Kundt illusion　109
音の大きさ　loudness　67, 79, 84, 85, 88–90, 101
音の大きさのレベル　loudness level　89
音の高さ　pitch　67, 91, 96–99
音の強さのレベル　intensity level　88
驚き　surprise　295
同じ幅の要因　factor of the same width　103
「おばあさん細胞」理論　"grandmother cells" theory　74
オピニオン・リーダー　opinion leader　429
オペラント　operant　203

オペラント条件づけ operant conditioning 26, 158, 165, 168, 175, 180, 206, 284
オペラント水準 operant level 169
オペラント反応 operant response 168
オペレータ operator 320
憶えていること remembering 211
オミッション訓練 omission training 180
オームの音響法則 Ohm's acoustic law 97
音圧 sound pressure 67, 88, 89
音圧レベル sound pressure level；SPL 88
温覚 warmth sensation 68
音楽心理学 psychology of music 36
音源定位 auditory localization 133
音声言語 speech 342, 348
音素 phoneme 345
オントロジー ontology 39

カ　行

絵画統覚検査（TAT） Thematic Apperception Test 373
絵画-欲求不満検査（P-Fスタディ） Picture-Frustration Test 264, 373
絵画療法 art therapy 269
回帰係数 regression coefficient 46
外言 external speech **318**
外向性 sextroversion 22, 371, 372
外向型 extraversive type 358
外向-内向 extraversion-introversion 364
外耳 external ear 67
快ストレス eustress 260
解析 analysis 44
外側膝状体 lateral geniculate body 73, 94, 95
カイ二乗検定 chi-square test 47
介入 intervention 28
概念 concept 196
概念駆動型処理 concept driven processing 142
概念形成 concept formation **330**
海馬 hippocampus 167, 218, 227, 229
外胚葉型 ectomorphy 358
解発刺激 releaser/releasing stimulus 30, 157
外発的動機づけ extrinsic motivation 255
外罰的反応 extrapunitive response 265
回避-回避型の葛藤 avoidance-avoidance conflict 266
回避学習 avoidance learning 198
回避行動 avoidance behavior 159
回避反応 avoidance response 181

快楽原理 pleasure principle 21
カイン・コンプレックス Cain complex 280
カウンセラー counselor 269
カウンセリング counseling 269
顔の認識 face recognition **124**
蝸牛 cochlea 67
蝸牛マイクロホニックス cochlear microphonics 99
拡散的思考 divergent thinking **388**
核磁気共鳴画像 magnetic resonance imaging；MRI 59, 242
学習 learning **158**
学習曲線 learning curve **188**
学習性無力感 learned helplessness **198**
学習セット／学習の構え learning set 193
学習の学習 learning to learn 194
学習の転移 transfer of learning **192**
学習理論 learning theory 204
カクテルパーティ効果 cocktail party effect **144**
獲得的行動 acquired behavior **156**
獲得的動因 acquired drive 185, **256**
確認的因子分析 confirmatory factor analysis 54
隔離 isolation 275
影 shadow 23
家系研究 biographical study 381
仮現運動 apparent movement 14, **120**
可視スペクトル visible spectrum 65
加重平均モデル weighted average model 431
仮説検定 hypothesis testing 45
家族療法 family therapy 271
形の恒常性 shape constancy 116
傾き残効 tilt aftereffect 76
学校心理士 school psychologist 29
葛藤 conflict 263, **266**
ガットマン尺度 Guttman scale 394
カテゴリー category 330
カテゴリー学習 category learning **196**
カテゴリー知覚 categorical perception 351
カテゴリー表象 category representation 330, 331-333
金縛り／睡眠麻痺 sleep paralysis 336
悲しみ sadness 295
カフェテリア実験 cafeteria experiment 251, 252
カプグラ妄想 Capgras' syndrome 127

加法混色　additive color mixture　92
構え　set　142
カリカック家　The Kallikaks　381
刈り込み　pruning　163
加齢　aging　253
渇き　thirst　250
感覚　sensation　64
感覚記憶　sensory memory　210, 231, **232**
間隔尺度　interval scale　46
感覚遮断　sensory deprivation　160, 254
感覚情報保存　sensory information storage　232
感覚性失語症　sensory aphasia　343
感覚登録器　sensory register　232
感覚レベル　sensation level : SL　85, 89
眼球運動　eye movement　7, 81–83, 112, 335
眼球運動説　eye movement theory　111
環境閾値　environmental threshold　386
環境閾値説　environmental threshold theory **384**
環境形成特性　environmental mold trait　363
環境心理学　environmental psychology　36
環境的要因　environmental factor　381, 384
簡潔性の法則　prägnanz law　15
観察学習　observational learning　171
干渉　interference　215–216, 353
感情　feeling　290, 292
干渉説　interference theory　214
関数分析　function analysis　19
感性的予備条件づけ　sensory preconditioning　187
完全無作為法　completely randomized design　45
桿体　rod　65, 79, 93
観念運動失行　ideomotor apraxia　242
観念失行　ideational apraxia　242
間脳　diencephalon　219, 227

記憶　memory　20, 33, 177, 190, 192, 210, 214, 218, 222, 226, 230, 232, 236, 240, 280, 311, 330, 331
記憶痕跡　memory trace　210, 215
記憶術　mnemonics　**240**
記憶術のエキスパート　mnemonist　241
記憶障害　disorders of memory　219, 220, 226, 227, 239
記憶色　memory color　119
記憶喪失　memory loss　218

記憶の生理学的メカニズム　physiological mechanism of memory　**226**
記憶の範囲　memory span　236
記憶の変容　modification of memory content　**222**
記憶方略　memory skill　240
記憶モデル　memory models　230
幾何学的錯視　geometrical optical illusion　100, 109
棄却域　critical region　44, 47
危険率　level of significance　47
疑似環境　pseudo–environment　428
気質　temperament　356
器質性健忘　organic amnesia　218
気質特性　temperament trait　363
記述統計　descriptive statistics　46
基準移動説　norm–shift theory　82
基準関連妥当性　criterion–referred validity　43
帰属　attribution　200, 294, 404, 420
帰属様式　attributional style　200
帰属理論　attribution theory　139, **404**
議題設定機能　agenda–setting function　428
拮抗条件づけ　antagonistic conditioning　205
キティ・ジェノヴェーゼ事件　the case of Kitty Genovese　424
基底膜　basilar membrane　67, 96–99
技能学習　skill learning　228
機能主義　functionalism　33
機能的MRI　functional magnetic resonance imaging : fMRI　35, 58, 59
機能的自律性　functional autonomy　257
帰納的推論　inductive reasoning　328
規範の影響　normative social influence　412
規範的機能　normative function　408
気分　mood　292
基本的知的能力　fundamental intelligence　377
きまり悪さ　embarrassment　295
記銘　memorization　**210**, 214–216, 222–224, 226
虐待　abuse　225, **286**
逆転学習　reversal learning　194
逆転学習のセット　reversal learning set　195
逆転眼鏡　inverting lenses　135
客観的態度の要因　factor of objective set　106
逆行条件づけ　backward conditioning　166
逆向性健忘　retrograde amnesia　219
逆向マスキング　backward masking　87

事項索引 ——441

逆向抑制　retroactive inhibition：RI　216
キャノン・バード説　Cannon–Bard theory　290, 291
嗅覚　olfactory sensation　67, 79
急性ストレス障害　acute stress disorder　283
教育心理学　educational psychology　36
鏡映描写　mirror drawing　192
強化　reinforcement　165, 168
強化子　reinforcer　202, 203, 206, 257
強化刺激　reinforcing stimulus　179, 180, 182, 184, 202
強化スケジュール　schedules of reinforcement　19, **178**
強化のプリマック説　Premack theory of reinforcement　183
共感　empathy　295, 299
共感-愛他性仮説　empathy–altruism hypothesis　424
共感覚　synesthesia　65
凝視　gaze　**298**
凝集性　cohesiveness　416
狭小の要因　factor of small area　103
強制行為理論　theory of coercive action　423
強制的承諾　forced compliance　401
強調化　sharpening　427
共通因子　common factor　53
共通運命の要因　factor of common fate　105
共通特性　common trait　362
共同関係　communal relationship　419
脅迫性障害　obsessive–compulsive disorder　283
恐怖　fear　295
恐怖管理理論　terror–management theory　315
恐怖症　phobia　282
恐怖条件づけ　fear conditioning　166
共分散構造分析　covariance structure analysis　52
共変動の原理　covariation principle　405
興味　interest　295
共鳴説　resonance theory　96
強力効果論　powerful effect model　428
極限法　method of limits　6
虚構尺度　lie scale　371
虚構の目標　fictional final goal　281
虚報　false alarm　48, 49
均衡理論　balance theory　398
近刺激　proximal stimulus　116

近赤外光血流計測　Near Infrared Spectroscopy：NIRS　58, 59
近接の要因　factor of proximity　104
空間周波数　spatial frequency　78, 82
空間周波数シフト　spatial frequency shift　82
空間色　volume color　13
空間認知　spatial cognition　50–52, 54, 148
空間の異方性　anisotropy of space　132
空間方向の要因　factor of orientation　103
偶発的学習　incidental learning　210
苦痛　distress　295
クライエント　client　268
クレペリン検査　Kraepelin's test　373
群化　perceptual grouping　**104**
群化の法則　law of perceptual grouping　15
群化の要因　factor of grouping　104
経営心理学　business psychology/management psychology　36
経験の要因　factor of experience　106
経験論哲学　empirical philosophy　8
傾向抑制　proactive inhibition：PI　216
計算　computation　34
計算言語学　computational linguistics　35
継時弁別　successive discrimination　176
継時マスキング　temporal masking　87
計数データ　counted data　46
傾性　disposition　404
経頭蓋磁気刺激　Transcranial Magnetic Stimulation：TMS　60
系統的脱感作（法）　systematic desensitization (technique)　26, 205, 284
計量データ　metric data　46
系列位置効果　serial position effect　190
系列探索　serial search　131
ゲシュタルト　Gestalt　11
ゲシュタルト心理学　Gestalt psychology　10, 13, **14**, 33, 104, 136, 345
ゲシュタルト要因　factor of Gestalt　104
血縁度　coefficient of relatedness　382
決定基準　criterion　48
決定後の不協和　post–decision dissonance　401
原因帰属　attribution / causal attribution　200, 421
検閲　censorship　334
嫌悪　disgust　295

嫌悪刺激　aversive stimulus　168
嫌悪条件づけ　aversive conditioning　174
幻覚　hallucination　108
原学習　original learning　195, 214
元型　Archetype　22
顕現性　salience　428
言語　language　11, 17, 34, 35, 146–149, 186, 197, 220, 242, 298, 318, 339, 342, 344, 348, 350, 386
言語運用　performance　345
言語学　linguistics　34, 345
言語心理学　psychology of language　344
言語相対性仮説　linguistic relativity hypothesis　345
言語聴覚士　speech–language–hearing therapist : ST　244
言語的符号化　coding by language　222, 223
言語能力　competence　345
言語野　language area　339, 342
顕在的自尊感情　explicit self–esteem　313
検索　retrieval　210
現実原理　reality principle　21
現実脱感作法　in vivo desensitization　205
検出閾　threshold for detection　78
減衰説　attenuator theory/decay theory　145, 215
源泉健忘／出典健忘　source amnesia　220
減法混色　subtractive color mixture　93
健忘症　amnesia　**218**, 227

合意性　consensus　405
合意による妥当化　consensual validation　419
光覚閾　light threshold　7, 67, 70
効果の法則　law of effect　173
交換関係　exchange relationship　419
交感神経系　sympathetic nervous system　304
好奇動因　curiosity drive　255
攻撃　aggression　**422**
攻撃行動　aggressive behavior　30, 263
後件肯定の錯誤　fallacy of affirmation of the consequent　327
広告心理学　advertising psychology　36
高次学習　higher–order learning　**184**
高次条件づけ　higher–order conditioning　184
高次脳機能障害　higher brain dysfunction　242
恒常仮定　constancy hypothesis　14, 119
恒常現象　constancy phenomena　116

恒常度指数　index of perceptual constancy　119
恒常法　constant method　6
構成概念妥当性　construct validity　43
向性検査　introversion–extra–version test　372
構成失行　constructive apraxia　242
構成心理学　structural psychology　**8**
構造的磁気共鳴画像　structural Magnetic Resonance Imaging : sMRI　58
構造方程式　structural equation　52
構造方程式モデリング　structural equation modeling　55
行動　behavior　7, 10, 11, 15, 16, 26, 30, 33, 34, 156, 168, 172, 178, 202, 204, 248, 250, 361, 366, 392, 394, 405
行動科学　behavior science　19
行動主義　behaviorism　11, **16**, 31, 33, 344, 361
行動対比　behavioral contrast　176, 181
行動的免疫　behavioral immunization　199
行動の連鎖　behavioral chain　184
行動分析　behavior analysis　**202**
行動変容　behavior modification　203
行動療法　behavior therapy　26, **204**, 268
行動理論　behavior theory　19
構文解析　parsing　35, 38
合理化　rationalization　273
交流分析　transactional analysis : TA　271
五感（官）　the five senses　**64**
誤差変動　error variance　47
コーシャス・シフト　Cautious shift　416
個人差　individual difference　**2**, 368
個人的特性　individual trait　362
個人的無意識　personal unconsciousness　22
固定間隔スケジュール　fixed interval schedule : FI　179
固定期間　consolidation period　227
固定時間スケジュール　fixed time schedule : FT　179
固定的動作パターン　fixed action pattern　30
固定比率スケジュール　fixed ratio schedule : FR　178
古典的条件づけ　classical conditioning　26, 158, **164**, 165, 175, 204, 284
語の優位効果　word–superiority effect　143
個別検査　individual test　376
コミュニケーションの二段階流れ仮説　two–

steps flow of communication　429
固有の効果　noncommon effects　406
孤立者　isolates　415
コリン作動性ニューロン　cholinergic neuron　221
コルサコフ症　Korsakoff disease　219
コルテの法則　Korte's law　121
根源的特性　source trait　362
混色　color mixture　50, 92-94
痕跡条件づけ　trace conditioning　166
コントロール欲求　desire for control　421
コンピュータ・シミュレーション　computer simulation　34
コンプレックス　complex　**280**
根本的な帰属の誤り　fundamental attribution error　407

サ　行

罪悪感　guilt　295
再学習　relearning　161, 214
再検査法　test-retest method　42
最小可聴値　threshold of hearing　84, 88
差異心理学　differential psychology　3
再生　recall, reproduction　190, 222-224, 237
再生法　reproduction method　211
細長型　leptosomic type　357
彩度　chroma　13, 65
再認法　recognition method　211
催眠　hypnosis　20, 21, 225
サイン　sign　18
サイン学習　sign learning　18
サイン・ゲシュタルト　sign-Gestalt　18
サイン・トラッキング　sign-tracking　180
ザウレスのZ指数　Thouless's Z index　119
差音　difference tone　85
作業検査　performance test　370, 373
作業療法　occupational therapy　245
作業療法士　occupational therapist : OT　244, 245
錯視　optical illusion　**108**
錯視的輪郭　illusory contour　109
作話　confabulation　219
サーストン尺度　Thurstone scale　394
雑音　noise　86, 134, 140
錯覚　illusion　108
サッチャー錯視　Thatcher illusion　124
作動記憶　→　ワーキングメモリー
左脳　left brain　146, 338

サピア-ホワーフ仮説　Sapir-Whorf's hypothesis　345
産業カウンセラー　industrial counselor　29
産業心理学　industrial psychology　36
三原色説　trichromatic theory, three color theory　93-95
残効　after-effect　**80**
三項随伴性　three-term contingency　202
参照枠　frame of reference　120
残像　after-image　80
三半規管　semicircular canal　67
散布度　dispersion　46

地　ground　**12, 102**
シェイピング（行動形成）　shaping　169
ジェスチュア　gesture　348
ジェームズ・ランゲ説　James-Lange theory　**290**
自我　ego　21, 272, 334
自我関与　ego-involvement　278
視覚　visual sensation　65, 84, 120, 133
視覚失認　visual agnosia　242
視覚情報保存　visual information storage : VIS　234
視覚説（色覚説）　theory of vision　**67, 92**
視覚的持続　visual persistence　150
視覚的断崖　visual cliff　114, 296, 302
視覚的探索　visual search　**130**
視覚優位　visual capture　134-135
自我同一性　ego identity　153
自我防衛機制　ego defense mechanism　263
時間閾　time threshold　150
時間情報　temporal information　151
時間知覚　time perception　150
時間的展望　temporal perspective　153
視感度　visibility　66
視感度曲線　visibility curve　67
時間評価　time estimation　150
色覚説　theory of color vision　**92**
色相　hue　13, 65, 80
色聴　color hearing　65
色盲　color blindness　94
刺激閾　stimulus threshold　6, 70
刺激関連電位　stimulus-related potential　56
刺激性制御　stimulus control　171
刺激頂　terminal threshold　71
刺激等価性　stimulus equivalence　197
刺激般化　stimulus generalization　174, 187,

自己　self, ego　23　渡邊
試行錯誤　trial and error　168, **172**
自己概念　self-concept　312
自己帰属　self-attribution　407
自己受容感覚　proprioceptive sensation　135
自己心理学派　self psychology school　25
自己知覚理論　self-perception theory　406
自己中心語　egocentric speech　315
自己中心的定位　egocentric localization　132, 133
自己罰行動　self-punitive behavior　182
ジーザス・コンプレックス　Jesus complex　280
思春期　puberty　351
視床　thalamus　287, 290, 291
視床下部　hypothalamus　157, 251-253, 291, 295
事象関連電位　event-related potential : ERP　**56**
姿勢反射　postural reflex　156
自然言語　natural language　34, 35, 38
自尊感情　self-esteem　**312**
自尊心　self-esteem　276
視知覚における体制化　perceptual organization　15
失音楽症　amusia　243
実験計画　experimental design　32, 44
実験研究　experimental study　380
実験現象学　experimental phenomenology　**12**, 15
実験者　experimenter　32
実験神経症　experimental neurosis　165
実験心理学　experimental psychology　8, **32**, 37
実験生理学　experimental physiology　33
実験的行動分析　experimental analysis of behavior　202
失見当識　disorientation　219
失行症　apraxia　**242**
失語症　aphasia　146, **342**, 345
実際運動　real movement　121
失錯行為　parapraxis　280
実体鏡　stereoscope　113
知っていること　knowing　211
嫉妬　envy　295
失認症　agnosia　**242**
質問紙　questionnaire　40, 41, 46, 257, 360, 419

質問紙法　questionnaire method　370
自動運動　autokinetic movement　120, 409
シドマン型回避訓練　Sidman avoidance training　182
シナプス　synapse　229
自発性テスト　spontaneity test　414
自発的回復　spontaneous recovery　165, 169
四分位範囲　quartile range　46
社会階層　social class　386
社会学　sociology　345
社会恐怖　social phobia　282
社会再適応評価尺度　social readjustment rating scale　259
社会測定的地位指数　sociometric social status : SSS　415
社会的支持の希求　to seek social support　402
社会的知覚　social perception　**136**
社会的動機　social motive　257
社会的望ましさ　social desirability　371
尺度　scale　46
尺度値　scale value　46
重回帰分析　multiple regression analysis　50
習慣　habit　361, 392
習慣強度　habit strength　18
集合的無意識　collective unconsciousness　22
集合的無知　pluralistic ignorance　425
囚人のジレンマゲーム　prisoner's dilemma game　267
従属変数　dependent variable　44
集団　group　40, 314, 392, 408, 410, 414, 416
集団圧　group pressure　410
集団凝集性　group cohesion : Co　415
集団極性化　group polarization　416
集団決定　group decision　**416**
集団検査　group test　376
集団思考　groupthink　417
集団心理療法　group therapy　270
集団標準　group standard　410
集中学習　massed learning　191
集中的思考　convergent thinking　**388**
周波数　frequency　67, 74, 85-87, 89, 97-99, 140, 174
周辺視　peripheral vision　66
周辺事例　peripheral instance　197
周辺特性　peripheral trait　430
自由連想法　free association　20, 373
主観的輪郭　subjective contour　109, 131

ジューク家　The Jukes　381
手段-目標関係　means-ends relations　18
手段-目標分析　means-ends analysis　323
受動的回避　passive avoidance　180
種に特有な防御反応　species specific defense reaction：SSDR　159, 182
受容器　receptor　64
受容野　receptive field　56, 72-75, 122
手話　sign language　349
馴化　habituation　79
馴化法　habituation method　7
瞬間露出器　→　タキストスコープ
準拠集団　reference group　**408**
順向性健忘　anterograde amnesia　219
順向マスキング　forward masking　87
順向抑制　proactive inhibition；PI　177, 216
順序尺度　ordinal scale　46
純粋語聾　pure word deafness　242
順応　adaptation　65, **76**
順応水準　adaptation level：AL　141
準備性　preparedness　159
瞬目反射条件づけ　eyeblink conditioning　166
昇華　sublimation　274
浄化作用　catharsis　269
消去　extinction　165, 169
状況テスト　situation test　414
消去抵抗　resistance to extinction　169
上下法　up-and-down method　46
条件刺激　conditioned stimulus：CS　164
条件性弁別　conditional discrimination　177
条件性見本合わせ　conditional matching　177
条件づけ　conditioning　17, 18, 26, 158, 164, 168, 174, 184, 204-206, 238
条件反射　conditioned reflex　16, 164, 165
条件反応　conditioned response：CR　165
情操　sentiment　292
状態依存学習　state dependent learning　217
状態空間　state space　321
状態空間分析　state space analysis　322
状態自尊感情　state self-esteem　312
承諾先取り法　low-ball technique　397
情緒　emotion　20, 292, 308
象徴化　symbolization　334
焦点的注意　focal attention　131
情動　emotion　148, 290, **292**
情動の2要因説　two-factor theory of emotion　291
小脳　cerebellum　167

情報　information　298
情報処理　information processing　34
情報処理理論　theory of information processing　**230**
情報的影響　informational social influence　412
情報への選択的接触　selective exposure　402
譲歩誘導法　door-in-the-face technique　397
初回面接　intake interview　27
初期学習　early learning　**160**
初期経験　early experience　160
初期状態　initial state　320
職業適性　vocational aptitude　40
触二点閾　tactual two-point limen　69
所属集団　membership group　408
所属欲求　need to belong　421
触覚　tactile sensation　4, 68, 79, 80, 84, 120, 133, 339
初頭効果　primacy effect　190, 431
処理水準　levels of processing　210, 231
自律神経系　autonomic nervous system　293, 304
事例研究　case study　**380**
心因性健忘　psychological amnesia　218
人格　personality　356　→　パーソナリティ
人格障害　personality disorder　379
人格目録　personality inventory　364, 372
新奇場面法　strange situation procedure　309
新近性効果　recency effect　190, 431
神経症　neurosis　20, 21, 275
神経症的傾向　neuroticism　364
神経症的不安　neurotic anxiety　273
神経心理学　neuropsychology　244, 245
神経生理学　neurophysiology　34, 76
神経伝達物質　neurotransmitter　221
信号　signal　48, 298
信号検出理論　theory of signal detection　7, **48**
人工知能　artificial intelligence：AI　34, **38**
新行動主義　neo-behaviorism　17
進行波　traveling wave　98
進行波説　traveling wave theory　98
心誌　psychograph　362
心情関係　sentiment relations　398
心身症　psychosomatic disorder　207
新生児の表情　facial expressions in neonates　302
深層構造　deep structure　346

深層心理学　depth psychology　22
身体位置感覚　position sense　135
身体緊張型気質　somatotonia temperament　358
心的外傷　psychic trauma　280
心的外傷後ストレス障害　post-traumatic stress disorder：PTSD　212, 283
心的緊張　psychic tension　366
心的飽和　mental saturation　262, 369
心拍数　heart rate　307
信憑性　credibility　395
人物画検査　Draw A Man Test　376
人物認知　identity recognition　125
シンボル　symbol　34, 38, 39
信頼性　reliability/trustworthiness　41, 42, 395
心理劇　psychodrama　270, 414
心理言語学　psycholinguistics　35, **344**
心理検査　psychological test　**40**
心理的現在　psychological present　150
心理的拘泥　psychological entrapment　267
心理的時間　psychological time　**150**
心理的瞬間　psychological moment　150
心理的負債　psychological indebtedness　425
心理統計　statistics in psychology　**44**
心理療法　psychotherapy　**268**
親和動機　affiliation motive　257

図　figure　12, **102**
推測統計　inferential statistics　46
錐体　cone　65, 79, 93
随伴性　contingency　166
随伴性残効　contingent after-effect　83
睡眠　sleep　335
推論　inference　39, 326, 330, 406
スキナー箱　Skinner box　19, 168
スキーマ　schema　222
スキルサイエンス　skill science　3
スクールカウンセラー　school counselor　29
図形残効　figural after-effect　82
スター　stars　415
スティーヴンスの法則　Stevens' law　6
ストループ課題　Stroop test　285
ストレス　stress　**258**
ストレス刺激（ストレッサー）　stressor　258
頭脳緊張型気質　cerebrotonia temperament　358
スペクトル　spectrum　65, 93
スポーツ心理学　sport psychology　36

図面　film color　13
刷り込み（刻印づけ）　imprinting　31, 158, 161
スリーパー効果　sleeper effect　395

性格　character　3, 356, 366
性格障害　character disorder　**378**
生活空間　life space　367
生活年齢　chronological age：CA　375
生活の質　quality of life：QOL　271
ゼイガルニク効果　Zeigarnik effect　217
正規分布　normal distribution　3
制御　control　171
正弦波　sinusoidal wave　97
成功回避動機　motive to avoid success　266
制止　inhibition　165, 284
政治心理学　political psychology　37
斉射説　volley theory　98
成人愛着面接　adult attachment interview　311
精神医学　psychiatry　24
精神測定学　psychometry　25
精神遅滞　mental retardation　376
精神年齢　mental age：MA　375
精神病質人格　psychopath　378
精神物理学　psychophysics　**4**
精神物理学的測定法　psychophysical method　6, 32, 46
精神分析　psychoanalysis　10, 24, 272
精神分析学　psychoanalysis　**20**
精神分析的心理療法　psychoanalytic psychotherapy　268
精神分析療法　psychoanalytic therapy　268
精神力動論　psychodynamics　366
精神聾　psychic deafness　242
生成文法　generative grammar　346
精緻型リハーサル　elaborative rehearsal　231, 237
性的動因　sex drive　252
生得的解発機構　innate releasing mechanism：IRM　30, 157
生得的行動　innate behavior　**156**
生得的動因　innate drive　**250**
正の加速曲線　positively accelerated curve　188
正の強化　positive reinforcement　180
正の転移　positive transfer　193
正報　hit　48, 49
性ホルモン　sex hormone　253

制約　restriction　320
接近-回避型の葛藤　approach-avoidance conflict　266
接近-近接型の葛藤　approach-approach conflict　266
絶対閾　absolute threshold　70
絶対音感　absolute pitch　385
舌端現象　tip-of-the-tongue phenomenon　217
折半法　split-half test　42
節約率　saving rate　214
セラピスト　therapist　268
セルフコントロール　self control　261
セルフ・ハンディキャッピング　self-handicapping　407
前意識　preconsciousness　20, 21
宣言的記憶　declarative memory　228
前件否定の錯誤　fallacy of denial of the antecedent　327
潜在的自尊感情　implicit self-esteem　313
潜在的連合テスト　implicit association test　313
全習法　whole method　191
全体報告法　whole report procedure　233
全体野　Ganzfeld　102
選択的学習　selective learning　173
選択的注意　selective attention　144
前注意過程　pre-attentive process　131
前庭　vestibule　67
先導的自己理想　guiding self-ideal　281
前頭連合野　prefrontal cortex　220
全般性不安障害　generalized anxiety disorder　282
専門性　expertise　395

躁鬱気質　cycloid temperament　357, 358
騒音計　sound level meter　90
騒音レベル　sound level　91
相関係数　correlation coefficient　42, 46, 362, 381-383, 389
相関研究　correlational study　381
想起　recall　210, 214
走光性　phototaxis　156
相互主観的な世界　inter-subjectivity　299
操作動因　manipulation drive　255
走湿性　hygrotaxis　156
双条件文　biconditional　327
相称の要因　factor of symmetry　103

走性　taxis　156
双生児法　twin method　382
創造性　creativity　377
創造性検査　creativity test　377, 388
創造的思考　creative thinking　388
相貌失認　prosopagnosia　126, 242, 303
即時強化の原則　principle of immediate reinforcement　206
測定　measurement　44, 46
測定方程式　measurement equation　54
側頭葉　temporal lobe　218, 227
側抑制　lateral inhibition　82
阻止　blocking　167
ソシオグラム　sociogram　414
ソシオメーター理論　sociometer theory　314
ソシオメトリー　sociometry　40, **414**
ソシオメトリック・テスト　sociometric test　414
素朴心理学　naive psychology　404
ソン　sone　**88**
ソン尺度　sone scale　90

タ 行

第一言語　first language　350
対応　correspondence　406
対応推論理論　correspondent inference theory　406
退行　regression　264, 274
体質的特性　constitutional trait　363
代償価　substitute value　264, 368
対象関係学派　object relations school　25
代償行動　substitute behavior　263
対処可能性　controllability　182, 199
対処行動　coping behavior　260
対人関係　interpersonal relationship　**418**
対人関係学派　interpersonal relations school　25
対人行動　interpersonal behavior　422
体制化（記憶の）　organization　241
体制化（知覚の）　perceptual organization　104
態度　attitude　**392**
態度の機能　attitude function　392
態度の形成　attitude development ; attitude formation　393
態度の構造　attitude structure　393
態度の測定　attitude measurement　394
態度変化　attitude change　395

第二言語　second language　350
第二言語習得　second language acquisition　350
大脳基底核　basal ganglia　228
大脳前頭連合野　frontal association area　229
大脳の右半球　right hemisphere　303
大脳半球の優位性　cerebral dominance　**146**
大脳辺縁系　cerebral limbic system　290, 291, 295
対比　contrast　**100**, 141
代表値　measures of central value　46
太母　great mother　23
代用貨幣　token reward　184
唾液反射　salivary reflex　156, 164
多義図形　ambiguous figure　102
タキストスコープ（瞬間露出器）　tachistoscope　32, 33, 147, 232, 339, 340
多次元尺度法　multidimensional scaling　55
脱感作　desensitization　26, 205, 284
達成差（AD）スコア　attainment discrepancy score　278
脱制止　disinhibition　165
達成動機　achievement motive　257
妥当性　validity　41, 42
多変量解析　multivariate analysis　**50**
多変量信号検出理論　multivariate signal detection theory　49
多変量データ行列　multivariate data matrix　50
タライラッハの脳図譜　Talairach atlas　59
単位関係　unit relations　398
段階説　stage theory　95
段階的要請法　foot-in-the-door technique　396
短期記憶　short-term memory : STM　150, 190, 210, 214, 226, 231, **236**
探索動因　exploratory drive　255
単耳聴　monaural hearing　144
単純細胞　simple cell　73
単純接触仮説　mere exposure hypothesis　418
単純弁別　simple discrimination　177

チェイニング　chaining　206
遅延条件づけ　delayed conditioning　166
遅延見本合わせ　delayed matching to sample　177
知覚　perception　64
知覚-運動領域　perceptual-motor region　368

知覚学習　perception learning　228
知覚空間　perceived space　132
知覚的鋭敏化　perceptual sensitization　137
知覚的修復　perceptual restoration　141
知覚的な矛盾　perceptual discrepancy　297
知覚的防衛　perceptual defense　137
知覚の恒常性　perceptual constancy　**116**
逐次接近法　method of successive approximation　170
知人テスト　acquaintance test　414
知性　intellect　388
知性化　intellectualization　273
知性の構造モデル　structure-of-intellect model　388
知能　Intelligence　3, 34, 374, 388
知能検査　intelligence test　25, 40, **374**, 388
知能指数　intelligence quotient : IQ　3, 375, 389
知能テスト　intelligence test　2, 3
着衣失行　dressing apraxia　242
チャンキング　chunking　241
チャンク　chunk　231, 236, 237
注意　attention　10
中央値　median　46
仲介変数　intervening variable　18
中耳　middle ear　67
中心窩　fovea centralis　66
中心事例　central instance　197
中心特性　central trait　430
中胚葉型　mesomorphy　357
聴覚　auditory sensation　67, 80, 84, 120, 133
聴覚失認　acoustic agnosia　242
聴覚情報保存　auditory information storage　235
聴覚説　theory of hearing　**96**
聴覚マスキング　auditory masking　84
長期記憶　long-term memory : LTM　150, 190, 210, 214, 227, 231, 236
長期増強　long-term potentiation　229
長期抑制　long-term depression　229
超自我　superego　21, 272, 280, 334
調性　tonality　67
超正常刺激　super-normal stimulus　30, 31
調整法　method of adjustment　7
調節　accommodation　112
頂点移動　peak shift　176
丁度可知差異　just noticeable difference : jnd　4, 71

直接経験 immediate experience 8-10
貯蔵 storage 210

追従 compliance 412
痛覚 pain sensation 67-69, 71
ツェルナー錯視 Zöllner illusion 109
月の錯視 moon illusion 110

定位 localization / orientation **132**
定位反応 orienting response 306, 307
ディストラクター destructor 130, 237
敵意的 衝動的攻撃 hostile aggression 422
適応機制 adjustment mechanism 272
適性検査 aptitude test 18, 40, 370
適当刺激 adequate stimulus 64
テクスチュア勾配 texture gradient 114
デシベル decibel；dB 88, 89
データ駆動型処理 data-driven processing 142
データマイニング date mining 39
手続き的記憶 procedural memory 228
徹底的行動主義 radical behaviorism 18, 202
デマ demagogy 426
転移 transference 21, 324
転位行動 displacement behavior 157
てんかん epilepsy 147, 153, 219, 226, 295, 338, 341, 343, 357
電気けいれん療法 electroconvulsive therapy：ECT 226, 228
典型性理論 typicality theory 331
天体錯視 celestial illusion 110
電話説 telephone theory 98

同一化（同一視）identification 274, 412
動因 drive 18, **248**, 366
投影法 projective technique 25, 370, 372
同化 assimilation 100, 141, 427
統覚 apperception 9
等価セット equivalence set 197
等感曲線（音の大きさの）equi-loudness contours 89
動機 motive 248, 366
動機づけ motivation 248
道具的（戦略的攻撃）instrumental aggression 422
道具的条件づけ instrumental conditioning 26, 165, **168**, 175, 180, 206
統計的仮説検定／有意差検定 statistical hypothesis testing 46
統計的決定理論 statistical decision theory 48
同型問題 isomorphic problem 324, 325
統計量 statistic 47
瞳孔 pupil 299
統合型 integrated type 359
洞察 insight 173, 324
動作特性 Receiver Operating Characteristic；ROC 曲線 49
闘士型 athletic type 357
同時条件づけ simultaneous conditioning 165
同時弁別 simultaneous discrimination 176
同時マスキング simultaneous masking 87
投射 projection 273
同心円錯視 cocentric illusion 100, 101
同調 conformity **410**
同調への圧力 pressure to conformity 412
道徳原理 moral principle 21
逃避 escape 203, 260, 264, 274, 292
逃避／回避訓練 escape/avoidance training 181, 264, 274
逃避行動 escape behavior 159
逃避反応 escape response 181
動物の精神物理学 animal psychophysics 7
独自因子 unique factor 53
独自特性 unique trait 362
特殊飢餓 specific hunger 251
特殊帰納 specific induction 328
特殊神経エネルギー説 theory of specific nerve energies 33, 97
特性 trait 43, 279, 313, 360-362, 366, 381, 430
特性自尊感情 trait self-esteem 312
特性論 traits theory 359, **360**, 366
特徴検出 feature detection **72**
特徴検出器 feature detector 72
特徴検出細胞 feature detection cells 75, 77-79
特徴抽出 feature extraction 77, 82
特徴統合理論 feature integration theory 131
独立被験者計画 independent-subject design 44
独立変数 independent variable 44, 47
トークン・エコノミー（法）token economy (method) 170, 206
突然死 sudden death 200
トップダウン処理 top-down processing 141, 142

乏しい環境　impoverished environment　163
トポロジー　topology　367
ドミナンス理論　dominance theory　314
ドメスティック・バイオレンス　domestic violence　283
トラウマ　trauma　283
努力の正当化　effort justification　402

ナ　行

内観（法）　introspection　9, 16, 33
内観法　Naikan/Naikan therapy　271
内言　inner speech　**318**
内向型　introversive type　358
内向性　introversion　22, 371, 372
内耳　inner ear　67
内耳神経　vestibule-cochlear nerve　96
内臓感覚　sense of interoceptive system　65
内臓緊張型気質　viscerotonia temperament　358
内的作業モデル　internal working model　309
内胚葉型　endomorphy　357
内発的動機づけ　intrinsic motivation　254
内罰的反応　intrapunitive response　265
内部人格領域　inner-personal region　368
内面化　internalization　413
内容妥当性　content validity　42
名前文字効果　name letter effect　313
慣れ　habituation　307

匂い　odor　67, 68
匂いのプリズム　odor prism　68
二次記憶　secondary memory　236
二次強化　secondary reinforcement　185
二次強化子　secondary reinforcer　257
二次強化刺激　secondary reinforcement stimulus　185
二次条件づけ　secondary conditioning　184
二次的逃避／回避訓練　secondary escape/avoidance training　184
二次的報酬訓練　secondary reward training　184
二重作用説　duplicity theory　93
乳幼児健忘　infantile amnesia　220
ニューラル・アダプテーション　neural adaptation　79
ニューラック心理学　new look psychology　136
二卵性双生児　fraternal twins　382

人間性心理学　humanistic psychology　23, 26
認知　cognition　64
認知科学　cognitive science　**34**
認知行動療法　cognitive-behavioral therapy　26, 207, 268
認知症　dementia　221
認知神経科学　cognitive neuroscience　35
認知心理学　cognitive psychology　19, 33, 34
認知地図　cognitive map　18
認知的斉合性理論　cognitive consistency theory　400
認知的不協和理論　cognitive dissonance theory　396, **400**
認知要素　cognitive element　393, 400-402
認知療法　cognitive therapy　26, 207, 268, 284

音色　timbre　67
粘着気質　phlegmatic temperament　357, 358

ノイズ　noise　48
脳イメージング研究　neuroimaging　**58**
脳画像化技術　brain imaging technique　57
脳機能画像化技術　functional brain imaging technique　35
脳磁図　magnetoencephalography : MEG　58, 59
脳の側性化　cerebral lateralization　350
脳波　electroencephalogram : EEG　56, 261
脳梁　corpus callosum　338
脳梁切断　section of corpus callosum　147, 339
能力特性　ability trait　363
ノンパラメトリック検定法　nonparametric test　46
ノンレム睡眠　nonREM sleep　335, 336

ハ　行

バイオフィードバック　biofeedback　171, 207, 261
倍音　harmonic tone　85, 86, 97
バイリンガリズム　bilingualism　353
バイリンガル　bilingual　352
パヴロフ型条件づけ　Pavlovian conditioning　164
白色雑音　white noise　86
白昼夢　daydream　264
曝露　exposure　284
箱庭療法　sandplay therapy　26, 270

場所説　place theory　96
場所法　method of loci　241
パス解析　path analysis　51
恥ずかしさ　shame　295
パスカル　pascal; Pa　88
パス係数　path coefficient　52
パーセプトロン　perceptron　34, 35
パーセンタイル　percentile　42
パーソナリティ　personality　22, 139, 272, 360, 366, 369, 370, 392, 393
パーソナリティ検査　personality test　40, **370**
パーソナリティ尺度　personality scale　25
パーソナリティの階層モデル　hierarchical model of personality　364
パーソンセンタードアプローチ　person centered approach　26
パターン認知　pattern recognition　34, 38, 72
罰　punishment　**180**
罰訓練　punishment training　180
パニック障害　panic disorder　282
ハノイの塔　tower of Hanoi　321
場の理論（レヴィン）　field theory　367
ハープ説　harp theory　97
パブロフ型条件づけ　Pavlovian conditioning　164
パラメトリック検定　parametric test　46
バランス理論　balance theory　393, **398**
バリアフリーデザイン　barrier-free design　128
場理論（図形残効）　field theory　82
般化　generalization　165, **174**
般化勾配　generalization gradient　174
般化模倣　generalized imitation　171
犯罪心理学　criminal psychology　36
反射　reflex　156
半側空間無視　hemispatial neglect　243
半側不注意　hemi-inattention　243
反対色説　opponent color theory　94
汎適応症候群　general adaptation syndrome　258
反転図形　reversible figure　102
反動形成　reaction formation　274
反応制限説　response deprivation theory　183
反応制止　response inhibition　284
反応潜時　response latency　181, 184
反応の構え　response set　371
反応般化　response generalization　174
反応ポテンシャル　reaction potential　18

反応抑制　reactive inhibition　18, 138, 180
反応レンジ　reaction range　385
反応レンジ説　reaction range theory　386
反復測定計画　repeated-measures design　45

ピアノ説　piano theory　97
比較機能　comparison function　408
比較行動学　ethology　**30**
光受容器　photoreceptor　78, 80, 93
非言語的コミュニケーション　nonverbal communication　298
被験者　participants　32
被験者間計画　between-subjects design　45
被験者内計画　within-subjects design　45
非時間情報　nontemporal information　151
非指示的療法　nondirective counseling　26, 269
比尺度　ratio scale　46, 55
ビジュアル・キャプチャー　visual capture　135
ヒステリー　hysteria　20
否定　denial　273
否定的状態除去モデル　Negatives relief model　424
否定的認知の3要素　negative cognitive triad　201
非統合型　disintegrated type　359
人見知り　stranger anxiety　309
ビネー・シモン知能尺度　Binet-Simon intelligence test　25, 374
皮膚感覚　cutaneous sensation　68
皮膚抵抗反射　skin resistance reflex : SRR　304
皮膚電位反射　skin potential reflex : SPR　304
皮膚電気反射　galvanic skin reflex　304
肥満型　panic type　357
ヒューマンインターフェース　human interface　129
ヒューリスティックス　heuristics　322
表出の文化的差異　cultural differences in emotional expressions　301
標準化　standardization　40, 41
標準偏差　standard deviation : SD　42
表象　representation　187, 331
表情　facial expression　**300**
表情認知　expression recognition　125
表情認知の普遍性　universal recognition of emotional expressions　300

表情フィードバック仮説　facial feedback hypothesis　294
表層構造　surface structure　346
標本　sample　40, 41, 46, 47
表面色　surface color　13
表面的特性　surface trait　362
広場恐怖　agoraphobia　282
敏感期　sensitive period　161
頻度説　frequency theory　96, 98

ファイ現象　phi-phenomenon　121
不安障害　anxiety disorders　26, **282**
フィルター理論（説）　filter theory　75, 145
フェイディング　fading　206
フェヒナーの法則　Fechner's law　5, 71, 88
フォルマント周波数　formant frequency　140
フォン　phon　89
不快ストレス　distress　259
複合音　complex sound　90, 97
副交感神経系　parasympathetic nervous system　304
複合刺激条件づけ　compound conditioning　167
複雑細胞　complex cell　73
輻輳性眼球運動　vergence eye movement　112
輻輳説　convergence theory　384
符号化　encoding, coding　210, 231
付随行動　adjunctive behavior　203
不適当刺激　inadequate stimulus　64
負の加速曲線　negatively accelerated curve　188
負の強化　negative reinforcement　182
負の残効　negative aftereffect　76
負の転移　negative transfer　193
負の認知セット　negative cognitive set　199
負の般化勾配　negative generalization gradient　176
負の弁別刺激　negative discriminative stimulus　175
部分強化　partial reinforcement　178
部分強化スケジュール　partial reinforcement schedule　203
部分強化消去効果　partial reinforcement extinction effect　178
部分報告法　partial report procedure　233
普遍文法　universal grammar　353
プライミング　priming　228

プライミング効果　priming effect　226
プラシーボ　placebo　291
フラストレーション　frustration　**262**
フラストレーション-攻撃仮説　frustration–aggression hypothesis　263
フラストレーション耐性　frustration tolerance　264
フラストレーション反応　frustration response　263
ブラック・ボックス　black box　230
フラッシュバック　flashback　283
フラッシュバルブ記憶　flashbulb memory　212
プラトー（高原）　plateau　189
フーリエ分析　Fourier analysis　97
フリー・オペラント　free operant　19
フリッカー　flicker　120
不良定義問題　ill-defined problem　321, 324
プルキンエ現象　Purkinje's phenomenon　67
ブルンスウィックの R 指数　Brunswik's R index　119
プレグナンツの傾向　prägnanz tendency　15
プレグナンツの原理　principle of prägnanz　107
プレグナンツの法則　prägnanz law　15
ブローカ野　Broca's area　342
プロトコル分析　protocol analysis　325
プロトタイプ　prototype　197
プロトタイプ理論　prototype theory　332
プローブ・パラダイム　probe paradigm　285
プロンプティング　prompting　206
分化　differentiation　165, 175, 367
分化条件づけ　differential conditioning　175
分割錯視　illusion of interrupted distance　132
文化的世界観　cultural worldview　315
分散　variance　46
分散学習　distributed learning　191
分散分析　analysis of variance；ANOVA　45, 47
分習法　part method　191
文章完成法　SCT　373
文章構成法　natural language mediation　241
文脈　context　42, 140, 219
文脈効果　context effect　**140**
文脈刺激　context stimulus　141
分離脳　split brain/bisected brain　147, **338**
分離不安　separation anxiety　309
分裂気質　schizoid temperament　357, 358

ペア　pairs　415
平均　mean　42
平均誤差法　method of average error
平均値　average　46, 47, 333, 383
平衡感覚　sense of equilibrium　65, 80
平行検査法　parallel test method　42
閉合の要因　factor of closure　103, 106
平準化　leveling　427
ベイズ推論　Bayesian inference　329
併存的妥当性　concurrent validity　43
並列処理　parallel processing　34, 35, 39
並列探索　parallel search　130
ヘリング錯視　Hering illusion　109
ペルソナ　persona　23
ヘルツ　hertz；Hz　91
偏回帰係数　partial regression coefficient　51
変形（生成）文法　transformational（generative） grammar　345, 346
偏差知能指数　deviation IQ　375
変動間隔スケジュール　variable interval schedule：VI　179
変動時間スケジュール　variable time schedule：VT　179
扁桃体　amygdala　167
変動比率スケジュール　variable ratio schedule：VR　179
弁別　discrimination　165, **174**
弁別閾　difference threshold/differential limen：DL　4, **70**
弁別学習　discrimination learning　186, 196
弁別型回避訓練　discriminated avoidance training　181
弁別訓練　discrimination training　176, 196
弁別刺激　discriminative stimulus　171, 175
弁別性　distinctiveness　405

方位　orientation　77
方位検出細胞　orientation detector / orientation detection cells　77
防衛　defense　286
防衛機制　defense mechanism　**272**, 280
忘却　forgetting　**214**
忘却曲線　forgetting curve　214
防御反応　defensive response　307
報酬　reward　49, 136, 159, 168, **180**, 184, 255, 286, 298, 412, 420, 424
報酬訓練　reward training　180
ポゲンドルフ錯視　Poggendorff illusion　109

母語　native language　350
誇り　pride　295
保持　retention　**210**, 214
保持曲線　retention curve　214
ポジトロン断層撮影　Positron Emission Tomography：PET　35, 58, 59, 242
母集団　population　40–42, 46, 47, 375
補償　compensation　274
ホスピタリズム　hospitalism　386
ホーソン研究　Hawthorne studies　37
ボックスモデル　box model　210, 231
ボトムアップ処理　bottom-up processing　142
母平均　population mean　47
ホメオスタシス　homeostasis　250
ポリグラフ　polygraph　305
ホルモン　hormone　252
ホローフェイス錯視　hollow face illusion　124
ポンゾ錯視　Ponzo illusion　109
本能　instinct　392
本能・学習論争　nature-nurture controversy　31
本能行動　instinctive behavior　156

マ 行

マイネルトの基底核　nucleus basalis of Meynert　221
マインディング　420
マグニチュード推定法　method of magnitude estimation　6
マジカル・ナンバー7　magical number 7　241
　→ 7±2 チャンク
マス・オーディエンス　mass audience　428
マスキング　masking　**84**
マスキング曲線　masking curve　85
マス・コミュニケーション　mass communication　**428**
マス・メディア　mass media　428
マズローの欲求階層説　Maslow's need-hierarchy theory　248, 249
マターナル・デプリベーション　maternal deprivation　308, 387
マッカロー効果　McCollough effect　83
末端検出細胞　end-stopped cell　73
マッハ錯視現象　Mach phenomenon　115
満足　contentment　295
味覚　gustatory sensation　68, 79

見かけの怒り　sham rage　295
右半球の優位　right hemisphere dominance　303
ミスマッチ陰性電位　mismatch negativity：MMN　57
見せかけ回答　faking response　371
見通し学習　insight learning　173
ミネソタ多面的人格目録　MMPI　372
身振り言語　sign language　**348**
見本合わせ　matching to sample　177
ミュラー効果／E現象　Müller effect　133
ミュラー・リヤー錯視　図形　Müller–Lyer illusion　109, 110, 137, 359
味蕾　taste bud　68

無意識　unconsciousness　10, 20, 21
無意識的　unconscious　334, 341
無意味綴り　nonsense syllable　214
無誤弁別　errorless discrimination　177
矛盾冷覚　paradoxical cold　68
無条件刺激　unconditioned stimulus：UCS/US　164
無条件反射　unconditioned reflex　164
無条件反応　unconditioned response：UCR/UR　164
無罰的反応　impunitive response　265
夢遊病　sleep walking　336

名義尺度　nominal scale　46
明順応　light adaptation　78
明所視　daylight vision；photopic vision　66
迷信行動　superstitious behavior　170
迷信的強化　superstitious reinforcement　170
明晰夢　lucid dream　336
迷聴器　pseudophone　134, 135
明度　luminosity　13, 65, 92
命名　naming　223
名誉の文化　culture of honor　424
メタ認知　meta–cognition　325
メル　mel　**88**
メル尺度　mel scale　91
面色　film color　13
メンタルテスト　mental test　25, 374

盲点　blind spot　65
網膜神経節細胞　retinal ganglion cell：RGC　72
網膜像　retinal image　110, 111, 116–118

網膜誘導場説　retinal induction field theory　111
網様体　reticular formation　291
網様体賦活系　eticular activating system　138
目撃証言　testimony　224
目的的行動　purposive behavior　17
目的論的行動主義　purposive behaviorism　18
目標差　GDスコア　goal discrepancy score　278
目標状態　goal state　320
モザイク仮説　mosaic hypothesis　14
モーズレイ人格目録　Maudsley personality inventory：MPI　364
モデリング　modeling　207, 284
喪の作業　grief work, mourning work　287
モノリンガル　monolingual　353
森田療法　Morita–therapy　271
問題解決　problem solving　**320**
問題間学習　intraproblem learning　194
問題行動　problem behavior　379
問題内学習　intraproblem learning　194
問題箱　problem box　172

ヤ　行

ヤーキズ・ドッドソンの法則　Yerkes–Dodson's law　249
薬物依存　drug dependence　256
役割演技テスト　role–playing test　414
野生児　feral child　380
矢田部・ギルフォード　Y–G検査　Yatabe–Guilford personality inventory：Y–G test　363, 372
山登り法　hill climbing　323
ヤング・ヘルムホルツの三原色説　Young–Helmholtz trichromatic theory：three color theory　93

誘因　incentive　248
誘引性　valence　368
優越感　feeling of superiority　23
優越への追求　striving for superiority　281
遊戯療法　play therapy　269
遊戯療法室　play room　269
誘導運動　induced movement　120
誘導探索　guided search　131
誘発電位　evoked potential　56
豊かな環境　enriched environment　163
ユニバーサルデザイン　universal design　**128**

夢　dream　**334**
夢判断　interpretation of dream　334
ユング心理学／分析心理学　analytical psychology　26

良い形の要因　factor of good form　105
良い連続の要因　factor of good continuity　105
養育放棄　neglect　286
要因計画　factorial design　45
要求　need　248
要求水準　level of aspiration　**276**
幼児図式　baby schema　31
陽性残像　positive afterimage　80
要素心理学　elementary psychology　9
容量限界モデル　limited capacity model　145
抑圧　repression　20, 138, 216, 272
抑制　suppression　138, 273
予測　prediction　187
予測可能性　predictability　261
予測的妥当性　predictive validity　43
欲求　need　**248**, 366, 392
欲求階層説　need-hierarchy theory　248, 249
欲求不満　frustration　262
予備条件づけ　preconditioning　187
喜び　joy　295

ラ 行

来談者中心療法　client-centered therapy　26, 268, 269
ラポール　rapport　268
乱塊法　randomized block design　45
ランダムドット・キネマトグラム　random dot kinematogram：RDC　122
ランダムドット・ステレオグラム　random dot stereogram：RDS　114

利益付加法　that's-not-all《TNA》technique　397
理学療法　physical therapy, physiotherapy　245
理学療法士　physical therapist, physio therapist：PT　245
リカート尺度　Likert scale　394
力動特性　dynamic trait　363
力動論　dynamic theory　**366**
利己的な帰属のバイアス　self-serving bias　407

離人症　depersonalization　153
リスキー・シフト　risky shift　416
リハーサル／反復復唱　rehearsal　190, 211, 229, 231, 237, 240
リビドー　libido　21, 358
流言　rumor　**426**
両眼間転移　interocular transfer　81
両眼視差　disparity　112
両眼立体視　stereopsis　112
両耳効果　binaural effect　133
両耳聴　binaural hearing　144
両耳分離聴　dichotic listening　145, 148
良心　conscience　21
両側性転移　bilateral transfer　193
良定義問題　well-defined problem　320-322
リラクセーション　relaxation　284
理論心理学　theoretical psychology　37
理論的行動分析　theoretical behavior analysis　202
臨界期　critical period　161, 350
臨界帯域幅　critical band width　86
輪郭線　contour　103
臨床心理学　clinical psychology　**24, 36**
臨床心理士　clinical psychologist　28

類型学　Typologie　356
類型論　typological theory　3, **356**, 360, 366
類似度・被覆度モデル　similarity-coverage model　328
類推　analogy　324
類推論　analogical reasoning　329
類同の要因　factor of similarity　106
ルビンの盃　Rubin's goblet-profile　102
ルール支配行動　rule governed behavior　186

冷覚　coolth sensation　65, 68, 69
レスポンデント　respondent　203
レスポンデント条件づけ　respondent conditioning　164
劣等感　inferiority feeling　23, 281
劣等コンプレックス　inferiority complex　280, 281
レミニッセンス　reminiscence　216
レム（急速眼球運動）睡眠　rapid eye movement sleep；REM sleep　335, 336
連合主義　associationism　8
連合（連想）心理学　association psychology　8, 33

連鎖　chains　415
連続逆転学習　serial reversal learning　195
連続強化　continuous reinforcement　178

ロールシャッハ検査　Rorschach test　25, 373

論理療法　rational emotive therapy　27

ワ　行

ワーキングメモリー（作動記憶）　working memory　177, 229, 231, 239

編者・執筆者紹介

編者

重野　純（しげの　すみ）
東京都生．東京大学大学院博士課程単位取得（1980年）．現在，青山学院大学教育人間科学部教授．文学博士．主な専門領域：認知心理学，心理言語学，音楽心理学．主な著書：『実験心理学』（共著，東京大学出版会），『外国語はなぜなかなか身につかないか』（訳，新曜社），『キーワード心理学　聴覚・ことば』（新曜社）他．

執筆者（アイウエオ順）

安藤　清志（あんどう　きよし）
東京都生．東京大学大学院博士課程単位取得（1979年）．現在，東洋大学社会学部教授．文学博士．主な専門領域：社会心理学．主な著書：『自己と対人関係の社会心理学』（編著，北大路書房），『新版　社会心理学研究入門』（共編著，東京大学出版会）他．

石口　彰（いしぐち　あきら）
群馬県生．東京大学大学院博士課程単位取得（1986年）．現在，お茶の水女子大学人間文化創成科学研究科教授．文学博士．主な専門領域：認知心理学，感性情報学．主な著書：『キーワード心理学　視覚』（新曜社），『日常生活と認知行動』（共著，オーム社）他．

高橋　晃（たかはし　あきら）
東京都生．東京大学大学院博士課程単位取得（1981年）．現在，武蔵野大学教育学部教授．主な専門領域：発達心理学，情緒・動機づけ．主な著書：『実験心理学』（共著，東京大学出版会），『キーワード心理学　発達』（新曜社）他．

浜村　良久（はまむら　よしひさ）
福岡県生．東京大学大学院博士課程単位取得（1982年）．現在，防衛大学校人間文化学科教授．主な専門領域：情動，動機づけ，学習，カウンセリング，文化心理学．主な著書：『動機づけと情動』（監訳，協同出版），『面白いほどよくわかる心理学のすべて』（監修，日本文芸社）他．

藤井　輝男（ふじい　てるお）
鹿児島県生．筑波大学大学院博士課程単位取得（1985年）．現在，敬愛大学経済学部教授．主な専門領域：実験心理学，知覚心理学．主な著書：『視覚の文法』（共訳，サイエンス社），『新編感覚・知覚心理学ハンドブック』（共著，誠信書房），『臨床心理学と心理学を学ぶ人のための心理学基礎事典』（共著，至文堂）他．

八木　保樹（やぎ　やすき）
大阪府生．東京大学大学院博士課程単位取得（1988年）．現在，立命館大学文学部教授．博士（心理学）．主な専門領域：パーソナリティと社会心理学．主な著書：『心理学概説』（共著，培風館），『影響力の武器』（共訳，誠信書房），『対人援助の心理学』（共著，朝倉書店）他．

山田　一之（やまだ　かずゆき）
東京都生．学習院大学大学院博士課程単位取得（1992年）．現在，独立行政法人理化学研究所脳科学総合研究センター研究員．主な専門領域：分子行動科学．主な著書：『遺伝子と行動』（編著，ナカニシヤ出版），『実験心理学の新しいかたち』（共著，誠信書房）他．

渡邊　正孝（わたなべ　まさたか）
愛知県生．東京大学大学院博士課程単位取得（1978年）．現在，財団法人東京都医学総合研究所生理心理学研究室特任研究員．文学博士．主な専門領域：生理心理学，神経科学．主な著書：『脳科学の新しい展開』（共著，岩波書店），『思考と脳』（サイエンス社），『キーワード心理学　記憶・思考・脳』（共著，新曜社）他．

| キーワードコレクション
| 心理学　改訂版

| 初版第 1 刷発行 | 1994 年 4 月 5 日
| 改訂版第 1 刷発行 | 2012 年 4 月 25 日

編　者　重野　純
発行者　塩浦　暲
発行所　株式会社　新曜社
　　　　〒101-0051 東京都千代田区神田神保町 2-10
　　　　電話(03)3264-4973(代)・Fax(03)3239-2958
　　　　http : //www.shin-yo-sha.co.jp/
組版／印刷　美研プリンティング
製　本　イマヰ製本所

ⒸSumi Shigeno, editor, 2012. Printed in Japan
ISBN978-4-7885-1290-0 C1011

―――――――――― 新曜社の関連書 ――――――――――

■キーワードコレクション■

発達心理学　改訂版	子安増生・二宮克美編	Ａ５判248頁 2400円
パーソナリティ心理学	二宮克美・子安増生編	Ａ５判242頁 2500円
教育心理学	二宮克美・子安増生編	Ａ５判248頁 2400円
心理学フロンティア	子安増生・二宮克美編	Ａ５判240頁 2500円
社会心理学	二宮克美・子安増生編	Ａ５判242頁 2400円
認知心理学	子安増生・二宮克美編	Ａ５判240頁 2400円
経済学	佐和隆光編	Ａ５判384頁 2864円

■キーワード心理学シリーズ■（重野　純・高橋　晃・安藤清志監修）

1	視覚	石口　彰	Ａ５判164頁 2100円
2	聴覚・ことば	重野　純	Ａ５判160頁 1900円
3	記憶・思考・脳	横山詔一・渡邊正孝	Ａ５判160頁 1900円
4	学習・教育	山本　豊	Ａ５判152頁 1900円
5	発達	高橋　晃	Ａ５判176頁 1900円
9	非行・犯罪・裁判	黒沢　香・村松　励	Ａ５判176頁 2100円
12	産業・組織	角山　剛	Ａ５判160頁 1900円

以下続巻　　　　　　　　　　　　　　　　　　＊表示価格は消費税を含みません。